中国社会科学院创新工程学术出版资助项目

中国法治这十年
（2002～2012）

Rule of Law for the Ten Years in China（2002—2012）

主　编　李　林　田　禾
副主编　吕艳滨

方志出版社
Publishing House of Local Records

图书在版编目（CIP）数据

中国法治这十年：2002～2012／李林，田禾主编．
—北京：方志出版社，2015．10
ISBN 978－7－5144－1758－6

Ⅰ．①中…　Ⅱ．①李…②田…　Ⅲ．①法制史—研究—中国—2002～2012　Ⅳ．①D929

中国版本图书馆 CIP 数据核字（2015）第 255610 号

中国法治这十年（2002～2012）

主　　编： 李　林　田　禾
副 主 编： 吕艳滨
责任编辑： 张　昊　丛　珺

出 版 人： 冀祥德
出 版 者： 方志出版社
地址　北京市朝阳区潘家园东里 9 号（国家方志馆 4 层）
邮编　100021
网址　http：//www. fzph. org
发　　行： 方志出版社发行中心
电话　（010）67110500
经　　销： 各地新华书店
排　　版： 北京宝蕾元科技发展有限责任公司
印　　刷： 北京京都六环印刷厂

开　　本： 700×1000　　1/16
印　　张： 35．75
字　　数： 849 千字
版　　次： 2015 年 10 月第 1 版　　2015 年 10 月第 1 次印刷

ISBN　978－7－5144－1758－6　　定价：98．00 元

序　言
中国法治的现状、挑战与未来发展

李　林

一　对中国法治现状的评价

（一）法学界、法律界对于中国法治状况的评价

近年来，中国法学界、法律界以及社会其他各界人士，在谈到法治问题时，往往有不同的评价。综合起来看，目前国内主流媒体和法学界、法律界对于中国法治状况的评价，大致有如下四种观点。

一是认为近年来法治建设取得了巨大成就，法治状况好得很。官方媒体、领导人讲话和部分专家学者持这种观点。

二是认为近年来法治建设是“进一步、退两步”，与改革开放前20年法治建设“进两步、退一步”的状况相比，形成明显反差。持这种观点的学者，人数不多，但影响较大。

三是认为近年来法治建设明显倒退，主要表现是司法改革倒退和某些领域“人治”现象回潮，法治状况令人堪忧。司法界的某些法官、检察官和律师持此种观点，法学院的部分师生也很认同。

四是认为目前中国法治建设处在一个十字路口，何去何从，思路不清，目标不明，需要尽快研究定夺。专家学者中持此种观点者较多。

（二）民间对于中国法治状况的评价

在民间，前一阵有关“段子”对中国法治现状做出了以下调侃式的描述：

三大基本法——领导的看法、领导的想法、领导的说法；

三个诉讼规则——大案讲政治、中案讲影响、小案讲法律；

三个法律效力原则——宪法服从国外看法、法律服从内部规定、内部规定服从领导决定；

法治基本状况——严格立法、普遍违法、选择执法；

执法依据原则——百分之十人大通过、百分之九十高院释法。

尽管民间“段子”对于中国法治状况的上述评价，颇为夸张、片面、消极，甚至捕风捉影、以偏概全，但是，为什么会出现此种评价，是否也在一定程度上反映了民意对于中国法治状况的某些感受和期待，需要我们正面理解和认真对待。

（三）地方法治指数评价

在地方法治建设层面，近年来一些地方借鉴国际和香港法治建设经验，试行用“法治指数”来进行法治的量化评价。这些地方主要是浙江杭州余杭区、云南昆明、江苏南京和无锡、四川成都等。它们采用量化分析方法，评价以百分制为计量单位。近几年各地的得分基本上都在70～80分之间，而且总体上是小步上升的。例如，2008年杭州余杭区在全国率先发布的2007年度“余杭法治指数（满意度）”为71.6分，2008年度为71.84分，2009年度为72.12分，2010年度为72.48分，2011年度为72.56分，每年分值都有微幅上升。[①] 地方法治指数评价的出台，对地方法治建设起到了积极推动作用，但也受到两方面的批评：一是中国是单一制国家，在全国法治建设“不景气”的大环境下，地方法治建设的空间是十分有限的，不可能取得实质性突破；二是即使有些地方法治建设在“法治指数”评价中得了高分，也没有实际意义，因为它在方法和坐标体系上没有可以比较的参照系，在实践上与人们的真实感觉出入较大。

如何评价当下中国的法治状况，需要实事求是的态度和科学精神、科学方法。例如，从时间跨度来看，评价中国法治状况的时间起点是1949年、1978年、1997年、2002年还是2007年？依法治国基本方略是中国法治建设的里程碑，而2012年是依法治国基本方略正式确立的第十五年，因此应当以1997年以来的15年作为评价中国法治状况的时段。

从法治建设的宏观内容来看，根据党的十五大、十六大和十七大三个政治报告对依法治国和法治建设战略目标做出的规定或描述，可以将其中的“依法治国、政治体制改革、执政党依法执政、形成法律体系、加强宪法和法律实施、建设法治政府、推进司法改革、保障民主权利、反腐倡廉、法制宣传教育、维稳”11项重大任务作为主要评价对象（参见表1）。通过分析可以看出，除“中国特色社会主义法律体系如期形成”和“法制宣传教育完成任务”外，其他方面都很难说达到目标。

---

① 俞琪：《法治指数：余杭一年一度的体检》，《青年日报》2012年9月4日。

表 1　　依法治国基本方略确立十五年来任务完成情况

任务	党的十五大报告	党的十六大报告	党的十七大报告	完成情况
依法治国	依法治国，就是广大人民群众依照宪法和法律规定，通过各种途径和形式管理国家和社会事务……保证国家各项工作都依法进行，逐步实现社会主义民主的制度化、法律化	发展社会主义民主政治，最根本的是要把坚持党的领导、人民当家作主和依法治国有机统一起来	全面落实依法治国基本方略，加快建设社会主义法治国家	有所进步，但各种评价均有
政体改革	政治体制改革的主要任务是：发展民主，加强法制，实行政企分开、精简机构，完善民主监督制度，维护安定团结	继续积极稳妥地推进政治体制改革，扩大社会主义民主，健全社会主义法制，建设社会主义法治国家	深化政治体制改革，必须……扩大社会主义民主，建设社会主义法治国家，发展社会主义政治文明	进展不明显
依法执政	党在宪法和法律范围内活动。从制度和法律上保证党的基本路线和基本方针的贯彻实施，保证党始终发挥总揽全局、协调各方的领导核心作用	党的领导主要是政治、思想和组织领导，通过制定大政方针，提出立法建议，推荐重要干部，进行思想宣传，发挥党组织和党员的作用，坚持依法执政，实施党对国家和社会的领导	坚持党总揽全局、协调各方的领导核心作用，提高党科学执政、民主执政、依法执政水平，保证党领导人民有效治理国家	进展不明显
形成体系	到 2010 年形成有中国特色社会主义法律体系	到 2010 年形成中国特色社会主义法律体系	坚持科学立法、民主立法，完善中国特色社会主义法律体系	如期完成
法律实施	维护宪法和法律的尊严，坚持法律面前人人平等，加强对宪法和法律实施的监督，维护国家法制统一	坚持法律面前人人平等，确保法律的严格实施	加强宪法和法律实施，坚持公民在法律面前一律平等，维护社会公平正义，维护社会主义法制的统一、尊严、权威	进展和效果不尽如人意

续表

任务	党的十五大报告	党的十六大报告	党的十七大报告	完成情况
政府法治	一切政府机关都必须依法行政，实行执法责任制和评议考核制。实现国家机构组织、职能、编制、工作程序的法定化	加强对执法活动的监督，推进依法行政，提高执法水平	推进依法行政。加快行政管理体制改革，建设服务型政府	进展明显，效果尚可
司法改革	推进司法改革，从制度上保证司法机关依法独立公正地行使审判权和检察权	推进司法体制改革，从制度上保证审判机关和检察机关依法独立公正地行使审判权和检察权	深化司法体制改革，保证审判机关、检察机关依法独立公正地行使审判权、检察权	进展明显，效果待观察
民主权利	实行民主选举、民主决策、民主管理和民主监督，保证人民依法享有广泛的权利和自由，尊重和保障人权	扩大公民有序的政治参与，保证人民依法实行民主选举、民主决策、民主管理和民主监督，享有广泛的权利和自由，尊重和保障人权	从各个层次、各个领域扩大公民有序政治参与。保障人民的知情权、参与权、表达权、监督权。尊重和保障人权，依法保证全体社会成员平等参与、平等发展的权利	有所进展，但还需努力
反腐倡廉	加强对各级干部特别是领导干部的监督，防止滥用权力，严惩执法犯法、贪赃枉法	加强对权力的制约和监督。建立结构合理、配置科学、程序严密、制约有效的权力运行机制	完善制约和监督机制，保证人民赋予的权力始终用来为人民谋利益	力度加大，但成效不明显
法制宣教	深入开展普法教育，增强全民的法律意识，着重提高领导干部的法制观念和依法办事能力	加强法制宣传教育，提高全民法律素质，尤其要增强公职人员的法制观念和依法办事能力	加强公民意识教育，树立社会主义民主法治、自由平等、公平正义理念，树立社会主义法治理念。深入开展法制宣传教育，弘扬法治精神，形成自觉学法守法用法的社会氛围	持续开展了25年，按规划完成了任务，成效有待观察

续表

任务	党的十五大报告	党的十六大报告	党的十七大报告	完成情况
维稳	维护安定团结，对人民内部矛盾，要……正确运用经济、行政和法律等手段加以处理，防止矛盾激化	维护社会稳定，正确运用经济、行政和法律等手段，妥善处理人民内部矛盾特别是涉及群众切身利益的矛盾	推进社会主义民主政治制度化、规范化、程序化，为党和国家长治久安提供政治和法律制度保障。维护群众合法权益。发挥社会组织在扩大群众参与、反映群众诉求方面的积极作用，增强社会自治功能	力度越来越大，矛盾越来越多，任务越来越重

党的十八大报告从党和国家工作的大局和全局着眼，高屋建瓴、言简意赅地对过去5年民主法治建设成就做出了评价："民主法制建设迈出新步伐。中国特色社会主义法律体系形成，社会主义法治国家建设成绩显著。……司法体制和工作机制改革取得新进展。"

法学界、法律界和全社会应当尽快把对中国法治状况的认识和评价统一到党的十八大报告上来，统一到中央关于全面推进依法治国、加快建设社会主义法治国家的战略部署上来，在新的历史起点上为中国民主法治建设事业做出新贡献。

二　中国法治面临的主要挑战

中国法治建设这十年尽管取得了有目共睹的辉煌成就，但离人民群众的期待还有差距；依法治国基本方略虽然得到实施，但发展还不平衡；法律体系尽管已然形成，但还需进一步完善和发展；立法尽管成就斐然，但执法、司法、守法和法律监督还不尽如人意；法制宣传教育尽管成绩巨大，但法治环境并未根本改善。正如2012年12月4日习近平总书记"在首都各界纪念现行宪法公布施行30周年大会上的讲话"中所指出的："在充分肯定成绩的同时，我们也要看到存在的不足。主要表现在：保证宪法实施的监督机制和具体制度还不健全，有法不依、执法不严、违法不究现象在一些地方和部门依然存在；关系人民群众切身利益的执法司法问题还比较突出；一些公职人员滥用职权、失职渎职、执法犯法甚至徇私枉法严重损害国家法制权威；公民包括一些领导干部的宪法意识还有待进一步提高。"具体来讲，中国法治建设和依法治国事业还面临以下主要问题和挑战。

一是社会主义民主法治建设与经济社会文化发展的要求还不完全适应，领导干部中的“人治”现象、公民中的非法治现象、社会上轻视和无视法治的现象，在有些地方、部门、领域和群体中有所抬头和蔓延。

二是坚持党的领导、人民当家作主和依法治国的有机统一，是社会主义政治文明的本质要求，但在一些地方和部门实际上被统一于党委的“一把手”，法治被“人治”所弱化，依法治国从党领导人民实行的“治国基本方略”，演变为某些地方和部门“维稳”以及发展经济①的工具。

三是中国特色社会主义法律体系有待完善，立法质量需要不断提高。立法中存在的部门利益、特殊群体利益问题，部门立法争权夺利问题依然存在。国家立法部门化、部门权力利益化、部门利益合法化的现象仍未消除，一些明显带有部门或集团利益痕迹的立法，把畸形的利益格局或权力关系合法化，行政部门借立法扩权卸责、立法不公等从制度设计的基础上影响了社会主义法治的权威和法律的实施。

四是中国特色社会主义法律体系形成后，中国法治建设的主要矛盾是宪法和法律实施的问题。主要表现为：普遍存在的有法不依、执法不严、违法不究，许多法律形同虚设（参见专栏1）；地方保护主义、部门保护主义和执行难的问题时有发生；法治缺乏权威，司法缺乏公信力；公民“信权不信法”，存在“信访不信法”，“信关系不信法”，“小闹小解决、大闹大解决、不闹不解决”等问题。加强法治教育，提高全社会的法律意识和法治观念，仍是一项艰巨任务。

专栏1　中国法律实施状况问卷调查

经过30多年的努力，中国特色社会主义法律体系已经形成，无法可依的问题基本解决，法律实施成为法治建设的重点。您认为当前中国法律实施的状况（以法律得到实施的百分比来表示）是：

投票项	百分比	得票
很好（90%）	3%	768
较好（70%）	4%	1022
一般（50%）	14%	3728
较差（30%）	20%	5403

① 马怀德教授指出：“但是经济GDP往往是通过不遵守法治甚至破坏法治的方式获得的。”江平、马怀德等：《中国法治愿景》，《中国改革》2010年第6期。

续表

投票项	百分比	得票
很差（10%）	59%	15495
总投票人数	100%	26416

资料来源：《中国法学网》截至 2012 年 12 月 10 日的统计

五是政府多头执法、多层执法和不执法、乱执法问题。存在有令不行、有禁不止、行政不作为、失职渎职、违法行政等行为；少数执法人员知法犯法、执法寻租、贪赃枉法甚至充当“黑恶势力”的保护伞；出现了一些不正确的执法倾向，如钓鱼执法、寻租性执法、非文明执法、限制性执法、选择性执法、运动式执法、疲软式执法、滞后性执法等；粗暴执法激发冲突，甚至引发群体性事件或极端恶性事件，突出表现在征地拆迁领域。

六是司法改革轰轰烈烈，解决了办公条件、经费、人员编制以及一些长期制约法院、检察院建设和发展的体制机制等“老大难”问题，基本上实现了各个阶段司法改革方案预设的目标。但司法独立、司法公正、司法权威、司法效率、司法公信力和干预法院、检察院依法独立行使职权等深层次问题依然存在。①

七是消极腐败现象仍然比较严重，一些领域腐败现象仍然易发多发；公职人员贪赃枉法、权钱交易、执法犯法、以言代法、以权压法，对法治造成损害；执法不公、行政不作为乱作为等问题比较突出。如何用法治思维和法治方式应对和解决腐败问题，是对党领导的中国法治建设事业的极大挑战。

三　中国法治的未来发展

根据国家“十二五”规划提出的民主法治建设任务和党的十八大提出的到 2020 年全面建成小康社会的民主法治建设目标——“人民民主不断扩大。民主制度更加完善，民主形式更加丰富，依法治国基本方略全面落实，法治政府基本建成，司法公信力不断提高，人权得到切实尊重和保障”，从中国政治、经济、社会、文化未来改革发展的实际需要出发，积极稳妥推进政治体制改革，全面推进依法治国，加快建设法治国家，“更加注重发挥法治在国家和社会治理

① 例如陈卫东教授指出：“在充分肯定前些年司法改革工作取得的重大成绩的同时，我们也不得不承认，许多更深层的问题并没有彻底解决，并且面临更大的困难。司法改革本是一项涉及机制设置、权力机关协调等多方位的全面改革，需要一种宏观的、战略性的规划。然而，目前的司法改革措施大多停留在工作机制层面上，深层次的体制改革尚未展开。”陈卫东：《未来五年中国司法体制改革的若干建议》，《河南社会科学》2012 年第 2 期。

中的重要作用，维护国家法治的统一、尊严、权威，保障社会公平正义，保证人民依法享有广泛权利和自由”，是未来中国法治发展的大方向和大趋势。

在实施“十二五”规划和贯彻落实党的十八大精神的过程中，未来中国法治发展的总体思路，应当努力实现四个基本转变。

一是坚持党的领导、人民民主和依法治国的有机统一，在依法治国实践进程中和社会主义法治轨道上积极稳妥地推进政治体制改革，更加注重发挥法治在国家治理和社会管理中的重要作用，实现从法治到社会主义宪政的转变，从制度上、程序上实现“三者有机统一”。

二是在中国法律体系如期形成的基础上，进一步强化民主法治建设，全面推进依法治国，加快建设法治国家，实现从法律体系构建到法治体系建设的转变，尽快从法律大国走向法治强国。①

三是在有法可依的目标基本达成后，中国法治建设的重心实现从注重立法到加强宪法和法律实施的转变，从纸面的法律向生活中法律的转变，确保有法必依、执法必严、违法必究，真正实现严格执法、公正司法、全民守法以及党在宪法和法律范围内活动。

四是用法治思维和法治方式服务党和国家工作大局，更加注重发挥法治在维护党权、建设政权和保障民权中的重要作用，实现从法治的表面“维稳”向深层次解决社会公平正义和权力腐败问题转变，用法治更好地巩固和发展党和国家政权的合法性权威，更加夯实党领导人民治国理政的政治基础、社会基础、民意基础和法律基础，为国家长治久安和中华民族的伟大复兴提供强有力的法治保障（参见专栏2）。

专栏2　未来中国法治建设重点问卷调查

您认为未来中国法治建设的重点应当是：

投票项	百分比	得票
全面落实依法治国基本方略	10%	1204
树立法治理念	6%	665
推进依法执政	9%	1026
完善法律体系	5%	596
建设法治政府	9%	1115

① “法治立国、法治稳国、法治救国、法治强国，是人类文明发展的经验总结。”胡建淼：《走向法治强国》，《国家行政学院学报》2012年第1期。

续表

投票项	百分比	得票
深化司法改革	11%	1248
加强宪法法律实施	26%	3110
深化法制宣传教育	2%	220
尊重和保障人权	22%	2561
总投票人数	100%	11745

数据来源：《中国法学网》截至2012年12月10日的统计

具体来讲，应当从以下主要方面着力加强法治建设，全面推进依法治国。

第一，高度重视法治建设，全面推进依法治国。党的领导是人民民主和依法治国的根本保证。贯彻落实党的十八大精神，全面推进依法治国，加快建设社会主义法治国家，必须进一步加强执政党对法治建设的重视、领导和支持。一是执政党进一步高度重视依法治国和法治建设事业，自觉坚持依宪执政、依法执政、依法行政和依法办事，切实把依法治国作为治国理政的基本治国方略来加以落实，切实在宪法和法律范围内活动。二是在推进依法治国和依法执政的实践过程中，执政党的各级领导干部和所有公职人员要以身作则、率先垂范，执政党要领导立法，带头守法，保证执法；任何组织或者个人都不得有超越宪法和法律的特权，绝不允许以言代法、以权压法、徇私枉法。三是中央要成立依法治国的专门领导机构，制定依法治国发展战略和实施规划。四是在党的领导下，通过全面落实依法治国基本方略，积极稳妥地推进政治体制改革和法治发展。

第二，充分发挥法治在社会主义现代化建设和全面建成小康社会中的重要作用。法治是人类文明进步的重要标志，是实现党的十八大战略部署、全面建成小康社会的重要保障。应当努力做到：一是按照社会主义市场经济是法治经济的要求，继续完善市场经济法律体系，充分发挥法治在配置市场资源、调控市场秩序和保障市场主体权利中的作用。二是按照社会主义民主政治是法治政治的要求，完善宪法和公法体系，依法调整政治关系，规范政治行为，制约公权力，保障民主自由和其他基本人权，充分发挥法治在政治文明建设和治理国家中的作用。三是按照社会主义和谐社会和全面小康社会是民主法治社会的要求，加强和完善社会法体系，充分发挥法治在创新社会管理和治理社会中的作用。四是按照加强社会主义文化建设的整体部署，弘扬法治精神，树立法治理念，培养法治思维，全面推进法治文化建设，充分发挥法治在精神文明建设和以德治国中的作用。五是按照人与自然协调发展的要求，完善和加强环境生态保护、能源资源利用、污染防治等方面的法治体系，充分发挥法治在生态文明建设中的作用。六是根据中华民族伟大复兴和“一国两制”原则的要求，更加重视国际法与国内法、港澳台法与内地法的协调发展，更加重视依法治港、依法治澳，充分发挥法治在维护国家主权、保障国家利益、实现国家统一和中国和平发展中的重要作用。

第三，继续推进民主立法、科学立法，不断完善法律体系。按照党的十八大报告对立法工作的要求，“推进科学立法——完善中国特色社会主义法律体系，加强重点领域立法，拓展人民有序参与立法途径”。应当努力做到：一是进一步完善立法体制和立法机制，统筹立法资源，提高立法质量，防止“立法腐败”。二是积极推进民主立法、科学立法，保障公众的立法参与，使立法更充分地体现人民的意志和党的主张，实现立法的“分配正义”。三是进一步加强社会立法、文化立法和权利保障立法，使中国特色社会主义法律体系的内容更加丰富、布局更加合理、体系更加完整。四是按照“一国、两制、三法系、四法域”的国情和实际，积极谋划构建“中国特色法律体系”，为中华民族的统一、强盛和伟大复兴提供坚实的法律基础。五是进一步加强和创新立法理论，推进法典化立法，统筹制定法律与修改法律，全面推行立法后评估，保证立法与政治经济社会文化的发展相适应、相协调。

第四，切实加强宪法和法律实施。“天下之事，不难于立法，而难于法之必行。”宪法和法律的生命在于实施。中国法律体系的形成，在从总体上解决了有法可依问题的同时，也对“有法必依、执法必严、违法必究”等法律实施提出了更为突出、更加紧迫的要求。① 根据党的十八大精神，应当努力做到：一是根据加快建设社会主义法治国家的总体目标要求，把法治建设和依法治国的重点转向宪法和法律实施，使宪法和法律在中国改革开放和现代化建设中发挥更大的作用。二是可以考虑在全国人大中设立与其他专门委员会平行的宪法委员会，专门负责对法律、行政法规和地方性法规的合法性与合宪性审查。三是根据宪法、立法法的规定，全面启动违宪审查机制，强化法规备案审查，使合法性与合宪性审查制度化、常态化。四是根据党的十八大精神积极稳妥地修改宪法，充分行使宪法解释权，通过宪法解释保证宪法的稳定性和适应性。五是把法律实施状况作为评价立法、执法和司法工作的主要依据，作为考核司法人员和领导干部政绩的重要内容。六是继续加强对公民尤其是领导干部的法制宣传教育，

---

① “全国人大通过的法律在实践中应得到有效实施，可事实不是如此。比如《破产法》的实施，从2007年6月1日到现在，全国的破产案件不到1万件。2009年全国的破产案件才3120件，而全年有接近80万家的企业在工商监管部门以注销或吊销方式退出市场。也就是说，绝大多数企业退出市场并不是通过法治的途径，而是通过行政注销和吊销的方式。”江平、马怀德等：《中国法治愿景》，《中国改革》2010年第6期。

增强法治观念，提高法治意识，养成法治习惯，努力“提高领导干部运用法治思维和法治方式深化改革、推动发展、化解矛盾、维护稳定能力”。

第五，全面推进依法行政，加快建设法治政府。依法行政是全面推进依法治国的中心环节，是深化政治体制改革的重要方面。党的十八大报告明确指出，要“推进依法行政，切实做到严格规范公正文明执法”，到2020年基本建成法治政府。全面推进依法行政，加快建设法治政府，应当做到：一是不断提高各级公务员依法行政的意识和能力，提高各级领导干部运用法治思维和法治方式深化改革、推动发展、化解矛盾、维护稳定、建设法治政府的能力，在法治轨道上深化行政体制改革。二是进一步健全行政决策制度，完善科学民主依法决策程序，建立重大决策跟踪反馈和评估制度。三是进一步加强和改进制度建设，完善政府立法工作，消除部门立法色彩，健全规范性文件制定和发布程序，建立规章和规范性文件评估和清理制度，强化法规规章和规范性文件备案审查。四是进一步加强行政执法队伍建设，保证严格、公正、文明执法，完善行政执法体制和机制，健全行政执法程序，规范行政执法行为。五是坚决预防和惩治行政腐败，不断强化行政监督和问责，切实增强行政监督效能，大力推进政府信息公开。六是坚持依法化解社会矛盾纠纷，健全社会矛盾纠纷调解裁决制度，完善行政复议制度，认真做好行政应诉工作。

第六，继续深化司法体制改革，保证司法独立，实现公正司法。司法体制改革是中国政治体制改革的重要组成部分，是全面推进依法治国的重大举措，是全面实施宪法和法律的重要基础。深化司法体制改革，应当努力做到：一是在深入调查研究的基础上，对前15年司法改革成效进行深刻反思和全面评估，总结经验，修正错误，矫正偏差，调整思路，为深化司法体制改革提供实践依据。二是立足国情，借鉴国外先进经验，深入研究和确立中国特色的司法理论，为中国新一轮司法体制改革提供科学理论指导。三是根据党的十八大的战略部署，结合政治体制改革和全面推进依法治国的新形势和新要求，做好新一轮司法体制改革的顶层设计和科学规划。四是根据宪法的政治架构和法治原则，依法处理好人大与司法、政法委与司法、媒体与司法、公众与司法以及公、检、法之间的关系，确保审判机关、检察机关依法独立公正行使审判权、检察权。五是高度重视发挥司法作为解决矛盾纠纷最后一道防线的功能，重建司法终结社会矛盾纠纷的良性循环机制，不断强化司法公信力和权威性。① 六是进一步增

---

① “‘大调解’和‘能动司法’的最大流弊恰恰是导致责任和‘问责（accountability）’无从谈起，甚至还会以表面上各人负责的民主政治的名义，诱发某种最终无人负责的事态。”季卫东：《大变局下中国法治的顶层设计》，《财经》2012年第5期。

强司法的透明度和公开性，强化司法的民主性和专业化，消除司法的行政化、地方化、官僚化倾向，充分发挥司法在国家和社会治理中的救济作用。

第七，进一步加强人权的法治保障。党的十八大报告明确提出，到2020年全面建成小康社会时，要实现“人权得到切实尊重和保障”的目标。这是一个要求很高、难度很大但意义非凡的奋斗目标和战略任务。应当努力做到：一是全面落实宪法和党章规定的“尊重和保障人权”的基本原则，保证公民依法享有广泛权利和自由，全面完善中国人权保障的各项法律规定和法律制度。二是继续推进宪法基本权利的法律化，研究制定新闻法、结社法、宗教信仰自由法、国家补偿法、公职人员财产申报法、个人信息保护法等法律。三是进一步修改刑法，大幅度减少死刑的刑种，同时更加严格审慎地适用死刑。四是进一步加强对公民的经济、社会和文化权利保障，着力解决“上学难”“看病难”“住房难”“两极分化”“贫富不均”等老大难问题，着力保障弱势群体的权利，努力通过法治实现社会公平正义和共同富裕。五是认真实施新一轮的《国家人权行动计划（2012～2015年）》，加强对联合国《公民权利与政治权利国际公约》的研究，适时审议批准这个国际人权公约。

第八，用法治思维和法治方式“反腐护权”。法治思维和法治方式反腐，其基本要义：一是要承认公权力面前的“人性恶”，即面对公权力的巨大诱惑，任何人都不是圣人，都有弱点、缺点和局限，都可能犯错误、滥用权力。二是要以制度规范权力，以民主监督权力，以权力和权利制约权力，以道德约束权力，最大限度地减少公权力腐败的机会，最大限度地增加公权力腐败的成本。三是不仅要注重反腐倡廉的“顶层设计”和制度安排，也要注重从具体制度、程序和机制入手；不仅要注重对公权力主体的教育、防范和惩治，也要注重对侵蚀公权力的市场经济、社会行为等腐败客体的防范与惩治，切实堵住产生腐败的制度性、程序性和机制性漏洞，真正从产生腐败的具体“土壤和温床”上解决问题。

法治思维和法治方式护权，一是要护党权，坚持党的领导，用法治和依法执政来维护和强化党领导和执政的权威性、合法性基础；二是要护政权，坚持依法治国，用依法治国、依宪治国来建立国家和社会的法治秩序，把国家长治久安、社会稳定和谐、民族团结繁荣建立在法治的基础上；三是要护民权，坚持人民民主，用法治的分配正义、执行正义和矫正正义等机制，实现社会公平正义，保证人民安居乐业，充分实现人权。通过法治对党权、政权和民权的充分保障，实现坚持党的领导、人民当家作主和依法治国的有机统一。

目录

contents

法治与改革

总报告

田　禾　周　婧*

2002 年 11 月，党的十六大报告把依法治国作为社会主义民主政治建设的重要内容和目标，强调："发展社会主义民主政治，最根本的是要把坚持党的领导、人民当家作主和依法治国有机统一起来。党的领导是人民当家作主和依法治国的根本保证，人民当家作主是社会主义民主政治的本质要求，依法治国是党领导人民治理国家的基本方略。"由此，依法治国的基本方略得以确立。

十年来，中国继续加快科学立法步伐，修改法律法规，完善社会主义法律体系；法治政府建设紧紧围绕简政放权、实施有效治理的目标，规范权力运行，提升透明度；司法改革以司法公开为推进力和重要抓手，着力提升司法公信力，维护司法公正；反腐治权的力度空前加大，不仅查办一批大案要案，更着力加强预防工作；刑事法律制度不断完善，当事人权利进一步得到保障；民商经济法治领域继续完善立法，加强制度建设，加大执法力度，维护市场主体合法权益；社会法治逐步完善，推进社会保障制度完善，提升食品安全监管水平，加大环境保护治理力度；在涉外法治领域，中国继续依法维护国家领土主权，积极开展多领域的跨国法律合作，积极履行国际法律义务。

一　立法工作

制定法律，实现有法可依是改革开放以来立法工作的首要目标。经过三十多年的努力，中国建立了社会主义法律体系。在 2011 年 3 月举行的十一届全国人大三次会议上，吴邦国在全国人大常委会工作报告中明确提出："一个立足中国国情和实际、适应改革开放和社会主义现代化建设需要、集中体现党和人民意志的，以宪法为统帅，以宪法相关法、民法商法等多个法律部门的法律为主干，由法律、行政法规、地方性法规等多个层次的法律规范构成的中国特色社会主义法律体系已经形成。"中国特色法律体系形成之后，立法工作开始从着重填补立法空白向促进制度完善、提高立法质量的方向转变，且更加重视立法公

* 田禾，中国社会科学院法学研究所研究员；周婧，中国社会科学院美国研究所副研究员。

开和公众参与。

（一）充分行使立法权，形成中国特色社会主义法律体系

立法是建设社会主义法治和依法治国的前提，也是实现平等公正和促进社会和谐的制度保障。十年来，中国在立法方面取得了新的进展。2004 年 3 月 14 日，十届全国人大二次会议通过了对 1982 年宪法的第四次宪法修正案。这次修宪共有 14 条修正案，修改的主要内容包括：确立“三个代表”重要思想的宪法地位，为“三个文明”协调发展提供宪法保障，巩固和发展最广泛的爱国统一战线，保障和促进非公有制经济健康发展，保护公民的私有财产权和继承权，为建立健全社会保障制度提供宪法保障，确立“国家尊重和保障人权”原则，为确立和完善紧急状态制度提供宪法保障等。

以宪法为统帅，全国人民代表大会及其常务委员会、国务院乃至各地方、国务院各部门等充分行使立法权，以立法方式与时俱进地体现人民意志，维护人民利益，为社会主义建设提供法律保障。截至 2011 年 8 月底，中国已制定现行宪法和有效的法律 240 部、行政法规 706 部、地方性法规 8600 多部，中国特色社会主义法律体系已经形成。

（二）调整立法格局，实现立法统筹协调发展

这一时期，中国逐步调整了过去以经济立法为中心的立法格局，立法内容由强调经济立法转变为经济立法、社会立法、民事立法、刑事立法等全面协调发展，尤其是大力推进社会立法，更加关注民生。在 2003 年以前，社会立法所占的立法比例通常只有 2%～6%，而经济立法的比例高达 40%～60%。2012 年，社会立法比例逐年攀升，在国家层面社会立法的比例达到 20%～30%，有的地方社会立法比例已经达到 50%～60%。

增加社会立法体现了构建社会主义和谐社会的要求，与日益重要的“保障民生”目标相契合。旧的《义务教育法》是 1986 年 4 月 12 日由第六届全国人民代表大会第四次会议通过，1986 年 7 月 1 日起施行的。2006 年 6 月 29 日，全国人大常委会通过修订后的《义务教育法》，自 2006 年 9 月 1 日起施行。《义务教育法》是国家实行九年义务教育制度的根本大法。所有适龄儿童、少年必须接受九年的基础教育，义务教育期间，不收任何学费、杂费。义务教育是以国家财政为基础提供的公益性保障，普惠于所有适龄儿童和少年，以保障中国青少年的健康成长，同时能为中国各行业提供具有基本知识的人力资源。

2007 年 6 月 29 日，全国人大常委会通过《劳动合同法》，自 2008 年 1 月 1

日起施行。《劳动合同法》规定了劳动合同的订立、劳动合同的履行和变更、劳动合同的解除和终止、特别规定、监督检查、法律责任等内容。《劳动合同法》是规范劳动关系的一部重要法律。从立法宗旨来看，《劳动合同法》的核心要义，首先是明确劳动合同双方当事人的权利和义务。劳动合同是市场经济体制下用人单位与劳动者进行双向选择、确定劳动关系、明确双方权利和义务的协议，是保护劳动者合法权益的基本依据。其次是保护劳动者的合法权益。《劳动合同法》的立法宗旨是保护劳动者（单保护）的合法权益，还是保护劳动者和用人单位（双保护）的合法权益是立法中争议较大的一个问题。在公开征求意见和审议中，有观点认为应当“双保护”，既要保护劳动者的合法权益，也要保护用人单位的合法权益，只保护劳动者的合法权益，会损害用人单位的利益，倾斜劳动关系，最后同样对劳动者的利益造成伤害。多数人认为，应当向保护劳动者合法权益倾斜。现实是资本过于强势，实践中侵害劳动者合法权益的现象比较普遍。立法采纳了多数人的意见，更多倾向于对劳动者的保护，同时，在公民的劳动权和用人单位的企业责任之间寻找适当的平衡点，兼顾劳动者和用人单位双方的合法权益。

食品安全是民众这十年最为关心的问题之一。虽然早在1995年立法机关就颁布了《食品卫生法》，但随着社会发展，该法的滞后性逐渐显现，不能应对在牟利驱使下的食品安全违法活动，食品安全问题凸显。为了保证食品安全，维护人民群众的生命健康，全国人大常委会2009年2月28日高票通过了《食品安全法》，于2009年6月1日起施行，《食品卫生法》同时废止。《食品安全法》是一部预防和控制食源性疾病的发生、消除和减少食品有害因素造成的危害、保证食品安全、保障公众生命安全和身体健康的重要法律。《食品安全法》颁布的意义在于，通过确立以食品安全风险监测和评估为基础的标准，从制度上解决食品安全问题。

2007年8月30日，第十届全国人大常委会第二十九次会议通过《就业促进法》，自2008年1月1日起施行。《就业促进法》的制定宗旨是为了促进就业，促进经济发展与扩大就业相协调，促进社会和谐稳定。《就业促进法》的核心主要有以下几个方面：一是强调公平就业，严禁就业歧视。现实生活中最易存在就业歧视的社会群体主要有女性、少数民族、残疾人、传染病病原携带者、农村劳动者。因此，该法规定，用人单位招用人员、职业中介机构从事职业中介活动，应当向含上述人员在内的劳动者提供平等的就业机会和公平的就业条件，不得具有就业歧视。二是为促进就业建立政策支持体系。县级以上政府都应实行有利于促进就业的财政政策，改善就业环境，扩大就业。国家建立健全失业保险制度，依法确保失业人员的基本生活，促进其实现就业，并建立健全城乡劳动者平等就业的制度，引导农村富余劳动力有序转移就业。其余的主要规定还有：公共就业服务机构举办招聘会不得向劳动者收取费用，职业中介机构不得扣押劳动者的证件、不得收取劳动者押金，明确政府和有关社会组织促进就业工作职责，劳动行政部门建立举报制度受理对违反《就业促进法》行为的举报，遭受就业歧视的劳动者可向人民法院提出诉讼，强化对中小企业扩大就业的支持力度，县级以上人民政府建立失业预警制度，国家采取措施建立健全劳动预备制度等。就业是民生之本，是关系亿万人民群众切身利益的大事，《就业促进法》的颁布标志着中国在就业促进方面、保证公民的劳动权方面进入了新阶段。

2010 年 10 月 28 日，全国人大常委会通过《社会保险法》。《社会保险法》是一部保障和改善民生的法律，立法目的是规范社会保险关系，维护公民参加社会保险和享受社会保险待遇的合法权益，使公民共享发展成果，促进社会和谐稳定。《社会保险法》在中国特色社会主义法律体系中是具有主要支架作用的法律。《社会保险法》规范了社会保险关系，规定了用人单位和劳动者的权利与义务，明确了社会保险行政部门和社会保险经办机构的职责，厘清了社会保险相关各方的法律责任。《社会保险法》与《劳动法》《公务员法》《劳动合同法》《就业促进法》《劳动争议调解仲裁法》相辅相成，构成了中国人力资源社会保障法律体系。保障和改善民生是中国加快转变经济发展方式的根本出发点和落脚点，可以说《社会保险法》对社会保险做了有效的制度安排和规范，使中国社会保险制度步入了法制化的轨道。

《残疾人保障法》的修订立足于保障残疾人的生存与发展。为了适应近年来社会发展对进一步保障残疾人合法权益、促进残疾人更好参与社会活动等的需求，从多个方面对原有制度进行了修订和完善。《乳品质量安全监督管理条例》针对“奶粉事件”所暴露出来的乳制品食品安全监管中存在的问题，完善了有关的监管机制。《汶川地震灾后恢复重建条例》对汶川大地震灾区过渡性安置、恢复重建规划、恢复重建的实施、资金筹集与政策扶持等进行了规定。

（三）注重“立、改、废”，创设法律与完善法律相结合

在出台新法的同时，中国继续注重法律法规的“立、改、废”。经过新中国 60 余年，尤其是改革开放 30 余年的发展，中国的法治发展经历了法律制度从无到有的历史进程，一些创设于过去不同时期的法律制度已经不能适应发展变化的经济关系和社会现实。因此，立法部门结合社会发展需要，对一些重要法律法规进行了修订。为了适应实施《行政许可法》的迫切需要，全国人大常委会

对《公路法》《公司法》《证券法》《票据法》《拍卖法》《野生动物保护法》《渔业法》《种子法》《学位条例》9 部法律法规的相关条款做了修改。为配合《刑事诉讼法》的修改，全国人大常委会一揽子修改了 7 部相关法律，为未来法律制定、修改中协调与相关法律的关系提供了很好的模式。《选举法》《人民代表大会代表法》《村委员会组织法》等法律的修改，则进一步加强了对公民宪法性权利的保障。《国家赔偿法》《行政监察法》《保守国家秘密法》《税务行政复议规则》等法律法规的修改，进一步加大了对公权力运行的监督制约力度。《著作权法》《专利法实施细则》《知识产权海关保护条例》等法律法规的修改，进一步加强了对智力成果和创新活动的保护。

除了修改法律，立法部门还及时废止与社会发展不相适应的法律法规。2013 年 12 月 28 日，全国人大常委会做出了《关于废止有关劳动教养法律规定的决定》。至此，在中国社会管理中存续多年、广受诟病的劳动教养制度正式退出历史舞台。

（四）加强立法参与，实现民主立法和科学立法

在立法过程中，立法部门广泛采用了公开征集意见的方式，吸纳民意、反复论证，以提升立法民主性和科学性。2005 年 7 月 10 日，全国人大常委会向全社会全文公布《物权法（草案）》，广泛征求意见。共征集社会各界意见 11543 件。26 个省、自治区、直辖市和 15 个较大市的人大常委会、47 个中央有关部门、16 个大公司、22 个法学教学研究机构和法学专家都对这一草案提出了意见和建议。全国人大法律委员会、全国人大常委会法制工作委员会及时向社会反馈人民群众的意见，前后三次将人民群众的意见整理汇总，通过媒体向社会公布，形成了立法机关和人民群众的互动。立法部门还举行立法听证会，听取专家学者、利益相关者等不同群体的意见。2006 年，全国人大常委会法制工作委员会召开《个人所得税法》立法听证会，广泛听取社会各界的意见。

《食品安全法》一直是立法重点，为了贯彻科学立法、民主立法的原则，《食品安全法（草案）》向社会公布并广泛征求意见，2008 年 4 月 20 日至 5 月 20 日，全国人大常委会法制工作委员会共收到社会各方面的意见 11327 件。

国务院于 2008 年正式启动了“行政立法草案意见征集管理信息系统”（http：//yijian. chinalaw. gov. cn/lisms/action/guestLoginAction. do），公众只要进入该系统，就可以对任何正在征集意见的行政立法草案发表意见。国务院运用此信息系统，不但公开了国务院相关立法项目的草案，还公开了部分国务院所属部门拟定的行政立法项目的草案，征集全社会的意见。国务院有关部门和有立法

权的地方人大、政府也都严格实行了意见征集制度，并在本部门网站开辟了专门的“法规征求意见”栏目，或者开发了专门的意见征集系统。有的地方还积极反馈公众对法规草案的意见，如上海市人民政府在规章出台后，通过网站发布意见采纳情况的专题报告，或者对建议人单独回函告知，对不予采纳的意见，也充分说明理由。

随着立法工作走向公开，各界参与立法的程度也逐步提升。如2010年，广受关注的《车船税法（草案）》向社会公开征求意见的程序。据全国人民代表大会常务委员会法制工作委员会公开的信息，在短短一个月的时间内，立法机关共收到97295条修改意见、建议和40封群众来信。2011年，《个人所得税法修正案（草案）》的意见征集因社会关注度高，公众反馈意见踊跃，形成了全社会大讨论的局面。根据全国人大常委会法制工作委员会经济法室整理发布的《社会公众对个人所得税法修正案（草案）的意见》，这次征求意见，立法机关共收到181封群众来信和82707位网民通过中国人大网提出的237684条意见（每位网民可以对草案的4条规定分别提出意见）。2012年，公众的参与更为踊跃。《劳动合同法修正案（草案）》征集到557243条意见，《预算法修正案（草案）》征集到330960条意见，已经远远超出2011年《个人所得税法修正案（草案）》的公众参与规模。

（五）关注法律实施，及时制定配套法律法规

近年来，立法部门更加关注现有法律制度的实施，通过制定相关法律、行政法规和地方性法规对某一法律的规定进行具体化，进而确保该法律的有效实施。2008年颁布的《企业国有资产法》对《物权法》中涉及国有资产的原则性规定做了进一步细化。《劳动合同法实施条例》适时出台，澄清了社会各界对《劳动合同法》中有关制度的认识分歧，进一步提升了法律中有关制度的操作性。《证券公司监督管理条例》《证券公司合规管理试行规定》《证券公司业务范围审批暂行规定》《证券发行上市保荐业务管理办法》《证券公司风险处置条例》等规范性文件为《证券法》的具体实施创造了可操作性条件。2009年7月20日，紧随着《食品安全法》的出台，国务院的《食品安全法实施条例》正式公布实施。此外，一些地方政府也针对部分法律法规发布了实施性规定，如《北京市实施〈中华人民共和国农民专业合作社法〉办法》《北京市实施〈中华人民共和国妇女权益保障法〉办法》《宁夏回族自治区实施〈中华人民共和国节约能源法〉办法》《辽宁省实施〈中华人民共和国民族区域自治法〉办法》等。

（六）不断完善法规审查，加强法律法规清理

立法部门在制定法律的同时，也非常重视对法规的审查，以确保法律体系的统一。2004 年 5 月，全国人大常委会法制工作委员会设立“法规备案审查室”，这是中国第一个受理规范性法律文件审查的专门机构。法规备案审查室的设立，把规范性法律文件纳入宪政体制的审查中，成为中国宪法审查制度的新开端。2005 年，十届全国人大常委会第四十次委员长会议完成了对《行政法规、地方性法规、自治条例和单行条例、经济特区法规备案审查工作程序》（以下简称《法规备案审查工作程序》）和《司法解释备案审查工作程序》的修订，为进一步建立健全法规和司法解释备案审查制度，维护国家法治统一奠定了基础。根据《法规备案审查工作程序》，国务院、中央军事委员会、最高法院、最高检察院和各省、自治区、直辖市的人大常委会认为法规同宪法或者法律相抵触，可向全国人大常委会书面提出审查要求。上述机关以外的其他国家机关和社会团体、企业事业组织以及公民认为法规同宪法或法律相抵触，也可向全国人大常委会书面提出审查建议。此外，专门委员会认为备案的法规同宪法或者法律相抵触的，可以主动进行审查；法制工作委员会认为备案的法规同宪法或者法律相抵触，需要主动进行审查的，可以提出书面建议，报秘书长同意后，送有关专门委员会进行审查。

与此同时，立法部门还及时清理与社会发展不相适应的法律法规。2008 年，全国人大常委会针对 20 世纪 90 年代以前制定且未作过系统修改的法律，开展了系统的清理，重点解决法律规定明显不适应经济社会发展需要、法律之间规定不尽一致或不够衔接、法律操作性不强、影响实施等问题。国务院则于 2008 年 1 月 15 日发布了《国务院关于废止部分行政法规的决定》，在对截至 2006 年年底的 655 件现行行政法规进行了全面清理后，废止了 49 件行政法规，宣布 43 件行政法规失效，并对部分内容不适应经济社会发展的行政法规进行了修订。

（七）解释基本法，为更好实施“一国两制”提供法律保障

《中华人民共和国香港特别行政区基本法》是全国人大制定的一部全国性法律，是香港特别行政区施政、立法和司法的法律依据和基础，具有高于香港特别行政区一切法律的地位。针对香港社会在政制发展问题上对基本法附件有关规定存在不同理解的问题，在广泛听取包括香港各界在内的各方面意见的基础上，2004 年 4 月，十届全国人大常委会第八次会议依法做出关于《中华人民共和国香港特别行政区基本法》附件一第七条和附件二第三条的解释。香港特别行政区行政长官按照基本法和这个解释，向全国人大常委会提交了有关报告。

随后，十届全国人大常委会第九次会议认真审议了这个报告，并依法做出《全国人大常委会关于香港特别行政区2007年行政长官和2008年立法会产生办法有关问题的决定》。2010年8月28日，十一届全国人大常委会第十六次会议通过《关于批准〈中华人民共和国香港特别行政区基本法附件一香港特别行政区行政长官的产生办法修正案〉的决定》，对《中华人民共和国香港特别行政区基本法附件二香港特别行政区立法会的产生办法和表决程序修正案》予以备案。

2011年11月17日，澳门特区行政长官崔世安致函全国人大常委会委员长吴邦国，提出澳门基本法有关释法问题。在广泛沟通交流、听取社会各界意见建议的基础上，在12月16日举行全国人大常委会委员长会议进行讨论，建议将审议《全国人大常委会关于〈中华人民共和国澳门特别行政区基本法〉附件一第七条和附件二第三条的解释（草案）》作为议案列入即将召开的十一届全国人大常委会第二十四次会议议程。12月31日，十一届全国人大常委会第二十四次会议表决通过了全国人大常委会关于《中华人民共和国澳门特别行政区基本法》附件一第七条和附件二第三条的解释。

全国人大常委会做出的上述解释和决定，对于全面贯彻“一国两制”、“港人治港”、“澳人治澳”、高度自治的方针，正确实施特别行政区基本法，保障特别行政区的民主制度按照基本法的规定循序渐进地健康发展，切实维护特别行政区各阶层各界别的利益，维护和促进特别行政区的长期繁荣稳定，发挥了重要作用。

二 行政法治

2004年3月22日，国务院发布了《全面推进依法行政实施纲要》，这是一份指导各级政府依法行政的纲领性文件，它确立了建设法治政府的目标，明确了今后十年全面推进依法行政的指导思想、基本原则、基本要求、主要任务和保障措施。十年来，中国的行政法治稳步推进，成就显著。一系列涉及行政管理活动及推动行政法治的法律法规经过立法机关的审议相继出台，对于确保行政管理活动有法可依、行政权力有法监督意义重大。在转变政府职能、推进依法行政、构建服务型政府方面，中国各级政府也取得较大进步。在中央的稳步协调和逐步推动下，地方政府先后开始启动新一轮的政府机构改革。公众参与政府管理的需求与热情高涨，各级政府机关更加注重与公众的沟通、协作，透明政府、责任政府和服务政府的建构继续推进。

（一）改革行政审批制度

2003年全国人大常委会颁布了《行政许可法》，改革现有行政许可制度，从整体上将行政许可纳入法治轨道。该法是继《行政诉讼法》（1989 年）、《国家赔偿法》（1994 年）、《行政处罚法》（1996 年）、《行政复议法》（1999 年）之后，中国行政法治发展进程中的又一部里程碑式的法律。

为改革行政审批制度，落实《行政许可法》，十年来，国务院分九批共取消和调整行政审批事项 2712 项。这是改革行政审批制度、规范行政权力、转变政府职能等工作迈出的实质性步伐，砥砺了依法治国的基石。

与此同时，各级政府积极探索管理机制创新，规范行政审批。中共中央办公厅、国务院办公厅印发的《关于深化政务公开加强政务服务的意见》（中办发〔2011〕22 号）要求，因地制宜规范和发展各级各类服务中心，明确服务中心职能，凡与企业和人民群众密切相关的行政管理事项，包括行政许可、非行政许可审批和公共服务事项均应纳入服务中心办理。截至 2012 年年底，省级政府中，13 个省、自治区和直辖市已经建立了实体的政务服务中心，未建设实体政务服务中心的省级政府中，7 个建立了专门的在线审批网站。43 个较大的市（未含民族区域自治区域的 6 个较大的市）建立了实体的政务服务中心。实践证明，建设好政务服务中心有助于规范和监督行政审批权，提高行政审批服务水平。一些地方还积极创新行政审批制度改革工作。广东省在行政审批制度改革方面获得先行先试的授权，全国人大常委会授权国务院同意广东省对 25 项法律规定的行政审批进行改革试点。广东省发布了《广东省“十二五”时期深化行政审批制度改革先行先试方案》，连续发布了 2 批行政审批制度改革事项目录，正式开通运行网上办事大厅，实行网上政务“一站式办理、一条龙服务”。

（二）深化行政体制改革

2008 年 2 月 27 日，中国共产党第十七届二中全会通过了《关于深化行政管理体制改革的意见》（以下简称《意见》）和《国务院机构改革方案》，并同意把《国务院机构改革方案》提请十一届全国人大一次会议审议。加快行政管理体制改革，建设服务型政府，是党的十七大做出的重要战略部署。《意见》确立了中国深化行政管理体制改革的指导思想、基本原则，确立了到 2020 年中国深化行政管理体制改革的总体目标和今后 5 年的重点任务，确立了组织实施这项重大改革的具体要求。《意见》旨在进一步改变政府职能转变不到位，对微观经济运行干预过多，部门职责交叉、权责脱节和效率不高，对行政权力的监督制约机制不完善等问题。

2008 年 3 月 15 日，全国人大批准国务院机构改革方案，探索实行职能有机统一的大部门体制。根据这一方案，国务院新组建工业和信息化部、交通运输部、人力资源和社会保障部、环境保护部、住房和城乡建设部。改革后，除国务院办公厅外，国务院组成部门设置27个。这次国务院机构改革涉及调整变动的机构共15个，正部级机构减少4个。

2008年8月20日，中共中央、国务院印发《关于地方政府机构改革的意见》，对地方政府机构改革做出部署。2009年1月27日，中央决定在全国推开乡镇机构改革。

在此基础上，中国于2008年启动了改革开放以来的第五次机构改革，逐步推行“大部制”改革，最大限度地避免政府职能交叉、政出多门、多头管理，提高行政效率，降低行政成本。此次改革涉及15个机构，进一步合理配置了宏观调控部门的职能，如加强了能源管理机构，组建了工业和信息化部、交通运输部、人力资源和社会保障部、环境保护部、住房和城乡建设部，国家食品药品监督管理局改由卫生部管理。

2009年，地方政府也先后启动本地的机构改革工作。本轮改革，中央为地方因地制宜改革预留了广阔的探索空间和较大的自主权。中央对地方政府机构设置的具体形式、名称、排序等不要求上下对口，各地普遍注重向“大部制”方向转变。首先，在机构调整上，大部分地方都注意与国务院机构改革相衔接，在工业和信息化、交通运输、住房和城乡建设、人力资源和社会保障、卫生和食品药品监管5个方面对原有的机构进行了调整整合。其次，很多地方根据本地的实际情况，对一些职能相近的部门进行了整合。比如，上海市组建了城乡建设和交通委员会，将此前建设和交通委员会的职责、农业委员会参与指导郊区城镇规划建设的职责、市政工程管理局重大工程规划建设和资金安排等的职责，整合划归新成立的机构负责，撤销了建设和交通委员会、市政工程管理局等。同时，此次机构改革也是建设责任政府的重要方面，通过整合原有的政府机构，明确了各部门的职权与职责。

广东省在“大部门制”改革方面独树一帜，先行先试，成效显著。“大部门制”就是将关联性高、职能相似的部门整合起来，避免分散的部门设置造成部门之间的扯皮摩擦，增加财政开支，也不利于服务型政府的实现。广东顺德将党政部门从29个减为16个，整合之后，呈现大规划（区发展规划和统计局）、大建设（区国土城建和水利局）、大经济（区经济促进局）、大文化（区文体旅游局，与区委宣传部合署）、大保障（区人力资源和社会保障局）、大监管（区市场安全监管局）、大执法（区环境运输和城市管理局）、大财政（区财税局）、大监督（区政务监察和审计局内设信访局，与区纪律监察委员会合署）的工作格局。深圳也建立了类似的“大部门制”，如将各区卫生局、人口计生局合并组建卫生和人口计生局。“大部门制”通过集中执法力量，提高行政效率，有助于建立方便民众的服务型政府。深圳继2003年之后，于2009年再次启动“行政权三分”改革。按照决策权、执行权、监督权既相互制约又相互协调的要求，深圳市政府设置的31个工作部门分别冠以“委”“局”“办”。“委”主要承担制定政策、规划、标准等职能并监督执行；“局”主要承担执行和监管职能；“办”主要协助市长办理专门事项，不具有独立行政管理职能。同时，将同一类“局”划归“委”归口联系，将一部分“办”交由市政府办公厅归口联系。

广东“大部门制”改革也面临一些困境。首先，机构改革中人大缺位。广东顺德的机构改革方案由地方党委、政府主导，靠行政命令强制推行，人大事先未发挥应有的作用，在合法性方面具有先天缺陷。从法理上讲，作为代理人的政府机构如何设置和变革应该具有人大的授权。其次，“大部门制”与执法专业化的冲突。“大部门制”将工商、质检等执法机构合并在一起，强调综合执法。例如顺德在“大部门制”改革中成立了市场安全监管局，工作人员需要从原来工商、质检、卫生、农业、旅游等“专业执法”转向“综合执法”。要监管辖区内的一切安全监管事务，执法人员不但要熟练掌握执法涉及的法律法规，还要具备不同领域的专业知识背景，这在实践中是无法做到的，“综合执法”很难保证执法的专业性和效果。最后，地方试点与改革全局存在张力。中国是单一制国家，从中央到地方实行条式管理，如果只是下面改革，上面不改革，就会出现上下机构的不协调。地方“大部制”改革之后，下级的一个机构要对应上级的几个机构，工作压力加大，有时为了项目、资金、奖项申请等实际需要，只得又重新挂牌，难免陷入机构摘牌又挂牌的怪圈。

作为政治体制改革的突破口，机构改革牵一发而动全身，为了保证改革的成效，应该尽早完成顶层设计。机构改革中应充分发挥人大在机构改革中的主导作用，如机构改革领导小组中应该增加人大的名额、机构改革方案要由人大审议通过、机构改革方案的实施要受到人大的监督，对于不按方案执行改革的机构责任人，要进行质询等。机构改革应当法治化。目前，无论是中央层面的机构改革还是地方机构改革，都面临着法治化不足的问题。机构改革法定化是通过以法律规则为主体的制度设计，包括两个阶段，一是机构改革按照法治化轨道运行，二是改革之后的机构组织实行法定化。今后的机构改革应该坚持人大主导、立法先行的原则，制定完备的行政组织法与机构编制管理法制体系为行政改革提供制度保障。行政组织的创设与运作须由立法机关明确授权，各层级政府机关及其内部机构均依据明确的组织法规，包括法律及行政命令。

（三）推进政府信息公开

2007年，国务院制定了《政府信息公开条例》，以统一规范政府信息公开工作，强化行政机关公开政府信息的责任，明确政府信息的公开范围。该条例自

2008 年 5 月 1 日实施以来，政府信息公开工作进入法治化轨道，公众获取信息的需求持续攀升，各级政府机关将公开透明作为政府管理的重要内容。2012 年，国务院办公厅印发了《2012 年政府信息公开重点工作安排》（国办发〔2012〕26 号），提出加强财政预算信息、保障房信息、食品安全信息、环境保护信息等重点领域的政府信息公开工作，并要求制定完善《政府信息公开条例》实施办法，进一步加强政府网站等公开渠道建设，加强机构和队伍建设。

随着相关法律法规的逐步完善，近年来从国务院部门到地方政府，推进政府管理公开透明的实践不断创新，公开范围呈逐步扩大趋势。自四川省巴中市白庙乡 2010 年年初在网络上公示“三公消费”开始，至国务院部门、部分地方政府公开年度预算信息，《政府信息公开条例》所要求的预算信息公开取得了重大突破，长期被视为秘密的预算信息开始进入公众的视野。《高等学校信息公开办法》的颁布实施以及一些地方公开水价定价成本的做法标志着公用企事业单位的信息公开逐步进入实施阶段。成都市等在政务网站公开行政权力清单的做法，创新了政府信息公开的方式方法，帮助公民集中便捷地获取涉及行政权力运行的各类信息。

政府更加注重运用新媒体，提升政府管理透明度，加强与公众的交流互动。继 2010 年公安微博大发展之后，2011 年，各级政府机关纷纷开通微博，注重通过微博发出权威声音，及时与公众进行沟通和互动。2011 年 11 月 17 日，北京市新闻办公室的“北京微博发布厅”上线运行，首批有 20 个北京市政府部门的政务微博加入“北京微博发布厅”，这是全国各省、自治区、直辖市开通的首个省级政务微博发布群。11 月 28 日，上海市新闻办也开通微博“上海发布”，引起市民的高度关注。到 2011 年年底，通过新浪微博认证的各领域政府机构及官员微博已近 2 万个，其中政府机构微博超过 1 万个，个人官员微博近 9000 个；省部级以上政府机构微博 35 个，省部级以上政府官员微博 14 个；厅局级以上政府机构微博 429 个，厅局级以上官员微博 268 个。[①] 科技改变了媒体的形式，政务微博改变了政府与人民沟通的方式，可以直接体现政府如何对待人民的权利，以及如何看待自己的权力。政务微博使政府直接面对公众，如何对待非理性公众的斥责和辱骂需要高度的政治智慧。

与此同时，政府信息公开司法审查工作取得一定进展。《最高人民法院关于审理政府信息公开行政案件若干问题的规定》（法释〔2011〕17 号）出台，明确了政府信息公开诉讼的受案范围、案件审理的具体法律适用。虽然一些规定与理想的政府信息公开司法审查还有差距，但这无疑推动了此类案件“诉讼难”

---

① 《全国首份政务微博年度报告发布》，《光明日报》2011 年 12 月 12 日。

问题的解决，也必将进一步推动政府信息公开工作。

（四）规范行政权力运行

国务院 2004 年发布的《全面推进依法行政实施纲要》和 2010 年发布的《关于加强法治政府建设的意见》强调依法行政，重视行政机关工作人员依法行政意识与能力的培养，实现规范公正文明执法。这些文件推动了各级政府机关依法行政工作机制的创新，为中国法治政府建设明确了努力的方向。

政府机关不断加强自身活动的规范化程度。为加强税收规范性文件制定和管理工作，国家税务总局颁行了《税收规范性文件制定管理办法》，对税收规范性文件的起草、审核、决定、公布、备案、清理等做出了详细规定；为维护纳税人的合法权益，规范纳税服务投诉处理工作，构建和谐的税收征纳关系，国家税务总局制定了《纳税服务投诉管理办法（试行）》，对纳税服务投诉范围、提交与受理、调查与处理、指导与监督等事项做出了规定；江苏省为了限制行政处罚的自由裁量权，降低权力寻租空间，还将每一项行政处罚裁量权细化量化为轻、中、重三个等次，全省共制定自由裁量基准 3.3 万个，积极探索规范行政处罚自由裁量权的新举措。此外，不少部门和地方政府也都加强了政府管理程序规范化工作。

但是，执法不规范现象仍屡屡出现。例如，2009 年 10 月 14 日，上海发生“钓鱼执法”事件。一位搭载“路人”的司机被认定为“非法营运”。有关部门对此进行了联合调查，根据调查报告，浦东区政府对此作出处理意见，认为有关部门在执法过程中使用了不正当取证手段，为此向社会公众作出公开道歉。

一些地方针对城管执法不规范的问题，出台措施加大对城管执法人员的管理。重庆市实施《市政管理检查行为规范》，要求城管执法人员做到“十禁止三必须七严格”，要求执法时以教育规劝为主，能不处罚尽量不处罚，不准没收小摊贩东西，情节严重需要没收板车等工具的，不得没收出售的水果等物品。

不少地方还注重结合本地区实际情况对上位法进行细化，为规范和监督行政权力运行提供了切实可行的依据。比如，湖南省出台了中国首部全面规范行政裁量权的省级政府规章《湖南省规范行政裁量权办法》。该办法提出和确定了行政裁量权的“综合控制模式”，采取了控制源头、建立规则、完善程序、制定基准、发布案例“五项基本制度”，对行政裁量权进行了全面和系统的规范；规定了符合法律目的原则、平等对待原则、排除干扰原则、比例原则、先例原则等行使行政裁量权的一般规则。其中，针对“钓鱼执法”“多头执法”“重复检查”等行政执法中的痼疾，明确规定了规范要求。

（五）完善行政问责制

针对近年来社会各界对建立合理、公开、透明、高效的行政问责制度的关注和呼声，各级政府就如何建立健全问责机制进行了一些有益探索。2005 年 1 月，海南省人民政府通过了《海南省行政首长问责暂行规定》。

《国务院 2008 年工作要点》《关于加强市县政府依法行政的决定》更是强调要加快实行行政问责制。“山西尾矿库溃坝”事件、“三鹿婴幼儿奶粉”事件发生后，一批官员因此被追究责任。2009 年，《关于实行党政领导干部问责的暂行规定》和《关于建立促进科学发展的党政领导班子和领导干部考核评价机制的意见》将问责机制加以制度化和规范化。

一些地方政府则结合本地具体情况制定相应的规范性文件。例如，2011 年，北京市出台了《北京市行政问责办法》。该办法规定了应当履行而未履行行政职责应予以问责的情形，并规定媒体监督可启动行政问责，且责任人员调岗不能免除行政问责，并新增了对单位问责。

（六）行政强制行为得到进一步规范

经过近 12 年漫长的立法进程，《行政强制法》终于获得通过，其宗旨是通过规范行政强制的设定与实施，保障和监督行政机关依法履行职责，维护公共利益和社会秩序，保护公民、法人和其他组织的合法权益。一般说来，行政强制包括两部分：一是行政强制措施，即行政机关在实施行政管理过程中，依法对公民人身自由进行暂时性限制，或者对公民、法人的财产实施暂时性控制的措施；二是行政强制执行，即行政机关或者由行政机关申请人民法院对不履行发生法律效力的行政决定的公民、法人，依法强制其履行义务的行为。

该法的亮点是，强调法律保留（第十条、第十三条），贯彻比例原则（第五条、第四十三条），遵循正当程序（第十四条、第三章、第四章），确立了实施行政强制执行应将对相对人的损害降至最低且不以影响当事人的基本生活为代价的原则。这些规定是人文精神和法治精神的双重体现，在有效约束行政强制行为、维护公民权益与维护公共利益、尊重个人自由与维持公共秩序、保障公民权利与保证行政效率方面意义重大。

《国有土地上房屋征收与补偿条例》（即“新拆迁条例”）经过 2010 年两次公开征集意见，于 2011 年颁布，对规范国有土地上的房屋征收与补偿活动，维护公共利益，保障被征收房屋所有权人的合法权益，化解拆迁矛盾，推动国家工业化、城镇化乃至整个现代化进程的顺利进行都具有重要意义。

《国有土地上房屋征收与补偿条例》出台背景复杂。2007 年 3 月，全国人大通过《物权法》，该法明确了公共利益征收原则。当时的《城市房屋拆迁管理条例》由于未体现公共利益征收原则，与《物权法》面临直接冲突。2007 年 8 月，全国人大常委会修改了《城市房地产管理法》，增加规定："为了公共利益的需要，国家可以征收国有土地上单位和个人的房屋，并依法给予拆迁补偿，维护被征收人的合法权益；征收个人住宅的，还应当保障被征收人的居住条件。具体办法由国务院规定。"该立法授权做出后，国务院法制办分别在 2010 年 1 月 29 日和 12 月 15 日两次就征收条例公开征求意见，开了行政立法两次征求意见的先例。2011 年 1 月 19 日，国务院原则通过了征收条例。新条例的亮点是删去了旧有条例中的"拆迁"二字，代之以"征收"，突出了房屋征收和补偿的规范、公平、合理性。

（七）完善法规保障权利

2003 年，中国发生了一件让人动容的事件。孙志刚，27 岁，中国公民，在广州就业的大学生，仅仅因为没有暂住证，被收容，被遣送，被毒打，于 2003 年 3 月 20 日死亡。孙志刚事件引起了强烈的社会反响，一个普通中国公民的基本人权应该受到尊重和保护。该案不仅暴露了城市外来人员管理制度本身存在的问题，还表明在一些部门和领域存在的执法权滥用现象，有违以人为本、执政为民以及法治政府等治国理念。事件发生后，有关方面对孙志刚事件进行认真复查，积极回应，最终促使国务院对社会救助制度进行了改革，废除了备受争议、施行了 20 多年的《城市流浪乞讨人员收容遣送办法》，制定了《城市生活无着的流浪乞讨人员救助管理办法》。依据这一新的行政法规，政府部门不得对城市流浪乞讨人员采取强制收容遣送措施，与此同时，相关部门有义务对这些人员提供救助服务。

除了孙志刚案件，2003 年还发生了"乙肝歧视案"。一位大学毕业生因是乙肝病毒携带者被拒绝录用为公务员，向安徽省芜湖市法院提起诉讼，被媒体称为"乙肝歧视案"。该案不仅引起了社会的广泛关注，而且直接导致浙江、四川、福建、广东等省修改"禁止录用乙肝病毒携带者为公务员"的规定。2005 年 1 月 17 日，人事部和卫生部印发了《公务员录用体检通用标准（试行）》。该标准第七条规定，"各种急慢性肝炎，不合格；乙肝病原携带者，经检查排除肝炎的，合格。"2007 年，劳动和社会保障部、卫生部下发《关于维护乙肝表面抗原携带者就业权利的意见》，要求用人单位在招、用工过程中，除国家法律、行政法规和卫生部规定禁止从事的工作外，不得强行将乙肝病毒血清学指标作为体检标准。

（八）完善行政诉讼行政复议制度

行政诉讼是监督政府机关依法行政的重要制度。为了保障公众依法提起行政诉讼，为妥善化解行政争议，依法审查行政诉讼中行政机关改变被诉具体行政行为及当事人申请撤诉的行为，2007 年最高人民法院发布了《最高人民法院关于行政诉讼撤诉若干问题的规定》，对行政诉讼法规定的准许撤诉情形做了详细界定。为了解决实务中行政诉讼案件立案难等的问题，最高人民法院 2009 年发布了《关于依法保护行政诉讼当事人诉权的意见》，要求各级法院不得随意限缩受案范围、违法增设受理条件，并依法积极受理新类型行政案件。另外，《政府信息公开条例》实施后，最高人民法院抓紧制定司法解释，并于 2011 年发布了《最高人民法院关于审理政府信息公开行政案件若干问题的规定》。

为了继续完善行政诉讼，最高人民法院还启动了行政诉讼简易程序试点。2010 年，最高人民法院发布了《关于开展行政诉讼简易程序试点工作的通知》，决定在部分基层人民法院试点行政诉讼简易程序。根据该通知，涉及财产金额较小或者属于行政机关当场做出决定的行政征收、行政处罚、行政给付、行政许可、行政强制等案件以及行政不作为案件、当事人各方自愿选择适用简易程序并经人民法院审查同意的案件，可以适用简易程序。通知允许对适用简易程序的案件采取独任审理形式。这一程序有利于高效解决行政争议，节约司法资源。

与此同时，行政复议制度也进一步完善。2007 年颁布的《中华人民共和国行政复议法实施条例》赋予行政复议机构“处分建议权”，规定行政复议决定不得“对申请人更为不利”。为了避免复议机关和“被告”机关“官官相护”，条例还规定，复议机关驳回申请理由不成立，上级机关将责令恢复审理。在税务行政复议方面，2010 年，国家税务总局修订了《税务行政复议规则（暂行）》，进一步强化了税务行政复议对公民、法人和其他组织合法权益的保护和救济以及对税务机关依法行使职权的监督和保障。

三　司法改革

这十年，中国处在经济、社会发生巨大变革的时期。在社会持续发展的过程中，各种各样的社会矛盾层出不穷，对司法机关提出的要求也越来越高。但司法机关一方面因为其固有的消极性、被动性以及司法人员编制有限、司法程序严格、时间成本高等原因，同时，由于司法人员素质水平参差不齐、司法腐败、司法判决“执行难”等问题，不能有效地应对社会的要求。这些是中国当前及今后一段时期司法改革面临的任务，也是地方司法机关面临的难题和创新的着力点。2002 年，党的十六大提出要“加强对执法活动的监督，推进依法行政，维护司法公正，防止和克服地方和部门的保护主义。推进司法体制改革，按照公正司法和严格执法的要求，完善司法机关的机构设置、职权划分和管理制度”。根据党的十六大精神，中央司法体制改革领导小组于 2004 年年底出台了《中央司法体制改革领导小组关于司法体制和工作机制改革的初步意见》（以下简称《初步意见》），对推进司法体制改革做了全面部署。《初步意见》提出了改革和完善诉讼制度、诉讼收费制度、检察监督体制等 10 个方面的 35 项改革措施。最高法院、最高检察院分别成立了司法改革领导小组，“两高”分别推出了《人民法院第二个五年改革纲要（2004～2008）》和《关于进一步深化检察改革的三年实施意见（2005～2008）》。2006 年 5 月，中央做出了《关于进一步加强人民法院、人民检察院工作的决定》。2007 年 10 月，党的十七大报告再次提出要“深化司法体制改革，优化司法职权配置，规范司法行为，建设公正高效权威的社会主义司法制度，保证审判机关、检察机关依法独立公正地行使审判权、检察权”。2008 年 11 月 28 日，中共中央政治局原则通过了《中央政法委员会关于深化司法体制和工作机制改革若干问题的意见》，提出了优化司法职权配置、落实宽严相济刑事政策、加强政法队伍建设、加强政法经费保障四个方面的改革任务。

2000～2009 年，最高人民法院先后发布了三个司法改革五年纲要，确立了不同时期人民法院司法改革的基本任务和目标。

最高人民法院出台的《第一个五年改革纲要（1999～2003）》系统规划了人民法院的改革，确立了人民法院改革的总体目标，即“紧密围绕社会主义市场经济的发展和建立社会主义法治国家的需要，依据宪法和法律规定的基本原则，健全人民法院的组织体系；进一步完善独立、公正、公开、高效、廉洁，运行良好的审判工作机制；在科学的法官管理制度下，造就一支高素质的法官队伍；建立保障人民法院充分履行审判职能的经费管理体制；真正建立起具有中国特色的社会主义司法制度”。为实现人民法院改革的总体目标，最高人民法院在改革纲要中提出了 39 项具体的改革任务。

《人民法院第二个五年改革纲要（2004～2008）》部署的 2004 年至 2008 年人民法院司法改革的基本任务和目标是：改革和完善诉讼程序制度，实现司法公正，提高司法效率，维护司法权威；改革和完善执行体制和工作机制，健全执行机构，完善执行程序，优化执行环境，进一步解决“执行难”；改革和完善审判组织和审判机构，实现审与判的有机统一；改革和完善司法审判管理和司法政务管理制度，为人民法院履行审判职责提供充分支持和服务；改革和完善司法人事管理制度，加强法官职业保障，推进法官职业化建设进程；改革和加强人民法院内部监督和接受外部监督的各项制度，完善对审判权、执行权、管理权运行的监督机制，保持司法廉洁；不断推进人民法院体制和工作机制改革，建立符合社会主义法治国家要求的现代司法制度。

《人民法院第三个五年改革纲要（2009～2013）》为2009年以及之后一段时期内的司法改革勾画了基本蓝图、总体目标和基本任务。司法改革的主要任务为：首先，优化人民法院职权配置。改革和完善人民法院司法职权运行机制，改革和完善刑事审判制度，改革和完善民事、行政审判制度，改革和完善再审制度，改革和完善审判组织，改革和完善民事、行政案件的执行体制，改革和完善上下级人民法院之间的关系，改革和完善审判管理制度，改革和完善人民法院接受外部制约与监督机制，加强司法职业保障制度建设。

其次，落实宽严相济刑事政策。建立和完善依法从严惩处的审判制度与工作机制，建立和完善依法从宽处理的审判制度与工作机制，建立健全贯彻宽严相济刑事政策的司法协调制度与保障制度。

再次，加强人民法院队伍建设。要完善法官招录培养体制，完善法官培训机制，完善法官行为规范，完善人民法院反腐倡廉长效工作机制，完善人民法院人事管理制度和机构设置，完善人民法院编制与职务序列制度，改革和完善法官工资福利和任职保障制度，改革和完善人民法院队伍管理制度。

最后，加强人民法院经费保障。要改革和完善人民法院经费保障体制，建立人民法院公用经费正常增长机制，加强人民法院信息化建设，健全司法为民工作机制，加强和完善审判与执行公开制度，建立健全多元纠纷解决机制，建立健全民意沟通表达机制，完善涉诉信访工作机制，建立健全司法为民长效机制，改革和完善司法救助制度。

2009年3月，最高人民检察院发布《关于贯彻落实〈中央政法委员会关于深化司法体制和工作机制改革若干问题的意见〉的实施意见——关于深化检察改革2009—2012年工作规划》，提出了此期间检察制度改革的总体目标。

2012年，中国首次发表了《中国的司法改革》白皮书，总结了中国司法改革的基本情况和主要成就，表明了推进依法治国基本方略的态度和决心。

十年中，司法工作的推进方向主要为以下几个方面。

（一）积极提升案件质量

这一时期，检察机关注意规范执法活动，提高办案质量。为规范办案，最高人民检察院制定了《关于加强案件管理的规定》《在办理直接立案侦查案件工作中加强安全防范的规定》《人民检察院讯问室设置、使用管理办法》等文件，指导各地检察机关进一步规范受理、立案、侦查等环节的业务流程，组织办案质量专项检查，完善办案质量考评体系，全面推行办案质量定期通报和一案一考评制度。最高人民检察院还成立了案件管理办公室，对高检院机关案件流程、案件质量和案件统计信息等进行集中管理，并承担对全国检察机关案件管理工作的指导职责。

最高人民法院修订了《关于案件质量评估工作的指导意见》，对于案件质量评估指标体系进行了优化调整，为全国法院加强审判管理，为社会各界了解、监督法院工作，提供了有效的依据。针对近年来一些法院为了片面追求结案率等办案指标，在年底人为控制收案、突击结案的现象，最高人民法院出台了《关于加强均衡结案的意见》，并发布了“均衡结案评估参考指标体系”，用以指导各级人民法院加强均衡结案工作。为推行案件质量管理，地方法院积极开展庭审评查和裁判文书评查活动，进一步提高庭审规范化水平，提高裁判文书质量，提升司法公信力，维护司法权威。

（二）推进司法公开

2005 年最高人民法院成立了专题小组，负责就审判公开工作中存在的突出问题进行调查研究和制定完善审判公开制度。经过两年多的努力，在反复调研和广泛征求意见的基础上，2007 年 6 月，最高人民法院发布了《关于加强人民法院审判公开工作的若干意见》，要求各项审判和执行工作依法公开。

2012 年，法律首次确认了公众查阅裁判文书的权利。修改后的《民事诉讼法》规定，公众可以查阅发生法律效力的判决书、裁定书，但涉及国家秘密、商业秘密和个人隐私的内容除外（第一百五十六条）。公众查阅裁判文书的权利将进一步推动司法公开工作的进程，有助于提升司法裁判水平。

（三）专项整治执行难问题

为了解决社会反映强烈的“执行难”问题，最高人民法院出台了一系列规定，以改进和完善执行工作体制，推进执行工作长效机制建设，提升执行的力度。例如，最高人民法院发布的《最高人民法院关于进一步加强和规范执行工作的若干意见》（2009 年）提出要建立执行快速反应机制，完善立审执协调配合机制，建立有效的执行信访处理机制和执行工作联席会议制度，优化执行职权配置，统一执行机构设置，合理确定执行机构与其他部门的职责分工等方面的明确要求。最高人民法院《关于财产刑执行问题的若干规定》（2010 年）明确了财产刑的执行部门、罚金刑减免的程序、财产刑的执行中止和终结程序等，为财产刑的“执行难”“结案难”问题，提供了相应的解决途径。《最高人民法院关于限制被执行人高消费的若干规定》通过限制被执行人的高消费活动，加大了民事生效裁判的执行力度。根据该规定，凡是被执行人有拒不申报财产或者申报不实、拒不配合法院查找财产等消极履行的行为、规避执行的行为或者抗拒执行的行为，法院可以对其采取限制高消费措施。《关于执行权合理配置和科学运行的若干意见》（2011 年）则主要从执行机构的内部职责划分、执行机构与立案、审判等机构的职责划分和上下级法院之间的统一管理等方面进行了规范。此外，还通过了《最高人民法院关于委托执行若干问题的规定》（2011 年）和《关于依法制裁规避执行行为的若干意见》（2011 年），开展了反规避执行专项行动。

一些地方也积极探索化解“执行难”的问题，如广东省于 2009 年成立的执行指挥中心在实践中发挥了重要作用，该中心搭建了远程指挥监控系统、被执行人信息查询系统、被执行人信息发布系统、执行要情系统和执行案件信息管理系统，并建立了执行联动机制。通过省政务信息资源平台共享广东法院诉讼和执行案件信息后，联动单位一般无须法院另行制作法律文书，即自动启动执行联动程序，对被执行人生产、经营、工作和生活进行全面限制。

（四）强化对司法人员的行为监督

加强对司法人员的监督，保障司法公正廉洁，这是近年来司法改革的重点。最高人民法院、最高人民检察院、公安部、国家安全部、司法部联合发布了《关于对司法工作人员在诉讼活动中的渎职行为加强法律监督的若干规定（试行）》，明确界定了检察机关应当进行调查核实的司法工作人员涉嫌渎职的情形和进行调查的权力、程序，加强了检察机关对司法工作人员渎职行为的监督。最高人民法院发布了《关于在审判工作中防止法院内部人员干扰办案的若干规定》和《关于对配偶子女从事律师职业的法院领导干部和审判执行岗位法官实行任职回避的规定（试行）》。全国高级法院全部开通违法违纪举报网站，并与最高人民法院举报中心网站联网对接，以方便人民群众进行投诉举报。

为了严格司法人员的职业纪律，最高人民法院发布了修订的《法官职业道德基本准则》《法官行为规范》，对法官在立案、庭审、诉讼调解、文书制作、执行、涉诉信访处理、业外活动等各个环节的行为进行规范，对业务活动之外的言行进行约束。监察部、人力资源和社会保障部、公安部联合发布了《公安机关人民警察纪律条令》。这是中国第一部系统规范公安机关及其人民警察纪律以及对违反纪律行为给予处分的部门规章。

（五）完善人民陪审员制度

人民陪审员制度是一项重要的司法制度。为了更好地发挥人民陪审员的作用，全国人大常委会于2004年颁布了《关于完善人民陪审员制度的决定》，对陪审员的职责定位、产生程序、任职条件、陪审案件的范围、陪审规则、经费保障等做了规定。与此配套，最高人民法院、司法部联合发布了《关于人民陪审员选任、培训、考核工作的实施意见》，最高人民检察院还制定了《关于实行人民检察员制度的规定（试行）》。

为了进一步改革人民陪审员制度，最高人民法院发布了《关于进一步加强和推进人民陪审工作的若干意见》，对拓宽人民陪审员选任范围、严格任免程序、依法保障其履行职责、规范人民陪审工作程序、加强培训工作、全面提升陪审能力、强化管理与考核、落实经费保障等做出了规定。最高人民法院还下发《关于人民陪审员制度改革试点方案》，扩大陪审员选任范围，落实随机抽取原则，完善陪审工作机制，落实陪审员阅卷权、参审权、异议权等，解决陪而不审的问题。

（六）规范与清理司法解释

这一时期，司法解释的合法性、合理性受到了社会的高度关注。为规范司法解释，2005年，十届全国人大常委会第四十次委员长会议完成了对《司法解释备案审查工作程序》的修订。按照此规定，所有司法解释都要报送全国人大常委会备案。

与此同时，最高人民法院与最高人民检察院也出台了一些规定，以规范司法解释。《关于地方人民法院、人民检察院不得制定司法解释性质文件的通知》明确规定，地方人民法院、人民检察院一律不得制定在本辖区普遍适用的、涉及具体应用法律问题的“指导意见”“规定”等司法解释性质的文件，制定的其他规范性文件不得在法律文书中援引，地方人民法院、人民检察院对于制定的带有司法解释性质的文件，应当自行清理。

此外，随着法律制度不断健全完善，经济不断发展，部分不符合现行法律法规和社会实际的司法解释已经无法发挥指导办案和保障当事人合法权益的作用。为此，最高人民法院和最高人民检察院清理并废止了一批司法解释。2012年，最高人民法院废止了1979年年底以前发布的144件司法解释和司法解释性质的文件，最高人民检察院废止了1979年年底以前发布的2件司法解释和司法解释性质的文件。此外，上述两机关还共同废止了两机关1979年年底以前共同制发的13件司法解释和司法解释性质文件。

（七）完善多元化纠纷解决机制

为了不断完善多元化纠纷解决机制，最高人民法院颁布的《关于建立健全诉讼与非诉讼相衔接的矛盾纠纷解决机制的若干意见》提出，充分发挥人民法院、行政机关、社会组织、企事业单位以及其他各方面的力量，促进各种纠纷解决方式相互配合、相互协调和全面发展，做好诉讼与非诉讼渠道的相互衔接，为人民群众提供更多可供选择的纠纷解决方式，维护社会和谐稳定，促进经济社会又好又快发展。最高人民法院还发布了《进一步贯彻“调解优先、调判结合”工作原则的若干意见》，明确指出，人民法院要下大力气把调解作为处理民事案件的首选结案方式和基本工作方法；在贯彻“调解优先、调判结合”工作原则过程中，要切实贯彻当事人自愿调解原则、合法调解原则，科学把握当判则判的时机，加强对调解工作的监督管理，以发挥人民法院调解工作在化解社会矛盾、维护社会稳定、促进社会和谐中的积极作用。

司法部、卫生部和保监会共同颁布了《关于加强医疗纠纷人民调解工作的意见》，规定了医疗纠纷人民调解委员会的组织制度、调解员选任制度、调解工作保障制度、调解业务制度等，确立了“调解优先”原则。这标志着医疗纠纷人民调解制度作为新的专业性人民调解制度正式出现在人民调解制度体系内，中国多元化纠纷解决机制朝着专业化方向发展。

此外，2010 年中国作协成立了专门的著作权纠纷调解委员会，并和北京市高级人民法院开展纠纷调解的合作。在调解委员会的组织下，由委员或专家在双方自愿的前提下进行调解。上海市新闻出版局还成立了上海版权纠纷调解中心，与上海市高级人民法院开展合作，无论是在“诉前”“审前”，还是“判前”，只要双方当事人同意，人民法院都可以将纠纷委托给调解中心或者邀请调解中心进行调解。“调解优先、调判结合”原则在知识产权纠纷的处理中得到了切实贯彻。

四　廉政法治

腐败问题是中国公众反应较为强烈、关注度较高的问题。为此，中国加大公职人员廉洁从政力度，预防和惩治腐败行为。2010 年，中国首次发布的《反腐败和廉政建设白皮书》总结了中国推进反腐败和廉政建设法制化的情况，彰显了反腐败的决心。

（一）完善预防腐败机构建设

2003 年，中央将驻各部委的纪检组改为由中纪委统一管理和直接领导，实行“两不政策”，即纪检组长、监察局局长不再从所驻部门产生，由中纪委直接委派，各试点单位不再受同级党组领导，直属中纪委。

此外，中国成立了专门的反腐败机构即预防腐败局以加强对预防腐败工作的组织协调和综合规划，全面提升预防腐败工作水平。自国家预防腐败局成立后，各地也陆续设立预防腐败局。截至2012年12月，共有20个省、自治区和直辖市设立了预防腐败局，2012年新设的有8个省、自治区。广东省地市级以上城市于2012年全部设立了预防腐败局。此外，珠海市还成立了横琴新区廉政办公室，这是中国第一个整合了纪检、监察、检察、审计等职能的机构，其能在多大程度上发挥整体防治腐败的作用仍值得关注。

（二）完善廉洁从政监督

中共中央发布的《中国共产党党员领导干部廉洁从政若干准则》对中国共产党党员领导干部的行为做了规范。该准则突出了防止利益冲突的精神，如禁止领导干部违反规定拥有非上市公司（企业）的股份或者证券，禁止违反规定干预和插手市场经济活动。该准则不仅适用于中国共产党党员领导干部，而且对于从总体上加大对公职人员廉洁从政的监督力度、促进相关的制度建设意义重大。

从中央到地方，各级政府纷纷探索如何有效的规范领导干部的行为，构建有效的腐败预防机制。中纪委明确要求将领导干部住房、投资、配偶子女从业等情况列入《关于领导干部报告个人重大事项的规定》所规定的报告内容之内，加强对配偶子女均移居国（境）外的公职人员的管理。在规范领导干部行为方面，一些地方不断探索确立相应的标准和机制。湖北省纪委、湖北省监察厅明令禁止党政机关工作人员违规参加营业性娱乐活动；上海市则出台了《关于进一步规范本市公务员离职后从业行为的若干规定》，禁止副处级（含副处级）以上干部离职后3年内、禁止其他公务员离职后2年内到与原工作单位业务直接相关的企业或者中介机构等营利性组织任职，并禁止其从事与原工作业务直接相关的营利性活动或者其他可能与公共利益相冲突的活动。在规范职务消费方面，公车改革继续受到关注。昆明市针对公车私用问题，制定新的规定，凡公职人员公车私驾的，一律停职免职；杭州则取消副厅级以下专车，建立公务用车服务中心。各地关于公车改革的探索也将对职务消费改革提供借鉴。

在官员财产申报方面，继新疆阿勒泰市之后，2009年，浙江省慈溪市、湖南省浏阳市、湖南省湘乡市等纷纷尝试开展领导干部财产申报制度，重庆市委也决定在司法机关领导干部中率先试点官员财产申报制度。2010年发布的《关于领导干部报告个人有关事项的规定》对公职人员报告个人有关事项的主体、范围以及违反规定的法律责任等做了规定。相比之前已经发布的类似规定，该规定适当扩大了被监督主体及其财产等应报告事项的范围，有助于更全面地对公职人员进行监督。同时，2010年度发布的《关于对配偶子女均已移居国

（境）外的国家工作人员加强管理的暂行规定》将配偶子女均移居国（境）外的国家工作人员纳入监督的范围。为了防止因配偶子女移居国（境）外导致公职人员在行使职权中出现利益冲突，避免个别公职人员因此非法敛财，该暂行规定加强了公职人员财产申报、行使职权中的回避、出入境证照管理等措施。同时，一些地方政府也在积极探索建立新任职公职人员的财产及近亲属就职情况的申报和公示制度，为进一步加强对公职人员财产监督和行为自律积累了有益的经验。

（三）加大监督与案件查办力度

2003 年 8 月，党中央、国务院批准中纪委、中组部成立巡视工作办公室和巡视组，计划用 4 年左右时间把 31 个省（自治区、直辖市）巡视一遍，巡视组监督的对象主要是省（自治区、直辖市）党政领导班子及其成员。首批启动了 45 人的 5 个巡视组，着重对省级领导班子及其成员贯彻执行党的路线方针政策、贯彻执行民主集中制、选拔任用领导干部、贯彻落实党风廉政责任制和廉政勤政的情况进行监督检查。此后，巡视工作日渐常态化、规范化，发挥着加强监督、预防腐败的重要作用。

（四）规范公务消费

在诸多公务消费当中，公务用车备受关注。各地都在探索公务用车治理工作，截至 2011 年 9 月，全国党政机关发现违规车辆 17.26 万辆。中共中央办公厅、国务院办公厅印发了《党政机关公务用车配备使用管理办法》《省部级干部公务用车配备使用管理办法》《关于开展党政机关公务用车问题专项治理工作的实施意见》等，明确了党政机关配备公务用车应当执行的标准以及治理公务用车的要求。财政部还印发了《党政机关公务用车预算决算管理办法》，要求公务用车配备更新需要严格审核。

为了有效监管公务消费支出，财政部公布了《关于实施中央预算单位公务卡强制结算目录的通知》，将办公费、印刷费、咨询费、手续费、水电费、邮电费、物业管理费、差旅费、维修（护）费、租赁费、会议费、培训费、公务接待费、专用材料费、公务用车运行维护费、其他交通费用列为公务卡强制结算目录，以期解决“有卡不用”问题，减少现金支付。监察部、人力资源和社会保障部发布的《用公款出国（境）旅游及相关违纪行为处分规定》明确界定了“用公款出国（境）旅游行为”及适用的公职人员，加大了处分力度。《国务院办公厅关于进一步加强节约粮食反对浪费工作的通知》则从厉行节约、反对浪费的角度出发，要求公务接待减少宴请。

（五）加强社会领域的廉政法治建设

建设廉政法治不仅要加强公职人员的廉洁从政，还需要做好社会领域的廉政建设。监察部会同财政部、审计署和国有资产监督管理委员会联合发布的《国有企业负责人职务消费行为监督管理暂行办法》，财政部、监察部和审计署联合印发的《中央金融企业负责人职务消费管理暂行办法》也都明确了企业负责人职务消费的禁止性规定。2012 年，湖北省委办公厅、省政府办公厅出台了《关于推进社会领域防治腐败工作的意见》，将国有企业、非公有制经济组织、事业单位、社会组织、市场中介组织、基层群众性自治组织作为重点治理的对象，在社会廉洁文化建设、加强社会廉洁风险防控、建设社会信用体系等方面迈出了坚实步伐。

针对国有企业因腐败、失职渎职、官僚主义等导致国有资产流失的问题，国务院国有资产监督管理委员会发布的《中央企业贯彻落实〈国有企业领导人员谅解从业托干规定〉实施办法》规定，中央企业高级管理人员不得自定薪酬、奖励、津贴、补贴和其他福利性货币收入，兼职不得擅自领取报酬及其他收入。地方政府，如河南省出台《关于进一步加强和改进国有及国有控股企业反腐倡廉建设的若干意见》，要求国有企业高级管理人员必须向职工公开薪酬和职务消费情况，不得自定薪酬，不得入股关联企业，退休后 3 年内不得参与与原企业经营业务有关的经济活动。

五　刑事法治

十年来，中国刑事法治取得重大进展，刑事法律制度不断完善，当事人权利进一步得到法律确认。

（一）收回死刑案件核准权

全国人大常委会 2006 年 10 月 31 日通过《关于修改〈中华人民共和国人民法院组织法〉的决定》，明确 2007 年 1 月 1 日起，所有死刑案件核准权都收归最高人民法院统一行使。部分死刑案件复核权授权地方高级人民法院行使的 26 年历史就此告终。这一变革促进刑事审判的统一性、严肃性和公正性，彰显宪法所确立的“尊重和保障人权”原则，符合世界范围内减少死刑的趋势和中国倡导的“少杀”和“慎杀”的刑事政策。

2007 年 2 月 27 日，最高人民法院颁布了《最高人民法院关于复核死刑案件若干问题的决定》。2007 年 3 月 12 日，最高人民法院、最高人民检察院、公安部、司法部联合出台了《关于进一步严格依法办案确保办理死刑案件质量的意见》。根据最高人民法院的要求，从2006年下半年起各地开始死刑案件二审一律开庭审理。2007年以来，死刑二审一律开庭审理程序基本落实。自死刑案件核准权收归最高人民法院统一行使以来，死刑数量明显下降。

（二）进一步保障当事人权利

2012年全国人大常委会完成了《刑事诉讼法》的修改工作。在此次修改中，“尊重和保障人权”入法，法律援助范围的扩大、辩护律师诉讼权利的完善、非法证据排除制度的细化、审查批捕程序的改革及羁押必要性审查程序的建立等，都表明在保障人权方面取得明显进步。而且，最高人民法院、最高人民检察院、公安部、司法部等部门相继发布了适用《刑事诉讼法》的解释性规定，细化了办理刑事案件的规则。

为了更有针对性地开展未成年人刑事检察工作，最高人民检察院下发了《最高人民检察院关于进一步加强未成年人刑事检察工作的决定》，要求各级检察机关进一步细化审查逮捕、审查起诉和诉讼监督标准，最大限度地降低对涉罪未成年人的批捕率、起诉率和监禁率，体现未成年人刑事司法的特点与教育、矫治原则的要求。此外，最高人民法院、最高人民检察院、公安部、国家安全部、司法部印发了《关于建立犯罪人员犯罪记录制度的意见》，建立健全犯罪信息登记制度、犯罪人员信息通报机制，规范犯罪人员信息查询机制，建立未成年人犯罪记录封存制度，维护有犯罪记录的未成年人的合法权益。

（三）实行宽严相济的刑事政策

2006年10月，中共中央十六届六中全会提出了宽严相济的刑事政策，标志着中国的刑事政策由过去的强调“严打”调整为“宽严相济”。宽严相济刑事政策主要体现为，对罪恶极其严重当判重刑者绝不宽怠，适用死刑必须严加限制，以最大限度地减少和控制死刑。法院系统通过适度提高管制刑、罚金刑和缓刑的适用比例来落实该刑事政策中的“当宽则宽”原则。

2011年通过的《刑法修正案（八）》贯彻了宽严相济的刑事政策，顺应了人权保障的国际潮流。

首先，死刑罪名大幅削减。继2007年最高人民法院收回死刑核准权，严格死刑在司法实践中的适用以后，《刑法修正案（八）》进一步取消了13个实践中较少适用或基本未适用过的非暴力犯罪的死刑罪名，占目前死刑罪名总数的19.1%。

其次，矜老恤幼，完善从宽处理的法律制度。《刑法修正案（八）》体现了对未成年人适用宽缓的刑事政策的价值取向，如规定不满18周岁的未成年人再犯罪不构成累犯，不满18周岁的未成年人被判处五年有期徒刑以下刑罚的免除前科报告义务等。同时，该修正案还规定了对75岁以上的老年人犯罪从宽处理和除以特别残忍手段致人死亡的不适用死刑的条款。

再次，为了贯彻宽严相济的刑事政策和落实《刑法修正案（八）》，以更准确地定罪量刑，最高人民法院发布了多项司法解释。例如，《最高人民法院关于办理减刑、假释案件具体应用法律若干问题的规定》（法释〔2012〕2号）对减刑、假释的条件、期限、程序等规定进行了细化，相应严格规定了重大刑事罪犯的减刑、假释条件，消除“死刑过重、生刑过轻”的刑罚结构轻重失衡现象。

（四）不断完善刑事辩护制度

第十届全国人大常委会第三十次会议于2007年10月28日修订通过《中华人民共和国律师法》，自2008年6月1日起施行。修订后的《律师法》为解决律师“会见难”“阅卷难”“取证难”等老大难问题上做出了一系列重要突破。这些突破得到了社会普遍欢迎，但新《律师法》颁布后的执行力如何至关重要，直接关系到该法修订的目标能否实现。自6月1日实施以来，相关部门均采取了各种措施落实《律师法》的规定。如北京海淀区检察院首创了律师提前介入审查逮捕阶段的制度。根据这一制度，在检察机关审查批准过程中，律师可以针对案件事实、法律适用、逮捕的必要性、侦查活动是否合法等，向检察机关发表意见，提供线索，检察机关在充分考虑上述情况后，再做出是否逮捕的决定。海淀检察院审查批捕阶段律师介入的机制主要从告知、会见、审查决定、结果反馈四个环节进行了制度建构，并建立相应的配套机制确保运行。

（五）继续深化实施社区矫正工作

为探索社区矫正工作的新机制，不断完善社区矫正制度，最高人民法院、最高人民检察院、公安部、司法部联合下发的《关于在全国试行社区矫正工作的意见》规定，社区矫正适用于被判处管制、被宣告缓刑、被暂予监外执行、被裁定假释以及被剥夺政治权利并在社会上服刑的五种罪犯。

最高人民法院、最高人民检察院、公安部、司法部联合制定了《社区矫正实施办法》，明确县级司法行政机关社区矫正机构对社区矫正人员进行监督管理和教育帮助，司法所承担社区矫正日常工作。人民法院、人民检察院、公安机关、监狱对拟适用社区矫正的被告人、罪犯，需要调查其对所居住社区影响的，可以委托县级司法行政机关进行调查评估，并具体规定了调查评估的基本内容和程序。该办法对社区矫正人员规定了严格的交付、接收程序和监管要求，明确规定了监管处罚、治安管理处罚、刑事处罚的适用条件和程序。

六　民商经济法治

近年来，中国继续在民商经济法治领域完善立法，加强制度建设，加大执法力度，维护市场主体合法权益。2008 年全球金融危机爆发后，中国采取积极的财政政策，强化金融监管力度，较快地扭转了经济增速下滑态势，实现了国民经济增速逐季回升。

（一）民事法治

2007 年 3 月 16 日，十届全国人大五次会议高票通过《中华人民共和国物权法》。该法的起草工作始于 1993 年，历经了 13 年的酝酿和广泛讨论，从 2002 年 12 月进入审议阶段之后，全国人大及其常委会先后进行了 8 次审议，创造了中国立法史上单部法律草案审议次数最多的纪录。《物权法》不仅从五个方面强化了对国有财产的保护，还明确了私人的合法财产受法律保护，对征收补偿的原则和内容做了规定。这部调整财产关系的民事基本法律的颁布标志着社会主义市场经济的进一步完善，对于推进经济改革和建设法治国家具有重要意义。

《物权法》实施后，最高人民法院做出了一批司法解释。如《最高人民法院关于审理物业服务纠纷案件具体应用法律若干问题的解释》和《最高人民法院关于审理建筑物区分所有权纠纷案件具体应用法律若干问题的解释》涉及了建筑物区分所有权和物业管理方面的一系列热点、难点问题，具体包括业主身份的界定、车位车库纠纷的处理、住改商纠纷的处理、物业费纠纷的处理、物业服务合同的解除及相应纠纷的处理等。

2009 年 12 月 26 日，十一届全国人大常委会表决通过了历时 7 年、经四次审议的《中华人民共和国侵权责任法》。《侵权责任法》确立了“同命同价”赔偿原则，明确了精神损害的赔偿标准，对医疗损害、产品质量损害、网络侵权等责任承担做了详细规定。该法全面规定侵权责任制度，不仅有助于人民群众依照法律维护自身民事权益，而且有助于实现侵权纠纷案件法律适用的统一。

针对频繁发生的城镇房屋租赁合同纠纷，《最高人民法院关于审理城镇房屋租赁合同纠纷案件具体应用法律若干问题的解释》在遵循法律规定的基础上，要求采用宽严适当的原则确定合同效力；在尽量维持合同效力的基础上，促进社会资源的有效利用，保障房屋租赁市场的健康发展。

2008 年全球金融危机给中国企业经营造成了普遍困难，最高人民法院以做好国际金融危机司法应对工作为重点，提出“能动司法”的理念，并相继出台了一系列的司法解释，以积极应对金融危机，减轻企业的经济困难。《关于适用

〈中华人民共和国合同法〉若干问题的解释（二）》确立了《合同法》中没有规定的情势变更原则，对合同效力坚持从宽认定，明确了违约金调整规则。《关于当前形势下进一步做好涉农民事案件审判工作的指导意见》针对国际金融危机给涉农案件审判工作带来的不利影响，就农村土地承包经营权侵权案件、农民工的就业歧视问题、家电下乡中的产品质量和损害赔偿等纠纷做出了指导性要求，以维护农民权益，化解社会矛盾。《关于当前形势下审理民商事合同纠纷案件若干问题的指导意见》针对金融危机下经济环境的变化，进一步完善了《关于适用〈中华人民共和国合同法〉若干问题的解释（二）》中的若干规定。《关于当前形势下进一步做好房地产纠纷案件审判工作的指导意见》则针对房地产行业面临的负面影响，特别是退地潮、停建潮、断供潮、退房潮引发的房地产纠纷案件，要求各级法院应准确把握宏观经济形势发生的客观变化，在法律和国家政策规定框架内，适用原则性和灵活性相统一的方法，妥善审理房地产案件。

（二）商事法治

2005 年 10 月 27 日，第十届全国人大常委会第十八次会议修订通过《中华人民共和国公司法》。本次修改调整了资本制度，较大幅度地下调了公司注册资本的最低限额，适当放宽公司对外投资的限制，完善了公司法人治理结构，健全了股东保护机制，着重强调公司的社会责任。

2006 年 8 月 27 日修订通过的《中华人民共和国企业破产法》引人关注。该法界定了企业破产清偿顺序，平衡了劳动债权与担保债权的权益，并且首次规定金融机构破产事宜。这对中国构筑金融安全“防火墙”和维护经济发展的稳定大局起到重要作用。

2009 年 2 月 28 日，第十一届全国人大常委会第七次会议修订通过了《中华人民共和国保险法》。此次修订从篇章结构到具体条文，修订幅度较大，注重加强对投保人和被保险人权益的保护，明确了保险合同成立的时间与效力，强化了保险人对保险合同格式条款的说明义务，规范了保险公司理赔的程序和时限，同时还借鉴国际惯例，增设了保险合同“不可抗辩”条款。该法立足保险业发展的需要，强化对保险公司的监管，拓宽保险资金的运用渠道，增加了保险监管机构的监管手段和措施。

相关法律颁布后，司法机关颁布司法解释，落实民商经济法领域的制度实施。《最高人民法院关于适用〈中华人民共和国企业破产法〉若干问题的规定（二）》着力解决企业破产法律程序较为烦琐、各地法院在审理破产案件时对债务人财产认定的法律适用不统一、影响到债权人合法权益的保护等问题。

最高人民法院及时出台了《最高人民法院关于适用〈中华人民共和国保险法〉若干问题的解释（一）》，对人民法院在审理保险合同纠纷案件中如何适用新法做出规定，以统一裁判标准，切实维护当事人的合法权益。《最高人民法院关于适用〈中华人民共和国保险法〉若干问题的解释（二）》细化了法律条文，统一了裁判标准，以更好地保护保险消费者尤其是投保人、被保险人和受益人的合法权益。

受2008年全球金融危机影响，阻碍经济良性运行的负面因素和潜在风险明显增多，许多企业因资金链断裂引发的系统风险不断显现，企业的破产问题愈加严重。为此，最高人民法院发布的《关于正确审理企业破产案件为维护市场经济秩序提供司法保障若干问题的意见》强调了《企业破产法》的适用方向问题，对如何正确适用《企业破产法》的各项制度、充分保护债权人合法权益，尤其是对《企业破产法》中新设的破产管理人制度的适用做出了具体规定。

（三）经济法治

2007年8月30日，第十届全国人大常委会第二十九次会议审议通过了《中华人民共和国反垄断法》。由此从整体上确立了中国的反垄断法律制度。《反垄断法》在中国经济生活中的重要地位开始显现。2008年8月1日《反垄断法》生效后，北京兆信信息技术有限公司等四家企业当天即将国家质检总局诉至北京市第一中级人民法院，请求确认国家质检总局推广的电子监管网经营业务以及强制要求企业对产品赋码交费加入电子监管网的行政行为违法，成为中国反垄断诉讼第一案。2009年2月28日颁布的《中华人民共和国食品安全法》及其实施条例为加强食品安全监管、保障社会公众身体健康和生命安全提供了有力的法律制度依据。这部法律及其实施条例内容涵盖了食品安全风险监测与评估、食品安全标准、食品生产经营、食品检验、食品进出口、食品安全事故处置、食品安全监督管理以及法律责任等，适应了中国经济社会发展的新形势需要。该法废除了食品免检制度，确立了不安全食品召回制度，明确了社会团体或者其他组织、个人在虚假广告中向消费者推荐食品的连带责任。

《统计法》的修改为确保统计数据质量提供了法律保障。此次修改完善了统计机构、统计人员独立调查、独立报告、独立监督的法律机制，加重了领导干部人为干预统计工作、统计机构和统计人员参与弄虚作假、调查对象提供不真实统计资料等违法行为的法律责任，建立了严格的统计调查审批制度和对被调查者资料的保护制度，完善了统计资料管理和公布制度。

《邮政法》的全面修改总结了中国多年来邮政体制改革的实践经验，加强了邮政管理体制。修订后的《邮政法》明确规定了政企分开后邮政管理部门的监督管理职责，全面增加了保障邮政普遍服务的制度和措施，确立了快递业务经营许可制度，严格快递业务市场准入，修订了邮政企业专营业务的规定，补充、完善了邮政安全监管的制度和措施，修改了邮政业务资费的制定机制，将邮政企业的业务资费分为政府定价和市场定价两种类型，并充实了有关法律责任的规定，明确赋予邮政管理部门对违法行为的行政处罚权。新《邮政法》的有效实施，还需要及时制定《邮政专营条例》《快递业务经营许可管理办法》《邮政普遍服务标准》等重要的配套法规和规章。

在税收执法方面，税务部门进一步转变了执法理念，加大了税收征缴力度。国家税务总局首次发布了《纳税人权利与义务公告》，根据有关法律法规，系统列举了纳税人的权利与义务，以增加纳税人权利义务意识、规范执法。国家税务总局《关于加强税种征管促进堵漏增收的若干意见》提出加强税种征管、促进堵漏增收的若干意见，包括强调推进全员全额扣缴明细申报；国家税务总局《关于明确个人所得税若干政策执行问题的通知》对个人所得税的执行口径予以集中解释；财政部《关于企业加强职工福利费财务管理的通知》规范了企业职工福利费用的管理。

在金融法治方面，金融监管继续加强，金融法制不断完善。首先，金融监管规范得到完善。中国银行业监督管理委员会公布的《商业银行资本管理办法（试行）》对加强商业银行资本监管、维护银行体系稳健运行、保护存款人利益具有重要意义。证监会公布的《基金管理公司特定客户资产管理业务试点办法》，从业务规范、监督管理、法律责任等方面规范了基金管理公司特定客户资产管理业务，保护当事人的合法权益。证监会修改了《证券投资基金运作管理办法》第七条及第十二条，放松了对基金产品申报数量的限制，为发起式基金的推出预留了空间。

其次，重视解决“融资难”的问题。根据国务院常务会议批准实施的《浙江省温州市金融综合改革试验区总体方案》，浙江省人民政府出台了《浙江省温州市金融综合改革试验区实施方案》，提出规范发展民间融资，加快发展新型金融组织，研究开展个人境外直接投资试点。《中国银监会办公厅关于农村中小金融机构实施富民惠农金融创新工程的指导意见》《中国银监会办公厅关于农村中小金融机构实施阳光信贷工程的指导意见》《中国银监会办公厅关于农村中小金融机构实施金融服务进村入社区工程的指导意见》《中国银监会关于鼓励和引导民间资本进入银行业的实施意见》等文件也着力化解“融资难”问题。

最后，加强司法对金融监管的支持，为防范化解金融风险和推进金融改革发展保驾护航。最高人民法院《关于人民法院为防范化解金融风险和推进金融改革发展提供司法保障的指导意见》提出，规范金融秩序，防范金融风险、推动金融改革、支持金融创新、维护金融安全是人民法院为国家全面推进金融改革发展提供司法保障的重要方面。鉴于内幕交易、泄露内幕信息犯罪案件呈逐年增多态势，《最高人民法院、最高人民检察院关于办理内幕交易、泄露内幕信息刑事案件具体应用法律若干问题的解释》全面系统地对内幕信息知情人员、非法获取内幕信息人员、内幕信息敏感期、内幕交易、泄露内幕信息的定罪处罚标准等法律适用问题做出了规定。

（四）知识产权法治

2009 年，国务院首次把知识产权战略与科教兴国和人才强国战略并提为中国经济发展三大战略。《2009 年国家知识产权战略实施推进计划》和《2009 年中国保护知识产权行动计划》相继印发实施，最高人民法院发布了《最高人民法院关于贯彻实施国家知识产权战略若干问题的意见》，就 16 类知识产权案件的审判实践中的重点和难点问题提出了指导性意见。截至 2009 年 8 月，有 15 个省、自治区、直辖市制定并颁布了地方知识产权战略纲要或相应实施意见。这是实施国家知识产权战略的重要举措，表明中国政府对推进知识产权法治的高度重视。

不仅如此，中国近年来知识产权保护法治的进展也得到了国际社会的认可。世界贸易组织争端解决机构会议于 2009 年 3 月审议通过的《中美知识产权 WTO 争端案专家组报告》驳回了美方的绝大部分指责，广泛地肯定了中国的知识产权制度。

在法律修改方面，近几年中国对《知识产权法》进行了修订。2008 年，《专利法》的修改内容广泛，幅度大，在专利授权标准、专利权的保护、专利诉讼程序和遗传资源的保护等方面均有重大的修改和完善。2010 年，修订通过了《著作权法》。新《著作权法》删除了原《著作权法》第四条第一款“依法禁止出版、传播的作品，不受本法保护”的规定，增加了第二十六条，进一步明确了著作权出质的登记管理部门。2013 年，修改通过的《商标法》适当增加可以注册的商标要素，进一步简化商标注册、审查程序，强化恶意抢注他人在先使用商标的禁止性规定，厘清驰名商标保护制度，增加应追究法律责任的商标侵权行为种类，加大对侵权行为的惩处力度。这有助于进一步强化对商标专用权的保护，保障诚信经营，维护公平竞争秩序。

知识产权执法不断取得新进展。国家知识产权局开展了区域专利执法保护试点工作，重点推进地方知识产权局有关执法工作的机制建设、条件建设、队伍建设（以下简称“5·26”工程）。到 2009 年 10 月，批准了两批 41 个地方知识产权局进入“5·26”工程。国家知识产权局还开展了建立专利保护重点联系基地工作，到 2009 年 10 月底，批准了两批 26 家单位成为全国专利保护重点联系基地。在商标执法方面，国家工商行政管理总局启动了国家商标战略实施示范城市（区）及示范企业工作。

中国知识产权法律制度的司法改革积极推进。最高人民法院印发的《人民法院第三个五年改革纲要（2009～2013）》明确提出建立健全符合知识产权案件特点的审判体制和工作机制，在直辖市和知识产权案件较多的大中城市，探索设置统一受理知识产权案件的综合审判庭。截至 2009 年 8 月，全国有 3 个高级法院、12 个中级法院和 24 个基层法院开展了由一个审判庭统一受理知识产权民事、行政和刑事案件的试点工作。最高人民法院还统一了专利商标等授权确权类知识产权一、二审案件的审理分工，将该类案件统一交由北京市有关法院和最高人民法院的知识产权审判庭审理。各级法院还统筹规划和适当调整了知识产权案件审判管辖体制，到 2009 年 10 月底，全国具有专利案件管辖权的中级法院达到 76 个，基层法院 1 个（浙江义乌市法院）；具有植物新品种一审案件管辖权的中级法院达到 42 个；具有集成电路布图设计一审案件管辖权的中级法院达到 43 个；可以审理一般知识产权民事案件的基层法院达到 84 个。

七 社会法治

为保障和发展民生，中国继续着力于保障劳动者权益，推进社会保障制度完善，提升食品安全监管水平，加大环境保护治理力度。

（一）加强劳动者权益保障

第十届全国人大常委会第二十八次会议于 2007 年 6 月 29 日通过《劳动合同法》。国务院于 2008 年 9 月颁布了《劳动合同法实施条例》。《劳动争议调解仲裁法》也于 2007 年 12 月 29 日获得通过。这些劳动权益保护法律法规相继实施不仅有利于更加切实有效地保护劳动者的合法权益，还有利于增强企业凝聚力，促进企业长远发展，构建和谐稳定的劳动关系。

为了确保法律的有效实施，全国人大常委会在《劳动合同法》实施不到一年的时间内，就决定开展《劳动合同法》执法检查，重点是劳动合同签约低、劳动合同短期化、劳务派遣不规范等侵犯劳动者利益的问题，尤其是农民工的合法权益问题。《劳动合同法》实施之后，劳动争议的处理力度也大大提高，《劳动争议仲裁法》的实施为劳动争议的有效处理提供了更为完善的法律保障。经过多年的发展，劳动争议调解仲裁组织体系逐步形成。仲裁机构的实体化建设取得明显进展，全国各省、地（市）、县（区）都已经全面设置了劳动争议仲裁委员会，劳动争议案件较多的地区还在乡镇、街道设立了劳动争议仲裁委员会的派出机构，仲裁人员的专业化水平不断提高。一些地方还积极采取措施维护劳动者合法权益，比如河北省就决定停收劳动争议仲裁费，以降低劳动者维权成本。

2008 年席卷全球的金融危机给中国的就业形势带来了严峻的考验，中国各级政府积极采取措施促进就业。2008 年开始实施的《就业促进法》明确规定促进就业是各级政府的重要职责。国务院办公厅转发了《关于促进以创业带动就业工作的指导意见》，要求从创业意识、创业能力和创业环境着手，逐步形成以创业带动就业的工作新格局，并采取放宽市场准入、改善行政管理、强化政策扶持、拓宽融资渠道等多种措施，加强组织领导，提升服务水平，促进了社会就业的增加。为此，多个部门纷纷出台了配套政策。

（二）强化社会保障制度体系

近年来，农村居民的社会保障取得重大突破。《国务院关于开展新型农村社会养老保险试点的指导意见》就参保范围、保险金缴纳、保险待遇给付等方面做出明确规定，标志着农村社会保障的最主要制度基本完备，覆盖城乡的社会保障制度体系初步形成。

深化医疗改革，完善城乡居民医疗保障是近年社会法治发展的另一亮点。经过多年的努力，中国在“医改”领域取得了重大进展。首先，城镇居民医疗保险试点工作全面部署，有力地推动了覆盖城乡居民的医疗保障体系建设。其次，城乡医疗救助事业有了较大发展，救助办法日趋完善，尽量减少“因病致贫”“因病返贫”的家庭数量。截至 2008 年 9 月，全国享受城市医疗救助的达到 362.7 万人次，86% 的县（市、区）建立了城市医疗救助制度；排除资助参加新型农村合作医疗的人数，城乡医疗救助共达 760 万人次。再次，新型农村合作医疗制度基本覆盖到农村全部地区，筹资水平和报销比例逐步提高，个人负担逐步减轻。最后，2008 年启动的新一轮“医改”着力推动中国医疗保险制度向城乡一体化方向迈进，健全多层次医疗保障体系。

为实现“居者有其屋”，保障公民享有住房权利，中国加快了基本住房保障制度建设。住房和城乡建设部等部委制定了廉租住房保障规划，明确规定了住房保障方式和标准、政府财政补助责任和标准以及相应的监管制度等。为保障廉租住房的供给，住房和城乡建设部制定了《廉租住房建设贷款管理办法》，对从事廉租住房建设的房地产开发企业提供利率优惠。此外，住房和城乡建设部还出台政策，对农村居民，特别中西部贫困地区的困难农村居民、低保户、分散供养的五保户等对象提供政府补贴，帮助其进行危房改造，以解决农村困难群众的基本居住安全问题。

（三）提升食品安全监管水平

近几年，食品安全事件频发，引起了社会的广泛关注。为了切实保障食品安全，中国采取了一系列举措，力求加强食品安全监管。

2009 年 2 月 28 日，第十一届全国人大常委会第七次会议通过了《食品安全法》。为有效实施《食品安全法》，国务院颁布了《食品安全法实施条例》，各地根据本地具体情况颁布了相关实施办法。有关部门也致力于完善食品安全的标准、食品安全的技术规范体系，如《食用盐碘含量国家标准》《食品添加剂使用标准》《复配食品添加剂通则》《亚硝酸钾等 27 个食品添加剂产品标准目录》等。为了有效解决食品标准体系不完善，标准间交叉重复、衔接协调程度不高，标准科学性和合理性有待提高等问题，卫生部等部门联合制定了《食品安全国家标准“十二五”规划》。按照该规划，国家将清理整合现行食品标准，加快制定、修订食品安全国家标准，完善食品安全国家标准管理机制。

为了发动公众参与监督，国务院食品安全委员会办公室印发了《关于建立食品安全有奖举报制度的指导意见》，要求各地要在省级政府统一领导下，抓紧制定食品安全举报奖励具体办法，合理确定奖励条件，建立健全奖励机制。国家食品药品监督管理局发布了《关于加强和创新餐饮服务食品安全社会监督工作的指导意见》，提出动员基层群众性自治组织，鼓励社会团体和社会各界人士，支持新闻媒体参与餐饮服务食品安全社会监督。

针对长期以来食品安全分段监管的弊端，在 2013 年机构改革中，中国进一步整合了食品安全监管职能，将国务院食品安全委员会办公室的职责、国家食品药品监督管理局的职责、国家质量监督检验检疫总局的生产环节食品安全监督管理职责、国家工商行政管理总局的流通环节食品安全监督管理职责整合，组建国家食品药品监督管理总局。并明确其主要职责是，对生产、流通、消费环节的食品安全和药品的安全性、有效性实施统一监督管理等；将工商行政管理部门、质量技术监督部门相应的食品安全监督管理队伍和检验检测机构划转食品药品监督管理部门。此外，司法机关强化了对危害食品安全犯罪行为的惩治，《最高人民法院、最高人民检察院关于办理危害食品安全刑事案件适用法律若干问题的解释》则进一步明确了危害食品安全刑事案件的定罪量刑问题。

（四）加大环境保护治理力度

随着中国环境问题的不断凸显，雾霾大气污染、血铅事件等严重影响人民群众的生产生活。中国加大环境保护力度，一批重要的环境保护法律法规进入修订程序或者已经出台，相关领域的环境执法继续加强。

在环境立法方面，全国人大常委会制定了《可再生能源法》《海岛保护法》《石油天然气管道保护法》，修订了《清洁生产促进法》和《环境保护法》。其中，历经四次审议的新《环境保护法》可谓引人注目。这部法律增加了政府、企业各方面的责任和处罚力度，被专家称为“史上最严的环保法”，还规定国家在重点生态功能区、生态环境敏感区和脆弱区等区域划定生态保护红线。在行政法规层面，国务院施行了《森林防火条例》《草原防火条例》，通过了《废弃电器电子产品回收处理管理条例》《防治船舶污染海洋环境管理条例》《放射性物品运输安全管理条例》，通过并施行了《抗旱条例》《规划环境影响评价条例》。

为了明确排污标准和技术规范，环境保护部确立了《环境影响评价技术导则·地下水环境》《稀土工业污染物排放标准》《废矿物油回收利用污染控制技术规范》《土壤干物质和水分的测定重量法》《企业环境报告书编制导则》《火电厂大气污染物排放标准》《区域生物多样性评价标准》等国家环境保护标准。根据环境保护部规划，该部将陆续制定或修订一系列涵盖各个行业领域的污染物排放标准，包括水污染物、大气污染物、固体废弃物和化学品污染，以及噪声污染等在内的国家标准。

为了推动环保社会组织的发展，发挥环保社会组织的积极作用，环境保护部发布了《关于培育引导环保社会组织有序发展的指导意见》。这是改革开放以来国家出台的第一部关于培育环保 NGO 的政府文件。该意见明确了培育引导环保社会组织的基本原则和总体目标，要求各级环保部门在制定政策、进行行政处罚和行政许可时，应通过各种形式听取环保社会组织的意见与建议，自觉接受环保社会组织的咨询和监督等。

在环保公益诉讼方面，地方司法机关在保障因环境污染和生态破坏招致损害的受害者的利益方面做了许多有益的尝试。昆明、贵阳、无锡等市中级人民法院成立了环境保护审判庭，对涉及环境保护的刑事、民事、行政案件及执行实行“四合一”的审判执行模式。昆明市环境保护局、公安局、检察院、中级人民法院联合制定出台的《关于建立环境保护执法协调机制的实施意见》，提出了要在昆明环保法庭探索环境公益诉讼和跨行政区域的环境污染诉讼。对于环境公益诉讼案件，该意见规定可以由检察机关、环保部门和有关社会团体向法院提起诉讼。与此同时，环境公益诉讼的实践在本年度取得重大进展。“自然之友”和重庆市绿色志愿者联合会起诉云南省陆良化工实业有限公司及其关联企业云南省陆良和平科技有限公司铬渣污染一案，在云南省曲靖市中级人民法院获得立案。这是环保公益组织第一次获得环境公益诉讼的原告资格，具有“里程碑”意义，开了环保非政府组织介入环境公益诉讼的先河。另外，浙江省嘉兴市检察院指导、协调办理的浙江省首例环境保护公益诉讼案由平湖市检察院向该市法院依法提起诉讼。检察机关以公益诉讼原告身份，请求法院判令嘉兴市绿谊环保服务有限公司等五被告赔偿因环境污染造成的直接经济损失计人民币 54.1 万余元。

八　涉外法治

在涉外法治领域，中国继续依法维护国家领土主权，加强涉外民商事法律适用，在多领域积极开展跨国法律合作，积极履行国际法律义务。

（一）运用法律维护国家各项权益

随着中国对外贸易的不断增多，中欧、中美之间有关纺织品出口、鞋类出口、汽车零部件进口等方面的贸易摩擦不断，美国等还启动了 WTO 争端解决程序。而随着自身实力的增强和对规则理解的加深，中国正在逐渐摆脱“入世”初期“畏讼如虎”、急于息争的心理，以更为平静和开放的心态面对 WTO 争端解决机制。这不仅体现在应诉方面更为自信和从容，还体现在更加积极地提起争端解决请求，通过主动起诉来维护自身合法权益，增强谈判议价能力。

在国际民商事争议解决层面，“湖广铁路债券案”“仰融诉辽宁省政府案”以及在瑞典斯德哥尔摩国际商会仲裁院仲裁的“百事中国诉四川百事案”“法国达能诉杭州娃哈哈案”等，均在国内外产生了很大影响。尤其是“法国达能诉杭州娃哈哈斯德哥尔摩仲裁案”，以中方当事人胜诉而告终，将鼓励更多的中国企业利用国际商事仲裁的大舞台，维护自己的合法权益。

在积极起诉应诉的同时，中国通过对进口产品进行反倾销立案调查，主动采取反制措施，维护本国利益。近年来，针对中国企业的反倾销调查逐渐增多，不仅发达国家，一些发展中国家也对中国的产品进行反倾销和反补贴调查。面对此种局面，中国一方面积极应对调查，另一方面也充分利用相关规则，针锋相对地采取反制措施。例如，在双边交涉无果、欧盟执意对中国光伏产品发起反倾销和反补贴调查后，中国商务部正式决定自 2012 年 11 月 1 日起对原产于欧盟的进口太阳能级多晶硅产品进行反倾销和反补贴立案调查，并将此案与此前已发起的对原产于美国和韩国的进口太阳能级多晶硅反倾销调查及对原产于美国的进口太阳能级多晶硅反补贴调查进行合并调查 。

除了运用法律维护经济利益，中国还继续依照国际法相关规则，维护国家领土主权。中国海警编队连续在中国钓鱼岛领海巡航宣示主权。此外，中国政府宣布划设东海防空识别区，中国国防部发布了《东海防空识别区航空器识别规则公告》，表明中国积极运用国际法规则维护领土主权的决心。

（二）多领域开展跨国法律合作

近年来，中国同一些国家签订和批准了一系列多边或者双边条约，在司法协助、能源、边境等方面加强了同有关国家的合作。《中华人民共和国和葡萄牙共和国关于移管被判刑人的条约》《中华人民共和国和科威特国关于民事和商事司法协助的协定》《中华人民共和国和澳大利亚引渡条约》《中华人民共和国和法兰西共和国引渡条约》《中华人民共和国和阿尔及利亚民主人民共和国关于刑事司法协助的条约》《中华人民共和国和阿尔及利亚民主人民共和国引渡条约》《中华人民共和国和日本国关于刑事司法协助的条约》《中华人民共和国和纳米比亚共和国关于刑事司法协助的条约》《中华人民共和国政府和巴基斯坦伊斯兰共和国政府关于刑事司法协助的协定》《中华人民共和国和葡萄牙共和国引渡条约》等的签订和批准，进一步加强了中国与其他国家的法律合作，特别是在刑事司法方面的合作，对于打击跨国犯罪，特别是"贪官外逃"，有重大的现实意义。在反恐、打击跨国犯罪、环境保护、文化等领域，中国也缔结了多项国际条约。中国与加拿大草签了《返还财产和分享被没收资产协定》，该协定旨在打击腐败犯罪分子向境外转移犯罪所得，这是中国缔结的首个境外追赃专门协定。中瑞两国政府签署了《中华人民共和国政府与瑞士联邦委员会关于非法进出境文化财产及其返还的协定》，以防止文化财产的流失。中国签署了《关于汞的水俣公约》，这是"里约+20"会议后国际社会通过的第一个多边环境条约，对于控制汞污染具有重要意义。中国签署该公约，通过承担国际法律义务来促进对国内汞及其他重金属的污染防治工作。

（三）积极履行国际法律义务

中国相继批准了《残疾人权利公约》《儿童权利公约关于儿童卷入武装冲突问题的任择议定书》《核材料实物保护公约》《上海合作组织成员国长期睦邻友好合作条约》等一批国际条约，承诺履行承担的国家义务，并着手修改完善相关国内法，以使有关条约能够得到切实实施。

作为负责任的大国，中国在多个领域积极履行国际法律义务。在人权领域，中国根据国际人权条约规定，按期提交履约报告，积极配合并认真对待国际人权机构的审议工作。2013年9月26~27日，联合国儿童权利委员会审议了中国政府提交的履行《儿童权利公约》的第三、四次合并报告以及《儿童权利公约关于儿童卷入武装冲突问题的任择议定书》的首次报告。10月22

日，中国政府接受了联合国人权理事会关于中国人权状况的第二轮普遍定期审议。

（四）加强涉外民商事法律适用

为正确适用《中华人民共和国民事诉讼法》《关于向国外送达民事或商事司法文书和司法外文书的公约》《关于从国外调取民事或商事证据的公约》和双边民事司法协助条约的规定，最高人民法院制定了《最高人民法院关于依据国际公约和双边司法协助条约办理民商事案件司法文书送达和调查取证司法协助请求的规定》。该规定明确了人民法院提出、办理民商事案件司法文书送达、调查取证国际司法协助请求时应当遵循的原则，以及人民法院国际司法协助工作的管理机制。

2013 年 1 月，中国政府正式通知联合国秘书长，撤回对《联合国国际货物销售合同公约》（以下简称《公约》）所作“不受公约第十一条及与第十一条内容有关的规定的约束”的声明。至此，在合同是否需要书面形式这一问题上，《合同法》与《公约》的规定与适用趋于一致，二者之间的冲突得以解决，从而有助于进一步消除其他国家及其国民对中国“合同形式的法律适用不平等”的误解，进一步减少中国国际经济贸易发展的法律障碍，加快融入国际社会的进程，有助于充分利用国际资源发挥中国在国际舞台上的作用。

（五）加强区域经贸合作

截至 2012 年 11 月，中国已经签署 10 个自由贸易协定（以下简称“自贸协定”），包括中国—东盟、中国—新加坡、中国—巴基斯坦、中国—新西兰、中国—智利、中国—秘鲁和中国—哥斯达黎加自贸协定，《内地与澳门关于建立更紧密经贸关系的安排》（CEPA），以及大陆与台湾的《海峡两岸经济合作框架协议》（ECFA）。还有 7 个自贸协定正在谈判之中，分别是中国—海湾合作委员会、中国—澳大利亚、中国—挪威、中国—瑞士、中国—冰岛自贸区、中国—韩国、中国—南部非洲关税同盟自贸协定。此外，中国业已完成与印度的区域贸易安排联合研究，以及中日韩自由贸易区官产学联合研究。

需要指出的是，作为美国“回归亚太”战略的经济合作部分，美国主导下的“跨太平洋伙伴关系协定”（TPP）正在不断发展，目前已有 9 个成员国，并且加拿大、日本和墨西哥三国对此也态度积极。无论从美国的主观意图还是已经产生的客观效果看，TPP 都将对原本由中国主导的亚洲区域经贸合作产生重大影响，从而也是中国在推进区域经贸合作的下一步工作中必须引起高度重视的一个关键问题。

九 问题与展望

十年来中国法治发展虽然取得了进步，但也存在问题，面临挑战，需要关注。

第一，法律制度需进一步完善，法律的稳定性和统一性需不断提高。经过30多年的努力，中国已形成具有中国特色的社会主义法律体系。中国当前立法中的主要矛盾不再是相对有限的法律制度不能满足经济社会快速发展的需要，而是已有法律法规不能适应不断发展的实际情况以及相关法律法规之间存在矛盾或冲突。因此，法律制度的完善显得尤为重要。这一方面有赖于适时修改法律，另一方面有赖于对法律进行清理和审查。适时修改法律，既要着力解决法律制度滞后与经济社会不断发展之间的矛盾，又需保持法律的稳定性。中国十年来对法律的修改不可谓不频繁，这势必影响法律的稳定性。就法律的清理而言，全国人大常委会和国务院都曾进行法律清理，但清理工作尚未常态化、规范化。就法律审查来说，尽管立法法规定了全国人大常委会有权审查行政法规、地方性法规、自治条例和单行条例是否同宪法或者法律相抵触，但全国人大常委会对违反宪法和上位法的法规的解决方式主要是“及时与制定机关加强沟通协商、提出意见，督促自行修改或废止”①，尚缺少一种外部的、正式的解决法律冲突的方式。

第二，立法、执法和司法的公开度还有待提升。就立法而言，目前立法草案的公开往往局限于草案本身，从全国各类立法主体立法公开的情况来看，仅有全国人大常委会及少数立法主体或者少数立法会公开草案的起草说明。国务院法制办公室的“行政法规草案意见征集系统”和“部门规章草案意见征集系统”虽然预留了“相关材料”的栏目，但鲜有公开相关背景材料的实例。由此，公众很难了解某些草案条文的立法目的、立法理由，某一制度的产生背景等，公开效果大打折扣。此外，对所征集意见的采用情况（特别是为何采纳或者不采纳某一观点）还缺乏公开机制。在政府信息公开方面，自《政府信息公开条例》实施以来，公开工作虽卓有成效，但仍面临众多问题：政府机关及其工作人员的公开意识参差不齐；公开标准不统一，公开与不公开之间的界限不明确；主动公开效果不理想，应公开的不公开，已公开的难获取；依法申请公开阻力大、限制多，公众获取信息的最大障碍甚至不是来自《保守国家秘密法》等的限制，而是诸如要求提交申请用途、“一事一申请”、对政府信息公开范围的错误认识等。就司法公开来说，审判公开和裁判书公开已取得较大进展，但司法

① 《全国人大常委会工作报告》，十二届全国人大一次会议，2013年3月8日。

公开尚缺少系统的制度依据，司法机关工作人员公开意识普遍较低甚至抵触公开或者以种种借口回避公开，司法机关信息化水平仍较低。

第三，如何确保法律有效实施成为建设法治国家的重点与难点。法律体系形成之后，首要任务是实施法律。所谓“天下之事，不难于立法，而难于法之必行。”要做到有效地实施法律，既需要制定相关规范性文件，将法律加以具体化，又需要行政机关公正执法和司法机关公正适用法律。首先，法律的具体化是法律有效实施的前提。对于法律中的一些原则性规定，不仅需要通过制定行政法规和地方性法规来进行具体化，以提升法律中有关制度的操作性，还需要制定相关的司法解释，以确保法律适用的统一。如何监督有关部门及时制定相关规范性文件，将法律具体化，同时避免这些规范性文件成为一种实质性立法，成为今后法律实施的重要课题。其次，行政机关执法的公正性有待提高。近年来钓鱼执法、选择执法等现象还时有发生。如何监督行政权力，规范自由裁量权，完善行政问责制仍是中国法治亟须解决的问题。再次，司法的公信力和公正性仍需提升。司法改革已推进十余年，尽管也取得了一些成绩，但仍有诸多不尽如人意之处。如何提升法官、检察官职业化水平，重树司法的权威和公信力，防止法官、检察官滥用权力，提升司法的公正性仍是司法机关面临的最大课题。

2014年，中央全面深化改革领导小组第三次会议审议通过了《关于司法体制改革试点若干问题的框架意见》《上海市司法改革试点工作方案》和《关于设立知识产权法院的方案》。框架意见将司法责任制作为改革试点的重点内容之一，以完善主审法官责任制、合议庭办案责任制和检察官办案责任制为抓手，突出法官、检察官办案的主体地位，明确法官、检察官办案的权力和责任，对所办案件终身负责，严格错案责任追究。框架意见还明确上海、广东、吉林、湖北、海南、青海6个省市作为完善司法人员分类管理、完善司法责任制、健全司法人员职业保障、推动省以下地方法院检察院人财物统一管理四项改革的试点。新一轮的改革力度大，其效果如何，能否确保法院法官独立行使审判权，提高法官、检察官的职业水平，实现司法的去行政化，值得关注。

十八届四中全会研究了全面推进依法治国的若干重大问题。改革开放以来历次党的全会中，以“依法治国”作为主题，是党史上的首次。如何做到“有法必依”，制定全面推进依法治国路线图是这次全会的重点。

司法改革

祁建建*

自2002年至2012年这十年间，在党的领导下，中国司法改革经历了持续发展的过程。在2002年，最高人民法院于1999年发布的人民法院首个五年改革纲要已为期过半，其所指出的地方保护主义、行政管理模式、法官管理体制、司法经费与装备等问题仍困扰法院系统，其所推进的审判方式、机构人事等改革，因局限于法院系统内部，仍无法根本解决法院的地方化、行政化、经费等问题。

2002年党的十六大报告从战略高度提出进一步健全权责明确、相互配合、相互制约、高效运行的司法体制；从制度上保证审判机关和检察机关依法独立公正地行使审判权和检察权；完善诉讼程序，保障公民和法人的合法权益；加强对司法工作的监督，惩治司法领域中的腐败。2004年中共中央转发《中央司法体制改革领导小组关于司法体制和工作机制改革的初步意见》，提出诉讼制度、诉讼收费制度、检察监督体制等10个方面35项改革，启动第一轮司法改革。

2007年党的十七大报告指出，中国依法治国基本方略切实贯彻，司法体制改革不断深化，但司法和社会治安等方面关系群众切身利益的问题仍然较多。为了全面落实依法治国方略，需要深化司法体制改革，优化司法职权配置，规范司法行为，建设公正、高效、权威的社会主义司法制度，再次指出要保证审判机关、检察机关依法独立公正地行使审判权、检察权，还指出要加强政法队伍建设，做到严格、公正、文明执法。为贯彻十七大的改革方针，2008年中共中央转发《中央政法委员会关于深化司法体制和工作机制改革若干问题的意见》，提出优化职权配置、落实宽严相济、加强队伍建设和经费保障4个方面60项任务，触及司法体制和工作机制的深层问题，启动第二轮司法改革。

在中共中央司法改革纲领性文件和精神的指导下，十年间最高人民法院先后于2005年、2009年发布两个《人民法院五年改革纲要》。最高人民检察院先后于2005年、2009年发布《关于进一步深化检察改革的三年实施意见》《关于深化检察改革2009—2012年工作规划》，推动司法改革的发展。

---

* 祁建建，中国社会科学院法学研究所副研究员。

在一定程度上，这两轮司法改革为在2013年全面推进依法治国背景下开展第三轮司法体制改革奠定改革基础、积累改革经验。本文主要从以下方面解读十年来司法改革的重要内容，分析其所要解决的问题、所采取的方案及所取得的进展。

一　司法机构设置改革

自2002年以来，司法机构设置改革从着手对人民法院、人民检察院内设机构改革出发，任务是要解决职能交叉、机构重叠，司法行政人员占编比例过大等问题。随后发展到改革司法管理体制问题，取得的主要成效是在铁路运输法院、检察院管理体制方面。

长期以来，全国铁路法院、检察院进行管理体制改革的目的是整体纳入国家司法管理体系。2001年中共中央办公厅下发《关于印发〈地方各级人民法院机构改革意见〉、〈地方各级人民检察院机构改革意见〉的通知》（中办发〔2001〕9号），要求在地方各级人民法院机构改革期间，逐步理顺设在铁路、林区、农垦等部门人民法院的管理体制，统一管理。2002年发布的《最高人民法院、铁道部关于铁路运输两级法院机构改革工作的意见》仅对铁路运输法院内设机构、领导职数、精简编制等进行改革。2004年《中央司法体制改革领导小组关于司法体制和工作机制改革的初步意见》提出改革现行铁路等部门企业管理公检法的体制，将其纳入国家的司法管理体系。2005年人民法院二五改革纲要表明，配合有关部门改革现行铁路、林业、石油、农垦、矿山等部门、企业管理法院人财物的体制。2009年中央编办下发《关于铁路公检法管理体制改革和核定政法专项编制的通知》，2010年铁政法发布《关于铁路法院、检察院管理体制改革若干问题的意见》，这两个文件实质性推进铁路司法管理体制改革。截至2012年6月底，铁路法院整体移交驻在地省（直辖市、自治区）党委、高级人民法院管理。2012年最高人民法院出台《最高人民法院关于铁路运输法院案件管辖范围的若干规定》，划定铁路运输法院管辖的案件范围，除原属其管辖的民刑事案件外，还可以被指定管辖其他案件。

司法机构设置改革与中国司法存在的诸多问题密切相关，这一时期的司法机构设置改革仅针对地方人民法院、人民检察院内设机构和铁路运输司法系统，其他方面的改革仍有待进一步深化。比如中国司法仍然存在国家司法管理体制不统一的问题和司法的行业保护主义现象，林业、农垦等部门、企业设立法院、检察院，并由这些部门和企业管理；组织领导体制上的从属关系使这些司法机关在办案过程中保护本部门和本企业利益，损害司法权威等。又如，长期以来中国地方司法存在地方保护主义现象。省、市、县三级地方法院、检察院按照行政区划设置，地方法院、检察院是地方国家权力结构体系中的组成部分。地方法院、检察院隶属于地方，分担了地方党委对地方经济社会发展的责任，在具体案件处理中存在保护本地经济利益的现象。人民法院一五改革纲要指出，司法活动中的地方保护主义产生、蔓延，严重危害中国社会主义法制的统一和权威。再如，中国司法存在专业化不足的问题。如对于涉及科学技术的知识产权等纠纷，缺乏专业的审判机构，法律适用不统一，造成知识产权保护不足、保护不力等现象。这些问题都有待之后的司法改革予以关注和解决。

二　改革司法资源管理体制

长期以来地方司法机关的人财物等司法资源受制于地方。省、市、县三级地方法院、检察院由地方各级人民代表大会产生，对它负责，受它监督。在组织人事上，地方法院院长、检察长的人事管理、晋升等受地方的组织领导；法院、检察院党委掌握本院法官、检察官的行政管理、人事管理和升迁。在司法经费上，地方法院、检察院的经费纳入地方财政预算。在办案工作流程上，具体案件的办理需要在司法机关内部层层审批。地方法院、检察院人、财、物均受制于地方，与地方形成利益共同体，司法人员又受制于地方和本机关行政人事管理体制，使地方司法人员行使司法权时无法摆脱地方利益和本机关行政管理的束缚，产生司法的地方化、行政化倾向。

为了应对以上地方化、行政化等问题，2002 年以来的司法改革提出对司法资源管理的改革方案、目标并予以逐步推行，改革主要从工作机制方面着手。

（一）推进司法人员分类管理

司法人员分类管理改革的推进顺序是从书记员到法官助理，再到法官、检察官。

1999 年发布的《人民法院五年改革纲要》提出建立书记员单独职务序列，要求在 2001 年后全面建立这项制度。2003 年中组部、人事部、最高人民法院发布《人民法院书记员管理办法（试行）》对书记员实行单独序列管理。

2004 年最高人民法院发布《关于在部分地方人民法院开展法官助理试点工作的意见》，在全国选定 18 家法院推行法官助理制度的试点改革，对审判工作与审判辅助工作适当分离，对人员分类管理，区分法官、法官助理和书记员职责，对法官助理实行单独序列管理，法官助理招录通过公务员考试并一般应通过司法考试，由院长任免，规定各级法院法官助理最高职级为科处级不等。

2005 年人民法院二五改革纲要提出推进人民法院工作人员的分类管理；制定法官、法官助理、书记员、执行员、司法警察、司法行政人员、司法技术人员等分类管理办法；改革法官遴选程序，建立符合法官职业特点的选任机制；研究制定各级人民法院的法官员额比例方案并逐步落实；建立符合审判工作规律和法官职业特点的法官职务序列。

2009年人民法院三五改革纲要提出完善法官及其辅助人员分类管理的制度，逐步实施法官员额制度；研究制定与法官职业特点相适应的职数比例和职务序列的意见。如2011年中组部、最高人民法院发布《法官职务序列设置暂行规定》，附《地方各级人民法院法官职数比例暂行规定》《法官等级和级别升降暂行办法》，规定法官职务序列、职数比例等。

十年之间，法官、检察官的专业化问题通过司法考试等制度逐步得到改善。2001年第九届全国人大常委会通过的《法官法》《检察官法（修正案）》于2002年生效，规定对初任法官、检察官和取得律师资格实行统一的司法考试制度。2001年司法部紧急停止律师资格考试①，2002年举行第一次司法考试。2008年中共中央组织部、最高人民法院、最高人检察院发布《公开选拔初任法官、检察官任职人选暂行办法》，对初任法官、检察官提出公务员考试、司法考试、法律经历等方面的考试、考察要求和程序。2010年中共中央办公厅、国务院办公厅转发了《司法部关于进一步加强和改进律师工作的意见》，提出加大从律师中选拔法官、检察官的力度。

分类管理制度区分对司法辅助人员和法官、检察官的资格要求，完善法官、检察官选任制度，对于保障法官、检察官职业化、专业化有重要的意义。这一时期提出的法官员额比例、遴选程序、从律师中选拔法官等措施有待进一步改革。

（二）推进办案责任制

2005年人民法院二五改革纲要提出进一步强化院长、副院长、庭长、副庭长的审判职责，建立法官依法独立判案责任制，强化合议庭和独任法官的审判职责。院长、副院长、庭长、副庭长应当参加合议庭审理案件。逐步实现合议庭、独任法官负责制。2005年《最高人民检察院关于进一步深化检察改革的三年实施意见》提出深化主诉检察官办案责任制。

2004年最高人民检察院颁布《检察人员纪律处分条例（试行）》，规定对于串供或者伪造、销毁、隐匿证据的；阻止他人揭发检举、提供证据材料的；包庇同案人员或者打击报复批评人、检举人、控告人、证人及其他人员的；以及

① 2001年7月12日颁布《司法部关于废止〈律师资格考试办法〉的决定》。被废止的《律师资格考试办法》于2000年7月26日颁布，其时颁布不到1年。

具备条例规定的其他情形的，区分情况给予警告、记过、记大过、降级、撤职、开除等处分。

2007 年最高人民检察院发布的《检察人员执法过错责任追究条例》规定了错案的确认及追责，指出错案是指检察官在行使职权、办理案件中故意或者重大过失造成认定事实或者适用法律确有错误的案件，或者在办理案件中违反法定诉讼程序而造成处理错误的案件。该条例还规定了免责条款，对于具备六种法定情形的，不予追究责任。譬如检察官没有故意或者过失的案件，经其他有关部门协调、决定的案件等。

2009 年最高人民法院发布《人民法院工作人员处分条例》，其中“违反办案纪律的行为”和“失职行为”两节 34 条对于审判人员违反诉讼程序的行为进行列举，譬如违反规定插手、干预、过问案件，或者为案件当事人通风报信、说情打招呼等情形，区分情形分别予以警告、记过、记大过、降级、撤职、开除等纪律处分。

2010 年公安部、人社部、监察部通过的《公安机关人民警察纪律条令》规定，对于故意违反规定立案、撤销案件、提请逮捕、移送起诉的；违反规定采取、变更、撤销刑事拘留、取保候审、监视居住等刑事强制措施或者行政拘留的；非法剥夺、限制他人人身自由的；非法搜查他人身体、物品、住所或者场所的；违反规定延长羁押期限或者变相拘禁他人的；违反规定采取通缉等措施或者擅自使用侦察手段侵犯公民合法权益；体罚、虐待违法犯罪嫌疑人、被监管人员或者其他工作对象的；实施或者授意、唆使、强迫他人实施刑讯逼供的；利用职权干扰执法办案或者强令违法办案的；利用职权干预经济纠纷或者为他人追债讨债的；以及具备该文件规定的其他情形的，区分不同情形，给予记过或者记大过处分；情节较重的，给予降级或者撤职处分；情节严重的，给予开除处分。

这十年的办案责任制随着要求加强审判权和检察权独立行使，加强审判、检察职责，优化司法职权配置等改革进程来展开，由片面重实体错误发展到对违反程序和实体错误并重。对于办案责任的认定与豁免有相应的规定，但对于豁免制度的规定仍有待完善，譬如，检察院条例规定案件事实、证据认定错误造成错案的，案件承办人应当承担责任。这一规定对事实、证据认定错误的具体情况未予区分，可能导致办案责任扩大化。

（三）健全司法人员职业保障

司法人员职业保障包括任职保障、地位保障、收入保障等。司法改革的几个阶段各有其侧重点。1999 年人民法院一五改革纲要提出经费保障问题，2005

年人民法院二五改革纲要提出基本任务之一是加强法官职业保障，要求推动适合法官职业特点的任用、晋升、奖励、抚恤、医疗保障和工资、福利、津贴制度的建立和完善，逐步提高法官待遇。2009 年人民法院三五改革纲要再次提出加强司法职业保障制度建设，改革和完善法官工资福利和任职保障制度，完善法官激励机制，配合有关部门制定与法官职业特点相适应、与法官等级相匹配的工资政策；完善法官人身安全保障、任职保障等职业保障制度；提出适当提高基层人民法庭法官职级。如 2011 年中组部、最高人民法院发布《地方各级人民法院法官职数比例暂行规定》规定省、自治区基层法院和直辖市所属县法院，设四级高级法官 1 名；担任副院长的一级法官、二级法官和其他一级法官、二级法官、三级法官职数总和不超过法官总数的 60% 等。

从改革进程看，这十年来司法人员职业保障改革的重点从经费保障发展到内容更为广泛的任职保障和职业保障。但从实践来看，法官、检察官职务属于公务员序列，容易受公务员体制改革的影响。譬如，部分省份的法官在公务员工资改革时不得不接受降薪。这些问题需进一步予以关注和解决。

（四）建立政法系统财政保障机制

1999 年人民法院一五改革纲要将政法经费保障作为司法改革的重点问题之一。2008 年《中央政法委员会关于深化司法体制和工作机制改革若干问题的意见》指出该轮司法体制改革将建立政法系统财政保障机制，政法经费总量在财政可承受范围之内，由中央财政统一保障 。2009 年中共中央办公厅、国务院办公厅下发《关于加强政法经费保障工作的意见》，财政部下发《政法经费分类保障办法（试行）》建立“明确责任、分类负担、收支脱钩、全额保障”的政法经费保障体制。2009 年人民法院三五改革纲要要求各级财政确定负担法院经费的级次和比例。

以上系列改革保障了政法经费。财政保障机制改革措施为进一步全面深化司法改革奠定了基础。

三　规范司法权的行使

由于司法权的行使不规范，司法实践中存在不少问题，亟待改革，以保障公民诉讼权利、回应司法便民的需求。2005 年党的十六届五中全会和 2006 年十届全国人大四次会议《关于最高人民法院工作报告的决议》中提出规范司法行为的要求，规范司法权的行使成为最高人民法院、最高人民检察院的重点整改内容。

（一）多措并举规范审判行为

最高人民法院筛选、提炼出200多个关于法官行为不规范的表现和问题。择其要者有：一是立案难，存在有案不收、有诉不理、违规立案、越权管辖的问题，有的法院存在立案不方便、经济上确有困难的当事人交不起诉讼费等问题。二是有的法官审判行为不规范，不当行使自由裁量权，导致案件实体或程序不公正。三是有的裁判文书制作不规范。四是二审发回重审多、诉讼周期长。五是人民法院少数执行人员执行不力、执行不规范，集中表现在部分案件存在久拖不执、消极执行现象，个别案件暂缓执行随意性较大；少数执行人员工作作风粗暴，方法简单；个别执行人员有法不依，执法不严，存在违法违纪、以权谋私现象。六是个别法官上下推诿、敷衍塞责，导致申请再审难。七是一些法院忽视司法管理，导致权责分离、制约不够、效率不高。2005年以来，最高人民法院发布规范性文件，采取系列措施，规范审判行为。

一是规范立案手续，简化立案环节，建立立案大厅，实行柜台式立案，尝试远程网络立案。2009年最高人民法院印发《关于依法保护行政诉讼当事人诉权的意见》，规定不得随意限缩受案范围、违法增设受理条件，要求依法积极受理新类型行政案件。

二是规范法官审判行为。主要是通过规范裁判标准、完善诉讼程序、强化公开审判、推行裁判说理、尊重和维护当事人及其代理律师诉讼权益等措施，规范民商事案件的裁判行为，解决个别法官办金钱案、关系案、人情案的现象。首先，最高人民法院出台文件统一裁判标准，先后颁布《关于审理涉及国有土地使用权合同纠纷案件适用法律问题的解释》《关于审理涉及农村土地承包纠纷案件适用法律问题的解释》《关于在民事审判和执行工作中依法保护金融债权防止国有资产流失问题的通知》等，并明确受理证券公司破产案件的条件及相关法律问题的解决办法。其次，要求法官公平合理地分配诉讼各方的陈述及辩论时间，避免随意打断和阻止当事人及代理律师正当的陈述和辩论；不以生硬言辞指责当事人或其他诉讼参与人，防止强迫当事人接受法官的建议或强制当事人撤诉等；规范和限制民商事法官在庭审中的释明权，防止不释明、滥释明；适当扩大法官依职权调查取证的范围，尽力解决一些困难群体因不能有效举证而打不赢官司的问题。再次，规范发回重审行为。各级法院逐步建立民商事案件评查制度和案件改判、发回重审的分析评议制度，严格限制发回重审的条件。

三是规范执行行为，缓解执行难问题。最高人民法院采取的措施有：严格执行条件，解决暂缓执行、中止执行、终结执行、查封案外人财产和超标的查封的问题；加强执行管理，解决违法拍卖、委托执行、执行款物管理和执行档案管理中存在的突出问题；强化执行公开，解决消极执行、拖延执行和执行人员的违法违纪问题。

四是规范再审行为，加强再审立案的制度建设。尝试建立全国法院涉诉信访案件处理的统一协调机制和信息管理系统，建立涉诉信访的分类管理机制，避免上下级法院之间对当事人的涉诉信访互相推诿或重复审查；推行申诉听证制度，增加申诉复查透明度；引导当事人依法表达诉求，积极处置群体性上访事件，及时妥善化解各种社会矛盾。规范再审立案条件，推广判后答疑制度。对于原审判决在认定事实或者适用法律方面确有错误的再审案件予以纠正。

五是加强司法管理，建立法院内部权责分明、相互制约的制度体系。首先，各级法院普遍建立案件流程管理制度，运用电子信息技术对案件从收案到结案的全过程进行科学管理，严格延长审限的申请报批制度，确保大多数案件能够在审限内审结。其次，加强分管院长、庭长职权。探索审判长交叉办案，加大分管院长和庭长对合议庭的监督力度，通过审核文书、对外征求意见、召开审判长联席会、签发文书等诸多环节加强监督制约。再次，建立审判质量评查体系。对法官在审理案件中采信证据、认定事实、适用法律、遵守程序等指标进行细化分解，按照一定比例，定期抽查，对被改判发回重审的案件当事人重复上访的案件、群众有举报的案件，以及有重大社会影响的案件等重点进行评查，实现重点评查和专项评查相结合的评查制度。

六是完善职业操守规范。最高人民法院于2010年修订《中华人民共和国法官职业道德基本准则》，印发《法官行为规范》，对法官行为中涉及职业道德、司法廉洁、审判质量、审判效率以及着装仪表、业外活动等也提出了明确要求，其内容贯穿到法官行为的每一个细节，尝试解决法官行为不规范、程序不公正、言行不文明等问题。

七是建立特约监督员制度。2009年颁布《最高人民法院特约监督员工作条例（试行）》，通过旁听庭审、参加执法检查、反映或转递批评、意见、建议或者举报材料等方式，监督法院人员审判作风、职业道德等，促进法院规范行使审判权。

人民法院规范司法行为的举措从立案、审判、执行、再审等各个重要的程序环节入手，以扩大公开、加强监督、加强流程管理和质量考核、加强院庭长职权监督等为手段，落实到职业操守规范和办案责任制上。

（二）点面结合规范检察行为

2005年以来，检察行为不规范成为检察院整改内容。最高人民检察院指出检察行为不规范的表现有：不严格执行法定程序，有的不能依法履行法律监督职责，对诉讼中出现的执法不严、司法不公问题，该监督纠正的没有及时监督纠正；对不该逮捕的批准逮捕，对不该起诉的提起公诉；有的不依法保障诉讼参与人的诉讼权利，不履行告知义务，对律师会见、查阅材料等不积极配合，变相拖延时间、设置障碍；有的扣押、冻结和处理涉案款物不严格遵守法律规定，随意扩大扣押款物范围，结案后不及时清理退还扣押款物；有的执行程序性规定不严格，甚至规避法律。采取强制措施不当，违规扣押和处理涉案款物等问题突出；也存在执法责任不落实的问题。此外，在专项整改活动中，最高人民检察院将徇私枉法、权钱交易，执法不文明、违法违规办案，玩忽职守、执法不作为，不能依法独立行使检察权等确定为整改的四个重点问题。检察院规范司法行为的工作主要从以下方面展开。

其一，健全司法工作规范体系，完善司法程序规范。2010 年，最高人民检察院颁布检察机关执法工作基本规范，全面明确各项检察业务工作司法办案流程。2012 年出台《人民检察院刑事诉讼规则（试行）》，全文 708 条，是《刑事诉讼法》的 2.4 倍，使检察机关刑事办案程序更清晰具体。

其二，针对重点问题进行专项检查，先后开展了对多个制度的执行情况的专项检查工作。如对刑事诉讼法羁押期限的规定，人民检察院扣押、冻结款物管理的规定，保障律师依法执业的规定，办案安全防范制度，控告申诉首办责任制等制度的检查工作。

其三，健全办案考核评价机制。最高人民检察院修订了考评各省、自治区、直辖市检察机关查办贪污贿赂、渎职侵权犯罪案件工作办法，省级检察机关建立起审查逮捕、审查起诉、查办职务犯罪等各项执法工作的考评机制。在加强办案流程管理工作中，将流程管理和办案人员工作实绩考评相结合。

其四，完善职业操守规范。2009 年颁布检察官职业道德基本准则，2010 年又颁布检察官职业行为基本规范、检察机关文明用语规则等。

其五，2003 年最高人民检察院建立了人民监督员制度，2010 年全面推行人民监督员对查办职务犯罪工作中应当立案而不立案、超期羁押、违法扣押冻结处理涉案财物、拟撤销案件、拟不起诉等“五种情形”进行监督，后拓展监督范围，将指定居所监视居住违法、阻碍律师依法执业等纳入监督。

综合检、法两家的司法行为规范化改革情况可知，重实体、轻程序、重打击犯罪、轻保障人权的观念仍有待根本转变。在某种程度上，司法权行使不规范包含了办案不符合诉讼程序规则的情形，与办案责任制规制的行为有交叉重合之处。

在改革效果上，一方面有些问题有待进一步改革予以解决，改革力度仍有待加强。譬如，人民群众反映强烈的“立案难”问题并未获得根本改善，投诉无门的情况屡有发生，诉讼渠道的堵塞导致大量纠纷涌向信访，容易加剧“信访不信法”的观念，损害司法的权威。另一方面，有些改革措施引发了新的问题，如案件质量管理和考核评查制度的建立，使有的法院、检察院在考核评估中唯指标论，考核什么就有什么，甚至不惜违背司法规律。

在客观上，司法机关面对案多人少、社会冲突弥合难度增大、司法环境有待进一步改善等现实困难，使得司法行为的规范化改革难以收到立竿见影的成效。在此意义上，这项改革是一个长期过程。

四　推进司法公开

推进司法公开改革符合司法规律，有利于司法接受社会监督，保障当事人、诉讼参与人的诉讼权利，保障律师依法执业，也有利于树立司法权威。推进司法公开是多年来司法改革的重点，随着十年来中国社会进入网络时代，司法改革在开拓司法公开平台和扩大公开信息范围等方面取得进步。

司法公开平台向互联网延伸，是这十年来司法公开改革的重要内容，集中体现在裁判文书网上发布等方面。2002 年中国涉外商事海事审判网开通，对外发布涉外商事海事案件裁判文书。2003 年，上海辖区内三级法院生效裁判文书在互联网公布。2005 年全国 300 家人民法院作为会员单位，陆续在中国法院网裁判文书栏目这一共同平台公开裁判文书。2006 年中国知识产权裁判文书网开通，全面公开全国法院知识产权类裁判文书。2007 年最高人民法院发布《关于加强人民法院审判公开工作的若干意见》明确规定各高级人民法院制定通过出版物、局域网、互联网等方式公布生效裁判文书的具体办法，对人民法院在互联网公布裁判文书提出具体的指导意见。

2006 年最高人民法院指出各级法院为落实和完善公开审判制度，全面实施八项公开，即立案公开、庭审公开、证据采信公开、事实认定公开、法律依据公开、判决理由公开、裁判文书公开、执行过程公开。一些重要典型案件的庭审进行全程现场电视直播，自觉接受社会监督，邀请人大代表、政协委员旁听庭审，听取其意见和建议。

2009 年最高人民法院印发《关于司法公开的六项规定》和《关于人民法院接受新闻媒体舆论监督的若干规定》，对立案公开、庭审公开、执行公开、听证公开、文书公开、审务公开等作出规定；规定新闻媒体对法院审判活动的报道，在规范法院接受媒体报道的同时，也规范媒体报道的行为，如未经批准禁止录音录像等，并规定违法报道的若干情形和处理方式。

2010 年最高人民法院印发《关于确定司法公开示范法院的决定》，北京市第一中级人民法院等 100 个法院为“司法公开示范法院”，制定《司法公开示范法院标准》，建立考核评价机制和督促检查通报机制，建立立案大厅、门户网站、庭审直播设备等物质保障机制；建立责任追究机制和举报投诉机制等。

在实践中，由于法庭容量、案件性质等原因，有些案件中旁听人员规模受到限制。以旁听审判的方式进行公开的实践仍有待进一步改善。

五　完善人民陪审制，发展司法民主

人民陪审制在十年内有了较大发展，并为该制度在未来的发展奠定基础。按照人民陪审制度的制度设计，人民陪审制是司法民主的重要体现，人民陪审员参与审判案件，注重从社会道德标准等方面对案件进行分析、判断，实现大众思维与法官职业思维的互补；人民陪审员的群众视角、不同职业背景和专长，有利于查清案件事实，正确适用法律，确保裁判公正。加强和推进人民陪审工作有利于社会各界客观了解法院工作的真实情况，减少、消除社会上对法院审判案件可能产生的误解。

（一）完善选任程序，增加陪审员数量

1999 年人民法院五年改革纲要即提出完善人民陪审员制度，计划在 2003 年以前向全国人大常委会提出对担任人民陪审员的条件、产生程序、参加审判案件的范围、权利义务、经费保障等问题的建议。2005 年最高人民法院印发《最高人民法院关于人民陪审员管理办法（试行）的通知》，规定基层人民法院根据本辖区案件数量及特点、人口数量、地域面积、民族状况等因素，并结合上级人民法院从本院随机抽取人民陪审员的需要，在不低于所在法院现任法官人数的二分之一，不高于所在法院现任法官人数的范围内提出人民陪审员名额的意见，提请同级人民代表大会常务委员会确定。

2010 年最高人民法院印发《关于进一步加强和推进人民陪审工作的若干意见》，在经费保障、培训条件许可的前提下，适当扩大人民陪审员的选任数量。人民陪审员选任一般应当每五年选任一次。各基层人民法院应当建立人民陪审员以及候选人员信息库，并根据所在区域、行业、专长等要素归入不同类别，以适应陪审工作的需要。意见指出在选任人民陪审员工作中，应当注意兼顾社会各阶层人员的结构比例，注意吸收社会不同行业、不同职业、不同年龄、不同民族、不同性别的人员，以体现其来源的广泛性和代表性。各高级人民法院应当根据本辖区工作实际，建立可行的人民陪审员退出机制，规定人民陪审员在三年时间内，无正当理由拒绝参加陪审案件超过三次的，视为辞职。

2012 年，最高人民法院要求人民陪审员配备要适当超过基层法院一线法官，在要求增补人民陪审员的同时，还要求注重吸收不同行业、性别、年龄、专业

人员，确保人民陪审员队伍的广泛性、代表性和群众性。[①]

（二）陪审案件数量显著增长，拓展陪审案件范围

自2005年以来，全国人民陪审员参加审理的案件比例逐年显著提高。2010年全国近8万名人民陪审员共参与审理案件91万件，占普通程序案件总数的38%。2012年参加审理案件人次是2006年的3.8倍。[②] 以江苏为例，该省法院2010年人民陪审员一审案件陪审率达61.17%，同比上升13.05%；[③] 2012年报道江苏法院以提高案件陪审率为重点，基层法院一审案件陪审率达到83%左右。[④] 2012年，多个基层法院报道该院当时陪审率为100%。[⑤]

十年以来人民陪审员制度的发展奠定了提高人民陪审员制度公信度和司法公信力的基础。但是，有些问题仍待进一步的改革予以回应。譬如，陪审制作为司法民主的重要体现，其所具有的政治功能仍有待充分发挥，陪审员审理的案件范围有待进一步明确，陪审员既裁决事实问题又裁决法律问题是否合适，陪审员裁决时如何避免专业法官的影响，陪审员选任的代表性仍有待扩展，陪审员产生程序及其所依赖的推荐制有待改革，陪审是权利还是义务的定位有待明确，陪审员无正当理由拒绝参加陪审案件的法律后果有待进一步完善等。

六　加强检察机关的法律监督

十年来检察机关对司法机关诉讼活动的法律监督职权逐渐受到重视，监督范围扩大，监督职权和监督程序得到完善。2010年最高人民法院、最高人民检察院、公安部、国家安全部、司法部发布的《关于对司法工作人员在诉讼活动中的渎职行为加强法律监督的若干规定（试行）》指出，对司法工作人员的十二

---

① 参见杨维汉、陈菲：《最高法：陪审员数量要适当超过基层法院法官》，http://news.jcrb.com/jxsw/201201/t20120103_784385.html，访问于2015年2月23日。

② 参见《最高人民法院举办陪审制度国际研讨会》，《人民法院报》2011年5月12日第1版。

③ 参见《最高法：去年8万名陪审员参与审理91万件》，http://www.legaldaily.com.cn/index/content/2011-05/11/content_2652858.htm?node=20908，访问于2015年2月23日。

④ 参见杨维汉、陈菲：《最高法：陪审员数量要适当超过基层法院法官》，http://news.jcrb.com/jxsw/201201/t20120103_784385.html，访问于2015年2月23日。

⑤ 如广西兴安、那坡、上林，江苏相城，山东滨城等地法院均报道该地陪审率100%。《兴安：陪审率100%助推阳光司法》，http://www.xatvw.com/html/2012/xatv_0525/59142.html》；惠海红、黄伟：《江苏相城法院一审陪审率100%》，《民主与法制时报》，2013年1月28日；《那坡县法院：普通程序连续三年陪审率100%》，http://www.pagx.cn/html/2014/jrgz_0916/21625.html；《上林法院一审陪审率100%》，《人民法院报》2013年1月26日第4版；《滨城区法院选任人民陪审员》，《齐鲁晚报》2013年11月7日，http://sjb.qlwb.com.cn/qlwb/content/20131107/ArticelU07008FM.htm，访问于2015年2月23日。

种渎职行为可以通过依法审查案卷材料、调查核实违法事实、提出纠正违法意见或者建议更换办案人、立案侦查职务犯罪等措施进行法律监督。

（一）加强对刑事诉讼的监督

人民检察院全面监督刑事诉讼。2009年最高人民检察院印发《关于进一步加强对诉讼活动法律监督工作的意见》，针对立案监督、侦查活动监督、刑事审判监督、刑罚执行和监管活动监督提出全面要求，并提出探索新的检察监督机制。

加强对监所执行的监督。2008年最高人民检察院印发《人民检察院监狱检察办法》《人民检察院看守所检察办法》和《人民检察院监外执行检察办法》，加强对刑事执行程序的监督。2010年最高人民检察院、公安部印发《关于人民检察院对看守所实施法律监督若干问题的意见》，加强对看守所执法活动、管理活动的监督，完善监督程序、监督方式等规定。

建立检察长列席审判委员会的机制。2010年最高人民法院和最高人民检察院联合发布《关于人民检察院检察长列席人民法院审判委员会会议的实施意见》，明确规定人民法院审判委员会讨论人民检察院提出抗诉的案件、死刑案件、可能判处无罪的案件以及与检察工作有关的其他议题时，同级人民检察院检察长可以列席、发表意见。这一文件拓宽检察监督的渠道，指出了监督重点。

自2006至2011年，全国检察机关每年就立案监督提出的书面纠正意见约2.3万至4.5万件次，其中监督立案约为1.8万至3.3万件次，监督撤案约4000至1.2万件次。就刑事审判活动提出书面纠正意见约2000至9000件次。提出二审抗诉的案件约2000至5000件，二审抗诉率为0.3%至0.6%。提出再审抗诉的案件为200至1100件，再审抗诉率为0.04%至0.16%。以上各项呈逐年上升趋势。检察机关每年对侦查活动提出书面纠正意见约1.1万至4万件次。其中，在审查批捕环节提出书面纠正意见约5000至2.1万件次，在审查起诉环节提出书面纠正意见约为6000至2万件次。就监管和刑罚执行活动提出书面纠正意见约6000至3.7万人次。其中，就监管活动提出书面纠正意见约3000至2.5万人次；就超期羁押提出书面纠正意见约80至530人次；就减刑、假释、暂予监外执行提出书面纠正意见约2000至1.3万人次。[①]

2012年《刑事诉讼法》修改后，检察机关增加了对刑事案件的羁押必要性审查、对指定居所监视居住、死刑复核程序、强制医疗等特殊程序等进行监督

---

① 参见宋维彬：《新刑事诉讼法实施中的检察监督》，《国家检察官学院学报》2013年第1期。数据来源于中国法律年鉴。

的新职能，增强了检察监督的效力和程序，扩展了检察机关向当事人提供救济的途径。

（二）加强对民、行诉讼的监督

人民检察院对民事诉讼、行政诉讼的监督逐步完善。2011 年《最高人民法院、最高人民检察院关于在部分地方开展民事执行活动法律监督试点工作的通知》，在山西、内蒙古、上海、浙江、福建、江西、山东、湖北、广东、陕西、甘肃、宁夏等省、自治区、直辖市高级人民法院、人民检察院开展民事执行活动法律监督的试点工作，依当事人、利害关系人的申请，加强对民事执行活动实施法律监督。2011 年最高人民检察院发布《关于对民事审判活动与行政诉讼实行法律监督的若干意见（试行）》，完善检察机关对民事、行政诉讼实施法律监督的范围和程序。

2008 年至 2012 年年中，全国检察机关共受理民事行政申诉案件 438970 件，对生效民事行政裁判提出抗诉 51201 件，再审改变率 74.6%；提出再审检察建议 38071 件，法院采纳 28617 件，采纳率为 75.2%。①

2012 年《民事诉讼法》修改后的检察监督有所变化。譬如，监督范围由审判扩大为诉讼全过程，增加人民检察院对同级人民法院确有错误的案件提出检察建议的规定。但当事人仅在申请再审被人民法院驳回、人民法院逾期未对再审申请做出裁定或者案件已经再审以后才能申请检察机关予以监督。

（三）强化检察机关内部监督

内部监督有利于加强检察机关内部各工作环节之间和上级人民检察院对下级人民检察院的监督制约。

十年以来，检察院严格规范侦查监督和公诉工作，制定审查逮捕、起诉和不起诉案件质量标准；健全非法证据排除机制。最高人民检察院发布《关于省级以下人民检察院立案侦查的案件由上一级人民检察院审查决定逮捕的规定（试行）》等文件，实行职务犯罪案件“双报批、双报备”制度。规定省级以下人民检察院对职务犯罪案件撤案、不起诉必须报上一级检察院批准，立案、逮捕必须报上一级检察院备案。实行这一制度，有效防范和减少了办理职务犯罪案件中立案、撤案不规范等问题。

---

① 曹建明：《最高人民检察院关于民事行政检察工作情况的报告（摘要）》，法制网 http://www.legaldaily.com.cn/rdlf/content/2012-12/26/content_4087160.htm?node=34020，访问于 2015 年 4 月 12 日。

此外，检察院还强化对办案管理的监督制约。2011 年设立统一的案件管理机构，统一进行案件受理、流程控制、质量管理、案后评查、综合考评，统一开具法律文书、接待律师、管理涉案财物等。

（四）探索检察机关公益诉讼制度

检察机关提起公益诉讼制度是重要的法律监督职权。这一职权在 2012 年民事诉讼法中获得进一步确认，其第五十五条规定对污染环境、侵害众多消费者合法权益等损害社会公共利益的行为，法律规定的机关和有关组织可以向人民法院提起诉讼。该规定所指向的是当前公众最为关注、亟待解决的社会问题，被冠之以“法律民生工程”的称谓。公益诉讼以社会正义为主题，其根本立足点限定在保护社会弱势群体的利益，在社会转型中将法院作为失语公民表达意愿的场所，使法院有机会通过诉讼案件在重要的社会资源分配问题上推动公共政策的讨论和形成，并通过这种途径发展法律，实现立法活动所不能达到的社会变革。公益诉讼所强调的是一种对话式的实践理性，而不是传统法律观中静态的、单向强制的规则实施。[①] 但是，民事诉讼中关于公益诉讼的相关法律规定较为概括。提起公益诉讼的条件、适用范围和程序有待探索，公益诉讼的案件管辖、举证责任分配有待明确，判决的执行等有待进一步完善。

十年来，检察监督在建章立制方面取得一定成效，涉及诉讼各方面的规范性文件相继出台，为检察监督的深入、全面发展奠定了基础。总体上，检察监督呈现加强趋势。但是，检察监督仍重事后监督，事前监督和事中监督有待加强；在检察监督手段方面，检察建议等柔性监督方式多，刚性监督方式和效力有待加强；对审判进行监督的方式仍有争议。

七　加强审判职能和推进庭审制度改革

十年以来，随着审判方式改革的推进和对司法人权保障的加强，法院的审判职能和法庭审判的功能受到重视。法庭审判在诉讼制度中的重心地位和作用越来越获得关注。

（一）规定证据裁判原则和非法证据排除

最高人民法院、最高人民检察院、公安部、国家安全部、司法部在 2010 年发布的《关于办理死刑案件审查判断证据若干问题的规定》第二条规定，认定

---

① 参见徐卉：《解读公益诉讼制度》，《中国社会科学报》2011 年 12 月 20 日。

案件事实，必须以证据为根据。这一规定初步承认了证据裁判原则。但直接言词原则仍待落实，证人、鉴定人出庭制度也未严格执行，庭审对侦查、起诉程序的制约和引导作用并不明显，非法证据排除规则在实践中的适用有待加强，非法证据的范围受到立法的限制，排除程序在执行中面临以侦查中心的诉讼制度的严峻挑战。

此外，疑罪从无原则有待贯彻。从数据看，公诉案件有罪判决率居高不下，无罪判决的可能性微乎其微。根据最高人民检察院、最高人民法院两院工作报告，在2003年到2011年间，人民检察院提起公诉的人数中，有罪判决率为86.94%～88.06%，包括无罪判决在内的其他诉讼结局为11.94%～13.06%。公诉案件无罪判决率则由2002年的万分之十八迅速降至低于万分之十。①

表1　　2003～2011年被公诉人数与有罪判决率

年份	被公诉人数	有罪判决人数	有罪判决率	其他结局比例
2003～2007	4692655	4080000	86.94%	13.06%
2008	1143897	1007304	88.06%	11.94%
2009	1134380	997000	87.89%	12.11%
2010	1148409	1006420	87.64%	12.36%
2011	1201032	1051000	87.51%	12.49%

（二）建立庭审全程录音录像机制

2010年最高人民法院印发《关于庭审活动录音录像的若干规定》，规定对于一审普通程序案件、二审案件的庭审应当全程同步录音录像；简易程序及其他程序案件，可根据需要对庭审录音录像。法院在审判法庭安装录音设备，有条件的应安装录像设备。除休庭和不宜录音录像的调解活动外，录音录像自开庭时开始，至闭庭时结束，不得间断，由书记员将起始、结束时间、有无间断等情况记入法庭笔录。庭审录音录像以专门设备存储并以光盘形式入卷，保存期限与卷宗保存期限相同。庭审录音录像可作为证明庭审活动的证据。

（三）建立认罪认罚从宽制度

认罪是刑事程序繁简分流的重要条件。2003年最高人民法院、最高人民检

---

① 2006年《最高人民检察院关于开展规范执法行为专项整改情况的报告》指出，“检察机关提起公诉案件的无罪判决率由2002年的1.8‰下降到目前的0.49‰。”

察院、司法部印发《关于适用普通程序审理“被告人认罪案件”的若干意见（试行）》对于被告人认罪的案件适用比普通程序简化的程序，增加法庭确认被告人认罪自愿性的环节，规定对于控辩双方没有异议的证据，法庭不再组织质证，可以当庭予以认证。控辩双方主要围绕确定罪名、量刑及其他有争议的问题进行辩论。对于自愿认罪的被告人，法庭可以酌情予以从轻处罚。这一文件还扩大了简易化审理的案件范围，成为2012年《刑事诉讼法》将简易程序适用范围扩大到基层人民法院审理的绝大部分认罪案件的基础。

自2002年以来，各地陆续自行试行刑事和解并出台一些地方性文件。[①] 2006年《最高人民检察院关于在检察工作中贯彻宽严相济刑事司法政策的若干意见》第十二条规定对于轻微刑事案件中犯罪嫌疑人认罪悔过、赔礼道歉、积极赔偿损失并得到被害人谅解或者双方达成和解并切实履行，社会危害性不大的，可以依法不予逮捕或者不起诉。确需提起公诉的，可以依法向人民法院提出从宽处理的意见。刑事和解的社会效果也在实践中获得肯定。

2012年《刑事诉讼法》改革的简易程序和增设的和解程序均以被告人认罪为前提。真诚悔罪的被告人通过向被害人赔偿损失、赔礼道歉等方式获得被害人谅解，达成和解协议的，人民法院可以依法对被告人从宽处罚。所谓从宽，根据最高人民法院《关于常见犯罪的量刑指导意见》的规定，对于当事人达成刑事和解协议的，综合考虑犯罪性质、赔偿数额、赔偿能力以及认罪、悔罪程度等情况，可以减少基准刑40%以下；积极赔偿但没有取得谅解的，可以减少基准刑的20%以下；尽管没有赔偿但取得谅解的，可以减少基准刑的20%以下。

简易程序也以被告人认罪为前提。最高人民法院《关于常见犯罪的量刑指导意见》的规定，根据认罪、坦白的具体情节，可以减少基准刑的10%~50%。认罪认罚从宽的制度有利于鼓励被告人认罪坦白，提高司法效率，为罪犯的矫正和复归社会打下较好的心理基础。但有些问题仍待解决，如刑事和解的适用受到犯罪嫌疑人、被告人经济条件的限制，如何使贫困的人也能适用和解程序，获得宽大处遇，仍需进一步规定。

（四）推行量刑规范化改革

量刑规范化改革是指规范裁量权，将量刑纳入法庭审理程序。这是中央确

---

① 譬如，2002年北京市海淀区人民检察院对轻伤害案件和未成年人、大学生犯罪案件试行刑事和解。北京市朝阳区人民检察院于2002年出台国内首个关于刑事和解的规范性文件《轻伤害案件处理程序实施规则（试行）》。2003年北京市委政法委出台《关于北京市政法机关办理轻伤害案件工作研讨会纪要》，将刑事和解机制扩大适用到北京市各区县。又如2006年湖南省人民检察院印发《关于检察机关适用刑事和解办理刑事案件的规定（试行）》。

定的重大司法改革项目，经中央批准同意，从2010年10月1日起在全国全面推行量刑规范化改革。

为此，2008最高人民法院颁布的《人民法院量刑指导意见（试行）》历经2009年、2010年两次修订，并在全国部分法院试点。2010年9月最高人民法院发布《人民法院量刑指导意见（试行）》，明确量刑的指导原则、基本方法、常见量刑情节的适用，并规定15种常见犯罪的量刑，包括量刑起点、基准刑及增减情节与幅度等。最高人民法院指出该意见经试点成效明显，决定从2010年10月1日起在全国法院全面试行。2010年最高人民检察院颁布《人民检察院开展量刑建议工作的指导意见（试行）》，规定提出量刑建议的原则、审批程序、内容、形式、质证、辩论等。

2010年最高人民法院、最高人民检察院、公安部、国家安全部和司法部联合发布《关于规范量刑程序若干问题的意见（试行）》，要求保障量刑活动的相对独立性，侦查机关和人民检察院应当注意收集量刑证据，人民检察院可以对公诉案件提出量刑建议。法庭调查阶段应查明量刑情节。对于不认罪或者无罪辩护的案件，在审判过程中的法庭辩论阶段适当区分定罪和量刑，先后进行辩论。法院的刑事裁判文书中应当说明量刑理由，包括量刑事实及其作用，是否采纳公诉人、当事人和辩护人、诉讼代理人发表的量刑建议、意见的理由，量刑的理由和法律依据。

2010年11月，最高人民法院、最高人民检察院、公安部、国家安全部和司法部颁布《关于加强协调配合积极推进量刑规范化改革的通知》，指出要进一步提高法庭审理的质量和水平，这项改革对调查取证、审查起诉、律师辩护、法律援助、法庭审理等工作提出了新的更高的要求。

2010年10月最高人民法院开始在全国推行交通肇事、故意伤害、抢劫、毒品、强奸、诈骗等15种常见犯罪的量刑规范化改革。地方各级司法机关从本地实际出发，出台了一些地方性量刑指导规范性文件。

量刑程序的完善和量刑规范化改革对于裁判的统一、避免同案不同判有积极意义。建立相对独立的量刑程序有利于区分认罪案件的具体情况对被告人从宽处罚。总体上量刑改革有利于充分发挥庭审的功能，有利于保障被告人量刑辩护的程序权利，有利于诉讼公正的实现。

（五）初步确立案例指导制度

2005年人民法院二五改革纲要要求建立案例指导制度，包括建立指导性案例的编选标准、编选程序、发布方式、指导规则，目的是通过案例指导制度统一司法尺度，以准确适用法律。2010年最高人民法院颁布了《关于案例指导工作的规定》，标志着案例指导制度的初步确立。最高人民法院专门设立案例指导工作办公室，加强并协调有关方面对指导性案例的研究。

2011 年最高人民法院下发《关于发布第一批指导性案例的通知》，公布 4 个指导性案例。文件要求准确把握案例的指导精神，增强运用指导性案例的自觉性，以公平的裁判尺度，严格参照指导性案例审理好类似案件，确保案件裁判法律效果和社会效果的有机统一，保障社会和谐稳定，要求充分发挥舆论引导作用，宣传案例指导制度的意义和成效。

指导案例不是对法律适用的简单列举，而是对适用条件做出具体解释，如第一批指导案例针对死缓限制减刑的具体适用条件，指出“对于罪行极其严重，应当判处死刑立即执行，被害方反应强烈，但被告人具有法定或酌定从轻处罚情节，判处死刑缓期执行，同时依法决定限制减刑能够实现罪刑相适应的，可以判处死缓并限制减刑。”此案例增加了对法律没有明文规定的量刑情节也即对被害方反应的考量。但是，指导案例不是法律渊源，不具有法律效力。

与指导案例相似的是最高人民法院公布的典型案例，后者对于人民法院审判具有示范引导作用，是为了促进法院审判职能的充分发挥。有的典型案例针对实践中多发、高发案件，如 2009 年最高人民法院发布《最高人民法院关于醉酒驾车犯罪法律适用问题的意见》附有两个典型案例，目的是遏制酒后和醉酒驾车犯罪的多发、高发态势，统一法律适用标准，充分发挥刑罚惩治和预防犯罪的功能。又如 2012 年《最高人民法院公报》发布毒品案件典型案例，就毒品案件的定罪和量刑情节等进行描述。有的典型案例针对新型专业化案件，如 2011 年最高人民法院办公厅关于印发 2010 年中国法院知识产权司法保护十大案件和 50 件典型案例的通知，指出所公布的典型案例供各级人民法院在知识产权审判工作中参考借鉴。

指导案例和典型案例的行文亦相似。指导案例的行文分为裁判要点、基本案情、裁判结果和裁判理由等几个主要部分，在裁判要点部分对法律进行解释①，在裁判理由部分结合本案对法律适用展开说理。② 典型案例的行文分为基本案情和裁判结果两个主要部分，在裁判结果中对判决理由进行说理解释，行

---

① 如 2011 年发布的第一批指导案例中，潘玉梅、陈宁受贿案的裁判要点之一为“国家工作人员利用职务上的便利为请托人谋取利益，并与请托人以‘合办’公司的名义获取‘利润’，没有实际出资和参与经营管理的，以受贿论处”。

② 如潘玉梅、陈宁受贿案裁判理由称，被告人“利用职务便利为陈某谋取利益，以与陈某合办公司开发该土地的名义而分别获取的 480 万元，并非所谓的公司利润，而是利用职务便利使陈某低价获取土地并转卖后获利的一部分，体现了受贿罪权钱交易的本质，属于以合办公司为名的变相受贿，应以受贿论处。”

文更为精简扼要。

（六）重视民事法庭的调解功能

由于法院受理案件数量增加、建设和谐社会等原因，民事纠纷进入大调解时代，代替性纠纷解决方式（ADR）和司法调解的纠纷解决功能受到强调。2002 年至 2006 年间，最高人民法院颁布《关于审理涉及人民调解协议的民事案件的若干规定》《关于人民法院民事调解工作若干问题的规定》，司法部颁行《人民调解工作若干规定》，指出“能调则调，当判则判，调判结合，案结事了”十六字方针。2009 年《最高人民法院工作报告》提出“调解优先，调判结合”。2011 年最高人民法院公布首届“全国法院优秀调解案例”和“全国法院十大调解案例”，旨在进一步贯彻“调解优先、调判结合”工作原则，充分发挥优秀调解案例的示范作用等，同时针对个别法院片面强调调解率问题指出，要调整全国法院审判质效考评指标，调解工作既考核调解率，也考核自动履行和申诉率。① 2011 年，全国各级法院一审民商事案件调撤率达到 67. 26%，同比上升 1. 97 个百分点。②

（七）装备法槌、法袍等法庭用品

2002 年最高人民法院发布《人民法院法槌使用规定（试行）》，目的是维护法庭秩序，保障审判活动顺利进行。该文件对法槌的使用人、使用情形、放置位置、使用程序、监制等做出规定，并规定法槌的法律效力，诉讼参与人与旁听人员听到槌声后，应当立即停止发言和违反法庭规则的行为；仍继续其行为的，审判长、独任审判员可以分情形予以处理。当年又颁布《最高人民法院办公厅关于规范使用法槌的通知》，要求准确掌握在何种情形下法官应当、可以使用法槌，正确执行使用法槌的程序；要求充分体现法槌使用的严肃性，避免因使用不当而带来的负面影响；要求妥善保管法槌，严禁不相关的人员敲击法槌等。

同年，最高人民法院发布《人民法院法官袍穿着规定》，目的是增强法官的职业责任感，进一步树立法官公正审判形象，规定穿着法官袍的场合和要求。

法槌和法官袍虽是审判工具，却有重要功能。它隔离社会日常生活空间和

---

① 参见孙莹：《最高法发布“全国法院十大调解案例”评选结果》，http：//china. cnr. cn/gdgg/201203/t20120310_ 509268610. shtml，访问于 2015 年 3 月 16 日。

② 参见孙莹：《最高法发布“全国法院十大调解案例”评选结果》，http：//china. cnr. cn/gdgg/201203/t20120310_ 509268610. shtml，访问于 2015 年 3 月 16 日。

法庭审判空间，构造法庭审判的相对独立性和庄严肃穆感，是法官正确行使宪法和法律赋予的审判权力的象征。它象征着公平正义，象征着法官的尊荣，体现了法官的职业化、特殊性以及司法的权威。

八　加强人权的司法保障

十年以来随着中国经济社会文化的迅速发展，公民权利保障意识和法律意识得到加强，人权的司法保障逐渐成为社会热点问题。中国政府以越来越开放的姿态广泛参与国际社会人权对话，依据所加入的多种国际人权公约的要求加强诉讼中的人权保障。国内国际的双重动力使得人权的司法保障成为司法改革的重要内容。

（一）对讯问录音录像，防范和遏制刑讯逼供

这一制度最先在职务犯罪侦查中获得突破。2005 年最高人民检察院通过《人民检察院讯问职务犯罪嫌疑人实行全程同步录音录像的规定（试行）》，指出该规定的目的是依法惩治犯罪，保障人权，要求人民检察院办理职务犯罪案件，每次讯问犯罪嫌疑人时，必须对讯问全过程实施不间断的录音、录像。2006 年又印发了《人民检察院讯问全程同步录音录像技术工作流程（试行）》和《人民检察院讯问全程同步录音录像系统建设规范（试行）》，保障同步录音录像的实施。

2012 年《刑事诉讼法》明确规定侦查人员讯问时，可以对讯问过程进行录音或者录像；对于可能判处无期徒刑、死刑的案件或者其他重大犯罪案件，应当对讯问过程进行录音或者录像。并要求全程录音或者录像，保持完整性。同年，最高人民检察院、公安部出台《关于在看守所设置同步录音录像讯问室的通知》，由同级人民检察院负责提供录音录像设备，承担讯问室建设、改造以及录音录像设备的维护、保养费用，严禁在同步录音录像讯问室安放床铺留置职务犯罪嫌疑人，一般情况下不得在夜间提审，确需在夜间提审的应当严格履行审批手续，确保职务犯罪嫌疑人的合法权益和办案安全。

对讯问过程进行全程录音录像是防范和遏制刑讯逼供、保障犯罪嫌疑人、被告人权利的重要途径。但是这一时期的证据排除制度尚不健全，对于讯问中没有录音录像或者录音录像不全、剪辑等情况，讯问笔录是否排除，是一揽子排除所有讯问笔录还是可以保留其中一份或者数份，有待进一步予以明确规定。

（二）保障犯罪嫌疑人、被告人以辩护权为中心的诉讼权利

21 世纪是网络时代，犯罪嫌疑人、被告人权利受侵犯的信息和冤假错案的

悲惨故事迅速地在新媒体上向大众传播，“躲猫猫”等类似案件和佘祥林等冤假错案暴露了刑事司法对犯罪嫌疑人、被告人权利保护的不足，推动监所规范化建设和《刑事诉讼法》的修改。

2012年修正的《刑事诉讼法》规定尊重和保障人权，保障犯罪嫌疑人、被告人依法享有的辩护权，不得强迫任何人证实自己有罪，赋予被告人在侦查阶段委托辩护的权利，扩大法律援助案件范围，设立非法证据排除程序，将证明被告人有罪的责任加诸控方，规定有罪判决的证明标准为排除合理怀疑。这些规定有利于保障嫌疑人、被告人的辩护权，也为相关制度的发展开拓空间。

犯罪嫌疑人、被告人的辩护权是辩护律师权利的来源和基础，通常所指律师会见权、阅卷权、调查取证权等律师辩护权利，来源于犯罪嫌疑人、被告人的辩护权。犯罪嫌疑人、被告人是否享有要求会见权、阅卷权等权利，辩护律师能否将案卷交给犯罪嫌疑人、被告人阅卷等问题，仍在争议中。

（三）防治超期羁押

被公安部门拘留后未经逮捕、未经判决而被羁押28年的谢朝武于2002年获释。[①] 十年来，规范羁押措施的适用主要体现为建章立制，清理和防治超期羁押，加强检察监督，加强被羁押人权利保障，保护被羁押人的合法权益。

2003年各司法机关集中出台了一系列规范性文件，最高人民法院发布《最高人民法院关于清理超期羁押案件有关问题的通知》和《最高人民法院关于推行十项制度切实防止产生新的超期羁押的通知》，最高人民法院、最高人民检察院、公安部联合发布了《关于严格执行刑事诉讼法切实纠防超期羁押的通知》，最高人民检察院发布《关于认真落实最高人民法院、最高人民检察院、公安部〈关于严格执行刑事诉讼法切实纠防超期羁押的通知〉精神进一步做好相关工作的通知》《最高人民检察院关于在检察工作中防止和纠正超期羁押的若干规定》等文件，指出“前清后超”“边清边超”“押而不决”等现象仍然不断发生，严禁随意延长羁押期限，严禁滥用退回补充侦查、撤回起诉、改变管辖等方式变相超期羁押犯罪嫌疑人、被告人。文件指出超期羁押的实质是非法拘禁，是对犯罪嫌疑人、被告人人身权利的严重侵害，要求加强检察监督，充实派驻检察室力量，落实办案中超期羁押的责任追究制度；要求慎用逮捕措施；实行羁押情况通报制度、羁押期限届满提示制度；严格依法执行换押制度；实行定期检查通报制度，市级检察院实行月报制，省级实行季报制，最高人民检察院实行

---

① 郑博超：《治理超期羁押，保护的不只是人权》，《检察日报》2012年1月16日观点版。

半年报和年报制度。

其中，《最高人民法院关于推行十项制度切实防止产生新的超期羁押的通知》也要求建立超期羁押预警机制；要求严格依法适用取保候审、监视居住等法律措施；建立及时通报制度，告知法院羁押期限；严格禁止多次发回重审；无罪坚决放人；完善及时宣判制度，不得为了营造声势而延期宣判和执行；建立高效率的送达、移送卷宗制度，不得无故拖延。坚持超期羁押案件月报制度，做到月清月结。最高人民法院每月定期向全国法院发布《全国法院超期羁押案件情况月报》。

2006年公安部发布《公安机关适用刑事羁押期限规定》，规范公安机关适用刑事羁押期限工作，指出公安机关应当切实树立尊重和保障人权意识，防止因超期羁押侵犯犯罪嫌疑人的合法权益。

2006年《最高人民法院行政审判庭关于犯罪嫌疑人、被告人或者罪犯在看守所羁押期间，被同仓人致残而引起的国家赔偿如何处理问题的答复》称，应当按照《中华人民共和国行政诉讼法》和《中华人民共和国国家赔偿法》规定的行政赔偿程序处理。2012年《刑事诉讼法》增加规定了对羁押必要性的审查程序，有利于缓解超期羁押问题。

从数据上看，2002年以来的十年对超期羁押问题的治理获得了明显的成效，但仍未彻底解决。超期羁押案件的减少体现了刑事司法向文明、法治方向发展，公安司法机关出台的这些规定有利于倒逼公安机关落实对被羁押人的监管和保护责任。

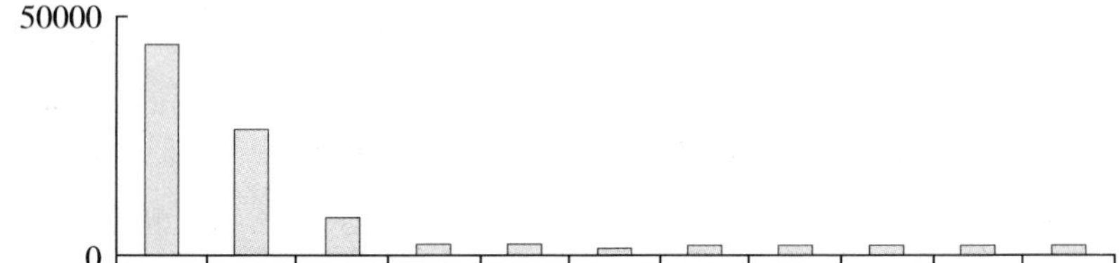

	2002	2003	2004	2005	2006	2007	2008	2009	2010	2011	2012
□纠正超期羁押人次	42496	25181	7132	271	233	85	181	337	525	242	609

图1　2002～2012年人民检察院纠正超期羁押人次①

由上文可见，中国解决超期羁押问题所采取的路径是司法机关主动清查、自

① 数据来源于1999～2013年最高人民检察院工作报告。其中，2002年、2012数据分别根据2003年、2013年工作报告统计和前5年数据计算得出。由于1998年数据是当年提出纠正意见的人次，据此计算的2002年数据是低估的。2005年数据为当年新发生超期羁押人次。

纠自查，而对于辩护人、犯罪嫌疑人、被告人在超期羁押问题上的辩护权有待进一步保障。实践中超期羁押与超期办案等不符合诉讼程序规定的刑事司法行为有密切的联系，继续关注并彻底解决超期羁押、扩大适用取保候审等羁押替代措施，有利于加强对犯罪嫌疑人和被告人的人身自由权和其他诉讼权利的保障。

（四）保障律师执业权利

2002 年颁布的《最高人民法院关于诉讼代理人查阅民事案件材料的规定》规定，代理民事诉讼的律师和其他诉讼代理人有权查阅所代理案件的有关材料；诉讼代理人为了申请再审的需要，可以查阅已经审理终结的所代理案件有关材料。民事代理律师及其当事人的阅卷权获得保障。

刑事辩护实践受到《刑法》第三百零六条律师伪证罪的影响。2002 年来的这十年间，刑事辩护律师执业权利面临挑战，执业风险积累聚集，全国刑事辩护状况亟待改善。其中，执业权利与风险问题体现在 2009 年末的李庄案中。① 2010 年中共中央办公厅、国务院办公厅转发《司法部关于进一步加强和改进律师工作的意见》，提出加强对律师的教育管理；司法部还出台了《律师事务所年度检查考核办法》《律师和律师事务所违法行为处罚办法》，加强对律师、律师事务所执业活动的监管工作。此后的 2011 年又发生“广西北海案”，该案中的犯罪嫌疑人、证人、辩护律师几乎全部身陷囹圄，不少律师自发组团赴北海辩护，律师界出现抱团取暖现象。②

2012 年《刑事诉讼法》及立法解释和司法解释加强对律师会见权、阅卷权、调查取证权、法庭质证辩论权等执业权利的保障，但传统的律师辩护“三难”问题仍没有根治。在这一时期，特别重大贿赂案件等的会见权、申请再审案件的阅卷权等律师执业权利有待进一步充分保障，譬如全社会高度关注的聂树斌案亦长期存在不让律师阅卷的现象。

随着《刑事诉讼法》对律师执业权利的保障，随着律师辩护水平与庭审技巧的提高，辩护律师质证、辩论的积极性、主动性提升。但是，在有些案件中，也出现辩护律师认真质证、辩论，法官却认为律师辩护给判决工作带来困难的现象，出现庭审法官和律师之间的辩审冲突，法官驱逐律师出庭的现象亦不少见。以上问题有待出台进一步的改革措施予以解决。

（五）加强未成年犯罪嫌疑人、被告人的权益保障

为依法保护未成年犯罪嫌疑人、被告人合法权益，中国参与制定或加入了

---

① 参见申欣旺：《李庄：现在可以说了》，《中国新闻周刊》2012 年 12 月封面报道。

② 参见曹勇、黄秀丽：《中国律师界杠上北海公安》，《南方周末》2011 年 8 月 11 日。

联合国《少年司法最低限度标准规则》《预防少年犯罪准则》和《儿童权利公约》等国际社会重要法律文件。2003 年《人民法院司法警察押解规则》规定，在法庭上对未成年被告人一律不得使用戒具。各地出台地方性文件，在未成年人案件中试行犯罪记录消灭制度。2009 年人民法院三五改革纲要提出配合有关部门研究建立犯罪人员的犯罪登记制度，要有条件地建立未成年人轻罪犯罪记录消灭制度。最高人民检察院于 2012 年发布《关于进一步加强未成年人刑事检察工作的决定》等一系列司法解释、规范性文件，贯彻对未成年人的特殊刑事检察政策。

2012 年《刑事诉讼法》增设的未成年人刑事案件诉讼程序，实行教育、感化、挽救方针，以教育为主、惩罚为辅，要求刑事司法机关办案人员熟悉未成年人身心特点。为没有委托律师的未成年人提供普遍的法律援助，对其成长经历、犯罪原因、监护教育等情况进行社会调查，严格适用逮捕措施，与成年人实行分别关押、分别管理、分别教育，讯问和审判时通知法定代理人或者其他合适成年人到场。对符合条件的未成年人，实行附条件不起诉制度和犯罪记录封存制度。

未成年人刑事诉讼程序适合未成年人身心特点，为心智未成熟的未成年人提供较多、较便利的重返社会生活的机会。另外，从刑事程序法治的发展来看，较为先进的诉讼制度和较为宽缓的刑事司法措施首先在未成年人程序中出现，较容易得到社会心理的支持。这些制度如果在未成年人案件中获得较好的实践经验和社会效果，就更容易推广到成年人案件中，从而在整体上促进犯罪嫌疑人、被告人权益的司法保障。

（六）严格控制和慎重适用死刑

十年来，司法改革在程序、实体两个维度推进对死刑严格控制和慎重适用的改革。

一是最高人民法院收回死刑复核权。2006 年《中共中央办公厅转发〈中共最高人民法院党组关于统一行使死刑案件核准权有关问题的报告〉的通知》提出，从 2007 年初起，由最高人民法院统一行使死刑案件核准权。死刑复核权收归最高人民法院有利于死刑案件量刑标准的统一，有利于控制死刑执行案件数量。同年，司法部发布《关于认真做好死刑案件的律师辩护和法律援助工作的通知》，要求适应死刑复核程序改革和死刑案件二审开庭审理的要求，开展死刑案件的刑事辩护和法律援助工作。这有助于保障被告人权利，防止出现冤假错案，确保死刑案件的审判质量。

二是加强死刑执行的临场检察监督。2007 年，最高人民检察院发布《人民检察院临场监督执行死刑工作规则（试行）》，规定发现不应当执行死刑的六种情形时，建议执行人民法院停止执行，体现了对死刑的慎用。

三是加强对死刑案件证据的审查判断。2010 年，最高人民法院颁布《关于办理死刑案件审查判断证据若干问题的规定》，强化对死刑案件审查判断证据的要求。最高人民检察院颁布《关于适用〈关于办理死刑案件审查判断证据若干问题的规定〉和〈关于办理刑事案件排除非法证据若干问题的规定〉的指导意见》，强化对于侦查取证工作的法律监督和对于证据合法性的举证责任，强调对证据的综合审查和运用，有利于严格把握死刑案件的证明。

四是加强死刑案件的律师辩护。2008 年，最高人民法院、司法部印发《关于充分保障律师依法履行辩护职责确保死刑案件办理质量的若干规定》，要求法律援助机构在收到指定辩护通知书三日以内，指派具有刑事案件出庭辩护经验的律师担任死刑案件的辩护人，保障死刑案件辩护质量，并要求建立对律师从事法律援助工作的考核机制。

五是在实体法上削减死刑罪名。2011 年《刑法修正案（八）》取消 13 个经济性非暴力犯罪罪名的死刑。实体法上逐步减少适用死刑罪名，有利于控制死刑案件的数量。

对死刑适用的控制和慎重体现了中国刑事司法向文明发展的方向，有利于在全社会形成尊重生命的观念，从而进一步减少死刑的适用，直至废除死刑。

（七）社区矫正制度从试点到不断完善

十年之间中国社区矫正制度经历了从无到有的发展过程。2003 年开始社区矫正试点，2005 年扩大试点，2009 年全面试行社区矫正，2012 年最高人民法院、最高人民检察院、公安部、司法部印发《社区矫正实施办法》，全面规定并实施社区矫正。

在社区矫正过程中，各司法机关分工负责。由司法行政机关负责指导管理、组织实施社区矫正工作，人民法院对符合社区矫正适用条件的被告人、罪犯依法作出判决、裁定或者决定；人民检察院对社区矫正各执法环节依法实行法律监督；公安机关对违反治安管理规定和重新犯罪的社区矫正人员及时依法处理。对拟适用社区矫正的被告人、罪犯，需要调查其对所居住社区影响的，可以委托县级司法行政机关进行调查评估。

作为非监禁化的刑罚执行活动，社区矫正的内容融监管、行为矫正、心理矫正、帮扶就业等于一体。被矫正人每月参加不少于八小时的公共道德、法律常识、时事政策等教育学习活动，每月参加不少于八小时的社区服务。司法所对其采取有针对性的措施进行个别教育和心理辅导，开展职业培训和就业指导，帮助落实社会保障措施。司法所根据社区矫正人员个人生活、工作及所处社区的实际情况，有针对性地采取实地检查、通讯联络、信息化核查等措施监管社区矫正人员的活动。重点时段、重大活动期间或者遇有特殊情况，可以根据需要要求社区矫正人员到办公场所报告、说明情况。记录社区矫正人员接受监督管理、参加教育学习和社区服务等情况，定期对其接受矫正的表现进行考核，并根据考核结果，对社区矫正人员实施分类管理。

社区矫正是行刑制度的重大改革。把罪行较轻的罪犯放在社区进行矫正有利于其复归社会，有利于避免监禁刑的交叉感染现象，能够更好地达到刑罚的特殊预防功能，减少再犯。长期以来，社区矫正并无法律依据，直至2011年的《刑法修正案（八）》规定，对宣告缓刑的犯罪分子，在缓刑考验期限内，依法实行社区矫正。2012年修正后的《刑事诉讼法》规定对被判处管制、宣告缓刑、假释或者暂予监外执行的罪犯，依法实行社区矫正，由社区矫正机构负责执行。2012年修正后的《监狱法》与《刑事诉讼法》的规定衔接，增加关于假释或者暂予监外执行的社区矫正罪犯的收监程序。这些立法虽然解决了无法可依的问题，但条款极为简练。对社区矫正罪犯的监管、教育措施等规定和对社区矫正所涉各部门之间衔接工作的规定等有待完善，亟须出台独立的社区矫正法律来调整这一重要的刑罚执行制度。

（八）完善国家赔偿制度

2002年印发的《最高人民法院关于各高、中级人民法院赔偿委员会及其办公室机构设置的通知》，作为人民法院机构改革的一个组成部分，要求在高、中级人民法院设立赔偿委员会及其办公室，有条件的应当独立设置，确有困难的，可以挂靠在行政审判庭。同年《最高人民法院赔偿委员会关于检察机关不起诉决定是对错误逮捕确认的批复》确认了对错捕的认定。2010年前的国家赔偿立法尚不健全，在司法实践中，申请人难以获赔，《国家赔偿法》亟待改革。

2010年《国家赔偿法》在归责原则、赔偿范围、请求渠道、办理程序等方面进行修改，增加精神损害抚慰金、明确举证责任、引入协商机制、保障费用支付。具体而言，将原归责原则“国家机关和国家机关工作人员违法行使职权”中的“违法”二字删除，完善了采取刑事拘留、逮捕措施等侵犯人身权的国家赔偿，取消了由赔偿义务机关作出赔偿决定的前置程序，赋予人民法院赔偿委员会作出赔偿决定的职权，并增加赔偿委员会审理赔偿案件的4条程序规定，要求将赔偿费用列入各级财政预算，体现了“国家尊重和保障人权”的宪法原则。2011年，为贯彻新《国家赔偿法》，最高人民法院颁布《关于适用〈中华人民共和国国家赔偿法〉若干问题的解释（一）》和《关于人民法院赔偿委员会审理国家赔偿案件程序的规定》，规定了立案、委托代理、质证、回避等关键权利和重要程序，增强了《国家赔偿法》的可操作性。

2012 年《国家赔偿法》再次修改，与修改后的《刑事诉讼法》相衔接，对于依法不予追究刑事责任的情形、因微罪被不起诉、因附条件不起诉期满被不起诉、因达成和解协议被不起诉的人被羁押的，国家不承担赔偿责任。

国家赔偿程序是国家对受公权力侵害的公民的补偿。但是，长期以来，在实践中存在各地国家赔偿标准不一、获赔难度大、赔付期长等问题，尚需进一步深化改革予以解决。

（九）初建司法救助制度

2005 年以来，中国初步建立了司法救助制度的框架。2005 年《最高人民法院关于对经济确有困难的当事人提供司法救助的规定》对于提起民事、行政诉讼的经济确有困难的当事人，实行诉讼费用的缓交、减交、免交。

随着司法救助实践的发展和社会需求的增加，司法救助范围有待逐步扩大。譬如，对被害人的国家救助制度亟待建立。自 2005 年以来，中国每年刑事犯罪立案数平均在 600 万起以上，破案率约 40% 至 50% 左右，每年约有 300 万左右的被害人及其近亲属不能从犯罪人处获得赔偿。[①] 实践中附带民事诉讼判决执行率低。得不到赔偿的被害人往往陷入困境。2007 年最高人民法院在部署当年人民法院工作时曾明确提出，要完善司法救助制度，把“研究建立刑事被害人国家救助制度”列为一项重要任务；2009 年启动的司法体制改革提出将建立刑事被害人救助制度；《国家人权行动计划（2009—2010 年）》也提出，中国将扩大司法救助的对象和范围，推动刑事被害人国家救助制度立法工作。

又如，有的民事执行案件中被执行人无可供执行财产，而申请执行人生活困难、急需获得赔偿，有的法院探索将其纳入司法救助范围，对法院穷尽措施仍不能执行的案件申请人予以救助，保障其基本生活。

这一时期的司法救助制度有许多仍待解决的问题。比如，司法救助对象的范围较为狭窄，救助方式较为单一，救助的条件并不明确，救助经费难以保障，救助制度的执行缺乏监督等。

---

① 杜萌：《刑事被害人补偿救助呼唤国家立法提速》，《法制日报》2009 年 6 月 15 日。该数据仅供参考，未必准确，因有的犯罪为无被害人犯罪。

（十）扩展法律援助范围和形式

法律援助制度在十年之间迅速发展，法援机构逐步完善，法援范围不断扩大，案件类型增多，并在特殊类型的案件中逐步提出对法律援助律师的较高要求。2003 年国务院发布的《法律援助条例》是首部全国性法律援助法规，促进和规范法律援助工作，为符合条件的公民提供法律咨询、代理、刑事辩护等无偿法律服务。2005 年最高人民法院、司法部印发《关于民事诉讼法律援助工作的规定》，民事权益事项如请求支付抚养费、赡养费、扶养费等要求诉讼代理的当事人可申请法律援助。2012 年出台《办理法律援助程序规定》，规范法律援助操作机制。2012 年《刑事诉讼法》将指定辩护案件扩展到侦查阶段，将犯罪嫌疑人、被告人经济困难的案件、可能判处无期徒刑的案件等纳入强制辩护。

这期间值班律师制度在探索中逐步推广。2006 年，司法部在河南某县开展值班律师试点，在法院设立办公室。[①] 之后，司法部在全国进一步推动看守所值班律师试点。2012 年刑事诉讼法的修正对此项工作有明显推动作用，湖南、江西、浙江等地司法厅、公安厅联合发文要求在全省看守所建立法律援助工作站。[②] 这是保障看守所在押人员合法权益的有效措施。

十年以来，法律援助经费稳步增长，案件数量激增。自 2000 年至 2010 年间，法律援助经费平均年增长约 46%，2010 年法援经费达 10 亿余元。[③] 2012 年的前 5 年，全国共办理法律援助案件 265 万件，年均增长 23.5%，提供法律咨询 2078 万人次，年均增长 12.8%。[④]

2012 年《刑事诉讼法》扩大简易程序适用的案件范围，增设刑事和解程序，刑事诉讼程序的简化意味着犯罪嫌疑人、被告人诉讼权利的简化。犯罪嫌疑人、被告人多属于社会的中下层，受经济条件及法律意识等因素限制，聘请律师辩护的比例低。在这一背景下，能否实现普遍辩护，为没有律师的犯罪嫌疑人、被告人提供法律援助，仍是当前较为现实和迫切的司法人权保障问题之一。据

---

① 参见程红根：《河南焦作各县（市、区）全部建立法律援助值班律师制度》，新华网：http://news.xinhuanet.com/newscenter/2008-08/14/content_9305427.htm，访问于 2014 年 8 月 2 日。

② 参见龚波华：《看守所统一建法律援助工作站》，《江西日报》2012 年 12 月 17 日 A2 版。浙江司法厅、公安厅 2012 年 12 月的联合文件参见浙江司法厅网站：http://www.zjsft.gov.cn/art/2012/12/20/art_21_50881.html，访问于 2014 年 8 月 2 日。

③ 参见中国法律援助网（http://www.chinalegalaid.gov.cn），访问于 2014 年 11 月 2 日。

④ 崔清新：《司法部：2012 年全国法律援助案件有望突破百万件》，新华网：http://news.xinhuanet.com/legal/2012-01/26/c_111461552.htm。，访问于 2015 年 4 月 12 日。

最高人民法院工作报告公布的数据，这些年来每年被定罪的人在百万左右，以法律援助案件支出标准计算，为没有聘请律师的嫌疑人、被告人提供法律援助律师需大幅增加法援经费。

（十一）防范和纠正冤假错案

冤假错案既打击无辜者又放纵有罪的人，动摇刑事司法权威和公信力。自2004年佘祥林杀妻冤案引起社会公众对冤假错案的关注和讨论，多年来真凶再现、亡者归来、疑罪从无的冤假错案倒逼刑事司法深入改革，防范和纠正冤假错案成为加强人权司法保障的重要内容。

十年来防范冤案错案的刑事司法改革措施陆续推出，从证据和程序两个方面保障无辜的人不受法律追究。2010年最高人民法院出台非法证据排除等两个证据规定，2012年《刑事诉讼法》的修改加强犯罪嫌疑人、被告人权利保障、保障律师辩护权、确立了非法证据排除程序、规定证明标准、证明责任等。

这些改革措施突出程序公正，强调控方守法，要求排除非法证据，禁止刑讯逼供；突出证据裁判理念，坚持排除合理怀疑的证明标准，强调疑罪从无。这些文件的出台，有利于在刑事诉讼的各环节防范容易导致冤假错案的证据因素和程序因素，减少冤假错案的发生，有利于冤案的纠正。其时对案件握有决定权和协调权的组织及其工作机制的改革尚未启动，有待司法改革的进一步推进来解决相关问题。

九　改革执行体制和工作机制

民事、刑事案件的执行体制和机制改革有着不同的工作重点。民事案件执行中的积案严重，被执行人规避执行现象较多，财产查询等执行工作力度需要加强，对有执行能力、拒不执行的被执行人的惩罚需要加强，执行机构改革需要完善。刑事执行的重中之重则是监所和监管的安全和被羁押人、罪犯人权的司法保障，刑事执行担负着实现刑罚目的、改造和矫正罪犯的任务。

（一）推进民事执行改革，缓解执行难问题

民事案件执行难被称为法院打白条现象，损害司法权威。为此，2004年颁布《最高人民法院关于人民法院民事执行中查封、扣押、冻结财产的规定》，规范执行工作。2009年发布《中央政法委、最高人民法院关于规范集中清理执行积案结案标准的通知》。2009年至2011年，最高人民法院先后发布《关于进一步加强和规范执行工作的若干意见》《人民法院委托评估、拍卖和变卖工作的若干规定》《关于建立和完善执行联动机制若干问题的意见》《关于财产刑执行问

题的若干规定》《关于限制被执行人高消费的若干规定》《关于依法制裁规避执行行为的若干意见》《关于委托执行若干问题的规定》《关于执行权合理配置和科学运行的若干意见》等重要的改革文件。2012 年修正的《民事诉讼法》也对执行程序进行了修订。

这些改革文件加强执行机构职权配置，设立执行局并统一内设机构与职能，推进审执分立，加强立审执协调配合，增加执行的手段和措施，加强对被执行人不履行裁判的惩罚力度，加强法院和各部门之间的机构合作，有利于缓解法院执行难现象。

从数据方面看，2012 年最高人民法院院长王胜俊在《最高人民法院关于加强民事执行工作维护法制权威和司法公正的报告》指出，“十年来，全国法院案件的平均执结率为 85.39%，而占比重最大的民事案件平均实际执行到位率仅为 42.97%，相差近 43 个百分点。其中，2002 年执结率与执行实际到位率相差最大，相差达 59 个百分点。在已执结案件中，当事人自动履行、和解或经法院强制执行结案的只占 65.50%，而 34.50% 的案件因各种原因裁定不予执行、中止执行或终结执行，形成执结率高、执行标的到位率偏低的现象，致使当事人的权益不能得到完全实现。”这说明，经过 2002 以来十年的改革，民事执行进一步深化执行体制和工作机制改革仍十分必要。

（二）刑事执行改革注重规范化与人权保障

刑事执行改革在 2002 年以来的十年间也取得成效。

对拘留、逮捕等强制措施的执行改革主要体现在看守所规范化建设方面。2002 年出台的《最高人民检察院、公安部关于加快看守所监管信息系统与驻所检察管理信息系统联网建设，推行监所网络化管理和动态监督工作的通知》，探索现代科技条件下的看守所管理和监所检察监督模式，提高监管、监督水准。看守所建筑设计标准获得重视。自 2009 年以来，看守所建立讯问时物理隔离制度、出入所体检制度、分类别关押等，推动了看守所的司法人权保障。2009 年国务院新闻办公室发布《国家人权行动计划（2009—2010 年）》，是中国第一次制定以人权为主题的国家规划，其中，在“被羁押者的权利”部分，提出“完善监管立法，采取有效措施，保障被羁押者的权利与人道待遇”。2010 年出台《公安部关于规范和加强看守所管理确保在押人员身体健康的通知》，要求规范和加强看守所在押人员入所体检、日常医疗、生活卫生、调剂伙食、对老弱病残在押人员给予特殊照顾、依法严格办理提讯提解等各项工作。

在刑罚执行方面，监狱执行加强规范化建设，加强对减刑、假释、暂予监外执行的监督。社区矫正从无到有、全面推行、迅速发展，在此不予赘述。

国务院2001年和2003年先后决定进行监狱布局调整和监狱体制改革试点，2003年至2004年，先后在黑龙江等14个省（区、市）开展监狱体制改革试点。2004年，党中央、国务院将监狱体制改革列入司法体制和工作机制改革的重要内容，改革的目标是“全额保障、监企分开、收支分开、规范运行”。2006年《国务院关于研究监狱布局调整和监狱体制改革试点有关问题的会议纪要》在肯定改革成效的同时，指出了存在的问题，比如部分监狱存在安全防范保障不力和管理水平低、应急能力差等问题；监狱经费全额保障有缺口，保障方式有待规范；监狱历史债务尚未得到根本解决；监狱企业尚缺乏相应的法律地位等。

在减刑、假释、暂予监外执行方面，2003年司法部颁布《监狱提请减刑假释工作程序规定》，规范减刑假释工作程序。2004年发布的《最高人民检察院、公安部、司法部关于开展减刑、假释、保外就医专项检查活动的通知》指出，有的监狱、看守所在提请减刑、假释、保外就医工作中，不按法定条件和法定程序办理；有的司法工作人员利用职务之便索贿受贿、徇私舞弊，违法为罪犯办理减刑、假释、保外就医；一些检察机关对减刑、假释、保外就医工作监督不力等。2005年至2008年司法部在全国监狱系统部署开展了为期三年的“规范执法行为、促进执法公正”专项整改活动。

2008年司法部在全国全面实行监狱体制改革。2012年发布的《国务院关于监狱法实施和监狱工作情况的报告》指出，当时全国共有监狱681所，在职监狱人民警察30万名，押犯164万人。全国监狱基本完成了AB门建设，建立完善了狱墙周界隔离、多层报警设施和智能化监管系统。2011年全国监狱系统财政拨款总额比改革前的2002年增长240%左右，财政拨款占监狱经费支出比重达到87.9%，在大部分监狱改变了长期以来主要依靠生产收入提供监狱经费的局面。2008年以来，全国监狱系统共完成对125万名罪犯的扫盲和义务教育工作，98.1%的罪犯刑满时获得普法教育合格证，取得职业技术证书的罪犯达到参训总数的77.3%，落实惩罚与改造相结合、以改造人为宗旨的监狱工作方针。

从体制机制方面看，十年以来，民、刑事执行体制和机制改革都取得了一定的成效，也仍有一些问题亟待解决。一方面，旧有的一些问题有待进一步解决，比如对于民事案件的执行规范化、执行力度、效果仍有待加强。另一方面，随着法律修改和社会进步，又产生了一些新的待解决问题，如刑事诉讼中新增程序“精神病人的强制医疗”的执行，执行主体、强制医疗的解除等有待进一步完善。

十　中国司法改革的要点、特点

这十年的司法改革具有鲜明的时代特点和中国特色。

（一）坚持中国共产党的领导

坚持党的领导是中国司法改革的一大特点，这充分体现在以下方面。

一是在党的领导下取得司法改革的各项进展，重大改革战略、重要改革措施的部署、重要改革文件的出台经过党的推动和认可，有的文件由中共中央发布或者转发，有利于改革措施的执行和落实。

二是有些司法改革政策的出台是加强和巩固党的领导的必然要求，如社区矫正作为一种非监禁刑罚执行活动，将罪犯置于社区，在日常生活和社会关系网络中完成其人格重建和行为矫正，恢复因犯罪而受破坏的社会关系，降低重新犯罪率，促进社会长期稳定与和谐发展。其试点和完善被视为完善基层政权建设的重要举措，有利于巩固党的执政基础，有利于加强党的执政能力建设。

三是重要司法改革措施的贯彻落实由各政法机关的党组和党委领导完成。如对涉及司法资源整合尤其是人事改革措施，由党委领导，体现了党管干部、党对司法机关组织人事的领导。

（二）上层推动与基层经验相结合的改革路径

中国虽属单一制国家，但各地区经济社会发展不均衡这一特点也体现在司法发展过程中，司法改革措施能否适应并融入各地现行司法治理工作体系，能否推动各地法治和经济社会发展，是需要衡量考察的问题。这一时期，中国司法改革选择了上层推动与基层经验相结合的路径。

上层推动与基层经验相结合的司法改革方案鼓励地方实验，将实践证明行之有效的措施上升为法律法规或改革政策。通过这一路径推进的重大改革有刑事和解、社区矫正等。上层推动与基层经验相结合的改革路径有利于总结多地不同的实践经验，吸取教训，去其糟粕取其精华，将好的经验推而广之，有利于改革措施的贯彻和落实。

（三）改革效果受到司法评价考核体系的影响

这十年间，中国各级司法机关建立对司法工作的评价考核体系，不仅包括案件质量评估工作和审判、检察绩效考评工作，还包括其他方面的要求。如各级人民法院各自出台各不相同的绩效考核标准。与审判权有关的考核指标有案件立案变更率、改判发回重审率、案件差错数、办案指标完成情况、年度结案率、年度审限内结案率、执结率、一审判决案件改判发回重审率、生效案件改判发回重审率等。

有些考核指标直接针对诉讼程序的重要环节，这些环节是诉讼程序的关键点，蕴含了当事人的重大诉讼权利和利益。对这些诉讼环节的考核可能会弱化诉讼程序对当事人权益的保障功能。如对公安机关批捕率的考核，可能导致公安机关和检察机关在批捕程序上加强配合、弱化制约；对检察机关有罪判决率的考核，可能加强检察机关和人民法院的配合、弱化审判职能；对一审法院改判率的考核可能使一审法院向上级法院层层请示汇报，弱化了审级程序的功能；对调解率的考核排名使有的法院片面追求调解率，采取以判压调、以拖压调、久调不判的做法。

另外，有大量考核指标与司法权的行使无关，也混同在司法考核评价体系之内。如有的法院规定服从领导等指标；规定旷工半天的扣1分；见义勇为、助人为乐等每次加1~3分①；下班不关门窗、电器的一次扣0.5分等。② 有的司法机关考核任务繁重，实行月考、季度考、半年考、年度考等。③

司法评价考核机制与司法公信力的评价机制应当具有内在一致性。随着改革深入发展，需要建立更有利于促进公正司法的司法评价机制。

（四）重视司法效率和裁判的社会效果

民事司法采取多项改革加强司法的效率。如2011年最高人民法院印发《关于部分基层人民法院开展小额速裁试点工作的指导意见》的通知，在13个省的90个基层法院推行小额速裁试点。在2012年《民事诉讼法》中，小额诉讼程序得以确立，案件标的额为各省、自治区、直辖市上年度就业人员年平均工资30%以下，其速裁、一审终审等规定体现了对司法效率的追求，对适用范围的动态调整机制也体现了对社会发展的适应性。

民事司法还注重司法的社会效果。2002年《最高人民法院关于充分发挥审判职能切实维护企业和社会稳定的通知》要求进一步强化大局意识，充分发挥审判工作维护企业和社会稳定的作用，继续深入开展"严打"整治斗争，从严惩处各种经济犯罪，依法严惩腐败犯罪，搞好民商事、行政审判和执行工作，做好上访接待，妥善处理群体性上访事件，积极参与维护企业和社会稳定的综合治理等。2012年《最高人民法院关于做好当前涉农民工工资案件执行工作的

---

① 参见《白云区人民法院目标责任绩效考核实施细则》《贵池区人民法院综合管理部门工作人员绩效考核办法（修订）》等。

② 参见《遵义市中级人民法院绩效考核办法》，2009年6月17日院务会议讨论通过。

③ 参见《白云区人民法院目标责任绩效考核实施细则》。

通知》针对春节至“两会”期间是农民工申请执行工资案件的频发期，要求进一步做好涉农民工工资案件的执行工作，为春节、“两会”营造和谐稳定的社会环境。

在刑事司法方面，2001年4月开始的为期两年的“严打”整治斗争依法从重从快集中打击三类犯罪：有组织犯罪、带黑社会性质的团伙犯罪和流氓恶势力犯罪；爆炸、杀人、抢劫、绑架等严重暴力犯罪；盗窃等严重影响群众安全感的多发性犯罪，“严打”于2003年4月结束。“严打”期间从重从快，注重司法效率。其时也出现了一些问题，故对“严打”的法律效果、社会效果的评价一直有争议。

随着对刑事政策社会效果的重视，2005年的全国政法工作会议提出了宽严相济的刑事政策，指出宽严相济是中国在维护社会治安的长期实践中形成的基本刑事政策。2006年十六届六中全会上《中共中央关于构建社会主义和谐社会若干重大问题的决定》提出要实施宽严相济的刑事司法政策。2006年最高人民检察院出台《关于在检察工作中贯彻宽严相济刑事政策的若干意见》、修订后的《人民检察院办理未成年人刑事案件的规定》和《关于依法快速办理轻微刑事案件的意见》，2010年最高人民法院发布《关于贯彻宽严相济刑事政策的若干意见》，呼应中央政策。刑事司法区分犯罪类型、犯罪严重程度、犯罪嫌疑人、被告人的社会危险性、矫正可能性实施宽严相济，加强诉讼和刑罚的社会效果。并在宽严相济的基础上加强繁简分流，适用普通程序的案件繁者更繁，以便充分保障被告人诉讼权利，适用简易程序或者可以简化审理的普通程序案件则简者更简，保障被告人认罪自愿性，追求司法效率。刑事和解进一步提高了司法效率，并有利于解决附带民事诉讼难以执行的困局，在这个意义上，被告人、被害人对赔偿与诉讼结果的满意度高，刑事和解的社会效果较好。

（五）计算机和互联网等科学技术发展推动改革进程并拓展改革方式

2002年以来的十年，世界科技发展迅猛。互联网用户在中国逐渐普及，社会全面进入网络时代。科技和互联网的发展对司法改革有着极为重要的促进作用。

首先，个案通过网络扩大影响，推动具体司法改革。如2009年2月发生的“躲猫猫”事件，一被羁押青年在云南晋宁县公安局看守所内死亡，警察称其与狱友玩“躲猫猫”时撞到墙壁受重伤而死。后经查实系被牢头狱霸打死。“躲猫猫”成为网络热词。在3月份召开的全国“两会”上，该事件被不断提及，多名全国人大代表建议改革看守所管理体制。[1] 躲猫猫事件促使公安部自2009年4月开始加强在押人的司法人权保障。此后，各种看守所非正常死亡方式陆续在网络上曝光，推动了社会舆论和媒体对看守所管理机制进一步改革的期待和监督。

其次，计算机网络等新技术成为司法改革的重要手段。一方面，各司法机关开发内部网络信息系统，如2002年颁布《人民法院计算机信息网络系统建设管理规定》。另一方面，网络也成为新的司法改革信息平台。如在司法公开改革方面，2012年年底最高人民法院要求加强民意沟通，扩大司法民主，建立健全微博发布管理制度，有条件的法院要适时开通工作微博，加强与网民的沟通互动。有的地方法院在微博上进行庭审直播。微博加强了司法公开及司法与民意的互动。

再次，技术发展推动了诉讼制度和证据制度的发展和改革。譬如，2012年修正的《民事诉讼法》《刑事诉讼法》引入新的证据种类，将电子数据作为一种独立的证据材料，将电子邮件、手机短信、微博、微信、博客、即时通讯工具的聊天记录等材料纳入证据范围，解决长期以来司法实践中对网络、电子类材料的困惑。又如，随着司法的权威性对确定性的仰赖，法院的判决越来越依赖司法鉴定，科学技术在法庭上的作用越来越凸显，对混乱的司法鉴定管理体制进行改革有其必要性。2005年司法鉴定管理体制改革开始启动，取消法院系统的司法鉴定机构。2010年遴选产生国家级司法鉴定机构，包括最高人民检察院司法鉴定中心、公安部物证鉴定中心、北京市公安司法鉴定中心、上海市公安司法鉴定中心、广东省公安司法鉴定中心、北京市国家安全局司法鉴定中心、司法鉴定科学技术研究所司法鉴定中心、法大法庭科学技术鉴定研究所、中山大学法医鉴定中心和西南政法大学司法鉴定中心。法庭上的科学逐步走向规范化。再如，2012年《刑事诉讼法》规定了技术侦查要求，开始对实践中久已存在的监听监控措施进行规范。此外，庭审和讯问的录音录像制度等也是在科学发展、技术使用成本降低的背景下采取的新的司法改革措施。

简而言之，科学技术的发展对人类社会文明有着全方位、全角度的深刻影响，司法也不例外。司法改革如果能够把握科学技术发展的趋势，了解科技促进司法公正的可能，善于运用经检验的科学技术成果，那么司法改革就能够起到事半功倍的效果。

---

[1] 参见曹璐：《两会声音："躲猫猫"事件的处理是巨大进步》，《法制资讯》2009年第03期；《代表委员谈躲猫猫事件：建议看守所与公安分离》，《中国青年报》，http://www.iyaxin.com/gov-lianghui/2009-03/04/content_745411.htm，访问于2015年3月12日。

结　语

世界范围内的司法经历了从野蛮到文明、从恣意到规范、从愚昧到科学的演进，现在仍然在这个演进的过程中。[①] 在长期的历史发展过程中，司法具有其一般性规律，如司法的被动性、中立性、独立性、公开性、终局性等规律。2002～2012 的十年，中国司法改革在不断探索中，取得了一些发展和进步。怎么样通过改革使中国司法制度更符合司法规律，使其较好地结合中国实际，从而实现个案中的公平正义，加强司法的人权保障，这是全社会和改革者需要进一步努力追求的目标。

---

① 王敏远：《2012 年刑事诉讼法修改后的司法解释研究》，《国家检察官学院学报》2015 年第 1 期。

刑事法治

黄　芳*

在中国特色社会主义法治从无到有、逐步健全到全面推进依法治国的历史进程中，《刑法》的发展与完善尤为引人注目。2002 年至 2012 年这十年间，中国社会发生了深刻的变化，《刑法》作为法律体系中的最重要的组成部分之一，不断面临新的挑战和亟待解决的问题。如何做到既与时俱进及时完善有关的法律规定，维护社会稳定，打击犯罪，保护人民，又要保持法律自身的稳定性，一直是摆在中国立法者面前的一道难题。经过十年的发展与完善，刑事立法和刑事司法的相互促进，使得中国的刑事法治进入了一个科学发展的历史阶段。

为了适应社会发展的需要，维护社会稳定，中国立法机关不断对《刑法》加以修改完善。2002 年至 2012 年的十年间，全国人大常委会先后对中国 1997 年《刑法》做了六次重要的立法修改，包括出台了五个刑法修正案①、一部单行刑法（2011 年 10 月 29 日通过的《关于加强反恐怖工作有关问题的决定》）。除此之外，在这十年间，全国人大常委会还通过了七个刑法立法解释文件②和两个

---

* 黄芳，中国社会科学院法学研究所研究员。

① 这五个刑法修正案分别是：2002 年 12 月 28 日第九届全国人民代表大会常务委员会第三十一次会议通过的《中华人民共和国刑法修正案（四）》；2005 年 2 月 28 日第十届全国人民代表大会常务委员会第十四次会议通过的《中华人民共和国刑法修正案（五）》；2006 年 6 月 29 日第十届全国人民代表大会常务委员会第二十二次会议通过的《中华人民共和国刑法修正案（六）》；2009 年 2 月 28 日第十一届全国人民代表大会常务委员会第七次会议通过的《中华人民共和国刑法修正案（七）》；2011 年 2 月 25 日第十一届全国人民代表大会常务委员会第十九次会议通过的《中华人民共和国刑法修正案（八）》。

② 七个刑法立法解释文件分别是：2002 年 4 月 28 日第九届全国人民代表大会常务委员会第二十七次会议通过的《关于〈中华人民共和国刑法〉第二百九十四条第一款的解释》；2002 年 4 月 28 日第九届全国人民代表大会常务委员会第二十七次会议通过的《关于〈中华人民共和国刑法〉第三百八十四条第一款的解释》；2002 年 8 月 29 日第九届全国人民代表大会常务委员会第二十九次会议通过的《关于〈中华人民共和国刑法〉第三百一十三条的解释》；2002 年 12 月 28 日第九届全国人民代表大会常务委员会第三十一次会议通过的《关于〈中华人民共和国刑法〉第九章渎职罪主体适用问题的解释》；2004 年 12 月 29 日第十届全国人民代表大会常务委员会第十三次会议通过的《关于〈中华人民共和国刑法〉有关信用卡规定的解释》；2005 年 12 月 29 日第十届全国人民代表大会常务委员会第十九次会议通过的《关于〈中华人民共和国刑法〉有关出口退税、抵扣税款的其他发票规定的解释》；2005 年 12 月 29 日第十届全国人民代表大会常务委员会第十九次会议通过的《关于〈中华人民共和国刑法〉有关文物的规定适用于具有科学价值的古脊椎动物化石、古人类化石的解释》。

全国人大常委会法工委的解释性意见[①]，这也在一定程度上在相关方面促进了中国刑法规范的完善。从总的情况来看，在立法修改的形式方面，确立了以“刑法修正案”为主的修法模式，“相比于单行刑法和附属刑法，这种修法模式兼顾修法的及时性、科学性和维护刑法典的统一性”，“从一定意义上讲，‘刑法修正案’模式的确立，标志着中国刑法修法模式的基本成熟。”[②] 在立法修改的内容方面，突出了刑法的时代性、实践性和科学性，具体表现为三个特点：一是立足于经济和社会发展的需要，调整刑法立法的内容，增设了许多新的犯罪类型，具有很强的时代性；二是立足于司法实践的需要，积极完善刑罚结构和刑罚制度，不断调整相关犯罪的构成要件和法定刑，体现出很强的实践性；三是立足于刑法发展的内在需要，充分运用刑法立法原理，总则修改与分则修改相结合，入罪规定与出罪规定相补充，从严规定与从宽规定相配合，保证了刑法立法内容的相互协调，体现了刑法立法的科学性。[③] 十年来，中国的刑法修正案和单行刑法主要采取了增设新罪种、调整某些犯罪的构成要件和法定刑的方式，对刑法进行了一系列的修改与完善。

一　完善对老年人犯罪和未成年人犯罪从宽处罚的规定

长期以来，《刑法》的修正一直只是对分则中的某些犯罪进行修改与完善，对总则的修改一直没有涉足。直到2011年的《刑法修正案（八）》才第一次着手对《刑法》总则的内容做了不少的修改，其中就包括对老年人犯罪和对未成年人犯罪贯彻宽严相济的刑事政策、予以从宽处罚的规定。

（一）对75岁以上老人犯罪从宽处罚

从历史来看，“尊老敬老”是中华民族的传统美德，也是一种社会公德。例如，中国西周时期的法律就规定年老（八九十岁）健忘者违法犯罪，除亲手故意杀人外，一般均可依法赦免，不追究刑事责任；再如，1911年的《钦定大清刑律》第五十条规定：“满八十岁犯罪者得减本刑一等或二等。”

根据全国老龄委办公室于2006年2月23日发布的《中国人口老龄化发展趋势预测研究报告》，2004年年底，中国60岁及以上老年人口达到1.043亿，占

---

① 两个全国人大常委会法工委的解释性意见分别是：2002年1月14日《关于对“隐匿、销毁会计凭证、会计账簿、财务会计报告构成犯罪的主体范围”问题的答复意见》和2002年7月24日《关于已满十四周岁不满十六周岁的人承担刑事责任范围问题的答复意见》。

② 赵秉志：《刑法修改的四特点和两方向》，《检察日报》2009年3月2日。

③ 赵秉志：《中国刑法的百年变革》，载赵秉志主编：《当代刑事法学新思潮》（上卷），北京大学出版社2013年版，第18页。

总人口的10.97%。今后一个时期，中国老年人口还将以较快速度增长，到2015年，60岁及以上人口将超过2亿，约占总人口的14%，到2040年，60岁及以上人口将占到总人口的25%。① 随着老年人人数的日益增多，老年人犯罪问题也会变成一个社会问题，值得重视。

根据2004年中央司法体制改革领导小组《关于司法体制和工作机制改革的初步意见》，中央政法委《关于深化司法体制和工作机制若干问题的意见》(2008年) 将“探索建立对老年人犯罪适当从宽处理的法律机制，明确其条件、范围和程序”作为中国当前司法体制和工作机制改革的一项重要内容。2009年，《人民法院第三个五年改革纲要（2009~2013)》在落实宽严相济的刑事政策部分提出“研究建立老年人犯罪适度从宽处理的司法机制，明确其条件、范围和程序”；2010年，《最高人民法院关于贯彻宽严相济刑事政策的若干意见》内在“准确把握和正确适用依法从宽的政策要求”中规定：“对于老年人犯罪，要充分考虑其犯罪的动机、目的、情节、后果以及悔罪表现等，并结合其人身危险性和再犯可能性，酌情予以从宽处罚。”

立法机关广泛征求了人大代表、司法部门、社会公众和专家学者的意见，总体认为，对老年人犯罪适当从宽处理，不会影响社会治安秩序，也有利于体现刑法宽严相济的原则。②

所以，《刑法修正案（八)》规定了对75岁以上老年人犯罪从宽处罚。

首先，对75岁以上的老年人从轻或者减轻处罚。

《刑法修正案（八)》在《刑法》第十七条后增加一条，作为第十七条之一，增加规定了“已满七十五周岁的人故意犯罪的，可以从轻或者减轻处罚；过失犯罪的，应当从轻或者减轻处罚”的内容。这是十年来对《刑法》总则第二章“犯罪”规定做出的唯一修改，足见立法者对老年人犯罪问题从宽处罚的重视。

这里的“故意犯罪”和“过失犯罪”，是根据犯罪的主观方面对老年人犯罪所进行的分类。《刑法》第十四条规定：“明知自己的行为会发生危害社会的结果，并且希望或者放任这种结果发生，因而构成犯罪的，是故意犯罪。”构成故意犯罪，不仅要求行为人“明知”自己的行为会发生危害社会的结果，而且还“希望”或者“放任”这种结果的发生。“可以从轻处罚”是指根据老年人故意犯罪的具体情况，酌情决定是否从轻或者减轻处罚，也就是说，

---

① 赵秉志主编：《刑法修正案（八）理解与适用》，中国法制出版社2011年版，第26页。

② 黄太云：《刑法修正案解读全编——根据刑法修正案（八）全新阐释》，人民法院出版社2011年版，第23页。

如果故意情节严重、性质恶劣，也可以不从轻或者减轻处罚。《刑法》第十五条规定："应当预见自己的行为可能发生危害社会的结果，因为疏忽大意而没有预见，或者已经预见而轻信能够避免，以致发生这种结果的，是过失犯罪。过失犯罪，法律有规定的才负刑事责任。"过失犯罪的行为人对危害结果的发生既不希望，也不放任，虽然应当预见到，但由于疏忽大意或者轻信能够避免而最终导致危害结果的发生。由于过失犯罪比故意犯罪的主观恶性较小，所以，如果老年人属于过失犯罪，则"应当从轻或者减轻处罚"，即只要满足了年满 75 周岁并且属过失犯罪，无一例外都应当一律予以从轻或者减轻处罚。

其次，对 75 岁以上的老年人一般不适用死刑。

《刑法修正案（八）》在《刑法》第四十九条中增加一款作为第二款："审判的时候已满七十五周岁的人，不适用死刑，但以特别残忍手段致人死亡的除外。"修改的主要理由是："一是对老年犯罪人不适用死刑符合限制死刑适用的刑事政策的要求。'严格控制和慎重适用死刑'是中国一贯坚持的死刑政策。在死刑的适用对象上做出严格限制也是限制死刑适用的重要内容。对七十五周岁以上的老年人禁用死刑，是顺应时代要求，限制死刑适用的理性选择。二是七十五岁以上老年人多进行的是非暴力手段的犯罪，应处死刑的严重刑事犯罪的概率很低。因此，对七十五岁以上老年犯罪人不适用死刑，对中国司法实践不会造成大的影响，不仅不会冲击目前的司法体系，反而会改善中国司法的国际形象。三是对七十五岁以上老年人禁用死刑，也是刑法的伦理精神的体现。"①《刑法修正案（八）》对于老年人原则上免死的规定，在限制死刑适用和尊重和保障人权方面意义深远。②

但是，这一规定对于唯一死刑的个别罪名来说，就会出现法律适用上的冲突，例如《刑法》第二百四十条规定，拐卖妇女、儿童情节特别严重的，处死刑，并处没收财产。审判时年满 75 岁的被告人在实施该犯罪时，如果没有达到"以特别残忍的手段致人死亡的"程度的，是否应判处死刑？③

最后，放宽对年满 75 岁的老年人适用缓刑。

《刑法修正案（八）》修改了《刑法》第七十二条，对于被判处拘役、三年

---

① 黄太云：《刑法修正案解读全编——根据刑法修正案（八）全新阐释》，人民法院出版社 2011 年版，第 24 页。

② 储槐植、闫雨：《论刑罚结构的调整对宪法人权原则的回应》，《河北法学》2013 年第 4 期。

③ 樊文：《中国死刑制度的改革：现状、问题与未来》，载陈泽宪主编：《死性改革的多重视角与具体路径》，中国民主法制出版社 2014 年版，第 76 页。

以下有期徒刑的犯罪分子，同时符合下列条件的，增加了“对其中已满七十五周岁的人，应当宣告缓刑”的规定。可见，对年满 75 岁的老人适用缓刑不是酌定情节，而是法定情节，只要符合缓刑条件，就应一律适用缓刑。这也体现了对老年人犯罪予以从宽处罚的立法精神。

（二）未成年人前科报告免除制度

对未成年人的保护一直以来都广为社会关注。由于未成年人处在体力、智力发育过程中，虽已具有一定的辨别和控制自己行为的能力，但其阅历短、社会知识少，其成熟程度还不同于成年人，因此，对于未成年时的犯罪记录与成年后的犯罪记录应当区别对待。《未成年人保护法》第五十七条规定：“羁押、服刑的未成年人没有完成义务教育的，应当对其进行义务教育。”“解除羁押、服刑期满的未成年人的复学、升学、就业不受歧视。”《预防未成年人犯罪法》第四十八条规定：“依法免予刑事处罚、判处非监禁刑罚、判处刑罚宣告缓刑、假释或者刑罚执行完毕的未成年人，在复学、升学、就业等方面与其他未成年人享有同等权利，任何单位和个人不得歧视。”而根据中国 1997 年《刑法》第一百条规定：“依法受过刑事处罚的人，在入伍、就业的时候，应当如实向有关单位报告自己曾受过刑事处罚，不得隐瞒。”鉴于未成年人的特殊性及《刑法》的上述规定与《未成年人保护法》和《预防未成年人犯罪法》的规定不能有效衔接，《刑法修正案（八）》在《刑法》第一百条中增加一款作为第二款，规定“犯罪的时候不满十八周岁被判处五年有期徒刑以下刑罚的人，免除前款规定的报告义务。”该条款是《刑法》中增加了免除未成年人前科报告义务的特别条款，贯彻了宽严相济刑事政策，体现了对未成年犯实行教育为主，惩罚为辅，重在教育、挽救和改造的方针，是中国刑法典加强和完善对未成年人保护从宽处罚法律体系的重要进步。

根据《刑法》第一百条第二款的规定，免除前科报告义务必须同时符合以下条件：（1）犯罪的时候不满十八周岁。这里强调的时间点为“犯罪时”，即使在审判时、入伍时、就业时已经年满十八岁，只要其犯罪时不满十八周岁，就构成适用本条规定的条件之一。（2）不满十八周岁时所犯之罪被判处的刑罚必须为五年有期徒刑以下刑罚，包括被判处五年以下有期徒刑、拘役、管制、单处附加刑以及适用缓刑的情形。从这一量刑规定来看，不满十八周岁时所犯之罪基本上不属于主观恶意性极大、危害特别严重的犯罪行为。这些未成年人易于接受教育改造，免除报告义务能有利于其摆脱犯罪记录的影响、鼓励和促使其重新做人、回归社会。

二　宽严相济，调整刑罚结构，完善刑罚具体运用制度

（一）关于刑罚的修改与完善

对刑罚的修改主要表现在两个方面，一是对管制进行了修改与完善，二是对死刑进行了修改与完善。

1. 管制

管制，是中国《刑法》规定的主刑的一种，是指由人民法院判决，对罪犯不予关押但限制其人身自由，交由公安机关执行和群众监督改造的刑罚方法。管制属于限制型自由刑，是严厉性最轻的一种主刑。作为一种限制型自由刑，管制是中国的独创，产生于民主革命时期，新中国成立后沿用至今。[①] 在中国《刑法》中有75个条文规定了管制刑。在实际执行中，管制往往流于形式，难以落到实处，有些地方群众称“管制”为不管不制，效果很差，导致司法机关很少适用管制刑，使得中国《刑法》中唯一的非监禁刑种没有充分发挥应有的作用。同时，关于对管制期间的监督考察也非常不利，在有些地方，被判处管制的罪犯外出时无人过问，脱管、漏管现象严重，普遍存在“无人监督”“无人考察”等现象，甚至许多人误认为被判处管制就“没事了”[②]，等等。所以，亟待修改和完善管制的有关规定。

《刑法》第三十八条第一款规定：“管制的期限，为三个月以上二年以下。”该条第二款规定：“被判处管制的犯罪分子，由公安机关执行。”《刑法修正案（八）》对管制制度做了比较大的修改，在保留原第一款的基础上，增加规定了第二款：“判处管制，可以根据犯罪情况，同时禁止犯罪分子在执行期间从事特定活动，进入特定区域、场所，接触特定的人。”将原第二款作为第三款，修改为：“对判处管制的犯罪分子，依法实行社区矫正。”即删去了“被判处管制的犯罪分子，由公安机关执行”的规定。增加规定了第四款：“违反第二款规定的禁止令的，由公安机关依照《中华人民共和国治安管理处罚法》的规定处罚。”

具体来说，关于管制的修改与完善主要表现在以下几个方面。

首先，增加了对判处管制的罪犯可根据具体情况而适用“禁止令”的规定，即“禁止犯罪分子在执行期间从事特定活动，进入特定区域、场所，接触特定的人”，明确了对于违反“禁止令”的，由公安机关依照《中华人民共和国治安

---

① 谢望原主编：《刑法学》（第二版），北京大学出版社2012年版，第214页。

② 黄太云：《刑法修正案解读全编——根据刑法修正案（八）全新阐释》，人民法院出版社2011年版，第34页。

管理处罚法》的规定处罚。

2011年4月28日，最高人民法院、最高人民检察院、公安部、司法部《关于对判处管制、宣告缓刑的犯罪分子适用禁止令有关问题的规定（试行）》明确了“禁止令”的具体内容：

“禁止从事特定活动”主要包括：（1）个人为进行违法犯罪活动而设立公司、企业、事业单位或者在设立公司、企业、事业单位后以实施犯罪为主要活动的，禁止设立公司、企业、事业单位；（2）实施证券犯罪、贷款犯罪、票据犯罪、信用卡犯罪等金融犯罪的，禁止从事证券交易、申领贷款、使用票据或者申领、使用信用卡等金融活动；（3）利用从事特定生产经营活动实施犯罪的，禁止从事相关生产经营活动；（4）附带民事赔偿义务未履行完毕，违法所得未追缴、退赔到位，或者罚金尚未足额缴纳的，禁止从事高消费活动；（5）其他确有必要禁止从事的活动。

“禁止进入特定区域、场所”主要包括：（1）禁止进入夜总会、酒吧、迪厅、网吧等娱乐场所；（2）未经执行机关批准，禁止进入举办大型群众性活动的场所；（3）禁止进入中小学校区、幼儿园园区及周边地区，确因本人就学、居住等原因，经执行机关批准的除外；（4）其他确有必要禁止进入的区域、场所。

“禁止接触特定的人”主要包括：（1）未经对方同意，禁止接触被害人及其法定代理人、近亲属；（2）未经对方同意，禁止接触证人及其法定代理人、近亲属；（3）未经对方同意，禁止接触控告人、批评人、举报人及其法定代理人、近亲属；（4）禁止接触同案犯；（5）禁止接触其他可能遭受其侵害、滋扰的人或者可能诱发其再次危害社会的人。

其次，增设了社区矫正制度。将1997年《刑法》中“被判处管制的犯罪分子，由公安机关执行”的规定修改为“对判处管制的犯罪分子，依法实行社区矫正。”社区矫正是指将罪犯置于社区内，在相关社会团体和民间组织以及社会志愿者的协助下，在判决确定的期限内，由专门的国家机关对罪犯的行为与心理进行矫正。① 与《刑法》原来规定的“由公安机关执行”相比，更加具有公平价值、人道价值和效益价值②，其中，最富有特色、最根本的价值取向应该是其人道价值，让每一个被矫正人“获享最大限度的自由、安全及其人生价值的实现”③。

社区矫正制度在中国的建立，历经了一个从司法先行到立法跟进的过

① 张明楷：《刑法学》（第四版），法律出版社2012年版，第470页。

② 周国强：《社区矫正制度研究》，中国检察出版社2006年版，第94～113页。

③ 屈学武：《中国社区矫正制度设计及其践行思考》，《中国刑事法杂志》2013年第10期。

程。2002年，上海、北京两地率先开展社区矫正工作的试点。[①] 最高人民法院、最高人民检察院、公安部、司法部于2003年7月联合颁发了《关于开展社区矫正试点工作的通知》，在北京、天津、上海、江苏、浙江和山东六省（市），对管制刑犯、缓刑犯、假释犯、被裁定监外执行的罪犯和被剥夺政治权利的五种人，试点实行社区矫正。2005年1月，最高人民法院、最高人民检察院、公安部、司法部联合颁发了《关于扩大社区矫正试点范围的通知》，将社区矫正推广到全国18个省区。2009年，这五个部门进一步联合颁发了《关于在全国试行社区矫正工作的意见》，将社区矫正制度扩大试行于全国。截至2010年6月底，社区矫正工作已经在全国30个省（自治区、直辖市）和新疆生产建设兵团的226个地（市）、1572个县（市、区）和19507个乡镇（街道）展开。全国各地累计接收社区服刑人员486278人，累计解除矫正人员255331人，社区服刑人员230947人。全国从事社区矫正的司法所工作人员目前共有46695人，大专以上学历的占83.8%；专职社会工作者38288人，社会志愿者240302人。[②] 到2011年12月底，全国31个省（自治区、直辖市）和新疆生产建设兵团已开展社区矫正工作。各地累计接收社区矫正人员882243人，累计解除矫正481861人。现有社区矫正人员400382人。根据2011年3月的数据显示，社区服刑人员在矫正期间的重新犯罪率一直控制在0.2%左右。[③] 司法部提供的信息也证明了这一点："在第一阶段的试点工作中，社区服刑人员重新犯罪率不足1%，95%以上的社区服刑人员都能服从监督管理，积极接受教育。与此同时，公众对社区矫正的支持率也逐步提高，由试点初期的25%上升到现在的80%以上。"[④] 试行近十年之后，2011年5月，中国《刑法修正案（八）》以立法的形式正式规定了社区矫正制度，该修正案第二条、第十三条、第十七条分别针对被判处管制刑、缓刑和被假释的犯罪分子，做出了"依法实行社区矫正"的规定，社区矫正的刑事法化进而正式开始。[⑤]

现阶段，社区矫正工作虽然在实践中取得了阶段性成果，但是，社区矫正

① 单勇、徐荷生：《社区矫正与刑事法的修改完善》，《辽宁大学学报（哲学社会科学版）》2012年第6期。

② 史丹如：《社区矫正执行的若干问题研究——以刑法修正案（八）为视角》，《中国人民公安大学学报（社会科学版）》2011年第4期。

③ 储槐植、闫雨：《论刑罚结构的调整对宪法人权原则的回应》，《河北法学》2013年第4期。

④ 单勇、徐荷生：《社区矫正与刑事法的修改完善》，《辽宁大学学报（哲学社会科学版）》2012年第6期。

⑤ 屈学武：《中国社区矫正制度设计及其践行思考》，《中国刑事法杂志》2013年第10期。

工作暴露出来的问题也很多。据统计，截至 2000 年，世界主要发达国家中加拿大适用非监禁刑的比例最高，达到 79.76%；澳大利亚、新西兰、法国、美国也都在 70% 以上；英国、日本超过 50%；韩国和俄罗斯比例较低，但也分别为 45.90% 和 44.48%。[①] 与这些发达国家相比，中国的“社区矫正”制度适用率不高，同时，还普遍存在着社区矫正执行主体不明确、社区矫正队伍职业化和专业化程度不高等问题。

2. 死刑

死刑是一种刑罚制度，是受政策性因素影响最大的一种法律制度。一开始，中国就是把死刑当作一种对敌斗争的手段加以运用的。在这种情况下，对于死刑来说更多的是追求其功利效果，因此，死刑在较大范围被较为广泛地适用。1979 年《刑法》将罪大恶极作为死刑适用的条件，为在司法活动中严格适用死刑提供了法律标准。1979 年《刑法》从立法上体现了“少杀”政策，迄今为止，1979 年《刑法》也是中国死刑罪名最少的刑法典。1983 年开始的严打活动是中国刑事政策的一个重大转折，从立法上来说，随着一系列单行刑法的颁布，死刑罪名在大量增加。到 1997 年《刑法》修改，中国《刑法》中的死刑罪名已经达到 70 个左右，增长速度是十分惊人的，最终在 1997 年《刑法》中确定了 68 个死刑罪名。从 2004 年开始，中国的刑事政策又出现了一次重大调整，这就是从严打的刑事政策向宽严相济刑事政策的改变。如果说，严打刑事政策强调的是对于犯罪从重从快打击的一面，在更大程度上是一种对犯罪的惩罚政策，那么，宽严相济的刑事政策则是从宽政策与从重政策的统一，同时还是轻罪政策与重罪政策的统一。这一刑事政策对于死刑政策也必然产生影响，这种影响体现在对死刑的适用加以较为严格的限制，这也是对于重罪实行区别对待的必然结果。在这种情况下，中国的死刑政策从扩张回归限制，“坚持少杀、防止错杀”的死刑政策得以重新确立。[②]《刑法修正案（八）》取消了 13 种罪的死刑，对推进中国刑法现代化具有里程碑意义。人口众多、幅员辽阔的中国，死刑制度改革必然经历一个较长时期由司法到立法的渐进过程，可以料想，通过司法渐进地控制乃至大幅度减少死刑，从而促进立法机关批量地削减死刑，也将是中国死刑制度改革的可行选择。[③]

---

① 中央司法警官学院课题组：《当代西方社区矫正制度对中国的启示》，《群文天地》2012 年第 3 期。

② 陈兴良：《死刑政策之法理解读》，《中国人民大学学报》2013 年第 6 期。

③ 储槐植：《死刑司法控制：完整解读〈刑法〉第四十八条》，《中外法学》2012 年第 5 期。

基于“宽严相济”和“坚持少杀”的刑事政策，《刑法》总则对死刑制度做出了三个重大修改。

第一，增加规定了：“审判的时候已满七十五周岁的人，不适用死刑，但以特别残忍手段致人死亡的除外。”对于这一问题，本文已经予以论述，不再赘述。

第二，增加了死缓因重大立功而减为有期徒刑的最高刑期。将原条文“判处死刑缓期执行的，在死刑缓期执行期间，如果没有故意犯罪，且确有重大立功表现，二年期满以后，减为十五年以上二十年以下有期徒刑”中的刑期修改为“减为二十五年有期徒刑”。

通常认为，死刑缓期执行制度是中国的独创。所谓独创，实质也是无奈之举，因为制度产生的前提是死刑判决太多。① 根据1997年《刑法》的规定，死缓减为有期徒刑的期限为“十五年以上二十年以下”，刑罚幅度的跨度太大。“死刑过重、生刑过轻”一直是中国刑罚结构存在的问题。

“刑罚幅度是指立法上对具体罪规定的具体刑罚量，即微观上的刑罚结构。刑罚幅度是国家刑罚目的的凝聚态，是罪行适应原则的数量化。”②“法定刑罚幅度的优化，是法定刑结构改革的核心所在。优化法定刑罚幅度的目标在于根据罪刑法定原则的刑之法定化、明确化的要求，确定宽窄适度的刑罚幅度，同时，使罪与罪的刑罚幅度在横向上保持衡平和协调，具体等差性和可成比例性。”③“死刑过重，是指死刑罪名过多，死刑立即执行的案件过多；生刑过轻，是指死缓和无期徒刑实际执行期限过短。生刑和死刑形成鲜明反差，这是中国刑罚结构存在的一个缺陷。”④ 在实践中，死缓犯的实际执行期限一般不会超过二十年，有的甚至只有十三四年，无期徒刑罪犯一般服刑十五年即可出狱，有的只有十一二年。此外，从有期徒刑到无期徒刑再到死刑之间，也缺乏衔接性刑罚措施。⑤ 针对这些实际存在的问题，《刑法修正案（八）》对中国现行死刑结构进行了适当调整，将死缓减为有期徒刑的期限从原来的“十五年以上二十年以下”提高到“二十五年”。同时，还将原来《刑法》中减刑以后实际执行的刑期（第七十

---

① 储槐植：《死刑司法控制：完整解读〈刑法〉第四十八条》，《中外法学》2012年第5期。

② 储槐植：《刑罚现代化：刑法修改的价值定向》，《法学研究》第19卷（1997年）第1期。

③ 储槐植、梁根林：《论法定刑结构的优化——兼评’97刑法典的法定刑结构》，《中外法学》1999年第6期。

④ 陈兴良：《减少死罪是宽严相济的具体体现》，《光明日报》2010年9月2日。

⑤ 张雯：《宽严相济刑事政策与中国的死刑制度——以〈刑法修正案（八）〉为视角》，《贵州警官职业学院学报》2011年第2期。

八条第二款第三项）的规定修改为，减刑以后实际执行的刑期不能少于下列期限：“（三）人民法院依照本法第五十条第二款规定限制减刑的死刑缓期执行的犯罪分子，缓期执行期满后依法减为无期徒刑的，不能少于二十五年，缓期执行期满后依法减为二十五年有期徒刑的，不能少于二十年。”《刑法修正案（八）》解决了“死刑过重、生刑过轻”（“生死两重天”）问题，少杀长押，平衡了刑罚结构，体现刑法正义。① 可见，对于死缓减刑后的刑罚幅度的调整，增加了罪犯在监狱的服刑时间，加重了对犯罪分子的处罚力度，缩小了死刑和生刑之间的巨大差异，使得中国的刑罚结构更加合理。

第三，增加规定了限制减刑制度。《刑法修正案（八）》在刑法第五十条第二款中增加规定了：“对被判处死刑缓期执行的累犯以及因故意杀人、强奸、抢劫、绑架、放火、爆炸、投放危险物质或者有组织的暴力性犯罪被判处死刑缓期执行的犯罪分子，人民法院根据犯罪情节等情况可以同时决定对其限制减刑。”该规定建立了中国对上述九种情况（累犯加八种犯罪，通常称为“1 + 8”）“死刑缓期执行限制减刑”的新刑罚制度。

1997 年《刑法》第五十一条规定：“死刑缓期执行的期间，从判决确定之日起计算。死刑缓期执行减为有期徒刑的刑期，从死刑缓期执行期满之日起计算。”根据《刑法》规定和司法实践，对死缓犯限制减刑的实际执行刑期，除重大立功外，不能少于 27 年（含两年死缓执行期间），再加上从被公安机关抓获开始羁押到判决确定之日的期限（相对不确定），实际羁押的时间为 27 年加上判决前的羁押期限，有的可能会达到 30 年。而对于判处死缓未限制减刑的犯罪分子，根据 2012 年《最高人民法院关于办理减刑、假释案件具体应用法律若干问题的规定》，其实际执行期不能少于 17 年（含两年死缓执行期间）。可见，是否限制减刑对于被判处死缓的罪犯来说，实际刑期差距可能多于 10 年，《刑法》的这一修改，充分体现了中国“宽严相济”中的“该严则严”的刑事政策。

限制减刑实际上在死刑立即执行与死刑缓期执行之间又增加了一个裁量的层次。② 死缓限制减刑作为死刑的替代性举措，更加有效地实现刑罚惩罚和预防特定犯罪的目的，创造性地完善了刑罚结构体系，防止“生刑偏轻、死刑偏重”

① 储槐植：《死刑司法控制：完整解读〈刑法〉第四十八条》，《中外法学》2012 年第 5 期。

② 陈兴良：《死刑适用的司法控制——以首批刑事指导案例为视角》，《法学》2013 年第 2 期。

的不科学、不合理现象，真正发挥了犯罪预防尤其是防止严重犯罪再犯的功能作用，有效地促进了社会矛盾的化解。① 为了准确适用新的立法规定，最高人民法院推出了一系列新举措：

（1）2011 年 4 月 20 日，公布施行了《最高人民法院关于死刑缓期执行限制减刑案件审理程序若干问题的规定》，主要针对死缓限制减刑的程序问题进行了规定，包括上诉、改判、发回重审等。

（2）2011 年 11 月 21 日，公布施行了《最高人民法院关于办理减刑、假释案件具体应用法律若干问题的规定》，该规定在第十八条中明确规定，对累犯以及因故意杀人、强奸、抢劫、绑架、放火、爆炸、投放危险物质或者有组织的暴力性犯罪被判处死刑缓期执行的罪犯，被减为无期徒刑、有期徒刑后，不得假释。可见，因上述犯罪被判处死刑缓期执行的罪犯，无论法院是否同时决定对其限制减刑，即使在减为无期徒刑或者有期徒刑后，仍然不得假释。

（3）相继发布了“第 4 号指导案例”王志才故意杀人案②和“第 12 号指导

---

① 詹兆园：《死缓限制减刑法律适用若干问题研究》，《江西警察学院学报》2013 年第2 期。

② 基本案情：被告人王志才与被害人赵某某（女，殁年 26 岁）在山东省潍坊市科技职业学院同学期间建立恋爱关系。2005 年，王志才毕业后参加工作，赵某某考入山东省曲阜师范大学继续专升本学习。2007 年赵某某毕业参加工作后，王志才与赵某某商议结婚事宜，因赵某某家人不同意，赵某某多次提出分手，但在王志才的坚持下二人继续保持联系。2008 年 10 月 9 日中午，王志才在赵某某的集体宿舍再次谈及婚恋问题，因赵某某明确表示二人不可能在一起，王志才感到绝望，愤而产生杀死赵某某然后自杀的念头，即持赵某某宿舍内的一把单刃尖刀，朝赵的颈部、胸腹部、背部连续捅刺，致其失血性休克死亡。次日 8 时 30 分许，王志才服农药自杀未遂，被公安机关抓获归案。王志才平时表现较好，归案后如实供述自己罪行，并与其亲属积极赔偿，但未与被害人亲属达成赔偿协议。

裁判结果：山东省潍坊市中级人民法院于 2009 年 10 月 14 日以（2009）潍刑一初字第 35 号刑事判决，认定被告人王志才犯故意杀人罪，判处死刑，剥夺政治权利终身。宣判后，王志才提出上诉。山东省高级人民法院于 2010 年 6 月 18 日以（2010）鲁刑四终字第 2 号刑事裁定，驳回上诉，维持原判，并依法报请最高人民法院核准。最高人民法院根据复核确认的事实，以（2010）刑三复 22651920 号刑事裁定，不核准被告人王志才死刑，发回山东省高级人民法院重新审判。山东省高级人民法院经依法重新审理，于 2011 年 5 月 3 日作出（2010）鲁刑四终字第 2－1 号刑事判决，以故意杀人罪改判被告人王志才死刑，缓期二年执行，剥夺政治权利终身，同时决定对其限制减刑。

裁判理由：山东省高级人民法院经重新审理认为，被告人王志才的行为已构成故意杀人罪，罪行极其严重，论罪应当判处死刑。鉴于本案系因婚恋纠纷引发，王志才求婚不成，恼怒并起意杀人，归案后坦白悔罪，积极赔偿被害方经济损失，且平时表现较好，故对其判处死刑，可不立即执行。同时考虑到王志才故意杀人手段特别残忍，被害人亲属不予谅解，要求依法从严惩处，为有效化解社会矛盾，依照《中华人民共和国刑法》第五十条第二款等规定，判处被告人王志才死刑，缓期二年执行，同时决定对其限制减刑。

案例”李飞故意杀人案。[①] 案例指导制度是中国新近确立的一种司法制度，它通过指导性案例的颁布，以一种直观而形象的方式，通过更为具体的司法规则，以满足司法活动对于规则的现实需要，其功能不仅在于指导定罪，而且在于指导量刑。尤其是死刑的司法适用具有较强的政策性，更需要通过案例进行指导。[②] 最高人民法院将上述两个案例作为指导性案例予以颁布，进一步明确死缓限制减刑司法适用的具体标准，以供司法实践参照适用。

王志才故意杀人案的裁判要点是：因恋爱、婚姻矛盾激化引发的故意杀人案件，被告人犯罪手段残忍，论罪应当判处死刑，但被告人具有坦白悔罪、积极赔偿等从轻处罚情节，同时被害人亲属要求严惩的，人民法院根据案件性质、

---

① 基本案情：2006 年 4 月 14 日，被告人李飞因犯盗窃罪被判处有期徒刑二年，2008 年 1 月 2 日刑满释放。2008 年 4 月，经他人介绍，李飞与被害人徐某某（女，殁年 26 岁）建立恋爱关系。同年 8 月，二人因经常吵架而分手。8 月 24 日，当地公安机关到李飞的工作单位给李飞建立重点人档案时，其单位得知李飞曾因犯罪被判刑一事，并以此为由停止了李飞的工作。李飞认为其被停止工作与徐某某有关。

同年 9 月 12 日 21 时许，被告人李飞拨打徐某某的手机，因徐某某外出，其表妹王某某（被害人，时年 16 岁）接听了李飞打来的电话，并告知李飞，徐某某已外出。后李飞又多次拨打徐某某的手机，均未接通。当日 23 时许，李飞到哈尔滨市呼兰区徐某某开设的“小天使形象设计室”附近，再次拨打徐某某的手机，与徐某某在电话中发生吵骂。后李飞破门进入徐某某在“小天使形象设计室”内的卧室，持室内的铁锤多次击打徐某某的头部，击打徐某某表妹王某某头部、双手数下。稍后，李飞又持铁锤先后再次击打徐某某、王某某的头部，致徐某某当场死亡、王某某轻伤。为防止在场的“小天使形象设计室”学徒工佟某报警，李飞将徐某某、王某某及佟某的手机带离现场抛弃，后潜逃。同月 23 日 22 时许，李飞到其姑母李某某家中，委托其姑母转告其母亲梁某某送钱。梁某某得知此情后，及时报告公安机关，并于次日晚协助公安机关将来姑母家取钱的李飞抓获。在本案审理期间，李飞的母亲梁某某代为赔偿被害人亲属 4 万元。

裁判结果：黑龙江省哈尔滨市中级人民法院于 2009 年 4 月 30 日以（2009）哈刑二初字第 51 号刑事判决，认定被告人李飞犯故意杀人罪，判处死刑，剥夺政治权利终身。宣判后，李飞提出上诉。黑龙江省高级人民法院于 2009 年 10 月 29 日以（2009）黑刑三终字第 70 号刑事裁定，驳回上诉，维持原判，并依法报请最高人民法院核准。最高人民法院根据复核确认的事实和被告人母亲协助抓捕被告人的情况，以（2010）刑五复 66820039 号刑事裁定，不核准被告人李飞死刑，发回黑龙江省高级人民法院重新审判。黑龙江省高级人民法院经依法重新审理，于 2011 年 5 月 3 日作出（2011）黑刑三终字第 63 号刑事判决，以故意杀人罪改判被告人李飞死刑，缓期二年执行，剥夺政治权利终身，同时决定对其限制减刑。

裁判理由：黑龙江省高级人民法院经重新审理认为，被告人李飞的行为已构成故意杀人罪，罪行极其严重，论罪应当判处死刑。本案系因民间矛盾引发的犯罪；案发后李飞的母亲梁某某在得知李飞杀人后的行踪时，主动、及时到公安机关反映情况，并积极配合公安机关将李飞抓获归案；李飞在公安机关对其进行抓捕时，顺从归案，没有反抗行为，并在归案后始终如实供述自己的犯罪事实，认罪态度好；在本案审理期间，李飞的母亲代为赔偿被害方经济损失；李飞虽系累犯，但此前所犯盗窃罪的情节较轻。综合考虑上述情节，可以对李飞酌情从宽处罚，对其可不判处死刑立即执行。同时，鉴于其故意杀人手段残忍，又系累犯，且被害人亲属不予谅解，故依法判处被告人李飞死刑，缓期二年执行，同时决定对其限制减刑。

② 陈兴良：《死刑适用的司法控制——以首批刑事指导案例为视角》，《法学》2013 年第 2 期。

犯罪情节、危害后果和被告人的主观恶性及人身危险性，可以依法判处被告人死刑，缓期二年执行，同时决定对其限制减刑，以有效化解社会矛盾，促进社会和谐。

李飞故意杀人案的裁判要点是：对于因民间矛盾引发的故意杀人案件，被告人犯罪手段残忍，且系累犯，论罪应当判处死刑，但被告人亲属主动协助公安机关将其抓捕归案，并积极赔偿，人民法院根据案件具体情节，从尽量化解社会矛盾角度考虑，可以依法判处被告人死刑，缓期二年执行，同时决定对其限制减刑。

以上两案被告都是罪行极其严重，在一审、二审法院都宣告了死刑立即执行的判决，但根据最高人民法院关于故意杀人罪适用死刑的有关司法解释，对于因婚姻家庭、邻里纠纷等民间矛盾激化引发的故意杀人犯罪，适用死刑一定要十分慎重，对于被害人一方有明显过错或对矛盾激化负有直接责任，或者被告人有法定从轻处罚情节的，一般不应判处死刑立即执行。归纳起来，上述两个指导性案例具有以下从轻处罚的情节：（1）因恋爱、婚姻矛盾激化引发犯罪，或者因民间矛盾引发犯罪；（2）归案后坦白悔罪，或者案发后家人在得知犯罪嫌疑人行踪时，主动及时到公安机关反映情况，并积极配合公安机关将犯罪嫌疑人抓获归案，在公安机关进行抓捕时，犯罪嫌疑人顺从归案，没有反抗行为，并在归案后始终如实供述自己的犯罪事实，认罪态度好；（3）本人或家人积极赔偿被害方经济损失；（4）平时表现较好。

可见，王志才故意杀人案和李飞故意杀人案的情形都符合上述最高人民法院关于故意杀人罪适用死刑的有关司法解释的规定，不宜判处死刑立即执行，而应当判处死刑缓期执行。所以，最高人民法院没有核准上述两个案件被告死刑，而是发回原审法院之后改判为死刑缓期执行，由于二被告所犯之罪为故意杀人罪，具有极为严重的社会危害性，二被告均没有得到被害人家属的谅解，且李飞系累犯，应该同时对二被告宣告限制减刑。

最高人民法院的指导案例所提供的裁判规则具有较司法解释和政策更具体、更形象的表现形式，对于司法活动来说，结合案情能够更为准确地把握死刑立即执行与死刑缓期执行的界限，具有更为直观的可参照性，这也正是案例指导制度中的裁判规则所具有的优越性。2010 年，最高人民法院正式建立了案例指导制度，使案例指导成为一种除司法解释以外的裁判规则的提供方式。最高人民法院通过公布王志才故意杀人案和李飞故意杀人案这两个涉及依法不核准死刑的案例，确立了故意杀人罪的死刑适用的裁判规则。① 从近年来各地的司法实

① 陈兴良：《死刑适用的司法控制——以首批刑事指导案例为视角》，《法学》2013 年第 2 期。

践来看，最高人民法院对死缓犯限制减刑的指导案例，严格贯彻执行了宽严相济的刑事政策和死刑政策，取得了良好的效果。

（二）关于刑罚的具体运用的修改与完善

刑罚的具体运用，是指在查明犯罪事实、认定犯罪性质的基础上，影响被告人实际承担刑事责任大小的各种法律制度。具体内容为：影响刑罚裁量的制度包括量刑的原则和情节累犯、自首、坦白、立功、数罪并罚、缓刑；影响刑罚执行的制度包括减刑、假释；影响刑罚消灭的制度包括时效和赦免（中国《刑法》没有专门条款规定赦免，而是规定在累犯的有关条文之中）。

十年来，中国《刑法》对于刑罚的具体运用做了较为全面的修改，仅时效和赦免保留了原有规定。

1. 量刑

量刑，即刑罚的裁量，是指人民法院在认定犯罪事实和犯罪性质的基础上，依法决定对犯罪分子是否判处刑罚、判处何种刑罚、刑度以及所判刑罚是否立即执行的一种审判活动。[①] 量刑是将法定的罪刑关系转变为实在的罪刑关系的必要条件，是行刑的先决条件。量刑适当与否，是衡量刑事审判质量的一个重要标准，它直接影响刑罚积极功能的发挥与刑罚目的的有效实现，关系到国民对刑事审判的尊重信赖或贬抑轻蔑。[②]

中国 1997 年《刑法》第六十三条规定的“犯罪分子具有本法规定的减轻处罚情节的，应当在法定刑以下判处刑罚”，没有限制减轻处罚的幅度，赋予了法官过大的自有裁量权，容易造成刑罚适用不均衡。在司法实践中，如何准确量刑，存在认识不一致、使用不统一、随意性较大的问题，主要表现在，犯罪分子具有《刑法》规定的减轻处罚情节的，如果决定予以减轻处罚，是在法定刑的下一个量刑档次量刑，还是也可以跨越一个或几个量刑档次量刑直至免除刑罚，各地法院掌握的标准不统一，导致类似的案件在量刑上存在较大的差异。[③] 为了在一定程度上明确法定减轻处罚的幅度，统一减轻处罚的量刑标准，准确量刑，《刑法修正案（八）》在《刑法》原条文基础上，补充规定了：“本法规定有数个量刑幅度的，应当在法定量刑幅度的下一个量刑幅度内判处刑罚。”明

① 杨春洗、杨敦先主编：《中国刑法论》（第二版），北京大学出版社 1998 年版，第 225 页；另见高铭暄、马克昌主编：《刑法学》（第四版），北京大学出版社、高等教育出版社 2010 年版，第 269 页。

② 张明楷：《刑法学》（第四版），法律出版社 2012 年版，第 491 页。

③ 黄太云：《刑法修正案解读全编——根据刑法修正案（八）全新阐释》，人民法院出版社 2011 年版，第 44 页。

确规定减轻处罚只能在法定量刑幅度紧邻的下一个量刑幅度内或刑种判处刑罚，除了因案件的特殊情况经最高人民法院核准在法定刑以下判处刑罚外，不能跨越量刑幅度或刑种判处刑罚。同时，减轻处罚只是"减轻"相应的刑罚，而不能"免除"处罚，即使是对应该判处较轻刑罚的减轻处罚，也不可以免除处罚。《刑法》关于量刑情节的这一修改，更加便于司法实践中的操作和运用。

中国的司法实践越来越重视量刑的规范化、精细化。主要体现在以下几个方面。

（1）2010年2月8日，最高人民法院发布的《关于贯彻宽严相济刑事政策的若干意见》，详细规定了准确把握和正确适用依法"从严""从宽"以及"宽严相济"的政策要求，要求对不同的犯罪和犯罪分子区别对待，做到严中有宽、宽以济严，宽中有严、严以济宽，积极稳妥地推进量刑规范化工作，规范法官的自由裁量权，逐步把量刑纳入法庭审理程序，增强量刑的公开性和透明度，充分实现量刑的公正和均衡，不断提高审理刑事案件的质量和效率。

（2）为进一步规范量刑活动，促进量刑公开和公正，2010年9月13日，最高人民法院、最高人民检察院、公安部、国家安全部、司法部联合发布了《关于规范量刑程序若干问题的意见（试行）》，规定："对于公诉案件，人民检察院可以提出量刑建议。量刑建议一般应当具有一定的幅度。人民检察院提出量刑建议，一般应当制作量刑建议书，与起诉书一并移送人民法院；根据案件的具体情况，人民检察院也可以在公诉意见书中提出量刑建议。对于人民检察院不派员出席法庭的简易程序案件，应当制作量刑建议书，与起诉书一并移送人民法院。量刑建议书中一般应当载明人民检察院建议对被告人处以刑罚的种类、刑罚幅度、刑罚执行方式及其理由和依据。"量刑建议的意义在于有利于提高量刑的公开性、公正性和公信力；有利于保障当事人的诉讼权利；有利于强化对量刑裁判的制约监督；有利于促使检察机关在严峻挑战面前提高公诉质量和水平。[①] 该意见还规定："人民法院的刑事裁判文书中应当说明量刑理由。量刑理由主要包括：（一）已经查明的量刑事实及其对量刑的作用；（二）是否采纳公诉人、当事人和辩护人、诉讼代理人发表的量刑建议、意见的理由；（三）人民法院量刑的理由和法律依据。"

（3）2010年9月13日，为进一步规范自由裁量权，贯彻落实宽严相济的刑事政策，增强量刑的公开性，实现量刑均衡，维护司法公正，最高人民法院发布了《人民法院量刑指导意见（试行）》，规定了量刑的指导原则，即量刑应当以事实为根据，以法律为准绳，坚持罪刑法定、法律面前人人平等、罪责刑相

① 朱孝清：《论量刑建议》，《中国法学》2010年第3期。

适应的基本原则，根据犯罪的事实、性质、情节和对社会的危害程度，决定判处被告人的刑罚；量刑既要考虑犯罪行为的社会危害性，又要考虑被告人的主观恶性等情况，实现惩罚和预防犯罪的目的；量刑应当贯彻宽严相济的刑事政策，做到该严则严，当宽则宽，宽严相济，罚当其罪，实现法律效果和社会效果的统一；量刑要综合考虑不同时期、不同地区的经济社会发展状况和社会治安形势，确保刑罚目的的实现。但对于同一地区、同一时期、案情相同或相似的案件，对被告人判处的刑罚应当基本平衡。该意见还规定了量刑的基本方法（包括量刑的步骤、确定基准刑的方法和步骤、量刑情节调节基准刑的方法和确定宣告刑的方法）、常见量刑情节的适用和常见罪名的量刑等内容。其特色是试图将定量分析引入量刑机制，以便能更准确确定被告人应负的刑事责任。例如，该指导意见规定“对于自首情节，综合考虑自首的动机、时间、方式、罪行轻重、如实供述罪行的程度以及悔罪表现等情况，可以减少基准刑的40%以下；犯罪较轻的，可以减少基准刑的40%以上或者依法免除处罚。恶意利用自首规避法律制裁等不足以从宽处罚的除外”；“对于立功情节，综合考虑立功的大小、次数、内容、来源、效果以及罪行轻重等情况，确定从宽的幅度。（1）一般立功的，可以减少基准刑的20%以下；（2）重大立功的，可以减少基准刑的20%～50%；犯罪较轻的，减少基准刑的50%以上或者依法免除处罚”；“对于累犯，应当综合考虑前后罪的性质、刑罚执行完毕或赦免以后至再犯罪时间的长短以及前后罪罪行轻重等情况，增加基准刑的10%～40%，一般不少于3个月”等。

（4）2010年11月6日，最高人民法院、最高人民检察院、公安部、国家安全部、司法部联合发布了《关于加强协调配合积极推进量刑规范化改革的通知》，明确指出：“量刑规范化改革是规范裁量权，实现量刑公正和均衡，提高执法公信力和权威的重要保证，是推动社会矛盾化解、完善社会管理创新、促进公正廉洁执法的重要举措。”要求“充分认识量刑规范化改革的重要意义，全面开展量刑规范化改革”，“更新执法理念，加强协作配合，深入推进量刑规范化改革”和“加强组织协调，确保量刑规范化改革取得实效”。

（5）2012年2月28日，最高人民法院发布了《关于在审判执行工作中切实规范自由裁量权行使保障法律统一适用的指导意见》，要求人民法院在强化法律统一适用的同时，正确运用司法政策，规范行使自由裁量权，充分发挥自由裁量权对保障法律正确实施、维护当事人合法权益、维护司法公正、提升司法公信力的作用。该指导意见明确规定，自由裁量权行使的原则包括合法原则、合理原则、公正原则和审慎原则。除此之外，该指导意见还规定了正确认识自由裁量权、自由裁量权的行使条件，正确运用证据规则、法律适用方法、法律解释方法、利益衡量方法，强化诉讼程序规范、审判组织规范、裁判文书规范，强化审判管理，合理规范审级监督，加强司法解释、案例指导，不断统一裁判标准，加强法官职业保障，防止权力滥用等。

2. 累犯

累犯是指因犯罪受过一定的刑罚处罚，在该刑罚执行完毕或者赦免以后，在法定期限内又犯一定之罪的罪犯。[①] 累犯属于法定从重情节，包括一般累犯（或称为“普通累犯”）和特殊累犯。构成一般累犯的条件是：（1）前罪与后罪都必须是故意犯罪；（2）前罪被判处有期徒刑以上刑罚，后罪应当被判处有期徒刑以上刑罚；（3）后罪发生的时间，是在前罪所判处的刑罚执行完毕或者赦免以后的五年之内。构成特别累犯的条件是：（1）前罪和后罪都是《刑法》规定的特定的犯罪；（2）刑罚执行完毕或者赦免以后再特定的犯罪。《刑法》对一般累犯和特殊累犯都做了一定的修改补充，主要包括以下内容。

（1）对一般累犯的修改。中国 1997 年《刑法》规定：“被判处有期徒刑以上刑罚的犯罪分子，刑罚执行完毕或者赦免以后，在五年以内再犯应当判处有期徒刑以上刑罚之罪的，是累犯，应当从重处罚，但是过失犯罪除外。”《刑法修正案（八）》在保留原有规定的基础上，增加规定了“不满十八周岁的人犯罪的除外”，即未成年人犯罪不构成累犯，其范围包括前罪和后罪都是不满 18 周岁实施的，也包括前罪是不满 18 周岁实施的、后罪是年满 18 周岁以后实施的情况。这是中国全面贯彻宽严相济刑事政策的需要，也是全面贯彻对未成年人依法予以特别保护的国家政策的需要。未成年人心智正处于发育期间，在人格和心理上的可塑性比较大，对犯罪的未成年人予以挽救、教育、改造是社会的责任，不按照累犯从重处罚，便于其重新回归社会。“不满十八周岁的人不构成累犯”的规定，充分体现了中国对未成年人实施的“教育为主、惩罚为辅”的保护原则。

（2）对特别累犯的修改。关于特别累犯，中国 1997 年《刑法》规定：“危害国家安全的犯罪分子在刑罚执行完毕或者赦免以后，在任何时候再犯危害国家安全罪的，都以累犯论处。”根据这一规定，只有危害国家安全的犯罪分子才能构成特别累犯，但是，随着社会的发展，这一规定显然已经不合时宜，在司法实践中，危害国家安全罪在整个刑事犯罪中所占比例极低，危害国家安全罪累犯更为少见，而其他一些犯罪需要予以重点严厉打击，将其设立为特殊累犯，

---

① 杨春洗、杨敦先主编：《中国刑法论》（第二版），北京大学出版社 1998 年版，第 241 页。

放宽成立累犯的条件，将有利于更好地打击和预防这些具有严重社会危害性的犯罪。[①] 为此，《刑法修正案（八）》在原有规定的危害国家安全犯罪之外，增加规定了："恐怖活动犯罪、黑社会性质的组织犯罪的犯罪分子，在刑罚执行完毕或者赦免以后，在任何时候再犯上述任一类罪的，都以累犯论处。"一段时期以来，恐怖活动犯罪和黑社会性质的组织犯罪在中国属于高发犯罪，这些犯罪的手段往往极其残忍，具有非常严重的社会危害性，应该予以严厉打击。在《刑法》中将这些犯罪规定为特殊累犯，且在任何时候再犯上述任一类罪的，都以累犯论处，即使前后两罪是不同的犯罪，但只要是前后罪都属于危害国家安全犯罪、恐怖活动犯罪和黑社会性质的组织犯罪中的一种犯罪，就都构成累犯，三种犯罪之间可以相互称为前罪和后罪。可见，《刑法修正案（八）》大大地扩展了特别累犯的范围。

《刑法》对于累犯的修改，仍然存在着一些缺陷，例如不满十八周岁的人实施的犯罪，前罪后罪都属于危害国家安全犯罪、恐怖活动犯罪或黑社会性质的组织犯罪，是根据一般累犯的规定不构成累犯，还是应该根据特别累犯的规定构成累犯呢？在司法实践中，未满18周岁而参与恐怖活动犯罪、黑社会性质的组织犯罪的犯罪分子也不乏其人，而且一些恐怖分子或黑社会性质的组织专门培训未成年人实施上述犯罪，社会危害性极大。是保护未成年人优先还是保护国家安全、社会安全优先？这个问题只有法律才有权做出选择。

3. 自首、坦白与立功

1997年《刑法》规定了自首和准自首两种情况。自首是指犯罪以后自动投案，如实供述自己的罪行的行为。行为人对其行为性质的辩解（如是否构成犯罪或构成何种犯罪等）不影响自首的成立。准自首是指被采取强制措施的犯罪嫌疑人、被告人和正在服刑的罪犯，如实供述司法机关还未掌握的本人其他罪行的行为。这两种自首的法律后果是"对于自首的犯罪分子，可以从轻或者减轻处罚。其中，犯罪较轻的，可以免除处罚"。可见，犯罪以后自首的，只是"可以"从轻或减轻处罚或"可以"免除处罚，而不是"应当"从轻或减轻处罚或"应当"免除处罚。如果一人犯数罪，犯罪人仅对其部分犯罪自首的，只能对其自首的犯罪可以从轻、减轻处罚或者可以免除处罚，不能及于没有自首的犯罪。同理，在共同犯罪中，从轻、减轻或免除处罚仅适用于自首的共同犯罪人，不能及于其他没有自首的共同犯罪人。

坦白是指犯罪嫌疑人被动归案后，如实供述司法机关已经掌握的其本人罪行的行为。"坦白从宽、抗拒从严"在中国几乎是家喻户晓的一个刑事政策，但

---

① 赵秉志主编：《刑法修正案（八）理解与适用》，中国法制出版社2011年版，第73页。

1997年《刑法》并没有对坦白予以规定，使得坦白不是影响量刑的法定情节，而只是一个酌定情节。一些侦查人员为了尽快破案，减少司法成本，以坦白从宽的刑事政策要求犯罪嫌疑人如实坦白其犯罪事实。而作为一个酌定情节，侦查机关、检察机关和审判机关就有可能意见不一致，从而导致侦查人员在侦查期间给犯罪嫌疑人的从宽承诺无法兑现，变成空话，削弱了司法权威。为了弥补这一立法缺陷，《刑法修正案（八）》增加规定了："犯罪嫌疑人虽不具有前两款规定的自首情节，但是如实供述自己罪行的，可以从轻处罚；因其如实供述自己罪行，避免特别严重后果发生的，可以减轻处罚。"这一规定，使得坦白从酌定从轻减轻情节变成了法定的从轻减轻情节。对于能够如实供述自己罪行的犯罪嫌疑人，可以从轻处罚，即在法定刑的限度内判处较轻的刑罚；对于因其如实供述自己罪行，避免特别严重后果发生的犯罪嫌疑人，可以减轻处罚，即在法定刑以下判处刑罚。值得注意的是，根据《刑法》的规定，坦白的主体仅仅是"犯罪嫌疑人"，而不包括被告人，也就是说，坦白仅适用于侦查阶段和审查起诉阶段，而不适用于审判阶段。在《刑法》中增加的关于坦白的规定，有助于提高侦查机关侦破案件的效率，降低司法成本，同时还可以避免一些严重后果发生，具有非常积极的意义。但要注意的是，目前在中国的刑事侦查工作中因重口供而刑讯逼供的现象时有发生，坦白不能成为刑讯逼供套取口供的借口，任何因刑讯逼供而获取的口供将都会作为非法证据予以排除。

立功是指犯罪分子有揭发他人犯罪行为，查证属实，或者提供重要线索，从而得以侦破其他案件以及其他有利于国家或社会的行为。根据中国《刑法》的规定，对于立功，可以从轻或者减轻处罚；有重大立功表现的，可以减轻或者免除处罚。《刑法修正案（八）》删除了1997年《刑法》中的"犯罪后自首又有重大立功表现的，应当减轻或者免除处罚"的规定。1997年《刑法》规定的"犯罪后自首又有重大立功表现的，应当减轻或者免除处罚"属于法定的强制性规定，忽略了可能影响量刑的其他法定情节或酌定情节，"减轻"处罚是在法定刑以下予以处罚，如果法条中规定的"应当判处十年以上有期徒刑、无期徒刑和死刑"，减轻处罚意味着只能判处十年以下有期徒刑，对本应判处死刑的犯罪分子，如果自首后又有重大立功表现，就应该减轻或者免除处罚，即只能判处十年以下有期徒刑，特别是在团伙犯罪中，如果起主要作用的主犯自首后又有重大立功表现，对其判处十年以下有期徒刑，而其他罪犯则判处死刑，这就导致量刑的极度不均衡。《刑法修正案（八）》删去了这一法定情节，对其适用"可以从轻或者减轻处罚"或"可以减轻或者免除处罚"的酌定情节，有利于量刑的罚当其罪和罪责均衡。

自首和立功是司法实践中较为常见、非常复杂、具体把握中往往有较大争议的问题，且新情况、新问题不断出现。中国的司法部门非常重视自首和立功问题。2009 年 3 月 12 日，最高人民法院、最高人民检察院联合发布了《关于办理职务犯罪案件认定自首、立功等量刑情节若干问题的意见》，详细规定了对“自首”“立功”及“如实交代犯罪事实”的认定和处理，还规定了对赃款赃物全部或部分追缴等情形的处理办法。2010 年 12 月 22 日，最高人民法院发布了《关于处理自首和立功若干具体问题的意见》，细化了关于“自动投案”“如实供述自己的罪行”“司法机关还未掌握的本人其他罪行”“不同种罪行”“立功线索来源”“协助抓捕其他犯罪嫌疑人”的具体认定，规定了“立功线索的查证程序和具体认定”“关于自首、立功证据材料的审查”以及“关于对自首、立功的被告人的处罚”等内容。另外，最高人民法院于2008 年12 月1 日发布了《全国部分法院审理毒品犯罪案件工作座谈会纪要》，明确规定：“关于立功从宽处罚的把握，应以功是否足以抵罪为标准。在毒品共同犯罪案件中，毒枭、毒品犯罪集团首要分子、共同犯罪的主犯、职业毒犯、毒品惯犯等，由于掌握同案犯、从犯、马仔的犯罪情况和个人信息，被抓获后往往能协助抓捕同案犯，获得立功或者重大立功。对其是否从宽处罚以及从宽幅度的大小，应当主要看功是否足以抵罪，即应结合被告人罪行的严重程度、立功大小综合考虑。要充分注意毒品共同犯罪人以及上、下家之间的量刑平衡。”上述司法解释性文件对于正确处理自首、立功问题，严格贯彻宽严相济刑事政策和“保留死刑，严格控制和慎重适用死刑”政策，进一步提高刑事审判质量和效率，都具有十分重要的意义。

4. 关于数罪并罚的规定

数罪并罚，是指人民法院对同一犯罪分子所犯的数罪分别定罪量刑，然后根据法定的原则和方法决定合并以后应当执行的刑罚。[①]《刑法修正案（八）》对 1997 年《刑法》中的有期徒刑的数罪并罚制度和附加刑的数罪并罚制度进行了修改与完善。

首先，《刑法修正案（八）》将 1997 年《刑法》中有期徒刑数罪并罚的最高期限“不超过二十年”修改为“有期徒刑总和刑期不满三十五年的，最高不能超过二十年，总和刑期在三十五年以上的，最高不能超过二十五年。”根据中国 1997 年《刑法》，与死刑立即执行的惩罚性相比，死缓、无期徒刑、有期徒刑的惩罚力度总体上都偏轻，《刑法修正案（八）》将有期徒刑的期限提高至不能低于 25 年，有利于发挥有期徒刑对具有严重人身危险性的犯罪分子的隔离功能，并且对于一个因数罪并罚被判处 25 年有期徒刑的罪犯而言，

① 杨春洗、杨敦先主编：《中国刑法论》（第二版），北京大学出版社 1998 年版，第 251 页。

在被减刑、假释后实际执行的刑期就大于或等于十二年六个月，从而在刑罚强度上也顺利实现了与无期徒刑减为有期徒刑后最低执行期限的有机衔接。① 可见，《刑法》对于有期徒刑数罪并罚最高刑期的修改，有助于调整中国《刑法》关于死刑与无期徒刑、有期徒刑之间的结构关系，改变原来死刑偏重、生刑偏轻的状况。

其次，《刑法修正案（八）》将1997年《刑法》中附加刑的数罪并罚制度进行了修改与完善，在原有规定“数罪中有判处附加刑的，附加刑仍须执行”的基础上，增加规定了“其中附加刑种类相同的，合并执行，种类不同的，分别执行。”根据中国《刑法》第三十四条、第三十五条的规定，附加刑包括罚金、剥夺政治权利、没收财产和仅对犯罪的外国人适用的驱逐出境。附加刑既可以附加适用，也可以独立适用。数罪并罚的原则包括相加原则、吸收原则、限制加重原则和混合原则。中国1997年《刑法》对于数罪中判处附加刑的，如何适用数罪并罚原则并没有予以明确规定，全部交由审判机关予以自由裁量，这样容易造成同罪不同罚、量刑不合理等现象发生。《刑法修正案（八）》对于附加刑的数罪并罚确立了两种方式：（1）同种附加刑合并执行。“合并执行”不能等同“并科原则”，例如判处数个驱逐出境只能采用吸收原则，没收全部财产可以吸收罚金刑和没收部分财产，当罪犯的财产总和大于数个罪行所判处的数个罚金刑或部分没收财产，则适用相加原则即并科原则等。（2）不同种附加刑分别执行。“分别执行”是指对所有附加刑均需执行，所以，《刑法》对不同种附加刑采用的是并科原则。当然，由于各种附加刑本身的特点，“分别执行”意味着既可以随主刑一起执行，也可以以后执行（例如当罚金刑和没收财产刑不足以全部执行时，在发现被执行人有可供执行的财产时，可随时执行），有的必须以后执行，如附加剥夺政治权利的，必须在主刑执行完毕之日或者假释之日起执行，驱逐出境必须在其他主刑和附加刑均已执行完毕之后才可执行。

5. 关于缓刑的规定

缓刑是指人民法院对于判处拘役、三年以下有期徒刑的犯罪分子，在一定条件下，规定一定的考验期，暂缓其刑罚的执行，在考验期限内，被判刑的犯罪分子如果没有犯新罪、发现漏罪或者严重违反监督管理规定，原判刑罚就不再执行的一项刑罚执行制度。② 在司法实践中，缓刑制度被广泛运用，由于其在避免短期自由刑弊端方面效果极其显著，所以也被称为“刑事政策中被称为除

① 王志祥、敦宁：《刑罚配置结构调整论纲》，《法商研究》2011年第1期。

② 杨春洗、杨敦先主编：《中国刑法论》（第二版），北京大学出版社1998年版，第267页。

刑罚和保安处分之外的第三支柱"①。但是，由于中国1997年《刑法》规定得过于灵活和宽泛，根据犯罪分子的犯罪情节和悔罪表现，适用缓刑"确实不致再危害社会的"，就可以宣告缓刑，缺乏判断未来确实不致再危害社会的客观标准，主观判断色彩太浓，客观标准不明确，造成各地司法机关在适用缓刑制度时存在着很大的差异，有损刑法的公正和权威。为此，《刑法修正案（八）》对缓刑制度做了较大的修改，其范围涉及1997年《刑法》关于缓刑的6个条文中的4个条文。具体内容包括：

首先，明确了缓刑适用的具体条件。第一，适用缓刑的对象条件。可以被宣告缓刑的人员包括被判处拘役、三年以下有期徒刑的犯罪分子。应该被宣告缓刑的人员包括不满十八周岁的人、怀孕的妇女和已满七十五周岁的人。第二，适用缓刑的实体条件。将"根据犯罪分子的犯罪情节和悔罪表现，适用缓刑确实不致再危害社会的"修改为同时符合"（一）犯罪情节较轻；（二）有悔罪表现；（三）没有再犯罪的危险；（四）宣告缓刑对所居住社区没有重大不良影响"。"犯罪情节较轻"包括犯罪行为的手段不残酷、行为性质不严重、造成的后果相对较小、社会影响不大、侵害的法益较轻等。"有悔罪表现"包括行为人在判决之前对自己的犯罪行为能够认识到错误从而感到后悔，可通过口头、书面或行为表现出来，应该同时具备以下四个方面情形：认罪悔罪；认真遵守法律法规及监规，接受教育改造；积极参加思想、文化、职业技术教育；积极参加劳动，努力完成劳动任务。罪犯积极执行财产刑和履行附带民事赔偿义务的，可视为有认罪悔罪表现。②"没有再犯罪的危险"是指对被适用缓刑犯罪人的人身危险性较小，没有再犯罪的危险存在。其实，这一标准的主观判断色彩也很浓，只是相对于以前规定的"确实不致再危害社会的"要具体一些。对于这一修改，立法机关认为，社会危险性标准是世界各国适用缓刑的基本判断标准，对于犯罪人是否具有社会危险性，并没有绝对客观的、确定性的判断标准，而只能交由法官根据个案情况判断。法官应根据案件和犯罪人的具体情况，综合各方面因素考虑，如果认为犯罪人"没有再犯罪的危险"，即符合没有社会危险性判断标准。③"对所居住社区没有重大不良影响"是与缓刑的考验形式结合起来的。根据《刑法》第七十六条的规定，对宣告缓刑的犯罪分子，在缓刑考验期限内，依法实行社区矫正。如果对犯罪分子适用缓刑，严重影响社区居民的

---

① 林山田：《刑罚学》，台湾商务印书馆股份有限公司1992年版，第1137页。

② 最高人民法院：《关于办理减刑、假释案件具体应用法律若干问题的规定》（2012年7月1日起施行），第二条。

③ 黄太云：《刑法修正案解读全编——根据刑法修正案（八）全新阐释》，人民法院出版社2011年版，第32页。

安全，不利于社区居民的安居乐业，也不利于犯罪人的改造，那么就达不到适用缓刑的目的和社会效果。第三，对宣告缓刑的犯罪分子可以附加限制令。为了保护被害人、证人等的人身安全，维护社会稳定，防止罪犯再次实施犯罪等，审判机关在对罪犯宣告缓刑的同时，可以根据犯罪情况，同时禁止犯罪分子在缓刑考验期限内从事特定活动，进入特定区域、场所，接触特定的人。该禁止令应该明确载入判决书中，具有强制力。

其次，增加规定了“对犯罪集团的首要分子，不适用缓刑”。中国《刑法》第二十六条第二款规定：“三人以上为共同实施犯罪而组成的较为固定的犯罪组织，是犯罪集团。”犯罪集团的破坏力极强，对社会的危害极大。由于犯罪集团的首要分子在犯罪集团中起着组织领导作用，具有非常严重的社会危害性，且其主观恶性极大，所以，《刑法修正案（八）》在原有规定“对于累犯，不适用缓刑”的基础上，增加了“对犯罪集团的首要分子，不适用缓刑”的规定。

最后，将缓刑的执行方式“由公安机关考察，所在单位或者基层组织予以配合”修改为“依法实行社区矫正”，增加了违反“人民法院判决中的禁止令，情节严重”作为撤销缓刑执行原判刑罚的条件。关于社区矫正和禁止令的内容，本文前面已经进行了论述，此处不再赘述。

2012 年 8 月 8 日，最高人民法院、最高人民检察院联合发布了《关于办理职务犯罪案件严格适用缓刑、免予刑事处罚若干问题的意见》，明确要求要在全面把握犯罪事实和量刑情节的基础上严格依照刑法规定的条件适用缓刑、免予刑事处罚，既要考虑从宽情节，又要考虑从严情节；既要做到刑罚与犯罪相当，又要做到刑罚执行方式与犯罪相当，切实避免缓刑、免予刑事处罚不当适用造成的消极影响。对具有下列情形之一的职务犯罪分子，一般不适用缓刑或者免予刑事处罚：（一）不如实供述罪行的；（二）不予退缴赃款赃物或者将赃款赃物用于非法活动的；（三）属于共同犯罪中情节严重的主犯的；（四）犯有数个职务犯罪依法实行并罚或者以一罪处理的；（五）曾因职务违纪违法行为受过行政处分的；（六）犯罪涉及的财物属于救灾、抢险、防汛、优抚、扶贫、移民、救济、防疫等特定款物的；（七）受贿犯罪中具有索贿情节的；（八）渎职犯罪中徇私舞弊情节或者滥用职权情节恶劣的；（九）其他不应适用缓刑、免予刑事处罚的情形。意见还规定，对于全部退缴赃款赃物，依法判处三年有期徒刑以下刑罚，符合刑法规定的缓刑适用条件的贪污、受贿犯罪分子，可以适用缓刑。

6. 关于减刑、假释的规定

减刑，是指对被判处管制、拘役、有期徒刑、无期徒刑的犯罪分子，在执行期间，如果认真遵守监规，接受教育改造，确有悔改表现的，或者有立功表现的，将其原判刑罚予以适当减轻的一种刑罚执行制度。减刑制度既可以是将较重的刑种减为较轻的刑种，也可以是将较长的刑期减为较短的刑期，体现了中国对犯罪分子实行的“惩办与宽大相结合”“惩罚与教育相结合”的刑事政策，对于促进犯罪分子自觉改造具有重要的意义。为了维护刑罚的稳定性和严肃性，保障对罪犯改造的效果，对犯罪分子在刑罚执行期间的减刑，无论是一次减刑还是多次减刑，都不能超过必要的限度。中国 1997 年《刑法》明确规定了减刑的限度：“减刑以后实际执行的刑期，判处管制、拘役、有期徒刑的，不能少于原判刑期的二分之一；判处无期徒刑的，不能少于十年。”《刑法修正案（八）》在保留其他规定的基础上，将“判处无期徒刑的，不能少于十年”修改为“判处无期徒刑的，不能少于十三年”，提高了无期徒刑减为有期徒刑的时间，将更有利于保证有期徒刑和无期徒刑之间的衔接与协调。《刑法修正案（八）》还增加规定了：“人民法院依照本法第五十条第二款规定限制减刑的死刑缓期执行的犯罪分子，缓期执行期满后依法减为无期徒刑的，不能少于二十五年，缓期执行期满后依法减为二十五年有期徒刑的，不能少于二十年。”

假释，是指对被判处有期徒刑、无期徒刑的犯罪分子，在执行一定刑期以后，因认真遵守监规，接受教育改造，确有悔改表现，不致再危害社会，附条件予以提前释放的一种刑罚执行制度。假释制度是中国“惩办与宽大相结合”的刑事政策在刑罚执行制度上的具体体现之一，只要犯罪分子在假释考验期限内遵守假释的规定，考验期满就认为原判刑罚已经执行完毕，这对于促进犯罪分子的改造积极性，预防其重新犯罪，具有十分重要的意义。在中国 1997 年《刑法》的基础上，《刑法修正案（八）》对假释制度做了如下修改：首先，部分修改了适用假释的实质条件。《刑法修正案（八）》将 1997 年《刑法》规定的适用假释的实质条件“认真遵守监规，接受教育改造，确有悔改表现，假释后不致再危害社会”，修改为“认真遵守监规，接受教育改造，确有悔改表现，没有再犯罪的危险”。“不致再危害社会”和“没有再犯罪的危险”虽然都具有较强的主观色彩，但相比之下，“没有再犯罪的危险”更为具体、准确和科学，更能体现犯罪人的人身危险性。办理假释案件，判断“没有再犯罪的危险”，除符合《刑法》第八十一条规定的情形外，还应根据犯罪的具体情节、原判刑罚情况，在刑罚执行中的一贯表现，罪犯的年龄、身体状况、性格特征，假释后生活来源以及监管条件等因素综合考虑。① 其次，部分修改了适用假释的刑期条件。刑期条件是指被判处有期徒刑、无期徒刑的犯罪分子只有执行了一定的刑

---

① 最高人民法院《关于办理减刑、假释案件具体应用法律若干问题的规定》第十五条。

期之后才能适用假释。《刑法修正案（八）》将1997年《刑法》规定的“被判处无期徒刑的犯罪分子，实际执行十年以上”修改为“被判处无期徒刑的犯罪分子，实际执行十三年以上”。在中国《刑法》规定的五种主刑中，无期徒刑是严于有期徒刑的，在执行刑罚方面，无期徒刑减为有期徒刑后的实际执行的最低期限应该高于有期徒刑执行的最低期限，无期徒刑的最低执行期限也应该随之适当提高①，因此，《刑法修正案（八）》将被判处无期徒刑的罪犯予以假释执行原判刑罚的最低期限由10年提高到13年。再次，扩大了适用假释排除条件的范围。《刑法修正案（八）》在1997年规定的“对累犯以及因杀人、爆炸、抢劫、强奸、绑架等暴力性犯罪被判处十年以上有期徒刑、无期徒刑的犯罪分子，不得假释”基础上，增加规定了“对抢劫、放火、投放危险物质或者有组织的暴力性犯罪被判处十年以上有期徒刑、无期徒刑的犯罪分子，不得假释”，这样的补充修改，是因为抢劫、放火、投放危险物质或者有组织的暴力性犯罪被判处十年以上有期徒刑、无期徒刑的犯罪分子人身危险性大、改造难度大，对于这样的犯罪分子当然要给予严厉的惩罚，同时，为了避免其再危害社会，因此不得适用假释。最后，修改了执行假释的方式，将1997年《刑法》中“由公安机关予以监督”修改为“依法实行社区矫正”，将撤销假释的条件之一“违反国务院公安部门有关假释的监督管理规定的行为”修改为“违反国务院有关部门关于假释的监督管理规定的行为”，同时还增加规定了“对犯罪分子决定假释时，应当考虑其假释后对所居住社区的影响”。

关于减刑和假释，最高人民法院于2012年1月17日公布了《关于办理减刑、假释案件具体应用法律若干问题的规定》，明确了与减刑假释有关的“确有悔改表现”“立功表现”“重大立功表现”“没有再犯罪的危险”等概念的内涵，规定了减刑的幅度：“有期徒刑罪犯在刑罚执行期间，符合减刑条件的，减刑幅度为：确有悔改表现，或者有立功表现的，一次减刑一般不超过一年有期徒刑；确有悔改表现并有立功表现，或者有重大立功表现的，一次减刑一般不超过二年有期徒刑”；“无期徒刑罪犯在刑罚执行期间，确有悔改表现，或者有立功表现的，服刑二年以后，可以减刑，减刑幅度为：确有悔改表现，或者有立功表现的，一般可以减为二十年以上二十二年以下有期徒刑；有重大立功表现的，可以减为十五年以上二十年以下有期徒刑。”还规定了对死刑缓期执行罪犯的减刑、老年人以及未成年人的减刑假释制度等。这些规定，对于指导有关减刑假释的审判实践具有重要的意义。

---

① 赵秉志主编：《刑法修正案（八）理解与适用》，中国法制出版社2011年版，第141页

三　加强对国家安全和公共安全的保护，维护社会稳定

根据《刑法》第二条的规定，刑法的重要任务包括用刑罚同一切犯罪行为做斗争，保卫国家的安全，保护广大人民群众的生命、健康和重大公私财产安全或者公共生活安全，维护社会稳定。随着社会的发展，危害国家安全、危害国防利益、危害公共安全类的犯罪不断呈现出新的形式，且危害性更大、手段更残酷、隐蔽性更强。为了保障社会主义建设事业的顺利进行，中国刑法对相关的犯罪进行了修改和完善。

（一）危害国家安全罪

国家安全，包括国家独立、国家领土完整和安全、国家的团结和统一、国家政权基本制度以及国家其他根本利益安全的总和。在中国，国家安全的核心内容是人民民主专政的政权和社会主义制度。所以，危害国家安全罪，是指故意危害中华人民共和国的主权、领土完整与安全，颠覆国家政权、推翻社会主义制度的行为。这类犯罪严重危害国家、民族的命运与前途，因此，必须坚决打击这类犯罪。《刑法》分则第一章之中，共涉及 12 个条文和 12 种具体犯罪，这些犯罪既包括作为，也包括不作为，均为行为犯与危险犯（包括具体危险犯与抽象危险犯），即只要实施了第一百零二条至第一百一十二条规定的行为，无论是否造成实害后果，均构成犯罪既遂。由于危害国家安全类犯罪的行为手段随着时间的变化而有所不同，《刑法》也做出了相应的修改与完善，具体表现为《刑法修正案（八）》对资助危害国家安全犯罪活动罪和叛逃罪的修改与完善。

1. 资助危害国家安全犯罪活动罪

资助危害国家安全犯罪活动罪，是指境内外机构、组织或者个人资助境内组织或者个人实施了危害国家安全的行为。1997 年《刑法》规定：“境内外机构、组织或者个人资助境内组织或者个人实施本章第一百零二条、第一百零三条、第一百零四条、第一百零五条规定之罪的，对直接责任人员，处五年以下有期徒刑、拘役、管制或者剥夺政治权利；情节严重的，处五年以上有期徒刑。”《刑法修正案（八）》删去了资助的对象“境内组织或者个人”，将此条修改为：“境内外机构、组织或者个人资助实施本章第一百零二条、第一百零三条、第一百零四条、第一百零五条规定之罪的，对直接责任人员，处五年以下有期徒刑、拘役、管制或者剥夺政治权利；情节严重的，处五年以上有期徒刑。”

本罪的客观方面具体表现为：（1）资助实施危害国家主权、领土完整和安

全的犯罪行为；（2）资助分裂国家、破坏国家统一的行为；（3）资助武装叛乱、暴乱的犯罪行为；（4）资助颠覆国家政权、推翻社会主义制度的犯罪行为等。

这里的资助包括人、财、物等物质资助，也包括为危害国家安全的犯罪分子提供犯罪条件、隐蔽场所、提供账号等资助。为犯罪分子提供精神上的支持，一般不构成本罪。必须进行了实际资助结果的才构成本罪，如果只是口头说资助，而实际上并没有实施物质资助，一般不构成犯罪。① 资助危害国家安全犯罪活动罪的罪名设立之初主要是针对境外的机构资助境内组织或者个人实施“西化”“分化”“颠覆”等危害国家安全的犯罪，而随着中国经济的快速增长、综合国力大大提高等，犯罪情况也发生了一些变化，开始出现了境内外机构或者个人资助境外人员实施危害中华人民共和国国家安全的行为，而且愈演愈烈，严重威胁着中国的安全和稳定。《刑法修正案（八）》删去了资助的对象“境内组织或者个人”，即资助的对象不再限于“境内”组织或者个人，无论资助的是境内还是境外的机构、组织、个人的，只要明知受资助的人会用该资助实施危害国家主权、领土完整和安全的犯罪行为，分裂国家、破坏国家统一的行为，武装叛乱、暴乱的犯罪行为和资助颠覆国家政权、推翻社会主义制度的犯罪行为等，都要作为犯罪予以追究。这一修改，从立法上填补了追究“资助境外组织或者个人实施危害国家安全犯罪的行为”的刑事责任的空白，是非常具有现实意义的。

值得注意的是，本罪所资助的是背叛国家罪（第一百零二条）、分裂国家罪（第一百零三条第一款）、煽动分裂国家罪（第一百零三条第二款）、武装叛乱暴乱罪（第一百零四条）、颠覆国家政权罪（第一百零五条第一款）、煽动颠覆国家政权罪（第一百零五条第二款），受资助者的行为必须包含在这六种犯罪之中。笔者认为，立法应该将这些资助行为作为上述六种犯罪的共同犯罪来处理，而不应单独予以规定，至于资助者的刑事责任大小，可以根据其在共同犯罪中的作用大小来确定，因为，在有些情况下，资助者往往也可能是实际的领导者、组织者，其作用不一定小于上述六种犯罪的实行犯，以资助行为在共同犯罪中作用的大小来确定其刑事责任，更能准确地罚当其罪。

2. 叛逃罪

叛逃罪，是指国家机关工作人员在履行公务期间，擅离岗位，叛逃境外或者在境外叛逃，危害中华人民共和国安全的行为。

1997 年《刑法》第一百零九条第一款规定：“国家机关工作人员在履行公务期间，擅离岗位，叛逃境外或者在境外叛逃，危害中华人民共和国国家安全

---

① 谢望原主编：《刑法学》（第二版），北京大学出版社 2012 年版，第 292 页。

的，处五年以下有期徒刑、拘役、管制或者剥夺政治权利；情节严重的，处五年以上十年以下有期徒刑。”《刑法修正案（八）》将其修改为：“国家机关工作人员在履行公务期间，擅离岗位，叛逃境外或者在境外叛逃的，处五年以下有期徒刑、拘役、管制或者剥夺政治权利；情节严重的，处五年以上十年以下有期徒刑。”删除了原条文规定的“危害中华人民共和国国家安全的”这一构成要件要素，将叛逃罪由具体危险犯修改为抽象危险犯，只要行为人具有国家机关工作人员身份在履行公务期间，擅离岗位，叛逃境外或者在境外叛逃的，立法即推定对国家安全构成危险，不允许行为人以反证推翻立法推定，使得刑事法网更为严密。“在相当程度上，抽象危险犯是一种罗织，透显立法者的霸气，是把刑罚的防卫线向前与向外扩张。正因如此，立法上设计抽象危险犯，司法上解释抽象危险犯，都须谨慎。”①

1997 年《刑法》第一百零九条第二款规定，“掌握国家秘密的国家工作人员犯前款罪的，依照前款的规定从重处罚。”《刑法修正案（八）》将其修改为：“掌握国家秘密的国家工作人员叛逃境外或者在境外叛逃的，依照前款的规定从重处罚。”该款明确规定，作为掌握国家秘密的国家工作人员，只要实施了叛逃境外或者在境外叛逃的行为，不需要在履行公务期间、擅离岗位这些条件，就构成叛逃罪。这些国家工作人员包括国家机关中从事公务的人员，国有公司、企业、事业单位、人民团体中从事公务的人员和国家机关、国有公司、企业、事业单位委派到非国有公司、企业、事业单位、社会团体从事公务的人员，以及其他依照法律从事公务的人员。

国家机关工作人员与掌握国家秘密的国家工作人员由于其特殊身份，负有较一般国民对国家更多与更高的忠实义务，而一旦这些人员叛逃，即刻会对国家经济、国防、科技安全构成现实威胁，因而，对叛逃罪犯罪构成设计为抽象危险犯更有利于保护国家安全法益，在这一点上，应当说《刑法修正案（八）》的修改值得肯定。

但是，修正后的叛逃罪条文仍然存在值得探讨的问题。

首先，关于“履行公务期间”与“擅离岗位”两个构成要件的解释仍然没有解决理论与实务上的争议。对于“履行公务期间”，理论界存在两种主要观点：一是认为国家机关工作人员或者掌握国家秘密的国家工作人员从经法定程序任用时起，至经法定程序解职的整个担任公职期间都为“履行公务期间”②；二是认为履行公务期间是指在国家机关工作人员履行其职责，从事公务

---

① 林东茂：《刑法综览》，中国人民大学出版社 2009 年版，第 51 页。

② 于志刚主编：《危害国家安全罪》，中国人民公安大学出版社 1999 年版，第 297 页。

活动期内。[①] 根据全国人大法工委刑法室的立法说明，“‘履行公务期间’，主要是指在职的国家机关工作人员在执行公务期间，如国家机关出访代表团、中国驻外使领馆的外交人员以及国家派驻国外进行公务活动或执行某项工作任务的人员等。对于那些国家机关工作人员离职到境外学习的，则不属于‘履行公务期间’。”[②] 显然，第二种观点与立法说明更接近，但是，如此理解很容易造成处罚上的漏洞。如果国家机关工作人员或者掌握国家秘密的国家工作人员在节假日或者下班后叛逃的，对国家安全构成的威胁并不比其在上班期间叛逃的更少。再如，国家机关工作人员或者掌握国家秘密的国家工作人员离职到境外学习期间叛逃的，根据第二种观点就不构成叛逃罪，而根据第一种观点能够予以规制。但是，认同第一种观点的学者又认为将“在履行公务期间”理解为国家机关工作人员具有国家机关工作人员身份期间是一种类推解释。[③] 将“履行公务期间”解释为担任公职期间与将其解释为具有国家机关工作人员身份期间两者又有多少实质性的差别是值得怀疑的，类推解释与扩大解释并非泾渭分明。事实上，将“履行公务期间”理解为担任公职期间实际上就等于将其解释为具有国家机关工作人员身份或者掌握国家秘密的国家工作人员身份期间，“履行公务期间”这一构成要件要素实际上已然被虚置。因而，最好的解决方法就是立法机关在修改《刑法》时取消“履行公务期间”这一构成要件要素。如此，既不会造成处罚间隙，也不会扩张刑罚的适用范围。对于“擅离岗位”，是指违反规定私自离开岗位的行为。事实上，既然是叛逃，必定是没有经过主管部门的批准或者是通过骗取的手段获得的批准，因而必然离开自己的工作岗位，“没有离开自己工作岗位的，不可能成为叛逃行为。”[④] 从立法论来看，“擅离岗位”的构成要件要素也属多余，可予以删除。

《刑法修正案（八）》修改后的第一百零九条第二款规定：“掌握国家秘密的国家工作人员叛逃境外或者在境外叛逃的，依照前款的规定从重处罚。”该款修改了原来的“……犯前款罪的”的罪状，这实际上认定了“履行公务期间”与“擅离岗位”两个构成要件要素之不必要的地位，既然国家机关工作人员以外的掌握国家机密的国家工作人员都不必符合“履行公务期间”与“擅离岗位”两个条件，何况对国家负忠实义务更高的国家机关工作人员？立法机关想通过“履行公务期间”与“擅离岗位”两个构成要件要素限制处罚范围，但是事实上

---

① 高铭暄主编：《新编中国刑法学》，中国人民大学出版社1998年版，第503页。

② 全国人大常委会法制工作委员会刑法室编：《中华人民共和国刑法条文说明、立法理由及相关规定》，北京大学出版社2009年版，第149页。

③ 翟中东：《对叛逃罪若干问题的探讨》，《云南法学》2001年第1期。

④ 张明楷：《刑法学》（第三版），法律出版社2007年版，第511页。

并没有收到应有的预期效果，并造成解释论的混乱与上下条款之间的体系性矛盾（如后所述）。因而，“履行公务期间”与“擅离岗位”处于一种类似于食之无味、弃之可惜的鸡肋似的尴尬地位。所以，应该删除“履行公务期间”与“擅离岗位”。

其次，针对本条第二款，有学者指出，从重处罚应该是以不从重的普通刑罚为基础的，根据第一百零九条的规定，国家机关工作人员以外的以国家工作人员论的人员来说，不掌握国家秘密时不能成为该罪的第一款规定的主体，却能成为第二款规定的主体，而一旦成为叛逃罪的主体就要从重处罚，而没有一般处罚的可能性，违背罪刑相适应的原则。[①]《刑法修正案（八）》仍然没有解决上述问题，将第一款规定的“国家机关工作人员”修改为“国家工作人员”是解决上述矛盾可能的较好途径。由此造成的问题是随第一百零九条第一款的犯罪主体范围的扩大而造成的刑罚处罚范围的扩大。笔者认为，不管是国家机关工作人员，抑或是以国家工作人员论的人员，他们较一般的普通公民对国家负有更高的忠实义务，他们的叛逃对国家经济、科技与国防安全的威胁显然存在，因而，将第一款的犯罪主体范围扩大是合适的。

（二）危害国防利益罪

国防利益是国家生存与发展的保障。为了国防的建设与巩固，中国制定了一系列旨在保护国防利益的法律、法规，如《兵役法》、《军事设施保护法》、《国防法》等。近年来，一些地方危害国防利益的犯罪活动时有发生且日益突出，严重地危害到中国武装力量的建设，危害国防利益与安全。充分运用刑法手段惩处一切危害国防利益的犯罪行为，巩固中国国防利益，维护国家安全与稳定，增强全民的国防意识，具有极其重要的意义。

1997 年《刑法》增加了惩治危害国防利益犯罪的内容，并将其集中规定为独立的一章，在此基础上，《刑法修正案（五）》新增“过失损坏武器装备、军事设施、军事通信罪”（第三百六十九条第二款），《刑法修正案（七）》将原《刑法》第三百七十七条第二款“非法生产、买卖武装部队制式服装、车辆牌号等专用标志罪”修改为“非法生产、买卖武装部队制式服装罪”，同时新增“伪造、盗窃、买卖、非法提供、非法使用武装部队专用标志罪”（第三百七十五条第三款）。

过失损坏武器装备、军事设施、军事通信罪，是指由于过失而破坏武器装备、军事设施、军事通信的行为。本罪的客观方面表现为破坏武器装备、军事

① 李洁：《叛逃罪法条解释与评析》，《江苏警官学院学报》2003 年第 6 期。

设施、军事通信，并且造成严重后果。一般认为，这里的“严重后果”，是指造成人员重伤、死亡的；造成巨大经济损失的；使战争或者战斗严重失利的；严重影响部队完成任务的等等。本罪的主体为一般主体，仅限于自然人，单位不能成为本罪的主体。本罪的主观方面为过失，即对破坏武器装备、军事设施、军事通信不是明知的。关于本罪的处罚，根据该款的规定，对犯本罪的，处3年以下有期徒刑或者拘役；造成特别严重后果的，处3年以上7年以下有期徒刑。如果是战时犯此罪的，从重处罚。对于何为特别严重后果，目前也尚无司法解释。一般的理解是指造成多人重伤、死亡的，造成特别巨大经济损失的，使战役或者战斗遭受重大损失的，严重影响部队完成重要任务的等。

《刑法修正案（七）》对《刑法》第三百七十五条第二款进行了修改，删除了“非法生产、买卖武装部队车辆号牌等专用标志”，保留了“非法生产、买卖武装部队制式服装，情节严重的”行为。同时，该条第三款将原条文中“车辆号牌等专用标志”单列为一款，并予以具体化，作为单独罪名“伪造、盗窃、买卖、非法提供、非法使用武装部队专用标志罪”，该罪是指伪造、盗窃、买卖或者非法提供、使用武装部队车辆号牌等专用标志，情节严重的行为，而且，在原第三百七十五条第二款规定的刑罚基础上，增加规定了“情节特别严重的，处三年以上七年以下有期徒刑，并处罚金”。

另外，需要说明的是，关于《刑法》分则危害国防利益罪与军人违反职责罪两章的关系，大多数学者认为，危害国防利益罪和军人违反职责罪在内容上具有关联性，两者除去犯罪主体不同外，在犯罪客体、客观方面及主观方面都是相同的，因此应该合并为一章，在“危害国防利益罪”之章名下规定。[①] 考虑到《刑法》分章标准是按侵害法益的不同，而危害国防利益罪和军人违反职责罪侵害的法益完全相同——均为国家的军事利益，没有必要把危害国防利益罪和军人违反职责罪分为两章来规定。相反，把危害国防利益罪和军人违反职责罪割裂开来，造成了人们对《刑法》章节设置和划分标准的质疑，有悖于《刑法》分则按照犯罪同类客体及危害程度排列的原则。[②] 但也有反对者认为，危害国防利益罪和军人违反国防利益罪除了在犯罪主体方面不同外，在其他方面也有不同，例如在犯罪客体方面，前者侵害的是国防利益，后者侵害的是军事利益。显然国防利益和军事利益尽管有密切相关性，但两者还是截然不同的两种利益类型，军事利益属于国防利益的一种。因此，没有充分的理由把两者合并

① 冯军：《新刑法颁布十周年与刑法理论建设》，《河北大学学报》2007年第6期。

② 张建田：《军人违反职责罪的立法完善》，《法学杂志》2008年第4期；另见赵秉志：《当代中国刑法体系的形成与完善》，《河南大学学报（社会科学版）》2010年第6期。

为一章。笔者认为，可以将危害国防利益罪和军人违反职责罪合并为一章，统一命名为危害国防利益罪，在危害国防利益罪之下设节，军人违反职责罪属于章下之一节。一方面，有助于《刑法》分则体系更加具有条理性与清晰性，方便查阅与适用；另一方面，国防利益关乎国之安危，其重要性不言而喻，危害国防利益罪之下具体设节，这种体例安排有助于危害国防利益罪的完善，使中国国防利益得到更加全面的保护。

（三）危害公共安全罪

危害公共安全罪是普通刑事犯罪中客观危险性最大的一类犯罪，是指危害不特定多数人的生命、健康和重大公私财产安全或者公共生活安全的犯罪。对《刑法》分则第二章规定的危害公共安全的犯罪，可以分为如下类型：以危险方法危害公共安全的犯罪，放火罪，破坏公用工具、设施危害公共安全的犯罪，实施恐怖、危险活动危害公共安全的犯罪，违反枪支、弹药管理规定危害公共安全的犯罪，过失造成重大事故危害公共安全的犯罪。

随着时间的推移，危害公共安全的犯罪也在发生变化，为了适应这些变化，十年来，中国《刑法》对危害公共安全罪也做了相应的修改与完善，主要表现在以下几个方面。

1. 恐怖犯罪

恐怖主义是一种多元社会现象，它包括政治、法律、历史、技术等多方面的因素，恐怖主义犯罪活动日益猖獗，严重危及人类社会的生存与发展。恐怖犯罪往往包括放火、爆炸、暗杀、绑架人质、空中劫持、危害民用航空安全、危害海上航行安全、侵害应受国际保护人员、非法获取和使用核材料等行为，对社会公共安全构成严重威胁。恐怖主义犯罪愈演愈烈，给世界人民带来巨大的灾难和无穷的痛苦，恐怖主义犯罪已构成了对世界各国和国际社会安全与发展的严重威胁。加强严厉打击恐怖犯罪，对于保障国家安全和人民生命、财产安全，维护社会秩序具有非常重要的意义。

1997 年《刑法》规定了组织、领导、参加恐怖活动组织罪，随着恐怖犯罪在世界范围内日益猖獗，2001 年 12 月 29 日全国人大常委会颁布的《刑法修正案（三）》将“组织、领导和积极参加恐怖活动组织的，处三年以上十年以下有期徒刑”修改为“组织、领导恐怖活动组织的，处十年以上有期徒刑或者无期徒刑”、“积极参加的，处三年以上十年以下有期徒刑”，提高了对组织、领导恐怖活动组织的犯罪分子的处罚力度。《刑法修正案（三）》还增加规定了“资助恐怖活动罪”，不论是个人还是单位，只要实施了提供金钱、财物、器材、设备、场所等物质条件资助恐怖活动组织或者资助实施恐怖活动的个人的行为，均构成犯罪，至于资助是主动提供的，还是在对方或他人要求下提供的，均不影响行为的成立。这一规定进一步严密了刑事法网。

不仅如此，2011年10月29日第十一届全国人大常委会第二十三次会议还通过了《关于加强反恐怖工作有关问题的决定》，进一步对加强打击恐怖犯罪予以明确和细化。决定规定："恐怖活动是指以制造社会恐慌、危害公共安全或者胁迫国家机关、国际组织为目的，采取暴力、破坏、恐吓等手段，造成或者意图造成人员伤亡、重大财产损失、公共设施损坏、社会秩序混乱等严重危害社会的行为，以及煽动、资助或者以其他方式协助实施上述活动的行为"；"恐怖活动组织是指为实施恐怖活动而组成的犯罪集团"；"恐怖活动人员是指组织、策划、实施恐怖活动的人和恐怖活动组织的成员"。"国务院公安部门公布恐怖活动组织及恐怖活动人员名单时，应当同时决定对涉及有关恐怖活动组织及恐怖活动人员的资金或者其他资产予以冻结。金融机构和特定非金融机构对于涉及国务院公安部门公布的恐怖活动组织及恐怖活动人员的资金或者其他资产，应当立即予以冻结，并按照规定及时向国务院公安部门、国家安全部门和国务院反洗钱行政主管部门报告。"上述规定界定了"恐怖活动"、"恐怖活动组织"和"恐怖活动人员"的概念，要求"应当"冻结相关人员的资产，明确"国家反恐怖工作领导机构统一领导和指挥全国反恐怖工作，公安机关、国家安全机关和人民检察院、人民法院、司法行政机关以及其他有关国家机关，应当各司其职、密切配合，依法做好反恐怖工作。"这些规定对于准确适用刑法、加大对恐怖犯罪的打击力度、有效遏制恐怖主义犯罪的高发态势等都有着非常重要的作用。

2. 危险驾驶罪

近年来，因醉酒驾驶车辆、严重超速驾驶车辆（俗称飙车）以及无视交通信号驾驶车辆等行为所造成的重大交通事故急剧增加，致人伤亡的数量也明显增多。随着中国经济社会快速发展，机动车辆数量和驾驶员人数猛增，无视交通管理法律法规，酒后乃至醉酒驾车的违法犯罪也日益增多，给社会和广大人民群众生命、健康造成了严重危害。仅2010年7月一个月内，全国接报的交通事故就有近30万起，其中涉及人员伤亡的道路交通事故17398起，造成4853人死亡、29648人受伤，直接财产损失达到0.7亿元。① 醉酒驾车犯罪呈多发、高发态势，危害更加严重，一次致多人死伤的案件屡有发生。

在《刑法修正案（八）》颁布之前，最高人民法院为了依法严惩醉酒驾车犯罪，统一法律适用标准，充分发挥刑罚功能，有效遏制醉酒驾车犯罪的多发、

① 赵秉志主编：《刑法修正案（八）理解与适用》，中国法制出版社2011年版，第181页。

高发态势，切实维护广大人民群众的生命、健康安全，2009 年 9 月 11 日发布了《关于醉酒驾车犯罪法律适用问题的意见》，规定：行为人明知酒后驾车违法、醉酒驾车会危害公共安全，却无视法律醉酒驾车，特别是在肇事后继续驾车冲撞，造成重大伤亡，说明行为人主观上对持续发生的危害结果持放任态度，具有危害公共安全的故意。对此类醉酒驾车造成重大伤亡的，应依法“以危险方法危害公共安全罪”定罪。一般情况下，醉酒驾车构成本罪的，行为人在主观上并不希望、也不追求危害结果的发生，属于间接故意犯罪，行为的主观恶性与以制造事端为目的而恶意驾车撞人并造成重大伤亡后果的直接故意犯罪有所不同，因此，在确定刑罚时，也应当有所区别。此外，醉酒状态下驾车，行为人的辨认和控制能力实际有所减弱，量刑时也应酌情考虑。为依法严肃处理醉酒驾车犯罪案件，遏制酒后和醉酒驾车对公共安全造成的严重危害，警示、教育潜在违规驾驶人员，今后，对醉酒驾车，放任危害结果的发生，造成重大伤亡的，一律按照本意见规定，并参照附发的典型案例，依法以“以危险方法危害公共安全罪”定罪量刑。

为了弥补立法上的缺陷，《刑法修正案（八）》在《刑法》第一百三十三条后面增加了一个法条，规定：“在道路上驾驶机动车追逐竞驶，情节恶劣的，或者在道路上醉酒驾驶机动车的，处拘役，并处罚金。有前款行为，同时构成其他犯罪的，依照处罚较重的规定定罪处罚。”该条将“醉驾”“飙车”这两种违反交通安全管理法规的行为确立为犯罪，将其从行政处罚领域纳入到刑法控制之中。最高人民法院和最高人民检察院《关于执行〈中华人民共和国刑法〉确定罪名的补充规定（五）》将这两种行为确定的罪名为“危险驾驶罪”。

危险驾驶罪属于行为犯，即只要行为人实施了法律规定的行为，就构成了犯罪既遂，无需像结果犯那样造成物质性的和有形的犯罪结果，也无需像危险犯那样要“足以”发生特定的“危险”状态。其中，对于“追逐竞驶”即飙车型危险驾驶罪只有情节恶劣的行为才构成犯罪，而对于醉酒型的危险驾驶罪，没有规定任何限制性条件，只要醉酒并驾驶，就构成该罪。

危险驾驶罪中的“道路”是指《道路交通安全法》指称的供机动车、非机动车、行人等使用的道路。日常生活中没有叫作“道路”而是称之为广场、小区、大院、校园、停车场、码头等可供公众或不特定之机动车辆通行的地方，也应属于“道路”。

危险驾驶罪中的“机动车”是指以动力装置驱动或者牵引，在道路上行驶的供人员乘用或者用于运送物品以及进行工程专项作业的轮式车辆，包括大型汽车、小型汽车、专用汽车、特种车、有轨电车、无轨电车等机动车辆。

构成飙车型危险驾驶罪是在道路上驾驶机动车追逐竞驶，且情节恶劣。最典型的是，在道路上驾驶机动车互相超速穿插追逐，对其他车辆安全行驶构成危险，并有可能造成交通事故危害公共安全的情形。① “一般来说，追逐竞驶，是指行为人在道路上高速、超速行驶，随意追逐、超越其他车辆，频繁、突然并线，近距离驶入其他车辆之前的危险驾驶行为。”因此，“追逐竞驶既可能是二人以上基于意思联络而实施，也可能是单个人实施。例如，行为人驾驶机动车针对救护车、消防车等车辆实施追逐竞驶行为的，也可能成立本罪。”②

“醉驾”型危险驾驶罪是“在道路上醉酒驾驶机动车”，包括醉酒和驾驶两个行为。“醉酒”，是指行为人的饮酒量达到法定标准。早在《刑法修正案（八）》之前，公安部委托国家有关标准部门于2004年5月31日公布的《车辆驾驶人员血液、呼气酒精含量阈值与检验》（GB19522—2004）规定，酒后是指车辆驾驶员每百毫升血液酒精含量20毫克以上、80毫克以下，醉酒是每百毫升血液酒精含量80毫克以上的。“驾驶”机动车是指行为人在醉酒状态下驾驶机动车运行于道路上。作为构成要件意义上的“驾驶”，必须是使机动车在道路上运动起来而形成位置的移动。任何人醉酒后坐在机动车的驾驶座上，即使机动车发动机已经发动并处于怠速状态，只要还没有运行起来而形成位置的移动，就不属“驾驶”机动车。③

从立法上看，《刑法》中规定醉酒型的危险驾驶罪突破了传统的立法模式。中国刑法第十八条第四款规定：“醉酒的人犯罪，应当负刑事责任。”该条款是作为刑事责任能力在总则中加以规定的，原来的分则条文中并没有将“醉酒”作为犯罪构成要件之一，醉酒后杀人构成杀人罪、醉酒后抢劫构成抢劫罪，“杀人”“抢劫”本身是犯罪行为，不因是否“醉酒”而改变，“非犯罪行为（醉酒）+犯罪行为（杀人、抢劫等）=犯罪行为（故意杀人罪、抢劫罪）”。而在醉酒型的危险驾驶罪中，“醉酒”和“驾驶”本身都不是犯罪行为，只要在“醉酒”后“驾驶”，就构成犯罪，即“非犯罪行为（醉酒）+非犯罪行为（驾驶）=犯罪行为（醉酒驾驶罪）”。从立法基础来看，刑法修正案（八）增设醉酒型的危险驾驶罪是将“原因中的自由行为”中的“原因行为”直接规定为犯罪。原因中的自由行为，是行为人应当预见到或已经预见到自己在责任能力丧失或降低的情况下可能实施危害社会的行为，而故意或过失通过醉酒、吸毒、药物、疲劳等方式使自己陷入该种责任能力丧失或降低的状态，从而实施了危害社会的行为。“原因中的自由行为”解决了《刑法》规定醉酒的人犯罪应当负

① 曲新久：《危险驾驶罪的构成要件及其问题》，《河北学刊》2012年第1期。
② 张明楷：《危险驾驶罪及其与相关犯罪的关系》，《人民法院报》2011年5月11日。
③ 曲新久：《危险驾驶罪的构成要件及其问题》，《河北学刊》2012年第1期。

刑事责任的主观方面问题，即虽然行为人实施犯罪时主观上是不清醒的，但行为人对导致其不清醒的原因行为却是有罪过的。鉴于在中国醉酒驾车犯罪呈多发、高发态势，严重危害了广大人民群众的生命安全，《刑法修正案（八）》突破了传统的立法模式，直接将原因行为规定为犯罪，从而有利于充分发挥刑罚惩治和预防犯罪的作用，严厉打击醉酒驾车行为，使中国的刑事法网更加严密和严厉。

当然，如何使危险驾驶罪的立法更加科学，醉酒型危险驾驶罪中是否应该包含其他方式的醉态如吸毒等仍然是需要继续探讨的问题。

3. 重大责任事故罪和强令违章冒险作业罪

1997年《刑法》第一百三十四条规定了重大责任事故罪，其内容为："工厂、矿山、林场、建筑企业或者其他企业、事业单位的职工，由于不服管理、违反规章制度，或者强令工人违章冒险作业，因而发生重大伤亡事故或者造成其他严重后果的，处三年以下有期徒刑或者拘役；情节特别恶劣的，处三年以上七年以下有期徒刑。"该规定是以20世纪90年代中国社会生产和实践为基础的，反映和调整的是当时劳动安全及其相应社会关系的状况。《刑法》上述规定，对惩治重大安全生产责任事故犯罪发挥了重要作用，但随着中国市场经济改革的深化和发展，社会中的新问题、新情况、新矛盾大量涌现，劳动关系及其他社会关系日益复杂，安全生产形势严峻。所以，《刑法》的规定已不能完全适应惩治重大安全生产事故犯罪的需要，在实践中主要存在以下问题：一是犯罪主体范围较窄，不适应目前生产经营主体多元化的现实。《刑法》第一百三十四条将犯罪主体规定为"工厂、矿山、林场、建筑企业或者其他企业、事业单位的职工"，对大量存在的个体开矿、无证开矿或者开矿的包工头难以适用刑法追究刑事责任。一些个体、非法矿窑只图利润，不顾矿工生命安全，命令工人违章作业，导致重大、恶性矿难不断。因此，有必要扩大该罪的犯罪主体。二是对工人"由于不服管理、违反规章制度"与"强令工人违章冒险作业"两种不同的危害行为在刑罚上没有区别，不尽合理。在实践中，"强令工人冒险作业"比工人"不服管理、违反规章制度"的性质更严重，社会危害性更大。在有些情况下，有的矿主明知矿井下瓦斯浓度超标、继续作业有危险，应当立即采取人员疏散和排险措施，但为了追求利润，仍令工人继续作业，结果酿成悲剧。对于这种行为在刑罚上，应当比工人"不服管理、违反规章制度"发生安全事故更重一些。[①] 针对上述情况，《刑法修正案（六）》将该条的内容分两款加以规定。

① 黄太云：《〈刑法修正案（六）〉的理解与适用（上）》，《人民检察》2006年第7期。

第一款规定的是“重大责任事故罪”，其内容为：“在生产、作业中违反有关安全管理的规定，因而发生重大伤亡事故或者造成其他严重后果的，处三年以下有期徒刑或者拘役；情节特别恶劣的，处三年以上七年以下有期徒刑。”该规定首先扩大了重大责任事故罪的主体范围，将该罪的犯罪主体从原来的企业、事业单位职工扩大到从事生产、作业的一切人员，这样就把目前难以处理的对安全事故负有责任的个体、包工头和无证从事生产、作业的人员都包括在内。其次，明确了本罪只能发生“在生产、作业中”。第三，“违反有关安全管理的规定”是本罪的核心要件。

第二款为“强令他人违章冒险作业，因而发生重大伤亡事故或者造成其他严重后果的，处五年以下有期徒刑或者拘役；情节特别恶劣的，处五年以上有期徒刑。”最高人民法院和最高人民检察院《关于执行〈中华人民共和国刑法〉确定罪名的补充规定（三）》将该款的罪名确定为“强令违章冒险作业罪”，与原来的规定相比，提高了对“强令他人违章冒险作业，因而发生重大伤亡事故或者造成其他严重后果”的直接责任人员的刑期，最高刑从原来的七年有期徒刑提高到十五年，加大了处罚力度。

4. 重大劳动安全事故罪

在中国，重大劳动安全事故频频发生，且事故的原因不断呈现出新的特点和新的形式。1997年《刑法》第一百三十五条规定了重大劳动安全事故罪，其内容为：“工厂、矿山、林场、建筑企业或者其他企业、事业单位的劳动安全设施不符合国家规定，经有关部门或者单位职工提出后，对事故隐患仍不采取措施，因而发生重大伤亡事故或者造成其他严重后果的，对直接责任人员，处三年以下有期徒刑或者拘役；情节特别恶劣的，处三年以上七年以下有期徒刑。”随着中国经济的发展，劳动关系及其他社会关系日益复杂，劳动安全形势严峻，《刑法》原有的规定在司法实践中遇到一些问题，主要表现在：一是犯罪主体范围较窄，仅限于企业、事业单位，现实中大量存在的个体经营、无照生产、经营单位没有包括在内。二是将“单位劳动安全设施不符合国家规定，经有关部门或者单位职工提出后，对事故隐患仍不采取措施”作为构成犯罪的前提条件，实际上就把发生重大伤亡事故应负的法律责任转嫁给有关安全生产监管部门和生产、作业单位的职工。有的矿难一次死亡几十人、上百人，但因为查不到“经有关部门或者单位提出后，仍不采取整改措施”的证据，而使一些发生重大安全事故单位的直接责任人员不能受到应有的惩处。三是有些生产、经营单位无视劳动者生命健康，不仅劳动安全设施有问题，而且连最基本的劳动防护用品都不提供，使从业人员身体受到重大伤害，或者发生重大伤亡事故，而劳动防护用品又很难归入“劳动安全设施”，因而无法追究刑事责任。四是条文虽然规定追究“直接责任人员”的刑事责任，但是由于范围不明确，实践中对直接责任人员的认定上常出现分歧。[①] 鉴于此，《刑法修正案（六）》将《刑法》第一百三十五条修改为：“安全生产设施或者安全生产条件不符合国家规定，因而发生重大伤亡事故或者造成其他严重后果的，对直接负责的主管人员和其他直接责任人员，处三年以下有期徒刑或者拘役；情节特别恶劣的，处三年以上七年以下有期徒刑。”修改后的规定主要内容如下：

（1）扩大了主体范围。将犯罪主体从原来的企业、事业单位扩大到所有从事生产、经营的自然人、法人及非法人实体。

（2）修改了犯罪构成的行为要件。将“不符合国家规定”的对象范围从“安全生产设施”扩大到“安全生产条件”。“安全生产设施”是指用于保护劳动者人身安全的各种设施、设备，如隔离栏、防护网、危险标志、紧急逃生通道等。“安全生产条件”主要是指保障劳动者安全生产、作业必不可少的安全防护用品和措施，如用于防毒、绝缘、避雷、防爆、防火、通风等用品和措施。

（3）扩大了犯罪成立的范围。《刑法修正案（六）》删除了原条文中的“经有关部门或者单位职工提出后，对事故隐患仍不采取措施”，原条文中的这一规定，将重大劳动安全事故罪的成立范围限制过窄，不利于防范重大劳动安全事故的发生。修正之后的规定为追究不重视安全生产设施和安全生产条件的投入和建设，以致发生重大伤亡事故的单位直接负责的主管人员和其他直接责任人员的刑事责任提供了法律依据。

（4）进一步明确了责任人的范围。将原条文中“直接责任人员”修改规定为“直接负责的主管人员和其他直接责任人员”，进一步明确了应对重大伤亡事故负责的责任人员的范围。

5. 大型群众性活动重大安全事故罪

随着国家经济发展和人民生活水平的逐步提高，各类大型群众性活动日益广泛开展，但在现实生活中，一些大型群众性活动的组织者只顾从举办活动中谋取利益，责任感淡漠，将国家有关部门规定的“谁主办，谁负责”的原则以及群众的安危抛之脑后。由于大型群众性活动是一项群众性的具有广泛性和复杂性的社会活动，参加的人员多、密度大、成分复杂，少则几百人，多则成千上万人、甚至数万人，活动的内容丰富、规模大、范围广、场所复杂，包括公园、风景游览区、游乐园、广场、体育场（馆）、展览馆、俱乐部、公共道路、居民生活区等公共场所。在大型群众性活动中存在许多不安全的因素，如保安措施不当、消防设施缺失，都有可能导致在大型群众性活动中现场秩序严重混

---

① 黄太云：《〈刑法修正案（六）〉的理解与适用（上）》，《人民检察》2006 年第 7 期。

乱、失控，以致人员挤压、踩踏等恶性伤亡事故等重大事故的发生，严重影响了社会稳定，危害了公共安全。为了有效打击这类犯罪，严密刑事法网，《刑法修正案（六）》在《刑法》第一百三十五条后增加一条，作为第一百三十五条之一：“举办大型群众性活动违反安全管理规定，因而发生重大伤亡事故或者造成其他严重后果的，对直接负责的主管人员和其他直接责任人员，处三年以下有期徒刑或者拘役；情节特别恶劣的，处三年以上七年以下有期徒刑。”根据这一规定，本罪侵犯的客体是大型群众性活动场所的公共安全，即大型群众性活动场所中不特定或多数人的生命、健康或重大公私财产的安全。本罪客观方面表现为举办大型群众性活动违反安全管理规定，因而发生重大伤亡事故或者造成其他严重后果的行为。本罪是结果犯，而非行为犯。必须发生重大伤亡事故或者造成其他严重后果，才构成犯罪。“违反安全管理规定”，包括违反国家有关部门为保障举办大型群众性活动而制定的有关安全管理法规、规章等。本罪的主体为特殊主体，即因举办大型群众性活动而造成重大责任事故的直接负责的主管人员和其他直接责任人员。“直接负责的主管人员”，是指大型群众活动策划者、组织者、举办者；“其他直接责任人员”是指对大型活动的安全举行、紧急预案负有具体落实、执行职责的人员。本罪的主观方面是过失，即行为人应当预见到自己在大型群众性活动中的违反安全管理规定的行为，可能会造成重大伤亡事故或者其他严重后果，因为疏忽大意而没有预见；或者虽然已经预见，但轻信能够避免，因而造成重大伤亡事故或其他严重后果。

6. 不报、谎报安全事故罪

在司法实践中常常会遇到一些事故单位的负责人和对安全事故负有监督管理职责的人员在事故发生后，为了逃避责任，弄虚作假，本应及时报告的而隐瞒不报或者谎报事故，结果贻误抢救时机，使事故后果进一步扩大，严重危及了人民生命健康和重大公私财产的安全。根据《安全生产法》第九十一条规定，生产经营单位主要负责人对生产安全事故隐瞒不报、谎报或者拖延不报，构成犯罪的，依照《刑法》有关规定追究刑事责任。《国家突发公共事件总体应急预案》也规定，对迟报、谎报、瞒报和漏报突发公共事件重要情况或者应急管理工作中有其他失职、渎职行为的，构成犯罪的，依法追究刑事责任。但 1997 年《刑法》并没有将不报或谎报安全事故的行为作为犯罪处罚，为了追究这类具有严重社会危害性行为的刑事责任，《刑法修正案（六）》在《刑法》第一百三十九条后增加了“不报、谎报安全事故罪”，作为第一百三十九条之一，规定：“在安全事故发生后，负有报告职责的人员不报或者谎报事故情况，贻误事故抢救，情节严重的，处三年以下有期徒刑或者拘役；情节特别严重的，处三年以上七年以下有期徒刑。”

本罪侵犯的客体是公共安全，即不特定或多数人的生命、健康或重大公私财产的安全。本罪属于结果犯，在客观方面表现为在安全事故发生后，负有报告职责的人员不报或者谎报事故情况，贻误事故抢救，情节严重的行为。如果行为人在安全事故发生后，虽然有不报或者谎报事故情况的情形，但没有贻误事故抢救的后果，则不构成本罪。本罪主体为特殊主体，即对安全事故负有报告职责的人员，通常是直接负责的主管人员和其他直接责任人员。其中，“负有报告职责的人员”，是指依照法律、法规、规章及生产经营单位的规章制度，在重大事故发生后，有义务向主管生产经营的负责人或者单位负责人，以及有关安全生产监管部门报告事故情况的人。本罪的主观方面是故意，即负有报告职责的人员在安全事故发生后，明知有重大伤亡人数、重大经济损失却不报或者谎报事故情况，以致贻误事故抢救。“不报或者谎报”，是指隐瞒事故的发生，不将安全事故的具体伤亡人数及其经济损失上报给有关主管负责人、主管部门，或者虽然报告，但属于虚假报告，化大为小、化小为无的行为。“贻误事故抢救”，主要是指耽误了对事故的及时救助，或者如果及时上报事故的真实情况，可能会挽救更多的生命等情形。实践中，按照现有的安全事故处理体系的规定，不同的事故等级，会采取不同的救助方案，如果谎报事故情况，可能会导致采取救助不力，如矿井透水，矿井下还有矿工 50 人，矿主上报时谎报只有 10 人，则主管部门只能按照上报的情况采取相应的措施，这样将会影响对矿工的救助。“情节严重”，是构成罪与非罪的重要界限，是指安全事故没有得到合理的控制，或者安全事故带来的危害后果进一步扩大化，主要包括以下情形：造成了较多人员伤亡；或者多人被困或下落不明的；引发了较大的经济损失等。[①] 根据国家安全生产监督管理总局 2006 年 7 月 2 日印发的《生产安全重特大事故和重大未遂伤亡事故信息处置办法（试行）》中规定，“安全事故”的范围包括：（1）一次死亡 30 人以上为特别重大事故。（2）一次死亡 10 ~ 29 人为特大事故。（3）一次死亡 3 ~ 9 人为重大事故。（4）一次受伤 10 人以上的事故。（5）重大未遂伤亡事故包括：涉险 10 人以上的事故；造成 3 人以上被困或下落不明的事故；紧急疏散人员 500 人以上和住院观察治疗 20 人以上的事故；对环境造成严重污染（人员密集场所、生活水源、农田、河流、水库、湖泊等）事故；危及重要场所和设施安全（电站、重要水利设施，核设施、危化品库、油气站和车站、码头、港口、机场及其他人员密集场所等）事故；危险化学品大量泄漏、大面积火灾（不含森林火灾）、大面积停电、建筑施工大面积坍塌，大型水利设施、电力设施、海上石油钻井平台垮塌事故；轮船触礁、碰撞、搁浅，列车、

① 刘庭贵、高秀东：《不报、谎报事故罪适用解读》，《中国检察官》2006 年第 10 期。

地铁、城铁脱轨、碰撞、民航飞行重大故障和事故征候；涉外事故；其他重大未遂伤亡事故。（6）新闻媒体、互联网披露和群众举报的重特大事故、重大未遂伤亡事故；（7）社会影响重大的其他事故。

四 促进公平竞争，保护消费者权益，加强维护市场经济秩序

为了促进公平竞争，保护消费者权益，维护市场经济秩序，中国立法机关从实际出发，加强了对破坏社会主义市场经济秩序类犯罪惩治力度。所谓破坏社会主义市场经济秩序罪，是指违反国家市场经济管理法律、法规，破坏国家对市场经济的管理活动，严重危害市场经济秩序的行为。包括八类犯罪：生产、销售伪劣商品罪，走私罪，妨害对公司、企业的管理秩序罪，破坏金融管理秩序罪，金融诈骗罪，危害税收征管罪，侵犯知识产权罪，扰乱市场秩序罪。随着中国的经济发展，10年来，除了侵犯知识产权罪之外，中国刑法对其他七类犯罪都做了不同程度的修改。

（一）生产、销售伪劣商品罪

生产、销售伪劣商品罪包括：生产、销售伪劣产品罪，生产、销售假药罪，生产、销售劣药罪，生产、销售不符合卫生标准的食品罪，生产、销售有毒、有害食品罪，生产、销售不符合标准的医用器材罪，生产、销售不符合安全标准的产品罪，生产、销售伪劣农药、兽药、化肥、种子罪，生产、销售不符合卫生标准的化妆品罪，共9个罪名。其中被修改完善的罪名有四个：生产、销售假药罪，生产、销售不符合安全标准的食品罪（《刑法修正案（八）》取消了生产、销售不符合卫生标准的食品罪），生产、销售不符合卫生标准的食品罪，生产、销售有毒、有害食品罪，生产、销售不符合标准的医用器材罪。

1. 生产、销售假药罪

药品安全与人的生命健康密切相关。假药，是指依照《药品管理法》的规定属于假药和按假药处理的药品、非药品。近年来，假药犯罪愈演愈烈，对中国人民的生命健康造成了巨大威胁。根据国家食品药品监督管理总局的统计数据显示，2008年全年共查处药品案件273265件，涉及物品总值51274.61万元、罚款金额54469.31万元，进行监督检查2893799人次。2009年全年共查处药品案件196910件，涉案金额100万元以上的案件26件，涉及物品总值26615.38万元、罚款金额41310.95万元，进行监督检查2610173人次。[①] 可见，假药犯罪如此猖獗，具有严重的社会危害性。

---

① 赵秉志主编：《刑法修正案（八）理解与适用》，中国法制出版社2011年版，第199页。

1997 年《刑法》规定的生产、销售假药罪要求“足以严重危害人体健康的”“对人体健康造成特别严重危害”，这些要件用语上具有很大的伸缩性，容易造成司法实践的混乱，根据现有的技术水平，要判定假药足以严重危害人体健康等比较困难，法官的自由裁量权较大，且极为容易放纵犯罪。鉴于假药犯罪泛滥的现实情况，《刑法修正案（八）》将《刑法》第一百四十一条第一款修改为：“生产、销售假药的，处三年以下有期徒刑或者拘役，并处罚金；对人体健康造成严重危害或者有其他严重情节的，处三年以上十年以下有期徒刑，并处罚金；致人死亡或者有其他特别严重情节的，处十年以上有期徒刑、无期徒刑或者死刑，并处罚金或者没收财产。”该规定删去了“足以严重危害人体健康的”“单处销售金额百分之五十以上二倍以下罚金”，增加了“有其他严重情节”，将“对人体健康造成特别严重危害”修改为“有其他特别严重情节”。这些修改，将本罪从具体的危险犯修改为行为犯，只要有生产、销售假药行为，就构成犯罪，扩大了刑事处罚范围，在量刑上取消了罚金的比例限制，一律并处罚金，剥夺犯罪所得到的好处，使其不能从犯罪中获益。同时，法条中的“有其他严重情节”“有其他特别严重情节”作为兜底规定，弥补了立法上的漏洞，严密了刑事法网，有利于打击犯罪。当然，为了立法更加具有科学性，从罪刑法定原则考虑，对兜底性的规定应该尽量予以明确。

中国的司法实践也高度重视惩治生产、销售假药的行为。自 2009 年 5 月 27 日起施行的最高人民法院、最高人民检察院颁布的《关于办理生产、销售假药、劣药刑事案件具体应用法律若干问题的解释》对“足以严重危害人体健康”界定为：（一）依照国家药品标准不应含有有毒有害物质而含有，或者含有的有毒有害物质超过国家药品标准规定的；（二）属于麻醉药品、精神药品、医疗用毒性药品、放射性药品、避孕药品、血液制品或者疫苗的；（三）以孕产妇、婴幼儿、儿童或者危重病人为主要使用对象的；（四）属于注射剂药品、急救药品的；（五）没有或者伪造药品生产许可证或者批准文号，且属于处方药的；（六）其他足以严重危害人体健康的情形。该解释还规定：生产、销售的假药被使用后，造成轻伤以上伤害，或者轻度残疾、中度残疾，或者器官组织损伤导致一般功能障碍或者严重功能障碍，或者有其他严重危害人体健康情形的，应当认定为《刑法》第一百四十一条规定的“对人体健康造成严重危害”。

2. 生产、销售不符合安全标准的食品罪和生产、销售有毒、有害食品罪

食品安全是关系到国计民生的重大事项。然而，严重危害食品安全的案件却频繁发生，引起了中国社会的普遍关注。2005 年“雀巢奶粉碘超标事件”、2006 年“浙江金华火腿肠事件”、2008 年“河北三鹿三聚氰胺奶粉事件”等都清楚地表明中国的食品安全问题已经到了十分令人担忧的地步，这些企业或个人为牟取暴利，无视基本的道德底线，在食品生产、加工和销售的各个环节，或偷工减料降低质量标准，或加入有毒有害的劣质原料、添加剂，生产、销售不符合食品安全标准的食品。严峻的现实情况也促使中国的立法者对关于食品安全的刑事立法不得不予以完善。

1997年《刑法》第一百四十三条、第一百四十四条规定了生产、销售不符合卫生标准的食品罪和生产、销售有毒、有害食品罪。为了适应现实社会惩治危害食品安全犯罪的需要，《刑法修正案（八）》将《刑法》第一百四十三条"生产、销售不符合卫生标准的食品罪"修改为："生产、销售不符合食品安全标准的食品，足以造成严重食物中毒事故或者其他严重食源性疾病的，处三年以下有期徒刑或者拘役，并处罚金；对人体健康造成严重危害或者有其他严重情节的，处三年以上七年以下有期徒刑，并处罚金；后果特别严重的，处七年以上有期徒刑或者无期徒刑，并处罚金或者没收财产。"《刑法修正案（八）》将《刑法》第一百四十四条"生产、销售有毒、有害食品罪"修改为："在生产、销售的食品中掺入有毒、有害的非食品原料的，或者销售明知掺有有毒、有害的非食品原料的食品的，处五年以下有期徒刑，并处罚金；对人体健康造成严重危害或者有其他严重情节的，处五年以上十年以下有期徒刑，并处罚金；致人死亡或者有其他特别严重情节的，依照本法第一百四十一条的规定处罚。"

根据上述规定，中国的食品安全犯罪，是指与食品相关的行为对社会具有严重的危害性，并应当受到刑事法律处罚的行为。包括生产、销售不符合安全标准的食品罪和生产、销售有毒、有害食品罪。本罪侵犯的客体是复杂客体，既侵犯了国家的食品卫生管理法规，又侵犯了社会上不特定人的生命、健康权利，危害对象是社会上不特定的人。犯罪对象是食品，如果犯罪对象是有毒、有害食品，则其行为涉嫌生产、销售有毒、有害食品罪；如果犯罪对象是不符合卫生标准的食品，则涉嫌生产、销售不符合卫生标准食品罪或者生产、销售伪劣产品罪。与生产、销售有毒、有害食品罪不同，生产、销售不符合卫生标准食品罪属于危险犯，只有"足以造成严重食物中毒事故或者其他严重食源性疾患"时，其行为才可能构成该罪名。如果没有这种危险性，则只有生产、销售不符合卫生标准食品的金额达到5万元以上的，才可能根据《刑法》第一百四十条构成生产、销售伪劣产品罪。有毒、有害食品与不符合卫生标准食品的根本区别在于，前者不仅有毒、有害，而且掺入的是非食品的原料，而后者可能是有毒、有害的腐败变质的食品原料。[①]

《刑法修正案（八）》将1997年《刑法》中的"不符合卫生标准的食品"

---

① 田禾：《论中国刑事法中的食品安全犯罪及其制裁》，《江海学刊》2009年第6期。

改为“不符合食品安全标准的食品”。在《食品卫生法》废止前，食用农产品质量安全标准、食品卫生标准、食品质量标准分别由国务院农业行政部门、卫生行政部门和质量监督部门制定。2009 年 2 月 28 日全国人大常委会通过《食品安全法》第四条规定，由国务院卫生行政部门负责食品安全标准的制定，统一公布为食品安全国家标准。食品安全法已经将“食品卫生标准”改为“食品安全标准”。所以，1997 年《刑法》中的“不符合卫生标准的食品”变得无标准可遵循了，将其修改为“不符合食品安全标准的食品”理所应当。

在罚金刑方面，首先取消了单处罚金刑的规定。《刑法修正案（八）》将《刑法》第一百四十三条、第一百四十四条中规定的“并处或者单处销售金额百分之五十以上二倍以下罚金”修改为“并处罚金”，由原来的“选处制”改为“并处制”，据此，不可以再对该两罪单处罚金。其次，还取消了罚金数额的限制。《刑法修正案（八）》将 1997 年《刑法》第一百四十三条、第一百四十四条中的“销售金额百分之五十以上二倍以下罚金”修改为“并处罚金”，不再保留对罚金数额的限制，由倍比罚金制改成了无限额罚金制，这一修改增加了罚金刑的灵活性。

《刑法修正案（八）》将 1997 年《刑法》第 143 条中规定的量刑标准的要求从“对人体健康造成严重危害的”改为“对人体健康造成严重危害或者有其他严重情节的”，从而增加了“其他严重情节”的要求，使《刑法》对这一量刑幅度的要求的规定更为全面、准确。

《刑法修正案（八）》还增加了犯罪情节要件。1997 年《刑法》对食品安全犯罪均规定了三个量刑幅度。在生产、销售不符合卫生标准的食品罪中，三个量刑幅度的条件分别为“足以造成严重食物中毒事故或者其他严重食源性疾患”、“对人体健康造成严重危害”和“后果特别严重”。对此，《刑法修正案（八）》改为“足以造成严重食物中毒事故或者其他严重食源性疾病”“对人体健康造成严重危害或者有其他严重情节”和“后果特别严重”。在生产、销售有毒、有害食品罪中，《刑法修正案（八）》将其加重处罚事由从“造成严重食物中毒事故或者其他严重食源性疾患，对人体健康造成严重危害”改为“对人体健康造成严重危害或者有其他严重情节”，而将其特别加重处罚事由从“致人死亡或者对人体健康造成特别严重危害”改为“致人死亡或者有其他特别严重情节”。显然，《刑法修正案（八）》在犯罪结果之外增加了犯罪情节上的考量。[①]另外，《刑法修正案（八）》取消了生产、销售有毒、有害食品罪中的拘役刑罚

① 俞小海：《食品安全犯罪立法修正之评析及其再完善——以〈刑法修正案（八）〉为样本》，《北京人民警察学院学报》2012 年第 1 期。

种类，将起点刑定为有期徒刑，提高了量刑幅度，加大了惩治该类犯罪的力度。

3. 生产、销售不符合标准的医用器材罪

在中国，有些地方生产、销售不符合国家标准、行业标准的医疗器械和医用卫生材料的情况较为严重。“医疗器械”包括用于诊断、治疗、预防疾病的设备、器具、装置等物品，如X射线仪、手术台等。“医用卫生材料”，是指用于诊断、治疗、预防疾病的辅助材料，如医用纱布、酒精等。一些个人或者单位大量回收旧的一次性注射器、输液管等医用材料重新包装后出售，这些行为严重危害人民群众的生命、健康。因此，该类行为是为《刑法》所禁止的犯罪行为。

根据1997年《刑法》的规定，生产、销售不符合标准的医用器材罪，是指违反产品质量管理法律法规，生产不符合保障人体健康的国家标准、行业标准的医疗器械、医疗卫生材料，或者销售明知是不符合保障人体健康的国家标准、行业标准的医疗器械、医用卫生材料，对人体造成严重危害的行为。“对人体造成严重危害的行为”意味着结果发生之后才能定罪量刑，属于结果犯。而这些不符合保障人体健康的国家标准、行业标准的医疗器械、医疗卫生材料一旦使用，必然会严重危害人民群众的生命、健康。危害结果发生了才追究刑事责任，不利于刑法对人民群众生命健康的保护，所以2002年12月28日全国人大常委会发布的《刑法修正案（四）》将《刑法》第一百四十五条修改为：“生产不符合保障人体健康的国家标准、行业标准的医疗器械、医用卫生材料，或者销售明知是不符合保障人体健康的国家标准、行业标准的医疗器械、医用卫生材料，足以严重危害人体健康的，处三年以下有期徒刑或者拘役，并处销售金额百分之五十以上二倍以下罚金；对人体健康造成严重危害的，处三年以上十年以下有期徒刑，并处销售金额百分之五十以上二倍以下罚金；后果特别严重的，处十年以上有期徒刑或者无期徒刑，并处销售金额百分之五十以上二倍以下罚金或者没收财产。”这一规定将“对人体造成严重危害的行为”修改为“足以严重危害人体健康的行为”，即将该罪从结果犯修改为危险犯，只要有足以严重危害人体健康的危险存在，就构成犯罪。

另外，最高人民法院、最高人民检察院颁布并于2003年5月15日起施行的《关于办理妨害预防、控制突发传染病疫情等灾害的刑事案件具体应用法律若干问题的解释》第三条第一款规定：“在预防、控制突发传染病疫情等灾害期间，生产用于防治传染病的不符合保障人体健康的国家标准、行业标准的医疗器械、医用卫生材料，或者销售明知是用于防治传染病的不符合保障人体健康的国家标准、行业标准的医疗器械、医用卫生材料，不具有防护、救治功能，足以危害人体健康的，按照本罪定罪，并从重处罚。”第二款规定：“医疗机构或者个人，知道或者应当知道系前述规定不符合保障人体健康的国际标准、行业标准的医疗器械、医用卫生材料而购买并有偿使用的，以销售不符合标准的医用器材罪定罪，并从重处罚。”

（二）走私犯罪

走私犯罪，是指单位或个人故意违反海关法规或其他法律、法规，逃避海关的监管、检查，非法运输、携带、邮寄国家禁止、限制进出口的货物、货币、金银或其他物品进出国（边）境的行为，或者偷逃应缴关税，破坏国家对外贸易和进出口物品的管理制度，情节严重的行为。[①] 随着时代的发展，科学的进步，走私犯罪智能化、职业化、隐蔽化的特征进一步明显，走私手段不断翻新，危害程度和打击难度不断加大。走私犯罪是严重的经济犯罪，具有极大的危害性。

十年来，中国海关充分发挥缉私警察打击走私主力军的作用，有效打击各类走私违法犯罪行为。根据反走私斗争需要，先后针对冻品、成品油、资源性产品、废物、毒品，沿海沿江地区、非设关地、旅检渠道“水客”等走私重点商品、重点渠道、重点领域，组织开展了“春雷”“飓风”“国门利剑”“海风”“国门K－9”等数次卓有成效的大规模打私专项行动，破获了“黄埔109”特大走私毒品系列案等一批走私大要案，沉重打击并极大震慑了走私违法分子。据统计，2003年至2012年8月，全国海关共立案侦办走私犯罪案件1.33万起，案值1453亿元；立案调查走私行为案及违规等其他违法案件49.5万起，案值2342亿元。2012年，全国海关开展为期一年的打击走私“国门之盾”行动，截至当年8月，全国海关立案侦办走私犯罪案件1282起，案值215亿元；立案调查走私行为案件10640起，案值25.7亿元；立案调查违规案件52339起，案值331.4亿元。查获涉嫌偷逃税额千万元以上重特大走私犯罪案件53起。[②] 与海关进一步加大打击力度相适应，2012年上半年，全国检察机关公诉部门共审结走私犯罪案件近900人，起诉率95%以上，提起公诉案件数同比上升近50%[③]，有效遏制了大规模走私势头。虽然如此，打击走私犯罪的形势仍比较严峻。

为了贯彻执行宽严相济的刑事政策，也为了和国际社会刑罚轻缓化接轨，十年来，中国《刑法》对走私犯罪做出了一些修改和完善。

---

① 黄芳著：《走私犯罪的定罪与量刑》，人民法院出版社1999年版，第66页。

② 蔡岩红：《海关10年查办走私案50万起》，《法制日报》2012年10月12日第1版。

③ 许日丹：《走私犯罪“三化”特征加大打击难度》，《检察日报》2012年8月18日第1版。

1. 取消了四个走私犯罪的死刑

《刑法修正案（八）》减少了13个非暴力性犯罪的死刑，其中就包括走私犯罪中的走私文物罪，走私贵重金属罪，走私珍贵动物、珍贵动物制品罪和走私普通货物物品罪。减少非暴力性犯罪的死刑主要是考虑：一是这些犯罪的死刑，是根据当时打击犯罪的需要规定或增加的，随着形势变化，已没必要对这些犯罪适用死刑，取消这些犯罪的死刑，符合中国一贯坚持的慎用死刑原则和减少死刑的国际趋势；二是在取消这些犯罪的死刑后，仍保留了无期徒刑，从罪刑相适应角度看是适当的，可以做到罚当其罪；三是近年来这些犯罪在实际中一直未适用或较少适用死刑，取消这些犯罪的死刑，不会对打击犯罪带来影响。① 取消死刑的罪名占目前死刑罪名总数的19.1%，而取消了走私犯罪中四个罪名的死刑又占取消死刑罪名总数的30%。可见，中国对走私犯罪的修改力度是相当大的。

2. 走私国家禁止进出口的货物、物品罪

该罪是在1997年《刑法》规定的“走私珍稀植物、珍稀植物制品罪”基础上修改而成的。为了更加有效打击走私犯罪的需要，2009年2月28日，全国人大常委会通过的《刑法修正案（七）》将原来条文中的罪状“走私国家禁止进出口的珍稀植物及其制品的”修改为“走私珍稀植物及其制品等国家禁止进出口的其他货物、物品的”，扩大了范围，所以，《刑法》中的原罪名“走私珍稀植物、珍稀植物制品罪”也就改变为“走私国家禁止进出口的货物、物品罪”。

修改后的条文保留了原来走私珍稀植物、珍稀植物制品的规定，增加了其他“国家禁止进出口的其他货物、物品”。增加这一规定的原因在于：（1）全国人大常委会2005年12月29日通过的《关于〈中华人民共和国刑法〉有关文物的规定适用于具有科学价值的古脊椎动物化石、古人类化石的解释》，将古脊椎动物化石、古人类化石纳入文物范畴进行刑法保护，但对于走私上述两类化石以外的、有科学研究价值的无脊椎动物、古植物化石的行为则很难追究其刑事责任。（2）随着中国古生物化石群的接连发现和进行古生物化石非法交易的利润增加，走私外流情况也日益严重，导致无数的珍贵化石被破坏、贩卖和流失，对科学研究会造成不可估量的损失。（3）一些不法分子受非法利益驱使，走私国家明令禁止进出口的来自境外疫区的动植物及其产品的案件屡有发生，来自疫区的冻品未经过合法的检验、检疫，且大多来自境外爆发疯牛病、禽流感、口蹄疫的国家或者地区，一旦走私进入内地市场，将严重威胁人民群众的生命安全和身体健康。（4）由于来自境外疫区的动植物产品属于国家禁止进境货物，

① 黄太云：《〈刑法修正案（八）〉解读（一）》，《人民检察》2011年第6期。

禁止类货物属于非涉税货物，通常不能以走私普通货物罪认定处理。但一旦走私入境，只能对此类案件以走私普通货物罪认定，以偷逃税额作为认定罪与非罪的标准。而买卖双方通常为口头商定，不签订书面合同和协议，就很难确定其实际成交价格，难以追究其刑事责任。(5)《刑法修正案（七）》只对第一百五十一条第三款作了修改，以概括式的罪状表述为："走私珍稀植物及其制品等国家禁止进出口的其他货物、物品的，处五年以下有期徒刑或者拘役，并处或者单处罚金；情节严重的，处五年以上有期徒刑，并处罚金。"不采用列举方式，将有利于很好地适应新的变化，其范围包括《刑法》第一百五十一条第一、二、三款具体列举以外的其他所有国家禁止进出口的货物、物品。该罪是针对国家禁止进出口的货物、物品，不存在偷逃应缴关税的问题。

3. 走私废物罪

根据1997年《刑法》第一百五十五条第三项的规定，逃避海关监管将境外固体废物运输进境的，以走私罪论处，依照《刑法》走私罪一节的有关规定处罚。然而，《刑法》第一百五十一条规定了对走私武器、弹药、核材料、假币、文物、贵重金属、珍贵动物及其制品和珍稀植物及其制品的犯罪和处罚，第一百五十二条规定了对走私淫秽物品的犯罪和处罚，都没有对走私废物的量刑规定。《刑法》第一百五十三条规定对走私普通货物、物品是以行为人偷逃应缴税额的大小确定刑罚的，而对走私固体废物无法计算应缴税额，也就无法确定具体刑罚。所以，《刑法》原第一百五十五条第三项规定对走私固体废物以走私论，实际上是没有具体的处罚规定可以适用。

根据中国《固体废物污染环境防治法》的规定，固体废物分为禁止进口和限制进口两类。国家禁止进口不能用作原料的固体废物；限制进口可以用作原料的固体废物。《固体废物污染环境防治法》第七十五条还明确规定："液态废物和置于容器中的气态废物的污染防治，适用本法。"固体废物，是指在生产建设、日常生活和其他活动中产生的污染环境的固态、半固态废弃物质。如果不将走私固体废物纳入到《刑法》的轨道，必然会给中国的环境和国民的健康带来极大的危害。

鉴于走私固体废物的严重危害性，也因为中国《刑法》对打击此类犯罪存在着严重的漏洞，2002年12月28日，全国人大常委会通过的《刑法修正案（四）》对其作了修改，在第一百五十二条中增加一款作为第二款，即"逃避海关监管将境外固体废物、液态废物和气态废物运输进境，情节严重的，处五年以下有期徒刑，并处或者单处罚金；情节特别严重的，处五年以上有期徒刑，并处罚金。"此条增加了一个新罪，即走私废物罪。同时，《刑法修正案（四）》还相应删去《刑法》第一百五十五条第三项，并将刑法第三百三十九条的第三款规定修改为："以原料利用为名，进口不能作原料的固体废物、液态废物和气态废物的，依照本法第一百五十二条第二款、第三款的规定定罪处罚。"

4. 走私普通货物、物品罪

走私普通货物、物品罪，是指违反海关法律法规，逃避海关监管、运输、携带、邮寄普通货物、物品进出关境，或者变相从事上述活动，偷逃应缴税额数额较大的行为。"违反海关法律法规"是指违反中国《海关法》、进出口关税条例等相关法律法规。应缴税额，是指进出口货物、物品应当缴纳的进出口的关税和进口环节海关代征的税额。从走私的方式上看，典型意义上的走私行为也称为"直接走私"行为，通常可分为"绕关走私"和"通关走私"。前者是指行为人从未设立海关的地点或者根本不经过海关，采取故意躲避、绕道而行等方式运输、携带国家明令禁止或限制进出境的物品或者依法应当缴纳税款的普通货物、物品进出境的行为；后者是指行为人经过设立海关的地点，但采取故意隐瞒、虚报、伪造等非法手段，逃避海关检查，运输、携带、邮寄国家明令禁止或限制进出境的物品或者依法应当缴纳税款的普通货物、物品进出境的行为。非典型意义上的走私行为即《刑法》中"按走私行为论处"的行为，包括：（1）《刑法》第一百五十四条规定的后续走私，即行为人未经海关许可并且未补缴应缴税款，擅自将批准进口的来料加工、来件装配、补偿贸易的原材料、零件、制成品、设备等保税货物，或者擅自将特定的减税、免税进口的货物、物品，在中国境内销售牟利。（2）经《刑法修正案（四）》修正的《刑法》第一百五十五条规定的间接走私，包括：直接向走私人非法收购国家禁止进口的物品的，或者直接向走私人非法收购走私进口的其他货物、物品，数额较大的行为；在内海、领海、界河、界湖运输、收购、贩卖国家禁止进出口物品的，或者运输、收购、贩卖国家限制进出口货物、物品，数额较大，没有合法证明的。

1997 年《刑法》颁布实施之后，海关查获的走私案件从 2000 年至今，走私普通货物、物品罪仍然处于高峰阶段，这些犯罪损害了国家主权、国家安全，影响了国家税收，破坏了市场经济的有序发展，由于该罪涉及的问题较多，发案率高，全国人大常委会于 2011 年 2 月 25 日通过的《刑法修正案（八）》对该罪进行较大幅度的调整，将原条文修改为："走私本法第一百五十一条、第一百五十二条、第三百四十七条规定以外的货物、物品的，根据情节轻重，分别依照下列规定处罚：（一）走私货物、物品偷逃应缴税额较大或者一年内曾因走私被给予二次行政处罚后又走私的，处三年以下有期徒刑或者拘役，并处偷逃应缴税额一倍以上五倍以下罚金。（二）走私货物、物品偷逃应缴税额巨大或者有其他严重情节的，处三年以上十年以下有期徒刑，并处偷逃应缴税额一倍以上五倍以下罚金。（三）走私货物、物品偷逃应缴税额特别巨大或者有其他特别严重情节的，处十年以上有期徒刑或者无期徒刑，并处偷逃应缴税额一倍以上五倍以下罚金或者没收财产。”

与原条文相比，《刑法修正案（八）》对走私普通货物、物品罪主要做了以下修改：(1) 将“一年内曾因走私被给予二次行政处罚后又走私的”行为规定为犯罪，将小额多次走私的行为纳入到本罪的范围，改变了实践中无法对“蚂蚁搬家”式的走私行为追究刑事责任的情况。(2) 将“偷逃应缴税额在五万元以上不满十五万元”修改为“偷逃应缴税额较大”，将“偷逃应缴税额在十五万元以上不满五十万元”修改为“偷逃应缴税额巨大或者有其他严重情节”，将“偷逃应缴税额在五十万元以上”修改为“偷逃应缴税额特别巨大或者有其他特别严重情节”，使得构成犯罪的偷逃应缴税额标准不再根据具体数额。(3) 调整各款的排列顺序，将原来由重到轻的刑罚改为由轻到重，并予以简化。(4) 取消了走私普通货物、物品罪的死刑，将最高刑改为无期徒刑。

应该说，《刑法修正案（八）》对该罪的构成要件和量罚条款作出较大调整，进一步加大了对走私普通货物、物品这一严重经济犯的预防和惩罚力度，为海关缉私、司法机关办理相关案件提供了有力的法律依据。

（三）妨害对公司、企业的管理秩序罪

《刑法修正案（六）》和《刑法修正案（八）》对本节相关犯罪进行了修改和完善。

1. 违规披露、不披露重要信息罪

1997 年《刑法》第一百六十一条规定：“公司向股东和社会公众提供虚假的或者隐瞒重要事实的财务会计报告，严重损害股东或者其他人利益的，对其直接负责的主管人员和其他直接责任人员，处三年以下有期徒刑或者拘役，并处或者单处二万元以上二十万元以下罚金。”在司法实践中，该条在执行中存在以下问题：一是本条将犯罪主体只限于上市公司，范围太窄。根据《证券法》的规定，公司、企业债券上市交易的公司、企业也负有信息披露义务；二是本条只规定了向股东和社会公众提供虚假的或者隐瞒重要事实的财务会计报告，按照《证券法》的规定，应当披露的信息除财务会计报告以外，还有招股说明书、债券募集办法、上市公司中期报告、年度报告、临时报告及其他信息披露资料，条文中却没有规定；三是目前上市公司在信息披露方面，存在的主要问题并非是否进行信息披露，而是所披露信息的真实程度有多大，披露的信息有虚假记载、误导性陈述或者重大遗漏，同样严重损害股东或其他人利益，法律应当做出规定；四是原条文规定提供虚假财务报告，“严重损害股东或者其他人

利益的”才构成犯罪，但实践中如何认定存在诸多困难：一是股东和其他投资者的损失数额难以计算。如按每个股民损失计算，众多股民分散在全国各地，难以一一调查取证；且每个股民进出股市、买卖股票的时间起止点也不一样。二是影响股价涨跌的因素很多，虚假财务报告只是其中因素之一，难以确定提供虚假财务报告与股东损失之间因果关系的唯一性，给查处定性带来很大困难。[①] 鉴于此，《刑法修正案（六）》将《刑法》第一百六十一条修改为：“依法负有信息披露义务的公司、企业向股东和社会公众提供虚假的或者隐瞒重要事实的财务会计报告，或者对依法应当披露的其他重要信息不按照规定披露，严重损害股东或者其他人利益，或者有其他严重情节的，对其直接负责的主管人员和其他直接责任人员，处三年以下有期徒刑或者拘役，并处或者单处二万元以上二十万元以下罚金。”

与原条文相比，《刑法修正案（六）》做了如下修改：(1) 将“公司”修改为“依法负有信息披露义务的公司、企业”，扩大了犯罪主体，包括依据《公司法》、《证券法》、《银行业监督管理法》、《证券投资基金法》等法律、行政法规、规章规定的具有信息披露义务的股票发行人、上市公司，公司、企业债券上市交易的公司、企业，银行、基金管理人、基金托管人和其他信息披露义务人，均可构成该罪的主体。(2) 将“提供虚假的或者隐瞒重要事实的财务会计报告”修改为“提供虚假的或者隐瞒重要事实的财务会计报告，或者对依法应当披露的其他重要信息不按照规定披露”，扩大了构成本罪的行为要件。(3) 构成本罪不仅限于“严重损害股东或者其他人利益”，如果“有其他严重情节”，也可构成本罪。

2. 虚假破产罪

《刑法修正案（六）》增加规定了虚假破产罪，其内容为：“公司、企业通过隐匿财产、承担虚构的债务或者以其他方法转移、处分财产，实施虚假破产，严重损害债权人或者其他人利益的，对其直接负责的主管人员和其他直接责任人员，处五年以下有期徒刑或者拘役，并处或者单处二万元以上二十万元以下罚金。”根据这一规定，本罪的主体是单位，本罪在处罚时对犯罪单位采取单罚制，即只对单位直接负责的主管人员和其他直接责任人员科以刑罚，而对单位并不处罚。本罪的主观方面是故意犯罪，通过实施虚假破产以达破产逃债目的。本罪的客观方面表现为实施了“隐匿财产、承担虚构的债务或者以其他方法转移、处分财产，实施虚假破产的行为”。区分罪与非罪的界限关键是要看其是否达到“严重损害债权人和其他人的利益”的程度。

---

① 黄太云：《〈刑法修正案（六）〉的理解与适用（上）》，《人民检察》2006 年第 7 期。

3. 非国家工作人员受贿罪、对非国家工作人员行贿罪和对外国公职人员、国际公共组织官员行贿罪

根据中国《反不正当竞争法》第八条、第二十二条的规定，商业贿赂犯罪是指在商业活动中，经营者为销售或者购买商品、提供或者接受服务，违反国家规定，给予对方单位或者个人财物，或者在商业活动中，一方利用职务上的便利，接受对方所送财物或者违反国家规定在账外暗中收受回扣手续费的行为。

1997 年《刑法》第一百六十三条规定的“公司、企业人员受贿罪”，是指公司、企业的工作人员利用职务上的便利，索取他人财物或者非法收受他人财物，为他人谋取利益，数额较大的行为。根据《刑法》第一百六十三条第二款的规定，公司、企业的工作人员在经济往来中，违反国家规定，收受各种名义的回扣、手续费归个人所有的，也构成本罪。第一百六十四条第一款规定的“对公司、企业人员行贿罪”，是指为谋取不正当利益，给予公司、企业的工作人员以财物，数额较大的行为。

《刑法修正案（六）》对《刑法》第一百六十三条进行了修改，将第一款修改为：“公司、企业或者其他单位的工作人员利用职务上的便利，索取他人财物或者非法收受他人财物，为他人谋取利益，数额较大的，处五年以下有期徒刑或者拘役；数额巨大的，处五年以上有期徒刑，可以并处没收财产”；将第二款修改为：“公司、企业或者其他单位的工作人员在经济往来中，利用职务上的便利，违反国家规定，收受各种名义的回扣、手续费，归个人所有的，依照前款的规定处罚。”该条规定扩大了犯罪主体，公司、企业以外的“其他单位的工作人员”也可以成为该罪的主体，所以，其罪名也相应地变更为“非国家工作人员受贿罪”。在行为方式上，对原规定“公司、企业的工作人员在经济往来中，违反国家规定，收受各种名义的回扣、手续费，归个人所有的”增加了“利用职务上的便利”这一限制性条件。

《刑法修正案（六）》将《刑法》第一百六十四条第一款修改为：“为谋取不正当利益，给予公司、企业或者其他单位的工作人员以财物，数额较大的，处三年以下有期徒刑或者拘役；数额巨大的，处三年以上十年以下有期徒刑，并处罚金。”与修改第一百六十三条一样，该条也扩大了犯罪主体，“其他单位的工作人员”也可以成为行贿的对象，所以，其罪名也相应地变更为“对非国家工作人员行贿罪”。

《刑法修正案（八）》在《刑法》第一百六十四条中增加一款作为第二款：“为谋取不正当商业利益，给予外国公职人员或者国际公共组织官员以财物的，依照前款的规定处罚。”这一规定增加了“对外国公职人员、国际公共组织官员行贿罪”。本罪的主体是一般主体，单位可构成本罪，对单位犯罪采取双罚制原则，即对单位判处罚金，并对其直接负责的主管人员和其他直接责任人员，依照对非国家工作人员行贿罪予以处罚。本罪在主观方面表现为故意，且有为谋取不正当商业利益的目的。本罪在客观方面表现为实施了“给予外国公职人员或者国际公共组织官员以财物”的行为。“外国公职人员”是指外国经任命或选举担任立法、行政、行政管理或者司法职务的人员以及为外国国家及公共机构或者公营企业行使公共职能的人员；“国际公共组织官员”是指国际公务员或者经国际组织授权代表该组织行事的人员。

4. 背信损害上市公司利益罪

随着中国经济的发展，上市公司越来越多，一些上市公司的董事、监事、高级管理人员违背对公司的忠实义务，将上市公司作为自己融资的平台，利用职务便利，以无偿或者明显不公平的条件进行不正当关联交易等非法手段，侵占上市公司资产，致使上市公司利益遭受重大损失，严重损害了上市公司、中小股东和广大股民的合法权益，扰乱了证券市场的正常秩序。为惩治这种严重危害社会经济秩序和破坏社会稳定的行为，《刑法修正案（六）》在《刑法》第一百六十九条后增加一条，作为第一百六十九条之一，规定了背信损害上市公司利益罪。

根据第一百六十九条之一的规定，背信损害上市公司利益罪是指上市公司的董事、监事、高级管理人员违背对公司的忠实义务，利用职务便利，操纵上市公司损害上市公司利益，致使上市公司利益遭受重大损失的行为。

本罪的主体是特殊主体，只有上市公司的董事、监事、高级管理人员、上市公司的控股股东或者实际控制人能够构成本罪，其共同点是对上市公司具有控制权或重大影响力。单位也可以构成本罪，对单位判处罚金，并对其直接负责的主管人员和其他直接责任人员判处相应的刑罚。

本罪在客观方面表现为行为人利用职务便利，实施了操纵上市公司进行不正当关联交易，侵害上市公司利益的行为。具体包括五项具体规定和一个兜底性规定：（一）无偿向其他单位或者个人提供资金、商品、服务或者其他资产的；（二）以明显不公平的条件，提供或者接受资金、商品、服务或者其他资产的；（三）向明显不具有清偿能力的单位或者个人提供资金、商品、服务或者其他资产的；（四）为明显不具有清偿能力的单位或者个人提供担保，或者无正当理由为其他单位或者个人提供担保的；（五）无正当理由放弃债权、承担债务的；（六）采用其他方式损害上市公司利益的。

对本罪的处罚，根据《刑法》第一百六十九条之一第一款的规定，如果致使上市公司利益遭受重大损失的，处三年以下有期徒刑或者拘役，并处或者单处罚金；如果致使上市公司利益遭受特别重大损失的，处三年以上七年以下有期徒刑，并处罚金。犯本罪的上市公司的控股股东或者实际控制人是单位的，对单位判处罚金，并对其直接负责的主管人员和其他直接责任人员，依照第一款的规定处罚。

（四）破坏金融管理秩序罪

破坏金融管理秩序罪是指违反国家对金融市场监督管理的法律、法规，从事危害国家对货币、外汇、有价证券以及金融机构、证券交易和保险公司管理的活动，破坏金融市场秩序，情节严重的行为。随着中国市场经济的迅猛发展，破坏金融管理秩序的犯罪呈现激增和蔓延之势，有关案件不仅逐年递增，呈现持续多发状，而且犯罪手段也越来越多，采用科技手段变造、伪造银行票据的以及利用计算机技术作案等相当普遍。从目前全国的实际状况和基本走势来看，这类犯罪具有犯罪手段智能化、犯罪金额大额化、犯罪形式隐蔽化、犯罪方式团伙化等特征。十年来，为适应现实社会发展的需要，《刑法》根据实际情况增设了一些新的罪名，也对一些相关犯罪进行了修改，例如在内幕交易、泄露内幕信息罪中（第一百八十条第一、二、三款），增加了“明示、暗示他人从事交易活动”作为本罪的客观要件之一。在“违法发放贷款罪”中（第一百八十六条），将“违反法律、行政法规规定，向关系人发放信用贷款或者发放担保贷款的条件优于其他借款人同类贷款的条件，造成较大损失的”简化为“违反国家规定，向关系人发放贷款的”，将“违反法律、行政法规规定，向关系人以外的其他人发放贷款，造成重大损失的”修改为“违反国家规定发放贷款，数额巨大或者造成重大损失的”，将“造成特别重大损失的”修改为“数额特别巨大或者造成特别重大损失的”。这些修改，有利于解决实践中存在的损失的认定时间和认定标准问题，是以立案时的损失还是以量刑时的损失计算、贷款造成损失应对哪个环节定罪难以界定等问题。在“吸收客户资金不入账罪”中（第一百八十七条），删去了“以牟利为目的”“将资金用于非法拆借、发放贷款”的规定，将“造成重大损失”、“造成特别重大损失的”分别修改为“数额巨大或者造成重大损失”“数额特别巨大或者造成特别重大损失”。取消了限制性条件，增加了数额作为定罪量刑的标准。在“违规出具金融票证罪”中，将“造成较大损失”修改为“情节严重”，将“造成重大损失”修改为“情节特别严重”（第一百八十八条），将定罪量刑的标准从损失的计算变成了情节的考量。除此之外，《刑法》还对以下罪名进行了修改完善。

1. 骗取贷款、票据承兑、金融票证罪

实践中，在市场竞争日趋激烈的情况下，除以欺骗手段获取金融机构贷款外，骗取银行开具以金融机构信用为基础的票据承兑、信用证、保函等其他信用的案件也屡见不鲜。这些行为给金融机构造成了损失，扰乱了正常金融秩序。骗取金融机构信用与贷款，使金融资产运行处于可能无法收回的巨大风险之中，有必要规定为犯罪。《刑法修正案（六）》在《刑法》第一百七十五条后增加一条，作为第一百七十五条之一，其第一款规定："以欺骗手段取得银行或者其他金融机构贷款、票据承兑、信用证、保函等，给银行或者其他金融机构造成重大损失或者有其他严重情节的，处三年以下有期徒刑或者拘役，并处或者单处罚金；给银行或者其他金融机构造成特别重大损失或者有其他特别严重情节的，处三年以上七年以下有期徒刑，并处罚金。"该条第二款规定："单位犯前款罪的，对单位判处罚金，并对其直接负责的主管人员和其他直接责任人员，依照前款的规定处罚。"该条在《刑法》中增加规定了"骗取贷款、票据承兑、金融票证罪"。本罪的犯罪主体是一般主体，自然人和单位都可成为犯罪主体。本罪的行为特征表现为"以欺骗手段取得银行或者其他金融机构贷款、票据承兑、信用证、保函等"，但值得注意的是，虽然采用了欺骗手段，但本罪的行为人主观上没有非法占有的目的。

2. 妨害信用卡管理罪和窃取、收买、非法提供信用卡信息罪

随着中国信用卡产业的高速发展，各类信用卡犯罪也日趋严重。从近年来中国发生的信用卡犯罪的情况和趋势看，中国目前信用卡犯罪呈现出以下特点：(1) 信用卡犯罪数量增长迅速，大案发案率升高，社会危害性大。中国每年信用卡犯罪金额在一亿元左右。联网通用的特征使得信用卡犯罪往往牵涉多家银行，交易环节复杂，受害人众多，侦破难度大。(2) 信用卡犯罪活动呈现集团化特征，犯罪分子之间有很细的专业分工，法律适用遇到困难，如果按照共同犯罪处理，很难证明其主观方面共同故意的存在。信用卡犯罪还呈现出分工专业化，手段高智能化，集团化、跨国化的特点。(3) 跨境信用卡犯罪明显增多，周边国家和地区的信用卡犯罪向中国转移的趋势加速。①

全国人大常委会于2004年12月29日通过了《关于〈中华人民共和国刑法〉有关信用卡规定的解释》，明确了《刑法》规定的"信用卡"，是指由商业银行或者其他金融机构发行的具有消费支付、信用贷款、转账结算、存取现金等全部功能或者部分功能的电子支付卡。该解释明确了《刑法》中信用卡的概念，有利于统一执法，有效打击利用信用卡进行的犯罪活动。为了打击这些犯罪行为，《刑法修正案（五）》在《刑法》第一百七十七条后增加一条，作为第一百七十七条之一，其第一款增加规定了"妨害信用卡管理罪"。本罪的主体为一般主体。本罪在客观方面表现为：（一）明知是伪造的信用卡而持有、运输

---

① 黄太云：《〈刑法修正案（五）〉的理解与适用》，《人民检察》2005年第3期。

的，或者明知是伪造的空白信用卡而持有、运输，数量较大的；（二）非法持有他人信用卡，数量较大的；（三）使用虚假的身份证明骗领信用卡的；（四）出售、购买、为他人提供伪造的信用卡或者以虚假的身份证明骗领的信用卡的。值得注意的是，这里第一和第二项中，“数量较大”是指信用卡的数量大，而不是信用卡里的授信额度大。

《刑法修正案（五）》在第一百七十七条之一第二款中增加规定了“窃取、收买、非法提供信用卡信息罪”。信用卡信息资料是一组有关发卡行代码、持卡人账户、账号、密码等内容的加密电子数据。通常由发卡行在发卡时使用专用设备写入信用卡的磁条中，作为 POS 机、ATM 机等终端机识别合法用户的依据。没有这些信息，信用卡是无法使用的。伪造信用卡的最关键的环节，就是在信用卡的磁条上写入非法获取的他人信用。而窃取、收买或者非法提供他人信用卡信息资料的行为为伪造信用卡提供了很大方便，极大地破坏了金融秩序。为此，《刑法修正案（五）》在《刑法》中增加规定了“窃取、收买或者非法提供他人信用卡信息资料的，依照前款规定处罚。”由于银行或者其他金融机构的工作人员可以利用工作上的便利，很容易地接触到客户的信用卡信息资料，负有为客户保守秘密的义务，但如果这些人非法提供他人信用卡信息资料，社会危害性更大。所以，《刑法》第一百七十七条之一第三款的规定，如果是银行或者其他金融机构的工作人员利用职务上的便利，犯窃取、收买、非法提供信用卡信息罪的，应当从重处罚。

3. 利用未公开信息交易罪

利用未公开信息交易罪，是指证券交易所、期货交易所、证券公司、期货经纪公司、基金管理公司、商业银行、保险公司等金融机构的从业人员以及有关监管部门或者行业协会的工作人员，利用因职务便利获取的内幕信息以外的其他未公开的信息，违反规定，从事与该信息相关的证券、期货交易活动，或者明示、暗示他人从事相关交易活动，情节严重的行为。这类行为俗称“老鼠仓”，违反了资本市场公平、公正和公开原则，危害了投资者的利益，侵犯了行为人所在单位的利益，破坏了金融管理秩序，所以，《刑法修正案（七）》将其规定为犯罪。

本罪的犯罪主体是特殊主体，包括证券交易所、期货交易所、证券公司、期货经纪公司、基金管理公司、商业银行、保险公司等金融机构的从业人员以及有关监管部门或者行业协会的工作人员。只有上述资产管理金融机构的从业人员才能成为本罪的主体。因为当客户把资金交由机构来运作时，这些机构的从业人员就有可能利用所掌握的资金优势、信息优势，尤其是利用掌握本单位重大投资决策的信息，在本单位决策实施前，建立自己的“老鼠仓”。本罪在客观方面表现为“利用因职务便利获取的内幕信息以外的其他未公开的信息，违反规定，从事与该信息相关的证券、期货交易活动，或者明示、暗示他人从事相关交易活动。”“内幕信息以外的其他未公开的信息”不同于“内幕消息”，是资产管理机构、代客投资理财机构即将用客户资金投资购买某个证券、期货等金融产品的决策信息。同时，构成本罪还要求符合“情节严重的”之要件。情节严重主要指多次建立“老鼠仓”的，建“老鼠仓”非法获利数额巨大的，或者由于建立“老鼠仓”对客户资产造成严重损失的等情形。

4. 操纵证券、期货市场罪

1997年《刑法》规定了操纵证券、期货市场罪，1999年12月，全国人大常委会颁布的《刑法修正案》对其进行了修改，然而，随着中国证券期货市场的不断发展，《刑法》的原有规定已经不能满足现实需要。证监会、公安部提出，《刑法》原有规定在执行中遇到一些问题：（1）本罪规定操纵证券、期货交易价格，获得不正当利益或者转嫁风险，情节严重的，才构成犯罪。但考虑到操作者能否实际获利取决于市场等多方面因素。操纵行为对证券、期货市场秩序的危害、对其他投资者的损害并不在于操纵者本人是否能从操纵行为中获利，而在于人为操纵的、扭曲的证券、期货价格欺骗了公众投资者，扰乱了证券、期货市场秩序。（2）本罪以违法所得多少作为确定罚金数额的标准，致使对无违法所得的案件，难以对当事人处以罚金。因此，罚金数额应当与违法所得的多少脱钩。（3）最高五年徒刑的处罚偏轻，难以起到惩戒和威慑作用。（4）证券法已于2005年10月作了全面修改，《刑法》中有关操纵证券、期货的行为表述也应当与证券法的规定相衔接。① 鉴于此，《刑法修正案（六）》对《刑法》第一百八十二条进行了修改，将“操纵证券、期货交易价格”修改为“操纵证券、期货市场”，删去了“获取不正当利益或者转嫁风险”，将原来规定并处或者单处“违法所得一倍以上五倍以下罚金”修改为“并处或者单处罚金”，具体罚金数额可由人民法院根据案件具体情况决定，将“以自己为交易对象，进行不转移证券所有权的自买自卖”修改为“在自己实际控制的账户之间进行证券交易”，将“以其他方法操纵证券、期货交易价格的”修改为“以其他方法操纵证券、期货市场的”，将该罪的法定最高刑从原来的五年有期徒刑提高到十年。

根据《刑法修正案（六）》修正后的第一百八十二条的规定，构成本罪的主体是一般主体，单位也可以构成本罪，对单位犯罪根据“双罚制”既对单位判处罚金，又对其直接负责的主管人员和其他直接责任人员，依照《刑法》的规

---

① 黄太云：《〈刑法修正案（六）〉的理解与适用（下）》，《人民检察》2006年第8期。

定予以处罚。本罪在客观方面表现为下列操纵证券、期货市场的行为：（一）单独或者合谋，集中资金优势、持股或者持仓优势或者利用信息优势联合或者连续买卖，操纵证券、期货交易价格或者证券、期货交易量的；（二）与他人串通，以事先约定的时间、价格和方式相互进行证券、期货交易，影响证券、期货交易价格或者证券、期货交易量的；（三）在自己实际控制的账户之间进行证券交易，或者以自己为交易对象，自买自卖期货合约，影响证券、期货交易价格或者证券、期货交易量的；（四）以其他方法操纵证券、期货市场的。本罪在主观方面是直接故意，且行为人以获取不正当利益或者转嫁风险为目的。

5. 背信运用受托财产罪和违法运用资金罪

委托理财是指委托人将资金、证券等金融性资产给受托人，由受托人在一定期限内按照委托人的意愿管理，投资于证券、期货等金融市场，并按期支付给委托人一定比例收益的资产管理活动。委托人将资金或证券交付受托人后，只能被动地接受受托人处置财产的结果。如果受托人滥用权力，对客户资金的运用存在暗箱违规操作、侵吞、擅自动用客户资产等，严重损害委托人的利益，扰乱金融秩序，造成社会的不稳定。同时，在中国，对社会保障基金、住房公积金等公众资金的管理直接关系到广大人民群众的切身利益、国家的经济发展和社会的稳定。从现实情况来看，违规操作现象突出。针对这些金融机构委托理财和公众资金经营、管理领域出现的问题，《刑法修正案（六）》在刑法第一百八十五条后增加一条，作为第一百八十五条之一，其第一款规定了“背信运用受托财产罪”，第二款规定了“违法运用资金罪”。

背信运用受托财产罪的主体是单位，且为特殊主体，包括“商业银行、证券交易所、期货交易所、证券公司、期货经纪公司、保险公司或者其他金融机构”，个人不能构成本罪的主体。“其他金融机构”主要是指信托投资公司、投资咨询公司、投资管理公司等金融机构。本罪在客观方面表现为“违背受托义务，擅自运用客户资金或者其他委托、信托的财产”且“情节严重”的行为。“委托、信托的财产”是指在委托理财业务中，委托人存放在金融机构中的资金、证券等财产。“情节严重”是指给委托人造成重大财产损失等情况。对于犯本罪情节严重的，对单位判处罚金，并对其直接负责的主管人员和其他直接责任人员，处三年以下有期徒刑或者拘役，并处 3 万元以上 30 万元以下罚金；情节特别严重的，处三年以上十年以下有期徒刑，并处 5 万元以上 50 万元以下罚金。

违法运用资金罪的犯罪主体是单位，且为特殊主体，包括“社会保障基金管理机构、住房公积金管理机构等公众资金管理机构，以及保险公司、保险资产管理公司、证券投资基金管理公司”，个人不能构成本罪的主体。本罪在客观方面表现为违反国家规定运用资金的行为。犯本罪，不处罚单位，仅对其直接负责的主管人员和其他直接责任人员，处三年以下有期徒刑或者拘役，并处3万元以上30万元以下罚金；情节特别严重的，处三年以上十年以下有期徒刑，并处5万元以上50万元以下罚金。

6. 洗钱罪

中国1997年《刑法》第一百九十一条将洗钱罪的上游犯罪限定为“毒品犯罪、黑社会性质的组织犯罪、走私犯罪”，2001年12月29日全国人大常委会通过的《刑法修正案（三）》将洗钱罪的上游犯罪扩大为“毒品犯罪、黑社会性质的组织犯罪、恐怖活动犯罪、走私犯罪”。随着中国经济的发展、科学技术的进步，洗钱犯罪的上游犯罪的范围也迅速扩大，为了能更好地打击和预防洗钱犯罪，《刑法修正案（六）》进一步将洗钱罪的上游犯罪扩大为“毒品犯罪、黑社会性质的组织犯罪、恐怖活动犯罪、走私犯罪、贪污贿赂犯罪、破坏金融管理秩序犯罪、金融诈骗犯罪”。由于这些所列举的罪名均为类罪名，所以洗钱罪的上游犯罪的范围相对比较广泛。除了扩大了上游犯罪的范围之外，《刑法修正案（六）》还将“犯罪的违法所得”修改为“犯罪所得”，用语更加准确、精炼，增加了“协助将财产转换有价证券”的行为。

根据经《刑法修正案（六）》修改的《刑法》第一百九十一条第一款的规定，洗钱罪的主观方面是直接故意，即明知是毒品犯罪、黑社会性质的组织犯罪、恐怖活动犯罪、走私犯罪、贪污贿赂犯罪、破坏金融管理秩序犯罪、金融诈骗犯罪的所得及其产生的收益，故意进行洗钱活动，以达到为掩饰、隐瞒其来源和性质的目的。该罪在客观方面表现为：（一）提供资金账户的行为；（二）协助将财产转换为现金、金融票据、有价证券的行为；（三）通过转账或者其他结算方式协助资金转移的行为；（四）协助将资金汇往境外的行为；（五）以其他方法掩饰、隐瞒犯罪所得及其收益的来源和性质的行为。本罪的主体是一般主体，自然人和单位均可构成本罪。自然人犯本罪的，没收实施以上犯罪的所得及其产生的收益，处五年以下有期徒刑或者拘役，并处或者单处洗钱数额5%以上20%以下罚金；情节严重的，处五年以上十年以下有期徒刑，并处洗钱数额5%以上20%以下罚金。单位犯本罪的，实行双罚制，对单位判处罚金，对其直接负责的主管人员和其他直接责任人员，处五年以下有期徒刑或者拘役；情节严重的，处五年以上十年以下有期徒刑。

（五）金融诈骗罪

对于金融诈骗罪，《刑法修正案（八）》取消了票据诈骗罪、金融凭证诈骗罪和信用证诈骗罪三个罪名的死刑，还对单位犯集资诈骗罪、票据诈骗罪、金融凭证诈骗罪、信用证诈骗罪的，增加了“可以并处罚金”和“并处罚金”的规定。

《刑法修正案（五）》对《刑法》第一百九十六条“信用卡诈骗罪”进行了修改，增加追究“使用以虚假的身份证明骗领的信用卡的”行为的刑事责任。1997 年《刑法》规定的信用卡诈骗罪有四种行为，即使用伪造的信用卡的行为、使用作废的信用卡的行为、冒用他人信用卡的行为和恶意透支的行为。使用虚假的身份证明骗领信用卡后实际使用，刷卡消费或者提取现金，其非法占有他人财物的主观故意非常明显，这是信用卡诈骗犯罪出现的一种新情况，鉴于这类情况在社会生活中时有发生，危害极大，所以《刑法修正案（五）》将其纳入到《刑法》的轨道予以定罪量刑。实施了上述信用卡诈骗行为，还必须达到“数额较大”，才构成犯罪。

（六）危害税收征管罪

《刑法修正案（八）》取消了虚开增值税专用发票、用于骗取出口退税、抵扣税款发票罪，伪造、出售伪造的增值税专用发票罪的死刑，增加规定了虚开发票罪和持有伪造的发票罪。

根据《刑法》第二百零五条之一的规定，虚开发票罪是指违反中国发票管理规定，为他人虚开、为自己虚开、让他人为自己虚开、介绍他人虚开“增值税专用发票或者虚开用于骗取出口退税、抵扣税款的其他发票”以外的其他发票，情节严重的行为。自然人和单位均可构成本罪。根据《刑法》第二百一十条之一的规定，持有伪造的发票罪是指违反发票管理法规，明知是伪造的发票而持有、数额较大的行为。自然人和单位均可构成本罪。

《刑法修正案（七）》还将第二百零一条偷税罪改为逃税罪，并对客观构成要件作了重大修改。1997 年《刑法》规定的偷税罪，是指纳税人或者扣缴义务人故意违反国家税收管理法律法规，采取伪造、变造、隐匿、擅自销毁账簿、记账凭证，在账簿上多列支出或者不列、少列收入，经税务机关通知申报而拒不申报或者进行虚假的纳税申报的手段，不缴或者少缴应纳税款，偷税数额占应纳税额的 10% 以上并且偷税数额在 1 万元以上的，或者因偷税被税务机关给予 2 次行政处罚又偷税的行为。对于偷税罪，在实践中负面作用大，且定罪数额标准太低，打击面过宽，很多地方都未严格按照《刑法》规定的偷税罪的标准掌握，使其形同虚设，不利于经济发展和国家税源的巩固。所以，《刑法修正案（七）》对该条文进行了大幅度的改动。首先，将“偷税数额”修改为“逃避缴纳税款数额”，由此，本罪的罪名不再是“偷税罪”，而是“逃税罪”。其次，将犯罪的客观方面修改为：(1) 纳税人采取欺骗、隐瞒手段进行虚假纳税申报或者不申报，逃避缴纳税款数额较大并且占应纳税额 10% 以上的行为。对于这类行为，经税务机关依法下达追缴通知后，补缴应纳税款，缴纳滞纳金，已受行政处罚的，不予追究刑事责任；但是，五年内因逃避缴纳税款受过刑事处罚或者被税务机关给予二次以上行政处罚的除外。（2）扣缴义务人采取前款所列手段，不缴或者少缴已扣、已收税款，数额较大的行为。（3）对多次实施前两款行为，未经处理的，按照累计数额计算。可以看出，《刑法修正案（七）》将偷税罪改为逃税罪，且处罚的范围有所减少、惩罚的严厉程度有所缓和，这一重大调整体现了中国宽严相济的刑事政策，顺应了中国经济的发展，使刑事立法更加科学。

（七）扰乱市场秩序罪

扰乱市场秩序罪，是指违反国家经济管理法规、破坏社会主义市场经济秩序，严重危害国民经济的一类犯罪行为。《刑法修正案（七）》增加规定了“组织、领导传销活动罪”，对“非法经营罪”进行了部分修改，增加规定了“未经国家有关主管部门批准，非法从事资金支付结算业务的”行为也构成非法经营罪。《刑法修正案（八）》对“强迫交易罪”做了比较大的修改完善。

1. 组织、领导传销活动罪

中国改革开放之初，一些国外直销公司开始进入中国。当时中国正处于社会主义市场经济发展的初级阶段，市场发育程度较低，有关管理法规不够完善，直销逐渐发展成为各种形式的传销活动。干扰了正常的经济秩序，严重损害人民群众的利益，还严重影响了中国的社会稳定。2005 年 8 月，国务院第一百零一次常务会议通过《禁止传销条例》，以行政法规的形式进一步明确禁止传销活动，加大打击力度。但传销活动仍然十分猖獗，全国公安机关每年查获的传销案件涉案人数都在百万人左右。一些传销个案，参与人员达几十万人，涉案金额可达几十亿元。据有关部门测算，全国约有上千万人参与传销活动，吸收几百亿甚至上千亿元的民间资金。近年来，传销也不再要求传销人员销售或者购买商品，只要求缴纳一定的“入门费”取得入门发展下线的资格，并直接按照发展下线的人数获得报酬。这种以发展的人头多少为基本计酬依据的传销方式，被形象地称为“拉人头”。“拉人头”式传销已经占到所有传销的 90% 以上。从被查处的传销案件看，传销涉案金额越来越大，组织成员数量越来越多，甚至有一些大中专学生也被裹挟其中；参与传销被骗人员痴迷其中，欺亲骗友，导致不少家庭破裂；传销组织方式也趋于暴力化，甚至向涉黑组织发展；因上线携款逃跑等问题，动辄酿成群体性事件；公然对抗主管部门查处的暴力抗法事件时有发生。[1]

---

① 黄太云：《〈刑法修正案（七）〉解读》，《人民检察》2009 年第 6 期。

为更有利于打击组织、领导传销活动的犯罪，《刑法修正案（七）》在《刑法》第二百二十四条后增加一条，作为第二百二十四条之一，规定了“组织、领导传销活动罪”，强化了传销行为的违法性，明确了组织、领导传销活动的犯罪性。根据该条的规定，组织、领导传销活动罪的犯罪主体是一般主体，任何组织、领导传销活动的人均可以构成本罪。本罪的客观方面包括下列行为：（1）指组织、领导以推销商品、提供服务等经营活动为名，要求参加者以缴纳费用或者购买商品、服务等方式获得加入资格的行为；（2）按照一定顺序组成层级进行传销的行为；（3）直接或者间接以发展人员的数量作为计酬或者返利依据，引诱、胁迫参加者继续发展他人参加的行为；（4）骗取财物的行为；（5）扰乱经济社会秩序的传销活动的行为。对于组织领导传销活动的犯罪分子的处罚，鉴于其主观上具有明显直接故意，且以骗取财物为目的，所以《刑法》不仅规定了自由刑，还规定了构成本罪均应“并处罚金”，从根本上剥夺犯罪人所得到的利益，剥夺其再犯罪的经济基础。

2. 强迫交易罪

市场经济应该是公平、自由和平等的，但是在现实生活中，以暴力、威胁手段强买强卖商品、强迫他人提供服务或者强迫他人接受服务的行为时有发生，严重侵犯了中国市场经济的交易秩序。为了打击这类犯罪，中国 1997 年《刑法》规定了“强迫交易罪”，只要存在强迫交易的行为，交易的价格是否公平、合理，不影响本罪的成立。由于 1997 年《刑法》对该罪的行为方式规定得过于笼统，不具体，给司法实践带来很多困难。随着中国经济快速发展，犯罪分子尤其是一些黑恶势力团伙，在工程招标、同业经营竞争和资产转让收购等经济活动中，通过使用暴力、威胁的手段获取非法经济利益的情况越来越多，这不仅严重破坏社会主义市场秩序，而且侵犯了公民的人身权利，具有严重的社会危害性，应当予以严厉打击。为此，《刑法修正案（八）》对强迫交易罪进行了修改与完善。首先，细化了强迫交易罪的行为方式，包括：（一）强买强卖商品的；（二）强迫他人提供或者接受服务的；（三）强迫他人参与或者退出投标、拍卖的；（四）强迫他人转让或者收购公司、企业的股份、债券或者其他资产的；（五）强迫他人参与或者退出特定的经营活动的。其次，提高了对强迫交易罪适用的刑罚，在原条文“情节严重的，处三年以下有期徒刑或者拘役，并处或者单处罚金”的基础上，增加规定了“情节特别严重的，处三年以上七年以下有期徒刑，并处罚金。”

五　加大对公民人身权利、财产权利的保护，保障基本人权

公民的人身权利和财产权利是中国《宪法》规定的基本权利。《宪法》第三

十七条规定“中华人民共和国公民的人身自由不受侵犯。”第十二条规定了“社会主义的公共财产神圣不可侵犯。”“国家保护社会主义的公共财产。禁止任何组织或者个人用任何手段侵占或者破坏国家的和集体的财产。”第十三条规定了“公民的合法的私有财产不受侵犯。”为了保障公民的宪法权利不受侵犯，中国刑法对侵犯公民人身权利、民主权利、财产权利的犯罪行为进行了较为详细的规定。1997 年《刑法》颁布之后，有关侵犯公民人身权利、财产权利的犯罪的规定得到了修改与完善。

（一）侵犯公民人身权利罪

十年来，全国人大常委会通过刑法修正案四、六、七、八对本类犯罪中的八个罪名进行了调整，修改了绑架罪和强迫劳动罪（取消了强迫职工劳动罪），增加规定了组织出卖人体器官罪（第二百三十四条之一第一款，《刑法修正案（八）》）、雇用童工从事危重劳动罪（《刑法》第二百四十四条之一，《刑法修正案（四）》）、出售、非法提供公民个人信息罪（第二百五十三条之一第一款，《刑法修正案（七）》）、非法获取公民个人信息罪（第二百五十三条之一第二款，《刑法修正案（七）》）、组织残疾人、儿童乞讨罪（第二百六十二条之一，《刑法修正案（六）》、组织未成年人进行违反治安管理活动罪（第二百六十二条之二，《刑法修正案（七）》）。

1. 组织出卖人体器官罪

组织出卖人体器官罪是《刑法修正案（八）》新增的罪名。2007 年国务院颁布的《人体器官移植条例》明确规定：“任何组织或者个人不得以任何形式买卖人体器官，不得从事与买卖人体器官有关的活动。”可见，中国严禁人体器官买卖。然而，人体器官移植是拯救身体器官功能衰竭患者、提高生活质量的最有效的方式之一，根据卫生部的统计，目前中国需要器官移植的患者每年大概有 150 万人，但其中只有约 1 万人能够做上手术，不到 1%，其余 99% 的患者由于缺少可移植的人体器官而需要等待。① 巨大的供需缺口以及中国当前还没有完善的器官捐献体系，一些不法之徒干起了人体器官买卖的罪恶勾当，巨大的人体器官移植市场催生出了活体器官买卖的“地下黑市”。一些人体器官买卖的组织者或采用欺骗、利诱等手段，或利用他人家境贫困、急需用钱的窘况，以强迫手段逼迫活供体出卖器官，所得钱财除少部分给活供体外，大部分落入自己腰包。还有的不法分子与医院等医疗机构的不法医生勾结，未经本人同意，就摘取其器官，有的违背死者生前遗愿或者其近亲属的意愿，摘取尸体器官。这

① 赵秉志主编：《刑法修正案（八）理解与适用》，中国法制出版社 2011 年版，第 286 页。

些行为，是一种原始血腥、反人道的行为，严重侵害了公民生命、健康权利，扰乱社会管理秩序，具有严重的反伦理性和社会危害性。[①] 为了适应打击这类犯罪活动的现实需要，《刑法修正案（八）》在《刑法》第二百三十四条后增加一条，作为第二百三十四条之一，规定了“组织出卖人体器官罪”，该罪的主体为一般主体，只能是自然人犯罪，单位实施了刑法规定的行为也不构成单位犯罪。本罪在客观方面表现为组织他人出卖人体器官的行为。如果未经本人同意摘取其器官，或者摘取不满十八周岁的人的器官，或者强迫、欺骗他人捐献器官的行为，依据《刑法》第二百三十四条规定的故意伤害罪和第二百三十二条的规定按照故意杀人罪定罪处罚。如果行为人违背本人生前意愿摘取其尸体器官，或者本人生前未表示同意，违反国家规定，违背其近亲属意愿摘取其尸体器官的，依照《刑法》第三百零二条规定的盗窃、侮辱尸体罪定罪处罚。

2. 绑架罪

绑架罪系多发犯罪，严重影响了人民群众安全感，中国1997年《刑法》规定的最低刑期为十年。公安部提出，近年来绑架犯罪活动发生了很大变化，无论是犯罪形式还是犯罪的危害程度都呈现出多种形态。过去，绑架行为人一般都是些亡命之徒，现在有些案件是好逸恶劳之徒实施的恶性不大、勒索小额财物的行为。过去，使用暴力是绑架的主要手段，现在也已分化。相对于变化了的客观环境，绑架罪过高的法定刑起点显得罪责不相适应。同时，绑架罪法定刑的层次性不足，对实践中出现的多种常见的并有明显差异的情况没有体现出区别对待，如绑架过程中有无使用暴力、有无实施多次绑架或者一次绑架多人的情形，是否有致使被绑架人重伤或者死亡的后果，勒索金额大小等情节，目前绑架罪的刑罚档次设置难以适应复杂的犯罪情况。建议对绑架他人后没有对人质进行人身伤害，又主动释放的，规定较轻刑罚。[②] 全国人大常委会接受了公安部的意见，在《刑法修正案（七）》中，对1997年《刑法》第二百三十九条原有规定不变的情况下，对绑架罪增加了一个量刑档次，即“情节较轻的，处五年以上十年以下有期徒刑，并处罚金”。这一修改，符合罪行相适应原则，体现了中国宽严相济的刑事政策，进一步做到罚当其罪。

3. 强迫劳动罪

随着中国经济的发展，强迫他人劳动的行为呈高发态势，且手段残酷，特别是黑砖窑、黑煤窑和企业里发生的骇人听闻的强迫劳动事件频频出现，引起了全社会对劳动者基本人权的关注。

---

① 黄太云：《〈刑法修正案（八）〉解读（三）》，《人民检察》2011年第8期。

② 黄太云：《〈刑法修正案（七）〉解读》，《人民检察》2009年第6期。

中国1997年《刑法》第二百四十四条规定的“强迫职工劳动罪”为“用人单位违反劳动管理法规，以限制人身自由方法强迫职工劳动，情节严重的行为”。而现实生活中，很多不具有合法经营主体资格的用人单位或者雇主非法招工、用工行为，通常不与劳动者签订劳动合同，没有与劳动者建立劳动关系，实施了强迫劳动的行为，但因不符合本罪的犯罪主体身份，所以无法受到应有的惩处。所以，《刑法修正案（八）》将原第一百四十四条条文中的“用人单位违反劳动管理法规，以限制人身自由方法强迫职工劳动”修改为“以暴力、威胁或者限制人身自由的方法强迫他人劳动”。将强迫职工劳动罪修改为强迫劳动罪，这一修改，明确了犯罪主体不再只是“用人单位”，扩大到一般主体，包括自然人和单位（第三款）。强迫对象不再只限于“职工”，这样就弥补了没有劳动合同而无法追究行为人刑事责任的缺陷。同时，该修改后的条文通过列举的方式明确了强迫他人劳动罪的犯罪手段，即“暴力、威胁或者限制人身自由的方法强迫他人劳动”。本罪是行为犯，只要实施了上述行为就构成犯罪既遂。情节严重与否只是量刑轻重的情节。另外，该条第二款还规定“明知他人实施前款行为，为其招募、运送人员或者有其他协助强迫他人劳动行为的”，也构成强迫劳动罪。这些修改，加大了打击力度，严密了刑事法网。

4. 雇用童工从事危重劳动罪、组织未成年人进行违反治安管理活动罪和组织残疾人、儿童乞讨罪

《刑法》新增的这三个罪名，旨在保护未成年人和弱势群体的权利。首先，《刑法修正案（四）》在《刑法》第二百四十四条后增加一条，作为第二百四十四条之一，规定了“雇用童工从事危重劳动罪”，其行为表现为：违反劳动管理法规，雇用未满十六周岁的未成年人从事超强度体力劳动的，或者从事高空、井下作业的，或者在爆炸性、易燃性、放射性、毒害性等危险环境下从事劳动，情节严重的行为。本罪的主体为一般主体，对实施上述行为的直接责任人员，处三年以下有期徒刑或者拘役，并处罚金；情节特别严重的，处三年以上七年以下有期徒刑，并处罚金。其次，《刑法修正案（六）》在《刑法》第二百六十二条后增加一条，作为第二百六十二条之一，规定了“组织残疾人、儿童乞讨罪”，其行为表现为：以暴力、胁迫手段组织残疾人或者不满十四周岁的未成年人乞讨的行为。本罪为行为犯，对于实施了上述行为的人，处三年以下有期徒刑或者拘役，并处罚金；情节严重的，处三年以上七年以下有期徒刑，并处罚金。第三，《刑法修正案（七）》在《刑法》第二百六十二条之一后增加一条，作为第二百六十二条之二，规定了“组织未成年人进行违反治安管理活动罪”，其行为表现为：实施了组织未成年人进行盗窃、诈骗、抢夺、敲诈勒索等违反治安管理活动的行为。本罪为行为犯，对于实施了上述行为的人，处三年以下有期徒刑或者拘役，并处罚金；情节严重的，处三年以上七年以下有期徒刑，并处罚金。

5. 出售、非法提供公民个人信息罪和非法获取公民个人信息罪

近年来，计算机系统用户发展迅速，中国目前互联网用户近3亿人。在网络快速发展的同时信息网络违法犯罪也持续大幅上升。中国个人信息安全形势十分严峻。为了保护公民个人信息的安全以及生活的安宁，《刑法修正案（七）》在《刑法》第二百五十三条后增加一条，作为第二百五十三条之一，增设了出售、非法提供公民个人信息罪和非法获取公民个人信息罪两个罪名。首先，根据该条第一款的规定，出售、非法提供公民个人信息罪是指国家机关或者金融、电信、交通、教育、医疗等单位的工作人员，违反国家规定，将本单位在履行职责或者提供服务过程中获得的公民个人信息，出售或者非法提供给他人，情节严重的行为。个人信息，包括公民姓名、性别、年龄、家庭电话号码、移动电话号码、职业、职务、婚姻、学历、经历、信用卡号码、储蓄卡号码等。本罪的主体为一般主体，单位可以构成本罪。自然人犯本罪的，处三年以下有期徒刑或者拘役，并处或者单处罚金；单位犯本罪的，对单位判处罚金，并对其直接负责的主管人员和其他直接责任人员，处三年以下有期徒刑或者拘役，并处或者单处罚金。其次，根据该条第二款的规定，非法获取公民个人信息罪是指窃取或者以其他方法非法获取个人信息，情节严重的行为。本罪的主体为一般主体，单位可以构成本罪。自然人犯本罪的，处三年以下有期徒刑或者拘役，并处或者单处罚金；单位犯本罪的，对单位判处罚金，并对其直接负责的主管人员和其他直接责任人员，处三年以下有期徒刑或者拘役，并处或者单处罚金。

（二）侵犯财产罪

侵犯财产罪是指以非法占有为目的，攫取公私财物，或者故意毁坏公私财物的行为。在侵犯财产罪中，《刑法》对盗窃罪和敲诈勒索罪进行了修改，增加规定了拒不支付劳动报酬罪。

1. 盗窃罪

盗窃罪是一种多发的常见犯罪。1997年《刑法》第二百六十四条规定的盗窃犯罪是指盗窃公私财物，数额较大或者多次盗窃的行为，其中对盗窃金融机构数额特别巨大的行为和盗窃珍贵文物情节严重的行为，判处无期徒刑或者死刑，并处没收财产。在司法实践中，由于盗窃犯罪属于非暴力的财产性犯罪，一般情况下不会造成人身或者其他方面的严重损害，对盗窃金融机构数额特别巨大的行为和盗窃珍贵文物情节严重的行为判处死刑，刑罚过于严厉。因此，《刑法修正案（八）》对《刑法》第二百六十四条进行了重大修改。首先，将

“盗窃公私财物，数额较大或者多次盗窃的”行为，修改为“盗窃公私财物，数额较大的，或者多次盗窃、入户盗窃、携带凶器盗窃、扒窃的”行为，直接将“入户盗窃、携带凶器盗窃、扒窃”这些行为规定为构成盗窃罪。其次，删去了原条文中的下列内容：“有下列情形之一的，处无期徒刑或者死刑，并处没收财产：（一）盗窃金融机构，数额特别巨大的；（二）盗窃珍贵文物，情节严重的。”即取消了对盗窃罪可以判处死刑的规定。

2. 敲诈勒索罪

敲诈勒索罪是指以非法占用为目的，以威胁或者要挟的方法，强索公私财物的行为。1997 年《刑法》第二百七十四条规定，敲诈勒索公私财物，数额较大的，处三年以下有期徒刑、拘役或者管制；数额巨大或者有其他严重情节的，处三年以上十年以下有期徒刑。这一规定要求敲诈勒索数额较大的行为才构成犯罪，没有规定行为发生的次数、发生的频率等。近年来，敲诈勒索已经成为黑恶势力攫取财富积聚经济实力的一个常用手段。

一些犯罪分子盯上企业家、名人等，将其骗到一处，然后派打手出面，以对其本人或其家庭成员的人身加害相威胁，迫使其在早已起草好的所谓欠他人巨额债务的文件上签名，或者强迫其写下曾向他人借巨额款项。一些黑恶势力犯罪团伙采用此手段短时间内就将巨额财产轻而易举地收入囊中。这类案件中的所谓欠条有受害人的本人签字，受害人说自己受到人身威胁难以举证，给打击此类犯罪造成困难。即便案件被破获，由于该罪法定最高刑只有十年有期徒刑，存在打击不力的问题。① 所以，《刑法修正案（八）》在《刑法》原二百七十四条的基础上，增加规定了“多次敲诈勒索”的行为，也构成该罪。在量刑方面，提高了敲诈勒索罪的最高法定刑，并增加了财产刑。对“数额较大或者多次敲诈勒索的，处三年以下有期徒刑、拘役或者管制”，增加规定了“并处或者单处罚金”；对“数额巨大或者有其他严重情节的”增加规定了“并处罚金”；还增加规定了“数额特别巨大或者有其他特别严重情节的，处十年以上有期徒刑，并处罚金。”将原来的法定最高刑由十年有期徒刑提升为有期徒刑十五年。而且，除了上述第一种情况是“并处或者单处罚金”之外，对“数额巨大或者有其他严重情节的”和“数额特别巨大或者有其他特别严重情节的”，必须并处罚金。

3. 拒不支付劳动报酬罪

近年来，“讨薪”一直是劳动争议的突出问题，拖欠农民工工资的现象非常严重，且一些企业老板欠薪逃匿，性质十分恶劣。这些行为严重破坏了社会主

---

① 黄太云：《〈刑法修正案（八）〉解读（二）》，《人民检察》2011 年第 7 期。

义市场经济秩序，侵犯劳动者的合法权益，有的甚至引发群体性事件发生，成为影响社会稳定的重要因素。鉴于此，《刑法修正案（八）》在《刑法》第二百七十六条后增加一条，作为第二百七十六条之一，规定了“拒不支付劳动报酬罪”，其内容为“以转移财产、逃匿等方法逃避支付劳动者的劳动报酬或者有能力支付而不支付劳动者的劳动报酬，数额较大，经政府有关部门责令支付仍不支付的，处三年以下有期徒刑或者拘役，并处或者单处罚金；造成严重后果的，处三年以上七年以下有期徒刑，并处罚金。”“单位犯前款罪的，对单位判处罚金，并对其直接负责的主管人员和其他直接责任人员，依照前款的规定处罚。”“有前两款行为，尚未造成严重后果，在提起公诉前支付劳动者的劳动报酬，并依法承担相应赔偿责任的，可以减轻或者免除处罚。”本罪的主体为一般主体，包括自然人和单位，单位犯本罪的，实行双罚制，既对单位判处罚金，又对其直接负责的主管人员和其他直接责任人员处以相应的刑罚。本罪在客观方面表现为：（1）以转移财产、逃匿等方法逃避支付劳动者的劳动报酬；（2）有能力支付而不支付劳动者的劳动报酬；（3）数额较大；（4）经政府有关部门责令支付仍不支付。对本罪的量刑，如果数额较大经政府有关部门责令支付仍不支付的，处三年以下有期徒刑或者拘役，并处或者单处罚金；如果造成严重后果的，处三年以上七年以下有期徒刑，并处罚金；如果尚未造成严重后果，在提起公诉前支付劳动者的劳动报酬，并依法承担相应赔偿责任的，可以减轻或者免除处罚。

六　保护国家对社会的管理活动，维护社会秩序

《刑法》通过完善妨害社会管理秩序罪的相关内容，保护国家对社会的管理活动，维护社会秩序。所谓妨害社会管理秩序罪，是指故意或过失地妨害国家对社会的管理活动，破坏社会秩序，情节严重的行为。近年来，《刑法》对妨害社会管理秩序罪进行了一系列修改与完善，例如：《刑法修正案（八）》取消了盗掘古文化遗址、古墓葬罪的死刑（第三百二十八条）；《刑法修正案（七）》修改了妨害动植物防疫、检疫罪（第三百三十七条），增加规定了“防疫”“有引起重大动植物疫情的危险，情节严重”的行为构成本罪；《刑法修正案（八）》修改了非法采矿罪（第三百四十三条第一款），将原规定中的“经责令停止开采后拒不停止开采，造成矿产资源破坏的”修改为“情节严重的”，将原规定中的“造成矿产资源严重破坏的”修改为“情节特别严重的”，取消了构成本罪的一些限制性条件，更加有利于打击非法采矿的行为；《刑法修正案（四）》修改了非法采伐、毁坏国家重点保护植物罪，增加规定了非法收购、运输、加工、出售国家重点保护植物、国家重点保护植物制品罪（第三百四十四条），将

“违反森林法的规定”修改为“违反国家规定”，扩大了适用法律依据的范围，增加规定了“国家重点保护的其他植物的，或者非法收购、运输、加工、出售珍贵树木或者国家重点保护的其他植物及其制品的”行为也构成犯罪；《刑法修正案（四）》将非法收购、运输盗伐、滥伐的林木罪（第三百四十五条第三款）中的“以牟利为目的，在林区非法收购明知是盗伐、滥伐的林木”修改为“非法收购、运输明知是盗伐、滥伐的林木”，这一修改，不再以犯罪人的犯罪目的“牟利”这一主观要件作为定罪量刑的标准，而是依据“非法”即违反法律规定这一客观要件作为定罪量刑的标准，更加客观、准确、具体；《刑法修正案（八）》还对协助组织卖淫罪（第三百五十八条第三款）进行了修改，将“协助组织他人卖淫的”修改为“为组织卖淫的人招募、运送人员或者有其他协助组织他人卖淫行为的”，使得“协助”不再抽象，其内容更加具体，操作性较原条文更强。除此之外，《刑法》还对下列犯罪进行了比较大的修改和完善。

（一）扰乱公共秩序罪

1. 非法获取计算机信息系统数据、非法控制计算机信息系统罪和提供侵入、非法控制计算机信息系统程序、工具罪

近年来，计算机系统用户发展迅速，同时信息网络违法犯罪也持续大幅上升，中国计算机网络安全形势十分严峻。

计算机系统被植入病毒、木马程序，后门、天窗等破坏性程序的案件大幅增加，给网络安全带来极大隐患。据国家计算机病毒应急处理中心统计，2007 年，中国接入互联网的计算机中约有 91.47% 被植入病毒、木马程序，被植入三种以上病毒、木马程序的占 53.64%，其中 87% 以上是以网络盗窃或者远程控制计算机为目的的木马程序，即中国每 10 台接入互联网的计算机中至少有 8 台受到黑客控制。其中位居前十位的病毒均是木马程序或者灰色软件携带的下载类程序。[①] 同时，计算机病毒与木马程序等恶意代码相结合，非法获取他人账号、身份认证信息，进而侵入他人计算机信息系统窃取计算机信息系统数据。这些情况对国家信息网络的安全造成严重威胁，严重扰乱了社会管理秩序，并对公民、法人和其他组织的合法权益构成威胁。为此，《刑法修正案（七）》在《刑法》第二百八十五条中增加两款作为第二款、第三款。该条第二款规定的“非法获取计算机信息系统数据、非法控制计算机信息系统罪”，是指违反国家规定，侵入国家事务、国防建设、尖端科学技术领域的

① 黄太云：《〈刑法修正案（七）〉解读》，《人民检察》2009 年第 6 期。

计算机信息系统以外的计算机信息系统或者采用其他技术手段，获取该计算机信息系统中存储、处理或者传输的数据，或者对该计算机信息系统实施非法控制，情节严重的行为。对于本罪的处罚，根据该款的规定，处三年以下有期徒刑或者拘役，并处或者单处罚金；情节特别严重的，处三年以上七年以下有期徒刑，并处罚金。该条第三款规定的“提供侵入、非法控制计算机信息系统程序、工具罪”，是指提供专门用于侵入、非法控制计算机信息系统的程序、工具，或者明知他人实施侵入、非法控制计算机信息系统的违法犯罪行为而为其提供程序、工具，情节严重的行为。对于犯本罪的，处三年以下有期徒刑或者拘役，并处或者单处罚金；情节特别严重的，处三年以上七年以下有期徒刑，并处罚金。

2. 组织、领导、参加黑社会性质组织罪和包庇、纵容黑社会性质组织罪

黑社会性质组织犯罪严重干扰国家正常的政治、经济秩序，严重威胁人民群众的安全，具有极大的社会危害性。根据中国 1997 年《刑法》第二百九十四条的规定，组织、领导、参加黑社会性质组织罪是指组织、领导和参加以暴力、威胁或者其他手段，有组织地进行违法犯罪活动，称霸一方，为非作恶，欺压、残害群众，严重破坏经济、社会生活秩序的黑社会性质的组织的行为。由于该规定中的“称霸一方，为非作恶，欺压、残害群众”等描述，反映的仅是该种犯罪行为外在表现的事实状态，而并没有对黑社会性质组织犯罪的本质特征予以规定，使得在司法实践中认定黑社会性质组织的标准不统一，如“称霸一方”到底称霸的范围有多广？并且，黑社会性质组织实施犯罪，多数都与攫取社会财富有关，以获取非法的经济、社会利益为目的，而 1997 年刑法却没有规定财产刑，难以从经济上遏制这里犯罪的增长势头。

为了适应社会的发展，2002 年 4 月全国人大常委会《关于〈中华人民共和国刑法〉第二百九十四条第一款的解释》规定，“黑社会性质组织”应当同时具备以下特征：(1) 形成较稳定的犯罪组织，人数较多，有明确的组织者、领导者，骨干成员基本固定；(2) 有组织地通过违法犯罪活动或者其他手段获取经济利益，具有一定的经济实力，以支持该组织的活动；(3) 以暴力、威胁或者其他手段，有组织地多次进行违法犯罪活动，为非作恶，欺压、残害群众；(4) 通过实施违法犯罪活动，或者利用国家工作人员的包庇或者纵容，称霸一方，在一定区域或者行业内，形成非法控制或者重大影响，严重破坏经济、社会生活秩序。这四个特征缺一不可，否则黑社会性质组织就不能认定。

经过了这些年的司法实践，《刑法修正案（八）》对《刑法》第二百九十四条规定的内容进行了较大的修改，主要表现在：(1) 将“组织、领导以暴力、威胁或者其他手段，有组织地进行违法犯罪活动，称霸一方，为非作恶，欺压、残害群众，严重破坏经济、社会生活秩序的黑社会性质的组织的”修改为“组织、领导黑社会性质的组织的”，取消了对黑社会性质的组织范围的不科学、不准确的界定。（2）明确了黑社会性质的组织应当同时具备的特征包括：“（一）形成较稳定的犯罪组织，人数较多，有明确的组织者、领导者，骨干成员基本固定；（二）有组织地通过违法犯罪活动或者其他手段获取经济利益，具有一定的经济实力，以支持该组织的活动；（三）以暴力、威胁或者其他手段，有组织地多次进行违法犯罪活动，为非作恶，欺压、残害群众；（四）通过实施违法犯罪活动，或者利用国家工作人员的包庇或者纵容，称霸一方，在一定区域或者行业内，形成非法控制或者重大影响，严重破坏经济、社会生活秩序。”（3）关于本罪的处罚，将最低刑“处三年以上十年以下有期徒刑”修改为“组织、领导黑社会性质的组织的，处七年以上有期徒刑，并处没收财产”，提高了对黑社会性质组织的组织者、领导者的刑罚；对“积极参加的”，处三年以上七年以下有期徒刑，可以并处罚金或者没收财产；对“其他参加的”，处三年以下有期徒刑、拘役、管制或者剥夺政治权利，可以并处罚金。（4）提高了涉及黑社会组织“保护伞”的刑罚，国家机关工作人员利用职权为黑社会性质组织提供保护，包庇黑社会性质的组织，或者纵容黑社会性质的组织进行违法犯罪活动，是黑社会性质组织的违法犯罪活动得以实施或者实施后得不到惩处的主要根源所在。所以，《刑法修正案（八）》提高了包庇、纵容黑社会性质组织罪的刑罚，将该罪的起点刑从原来的“处三年以下有期徒刑、拘役或者剥夺政治权利”提高为“处五年以下有期徒刑”，将“情节严重的，处三年以上十年以下有期徒刑”修改为“情节严重的，处五年以上有期徒刑”。

3. 寻衅滋事罪

《刑法修正案（八）》在中国 1997 年《刑法》第二百九十三条规定的寻衅滋事罪中，增加规定了“恐吓他人，情节恶劣的”，构成本罪；还增加规定了纠集他人多次实施寻衅滋事行为（包括随意殴打他人，追逐、拦截、辱骂、恐吓他人，强拿硬要或者任意损毁、占用公私财物，在公共场所起哄闹事，造成公共场所秩序严重混乱的行为，严重破坏社会秩序的行为）；将原来法条中的最高刑期五年有期徒刑提高为“处五年以上十年以下有期徒刑”，还规定“可以并处罚金”，即增加了财产刑。

4. 传授犯罪方法罪

《刑法修正案（八）》对《刑法》第二百九十五条规定的“传授犯罪方法罪”进行了修改，将原条文中“情节严重的，处五年以上有期徒刑”修改为

“情节严重的，处五年以上十年以下有期徒刑”，将原条文中的“情节特别严重的，处无期徒刑或者死刑”修改为“情节特别严重的，处十年以上有期徒刑或者无期徒刑。”可见，此次修改，取消了对该罪适用死刑的规定，同时，提高了“情节严重”的量刑档次，对“情节特别严重的”，取消了死刑，保留地无期徒刑，增加规定了“处十年以上有期徒刑”。

5. 开设赌场罪

对于开设赌场罪，《刑法修正案（六）》将其从1997年《刑法》第三百零三条第一款中分立出来作为第二款，在原有规定基础上增加规定了“情节严重的，处三年以上十年以下有期徒刑，并处罚金。”取消了“以营利为目的”的限制性主观要件，加重了自由刑，增加了财产刑。值得注意的是，这里“开设赌场”，既包括在现实社会中为赌博提供场所、设定赌博方式、提供赌具、筹码，接受赌客投注的行为，还包括在网络上开设赌博网站，设定赌博方式、接受赌客投注的行为。

（二）妨害司法罪

在妨害司法罪中，《刑法修正案（六）》修改了1997年《刑法》第三百一十二条规定的“掩饰、隐瞒犯罪所得、犯罪所得收益罪”，将“明知是犯罪所得的赃物”修改为“明知是犯罪所得及其产生的收益”，增加规定了“以其他方法掩饰、隐瞒”的行为也构成本罪，还增加规定了“情节严重的，处三年以上七年以下有期徒刑，并处罚金”，提高了该罪的量刑幅度。《刑法修正案（七）》在《刑法》第三百一十二条中增加一款作为第二款，增加规定单位可以构成本罪，实行双罚制，对单位判处罚金，并对其直接负责的主管人员和其他直接责任人员，依照有关规定处罚。

（三）破坏环境资源保护罪

环境包括大气、水、海洋、土地、矿藏、森林、草原等，与人类的生产、生活息息相关，环境资源是人类生存的基础。然而，随着人类的发展，对环境造成的污染和破坏的情况日益严重，空气污染、水污染、放射性污染如日本的核泄漏造成的污染等直接威胁到人类的生存和发展。目前，破坏环境资源的违法犯罪活动已引起世界各国的高度重视，各国都在致力于加强对破坏环境资源犯罪的预防和打击。

在中国也存在着严峻的生态环境恶化的情况。水资源短缺、土地荒漠化发展、有害气体排放增加、生物多样性减少、城市的垃圾公害和食品污染等，危害着很多人最基本的生存条件。随着中国加工工业特别是重化工业的快速发展，一些地区的环境污染和生态破坏状况令人触目惊心，破坏环境资源的案件也屡屡发生，有法不依、执法不严、违法不究的现象仍然大量存在，环境污染已经成为中国当前重大的社会公害。

中国的立法机关对于破坏环境犯罪非常重视。为了保护环境资源，中国也相继制定了《环境保护法》、《森林法》等许多相关法律、法规，在《刑法》第六章妨害社会管理秩序罪第六节中规定了破坏环境资源保护罪。

然而，破坏环境的犯罪定罪量刑中还存在着很多问题。首先，犯罪主体难以确定。例如，太湖、滇池的水污染问题，由于沿岸有不少企业都在往湖中排放废水，加上居民的生活废水，使得破坏环境的主体责任很难分清。其次，法条规定的内容弹性很大，实践中难以操作。在《刑法》“破坏环境资源保护罪”一节中的很多条文都规定了“致使公私财产遭受重大损失或者严重危害人体健康的”，如何认定“重大损失”和“严重危害”，标准很难统一，而且有的财产性损失和健康的伤害不是马上就显露出来的，有的可能需要几年，有的还可能需要几十年。中国1997年《刑法》第三百三十八条规定的重大环境污染事故罪，要求“造成重大环境污染事故，致使公私财产遭受重大损失或者人身伤亡的严重后果”，意味着无论行为人对环境造成多么严重的污染，只要没有造成公私财产的重大损失或者人身伤亡的严重后果，就不能追究污染者的刑事责任，同时该规定还限定了污染排放的范围，局限在“向土地、水体、大气排放、倾倒或者处置有放射性的废物、含传染病病原体的废物、有毒物质或者其他危险废物”，范围太窄，直接造成了对该类犯罪的打击不力、很多犯罪行为无法得到追究。

为了改变这一现象，《刑法修正案（八）》将第三百三十八条的“重大环境污染事故罪”修改为“污染环境罪”，原条文中的“造成重大环境污染事故，致使公私财产遭受重大损失或者人身伤亡的严重后果”修改为“严重污染环境”，这样，只要造成“严重污染”，就可以构成犯罪，而不需要财产损失和人员伤亡作为犯罪要件，降低了犯罪构成的门槛，即使没有造成重大环境污染事故，但长期违反国家规定，超标准排放、倾倒、处置有害物质，已使环境受到严重污染或破坏的情形。同时，还删除了排放、倾倒位置的限定性条件“土地、水体、大气”，扩大了被污染的范围；将“其他危险废物”修改为“其他有害物质”，扩大了排放、倾倒或者处置有害物质的范围。

应该从如下几个方面完善中国关于破坏环境犯罪的立法规定。首先，应该扩大《刑法》对生态环境的保护范围，将与人类生存有关的环境因素都纳入到《刑法》保护的范围。《自然保护区条例》第四十条规定，“造成污染或者破坏事故，构成犯罪的，依照刑法追究刑事责任。”但《刑法》并没有关于污染或破坏自然保护区的相关规定，使得《刑法》与行政法规难以衔接。有论者认为应该在中国《刑法》中增设破坏草原罪、破坏土地资源罪、破坏野生植物罪、破坏湿地保护罪、噪音污染罪。① 其次，应该完善破坏环境罪的主观方面。有论者提出应该完善破坏环境犯罪的主观方面，在环境犯罪中采用严格责任，实行过错推定原则。② 第三，应该完善破坏环境罪的刑罚制度。有论著提出，惩罚环境犯罪的目的是防止污染和破坏，能够有效地阻止破坏的扩大和挽回损失。监禁刑的成本高且打击的效果也不是很明显。为发挥资格刑在防治危害生态犯罪中的作用，在以后的刑事立法中应当移植国外生态环境刑事法律的相关经验，考虑增设禁止从事特定职业或活动、禁止犯罪法人从事特定业务、勒令歇业、暂时或永久地剥夺从事某种职业的权利、解散犯罪法人、剥夺荣誉称号等处罚措施。③ 笔者同意在破坏环境罪中除了适用资格刑、有期徒刑、拘役、管制、罚金、没收财产之外，对于造成严重环境污染的行为，如类似 2011 年日本福岛的东京电站核泄漏事件的情况，应该增设无期徒刑。

七　规范公权力运行，严密职务犯罪的刑事法网，防治腐败犯罪

腐败犯罪严重威胁着社会稳定与安全，受贿、行贿是钱权交易的代表，也是腐败犯罪的集中体现。新一届中央领导多次表示对腐败问题“零容忍”的坚定决心，要做到有腐必反、有贪必肃。但是，毋容讳言，“小官大贪、高官巨贪”在中国已经不是个别现象，要打好反腐败的“歼灭战”和“持久战”，需要标本兼治、惩防并举。而在预防和惩治腐败犯罪的各项措施中，立法的完善特别是刑事立法的完善尤为重要。

（一）贪污贿赂罪

贪污贿赂罪是指贪污、受贿、挪用公款，以及其他贪利性的职务犯罪行为和相关的行贿、介绍贿赂等一类犯罪的总称，是利用担任一定的国家公职之便，实施侵犯职务行为的廉洁性与不可收买性的行为。廉洁的公务员队伍对于营建公平有序的市场竞争秩序至关重要，同时也是政府威信的根基。鉴于贪腐犯罪严重危害公务员队伍在普通民众中的公信力，中国《刑法》分则第八章专门规

---

① 韦玉成：《论中国环境刑事立法的不足与完善》，《法制与社会》2009 年第 3 期。

② 陈红霞：《论中国环境犯罪构成理论的完善》，《法制与社会》2010 年第 1 期。

③ 杨春洗、刘生荣等：《危害环境罪的理论与实务》北京高等教育出版社 1999 年版，第 311 ~ 312 页。

定了贪污贿赂罪，共涉及15个条文、13个罪名，其中，贪污罪与贿赂罪的法定最高刑为死刑。随着形势的发展和变化，贪污贿赂犯罪出现了一些新情况和新问题，原有的刑法规范已经不能适应反腐败斗争的需要。为了进一步完善《刑法》对贪污贿赂犯罪的法律规定，刑法修正案（七）新增了利用影响力受贿罪，并提高了巨额财产来源不明罪的法定刑。

1. 利用影响力受贿罪

《刑法修正案（七）》在《刑法》第三百八十八条后增加一条作为第三百八十八条之一，增加规定了“利用影响力受贿罪”。

中国批准的《联合国反腐败公约》第十八条对影响力交易犯罪做了明确规定，要求各缔约国将“公职人员或者其他任何人为其本人或者他人直接或间接索取或者收受任何不正当好处，以作为该公职人员或者该其他人员滥用本人的实际影响力或者被认为具有的影响力，从缔约国的行政部门或者公共机构获得任何不正当好处的条件”的行为规定为犯罪。其中的“公职人员或者其他任何人”就包括国家工作人员、离职的国家工作人员及其配偶、子女、亲朋好友等非国家工作人员。随着中国反腐败斗争的深入，在司法实践中遇到了一些新问题：一些国家工作人员的配偶、子女、亲朋好友利用其对国家工作人员的影响力，通过在职的国家工作人员，为请托人办事谋取不正当利益，收受请托人财物。事情败露后，在职的国家工作人员否认知道收受财物之事，案件难以侦破。一些已经离职的国家工作人员，虽然已不具备国家工作人员的身份，但他们或者其近亲属及关系密切的人利用其在职时形成的影响力，为请托人谋取不正当利益，自己从中索取或者收受财物。这些行为具有严重的社会危害性，应该追究其刑事责任。所以，《刑法修正案（七）》增加规定了利用影响力受贿罪，其内容为“国家工作人员的近亲属或者其他与该国家工作人员关系密切的人，通过该国家工作人员职务上的行为，或者利用该国家工作人员职权或者地位形成的便利条件，通过其他国家工作人员职务上的行为，为请托人谋取不正当利益，索取请托人财物或者收受请托人财物，数额较大或者有其他较重情节的，处三年以下有期徒刑或者拘役，并处罚金；数额巨大或者有其他严重情节的，处三年以上七年以下有期徒刑，并处罚金；数额特别巨大或者有其他特别严重情节的，处七年以上有期徒刑，并处罚金或者没收财产。”“离职的国家工作人员或者其近亲属以及其他与其关系密切的人，利用该离职的国家工作人员原职权或者地位形成的便利条件实施前款行为的，依照前款的规定定罪处罚。”

该罪的犯罪主体为特殊主体，即国家工作人员的近亲属或者其他与该国家工作人员关系密切的人以及离职的国家工作人员或者其近亲属以及其他与其关系密切的人。“近亲属”主要是指夫、妻、父、母、子、女、同胞兄弟姊妹、祖父母、外祖父母、孙子女、外孙子女。“其他与其关系密切的人”，是指除近亲属之外的其他关系亲近、可以间接或无形的方式对国家工作人员的行为、决定施加影响的人。“离职的国家工作人员”是指曾经是国家工作人员，但由于离休、退休、辞职、辞退等原因目前已离开了国家工作人员岗位的人。

本罪的客观方面表现为：一方面，国家工作人员的近亲属或者其他与该国家工作人员关系密切的人，通过该国家工作人员职务上的行为，或者利用该国家工作人员职权或者地位形成的便利条件，通过其他国家工作人员职务上的行为，为请托人谋取不正当利益，索取请托人财物或者收受请托人财物，数额较大或者有其他较重情节的行为。另一方面，离职的国家工作人员或者其近亲属以及其他与其关系密切的人，利用该离职的国家工作人员原职权或者地位形成的便利条件，通过其他国家工作人员职务上的行为，为请托人谋取不正当利益，索取请托人财物或者收受请托人财物。根据最高人民法院2003年11月13日发布的《全国法院审理经济犯罪案件座谈会纪要》（法〔2003〕167号）的规定，“利用职务上的便利”，既包括利用本人职务上主管、负责、承办某项公共事务的职权，也包括利用职务上有隶属、制约关系的其他国家工作人员的职权。“利用本人职权或者地位形成的便利条件”，是指行为人与被其利用的国家工作人员之间在职务上虽然没有隶属、制约关系，但是行为人利用了本人职权或者地位产生的影响和一定的工作联系，如单位内不同部门的国家工作人员之间、上下级单位没有职务上隶属、制约关系的国家工作人员之间、有工作联系的不同单位的国家工作人员之间等。

关于对犯本罪适用的刑罚，根据《刑法》的规定，处三年以下有期徒刑或者拘役，并处罚金；数额巨大或者有其他严重情节的，处三年以上七年以下有期徒刑，并处罚金；数额特别巨大或者有其他特别严重情节的，处七年以上有期徒刑，并处罚金或者没收财产。

2. 巨额财产来源不明罪

预防腐败，必须对公职人员的财产加强监督。在现实生活中，有些国家工作人员聚敛大量财富，其拥有的财产远远高于其正常收入几十倍、几百倍，本人不能说明其财产的合法来源，司法机关也难以获得其犯罪证据。1997年《刑法》第三百九十五条第一款规定的该罪的最高刑期为五年，明显与其严重的社会危害性不相适应。所以，《刑法修正案（七）》将《刑法》第三百九十五条第一款修改为：“国家工作人员的财产、支出明显超过合法收入，差额巨大的，可以责令该国家工作人员说明来源，不能说明来源的，差额部分以非法所得论，处五年以下有期徒刑或者拘役；差额特别巨大的，处五年以上十年以下有期徒刑。财产的差额部分予以追缴。”与原条文相比，《刑法修正案（七）》将“国家工作人员的财产或者支出明显超过合法收入”修改为“国家工作人员的财产、支出明显超过合法收入”，虽然内容差别不是很大，但是用语更加科学，而且，财产、支出无论其中一项达到，还是二者相加达到差额巨大的数额标准，都可以追究刑事责任的含义更加明确，更有利于打击这类犯罪。《刑法修正案（七）》对本罪的最重要的修改是将法定最高刑从五年提高到十年有期徒刑，加大了对此类犯罪的打击力度。

值得注意的是，刑法只是惩治贪腐犯罪的一环，而对贪腐犯罪到底在何种程度上、有多大的预防作用，仍然不无疑问，“前腐后继”现象的大量存在就是一个明显的例证。反腐败的关键在于完善各种制度，“因为，一些看似约束力很小的制度能够有效发挥作用，其实是建立在一些更基础的制度之上的，这些更基础的制度实际上也就是社会秩序更深厚的基石。”① 例如，目前中国的官员财产申报制度迄今尚未有正式的法律予以规定，而仅仅是由政策性文件加以规定，并且申报主体限定在县处级以上干部，而已经发案的科级干部贪污受贿的数额在千万元以上的不在少数。由此可见，公务员及其家庭成员财产申报制度的立法刻不容缓。

（二）渎职罪

渎职犯罪是指国家机关工作人员不当行使职权，在公务活动中滥用职权、玩忽职守，妨害国家机关的正常管理秩序，致使国家与人民利益遭受重大损失的行为。对于国家机关工作人员以外的国有公司、企业、事业单位等国家工作人员在工作中不尽职守等渎职行为，根据行为的不同性质与危害程度，分别规定在《刑法》分则的各有关章节。而关于国家机关工作人员的渎职犯罪主要集中规定于刑法第九章，共涉及 23 个条文 37 个罪名，《刑法修正案（四）》增加规定了执行判决、裁定失职罪和执行判决、裁定滥用职权罪，《刑法修正案（六）》增加规定了枉法仲裁罪，《刑法修正案（八）》新增了食品安全监管失职罪。

1. 执行判决、裁定失职罪和执行判决、裁定滥用职权罪

《刑法修正案（四）》在《刑法》第三百九十九条中增加一款作为第三款，增加规定了“执行判决、裁定失职罪”和“执行判决、裁定滥用职权罪”，其内

① 孙立平：《守卫底线——转型社会生活的基础秩序》，社会科学文献出版社 2007 年版，第 11 页。

容为“在执行判决、裁定活动中，严重不负责任或者滥用职权，不依法采取诉讼保全措施、不履行法定执行职责，或者违法采取诉讼保全措施、强制执行措施，致使当事人或者其他人的利益遭受重大损失的，处五年以下有期徒刑或者拘役；致使当事人或者其他人的利益遭受特别重大损失的，处五年以上十年以下有期徒刑。”

根据第三百九十九条第三款的规定，执行判决、裁定失职罪，是指在执行判决、裁定活动中，严重不负责任，不依法采取诉讼保全措施、不履行法定执行职责，致使当事人或者其他人的利益遭受重大损失的行为。本罪侵犯的客体是司法公正与国家司法机关的正常活动。客观方面表现为在执行判决、裁定活动中，严重不负责任，不依法采取诉讼保全措施、不履行法定执行职责，致使当事人或者其他人的利益遭受重大损失。本罪只能由不作为方式实施。本罪的主体是特殊主体，只能由司法工作人员实施。主观方面是过失。关于对本罪的处罚，《刑法》规定，犯本罪的，处五年以下有期徒刑或者拘役；致使当事人或者其他人的利益遭受特别重大损失的，处五年以上十年以下有期徒刑。

根据第三百九十九条第三款的规定，执行判决、裁定滥用职权罪，是指在执行判决、裁定过程中，滥用职权，不依法采取诉讼保全措施、不履行法定执行职责，或者违法采取诉讼保全措施、强制执行措施，致使当事人或者其他人的利益遭受重大损失的行为。本罪侵犯的客体是司法公正与国家司法机关的正常活动。客观方面表现为在执行判决、裁定活动中，滥用职权，不依法采取诉讼保全措施、不履行法定执行职责，或者违法采取诉讼保全措施、强制执行措施，致使当事人或者其他人的利益遭受重大损失。既可以作为方式实施，也可以不作为方式实施。作为方式实施的通常表现为：（1）故意超标的查封、扣押、冻结被执行人可分割财产；（2）错误变更或者追加被执行主体；（3）为谋私情、私利或者为一方当事人的利益，违反有关规定，选择审计、评估、拍卖、鉴定等中介机构时弄虚作假；（4）故意违反法律规定对被执行人、协助执行人以及其他人采取拘传、拘留、罚款等强制措施；（5）指使或者暗示有关部门、有关人员在评估、拍卖中违反国家规定，故意压低或者抬高价格，损害当事人利益等。不作为方式实施的通常表现为：（1）对应当执行也有条件执行的案件不积极采取措施执行，而是敷衍了事，甚至故意不执行。（2）当事人拿到判决书己，申请也交了执行费，但执行人员既不按照法律和有关司法解释的规定去主动调查被执行人的财产情况，也不依法采取措施责令被执行人提供有关信息，而是要求申请执行人提供被执行人的财产线索。如果申请执行人不能提供有关被执行人的财产线索，执行人员便以此为由而不采取执行措施，使案件一拖几年，甚至几十年都执行不了。（3）上级法院已经依法审查并裁定执行的仲裁裁决，下级法院的执行人员随意以“事实不清，适用法律不当”等为由，拒绝执行。（4）有的执行人员不仅不依法采取诉讼保全措施、强制执行措施，反而给被执行人通风报信，为其转移、隐匿、变卖可被执行财产提供方便。（5）有的执行人员在案件未执行时就做结案处理，并且不告知债权人，严重损害债权人的利益。（6）有的执行人员对案件外第三人针对执行标的提出的异议不依法审查和处理，严重损害第三人的利益等。[①] 本罪的主体是特殊主体，只能由司法工作人员实施。本罪在主观方面是故意。关于本罪的处罚，根据《刑法》的规定，犯本罪的，处五年以下有期徒刑或者拘役；致使当事人或者其他人的利益遭受特别重大损失的，处五年以上十年以下有期徒刑。

2. 枉法仲裁罪

随着中国仲裁案件的增多，一些仲裁人员，在履行职责的过程中，以公开或者暗示方式向当事人索要财物，或者非法接受当事人财物，或者徇私情、私利，违背事实和法律，枉法裁判。就对当事人权利义务造成的实质损害而言，枉法仲裁与司法工作人员的枉法裁判也无大的区别，这类行为对仲裁制度的公正性造成严重损害，社会危害性很大。为此，《刑法修正案（六）》在《刑法》第三百九十九条后增加一条，作为第三百九十九条之一，规定了枉法仲裁罪，其内容为：“依法承担仲裁职责的人员，在仲裁活动中故意违背事实和法律作枉法裁决，情节严重的，处三年以下有期徒刑或者拘役；情节特别严重的，处三年以上七年以下有期徒刑。”

本罪的犯罪主体为“依法承担仲裁职责的人员”，包括依据法律、行政法规和部门规章的规定承担仲裁职责的人员，不仅包括依据仲裁法的规定，在独立于行政机关，与行政机关没有隶属关系的仲裁委员会对民商事争议承担仲裁职责的人员，而且包括依据劳动法、公务员法、体育法、著作权法、反兴奋剂条例、企业劳动争议处理条例等规定，在有政府行政主管部门代表参加组成的仲裁机构中对法律、行政法规、部门规章规定的特殊争议承担仲裁职责的人员。本罪在主观方面是直接故意，在客观方面表现为违背事实和法律作枉法裁决情节严重的行为。“枉法裁决”是指依照案件的事实和法律本应判决当事人胜诉或败诉的，却颠倒黑白地判处当事人败诉或者胜诉，或者随意减轻或加重当事人的民事、行政责任等。构成本罪必须情节严重，根据最高人民检察院 1999 年 8

---

① 最高人民检察院法律政策研究室编：《检察业务指导》2003 年第 1 辑，法律出版社 2003 年版，第 49 页。

月 6 日《关于人民检察院直接受理立案侦查案件立案标准的规定（试行）》的规定，情节严重是指有下列情形之一的：（1）因枉法裁判，致使公民财产损失或者法人或者其他经济组织财产损失重大的；（2）当事人及其亲属因枉法裁判而自杀、伤残、精神失常的；（3）伪造有关材料、证据，制造假案枉法裁判的；（4）串通当事人制造伪证，毁灭证据或者篡改庭审笔录而枉法裁判的；（5）其他情节严重的情形。关于对本罪的处罚，《刑法》规定，犯本罪的，处三年以下有期徒刑或者拘役；情节特别严重的，处三年以上七年以下有期徒刑。

3. 食品监管渎职罪

如前所述，中国在食品领域屡屡发生重大食品安全事故，社会各界反响强烈，由于食品安全关系人民群众的身体健康和切身利益，政府有关部门对食品安全监督失职问题一直备受社会苛责。一些负有食品安全监管职责的国家机关工作人员，虽然涉嫌玩忽职守或者滥用职权，却很少被追究刑事责任。出于现实需要的考虑，《刑法修正案（八）》增加规定了食品监管渎职罪，将其从《刑法》第三百九十七条规定的滥用职权罪和玩忽职守罪中分立出来，旨在能够更加有效地打击这类犯罪。

《刑法修正案（八）》在《刑法》第四百零八条后增加一条，作为第四百零八条之一，规定“负有食品安全监督管理职责的国家机关工作人员，滥用职权或者玩忽职守，导致发生重大食品安全事故或者造成其他严重后果的，处五年以下有期徒刑或者拘役；造成特别严重后果的，处五年以上十年以下有期徒刑。”“徇私舞弊犯前款罪的，从重处罚。”本罪犯罪主体是特殊主体，是负有食品安全监督管理职责的国家机关工作人员。本罪在客观方面表现为行为人必须具有“滥用职权或者玩忽职守，导致发生重大食品安全事故或者造成其他严重后果的”行为。“滥用职权”，是指负有食品安全监督管理职责的人员超越职权，违法决定、处理其无权决定、处理的事项，或者违反规定处理公务的行为。“玩忽职守”，是指负有食品安全监督管理职责的人员严重不负责任，不履行或者不认真履行其职责的行为。“重大食品安全事故”，指食物中毒、食源性疾病、食品污染等源于食品，对人体健康有危害或者可能有危害的重大事故。其中，食物中毒，指食用了被有毒有害物质污染的食品或者食用了含有毒有害物质的食品后出现的急性、亚急性疾病。食源性疾病，指食品中致病因素进入人体引起的感染性、中毒性等疾病。“造成其他严重后果”，是指虽未发生重大食品安全事故，但由于食品安全监督管理方面的问题，造成其他严重后果的情形。[①] 关于对本罪的处罚，《刑法》规定，犯本罪

---

① 黄太云：《〈刑法修正案（七）〉对惩治腐败相关条文的完善》，《中国检察官》2009 年第 5 期。

的，处五年以下有期徒刑或者拘役；造成特别严重后果的，处五年以上十年以下有期徒刑；徇私舞弊犯本罪的，从重处罚。这里的徇私舞弊，是指徇私情、徇私利，弄虚作假的行为。由于这种行为从个人利益出发，徇私情、徇私利，置国家和社会公众的利益于不顾，主观恶性要比其他渎职犯罪行为严重，因此，《刑法》规定对其予以从重处罚。

附录一 刑事法治十年重大立法

1. 2002年1月14日全国人大常委会法工委《关于对“隐匿、销毁会计凭证、会计账簿、财务会计报告构成犯罪的主体范围”问题的答复意见》

2. 2002年4月28日第九届全国人民代表大会常务委员会第二十七次会议通过的《关于〈中华人民共和国刑法〉第二百九十四条第一款的解释》

3. 2002年4月28日第九届全国人民代表大会常务委员会第二十七次会议通过的《关于〈中华人民共和国刑法〉第三百八十四条第一款的解释》

4. 2002年7月24日全国人大常委会法工委《关于已满十四周岁不满十六周岁的人承担刑事责任范围问题的答复意见》

5. 2002年8月29日第九届全国人民代表大会常务委员会第二十九次会议通过的《关于〈中华人民共和国刑法〉第三百一十三条的解释》

6. 2002年12月28日第九届全国人民代表大会常务委员会第三十一次会议通过的《关于〈中华人民共和国刑法〉第九章渎职罪主体适用问题的解释》

7. 2002年12月28日第九届全国人民代表大会常务委员会第三十一次会议通过的《中华人民共和国刑法修正案（四）》

8. 2004年12月29日第十届全国人民代表大会常务委员会第十三次会议通过的《关于〈中华人民共和国〉有关信用卡规定的解释》

9. 2005年2月28日第十届全国人民代表大会常务委员会第十四次会议通过的《中华人民共和国刑法修正案（五）》

10. 2005年12月29日第十届全国人民代表大会常务委员会第十九次会议通过的《关于〈中华人民共和国〉有关出口退税、抵扣税款的其他发票规定的解释》

11. 2005年12月29日第十届全国人民代表大会常务委员会第十九次会议通过的《关于〈中华人民共和国刑法〉有关文物的规定适用于具有科学价值的古脊椎动物化石、古人类化石的解释》

12. 2006年6月29日第十届全国人民代表大会常务委员会第二十二次会议通过的《中华人民共和国刑法修正案（六）》

12. 2009年2月28日第十一届全国人民代表大会常务委员会第七次会议通过的《中华人民共和国刑法修正案（七）》

14. 2011年2月25日第十一届全国人民代表大会常务委员会第十九次会议通过的《中华人民共和国刑法修正案（八）》

15. 2011年10月29日第十一届全国人民代表大会常务委员会第二十三次会议通过的单行刑法《关于加强反恐怖工作有关问题的决定》

附录二　刑事法治十年大事纪

1. 2002 年 7 月 8 日，最高人民法院、最高人民检察院、海关总署发布了《办理走私刑事案件适用法律若干问题的意见》。

2. 2003 年 5 月 15 日，最高人民法院、最高人民检察院发布了《关于办理妨害预防、控制突发传染病疫情等灾害的刑事案件具体应用法律若干问题的解释》。

3. 2003 年 7 月，最高人民法院、最高人民检察院、公安部、司法部联合颁发了《关于开展社区矫正试点工作的通知》。

4. 2003 年 11 月 13 日，最高人民法院发布了《全国法院审理经济犯罪案件座谈会纪要》。

5. 2005 年 1 月，最高人民法院、最高人民检察院、公安部、司法部联合颁发了《关于扩大社区矫正试点范围的通知》。

6. 2005 年的“雀巢奶粉碘超标事件”。

7. 2006 年 9 月 21 日，最高人民法院发布了《关于审理走私刑事案件具体应用法律若干问题的解释（二）》。

8. 2008 年 6 月 25 日，最高人民检察院、公安部发布了《关于公安机关管辖的刑事案件立案追诉标准的规定（一）》。

9. 2008 年发生了“河北三鹿三聚氰胺奶粉事件”。

10. 2008 年 12 月 1 日最高人民法院发布了《全国部分法院审理毒品犯罪案件工作座谈会纪要》。

11. 2009 年 3 月 12 日，最高人民法院、最高人民检察院联合发布了《关于办理职务犯罪案件认定自首、立功等量刑情节若干问题的意见》。

12. 2009 年 5 月 27 日起施行的《关于办理生产、销售假药、劣药刑事案件具体应用法律若干问题的解释》。

13. 2009 年 9 月 11 日最高人民法院发布了《关于醉酒驾车犯罪法律适用问题的意见》。

14. 2009 年 10 月，最高人民法院、最高人民检察院、公安部、司法部联合颁发了《关于在全国试行社区矫正工作的意见》。

15. 2010 年 2 月 8 日，最高人民法院发布了《关于贯彻宽严相济刑事政策的若干意见》。

16. 2010 年 5 月 7 日，最高人民检察院、公安部发布了《关于公安机关管辖的刑事案件立案追诉标准的规定（二）》。

17. 2010 年 9 月 13 日，最高人民法院发布了《人民法院量刑指导意见（试行）》。

18. 2010 年 9 月 13 日，最高人民法院、最高人民检察院、公安部、国家安全部、司法部联合发布了《关于规范量刑程序若干问题的意见（试行）》。

19. 2010 年 11 月 6 日，最高人民法院、最高人民检察院、公安部、国家安全部、司法部联合发布了《关于加强协调配合积极推进量刑规范化改革的通知》。

20. 2010 年 12 月 22 日，最高人民法院发布了《关于处理自首和立功若干具体问题的意见》。

21. 2011 年 4 月 20 日，最高人民法院发布了《关于死刑缓期执行限制减刑案件审理程序若干问题的规定》。

22. 2011 年 4 月 28 日，最高人民法院、最高人民检察院、公安部、司法部联合发布了《关于对判处管制、宣告缓刑的犯罪分子适用禁止令有关问题的规定（试行）》。

23. 2011 年 11 月 21 日，最高人民法院发布了《关于办理减刑、假释案件具体应用法律若干问题的规定》。

24. 2011 年 12 月 20 日，最高人民法院发布“第 4 号指导案例”即王志才故意杀人案。

25. 2012 年 1 月 17 日，最高人民法院发布了《关于办理减刑、假释案件具体应用法律若干问题的规定》。

26. 2012 年 2 月 28 日，最高人民法院发布了《关于在审判执行工作中切实规范自由裁量权行使保障法律统一适用的指导意见》。

27. 2012 年 8 月 8 日，最高人民法院、最高人民检察院联合发布了《关于办理职务犯罪案件严格适用缓刑、免予刑事处罚若干问题的意见》。

28. 2012 年 9 月 18 日，最高人民法院发布“第 12 号指导案例”即李飞故意杀人案。

29. 2012 年 1 月 10 日，最高人民法院、最高人民检察院、公安部、司法部公布了《社区矫正实施办法》。

30. 2012 年 1 月 17 日发布了《最高人民法院关于办理减刑、假释案件具体应用法律若干问题的规定》。

31. 2012 年 5 月 28 日，最高人民检察院、公安部发布了《关于公安机关管辖的刑事案件立案追诉标准的规定（三）》。

32. 2012 年，全国海关开展为期一年的打击走私“国门之盾”行动。

刑事诉讼法治

王敏远　马　可*

一　刑事诉讼法治十年概述

（一）十年概述

2002 年至 2012 年这十年，是中国刑事诉讼法治取得重大进步的十年，一系列相关法律和司法解释的出台，使中国刑事诉讼法治日趋完善。无论是 2005 年《全国人民代表大会常务委员会关于司法鉴定管理问题的决定》的通过，还是 2006 年死刑复核权被最高人民法院收回；无论是 2007 年《律师法》的颁布，还是 2010 年“两个证据”规定的出台，都具有重大意义。特别是 2012 年《刑事诉讼法》的第二次修改，更是具有里程碑式的意义。

从某种意义上讲，在法律体系里，刑事诉讼法是仅次于宪法的基本法，它素有“小宪法”之称。1979 年颁布实施的《刑事诉讼法》，作为新中国第一部刑事诉讼法典，首次较为系统地规定了刑事诉讼的基本制度，其颁行标志着中国刑事司法开始走上法制化的道路。1996 年，《刑事诉讼法》进行了第一次修改，其修正案，无论在形式还是内容上都比 1979 年刑事诉讼法更加完善，对推动中国刑事司法制度的现代化具有积极意义。但是，随着时间的流逝，旧的刑事诉讼法修正案在新形势下处理新问题时又显得力不从心，人们对于《刑事诉讼法》也有了更多、更高的期待。因此，第二次修改《刑事诉讼法》势在必行。《刑事诉讼法》修改草案于 2011 年提出，经过两次审议之后，于 2012 年 3 月 14 日，由十一届全国人大五次会议通过。为配合《刑事诉讼法》的第二次修改，最高人民法院和最高人民检察院等机关相继颁布了一系列司法解释。

可以说，新修改的《刑事诉讼法》是刑事诉讼法治十年来之成果集大成者。大多数学者认为，此次刑诉法修改的进步是显而易见的，不管是提纲挈领地加入“尊重和保障人权”，还是下大力气解决刑讯逼供、非法取证等突出问题，或

---

* 王敏远，中国社会科学院法学研究所研究员；马可，中国社会科学院法学研究所副研究员。
本报告得益于冀祥德教授主持课题“新刑事诉讼法实施伏况研究”之研究报告，和程雪等：《刑事诉讼法的实施、问题与对策建议——中国刑事诉讼法学研究会 2013 年年会综述》。

者进一步完善辩护制度、强化律师作用等，都紧密契合着中国当前时代和现实发展的要求，对于修复执法漏洞、重建司法威信、推动法制化建设意义重大。然而，也有人认为，在涉及逮捕、拘留、监视居住等限制公民人身自由的规定上，仍有商榷的空间；许多规定比较模糊、可操作性不强，对司法解释过于依赖；甚至个别条款有放纵公权力、侵犯人权之嫌。虽然这种观点只是一家之言，但也足以引发进一步深入的思考。

本文通过对刑事诉讼十年来的立法和司法解释予以列举，并依照其内部逻辑加以梳理，结合十年来发生的具有重大社会影响的司法案例，对中国刑事诉讼法治的进步和不足进行分析，对刑事诉讼领域当前的热点问题加以介绍，对刑事诉讼法治的发展进行展望。

（二）十年立法和司法解释一览

十年来，全国人民代表大会、全国人大常委会制定的与刑事诉讼相关的法律和最高人民法院、最高人民检察院制定的与刑事诉讼相关的司法解释，公安部、司法部制定的与刑事诉讼相关的部门规章，以及若干部门联合制定的与刑事诉讼相关的解释（规范性文件），数量众多，现按由旧到新顺序列举如下。

2004 年 2 月 2 日《最高人民法院关于刑事附带民事诉讼范围问题的规定》

2005 年 4 月 7 日《最高人民法院关于对经济确有困难的当事人提供司法救助的规定》

2005 年 10 月 18 日《司法鉴定机构登记管理办法》

2005 年 10 月 18 日《司法鉴定人登记管理办法》

2005 年 12 月 22 日《人民检察院直接受理侦查案件立案、逮捕实行备案审查的规定（试行）》

2005 年 12 月 22 日《关于省级以下人民检察院对直接受理侦查案件作撤销案件、不起诉决定报上一级人民检察院批准的规定（试行）》

2006 年 9 月 26 日《最高人民法院、最高人民检察院关于死刑第二审案件开庭审理程序若干问题的规定（试行）》

2006 年 12 月 30 日《最高人民法院关于统一行使死刑案件核准权有关问题的决定》

2007 年 1 月 12 日《人民检察院讯问职务犯罪嫌疑人实行全程同步录音录像系统建设规范（试行）》

2007 年 1 月 12 日《人民检察院讯问职务犯罪嫌疑人实行全程同步录音录像技术工作流程（试行）》

2007 年 2 月 28 日《最高人民法院关于复核死刑案件若干问题的规定》

2007 年 3 月 23 日《最高人民法院关于司法解释工作的规定》

2007 年 5 月 14 日《人民检察院信访工作规定》

2007 年 6 月 15 日《人民检察院组织法》

2007 年 6 月 15 日《人民法院执行工作纪律处分办法（试行）》

2007 年 6 月 15 日《人民法院审判纪律处分办法（试行）》

2007 年 6 月 19 日《最高人民检察院关于人民检察院保障律师在刑事诉讼中依法执业的规定》

2007 年 6 月 19 日《最高人民法院、最高人民检察院、司法部关于适用简易程序审理公诉案件的若干意见》

2007 年 6 月 19 日《最高人民法院、最高人民检察院、司法部关于适用普通程序审理"被告人认罪案件"的若干意见（试行）》

2007 年 6 月 19 日《人民检察院直接受理立案侦查案件立案标准的规定（试行）》

2007 年 6 月 19 日《关于人民检察院直接受理立案侦查案件范围的规定》

2007 年 6 月 19 日《最高人民法院、最高人民检察院、公安部、国家安全部关于取保候审若干问题的规定》

2007 年 6 月 19 日《最高人民检察院关于修改〈人民检察院刑事诉讼规则〉第四百零五条和第四百零七条的通知》

2007 年 6 月 20 日《最高人民法院关于人民法院执行〈中华人民共和国国家赔偿法〉几个问题的解释》

2007 年 6 月 20 日《检察人员纪律处分条例（试行）》

2007 年 8 月 13 日《司法鉴定程序通则》

2007 年 9 月 11 日《最高人民法院关于完善院长、副院长、庭长、副庭长参加合议庭审理案件制度的若干意见》

2007 年 9 月 17 日《最高人民法院关于刑事赔偿和非刑事司法赔偿案件案由的暂行规定（试行）》

2007 年 9 月 17 日《最高人民法院关于高级人民法院统一管理执行工作若干问题的规定》

2007 年 11 月 6 日《最高人民法院、最高人民检察院关于执行〈中华人民共和国刑法〉确定罪名的补充规定（三）》

2007 年 11 月 22 日《最高人民检察院检务督察工作暂行规定》

2007 年 12 月 12 日《公安部关于印发〈公安机关办理伤害案件规定〉的通知》

2008 年 2 月 24 日《检察人员执法过错责任追究条例》

2008 年 3 月 29 日《看守所留所执行刑罚罪犯管理办法》

2008 年 5 月 25 日《最高人民法院、司法部关于充分保障律师依法履行辩护职责确保死刑案件办理质量的若干规定》

2008 年 6 月 14 日《人民检察院检察委员会组织条例》

2008 年 6 月 18 日《人民法院司法警察执法行为规范（试行）》

2008 年 7 月 22 日《律师事务所管理办法》

2008 年 7 月 22 日《律师执业管理办法》

2008 年 9 月 10 日《人民检察院信访工作规定》

2008 年 9 月 10 日《最高人民检察院司法解释工作规定》

2008 年 9 月 11 日《人民检察院劳教检察办法》

2008 年 9 月 11 日《人民检察院看守所检察办法》

2008 年 9 月 11 日《人民检察院监狱检察办法》

2008 年 9 月 11 日《人民检察院监外执行检察办法》

2008 年 9 月 28 日《人民法院监察工作条例》

2008 年 12 月 26 日《最高人民法院关于适用停止执行死刑程序有关问题的规定》

2009 年 3 月 7 日《中华人民共和国监狱法》

2009 年 3 月 7 日《劳动教养试行办法》

2009 年 3 月 14 日《最高人民法院印发〈关于"五个严禁"的规定〉和〈关于违反"五个严禁"规定的处理办法〉的通知》

2009 年 5 月 5 日《人民检察院举报工作规定》

2009 年 7 月 31 日《关于加强和规范监外执行工作的意见》

2009 年 10 月 16 日《最高人民法院、最高人民检察院关于执行〈中华人民共和国刑法〉确定罪名的补充规定（四）》

2009 年 12 月 7 日《人民检察院检察建议工作规定（试行）》

2009 年 12 月 23 日《最高人民法院关于司法公开的六项规定》

2010 年 1 月 17 日《最高人民法院关于进一步加强合议庭职责的若干规定》

2010 年 1 月 18 日《人民法院审判人员违法审判责任追究办法（试行）》

2010 年 1 月 20 日《中华人民共和国检察官职业道德基本准则（试行）》

2010 年 1 月 20 日《最高人民法院关于人民陪审员参加审判活动若干问题的规定》

2010 年 1 月 27 日《人民法院工作人员处分条例》

2010 年 2 月 25 日《一审未成年人刑事案件适刑事判决书样式》

2010 年 3 月 19 日《最高人民法院关于印发〈人民法院有关部门配合监察部

门核查违纪违法线索暂行办法〉的通知》

2010年3月21日《最高人民法院关于财产刑执行问题的若干规定》

2010年4月1日《最高人民法院关于进一步加强人民法院“立案信访窗口”建设的若干意见（试行）》

2010年4月1日《最高人民法院关于对被判处死刑的被告人未提出上诉、共同犯罪的部分被告人或者附带民事诉讼原告人提出上诉的案件应适用何种程序审理的批复》

2010年4月1日《最高人民法院、最高人民检察院关于人民检察院检察长列席人民法院审判委员会会议的实施意见》

2010年4月1日《最高人民法院关于改革和完善人民法院审判委员会制度的实施意见》

2010年4月13日《司法鉴定执业活动投诉处理办法》

2010年4月13日《律师事务所年度检查考核办法》

2010年5月15日《人民法院诉讼文书立卷归档办法》《人民法院诉讼档案管理办法》《关于人民法院诉讼档案保管期限的规定》

2010年6月25日《最高人民法院、最高人民检察院、公安部、国家安全部、司法部关于办理刑事案件排除非法证据若干问题的规定》

2010年6月25日《最高人民法院、最高人民检察院、公安部、国家安全部、司法部关于办理死刑案件审查判断证据若干问题的规定》

2010年6月28日印发《〈关于办理死刑案件审查判断证据若干问题的规定〉和〈关于办理刑事案件排除非法证据若干问题的规定〉的通知》

2010年6月29日《最高人民法院等部门关于在全国试行社区矫正工作的意见》

2010年8月28日《中华人民共和国人民调解法》

2010年9月1日《关于对死刑判决提出上诉的被告人在上诉期满后宣判前提出撤回上诉人民法院是否准许的批复》

2010年9月17日《关于审查逮捕阶段讯问犯罪嫌疑人的规定》

2010年9月19日《最高人民检察院、公安部关于刑事立案监督有关问题的规定（试行）》

2010年10月2日《最高人民法院关于庭审活动录音录像的若干规定》

2010年10月15日《检察官职业行为基本规范（试行）》

2010年11月12日《关于规范量刑程序若干问题的意见（试行）》

2010年11月26日《人民检察院国家赔偿工作规定》

2010年12月15日《中华人民共和国法官职业道德基本准则》

2011 年 1 月 11 日《最高人民法院关于案例指导工作的规定》

2011 年 1 月 11 日《最高人民检察院关于案例指导工作的规定》

2011 年 1 月 25 日《公安机关涉案枪支弹药性能鉴定工作规定》

2011 年 1 月 25 日《最高人民检察院关于对涉嫌盗窃的不满 16 周岁未成年人采取刑事拘留强制措施是否违法问题的批复》

2011 年 1 月 29 日《最高人民法院关于规范上下级人民法院审判业务关系的若干意见》

2011 年 2 月 17 日《最高人民法院关于对配偶子女从事律师职业的法院领导干部和审判执行岗位法官实行任职回避的规定（试行）》

2011 年 3 月 29 日《最高人民法院关于人民法院赔偿委员会审理国家赔偿案件程序的规定》

2011 年 4 月 22 日《关于公诉案件撤回起诉若干问题的指导意见》

2011 年 5 月 1 日《最高人民法院、最高人民检察院关于执行〈中华人民共和国刑法〉确定罪名的补充规定（五）》

2011 年 5 月 3 日《最高人民法院关于死刑缓期执行限制减刑案件审理程序若干问题的规定》

2011 年 5 月 4 日《关于对判处管制、宣告缓刑的犯罪分子适用禁止令有关问题的规定（试行）》

2011 年 5 月 27 日《司法部关于印发〈司法鉴定文书规范〉和〈司法鉴定协议书（示范文本）〉的通知》

2011 年 6 月 14 日《最高人民法院关于审判人员在诉讼活动中执行回避制度若干问题的规定》

2011 年 6 月 17 日《最高人民法院关于人民法院办理海峡两岸送达文书和调查取证司法互助案件的规定》

2011 年 6 月 19 日《最高人民法院关于依法制裁规避执行行为的若干意见》

2011 年 8 月 27 日《关于信用卡诈骗犯罪管辖有关问题的通知》

2011 年 9 月 24 日《最高人民法院关于人民法院委托评估、拍卖工作的若干规定》

2011 年 10 月 21 日《最高人民法院关于执行权合理配置和科学运行的若干意见》

2011 年 10 月 26 日《最高人民法院关于审理人民检察院按照审判监督程序提出的刑事抗诉案件若干问题的规定》

2011 年 12 月 26 日《最高人民法院关于地方各级人民法院不应制定司法解释性文件的批复》

2012 年 1 月 2 日《律师执业行为规范（试行）》

2012 年 1 月 23 日《人民检察院刑事申诉案件公开审查程序规定》

2012 年 2 月 12 日《最高人民法院关于国家赔偿案件立案工作的规定》

2012 年 2 月 16 日《社区矫正实施办法》

2012 年 3 月 2 日《拘留所条例》

2012 年 3 月 15 日《全国人民代表大会关于修改〈中华人民共和国刑事诉讼法〉的决定》

2012 年 5 月 11 日《办理法律援助案件程序规定》

2012 年 5 月 24 日《最高人民检察院公诉厅关于印发〈人民检察院量刑建议书格式样本（试行）〉的通知》

2012 年 5 月 24 日《最高人民检察院公诉厅〈人民检察院开展量刑建议工作的指导意见（试行）〉》

2012 年 7 月 31 日《最高人民法院关于铁路运输法院案件管辖范围的若干规定》

2012 年 10 月 4 日《最高人民法院关于人民法院立案工作的暂行规定》

2012 年 11 月 7 日《司法鉴定技术规范》

2012 年 11 月 27 日《人民检察院刑事诉讼规则（试行）（上）》

2012 年 11 月 27 日《人民检察院刑事诉讼规则（试行）（下）》

2012 年 12 月 25 日《最高人民法院关于适用〈中华人民共和国刑事诉讼法〉的解释》

2012 年 12 月 27 日《公安机关办理刑事案件程序规定》

2012 年 12 月 28 日《最高人民法院、最高人民检察院、公安部、国家安全部、司法部、全国人大常委会法制工作委员会关于实施刑事诉讼法若干问题的规定》

2013 年 4 月 9 日《最高人民检察院检察委员会议案标准（试行）》

2013 年 4 月 9 日《人民检察院检察委员会议题标准（试行）》

2013 年 4 月 9 日《最高人民检察院〈人民检察院检察委员会议事和工作规则〉》

2013 年 4 月 9 日《最高人民法院关于刑事案件终审判决和裁定何时发生法律效力问题的批复》

2013 年 4 月 9 日《最高人民法院关于国家赔偿案件立案、案由有关问题的通知》

2013 年 4 月 12 日《看守所在押人员死亡处理规定》

2013 年 4 月 16 日《最高人民检察院关于行贿犯罪档案查询工作的规定》

2013 年 4 月 24 日《人民检察院扣押、冻结涉案款物工作规定》

2013 年 4 月 24 日《最高人民检察院关于进一步加强未成年人刑事检察工作的决定》

2013 年 4 月 24 日《最高人民检察院、公安部关于在看守所设置同步录音录像讯问室的通知》

2013 年 4 月 26 日《关于刑事诉讼法律援助工作的规定》

2013 年 5 月 7 日《司法鉴定技术规范》

2013 年 5 月 23 日《人民检察院司法警察条例》

2013 年 8 月 10 日《最高人民法院关于人民法院办理自赔案件程序的规定》

2013 年 9 月 3 日《最高人民法院关于网络查询、冻结被执行人存款的规定》

2013 年 10 月 15 日《人体损伤程度鉴定标准》

2013 年 11 月 8 日《监狱服刑人员行为规范》

2013 年 12 月 22 日《公安机关办理刑事案件适用查封、冻结措施有关规定》

2013 年 12 月 24 日《人民检察院检察委员会议事和工作规则》

2013 年 12 月 27 日《最高人民法院关于人民法院赔偿委员会适用质证程序审理国家赔偿案件的规定》

2014 年 1 月 03 日《最高人民检察院关于审查起诉期间犯罪嫌疑人脱逃或者患有严重疾病的应当如何处理的批复》

2014 年 2 月 12 日《关于适用〈人体损伤程度鉴定标准〉有关问题的通知》

2014 年 4 月 25 日《全国人民代表大会常务委员会关于〈中华人民共和国刑事诉讼法〉第七十九条第三款的解释》

2014 年 4 月 25 日《全国人民代表大会常务委员会关于〈中华人民共和国刑事诉讼法〉第二百七十一条第二款的解释》

2014 年 4 月 25 日《全国人民代表大会常务委员会关于〈中华人民共和国刑事诉讼法〉第二百五十四条第五款、第二百五十七条第二款的解释》

2014 年 5 月 3 日《最高人民法院关于减刑、假释案件审理程序的规定》

上文中，笔者列举了十年来与刑事诉讼相关的全部立法和司法解释，在下章里，笔者拟围绕刑事诉讼的三大制度五大程序来分析刑事诉讼法治十年来的变迁。

二　刑事诉讼十年立法情况变迁

刑事诉讼的三大制度是指辩护制度、证据制度和强制措施制度，五大程序是指侦查程序、审查起诉程序、审判程序、执行程序和特别程序，本部分将围绕刑事诉讼的三大制度五大程序来分析刑事诉讼法治十年来的变迁。

（一）辩护制度

中国的刑事辩护制度从1979年颁行《刑事诉讼法》以来，到1996年刑事诉讼法修正案，到2008年颁布的《律师法》，再到2012年刑事诉讼法修正案及其相应的司法解释，期间经历了三次大的飞跃，刑事辩护制度经历了从空白到新设、从粗糙简陋到逐步完善的发展历程，顺应了中国刑事诉讼制度转型的节奏，进一步推进了中国的法治化发展进程。1979年《刑事诉讼法》的出台标志着具有中国特色的刑事辩护制度已经开始形成。1996年《刑事诉讼法》在引入庭审对抗制的前提下辩护制度得到进一步发展，完善了辩护律师会见、通信权和阅卷权的相关内容，并且新增了辩护律师调查取证权的规定。2008年《律师法》中关于辩护制度的规定具有明显的进步性、科学性和前瞻性，尤其体现在关于解决实践中刑事辩护“三难”问题的相关规定、辩护律师的职责和职业豁免权以及保守职业秘密的相关规定。2012年《刑事诉讼法》的再修改及其司法解释的出台，充分凸显了人权保障的立法变动宗旨，使得辩方权利进一步扩张，将辩护律师介入诉讼的时间提前到侦查阶段，进一步解决刑事辩护“三难”问题，简化辩护律师行使权利的程序，在一定程度上消除了对辩护律师的歧视性规定，注重保障犯罪嫌疑人、被告人的合法权益，此次修正具有明显的进步意义，有的法律从业者感慨此次刑事诉讼的修正迎来了中国刑事辩护制度的春天。

刑事辩护制度是保障被告人、犯罪嫌疑人合法权益的有力武器，新刑事诉讼法以保障人权为立法宗旨，不仅将“尊重和保障人权”写入总则，而且在具体的制度设计上也作了多处修正，以更好的保障辩护权的有效行使，具体表现在：一是增加了犯罪嫌疑人在侦查阶段可以委托律师作为辩护人的规定。同时规定，犯罪嫌疑人、被告人在押的，其监护人、近亲属可以代为委托辩护人。二是扩大了法律援助的范围。一方面，把法律援助的范围扩展到尚未完全丧失辨认或者控制自己行为能力的精神病人和可能被判处无期徒刑的人；另一方面，把法律援助的时间从1996年《刑事诉讼法》规定的审判阶段提前到侦查阶段和审查起诉阶段。三是完善了辩护人的职责。取消了1996年《刑事诉讼法》辩护人对于被追诉人无罪、罪轻或者减轻、免除刑事责任的证明要求，将辩护人的责任从维护被追诉人的“合法权益”修改为“诉讼权利和其他合法权益”。四是完善了辩护律师的会见权。新刑事诉讼法规定在侦查期间，除去危害国家安全犯罪、恐怖活动犯罪、特别重大贿赂犯罪案件外，辩护律师持“三证”即可会见被追诉人，对此看守所应当及时安排会见，至迟不得超过48小时。辩护律师在审查起诉阶段会见被追诉人的，可以向被追诉人核实有关证据；会见不被监听。五是完善了辩护律师的阅卷权。规定辩护律师在审查起诉阶段可以查阅、摘抄、复制本案的案卷材料。六是增加了辩护人权利。主要包括：①辩护律师向侦查机关提出意见的权利；②辩护人申请人民检察院、人民法院调取有利于被追诉人的有关证据材料的权利；③辩护人、诉讼代理人认为办案机关及其工作人员阻碍其依法行使诉讼权利向检察机关申诉或者控告的权利。七是增加了追究辩护人刑事责任的管辖规定。规定追究辩护人刑事责任案件应当由办理辩护人所承办案件的侦查机关以外的侦查机关办理。八是规定了辩护人义务。主要包括：①辩护人接受委托后，对办理案件机关的及时告知义务；②辩护人收集的有关犯罪嫌疑人不在犯罪现场、未达到刑事责任年龄、属于依法不负刑事责任的精神病人的证据，对公安机关、人民检察院的及时告知义务；③辩护律师的执业保密义务及除外规定。九是规定了办案机关应当听取辩护人意见的7种情形。上述规定，一方面，是为了解决1996年刑事诉讼法修改后实践中出现的辩护“三难”问题，回应辩护制度的发展需要；另一方面，是为了解决1996年《刑事诉讼法》与2007年《律师法》的衔接问题。修改的宗旨是通过辩护制度的完善，加强对人权保障的重视与贯彻。

经全国人民代表大会修订通过的新《刑事诉讼法》丰富并完善了辩护制度的内容，在对中国刑事诉讼制度的完善尤其是在保障被告人、犯罪嫌疑人及其辩护律师的合法权益方面，都取得了令人喜悦的成果，反映了时代进步对刑事司法科学化、民主性和人道、人性的新期待和新要求。但是仅仅依靠这些规定可能仍然无法解决司法实践中旧有的一些问题，还有可能会出现一些新的问题。而所有这些立法成果和社会期待，最终都必须体现于司法的整个过程之中，并由具体的执法者付诸行动。为了保障新《刑事诉讼法》在实践中更好地贯彻实施，新的司法解释需要对新《刑事诉讼法》中的一些具体问题做出进一步的规定与阐释。作为法律文本与司法行动纽带和桥梁的新刑诉法司法解释，无疑承担着体现新的立法宗旨、贯彻新法基本原则和进一步细化、规范司法人员具体诉讼行为的重要使命。制定这样的司法解释，更需要做到郑重其事和细致周到。尤其是在新司法解释制定的指导思想上，必须“与法同行”，确立全新的理念。

在新《刑事诉讼法》出台后，相应的司法解释均做出了新的修正，以保障新《刑事诉讼法》在实践中得到正确而有效率的贯彻实施。最高人民法院于2012年12月24日公布了《关于适用〈中华人民共和国刑事诉讼法〉的解释》（以下简称“刑诉解释”），自2013年1月1日起与修改后的刑事诉讼法同步施行。《人民检察院刑事诉讼规则（试行）》（以下简称“刑诉规则”）已于2012年10月16日由最高人民检察院第十一届检察委员会第八十次会议通过，自2013年1月1日起施行。最高人民法院、最高人民检察院、公安部、国家安全部、司法部、全国人大常委会法制工作委员会联合发布《六部委关于实施刑事诉讼法若干问题的规定》（以下简称《六部委规定》），自2013年1月1日起实施。修订后的《公安机关办理刑事案件程序规定》（以下简称《公安机关规定》）已于2012年12月3日公安部部长办公会议通过，自2013年1月1日起施行。司法解释修正的重点着眼于保障辩护权的有效实现，限制职权机关阻碍辩护权的行使和侵犯辩护人的权利。主要表现在两个方面：一是对于新《刑事诉讼法》的规定中较为抽象模糊的内容加以明确，如确定了委托辩护人的具体范围，明确了律师行使会见权的时间以及行使阅卷权的具体方式等；二是对于新《刑事诉讼法》中没有做出具体规定的内容以司法解释的形式加以补充，如对于法律援助以及在死刑复核程序中律师发表意见的具体操作程序做出规定。

（二）证据制度

证据是刑事诉讼的核心内容，侦查、起诉、审查等各项刑事诉讼活动环节，无一不是围绕证据的收集、举证、质证、采信、排除等问题展开。根据证据认定案件事实，判定被告是否有罪，既是诉讼活动的内在要求，也是现代法治国家的基本诉讼原则。证据是查明案件事实的手段，诉讼最终也是将一定的法律规范适用于一定的事实，但在适用法律之前必须查明案件事实，诉讼证据的功能就是在于使案件事实或者当事人的主张得到确认，最终裁判者得以适用法律，形成一定的结论。

《刑事诉讼法》自1996年第一次修改后，随着中国法治进程的不断深化，理论界和实务界逐渐意识到中国刑事证据立法内容单薄，简单的条文难以满足中国刑事司法实践的要求。2010年最高人民法院、最高人民检察院、公安部、国家安全部和司法部五机关联合颁布了《办理死刑案件证据规定》和《非法证据排除规定》两个有关刑事证据的重要司法解释。2012年《刑事诉讼法》修正，在重点吸收这两个司法解释的基础上，对中国刑事证据制度做了较大的修改。

新《刑事诉讼法》对于证据制度的规定进行了重要修改与完善，1996年《刑事诉讼法》共有8个条文涉及刑事证据制度，现行《刑事诉讼法》修改了5条，增加了8条，3条未作修改。与辩护与代理章、强制措施章等比较，人权保障这一主线是证据章主要围绕的，其不仅与中国加入国际公约的基本要求一致，而且也是“尊重和保障人权”条款在《刑事诉讼法》中的具体落实。

修改及完善之处主要体现在以下几个方面：一是重新界定了证据的概念，对证据的种类予以完善；二是增加规定了“不得强迫任何人证实自己有罪”；三是解释“证据确实、充分”的含义；四是明确了非法证据排除规则及操作程序；五是明确了证人、鉴定人应当作证的情形及证人经济补偿、证人保护等，警察出庭作证，强制证人出庭作证及其例外；六是规定控辩双方可以申请法庭通知有专门知识的人出庭作证，就鉴定人做出的鉴定意见提出不一致的意见。

1. 增加证据种类

（1）将辨认笔录、电子数据纳入法定证据种类

电子证据作为一种超越传统证据形式的新型证据，是指以电子数据形式存在并可以用于证明案件事实的材料。具体表现诸如电子邮件、网络博客、电子聊天记录、手机信息、电子签名、域名、电子公告数据等。在以往的司法实践中，如出现手机短信这样的证据，司法工作人员通常将该份短信以纸质版的形式将短信中的内容呈现出来，虽然其不符合书证的要求，但由于电子数据是在侦破案件中起到至关重要作用的证据，也只能勉为其难地如此运用。此次《刑事诉讼法》的修改，将电子证据增设为法定证据种类之一，赋予电子数据的法定证据身份，不仅符合了时代发展的需要，而且更适应了刑事诉讼在司法实践中出现的新情况和新需要，丰富和完善法定证据的种类，解决了以往司法实践中对电子数据运用的两难境地。

辨认是在侦查人员主持下由被害人、证人、犯罪嫌疑人对犯罪嫌疑人、与案件有关或疑与案件有关的物品、尸体、场所进行识别认定的一项侦查措施。原《刑事诉讼法》没有规定辨认笔录能否作为证据使用以及辨认的程序规则。1998 年最高人民检察院《刑事诉讼规则》及公安部《办理刑事案件程序规定》，对辨认的程序做了较为粗略的规定，包括辨认的组织者、辨认主体、辨认客体等。2010 年最高人民法院联合最高人民检察院等五部门颁布了《关于办理死刑案件审查判断证据若干问题的规定》，其中部分条款对刑事辨认的证据能力进行了完善。实践中公安司法机关普遍将辨认笔录作为证据使用。新《刑事诉讼法》将辨认笔录列入了法定的证据种类，但并未具体规定辨认笔录的程序，而后公安机关在制定新刑事诉讼法实施意见时对辨认笔录做出进一步明确、统一的规定。

（2）将鉴定结论修改为鉴定意见

鉴定意见，即鉴定人的意见，是由鉴定人接受委托或者聘请，运用自己的专门知识和现代科学技术方法，对诉讼中涉及的专门性问题进行检测、分析判断后，所出具的鉴定性书面意见。作为法定的证据种类，鉴定意见在刑事诉讼中可以发挥多方面的作用。在当前司法实践中，法官往往过分依赖、甚至迷信鉴定结论，将鉴定结论视为最终定案的依据而忽视鉴定结论的质证、认证的过程，认为鉴定结论是不可动摇的关键定案依据。一方面是因为“结论”带有确定性、客观性、权威性的意思。将鉴定人的鉴定结果称之为“鉴定结论”，法官容易对这种鉴定结果的证明价值产生误解，认为鉴定人的鉴定意见是最权威、最客观的，从而容易轻信鉴定人的鉴定意见，也必将导致冤假错案的发生。另

一方面，鉴定结论运用范围广泛，不仅在自然科学领域，人文科学、社会科学也适用，如有些会计、金融、古董鉴别等分析检验项目，其鉴定结论不仅应用到了专业知识，而且用到了专业经验，这些经验还具有探索性、不成熟性，故不能将鉴定结论一概而论。新《刑事诉讼法》将鉴定结论改为鉴定意见，这个改法的主要目的是强调鉴定仍然只是一种证据，没有高于其他证据证明力的价值。鉴定只是鉴定人运用自己专门的知识对案件的专门性问题发表自己意见和看法的活动，鉴定人表达出来的这些意见和看法并非事实本身，也绝非完全准确无误的科学结论。其可以改变以往法官认为鉴定结论是定案的主要依据，鉴定结论具有权威性、确定性，不可更改性的特点，进而消除法官在审理案件中盲目依赖、甚至迷信鉴定结论，将鉴定结论作为最终判断而忽视对鉴定结论证明能力和证明力等方面的严格审查判断。

2. 完善证人、鉴定人制度

证人证言在刑事诉讼中具有广泛性、不可替代性的特点，“没有证人就没有诉讼”的理念越来越体现在司法实践中。证人在《刑事诉讼法》中起到至关重要的作用。原《刑事诉讼法》关于证人出庭、证人保护、证人补偿等制度没有规定，导致中国证人出庭率低。然而不管是大陆法系还是英美法系的国家都极为重视刑事案件中证人出庭以及对证人的保护和补偿。例如：1984 年美国颁布了《证人安全改革法》，对证人进一步加强保护；德国也制定了单独的《证人保护法》；中国香港、台湾地区也分别于 2000 年和 2001 年颁布了《证人保护条例》《证人保护法》。新《刑事诉讼法》的修改，有利于提高中国证人的出庭率，提升审判质量，加强对证人的保护及补偿。具体修改如下：

第一，明确了证人、鉴定人应当出庭作证的情形。新《刑事诉讼法》第一百八十七条第一款、第三款规定：“公诉人、当事人或者辨认人、诉讼代理人对证人证言有异议，且该证人证言对案件定罪量刑有重大影响，人民法院认为证人有必要出庭作证的，证人应当出庭作证。”“公诉人、当事人或者辨认人、诉讼代理人对鉴定意见有异议，人民法院认为鉴定人有必要出庭的，鉴定人应当出庭作证。”

第二，增加了证人保护制度。新《刑事诉讼法》增加第六十二条，专门规定了对于危害国家安全罪、恐怖活动犯罪、黑社会性质组织犯罪、毒品犯罪等案件，证人、鉴定人、被害人因在诉讼中作证，本人或者近亲属的人身安全面临危险的，人民法院、人民检察院和公安机关应当主动采取保护措施以保护证人、鉴定人、被害人及其近亲属。同时，还规定了证人、鉴定人、被害人认为因在诉讼中作证、本人或者其近亲属的人身安全面临危险的，可以向人民法院、人民检察院、公安机关提出申请，请求人民法院、人民检察院、公安机关采取措施予以保护。

第三，增加了证人经济补偿制度。新《刑事诉讼法》增加第六十三条，规定了证人因履行作证义务而支出的交通、住宿、就餐等费用，应当给予补偿。此外，本条还建立了对证人补偿制度的财政保障机制，将证人作证的补助列入司法机关业务经费，并由同级政府财政予以保证，同时规定，证人的工作单位不得因证人作证而损害其利益。

3. 增设专家辅助人制度

由于鉴定意见本身可能存在错误或者局限性，以及鉴定人自身的知识结构和对科学知识的理解可能存在不足，可导致出具的鉴定意见会存在错误和偏差。近几年在中国司法实践中，出现的如佘祥林、杜培武案等，或多或少都与法院错误采信鉴定意见有联系。为此新《刑事诉讼法》增加了专家辅助人制度。专家辅助人制度的确立有利于增强辩护，准确认定案件事实，提高诉讼效率。

新《刑事诉讼法》第一百九十二条第二款规定："公诉人、当事人和辩护人、诉讼代理人可以申请法庭通知有专门知识的人出庭，就鉴定人做出的鉴定意见提出意见。"因此专家辅助人参与诉讼的范围仅限于出庭，其权利仅限于对对方提供的鉴定意见协助本方提出意见，对该证据的真实性与关联性等实体内容进行质证。

4. 建立非法证据排除制度

非法证据排除规则通常指执法机关及其工作人员使用非法行为取得的证据不得在刑事审判中采纳的规则。原《刑事诉讼法》第四十三条规定严禁刑讯逼供和以威胁、引诱、欺骗以及其他非法的方法收集证据，但是并未规定非法取证的排除规则和法律后果，因此该法条仅具有宣言意义而不具有可操作性。2010 年在最高人民法院、最高人民检察院、公安部、国家安全部、司法部联合制定的《关于办理刑事案件排除非法证据若干问题的规定》中，进一步规定了非法证据的范围、排除程序及其法律后果，初步建立了非法证据排除的程序框架，但实践中仍有一些漏洞。新《刑事诉讼法》修改后，明确规定了非法证据排除规则适用的范围、具体程序以及证据责任，使非法证据的排除有一套运行的程序，确立了非法证据排除的法律效力。排除非法证据，可以更好地制约警察非法取证的行为，符合现代社会保障犯罪嫌疑人、被告人人权这一个人类文明发展的大趋势。具体修改如下。

第一，非法证据排除的范围。言辞证据：对于犯罪嫌疑人、被告人的言辞证据仅排除以刑讯逼供取得的证词；被害人、证人等，排除以暴力和威胁取得的证词。物证、书证：要求不符合法定程序，影响司法公正且不能补正或者做出合理解释的予以排除。

第二，非法证据排除的证明责任。首先，被告方承担初步的举证责任。被告人申请排除以非法方法取得的证据，应提供相关线索或者材料。其次，公诉方承担证据收集合法性的证明责任。法庭对证据收集的合法性进行调查的过程中，人民检察院应当证明证据收集的合法性。最后，法庭对非法证据有主动调查核实的义务。法庭对于确认或者不能排除以非法方法收集证据情形的，应当予以排除。

第三，非法证据排除的证明标准。在被告方初步证明有存在以非法方法取得证据后，控方便承担不存在非法证据情形的举证责任，且必须达到确实、充分，使法庭确定该证据系合法取得的程度。

第四，非法证据排除的适用阶段。中国非法证据排除主要是由侦查部门、检察机关和法院排除，且在侦查、审查起诉、审判阶段均可以对非法方法取得的证据予以排除。

5. 明确证明标准

证明标准，又称之为证明要求，是指公安、司法机关人员运用证据证明案件事实应当达到的程度。原《刑事诉讼法》将“证据确实充分的”作为证明标准，但长期以来，理论、实务界对何为证据确实充分的理解却莫衷一是，造成刑事诉讼中证明标准过于抽象，运作起来也令办案人员无所适从。为此，新《刑事诉讼法》明确了证明标准。

第一，新《刑事诉讼法》将“证据充分确实的”修改为“证据确实、充分”。笔者认为此处的修改只是出于在相关术语使用上需要保持一致性的考虑，无实质性的变化。

第二，对“证据确实、充分”做进一步明确的解释。在原《刑事诉讼法》对何谓“证据确实、充分”没有规定时，在理论界一般将其解释为“唯一性”“排他性”，即根据现有的证据只能得出被追诉人就是犯罪人的结论。随后，还有人主张使用“排除合理怀疑”“内心确信”“确定无疑”等。为此，新《刑事诉讼法》从三个方面对何谓“证据确实、充分”进行了解释。一是要求定罪量刑的事实都有证据证明，这是对证据量的要求。二是据以定案的证据均经法定程序查证属实，即对证据质的要求。三是综合全案证据对所认定事实已排除合理怀疑，其要求对所认定的事实达到排除合理怀疑的程度。

（三）强制措施

强制措施在《刑事诉讼法》出台之前，就已由其他相关法律或规范文件加以规定。1979 年制定的《刑事诉讼法》将其纳入正规化和法制化的轨道。1996 年《刑事诉讼法》的第一次修改废除了在实质上发挥强制措施作用的收容审查制度，并对逮捕和拘留制度加以调整。2012 年《刑事诉讼法》的第二次修改以及其后的司法解释，又对中国的强制措施制度进行了修正，以适应中国社会发展和司法实践的需要。

1. 拘传

（1）延长拘传的最长时限和取保候审的最长时限，由 1996 年《刑事诉讼法》的 12 小时，延长到了现行《刑事诉讼法》的“特殊情况”下 24 小时。1996 年《刑事诉讼法》第九十二条规定：“传唤、拘传的时间最长不得超过十二小时。”现行《刑事诉讼法》第一百一十七条规定：“传唤、拘传持续的时间不得超过十二小时；案情特别重大、复杂，需要采取拘留、逮捕措施的，传唤、拘传持续不得超过二十四小时。”

（2）增加保障饮食与休息的规定。二十四小时，对于一个普通人，尤其是初次接受讯问的嫌疑人来说，无疑是漫长而难熬的。因此，在允许将拘传时间延长到二十四小时的同时，现行《刑事诉讼法》也加入了“应当保证犯罪嫌疑人的饮食和必要的休息时间”的规定，以期对长时间讯问进行限制。增加保证被拘传人的饮食与休息时间的规定，以避免长时间疲劳讯问的发生，对被拘传人合法权利的保护无疑具有重要意义。

2. 取保候审

（1）扩大取保候审的适用范围。新《刑事诉讼法》第六十五条对取保候审的适用对象规定了四种情形，增加了“患有严重疾病、生活不能自理，怀孕或者正在哺乳自己婴儿的妇女；羁押期限届满，案件尚未办结”的两种情形。这一修改，吸收了新《刑事诉讼法》修改前司法解释和行政规章的内容，把原来可适用取保候审的两种情况扩充为四种，扩大了取保候审的适用范围。

（2）扩大保证人的责任范围。在保证人的相关规定方面，将对保证人的责罚事由从“未及时报告”修改为“未履行保证义务”。由于保证人的法定义务包括监督被保证人遵守相关规定与报告被保证人违反规定的行为两项，因此在实质上扩大了保证人的保证责任。

（3）细化被取保候审人应遵守的义务。在被取保候审人应当遵守的规定方面，增加了住址、工作单位和联系方式发生变动须在 24 小时内向执行机关报告的要求，以及公安司法机关可以根据案情责令被取保候审人遵守不得进入特定场所，不得与特定人员会见或通信，不得从事特定活动，将护照等出入境证件、驾驶证件交执行机关等规定。

3. 监视居住

（1）区分监视居住与取保候审的适用对象。1996 年《刑事诉讼法》对监视居住规定了与取保候审相同的适用对象与条件，导致监视居住与取保候审适用时的混同。有鉴于此，新《刑事诉讼法》规定，对符合逮捕条件的犯罪嫌疑人、被告人，但同时存在患有严重疾病、生活不能自理，怀孕或者正在哺乳自己婴儿的妇女，系生活不能自理的人的唯一扶养人，因为案件的特殊情况或者办理案件的需要，采取监视居住措施更为适宜之情形的可以监视居住，从而对监视居住与取保候审做出了区分。新《刑事诉讼法》还规定，对符合取保候审条件，但不能提出保证人，也不交纳保证金的犯罪嫌疑人、被告人，可以予以监视居住。

（2）明确监视居住的执行场所

新《刑事诉讼法》明确规定，监视居住原则上应当在犯罪嫌疑人、被告人的住处执行，对无固定住处的，可以在指定的居所执行；对涉嫌危害国家安全犯罪、恐怖活动犯罪、特别重大贿赂犯罪的犯罪嫌疑人、被告人，在其住处执行可能有碍侦查的，经由上一级人民检察院或公安机关批准，也可以在指定的居所执行，但不得在羁押场所、专门的办案场所执行。

（3）增加指定居所监视居住的通知义务

新《刑事诉讼法》明确规定，适用指定居所监视居住的，除无法通知的以外，应当在执行后24小时以内，通知被监视居住人的家属。这是立法明显的进步，关于由谁来通知，决定机关还是执行机关，通知的具体内容又是什么，并没有详细规定。这无疑给负通知义务的机关以进行选择性、部分性通知的机会。

4. 拘留

（1）细化通知家属的规定

1996年《刑事诉讼法》规定，执行拘留后，除有碍侦查或者无法通知的情况以外，应将拘留的原因和羁押的处所在24小时内通知被拘留人的家属或其所在单位。新《刑事诉讼法》将“有碍侦查”的情况进行了进一步规定，细化为涉嫌危害国家安全犯罪、恐怖活动犯罪二类案件，并明确规定当有碍侦查的情形消失以后应立即通知被拘留人的家属。

（2）增加拘留后立即送看守所的规定

新《刑事诉讼法》明确规定，拘留后执行机关应立即将被拘留人送往看守所羁押，至迟不得超过24小时。并且规定送押后讯问犯罪嫌疑人只能在看守所内进行。鉴于司法实践中，拘留后送看守所前这段时间是刑讯逼供与各种侵害人权行为主要发生的时段，新《刑事诉讼法》增加了拘留后立即送看守所的规定无疑有利于人权的保障。

5. 逮捕

（1）细化逮捕的条件

1996年《刑事诉讼法》将“不足以防止发生社会危险性而有逮捕之必要”

作为逮捕的三个必要条件之一，但对“社会危险性”没有做出具体规定。新《刑事诉讼法》对其进行了细化规定，列举了“社会危险性”的具体情形，即：可能实施新的犯罪的；有危害国家安全、公共安全或者社会秩序的现实危险的；可能毁灭、伪造证据，干扰证人作证或者串供的；可能对被害人、控告人实施打击报复的；企图自杀或者逃跑的。此外，新《刑事诉讼法》还增加“有证据证明有犯罪事实，可能判处十年有期徒刑以上刑罚的，或者有证据证明有犯罪事实，可能判处徒刑以上刑罚，曾经故意犯罪或者身份不明的”为绝对适用逮捕之事由。

（2）增加检察院讯问犯罪嫌疑人的要求

新《刑事诉讼法》对审查批捕程序进行了改革，规定人民检察院审查批准逮捕，可以讯问犯罪嫌疑人；对于存在对是否符合逮捕条件有疑问的、犯罪嫌疑人要求向检察人员当面陈述的、侦查活动可能有重大违法行为情形的，则应当讯问犯罪嫌疑人。此外，人民检察院在审查批捕时，可以询问证人等诉讼参与人，听取辩护律师的意见；若辩护律师提出要求的，则应当听取辩护律师的意见。

（3）增加检察院进行羁押必要性审查的规定

新《刑事诉讼法》增加规定：“犯罪嫌疑人、被告人被羁押后，人民检察院仍应对羁押的必要性进行审查。对不需要继续羁押的，应当建议予以释放或者变更强制措施。有关机关应当在十日以内将处理情况通知人民检察院。”这一规定有利于监督侦查机关依法适用逮捕措施，及时发现犯罪嫌疑人、被告人被错误羁押或不当羁押的情况并予以纠正。

（四）侦查程序

侦查程序是刑事诉讼理论中刑事审前程序的重要组成部分，其起码担负着三个方面的刑事诉讼使命：查清犯罪事实、抓获犯罪嫌疑人，实现程序的分流以及保障人权。由此，现行《刑事诉讼法》第二篇第二章所规定的侦查机关享有的拘传、拘留、逮捕、搜查、扣押及通缉等对人或者对物的强制处分权，以及讯问犯罪嫌疑人、询问证人、勘验、检查、鉴定、侦查实验等搜集或者固定证据的侦查方法，都是由侦查的任务也即上述第一个使命所决定的。然而不是所有的刑事案件都会交付法庭审理，通过以上侦查方法的运用和侦查程序的不断推进，侦查的第二个使命即程序的分流便有可能实现。与此同时，为查获犯罪，侦查机关所使用的强制手段往往涉及公民的各种权利，如果缺乏有效的制约机制或程序性保障措施，侦查权的运作就可能成为“达摩克利斯之剑”，随时威胁公民的安全，尤其是刑事诉讼中处于被追诉地位的犯罪嫌疑人，其诉讼权利和人身安危更是极易受到侵犯。“诉讼是一个不可分割的整体”，从这个意义上讲，侦查程序与起诉程序、审判程序一样担负着尊重和保障人权的使命——这一体现宪法精神的原则在2012年3月14日经由第十一届全国人民代表大会第五次会议通过《关于修改〈中华人民共和国刑事诉讼〉的决定》。

与此同时也应该认识到，中国“侦查中心主义”的现状依然存在，侦查程序作为整个刑事诉讼过程中举足轻重的一个环节，在程序规范化、透明化，保障犯罪嫌疑人利益，维护辩护权利，保证检察监督等方面仍然存在着不足，修改后的法律在实施过程中也一定会碰到一些障碍，侦查程序有关制度仍有进一步完善的空间。因此侦查程序作为本次调研的一个重要的组成部分，对发现和解决司法实践中出现的问题，保障法律的正确有效实施，同时倾听基层司法部门的声音，及时提出司法建议等有着积极的意义。

新《刑事诉讼法》对于侦查的规定进行了重要修改与完善，1996年《刑事诉讼法》共有47条规定，现行《刑事诉讼法》修改了18条，增加了8条，删除了1条，其余未变动。修改完善之处主要体现在以下几个方面：第一，增加了对违法侦查的申诉、控告及处理的规定；第二，完善了讯问犯罪嫌疑人、询问证人的程序；第三，结合社会的发展，丰富了勘验、检查、侦查实验、搜查、查封、扣押、冻结等的规定；第四，删改了鉴定的有关规定；第五，增加了技术侦查措施的规定，初步实现了技术侦查的法治化；第六，完善了侦查终结的有关规定等。

1. 增加了对违法侦查的申诉、控告及处理的规定

新《刑事诉讼法》增加第一百一十五条，专门规定了当事人和辩护人、诉讼代理人、利害关系人对于司法机关及其工作人员的违法侦查行为有向该机关或其上一级主管机关申诉或控告的权利，有关机关有义务做出相应处理。现行公安部规定和现行刑诉规则对此也有相应的规定。同时，现行《刑事诉讼法》还专门规定了“对（申诉或者控告）处理不服的，可以向同级人民检察院申诉”，“人民检察院直接受理的案件，可以向上一级人民检察院申诉”，“人民检察院对申诉应当及时进行审查，情况属实的，通知有关机关予纠正”，强调了人民检察院的法律监督主体地位。

2. 完善了讯问犯罪嫌疑人、询问证人的程序

第一，明确了看守所是羁押后依法进行讯问的场所。在讯问犯罪嫌疑人的程序中，新《刑事诉讼法》第一百一十六条增加第二款，“犯罪嫌疑人被送交看守所羁押以后，侦查人员对其进行讯问，应当在看守所内进行。”

第二，延长了传唤、拘传的持续时间。针对司法实践中传唤、拘传由于种种原因往往出现超时的现象，第一百一十七条第一款将传唤、拘传的持续时间限制延长到24小时，规定此时间上限适用的情形是“特别重大、复杂，需要采取拘留逮捕措施的”案件。现行公安部规定和现行刑诉规则对此有相应的规定。

第三，强化了犯罪嫌疑人有关诉讼权利的保障。

首先，在现行《刑事诉讼法》及司法解释规定延长了传唤、拘传的最长持续时间的同时，现行公安部规定强调了“传唤期限届满，未作出采取其他强制措施决定的，应当立即结束传唤”；现行刑诉规则第一百九十五条补充规定了“两次传唤间隔的时间不得超过十二小时”，更加明确了禁止连续传唤以变相拘禁的目的。

其次，现行《刑事诉讼法》第一百二十一条增加了讯问全程录音录像的规定，并要求对于可能判处无期徒刑、死刑的案件或者其他重大犯罪案件，应当对讯问过程进行录音或录像。现行公安部规定第二百零三条对此规定进行了细化，以列举的方式解释了“可能判处无期徒刑、死刑的案件”和“其他重大犯罪案件”的范围，并进一步从正、反两个角度强调了讯问的全程性、完整性的要求，即“应当对每一次讯问全程不间断进行，保持完整性；不得选择性录制，不得剪接、删改。”2012年10月，为贯彻修改后《刑事诉讼法》的有关规定，最高人民检察院会同公安部联合发布了《关于在看守所设置同步录音录像讯问室的通知》，保证人民检察院在直接立案侦查的案件中讯问在押职务犯罪嫌疑人实现全程同步录音录像的工作。

最后，现行《刑事诉讼法》第一百一十七条第二款增加规定“传唤、拘传犯罪嫌疑人，应当保证犯罪嫌疑人必要的饮食和休息时间。”现行公安部规定和现行刑诉规则对此也有相应的规定。

3. 增加了技术侦查措施的相关规定

“技术侦查措施”一节是现行《刑事诉讼法》完全新增的内容。现行《刑事诉讼法》主要从公安机关或者人民检察院适用技术侦查措施的条件、技术侦查措施的批准、解除及期限的延长、有关人员的保密义务等，以及适用技术侦查措施取得证据的效力及运用等方面进行了规定。此外，还规定了秘密侦查和控制下交付的内容。与修改后的《刑事诉讼法》相比，修改后的刑诉规则和公安部规定对于技术侦查适用的案件范围、种类、对象、审批的程序、证据的使用等做了相对更为细化的补充规定。

4. 完善了侦查终结的有关规定

首先，强化了辩护方在侦查终结前后的诉讼权利。现行《刑事诉讼法》第一百五十九条、第一百六十条分别增加了听取辩护律师意见以及案件移送情况告知辩护方的规定。其中，第一百五十九条规定“在案件侦查终结前，辩护律师提出要求的，侦查机关应当听取其意见并记录在案。辩护律师提出书面意见的，应当附卷”，现行刑诉规定规则第二百八十八条规定了可以和应当听取辩护律师意见的情形；第二百八十五条规定了检察院在审查延长或者重新计算羁押期限时可以讯问犯罪嫌疑人和听取辩护律师的意见。

其次，强化了检察院侦查监督的职能。新《刑诉实施规定》第二十一、二十二条在申请延长或者重新计算羁押期限的问题上，规定了更为严格的审批期限和办理程序，强化了检察院的侦查监督职能；同时，现行刑诉规则第二百七十八、二百七十九、二百八十二、二百八十三、二百八十五等条款明确规定了检察院侦查监督部门在侦查终结前后的有关职责。

（五）审查起诉

这次《刑事诉讼法》的修改涉及检察机关审查起诉程序的变化主要有五大方面：加强了对辩护权的保障、增加了检察院对羁押必要性的审查、对非法证据排除提前到审查起诉阶段、增加了检察院对简易程序出庭支持公诉的要求、增加了当事人和解的公诉案件诉讼程序。具体内容及其意义如下。

1. 加强了对辩护权的保障

修改后的《刑事诉讼法》第三十八条规定：“辩护律师自人民检察院对案件审查起诉之日起，可以查阅、摘抄、复制本案的案卷材料。其他辩护人经人民法院、人民检察院许可，也可以查阅、摘抄、复制上述材料。”加强对辩护人阅卷权的保障，同时规定检察机关在审查起诉阶段应当听取辩护人、诉讼代理人的意见并记录在案。这对公诉人的“客观、公正”立场和“平和、理性、文明、规范”执法的职业素养和能力水平提出更严峻的考验。

这条修改的实证意义是：一是案件一旦进行审查起诉阶段，意味着侦查活动已经终结，有关证据材料已经被侦查人员收集在案并加以固定，辩护律师及其他辩护人了解、掌握这些材料对侦查活动已无妨碍；二是审查起诉阶段，检察机关的职责是对办案机关移送的案件事实、证据、法律以及程序等方面进行客观、全面的审查，以决定是否对本案提出公诉。让辩护人查阅案件的所有材料，有助于辩护人从维护犯罪嫌疑人、被告人合法利益的角度发现案件办理存在的问题，提出有事实依据的辩护意见，这对于检察机关对案件做出客观、公正、正确的审查决定也是有利的；三是对辩护人阅卷范围做出明确规定，可以防止办案机关和办案人员对辩护人阅卷权任意限制，对辩护人的阅卷权也是一种保障。

2. 增加了检察院对羁押必要性的审查

逮捕作为最严厉的强制措施，目的在于防止犯罪嫌疑人逃避侦查审判、继续危害社会、妨碍侦查取证，保证诉讼活动正常进行。如果没有上述危险，就不应继续羁押。新《刑事诉讼法》规定了逮捕羁押必要性审查制度，包括三个方面内容：（1）审查内容是逮捕必要性。（2）审查范围包括全部逮捕类型。既包括人民检察院批准或决定的逮捕，也包括人民法院决定的逮捕，涉及的诉讼环节包括批准或决定逮捕之日至判决生效。（3）责任部门是人民检察院。既包括侦查监督部门，也包括公诉和监所等部门。

这条修改的实证意义是：建立对在押人员羁押必要性的定期审查机制，是对逮捕制度的一项重要改革。对改变目前一旦批准逮捕，无人过问，一押到底的状况有重要意义。这个定期审查机制主要是通过人民检察院监所检察部门获取的在押人员的一些信息，如所犯罪行的性质、情节是否严重，犯罪事实是否已经查清，本人对所犯罪行是否有坦白、自首、立功和悔罪情节，是否积极赔偿受害人，在本地有无固定居所、工作单位等方面的信息，对其人身危险性做一综合评估后，决定是否有继续羁押的必要。人民检察院定期进行羁押必要性审查，既可依法律监督职能或者在侦查机关请求延长逮捕羁押期限时依职权主动进行，也可在犯罪嫌疑人和被告人及其家属或者辩护人向检察机关提出解除、变更羁押措施时被动进行。人民检察院审查后认为“对于不需要继续羁押的，应当建议予以释放或者变更强制措施。有关机关应当在十日以内将处理情况通知人民检察院。”

需要指出的是，逮捕后对在押人员的羁押必要性审查与捕前逮捕必要性审查不同，捕前逮捕必要性审查将是否会毁灭、伪造证据，实施新的犯罪等作为考量的重点。而逮捕后的羁押必要性审查通常是在逮捕羁押一段时间以后进行，主要评估有无继续危害社会的可能，能否保障诉讼顺利进行。

因此，修改后的《刑事诉讼法》第九十三条规定：“犯罪嫌疑人、被告人被逮捕后，人民检察院仍应当对羁押的必要性进行审查。对于不需要继续羁押的，应当建议予以释放或者变更强制措施。有关机关应当在十日以内将处理情况通知人民检察院。”

3. 将非法证据排除提前到审查起诉阶段

新《刑事诉讼法》扩大了非法证据的范围；强化了检察机关对非法取证行为的监督；增加了对证据合法性的法庭调查；明确了当事人及其辩护人、诉讼代理人申请排除非法证据的权利，但应当提供相关线索或者材料；明确了检察机关对证据合法性的证明责任；明确了非法证据排除的原则与标准。将非法证据排除提前到审查起诉阶段，这对公诉机关的审查起诉工作就提出了更高的要求。

这条修改的实证意义是：制定证据排除规则的主要目的之一是规范侦查人员的取证行为，公安机关、检察机关在办理案件过程中有义务按照证据排除规则的规定，通过合法程序收集证据。如果案件在侦查阶段或者审查起诉阶段可以不适用证据排除规则，意味着公安机关、检察机关的调查取证、审查证据的活动不受证据排除规则的约束，这对遏制侦查阶段的非法取证行为没有任何好处，制定证据排除规则的实际意义也会大打折扣。在侦查阶段，侦查机关无论是作为法律监督机关，还是从履行职责和保证质量的角度出发，都应当主动排除非法证据。如果等检察机关提起公诉的案件到了审判阶段再由法官运用证据规则对非法方法取得的证据予以排除，势必造成一些本可以定罪的案件由于非法证据排除而无法定案。有些案件补充侦查由于时过境迁，证据灭失，补证已无可能，势必影响对于犯罪的打击和司法的公信力。中国虽然不采用西方那种通过法官排除非法证据的方式来控制警察的非法取证行为，但是应当明确证据排除规则对公检法三机关收集、运用证据的活动都有普遍的指导意义，公检法三机关在各自的诉讼阶段都有义务严格按照证据排除规则的要求对非法取得的证据予以排除，不应当将非法证据的排除问题都推到法庭审理阶段交由法官处理。

因此，修改后的《刑事诉讼法》第五十四条对公检法三机关在各自诉讼阶段都负有非法证据的排除义务做了明确规定：“在侦查、审查起诉、审判时发现有应当排除的证据的，应当依法予以排除，不得作为起诉意见、起诉决定和判决的依据。”

4. 检察院出庭支持公诉的变化

新《刑事诉讼法》规定，人民法院审理公诉案件，人民检察院应当派员出席法庭支持公诉。适用简易程序审理公诉案件，人民检察院应当派员出席法庭。这就说明对每一个公诉案件，只要公诉机关起诉到人民法院，公诉机关都要出庭支持公诉。对适用简易程序审理的公诉案件，公诉机关也要出席法庭支持公诉。

这条修改的实证意义是：考虑开庭审理公诉案件作为一个完整刑事审判，检察院派员出庭一方面是代表国家对犯罪提出指控，另一方面检察院作为法律监督机关，还负有对法庭定罪量刑是否公正合法进行监督的职责。如果简易程序中人民检察院不派员出庭，由法官代行控诉职能，宣读起诉书，出示证据，提出量刑建议，意味着法官身兼控诉和审判二任，其中立地位令人质疑，也不符合“控审分离”的基本要求。尽管简易程序的被告人对指控的犯罪事实没有异议，但在量刑问题上未必与检察官意见一致。如果在庭审中出现被告人及其辩护人提出具有自首、立功等从轻减轻情节，或者对案件定性或量刑提出辩解，或者发现不宜适用简易程序审理的情况，需要决定是否转换程序，此时可能需要庭审法官与公诉人商量或征求意见，但因公诉人不出庭而导致此类情况难以处理，不利于审判活动的顺利进行，也就更无从发现审判中是否存在违反法定程序的情况，提出纠正意见了。

因此，修改后的《刑事诉讼法》第二百一十条第二款规定："适用简易程序审理公诉案件，人民检察院应当派员出席法庭。"

5. 增加了当事人和解的公诉案件诉讼程序

修改后的《刑事诉讼法》第二百七十九条规定："对于达成和解协议的案件，公安机关可以向人民检察院提出从宽处理的建议。人民检察院可以向人民法院提出从宽处罚的建议；对于犯罪情节轻微，不需要判处刑罚的，可以作出不起诉的决定。人民法院可以依法对被告人从宽处罚。"

这条修改的实证意义是：一些地方在探索公诉案件的当事人和解制度的实践中，做法不一。有的在双方当事人达成和解协议后，对犯罪嫌疑人不移送审查起诉或者不起诉；有的则不限定案件范围，将达成和解作为从轻处罚的考量因素。此次修改《刑事诉讼法》，根据各方面意见和总结各地的司法实践经验，规定了对达成和解协议案件的处理原则：公安机关可以向人民检察院提出从宽处理的建议。人民检察院可以向人民法院提出从宽处罚的建议；对于犯罪情节轻微，不需要判处刑罚的，可以作出不起诉的决定。人民法院可以依法对被告人从宽处罚。"从宽处罚"是指依法对犯罪嫌疑人、被告人从轻、减轻或者免除处罚。这样规定，使刑事和解协议可能产生的、可预期的法律后果一目了然，可以促使犯罪嫌疑人、被告人真诚悔罪，改过自新，又不致影响对犯罪的追诉和惩罚，避免依和解协议免除处罚而放纵犯罪。如何从宽处罚可以由人民法院根据人民检察院的建议和案件情况、当事人和解协议依法裁量。

因此，修改后的《刑事诉讼法》规定公诉案件，在侦查、审查起诉和审判三个诉讼阶段，双方当事人都可以进行和解，但办案机关对和解案件处理的权限和方式，应当根据分工负责、互相配合、互相制约的原则，不同诉讼阶段有所区别。这样的规定延伸了公诉工作职能，并将公诉工作纳入大调解机制，充分发挥公诉工作在化解社会矛盾，构建和谐社会中的作用。

（六）审判程序

本次《刑事诉讼法》修改对审判程序做了较大修改。审判程序作为本次《刑事诉讼法》修改的重点得到了全方位的完善，主要体现在：完善第一审普通程序、优化简易程序、强化第二审程序、延长审判期限、改革死刑复核程序、规范审判监督程序等。本文主要集中讨论一审普通程序、简易程序以及二审程序中与一审有关的制度的实施状况。

新《刑事诉讼法》对一审程序的修改主要包括：建立庭前会议制度、完善公开审判制度、强化证人出庭制度、规范量刑调查程序、规定中止审理制度等。对简易程序的修改主要包括：扩大简易程序适用范围，赋予检察机关适用建议权，明确法院审级、审判组织和公诉人出庭义务，增设法官对被告人自愿认罪和选择简易审判的确认程序等。对二审程序的修改主要包括：明确开庭审理的范围、强调讯问被告人义务、限制发回重审次数、完善上诉不加刑原则、规范涉案财物处理程序等。

1. 案卷移送制度

现行《刑事诉讼法》第一百七十二条规定："人民检察院认为犯罪嫌疑人的犯罪事实已经查清，证据确实、充分，依法应当追究刑事责任的，应当作出起诉规定，按照审判管辖的规定，向人民法院提起公诉，并将案卷材料、证据移送人民法院。"刑诉规则第三百九十四条第一款同样规定："人民检察院提起公诉的案件，应当向人民法院移送起诉书、案卷材料和证据。"从表面上看，这一规定放弃了1996年《刑事诉讼法》所确立的"主要证据复印件"移送方式，恢复了1979年《刑事诉讼法》规定的"卷宗"移送方式，但这一规定并不是对1979年《刑事诉讼法》的简单回归。通过对比《刑事诉讼法》的三个法律文本，并结合司法实践，本次修改后的上述规定，是对客观实际进行反思后做出的更为理性的选择。

本次修改后的案卷移送制度与1979年《刑事诉讼法》的规定相比，在以下三个方面存在重大差别：一是不提审被告人；二是不在庭前审查阶段调查核实证据；三是法官不在庭前对案件进行实质处分。这三个问题是对1996年《刑事诉讼法》修改成果的肯定，使案卷移送制度可能产生的法官预断的负面效应降到最低，这就决定了该条规定并不是对1979年《刑事诉讼法》的简单回归。其次，1996年取消的案卷移送制度，使得辩护人在庭前能够看到的证据材料非常少，给辩护人的辩护带来了困难。本次《刑事诉讼法》修改恢复了案卷移送制度，使得辩护人不仅可以在审判阶段查看全部案卷材料，而且还扩展了审判前阅卷的范围，保障了辩护方的先悉权。最后，本次修改建立了一系列相关配套制度，如程序性的庭前审查没有给法官预先定案留下余地；辩护权利的强化可以纠正法官在庭前阅卷中形成的预断；直接言辞原则的强化将动摇先定后审的基础等，这些都可以防止卷宗移送制度重回1979年《刑事诉讼法》的老路。

2. 庭前会议制度

修正后的《刑事诉讼法》第一百八十二条第二款规定："在开庭以前，审判人员可以召集公诉人、当事人和辩护人、诉讼代理人，对回避、出庭证人名单、非法证据排除等与审判相关的问题，了解情况，听取意见。"本条规定了开庭前所必须做好的准备工作，为开庭创造条件，奠定良好基础。

（1）庭前会议的参与主体

根据《刑事诉讼法》第一百八十二条第二款的规定，庭前会议的参与主体为审判人员、公诉人、当事人和辩护人、诉讼代理人。

（2）庭前会议召开的案件条件

刑诉解释还对庭前会议召开的案件条件作了进一步规定。刑诉解释第一百八十三条规定："案件具有下列情形之一的，审判人员可以召开庭前会议：（一）当事人及其辩护人、诉讼代理人申请排除非法证据的；（二）证据材料较多、案情重大复杂的；（三）社会影响重大的；（四）需要召开庭前会议的其他情形。召开庭前会议，根据案件情况，可以通知被告人参加。"

（3）庭前会议的具体内容

刑诉解释还对庭前会议的具体内容做了进一步规定。刑诉解释第一百八十四条规定："召开庭前会议，审判人员可以就下列问题向控辩双方了解情况，听取意见：（一）是否对案件管辖有异议；（二）是否申请有关人员回避；（三）是否申请调取在侦查、审查起诉期间公安机关、人民检察院收集但未随案移送的证明被告人无罪或者罪轻的证据材料；（四）是否提供新的证据；（五）是否对出庭证人、鉴定人、有专门知识的人的名单有异议；（六）是否申请排除非法证据；（七）是否申请不公开审理；（八）与审判相关的其他问题。审判人员可以询问控辩双方对证据材料有无异议，对有异议的证据，应当在庭审时重点调查；无异议的，庭审时举证、质证可以简化。被害人或者其法定代理人、近亲属提起附带民事诉讼的，可以调解。庭前会议情况应当制作笔录。"刑诉规则第四百三十一条规定："在庭前会议中，公诉人可以对案件管辖、回避、出庭证人、鉴定人，有专门知识的人的名单、辩护人提供的无罪证据、非法证据排除、不公开审理、延期审理、适用简易程序、庭审方案等与审判相关的问题提出和交换意见，了解辩护人收集的证据等情况。对辩护人收集的证据有异议的，应当提出。公诉人通过参加庭前会议，了解案件事实、证据和法律适用的争议和不同意见，解决有关程序问题，为参加法庭审理做好准备。"刑诉规则第四百三十二条规定："当事人、辩护人、诉讼代理人在庭前会议中提出证据系非法取得，人民法院认为可能存在以非法方法收集证据情形的，人民检察院可以对证据收集的合法性进行证明。需要调查核实的，在开庭审理前进行。"

3. 量刑程序

修改后的《刑事诉讼法》第一百九十三条规定："法庭审理过程中，对与定罪、量刑有关的事实、证据都应当进行调查、辩论。经审判长许可，公诉人、当事人和辩护人、诉讼代理人可以对证据和案件情况发表意见并且可以互相辩论。审判长在宣布辩论终结后，被告人有最后陈述的权利。”随后颁布的相关司法解释又对量刑程序作了进一步规定。这些规定在以下方面对审判制度做了完善。

（1）量刑问题正式成为法庭审理的对象

根据1996年《刑事诉讼法》第一百六十条的规定，控辩双方在庭审中只能就证据和“案件情况”发表意见，法律也未规定“案件情况”的具体范围。修正案草案在此基础上加入了与量刑有关的事项，即控辩双方可以针对“证据、案件情况与定罪、量刑有关的事实‘证据’”发表意见和相互辩论。新《刑事诉讼法》对其范围进一步地明确，即“法庭审理过程中，对与定罪、量刑有关的事实、证据都应当进行调查、辩论”。刑诉解释第二百二十五条第一款同样规定：“法庭审理过程中，对与量刑有关的事实、证据，应当进行调查。”第二百二十七条规定：“对被告人认罪的案件，在确认被告人了解起诉书指控的犯罪事实和罪名，自愿认罪且知悉认罪的法律后果后，法庭调查可以主要围绕量刑和其他有争议的问题进行，对被告人不认罪或者辩护人作无罪辩护的案件，法庭调查应当在查明定罪事实的基础上，查明有关量刑事实。”也就是说，法庭审理的任务是审查与定罪、量刑有关的事实、证据。这意味着，法官在判决中不但要对定罪部分进行说理，还要对作为宣告量刑基础的事实和证据进行论证。这是对司法实践中量刑程序改革成果的肯定，新《刑事诉讼法》初步确立了相对独立的量刑程序。

（2）规定控辩双方可以对与量刑有关的事实发表意见和互相辩论

新《刑事诉讼法》第一百九十三条的规定意味着，控辩双方不仅可以提交与量刑有关的证据，陈述有关事实，还可以提出各自的量刑意见。刑诉规则第四百三十五条进一步规定，在法庭审理中，公诉人应当客观、全面、公正地向法庭出示与定罪、量刑有关的证明被告人有罪、罪重或者罪轻的证据。定罪证据与量刑证据需要分开的，应当分别出示，这改变了中国刑事案件概括请求的惯例，加强了控辩双方对法官裁判范围的约束，也强化了控辩双方在量刑问题上的参与，对于法官正确认定事实、进行法律评价有重要的作用。

（3）细化了法庭审查的量刑情节

刑诉解释第二百二十五条第二款规定：“人民法院除应当审查被告人是否具有法定量刑情节外，还应当根据案件情况审查以下影响量刑的情节：（一）案件起因；（二）被害人有无过错及过错程度，是否对矛盾激化负有责任及责任大小；（三）被告人的近亲属是否协助抓获被告人；（四）被告人平时表现，有无悔罪态度；（五）退赃、退赔及赔偿情况；（六）被告人是否取得被害人或者其近亲属谅解；（七）影响量刑的其他情节。”此外，刑诉解释第二百二十六条进一步规定："审判期间，合议庭发现被告人可能有自首、坦白、立功等法定量刑情节，而人民检察院移送的案卷中没有相关证据材料的，应当通知人民检察院移送。审判期间，被告人提出新的立功线索的，人民法院可以建议人民检察院补充侦查。"刑诉解释对法庭调查的量刑情节的细化，有利于进一步完善法庭审判的量刑程序，使相对量刑程序在实践中更加具有了可操作性。

4. 简易程序

《刑事诉讼法》及相关司法解释对简易程序的修改主要体现在以下几个方面。

（1）扩大了简易程序的适用范围

《刑事诉讼法》第二百零八条扩大了简易程序的适用范围，规定案件事实清楚、证据充分，被告人认罪的案件，在被告人同意适用简易程序时，人民法院可以适用简易程序审判。从修改后《刑事诉讼法》的规定来看，只要是被告人认罪的案件，在被告人对适用简易程序没有异议的情况下，当案件事实清楚、证据充分时，人民法院就可以适用简易程序。而不再将案件的范围限制在可能判处三年以下刑罚的、告诉才处理的以及轻微的刑事案件。简易程序范围的扩大能够有效地实现案件的分流，缓解司法压力，对提高审判效率具有积极意义。简易程序范围的扩大也是对"简者更简，繁者更繁"的审判制度设计的实现。修改后的该条赋予了被告人对适用简易程序的异议权，规定被告人对适用简易程序没有异议的，才能适用简易程序。这体现了被告人诉讼主体地位的提高。此外，修改后的条文还赋予了检察机关对法院适用简易程序的建议权，规定人民检察院在提起公诉的时候，可以建议人民法院适用简易程序。

（2）规定适用简易程序的例外情形

《刑事诉讼法》第二百零九条规定了四种不适用简易程序的情形：一是被告人是盲、聋、哑人或者尚未完全丧失辨认或者控制自己行为能力的精神病人的。这类被告人由于生理或精神缺陷已经不能很好地行使辩护权利，为了充分地保障其辩护权的实现，就不应再以简易程序审判，而应当通过普通程序，来实现对其诉讼权利的保护。二是有重大社会影响的案件，为了维护社会的稳定，提高司法公信力，也应当以普通程序审判，通过完整的诉讼程序，向社会展示一个完整的司法过程，以消除社会影响。但该项有重大社会影响的规定过于宽泛，建议对该种情形予以解释。三是共同犯罪案件中部分被告人不认罪或者对适用简易程序没有异议的，出于对该部分被告人诉讼权利的尊重和诉讼利益的维护，也不能仅仅因为其他被告人同意适用简易程序而剥夺了该部分被告人的诉讼权利。四是其他不宜适用简易程序审理的。这类案件也应当通过普通程序审理。这是一个兜底条款，以解决法条列举所存在的不足。

（3）完善了简易程序的审理程序

在1996年《刑事诉讼法》的框架下，简易程序对普通程序进行了极大地简化，不仅检察院可以不派员出席法庭，审判组织、庭审过程也多有省略。这当然节省了司法资源，但实难谓达到了程序公正的最低要求。为了平衡公正和效率的关系，修改后的《刑事诉讼法》对简易程序的审理程序进行了完善。《刑事诉讼法》第二百一十条规定对可能判处三年有期徒刑以下刑罚的，可以组成合议庭进行审判，也可以由审判员一人独任审判，即以合议庭审判为原则，以独任审判为例外；对可能判处的有期徒刑超过三年的，应当组成合议庭进行审判。该条第2款进一步规定，适用简易程序审理公诉案件，人民检察院应当派员出席法庭。《刑事诉讼法》第二百一十一条规定，对于适用简易程序审理案件，审判人员应当询问被告人对起诉书指控的犯罪事实的意见。此处的询问可以发生在宣读起诉书以前，也可以发生在宣读起诉书以后，体现了简易程序的便捷性。如果被告人不同意适用简易程序进行审判，则应当将其变更为普通程序。此外，还应当告知被告人适用简易程序审理的法律规定。《刑事诉讼法》第二百一十四条对简易程序的审理期限作了规定，适用简易程序审理案件，原则上人民法院应当在受理后二十日以内审结。对于可能判处的有期徒刑超过三年的案件，人民法院可以延长至一个半月。

5. 二审程序

修改后的《刑事诉讼法》对二审程序做了多处修改，主要包括：一是明确了二审开庭审理的案件范围；二是强调二审法院不开庭时讯问被告人、听取双方意见的义务；三是完善发回重审制度；四是完善上诉不加刑原则；五是延长了二审的审限；六是强调判决应对涉案财物作出处理。其中，明确二审开庭范围、限制发回重审和完善上诉不加刑原则对于发挥二审的功能来说较为关键。

（1）明确二审开庭审理的范围

新《刑事诉讼法》第二百二十三条规定："第二审人民法院对于下列案件，应当组成合议庭，开庭审理：（一）被告人、自诉人及其法定代理人对第一审认定的事实、证据提出异议，可能影响定罪量刑的上诉案件；（二）被告人被判死刑的上诉案件；（三）人民检察院抗诉的案件；（四）其他应当开庭审理的案件。第二审人民法院决定不开庭审理的，应当讯问被告人，听取其他当事人、辩护人、诉讼代理人的意见。"本条是关于第二审案件方式的规定。其中第一款采用列举式规定应当开庭审理的情形：一是被告人、自诉人及其法定代理人对第一审判决认定的事实、证据提出异议，可能影响定罪量刑的，应当开庭审理；二是被告人被判死刑的上诉案件一律应当开庭审理；三是人民检察院抗诉的案件一律应当开庭审理；四是人民法院认为其他应当开庭审理的案件。第二款规定人民法院决定不开庭审理的案件，也不应该进行书面审理，而是应当讯问被告人，听取其他当事人、辩护人、诉讼代理人的意见。

（2）限制发回重审的次数

新《刑事诉讼法》第二百二十五条第二款规定："原审人民法院对于依照前款第三项规定发回重新审判的案件作出判决后，被告人提出上诉或者人民检察院提出抗诉的，第二审人民法院应当依法作出判决或者裁定，不得再发回原审人民法院重新审判。"本条是关于二审后的判决和裁定的规定。1996 年《刑事诉讼法》规定二审后的处理方式有：裁定驳回上诉、抗诉，维持原判；直接改判；裁定撤销原判，发回原审人民法院重新审判。根据本条规定，第二审人民法院进行审理后，作出的处理如下：第一，维持原判。第二审人民法院决定维持原判的，应当制定裁定书，首先概述原判决的基本内容，然后，写明原判决认定的事实、情节正确，证据确实充分。如果上诉人等对事实、情节提出异议的，应予重点分析否定。最后，要论证原判决结果的正确性，并驳回上诉，维持原判。第二，改判分为两种情况。一是原裁判认定事实没有错误，但是适用法律有错误，或者量刑不当，对此应当改判。二是对于原裁判事实不清或者证据不足的，二审法院可以在查清事实后改判。第三，撤销原判，发回重审。主要适用于：原判决所认定的主要犯罪事实不清，或者证据不足的；原判决所认定的次要事实不清、证据不足，第二审人民法院查对核实又不方便的；原判决遗漏罪行或者应当追究刑事责任的人的；发现了新的证据，需要进一步收集证据予以查证核实的。此次修改在原来的基础上增加了"原审人民法院对于依照前款第三项规定发回重新审判的案件作出判决后，被告人提出上诉或者人民检察院提出抗诉的，第二审人民法院应当依法作出判决或者裁定"。也就是说，对于因实体问题或者证据问题发回重审的，仅限于一次；而对违反程序问题发回重审的次数未作限制。

（3）完善上诉不加刑原则

新《刑事诉讼法》第二百二十六条规定："第二审人民法院审理被告人或者他的法定代理人、辩护人、近亲属上诉的案件，不得加重被告人的刑罚。第二审人民法院发回原审人民法院重新审判的案件，除有新的犯罪事实，人民检察院补充起诉的以外，原审人民法院也不得加重被告人的刑罚。"本条是关于上诉不加刑原则及其例外情形的规定。为了有效地保障被告人的上诉权，免除被告人因害怕上诉后被加重刑罚而不敢上诉的顾虑，保证法律的正确实施，本条规定了上诉不加刑原则，同时又保障了人民检察院通过抗诉进行法律监督的职权和保护了上诉人的合法权益。本条修改的内容强调不因发回重审而变相加刑，更能较为全面的维护上诉不加刑原则，本条中，有新的犯罪事实则属于例外，在原来案件事实的基础上因新的犯罪事实出现可能导致量刑从重，这是基于犯罪事实变化导致的，与上诉等程序问题无关。需要注意的是，公诉机关或者自诉人变相改变犯罪事实或者虚增犯罪事实，这些事实未被法院认定，不属于有新的犯罪事实，有新的犯罪事实须是被法院认定的新犯罪事实。

（七）执行

刑事执行是国家专门机关将已经生效的刑事裁判付诸实施的法律活动，刑事执行制度是刑事诉讼制度的重要组成部分，是刑事诉讼的结果得以实现的重要保障，刑事执行是刑事法运作中一个十分重要的环节，刑事执行权的配置是否科学合理，直接关系刑罚效益能否得到最优实现。通过刑事执行制度，一方面使公民合法权益得到保障，社会秩序和安全得到维护，另一方面，也可以使罪犯获得其应有的惩罚，使其获得教育、改造，从而最终达到控制犯罪的目的。随着社会和法制的发展，中国的刑事执行制度逐渐完善，也暴露出了诸多问题。2012 年《刑事诉讼法》针对中国刑事执行制度中存在的突出问题进行了较大的修改，主要体现在对暂予监外执行、社区矫正、执行监督等制度的完善等方面。然而，立法的修改并非尽善尽美，刑事执行的司法实践中仍然存在的一些问题并未完全得到解决。

刑事诉讼程序从立法上分为立案侦查、审查起诉、审判以及执行四个环节，而执行虽然处于四程序之尾，却是一个不可或缺的重要角色，执行程序得不到制度性完善，法院判决得不到有效的执行，会将侦查起诉等一系列诉讼程序的作用架空。因此，刑事执行的效果如何不仅关系到刑事判决能否得到有效实现，而且关乎公民的相关权益能否得到有效保护，关乎国家和社会安全能否得到保障以及法律制度的权威能否得到切实确立。2012 年《刑事诉讼法》的修改是刑事领域内的一次巨大进步，其完善了诸多以往条文不规范不严谨之处，也创设了刑事诉讼史上几个崭新的制度，例如非法证据排除制度，以及侦查阶段律师的调查取证制度等，都令学界十分关注。此次修改反映在执行部分则主要体现在以下几个方面。

1. 暂予监外执行制度

暂予监外执行是中国变通自由刑执行的一种刑罚执行制度，新修改的《刑事诉讼法》一方面将暂予监外执行的适用范围扩大至“被判处无期徒刑，有期徒刑或者拘役的怀孕或者正在哺乳自己婴儿的妇女”；同时新增了暂予监外执行的决定程序和决定机关的内容，即“在交付执行前，暂予监外执行由交付执行的人民法院决定，在交付执行后的暂予监外执行由监狱或者看守所提出书面意见报省级以上监狱管理机关或者设区的市一级以上公安机关批准”；此外还将暂予监外执行的检察监督由事后监督改为同步监督，在第二百五十五条增加了关于暂予监外执行的法律监督的规定，以及明确了暂予监外执行的罪犯在何种情况下收监执行和发现罪犯通过非法手段获得暂予监外执行时的处理。

2. 社区矫正制度

社区矫正的制度性规定首次见于2003年7月10日最高人民法院、最高人民检察院、公安部、司法部联合发布的《关于开展社区矫正试点工作的通知》，在全国设立了首先开展社区矫正的六个试点城市。随后于2005年1月，最高人民法院、最高人民检察院、公安部、司法部又在第一批试点经验总结的基础上，下发了《关于扩大社区矫正试点范围的通知》，通知中又将12个城市列入第二批社区矫正试点的范围。此次新《刑事诉讼法》修改首次将社区矫正制度纳入条文之中，在第二百五十八条中明确了社区矫正的适用范围。同时最高人民法院、最高人民检察院、公安部、司法部联合制定的《社区矫正实施办法》中规定，“社区矫正人员有下列情形之一，县级司法行政机关应当给予警告，并出具书面决定：（一）未按规定时间报到的；（二）违反关于报告、会客、外出、居住地变更规定的；（三）不按规定参加教育、学习、社区服务等活动，经教育仍未改正的；（四）保外就医社区矫正人员无正当理由不按时提交病情复查情况，或者未经批准进行就医以外的社会活动，经教育仍未改正的；（五）违反人民法院禁止令，情节轻微的；（六）其他违反监督管理规定的。”该规定进一步细化了社区矫正的适用性，为实践中社区矫正的适用提供了准确的法律依据。

3. 执行监督

新法在执行监督部分的变更修改之处主要表现在两个方面。一是对暂予监外执行的执行监督，由1996年《刑事诉讼法》规定的“事后监督”提前至“监狱、看守所提出书面意见后、省级以上监狱管理机关或者设区的市一级的公安机关批准前”，这一进步具体规定于新刑诉法第二百五十六条；二是检察院对于减刑、假释予以法律监督的规定由原来的“事后监督”变更为“事前监督”。同时《最高人民法院关于办理减刑、假释案件具体应用法律若干问题的规定》第二十六条也做出规定，“人民法院审理减刑、假释案件，可以采用书面审理的方式。但下列案件，应当开庭审理：（一）因罪犯有重大立功表现提请减刑的；（二）提请减刑的起始时间、间隔时间或者减刑幅度不符合一般规定的；（三）在社会上有重大影响或社会关注度高的；（四）公示期间收到投诉意见的；（五）人民检察院有异议的；（六）人民法院认为有开庭审理必要的。”这一规定明确了减刑、假释开庭审理的范围，确立了开庭审理与书面审理相结合的减刑、假释审理方式。

（八）特别程序

随着社会分工的日益细化和刑事犯罪的日趋复杂，对某些特定类型的犯罪设置特别的刑事诉讼程序已然成为一种迫切的现实需要。因此，2012 年《刑事诉讼法》修正案单设一编，专门规定了未成年人刑事案件诉讼程序，当事人和解的公诉案件诉讼程序，犯罪嫌疑人、被告人逃匿、死亡案件违法所得的没收程序以及对实施暴力行为的精神病人的强制医疗程序等四种特别程序。在这些特别程序当中，尽管有一些规定过于粗疏，如关于刑事和解的规定只有三条，还有大量的问题没有涉及；有一些规定甚至存在问题，如未成年人刑事案件诉讼程序中将对已决犯进行“教育、惩罚、挽救”的实体法原则规定在诉讼法当中，而适用于未成年人的程序法原则规定不够等。但是，从设立制度框架的立法指引功能来看，新增此编本身就有极大的意义，它填补了 1979 年和 1996 年《刑事诉讼法》只有普通程序没有特殊类型程序的空白，进一步细化了刑事诉讼程序的分工，为刑事诉讼程序进一步朝着文明化、规范化和科学化的方向发展提供了一个有益的思路。总体而言，现行《刑事诉讼法》关于特别程序的规定，着眼于在控制犯罪和保障人权的价值目标之间做出平衡，是中国刑事诉讼法律制度渐趋科学完备的体现，适应中国刑事司法发展的基本趋势，更加符合联合国刑事司法准则的要求，具有里程碑的意义。

三　十年来有影响的刑事案例

2002 年至 2012 年这十年，伴随着中国刑事诉讼法治的发展与演进，中国涌现了很多有影响的重大刑事案例，尽管这些案件的发生并不是我们愿意看到的，但它们实际上不仅在某种意义上推动了中国刑事诉讼法治建设的发展，更为中国刑事诉讼法治的发展提供了极好的注脚。

（一）佘祥林案

案情简介：佘祥林，男，湖北京山县人。1994 年 1 月 20 日，佘祥林妻子张在玉失踪，张在玉亲属怀疑被佘杀害。1994 年 4 月 11 日，当地雁门口镇某水塘发现一具女尸，张在玉亲属辨认尸体与张在玉特征相符，公安机关立案侦查。1994 年 4 月 28 日，佘祥林涉嫌故意杀人被捕。1994 年 10 月 13 日，原荆州地区中级人民法院一审判佘祥林死刑，佘提出上诉。1995 年 1 月 6 日，湖北高院以事实不清、证据不足发回重审。此后，案件又经过了补充侦查、起诉、退回补充侦查等一系列曲折环节。直到 1996 年 12 月，此案报请荆门市政法委协调。1997 年 10 月，荆门市政法委召开了由荆门市法院和检察院、京山县政法委和有关单位负责人参加的协调会议。会议决定：此案由京山县检察院向京山县法院提起公诉；因为省高院提出的问题中有3个无法查清，对佘祥林判处有期徒刑。1998年3月31日，京山县检察院将此案起诉至京山县法院。1998年6月15日，京山县法院以故意杀人罪判处佘祥林有期徒刑15年，剥夺政治权利5年，佘提出上诉。1998年9月22日，荆门市中级人民法院二审驳回上诉，维持原判。2005年3月28日，“死亡”11年的张在玉回到家中。4月13日，京山县人民法院经重新开庭审理，宣判佘祥林无罪。事件中，佘祥林自述遭受刑讯逼供，在狱中坚持申诉。其母也曾因为上访被非法关押。

该事件在2005年被新闻媒体揭露，引起了巨大的舆论影响。该案引发了社会各界关于“无罪推定”的《刑事诉讼法》基本原则、“疑罪从无”的刑事诉讼理念以及侦查权边界、死刑复核程序、二审程序、证据规则、“沉默权”等司法制度和司法理念的深刻反思。随后，中国加速了对于死刑复核程序及《刑事诉讼法》的改革，2005年最高人民法院下发《关于进一步做好死刑第二审案件开庭审理工作的通知》，2007年最高人民法院颁发《关于统一行使死刑案件核准权有关问题的决定》，2010年最高人民法院、最高人民检察院、公安部、国家安全部和司法部联合发布《关于办理死刑案件审查判断证据若干问题的规定》和《关于办理刑事案件排除非法证据若干问题的规定》，2012年《刑事诉讼法》更是完善了证据规则与二审程序。类似的案件还有云南杜培武案、河南赵作海案等，佘祥林的悲剧也不只是他一个人的悲剧，更是中国刑事诉讼法治的悲剧。这种个案令人痛心疾首，然而痛定思痛，正确面对，分析原因，找出对策，才能让冤假错案最大限度地得到避免，让公平正义体现在每个刑事案件中。

（二）黄静案

案情简介：黄静，女，湖南湘潭人。2003年2月24日上午，21岁的黄静被发现裸死在学校宿舍床上，其腘窝、背部、腿部、会阴等身体部位有多处伤痕。尸检报告称其为处女，但其生前男友姜俊武的精液在现场被发现。湘潭市公安局和湖南省公安厅的初步法医检验认为，黄静是因心脏疾病导致急性心肺功能衰竭而死，属于正常死亡。但南京医科大学鉴定报告与中山大学法医鉴定中心鉴定报告认为不足以确定自然死亡。黄亲属认为黄静是被性侵致死，但姜俊武否认。随后，该案在网络上引发巨大争议，被称为“网络第一案”。2003年6月2日，姜俊武被刑事拘留。后此案饱经周折，2004年3月司法部法医鉴定中心专家赶赴湘潭就该案做鉴定，但由于尸体已高度腐化而终止鉴定。直至2006年7月10日上午，湘潭市雨湖区人民法院才作出一审判决，宣判被告人姜俊武无罪但需赔偿原告部分经济损失。2007年12月8日，湘潭市中级人民法院作出终审裁定：驳回原审原告黄静的父母，及原审被告姜俊武关于民事责任方面的上诉请求，维持原判。

该事件在2003年被报道后，在刚刚兴起的网络中引起巨大争议，公安司法部门的每一步活动都饱受争议，这是中国《刑事诉讼法》发展过程中第一次网络民意与司法活动的碰撞，该案也被称为“网络第一案”。在该案中，多达五次而有出入的司法鉴定报告是争议核心，而司法鉴定在刑事诉讼领域又起着较为决定性的作用。该案直接推动了中国司法鉴定制度的改革。2005年2月28日，全国人大常委会为建立统一的司法鉴定制度，为司法公正提供保障通过了《关于司法鉴定管理问题的决定》。2007年7月司法部出台《司法鉴定程序通则》以规范司法鉴定程序。2010年《办理死刑案件审查判断证据若干问题的规定》《关于进一步严格依法办案确保办理死刑案件质量的意见》中都规定了鉴定意见的性质以及存在异议时的做法。2012年新《刑事诉讼法》在法律修改中吸收前述规定。尽管该案中，有很多网络意见对于公安司法部门的工作造成一定压力，但《刑事诉讼法》的核心原则“疑罪从无”不容践踏。如何正确看待、处理司法与民意的关系也必然成为一个值得深思的话题。

（三）王文达案

案情简介：王文达，男，浙江松阳人。2000年4月因犯盗窃罪被判处有期徒刑五年，2003年1月刑满释放。2005年6月11日，因涉嫌抢劫强奸被刑事拘留。7月18日，被逮捕。12月29日，丽水市中级人民法院作出一审判决，判处王文达死刑。王文达对刑事部分的判决不服，提出上诉。2006年5月16日，浙江省高级人民法院不公开开庭审理了此案。2006年6月21日，王文达成功制止了同监室扬绍飞越狱脱逃，构成一次立功情节，松阳县看守所对此作出了认定并出具报告要求浙江省高院从宽处理王文达。松阳县人民法院的一份判决也对王文达制止扬绍飞脱逃立功情节作出了认定并建议从轻处罚。被告辩护律师向浙江省高院提交补充辩护意见，认为王文达存在法定立功从轻情节，要求从轻判处王文达。2006年6月16日浙江省高级人民法院做出刑事裁定，驳回上诉，维持原判，并于2006年8月2日宣判并立即处决王文达。该判决书对王文达的立功情节一字未提，对律师的从轻处罚的辩护意见也基本没有采纳。

王文达案，案情比较简单，定罪几乎没有争议。但该案所引发的同案不同判、各地死刑标准不同、死刑复核权的讨论却是前所未有的。全国各地召开多次研讨会，专家学者、律师一致呼吁最高人民法院立即收回死刑复核权。同时，该案也引发了学界、民众对于中国刑事政策“少杀、慎杀”的理解与讨论，此后的邱兴华案、药家鑫案等无一不继续触动着社会对于生命权的珍惜与保障。

该案是最高人民法院收回的死刑复核权一剂催化剂，也在某种程度上推动了《刑事诉讼法》对于被告人人权的保障，见证了刑事诉讼法治的发展。

（四）章国锡案

案情简介：章国锡，男，曾任宁波市东钱湖旅游度假区建设管理局办公室助理。2010 年 7 月 22 日，章国锡被宁波市鄞州区检察院反贪局的工作人员控制并带走。7 月 24 日，章国锡被刑事拘留。8 月 5 日，鄞州检察院对其进行依法逮捕。在被羁押期间，遭受刑讯逼供，供述多次出入。2011 年 7 月 11 日，宁波市鄞州区人民法院援引“两高三部”《关于办理刑事案件排除非法证据若干问题的规定》对于检方指控被告章国锡的部分证据进行排除，并判处免于刑事处罚。2012 年 7 月 18 日，宁波市中级人民法院二审宣判，认定章国锡收受他人贿赂 4 万元，以受贿罪判处章国锡两年有期徒刑。

该案一审法院在判决书中，将程序与实体两部分分开表述，并在程序部分，将章国锡的庭前有罪供述全部排除；而在实体认定方面，法院则不再将章国锡的有罪供述作为判决依据。这是自 2010 年 7 月排除非法证据规定颁布实施一年多来，全国首例法院运用非法证据排除规则进行裁判的案件。因此，也被称为“非法证据排除首案”。但是，该案暴露出非常多的问题，“两高三部”《关于办理刑事案件排除非法证据若干问题的规定》法律效力较低，对于具体程序与后果没有规定等。这直接影响了 2012 年新《刑事诉讼法》对于非法证据排除规则的初步构建。因此，该案在刑事诉讼法治的发展中也是具有里程碑意义的。

（五）“躲猫猫”事件

案情简介：李荞明，男，云南玉溪人。2009 年 1 月 28 日，李荞明因涉嫌盗伐林木，被云南晋宁县公安局刑事拘留，并被羁押于晋宁县看守所。2 月 12 日，经医院抢救无效的李荞明死亡。当日晚 11 时，调查组通报：2 月 8 日下午放风时，死者与狱友在天井玩“躲猫猫”游戏，由于死者抓到同监狱友普某某，而引起普某某不满，最终两人发生争执。争执中普某某先踢了死者一脚，随后又朝其头部击打一拳，死者由于重心不稳摔倒后，头部与墙壁和门框夹角碰撞，最终受伤。2 月 19 日，云南省委宣传部发布公告，征集网民参与调查“躲猫猫”事件真相。2 月 20 日，网友调查委员会发布调查报告，称查看监控录像和会见当事人的要求都被拒绝，探寻真相还是要靠司法机关。2 月 20 日，晋宁县公安局向网友、媒体代表组成的调查委员会公布对“躲猫猫”事件的调查结果，称是游戏中的意外事件。2 月 27 日 17 时，云南省政府新闻办召开新闻发布会，公布检察机关调查结论：经过专家对尸体进行检验，进行死亡原因鉴定证实，李荞明系多次钝器外力打击致颅脑伤死亡，案发后，张厚华、普华勇等人为逃避罪责，编造了李荞明是在玩游戏过程中，不慎头部撞击而死的虚假事实，检察机关在对案件的检查过程中，发现晋宁县看守所存在在押人员的监管不到位、管理混乱等问题，并同时向李荞明家属致歉以及给予相应责任人处理。之后，晋宁县公安局对于李荞明家属赔偿35万。2009年8月14日，云南省昆明市嵩明县人民法院对该案件涉及相关责任人作出一审宣判。

监所，因其在犯罪深挖方面有着独特作用，在中国长期被称为发现犯罪的“第二战场”。而监所的定位问题、管理问题、牢头狱霸与被羁押人的人权保障问题都随着该案的爆发而被推入舆论的风口。正如有学者点评认为：“‘躲猫猫’事件的曝光，体现了网络对司法的监督，同时也反映出中国未决犯监管体系中存在的诸多问题，这些问题若不能及时解决，将严重影响到中国刑事法治建设。对此，必须予以正视和重视。”也正是从2009年开始，公安部按照中央部署要求，对看守所执法管理进行了全面改革。时至今日，成绩斐然，但更有待进一步完善。

（六）“开平”案

案情简介：许超凡、余振东、许国俊，男，先后任中国银行广东开平支行行长。在长达十年的时间里，把总额4.8亿余美元的银行资金陆续转移到海外。2001年10月案发。2002年12月，余振东在美国洛杉矶被抓获，后被遣返回国。江门市中级人民法院对余振东贪污、挪用公款案，进行了一审宣判，判处被告人余振东有期徒刑12年。半年后，许超凡和许国役在美国被捕。2009年5月6日，美国拉斯维加斯联邦法院以洗钱、跨州转运盗窃资金、护照和签证欺诈等罪名，分别判处许超凡和许国俊入狱25年和22年，并勒令退还4.82亿美元的涉案赃款。

该案是2001年《中美刑事司法协助协定》生效后，中方向美方提起的第一起刑事司法协助请求案。中美双方司法机关在此案的追诉过程中进行了比较充分的刑事司法协助，最终使得美国法院判处“二许”重刑。贪官外逃是中国社会转型期间的一个顽疾，对中国的《刑事诉讼法》发展提出前所未有的挑战。为了维护社会法治，必须充分利用各种有效手段对于外逃贪官予以打击，包括引渡、刑事司法协助等。2012年新《刑事诉讼法》更是创设了犯罪嫌疑人、被告人逃匿、死亡案件违法所得的没收程序这一特别程序，必将对于刑事诉讼法治产生极大的推动作用。

（七）“北海”律师伪证案

案情简介：2010年8月，杨在新等4名律师接受委托办理“11·17杀人抛尸案”。2010年该案一审开庭。庭审期间，杨在新等辩护律师出示与公诉方不一致的证据，被告人纷纷翻供。2011年6月13日，杨在新等4名律师被北海市公安局以“妨害作证”刑事拘留或监视居住。2011年6月21日，广西北海市政府新闻办发布通报，称四名律师之所以“涉嫌妨碍司法”是源于2009年的“11·17杀人抛尸案”。2011年6月27日，陈光武、伍雷等六名律师抵达北海，正式启动对涉案四名律师和三名证人的法律帮助。此后，十几名律师组成律师团展开援助活动。

“北海”案的始末，不仅充分说明了律师在中国刑事诉讼法治发展过程中的推动作用，律师是保障犯罪嫌疑人、被告人人权的重要力量，也是实现个案公平与正义的重要力量；更充分触动了现代刑事诉讼法治理念——司法独立、重视程序、重视证据规则、“疑罪从无”等。

（八）王立军案

案情简介：王立军，男，内蒙古自治区阿尔山市人。在重庆市期间，先后担任市公安局党委副书记、常务副局长，党委书记、局长，副市长等职。2012年2月6日至7日，王立军私自进入美国驻成都总领事馆滞留，在国内外造成恶劣影响。事后，侦查机关依法对此进行调查。2012年7月22日，经成都市人民检察院批准，王立军因涉嫌叛逃罪由成都市国家安全局执行逮捕，8月2日侦查终结后移送成都市人民检察院审查起诉；王立军涉嫌徇私枉法案经最高人民检察院指定安徽省合肥市人民检察院侦查终结后，于8月2日移送成都市人民检察院审查起诉；王立军涉嫌受贿、滥用职权案经最高人民检察院指定四川省人民检察院侦查终结后，分别于8月8日、9月1日移送成都市人民检察院审查起诉。9月5日，成都市人民检察院依法对王立军涉嫌犯罪提起公诉，成都市中级人民法院依法受理。9月17日，王立军涉嫌叛逃、滥用职权案因涉及国家秘密依法不公开开庭审理；9月18日，王立军涉嫌受贿、徇私枉法案依法公开开庭审理。

王立军在重庆期间力推“打黑”，曾制造了“李庄”冤案等一系列冤假错案。而王立军自身的落网也充分说明中国社会主义法治建设取得一定成绩，“法网恢恢，疏而不漏”，任何不法行为都必将得到法律严惩，在法律面前人人平等。这也标志着中国刑事诉讼法治的发展与完善。

四　刑事诉讼十年变迁分析——进步与不足

2002年至2012年这十年间，伴随着法治中国的推进，中国刑事诉讼法制也不断健全，刑事诉讼法治不断得到发展与完善。在下文中，笔者拟对刑事诉讼法治十年来的进步和不足从宏观上加以分析。

（一）进步之处

这十年间，其进步主要表现为以下方面。

1. 注重保障人权

2004 年 3 月 14 日，第十届全国人民代表大会第二次会议通过宪法修正案，明确规定“国家尊重和保障人权”，尊重和保障人权成为国家根本大法的一项原则。2012 年 3 月 14 日，十一届全国人大五次会议表决通过了关于修改刑事诉讼法的决定，新《刑事诉讼法》将“尊重和保障人权”写入总则，并在相关具体制度的修改中得到体现。这意味着国家在追诉犯罪、惩罚犯罪的同时，应当规范职权机关的行为，充分保障刑事诉讼各主体、诉讼参与人的诉讼权利与其他正当权益。“全国人大通过决定修改刑诉法尊重保障人权入宪之后再入法”这一事件也成为 2012 年度十大法治新闻之一。

在具体制度层面，2003 年最高人民法院出台《关于推行十项制度切实防止产生新的超期羁押的通知》，2003 年最高人民检察院出台《关于在检察工作中防止和纠正超期羁押的若干规定》，2012 年新《刑事诉讼法》明确规范强制措施的适用，以处理与预防超期羁押问题；2007 年最高人民法院出台《关于统一行使死刑案件核准权有关问题的决定》将死刑复核权收回最高法院；2004 年最高人民检察院出台《关于人民检察院保障律师在刑事诉讼中依法执业的规定》，2008 年最高人民法院、最高人民检察院、司法部下发《关于充分保障律师依法履行辩护职责，确保死刑案件办理质量的若干规定》，2008 年《律师法》修改以解决律师“阅卷难、会见难、调查取证难”的“三难”问题，2012 年《刑事诉讼法》明确辩护律师权利等无一不彰显着国家尊重和保障人权的宪法原则与精神。

2. 注重程序价值

中国刑事诉讼法理论与实务界长期存在重实体、轻程序的意见。但程序公正不仅有保证实体公正的作用，其自身也有独特价值。2002 年之后，中国刑事诉讼法治发展的一个方面就是设立程序性违法后果与制裁，不断推进刑事诉讼程序的科学与完善。

在具体制度层面，从 2002 年最高人民法院出台《关于刑事再审案件开庭审理程序的具体规定》以及《关于规范人民法院再审立案的若干意见（试行）》，2003 年出台《关于刑事再审工作几个具体程序问题的意见》规范刑事再审程序到 2012 年新《刑事诉讼法》对于刑事诉讼立案、侦查、审查起诉、审判、执行等程序的全面修改与完善；从最高人民法院、最高人民检察院、公安部、国家安全部和司法部2010年5月联合发布《关于办理死刑案件审查判断证据若干问题的规定》和《关于办理刑事案件排除非法证据若干问题的规定》到2012年新《刑事诉讼法》初步构建非法证据排除规则，无一不显示中国刑事诉讼法治更加注重程序的价值。

3. 公正优先与注重效率

刑事诉讼追求的核心价值是公正，然而效率却也是不能忽略的部分。只有效率才能使有限的资源投入更为难办的案件，才能实现更广泛的公正。因此中国有学者提出刑事审判改革的方向应是“繁者更繁，简者更简”，对刑事诉讼普通程序的设计应做到尽可能的完备，从而保证重大、复杂的刑事案件能够得到公正的处理；对于刑事简易程序应当在完善的同时扩大适用，从而使案情相对简单的案件得到快速有效处理。

事实上，中国刑事审判制度的改革也正是沿着这个方向迈进。2003年最高人民法院、最高人民检察院、司法部联合下发《关于适用简易程序审理公诉案件的若干意见》，2006年最高人民检察院颁发《关于依法快速办理轻微刑事案件的意见》，2012年新《刑事诉讼法》完善普通程序、扩大简易程序的适用、设置附条件不起诉制度都是极好的证明。

4. 注重弱势群体的特殊保护

弱势群体的保护是衡量刑事诉讼程序公平性的“短板”，注重弱势群体的保护体现的不仅是刑事诉讼法治发展的要求，也是中国尊重和保障人权的贯彻与实施。《刑事诉讼法》中的弱势群体主要是未成年人、残疾人、贫困人员等。

就具体制度而言，2003年最高人民法院研究室所作《关于第二审人民法院是否应当为不满18周岁的未成年人指定辩护律师问题的答复》，2006年最高人民检察院颁发《办理未成年人刑事案件的规定》，2012年新《刑事诉讼法》明确规定未成年刑事诉讼案件特别程序以保护未成年人的诉讼权利以及促使未成年人健康成长；2012年新《刑事诉讼法》对于法律援助的范围进行调整，废除1996年《刑事诉讼法》对于“公诉人出庭公诉的案件”条件限制，同时增加规定对尚未完全丧失辨认或者控制自己行为能力的精神病人、可能判处无期徒刑的人而没有委托辩护人的，应当适用法律援助。上述刑事诉讼相关制度的沿革与发展都体现了中国刑事诉讼法治的巨大进步。

（二）不足之处

2002年至2012年这十年作为中国《刑事诉讼法》集中发展的一个重要阶段，这一阶段的刑事诉讼法治发展也还有一些不足，有待改进。

1. 立法理念有待改进

立法指导思想未转变，法律修改的政治目的大于法律目的。立法时只考虑公权力机关的实际需求，而忽略对立方的权利。陈卫东教授所言："与诉讼权利的扩张相联系，刑事程序正当化必然表现为对国家刑事权力的限制。"如2012年新《刑事诉讼法》的修改，将技术侦查措施纳入法治化轨道，一方面采用技术侦查手段对于打击、控制犯罪有比较好的作用，但另一方面，由于法律本身并没有规定采用技术侦查措施要经过怎样的批准手续，可能会使无辜公民长期处于被秘密侦查的境地。

2. 法律规则的操作性仍有待增强

法律规则缺乏可操作性，法律规则容易被异化却没有制约手段等。如2012年新《刑事诉讼法》对于侦查的讯问阶段做了比较详细的规定：一般应当在看守所内进行、应当保障被讯问人的合理休息时间以及饮食、讯问犯罪嫌疑人可以对讯问过程进行录音或者录像；对于可能判处无期徒刑、死刑的案件或者其他重大犯罪案件，应当对讯问过程进行录音或者录像。但需要说明的是，《刑事诉讼法》既没有对诸如合理休息时间是多长、合理饮食是多少等内容做出规定，也没有对违反规定取得的证据的证据力做出说明。对于执行程序，主要扩大了暂予监外执行制度的适用范围，增加了对于生活不能自理而不具有社会危险性的罪犯的适用。但仍存在明显问题，规定不够细致，缺乏可操作性，缺乏必要的对抗途径。如对于暂予监外执行、保外就医制度，其审批权仍在其体系内部，检察院只能提供书面建议，权力的设置仍缺乏合理性。

3. 先进理念有待进一步确立

第一，部分应当规定、可以规定的内容未做规定。如作为一项现代刑事诉讼的基石性原则的"无罪推定"原则，并没有得到贯彻规定。第二，部分内容虽然做了规定，但由于规定得不够到位而将使效果大打折扣。如新《刑事诉讼法》依然保留了犯罪嫌疑人对侦查人员的提问应当如实回答的义务，将使得"不得被强迫自证其罪"原则产生动摇与破坏。以至于有学者基于侦查权的扩张，发表文章认为本次《刑事诉讼法》修改是"警察权的全面胜利"。虽然我们应当客观地认识此类观点，但至少说明中国刑事诉讼法治的一些先进理念有待进一步确立。

五　刑事诉讼领域当前热点与展望

国内刑事诉讼法学界立足司法实践，联系实际，注意研究解决修改后的《刑事诉讼法》在实施中可能出现的新情况、新问题，致力于推进修改后的《刑事诉讼法》的贯彻实施和刑事诉讼制度的健全完善。

目前，刑事诉讼法学的研究热点主要包括：《刑事诉讼法》司法解释的合法性与合理性；非法证据排除问题；行政证据的使用问题；辩护制度问题；降低逮捕率问题；对侦查的制约、监督问题；检察官办案责任制问题；职务犯罪侦查模式的转变问题；检察机关与纪检监察机关协调配合机制问题；检察监督问题；庭前会议问题；庭审实质化问题；冤假错案的防范问题；轻微案件速决程序问题；量刑建议及量刑规范化问题；未成年人刑事案件诉讼程序；公诉案件刑事和解制度等。在下文中，我们分成五个部分加以介绍。

（一）司法解释问题

就《刑事诉讼法》司法解释的合法性与合理性问题，学界形成了两种主要观点：一种观点反对中央政法部门对《刑事诉讼法》进行司法解释，指出作为刑事诉讼法规范对象的公安、司法机关可以自行解释法律，违背了司法权与立法权分立制衡的权力配置规律。

另外一种观点认为，在目前的立法、司法国情下，司法解释的制定、发布具有实践合理性，因为一部只有290个条文的刑事诉讼法典无法充分作为执法、司法人员办理刑事案件的全部规范依据，大量的操作性规定、内部分工配合事宜需要通过司法解释进行补充。

在司法解释的具体问题上，很多学者认为《人民检察院刑事诉讼规则》第四十五条对“特别重大贿赂犯罪”的界定标准仍然比较模糊。司法实践中个别检察机关存在通过扩大解释“特别重大贿赂犯罪”的范围变相限制律师会见权的情况。

（二）证据制度问题

1. 关于非法证据排除问题

学界普遍认为，目前的非法证据排除规则仍然需要进一步细化与解释，这方面的主要问题包括：

（1）为什么要排除非法证据？在价值层面上，非法证据排除的目的是为了防止错案还是为了保障程序的公正，是一个必须明确的重要问题。

（2）非法证据被排除的是什么？即排除的实质是排除证据资格还是排除定案根据。

（3）何时排除非法证据？排除的时间点与上一问题直接相关，非法证据排除从法理上讲应当在案件实体审理前作出是否排除的决定，但目前《刑事诉讼法》明确规定“法庭审理过程中”方可排除。

（4）排除后的证据材料如何处理？《人民检察院刑事诉讼规则》第七十一条

规定被排除的非法证据应当随案移送，这一条款引发了学界的热烈讨论。

2. 关于行政证据的使用问题

一些学者认为《刑事诉讼法》第五十二条第二款规定的行政证据的使用问题需要进一步研究，明确可以在刑事诉讼中使用的行政证据的种类。

（三）辩护制度问题

2012 年《刑事诉讼法》进一步扩大了辩护权的保障范围与程度，在一定程度上解决了刑事辩护中的一些突出问题，然而近一年的法律实施实践表明仍然存在部分问题需要进一步明确。

1. 会见权的保障

从整体上看，全国各地看守所都能严格执行《刑事诉讼法》的规定，积极保障律师会见权，会见难的问题基本解决。然而部分学者的调研也显示在极个别看守所会见在押的犯罪嫌疑人仍然存在违规违法障碍。

2. 律师在侦查阶段的调查取证权

对律师在侦查阶段是否享有调查取证权，学界形成了不同的观点。部分学者认为法律规定律师是调查取证权的行使主体，可以进行调查取证。也有学者认为，结合司法实践，律师在侦查阶段上的调查取证权应当是有限度的。

（四）强制措施问题

1. 关于降低逮捕率问题

有学者认为新《刑事诉讼法》对逮捕的规定比以往更加细化，从而有可能从总体上降低羁押数量。降低逮捕率的办法主要有：一是明确逮捕的证明责任由侦查机关承担；检察机关在决定逮捕的时候也应该详细写明逮捕的法律依据和事实依据。二是降低拘留的适用率从而为逮捕率的降低创造条件。

（五）侦查程序问题

1. 关于对侦查的制约、监督问题

有学者认为，人民法院与公安机关配合往往导致人民法院对于公安机关的迁就，从而造成冤假错案。所以，对于三机关相互配合作为一个法律原则应该加以研究。

2. 关于职务犯罪侦查模式的转变问题

有检察实务部门学者指出，本次刑诉法的修改给职务犯罪侦查模式转变带来了有利契机。今后应当从强化对职务犯罪侦查模式转变的引导，深化对职务犯罪侦查格局改革的探索，实现对职务犯罪侦查工作的人力、财力保障，细化有关职务犯罪侦查的法律依据等方面继续推动职务犯罪侦查模式的转变。

3. 关于检察机关与纪检监察机关协调配合机制问题

当前检察机关与纪检监察机关是反腐的两股核心力量。有观点指出，检察机关与纪检监察机关应当在线索移送、归口衔接、情况反馈等方面加强合作，并遵循独立行使职权、统分结合、发挥各自优势的原则。检察机关与纪检监察机关应尽快联合出台关于协作配合办案的具体规定，使实践有章可循。

（六）审查起诉问题

1. 关于检察官办案责任制问题

上海和湖北是检察官办案责任制改革试点的典型，主办检察官办案责任制的主要形式是由“主办检察官 + 其他检察官、检察辅助人员”组成办案组，由主办检察官主持办案组工作，并承担相应责任。对于检察官办案责任制的不同观点，学界形成的共识是，其遵循办案者亲历亲为的司法规律，去除检察机关办案活动中的行政化色彩，形成符合中国实际的检察院基本办案组织。但今后应当明确与主办检察官、检察长及检察委员会履职相对应的执法权限和应当承担的责任范围。

2. 关于检察监督问题

2012 年《刑事诉讼法》修改，在诸多方面强化了检察监督。在检察监督的方式方面，有观点建议明确检察机关违法纠正意见的法律地位，使其成为富有实效的监督手段。还有学者建议提高检察机关同其他相关部门的协同性。还有观点提出也要加强检察机关自身的监督。目前人民监督员制度在适格性方面存在明显缺失，需要从选任程序、选任范围和知情权保障等方面进行完善。

（七）审判程序问题

1. 关于庭前会议问题

关于庭前会议结果的效力在学界存在着激烈的争论，主要存在三种观点。第一种观点认为，庭前会议仅限于听取意见，庭前会议上达成的共识不具有法律效力；第二种观点认为，庭前会议应当做出裁决，裁决具有法律效力；第三种观点认为，需要进行实质调查才能解决的问题应当放到庭审中处理，不需要进行实质性调查并且双方达成一致意见的，对双方具有拘束力。

2. 关于庭审实质化问题

学界在对庭审实质化的重要性达成一致共识的基础上，更多地关注庭审实质化的可行性和保障机制。多数学者认为，庭审实质化虽然有一定的困难，但是假以制度保障，具有可行性。

同时，有的学者也表达了对庭审实质化的担忧。其一是庭审实质化与庭前会议的关系的协调问题。庭前会议可能会掏空正式庭审，影响庭审实质化。其二是庭审实质化的程度问题。

3. 关于冤假错案的防范问题

第六次刑事审判工作会议后，学界对冤假错案的产生原因、如何防范冤假错案等问题开始了新一轮关注。

4. 关于轻微案件速决程序问题

有学者提出，《刑事诉讼法》修改后，刑事简易程序适用范围已经很大，司法实践中大多数案件都可以适用简易程序，不需要再增设轻微案件的速决程序。另有学者提出，该种程序设置如果是对简易程序的应用问题进一步进行解释，合法性不成问题。

5. 关于量刑建议及量刑规范化问题

量刑规范化是上一轮司法改革的重要成果，但量刑建议工作在实施中出现了一些问题。因此，广大学者普遍认为，理论界和实务界应当继续加强对量刑程序独立性问题的研究和量刑建议工作如何开展的研究。

（八）特别程序问题

1. 关于未成年人刑事案件诉讼程序

（1）社会调查。学界关注的问题主要涉及社会调查的主体、内容、案件范围、调查报告效力以及隐私权保护等问题。

其一，社会调查的主体。学者们普遍认为，公、检、法机关应当是法定主体，但在实践中，多数办案机关根据各自部门的解释，委托其他有关组织实施调查。

其二，社会调查的内容。与会者普遍认为，社会调查应包括：涉案人员的成长经历、犯罪原因、性格特点、家庭情况、社会交往、犯罪后态度等，不应包括定罪事实问题。

其三，启动社会调查的案件范围。有学者认为，对于“必要时可以从事社会调查”应当理解为：并非想进行就进行，而是如果有必要的话，就应当进行。

其四，社会调查报告的效力。目前立法规定的是办案机关可以参照，但是，如何参照并不明确。对此，有学者认为，调查结果、内容如果仅是有关未成年人的品格证明，不能用于定罪。

其五，社会调查过程中的隐私权保护问题。某些未成年人案件往往成为媒体的兴趣点，一旦成为社会热点，其隐私权保护难以控制。

（2）附条件不起诉。学者们普遍认为，目前附条件不起诉范围太窄，导致实践中适用率较低。此外，附条件不起诉与酌定不起诉界限不清楚，这个问题应当通过立法解释加以明确。

（3）其他有关问题。对于未成年人犯罪记录封存，由于法律没有硬性规定，很多地方没有实施，均处于观望阶段。

2. 关于公诉案件刑事和解制度

有的学者认为，刑事和解的实践效果与预期有差距，不如立法以前。刑事和解范围太窄，数量下降，是效果不好的主要表现。有学者认为，应当严格执行《刑事诉讼法》规定的刑事和解案件范围。“隐形和解”方式下，不能制作和解协议，可以选择通过附带民事诉讼方式提出。

以上就是对中国刑事诉讼法治未来发展的展望，中国目前正处于快速发展时期，各种新情况、新问题不断出现，法律的不断修改完善将逐渐成为常态。

《刑事诉讼法修正案》已于2012年3月14日由第十一届全国人大第五次会议表决通过，这标志着围绕修正案的讨论，推进中国刑事诉讼法治的努力告一段落。然而，中国刑事诉讼法律制度的完善，并未因此而终结，应该说，随着修正案的通过，将从新的起点继续推进，而且之后的任务可能更为艰巨。之所以这么说，首先是因为《刑事诉讼法修正案》的通过，只是在立法层面推进了中国刑事诉讼法律制度；而在实践层面，刑事诉讼法治的完善，还有许多工作要做。因为法律修改完善的意义，完全有赖于实践中的相应改变才能实现。其次，由于刑事诉讼法修正案的许多规定，还需要通过立法解释和司法解释予以具体化，才能具有现实的可操作性。因此，如何做好相应的立法解释和司法解释工作，是相关部门现在所面临的急需完成的任务。再次，由于对《刑事诉讼法修正案》的一些内容人们认识还有分歧，已经做出的有争议的规定在司法实践中的效果如何，将对司法公正、对人权保障产生怎样的影响，都需要实践的检验。就此而言，刑事诉讼法律规定中的问题，再也不能在问题不断积累、经过十几年的等待才予以修改，而应采用刑法修正案那样的方式，及时通过立法修改予以完善。显然，不断地修改《刑事诉讼法》以适应人权保障的需要、推进司法公正，这是一项更加艰巨的任务。由此可见，中国刑事诉讼法律制度的完善，不应因为《刑事诉讼法修正案》的通过而终结，而应在新的起点不断推进。需要认识到，中国刑事诉讼法律制度的完善，仍任重而道远。

《刑事诉讼法》以惩罚犯罪和保障无罪的人不受刑事追究为目的，不仅涉及国家的稳定和社会秩序的和谐，更关系到公民基本人权，如自由、荣誉、财产甚至生命等重大权益。我们期待这部“生命大法”越来越先进，越来越成熟，也相信她的未来会更好。

机构改革

王小梅*

一　中国机构改革的动因

机构设置是行政权力正常有序运行的组织保证，也是直接影响行政成本、行政效率的重要环节。政府机构改革是政治体制改革和行政体制改革的载体，是经济体制改革和政治体制改革的结合部，是政府与市场的连接点。中国的机构改革具有内因性与外因性双重动因。建立和发展市场经济体制是中国机构改革的经济基础，现代政治理论的发展也迫切要求进行政府机构的重构。另外在国际竞争的压力下，中国要融入世界政治舞台并发挥作用，必须适应和遵守国际社会现有的以及不断更新的游戏规则。

1. 市场经济发展的需要

20 世纪 80 年代，为发展经济，释放活力，中国开始向高度集中的计划经济开刀，从鼓励和发展民营经济开始，逐步明确经济体制改革以建立社会主义市场经济为目标导向。

发展市场经济必然要求政府放松对经济的控制，逐步向市场放权，给市场自我发展自我完善的自由空间。20 世纪 80 年代之前，中国实行计划经济体制，国家对经济严格控制，生产什么、生产多少、如何分配、如何消费，均由政府通过计划手段主宰。计划经济体制虽然能够在短期集中人力物力实现一定的经济增长目标，但是由于扭曲价格、掩盖需求、破坏经济发展规律，最终可能导致经济的增长停滞和全面崩溃。为了挽救经济，释放市场活力，国家决策层经过激烈的思想论证最终决定改革，从经济入手，先农村后城市，先是为民营经济松绑，再实行国有经济改制。经济与政治一体两面，建立市场经济必然要对政府提出要求，要求重新梳理政府与市场的关系，政府对市场放权的过程既是经济体制改革的要求，也是政治体制改革的一部分。经济体制改革对政治体制改革形成倒逼机制，表现在两个方面：一是行政审批改革，二是机构改革。首先，经济体制改革要求政府减少对经济的干预，必然要对行政审批体制进行改

---

* 王小梅，中国社会科学院法学研究所副研究员。

革，行政审批改革包括两项任务，一是减少审批事项，二是优化审批流程。行政审批改革是政治体制改革的一项重要内容。其次，经济体制改革要求政府从经济控制职能转为公共服务职能，政府职能转变相应地会减少直接干预经济的机构，设立宏观调控机构和强化公共服务机构。政府机构改革是行政体制改革的核心，而行政体制改革是政治体制改革的一个方面。

2. 政府职能转变的需要

计划经济与全能政府相对应。在计划经济体制下，政府职能事无巨细、无所不包，导致政府部门越设越多。为了直接干预经济，政府中发展经济的部门设置得越来越细，由于完全忽视市场规律，非但不能发展经济，反而严重束缚和扼杀了经济活力，并且机构臃肿、人浮于事、效率低下，影响政府形象，与现代民主政治的要求相去甚远。

改革开放启动了经济体制改革，政府开始强调宏观调控，推行“政企分开”，逐步从微观经济领域退出，这部分的经济管理职权开始回归市场。同时，改革开放也导致多种利益主体和权利主体的逐步发育，随着公民权利意识的觉醒和“政事分开”的改革推行，市民社会开始发展壮大。原本“万能”的政府不得不向有限政府转变，有限政府不仅指政府职能更多地从经济领域退出，并且部分职能还要让渡给社会，让以新社会组织为中坚力量的市民社会发挥更为重要的作用。有限政府意味着政府职能并非无所不包，而是以提供公共产品和公共服务为主，即服务型政府。

机构改革伴随着政府转型。就目前的政府职能而言，政府不再是革命型政府，而是经济建设型政府。随着政府服务职能的确立，中国还要进行第二次转型，从经济建设型政府到公共服务型政府转变，即政府以提供公共服务为职能，营造经济发展的和平环境。

3. 应对全球化和参与国际竞争的需要

全球化是指劳务、资本、商品、信息能有效跨越各民族国家的界限，而在全球市场的范围内自由流通的过程。在全球化浪潮中，国家经济与社会领域的国际涉入程度增加，某些地方的社会机构（包括个人、团体与企业）活动方式可能对遥远地区的行为产生重大的预期或非预期后果，距离与时间似乎不再构成人类社会组织形态或互动模式上的重大限制。全球化趋势也显示出政治过程的加深与扩展，地方的、国家的、区域的和全球的事件经常纠结在一起，产生系统性的互赖关系。

在全球化视野下，闭关锁国的国家寥寥无几，国内政治的发展会受到来自国际社会的影响。中国作为大国，不仅要参与国际事务，融入国际交流合作中去，还要在国际舞台上扮演重要角色，发挥良好的作用，为此，要不断改革，完善相关体制制度，不仅在经济领域取得成绩，还要建设民主政治，成为现代化国家。

20 世纪 80 年代，中国实行改革开放，以主动的姿态迎接来自国际社会的影响和机遇。为适应全球化形势，2001 年，经过马拉松式的谈判，中国终于加入了世界贸易组织。世界贸易组织不仅仅是贸易方面的经济组织，对成员国的政府提出较高要求，要求政府权力遵循法治轨道，提高透明度，为争端解决提供客观公正的渠道。为适应世贸组织规则的要求，履行中国“入世”承诺，中国政府付出了一系列努力，在继续深化经济体制改革的同时，也不断进行行政体制改革和司法体制改革。行政体制改革中一项重要内容就是机构改革，中国政府通过了一轮又一轮的国务院机构改革，按照现代化权力运行的逻辑进行机构设置和重组，并进一步转变政府职能，规范政府行为。目前，国际社会的游戏规则还在不断变化和更新，美国主导下的跨太平洋战略经济伙伴关系协定（TPP）对贸易自由和劳工人权等提出更高的要求，面对国际社会的压力，中国政府也在积极应对，不断进行大幅度的行政审批制度改革。

二　机构改革实践

规范国务院组织机构设置和变更方面的法律文件包括宪法、法律和行政法规。1982 年《宪法》规定，“国家行政机关、审判机关、检察机关都由人民代表大会产生，对它负责，受它监督。”《宪法》第二章第三节规定了国务院的组成和职能。1982 年《国务院组织法》第八条规定，“国务院各部、各委员会的设立、撤销或者合并，经总理提出，由全国人民代表大会决定；在全国人民代表大会闭会期间，由全国人民代表大会常务委员会决定。”1997 年《国务院行政机构设置和编制管理条例》是中国第一部机构编制管理的专项行政法规。该条例明确国务院行政机构的设置原则为适应国家政治、经济、社会发展需要原则；精简、统一、高效原则。该条例对国务院办公厅、组成部门、直属机构、办事机构、国务院组成部门管理的国家行政机构、议事协调机构等的设立、撤销或合并做出了明确的规定，并对违反机构编制管理的行为规定了相应的法律责任和惩罚措施。

（一）机构改革的相关文件

1978 年改革开放是新中国政治经济发展的转折点，截至 2002 年，中国启动了四轮机构改革，即 1982 年、1988 年、1993 年和 1998 年机构改革。中国共产党依据宪法赋予的领导地位，作为机构改革决策者，以大会决议的形式提出机构改革的纲领性文件。例如 1982 年的机构改革是根据 1978 年党的十一届三中全会公报（提出围绕“政企分开”而“大力精简各级经济行政机构”）启动的，并且1980年邓小平在中央政治局扩大会议上所作的《党和国家领导制度的改革》讲话也成为重要指导性文件。1988年、1993年、1998年机构改革分别是依据党的十三大、十四大、十五大及其二中全会决议。这几次机构改革虽然已经提出了转变政府职能，但仍明显滞后于经济体制的改革和发展。1992年中国经济体制改革明确以社会主义市场经济为目标，但是机构改革仍保留着浓重的计划经济痕迹。例如，1998年机构改革将国家计划委员会更名为国家发展计划委员会，名称上仍保留“计划”二字。

为了进一步推动政府职能转变，与经济体制改革相适应，2003年中国启动了改革开放之后力度最大的一次机构改革。2002年11月8日，党的十六大报告提出继续深化政府机构改革，在“深化行政管理体制改革”部分提出，“按照精简、统一、效能的原则和决策、执行、监督相协调的要求，继续推进政府机构改革，科学规范部门职能，合理设置机构，优化人员结构，实现机构和编制的法定化，切实解决层次过多、职能交叉、人员臃肿、权责脱节和多重多头执法等问题。”2003年党的十六届二中全会审议通过了《关于深化行政管理体制和机构改革的意见》，强调“行政管理体制和机构改革是推进政治体制改革的重要内容，是推动我国上层建筑更好地适应经济基础的一项重要的制度建设和创新，也是建立和完善社会主义市场经济体制的客观需要。”2003年党的十六届三中全会在《中共中央关于完善社会主义市场经济体制若干问题的决定》中提出“继续改革行政管理体制”，“进一步调整各级政府机构设置，理顺职能分工，实现政府职责、机构和编制的法定化”，“深化地方行政管理体制改革，大力精简机构和人员”。2003年全国人大十届一次会议通过了党的十六届三中全会形成的《国务院机构改革方案》，重点是“深化国有资产管理体制改革，完善宏观调控体系，健全金融监管体制，继续推进流通管理体制改革，加强食品安全和安全生产监管体制建设”。2004年3月22日，《全面推进依法行政实施纲要》颁布，要求“合理划分和依法规范各级行政机关的职能和权限。科学合理设置政府机构，核定人员编制，实现政府职责、机构和编制的法定化”。2005年党的十六届五中全会通过《中共中央关于制定国民经济和社会发展第十一个五年规划的建议》，指出“深化政府机构改革，优化组织结构，减少行政层级，理顺职责分工，推进电子政务，提高行政效率，降低行政成本。”

2007年党的十七大报告指出，“深化乡镇机构改革，加强基层政权建设，完善政务公开、村务公开等制度，实现政府行政管理与基层群众自治有效衔接和良性互动。发挥社会组织在扩大群众参与、反映群众诉求方面的积极作用，增强社会自治功能。”“加快推进政企分开、政资分开、政事分开、政府与市场中介组织分开，规范行政行为，加强行政执法部门建设，减少和规范行政审批，减少政府对微观经济运行的干预。规范垂直管理部门和地方政府的关系。加大机构整合力度，探索实行职能有机统一的大部门体制，健全部门间协调配合机制。精简和规范各类议事协调机构及其办事机构，减少行政层次，降低行政成本，着力解决机构重叠、职责交叉、政出多门问题。统筹党委、政府和人大、政协机构设置，减少领导职数，严格控制编制。加快推进事业单位分类改革。”

2008 年党的十七届二中全会通过了《关于深化行政管理体制改革的意见》，专门就“推进政府机构改革”提出“按照精简统一效能的原则和决策权、执行权、监督权既相互制约又相互协调的要求，紧紧围绕职能转变和理顺职责关系，进一步优化政府组织结构，规范机构设置，探索实行职能有机统一的大部门体制，完善行政运行机制。”该意见分别针对“国务院机构改革”“地方政府机构改革”“事业单位改革”提出了具体的要求。在“深化国务院机构改革”方面，“合理配置宏观调控部门的职能，做好发展规划和计划、财税政策、货币政策的统筹协调，形成科学权威高效的宏观调控体系”；“整合完善行业管理体制，注重发挥行业管理部门在制定和组织实施产业政策、行业规划、国家标准等方面的作用”；“完善能源资源和环境管理体制，促进可持续发展。理顺市场监管体制，整合执法监管力量，解决多头执法、重复执法问题”；“加强社会管理和公共服务部门建设，健全管理体制，强化服务功能，保障和改善民生。”在“推进地方政府机构改革”方面，“根据各层级政府的职责重点，合理调整地方政府机构设置。在中央确定的限额内，需要统一设置的机构应当上下对口，其他机构因地制宜设置。调整和完善垂直管理体制，进一步理顺和明确权责关系”；“深化乡镇机构改革，加强基层政权建设”；“精简和规范各类议事协调机构及其办事机构，不再保留的，任务交由职能部门承担。今后要严格控制议事协调机构设置，涉及跨部门的事项，由主办部门牵头协调。确需设立的，要严格按规定程序审批，一般不设实体性办事机构。”在“推进事业单位分类改革”方面，“按照政事分开、事企分开和管办分离的原则，对现有事业单位分三类进行改革”，包括“主要承担行政职能的，逐步转为行政机构或将行政职能划归行政机构”；“主要从事生产经营活动的，逐步转为企业”；“主要从事公益服务的，强化公益属性，整合资源，完善法人治理结构，加强政府监管。”

2008 年，十一届全国人大一次会议审议通过了党的十七届二中全会提出的《关于深化行政管理体制改革的意见》和《国务院机构改革方案》，围绕转变政府职能和理顺部门职责关系，探索实行职能有机统一的大部门体制，合理配置宏观调控部门职能，加强能源环境管理机构，整合完善工业和信息化、交通运输行业管理体制，以改善民生为重点加强与整合社会管理和公共服务部门。

2012 年 11 月，党的十八大明确提出，“稳步推进大部门制改革”，“优化行政层级和行政区划设置，有条件的地方可探索省直接管理县（市）改革，深化乡镇行政体制改革。”十八大提出的大部门制改革在 2013 年召开的十八届二中全会通过并经十二届全国人大一次会议批准的《国务院机构改革和职能转变方案》中得到具体落实。

（二）国务院层面的机构改革

随着改革的推进和经济体制调整，政府职能定位面临调整，为顺应时代要求，体现经济监管规律，2002 年至 2012 年十年间，中央机构经过了几轮改革，通过机构的撤销、合并、新设，逐步整合新建了一系列重要的中央机构。

1. 厘定产权，强化对国有资产的管理

在中国，国有经济控制着经济命脉，在国民经济中占有主导地位。在不断深化经济体制改革的过程中，如何防止国有资产流失、保证国有经济实体健康有序发展、发挥国有经济的活力，已成为决策层面临的关键问题，关系到中国经济体制改革的成败。

2002 年 11 月 8 日，党的十六大报告决议在第四部分“经济建设和经济体制改革”中提出，“坚持和完善基本经济制度，深化国有资产管理体制改革”，将“改革国有资产管理体制”作为深化经济体制改革的重大任务，“建立中央政府和地方政府分别代表国家履行出资人职责，享有所有者权益，权利、义务和责任相统一，管资产和管人、管事相结合的国有资产管理体制”，对于“关系国民经济命脉和国家安全的大型国有企业、基础设施和重要自然资源等”，由中央政府代表国家履行出资人职责，目的是“实现国有资产保值增值”。

2003 年国务院机构改革的一项重点内容就是“深化国有资产管理体制改革”。2003 年 3 月 24 日，中共中央决定，撤销中共中央企业工作委员会，成立中共国务院国有资产管理委员会（简称国资委），将国家经贸委的指导国有企业改革和管理的职能、中央企业工委的职能以及财政部有关国有资产管理的部分职能等整合起来，国务院授权国资委代表国家履行出资人职责。国资委作为国务院直属的正部级特设机构，其监管范围是中央所属企业（不含金融类企业）的国有资产，主要职责为：根据授权，依照《公司法》等法律和行政法规履行出资人职责，指导推进国有企业改革和重组；代表国家向部分大型企业派出监事会；通过法定程序对企业负责人进行任免、考核并根据其经营业绩进行奖惩；通过统计、稽核对所管国有资产的保值增值情况进行监管；拟订国有资产管理的法律、行政法规和制定规章制度，依法对地方国有资产进行指导和监督；承担国务院交办的其他事项。国资委作为出资人对国有资产进行监管，但不得直接干预企业的生产经营活动。国有资产管理体制改革是一项复杂的系统工程，设立国资委，只是在监管体制上迈出了第一步，还应在深化经济体制改革的过程中探索建立符合经济发展规律的现代化企业经营体制和机制。

2. 以市场经济为前提，提升政府的宏观调控能力

中国的社会主义市场经济体制脱胎于政府对经济高度控制的计划经济，因此，在建立和完善社会主义市场经济体制的过程中，正确处理政府与市场的关系非常关键，一方面要确立市场对经济调节的支配地位，另一方面又要提升政府对市场的宏观调控能力，维护经济在整体上的健康有序发展。

2003 年国务院机构改革的重点内容之一是“完善宏观调控体系”。2003 年《国务院机构改革方案》提出完善宏观调控体系，为综合协调各方面改革，使改革更好地服务于发展，将国家发展计划委员会改组为国家发展和改革委员会（简称发展和改革委），并入国务院体改办的职能，承接原属国家经贸委的行业规划、产业政策、经济运行调节、技术改造投资管理、多种所有制企业的宏观指导、促进中小企业发展以及重要工业品、原材料进出口计划等职能。发展和改革委是综合研究拟订经济和社会发展政策，进行总量平衡，指导总体经济体制改革的宏观调控部门，主要职责有：拟定并组织实施国民经济和社会发展战略、长期规划、年度计划、产业政策和价格政策，监测和调节国民经济运行，搞好经济总量平衡，优化重大经济结构，安排国家重大建设项目，指导和推进经济体制改革。

发展与改革委员会的成立可以起到减少职能交叉重复、提高工作效率、加强和完善宏观调控的作用。发展和改革委员会在对经济进行宏观调控时，也应该加强自身改革和建设，切实转变管理职能，转变工作方式和机关作风，积极推进投融资体制改革，减少行政审批和微观管理事务，更好地发挥市场机制对经济活动的调节作用。发展与改革委员会的职能在 2013 年机构改革中得到进一步扩充，纳入了国家人口和计划生育委员会有关研究拟订人口发展战略、规划及人口政策职责。

3. 政监分离，建立现代金融监管体系

政府对市场的职能，除了宏观调控之外，还应该对市场主体的运行进行常态化的监管。在社会主义市场经济体制尚不完善的情况下，中国并未意识到建立独立监管机构对于维护市场秩序的重要性，经济主管部门既是相应市场政策的制定者，又是市场主体的监管者。在这种政监不分的体制下，对产业和相关市场的宏观规划会影响和牵制对市场主体的监管效果，为此建立独立的市场监管机构显得尤为重要。金融作为现代经济的核心，关系国民经济和社会发展全局，早期的金融政策的制定和金融市场的监管不分，统一由中央人民银行负责，随着市场经济体制的日益成熟，中国独立管制机构的建立是从金融领域开始的。

为确保金融机构安全、稳健、高效运行，提高防范和化解金融风险的能力，2003 年国务院机构改革提出“健全金融监管体制”，撤销中共中央金融工作委员会，将中国人民银行对银行、资产管理公司、信托投资公司及其他存款类金融机构的监管职能分离出来，并和中央金融工委的相关职能进行整合，成立银行业监督管理委员会（简称银监会），作为国务院直属的正部级事业单位。银监会将根据授权，统一监督管理银行、资产管理公司、信托投资公司及其他存款类金融机构，负责拟订有关银行业监管的政策法规，监管市场准入和运行监督，依法查处违法违规行为等。

4. 适应国际形势，构建统一的贸易监管体系

在加入世界贸易组织之前，中国的国内贸易和对外贸易分别由国家经贸委和外经贸部管理，这种内外贸分割、国内外市场分割的管理体制，不能适应加入世界贸易组织新形势的需要，不利于建立和健全统一、开放、竞争、有序的现代市场体系。为适应内外贸业务相互融合的发展趋势和加入世界贸易组织的新形势，2003 年机构改革决定组建商务部，整合国家经贸委的内贸管理、对外经济协调和重要工业品、原材料进出口计划组织实施等职能和外经贸部的职能，将国家计委的农产品进出口计划组织实施等职能也划拨过来。

商务部作为主管国内外贸易和国际经济合作的国务院组成部门，主要负责研究拟订规范市场运行和流通秩序的政策法规，促进市场体系的建立和完善，深化流通体制改革，监测分析市场运行和商品供求状况，组织开展国际经济合作，负责组织协调反倾销、反补贴的有关事宜和组织产业损害调查等。

5. 整合政府职能，谋划大部门制

中国的经济脱胎于计划经济，政府对经济实行僵化、机械的划块管理模式，一个行业被割裂成若干个领域，受制于不同的政府管理部门。这种监管体制造成管理上的重叠，束缚企业的经营自主权，不利于激活和释放企业活力，也不利于形成大的行业格局。

（1）建立综合性工业管理部门。20 世纪 50 年代，中国将工业划分为重工业部、轻工业部和纺织工业部三个部门进行管理。随着工业化进程的推进，相关职能逐渐细化，管理部门陆续增加，1981 年达到 15 个。经过 1998 年机构改革，中国工业行业管理转由国家发改委、国防科工委和信息产业部分别负责。要对未来工业进行整体谋划，实现国民经济复兴，就需要建立一个统一的综合性工业管理部门，2008 年机构改革决定组建工业和信息化部，整合国家发改委的工业行业管理有关职责，国防科学技术工业委员会核电管理以外的职责，信息产业部和国务院信息化工作办公室的职责。

（2）组建“大交通”系统。现代经济依赖于发达、快速、便捷的交通系统，为了建立“大交通”，2008 年国务院机构改革决定组建交通运输部，整合交通部、中国民用航空总局的职责和建设部的指导城市客运职责；组建国家民用航空局，作为交通运输部管理的国家局；将国家邮政局改由交通运输部管理。鉴于铁道部的强势地位，本应该在 2008 年机构改革完成的“大交通”系统，在 2013 年机构改革中才真正得以确立。2013 年机构改革，铁道部的职能一分为二，管理职能整合到“大交通”系统，运营职能由新成立的铁路总公司行使。具体的改革方案如下：将拟订铁路发展规划和政策的行政职责划入交通运输部；组建国家铁路局，成为交通运输部管理的国家局，承担铁道部的其他行政职责，负责拟订铁路技术标准，监督管理铁路安全生产、运输服务质量和铁路工程质量等；实行铁路政企分开，组建中国铁路总公司，承担铁道部的企业职责，负责铁路运输统一调度指挥，经营铁路客货运输业务，承担专运、特运任务，负责铁路建设，承担铁路安全生产主体责任等。

（3）组建国家卫生和计划生育委员会。根据 2013 年《国务院机构改革和职能转变方案》，为加强医疗卫生工作，深化医药卫生体制改革，优化配置医疗卫生和计划生育服务资源，提高出生人口素质和人民健康水平，将卫生部的职责、国家人口和计划生育委员会的计划生育管理和服务职责整合，组建国家卫生和计划生育委员会。国家卫生和计划生育委员会的主要职责是，统筹规划医疗卫生和计划生育服务资源配置，组织制定国家基本药物制度，拟订计划生育政策，监督管理公共卫生和医疗服务，负责计划生育管理和服务工作等。

（4）组建国家新闻出版广电总局。为进一步推进文化体制改革，统筹新闻出版广播影视资源，2013 年《国务院机构改革和职能转变方案》将国家新闻出版总署、国家广播电影电视总局的职责整合，组建国家新闻出版广电总局。国家新闻出版广电总局的主要职责是，统筹规划新闻出版广播电影电视事业产业发展，监督管理新闻出版广播影视机构和业务以及出版物、广播影视节目的内容和质量，负责著作权管理等。

（三）地方层面的机构改革

机构改革作为行政体制改革的核心，是政治体制改革的突破口，不仅包括中央层面的机构整合，还包括地方政府机构的重组与合并。改革开放之后的历次机构改革，虽然都是以中央机构改革为主，但也涉及地方机构的调整（如 1982 年国务院机构改革，从国务院部委、直属机构到地方各级政府的机构都进行了不同程度的精简）。地方机构改革大多紧随国务院机构改革（如 1998 年国务院机构改革之后，1999 年省级政府和党委分别展开了机构改革），有些地方所进行的机构改革尝试也为下一次国务院机构改革提供了试点经验。

1. 层级改革：纵向权力分配

（1）构建“省直管县（市）”扁平化管理体制。为压缩机构规模，提高行政效率，各国在政府机构设置中都注意减少不必要的中间层次，中国也不例外。1982 年《宪法》规定了省、县和乡镇三级地方政府体制，但是许多地方实际上在省县之间加入了地级市，实行“市管县”的四级管理体制。行政层次过多会导致行政权力和信息在传递过程中消耗和失真，因此压缩行政层级成为机构改革中对纵向权力进行分配的现实选择。

2005 年 6 月，时任国务院总理温家宝在全国农村税费改革试点工作会议上指出：“要改革县乡财政的管理方式，具备条件的地方，可以推进‘省管县’的改革试点。”随后，党的十六届五中全会、国家第十一个五年经济社会发展规划、《国务院关于推进社会主义新农村建设的若干意见》、《中共中央国务院关于 2009 年促进农业稳定发展农民持续增收的若干意见》、党的十八大报告先后指出探索省直管县改革。

目前，中国正在进行行政区划改革试验，从“市管县”的四级体制逐步回归“省管县”的三级体制。将部分经济发达、市场要素集中、对周边市县辐射能量大的县单列出来，构建“省直管县（市）”“市县分治”的扁平化公共行政体制，减少行政层级，重塑地方府际关系。浙江省已有先行实践，实行“市管县”和“省管县”混合并存的行政体制，将县一级行政权力中最重要的人事权和财政权集中归于省一级政府，减少了管理层次，提高了资源使用效益。浙江是全国较早开始全面实施“省管县”体制的省份。

（2）扩权强镇。对经济发达镇，先行先试向城市型管理体制转变。随着县域经济的快速发展，城市化进程的加快，沿海地区出现了大量的经济强镇，其经济规模已达到许多县级市、甚至中西部很多地级市的水平，具有巨大的发展潜力。经济强镇对自身城市规划与建设、管理职能、服务水平提出了要求，迫切需要革新目前的政区体制，实行新的城市型管理体制。2010 年中央编办等六部委联合下发了《关于开展经济发达镇行政管理体制改革试点工作的通知》（中央编办发〔2010〕50 号），对经济发达镇进行行政管理体制改革试点工作。为了与其经济发展规模相匹配，不少地方开始了扩权强镇改革，有的实行“撤镇改区（市）扁平化改革”，将符合条件的镇改为市辖区或县级市建制，打破镇建制的制约。1995 年广东出台《广东省市县乡镇机构改革实施意见》，并在 2000 年全面启动市县乡机构改革。为了指导基层政府机构改革，广东还于 2009 年出台了《广东省市县人民政府机构改革意见》。

2. 大部制改革：横向权力整合

推进大部制改革是2008年地方政府机构改革的一个重要特点，以湖北随州、成都、深圳、顺德所进行的大部制改革较为典型。

早在2000年，随州就已悄悄展开了一场“大部制”的先锋试验。随州大部制改革坚持以下原则：职能基本相近的单位能合并的尽量合并设置，职能衔接较紧的单位采取挂牌设置，职能交叉的单位，能不单设的尽可能不单设。随州将统战部、民族宗教事务局、台湾工作办公室和台湾事务办公室合为一家；市档案局与市档案馆、市党史办、市地方志编纂办公室“四块牌子、一套班子”；文化局、文物局、体育局、新闻出版局合并统称为“文体局”。市农业局下设的农技推广中心，同时加挂了市农药监督管理站、市土壤肥料工作站、市植物检疫站、市植物保护站、市农业生态环境保护站、市种子管理站、市农业科学研究所的牌子，都是同一套班子。设置内设机构时，不是“上下对口”，而是综合设置科室，统一确定机关人事、财务，不单设科室，工作由各单位办公室负责承担；科室领导职数统一定为一科（室）一职，绝大多数单位纪检、工会和机关党委（党组）也没有配专职干部。

从2005年开始，成都市就在政府下属的个别部门探索职能与机构的归并。为了克服碎片化管理带来的公共服务缝隙弊端，它们将原来的城建局和交通局合并，于2005年成立了成都市交通委员会，打破了原来几个部门各自为政、相互“扯皮”的格局。2006年成立“成都市交通委员会执法总队”，综合行使过去由交通局、城市公用事业局、公安局分别行使的水上交通、道路运政、公路路政、出租汽车、城市公交、交通设施共六个方面的执法职能。

深圳是中国南部城市，毗邻香港，是中国的第一个经济特区。作为改革开放的试验田和综合配套改革试验区，深圳留给国人的印象就是敢为天下先。2009年7月的最后一天，深圳在全国率先启动了市政府机构改革，发布《深圳市人民政府机构改革方案》，在转变政府职能、构建大部门体制、优化行政运行机制方面取得成绩。深圳大部制改革一次性削减了15个政府工作部门，精简了三分之一的机构，并按照“委局办”分设的原则重新调整了政府架构，根据政府决策、执行、监督既相互制约又相互协调的要求，重新组建了7个委员会、18个执行局和6个办公室，行政服务大厅里的市直部门一下子从46个减为31个。被减掉的15个政府机构，将按照职能分别归属合并到7个委员会，包括：发展和改革委员会、科技工贸和信息化委员会、财政委员会、规划与国土资源委员会、交通运输管理委员会、卫生和人口计划生育委员会、人居环境委员会。

2009年9月14日，广东省佛山市顺德区区委区政府根据《中共广东省委办公厅、广东省人民政府办公厅印发〈关于深圳等地深化行政管理体制改革先行先试的意见〉的通知》制定的《佛山市顺德区党政机构改革方案》获得广东省委、省政府批准。为了建立机构精干、分工合理、决策科学、执行顺畅、监督有力、运行高效的党政管理体制，方案要求加快政府职能转变、优化整合组织机构。2008 年启动改革之前，顺德有党政部门机构 29 个，其中党委下辖 7 个，政府系统有 22 个。改革后，顺德区综合设置 16 个党政机构，包括 5 个纪律检查委员会机关和党委工作部门以及 10 个政府工作部门。顺德在发展规划、城乡建设、社会管理、经济建设、市场监管、群团工作、政务监察等领域综合设置，实行大部制。例如，佛山市规划局顺德分局由市垂直管理调整为顺德区政府管理，将佛山市规划局顺德分局、区发展和改革局（物价局）、统计局的职责，经济贸易局产业发展规划的职责、佛山市国土资源局顺德分局土地利用总体规划的职责、区环境保护局生态保护规划的职责，整合划入发展规划和统计局；将区经济贸易局（对外经济贸易合作局）、科学技术局（知识产权局、信息产业局）、农业局（畜牧兽医局）合并组建区经济促进局；保留区教育局；将佛山市公安局顺德分局由垂直管理调整为顺德区政府管理，更名为佛山市顺德区公安局；将佛山市顺德区地方税务局由垂直管理调整为顺德区政府管理，将区财政局、佛山市顺德区地方税务局的职责整合划入区财税局，区财税局代表区政府联系佛山市顺德区国家税务局，区公有资产管理办公室由区财税局归口联系；将区劳动和社会保障局的职责、人事局除机关和事业单位人事管理以外的职责、民政局的社会救济和社会福利的职责、卫生局农村合作医疗管理的职责、总工会劳动竞赛的职责、残疾人联合会残疾人就业培训的职责，整合划入区人力资源和社会保障局；组建区国土城建和水利局。

深圳、顺德等地的机构改革在广东进行了一定程度的推广。2010 年 11 月，广东省委办公厅、省政府办公厅出台了《关于推广顺德经验在全省部分县（市、区）深化行政管理体制改革的指导意见》，要求“从实际出发，推广顺德区改革经验，深化县级行政管理体制改革”，并在全省 25 个县（市、区）进行推广。2011 年广东出台了《广东省法治政府建设“十二五”规划》，指出“依法推进富县强镇事权改革、大部门体制改革和事业单位分类改革，进一步理顺权责关系，实现政府职责、机构和编制法定化，推进行政职能与技术职能相对分开。在符合条件的省有关部门和地级以上市推进法定机构试点工作。”2012 年 9 月广东省编办发布《广东省深化行政体制改革指导意见》（粤机编〔2012〕17 号）指出，全面总结深圳、顺德等地大部门体制改革经验，进一步扩大县级大部门体制改革试点。2012 年，全面总结顺德省直管县试点情况，研究拟订省直管县试点指导意见。“十二五”期间，基本完成县级大部门体制改革。

三　十年机构改革的基本特点

国务院机构设置经历了七次大规模的调整，改革的总趋势是不断重组和优化机构，使得国务院机构设置更加符合经济、社会发展的规律，符合现代化机构设置的要求，2002～2012 年期间的改革也不例外。

（一）以转变政府职能为主线

中国机构改革最初动因是机构臃肿的官僚机构严重影响到政府运行效率，束缚经济的发展，因此，早期中国机构改革的核心是精兵简政，如废除领导干部终身制，推行干部年轻化。由于未触动高度集中的计划经济体制，未能认识到转变政府职能的重要性，机构改革停留于表面化。20 世纪 80 年代末所进行的机构改革，终于首次提出转变政府职能，以后的历次国务院改革均贯穿政府职能转变这条主线。1998 年机构改革撤销了几乎所有的工业专业经济部门，2003 年机构改革不断完善宏观调控体系，健全金融监管体制，分别设置了国资委和银监会。2013 年改革最为明显，直接在机构改革方案中专章规定了如何进行职能转变。

为建立机构精干、分工合理、决策科学、执行顺畅、监督有力、运行高效的党政管理体制，《佛山市顺德区党政机构改革方案》将加快职能转变与加大推行大部制体制力度结合起来，同时创新运行机制。转变政府职能最根本的途径是放权，向基层、向市场、向社会放权。

1. 转变职能，向基层放权。为保障顺德综合改革试验工作的顺利开展，广东省人民代表大会常务委员会出台了《关于促进和保障佛山市顺德区综合改革试验工作的决定》，正式将顺德区作为省直管县体制的试点，明确区政府及其工作部门按照省政府赋予的地级市管理权限。同时，还明确顺德区实行县镇事权改革的街道办事处可以由省政府决定行使乡镇政府的行政管理权。2010 年 9 月 7 日，顺德宣布把 3197 项行政管理事权划归镇街，其十大镇街自此行使县级管理权限。

2. 转变职能，向市场放权。首先，改革工商登记制度。对按照法律、行政法规和国务院决定需要取得前置许可的事项，除涉及国家安全、公民生命财产安全等外，不再实行先主管部门审批、再工商登记的制度，商事主体向工商部门申请登记，取得营业执照后即可从事一般生产经营活动；对从事需要许可的生产经营活动，持营业执照和有关材料向主管部门申请许可。将注册资本实缴登记制改为认缴登记制，并放宽工商登记其他条件。其次，推进商务诚信建设，加强对市场主体、市场活动监督管理，落实监管责任，切实维护市场秩序。

3. 转变职能，向社会放权。部分政府职能向社会转移之后，需要发达的社会组织承接。为建立政社分开、权责明确、依法自治的现代社会组织体制，顺德积极推进社会组织管理制度改革，包括重点培育、优先发展行业协会商会类、科技类、公益慈善类、城乡社区服务类社会组织；推进行业协会商会与行政机关脱钩；完善相关法律法规，健全社会组织管理制度；推动社会组织完善内部治理结构。2012 年 4 月广东省委省政府出台了《关于进一步培育发展和规范管理社会组织的方案》（粤发〔2012〕7 号），2012 年 11 月，广东省编办制定了《政府向社会转移职能工作方案》。

（二）稳步推行大部制

所谓大部制改革，就是调整政府部门之间的职能和管辖范围，把那些职能相近、业务性质雷同的政府部门，经过合并重构，整合为一个更大的机构，使其管辖的范围较宽，侧重于横向的宏观管理，避免和减少政府部门对微观经济的干预活动。[①] 通俗地讲，大部制就是将关联性高、职能相似的部门整合起来。分散的部门设置会造成部门之间的“扯皮”摩擦，增加财政开支，也不利于服务型政府的实现。2008 年国务院机构改革方案明确提出“大部制”，2013 年国务院改革为大部制改革定了调子，要“稳步推进”。目前中国在个别领域实现了大部制，如“大交通”，但是在金融、商务、农业、文化等领域还有待进一步推行大部制改革。

顺德将党政部门从 29 个减为 16 个，整合之后，呈现“大规划”（区发展规划和统计局）、“大建设”（区国土城建和水利局）、“大经济”（区经济促进局）、“大文化”（区文体旅游局，与区委宣传部合署）、“大保障”（区人力资源和社会保障局）、“大监管”（区市场安全监管局）、“大执法”（区环境运输和城市管理局）、“大财政”（区财税局）、“大监督”（区政务监察和审计局内设信访局，与区纪律监察委员会合署）的工作格局。深圳也建立了类似的大部门制，如为优化配置医疗卫生和计划生育服务资源，促进人口发展、计划生育和提高人民健康水平相结合，统筹优生优育和医疗卫生工作，加强药品安全监管，将各区卫生局、人口计生局合并组建卫生和人口计生局。大部制通过集中执法力量，提高行政效率，有助于建立方便民众的服务型政府。2013 年国务院组建国家卫

---

① 国家行政学院教授汪玉凯认为：“所谓大部制改革指的是在政府部门设置中，将那些职能相近、业务范围雷同的事项，相对集中，由一个部门统一进行管理，最大限度地避免政府职能交叉、政出多门、多头管理，从而达到提高行政效率，降低行政成本的目标。”沈荣华研究员认为：“大部门制一般是指将职能相同或相近的部门整合为一个大部门，或者使相同相近职能由一个部门管理为主。大部门制主要有两个特征：一个是‘宽职能’，另一个是‘少部门’。”

生和计划生育委员会，便是深圳大部制改革实践成功的证明。

（三）主动融入全球化

中国政府机构改革是在中国社会大变革的背景下进行的，机构的设置和变动首先服从和服务于经济体制转型的内在要求，而打开国门促进了政府职能转变，与国际的接轨也成为影响机构设置的外部动因。以商务部为例，长期以来中国国内、国际贸易管理职能一直由国家计委、商业部、对外贸易部等多个部门分散管理。2003 年，为适应内外贸业务融合的发展趋势和加入世贸组织的新形势，国务院组建了新的商务部。

（四）部分地方机构改革实行党政机构同步改革

中央和很多地方的机构改革很少触碰党的机构。为了增强执行力，提高行政效率，顺德机构改革对党政系统同类机构进行合署共管。例如将区监察局、审计局合并为区政务监察和审计局（信访局为其内设机构），与纪律检查委员会合署办公，实现政务监察综合设置；组建区委社会工作部，整合区委统一战线工作部、区外事侨务局、民族宗教事务局、工商业联合会机关的职责，吸纳区残疾人联合会机关除残疾人就业培训意外的职责和区农业局管理农村集体经济组织的职责以及区民政局双拥优抚、基层政权建设、民间组织管理的职责，与区民政宗教和外事侨务局合署办公；将各区的文化局、体育局整合为区文化体育局，与区委宣传部合署办公，在文化宣传领域实现了党政联动。

党政合署办公，看似与党政分开的改革导向背道而驰，但是作为基层政府，顺德实行党政联动有其合理性。基层政府主要是国家和省市决策的执行者，党政合署办公有助于虚实结合，形成工作合力，提高效率解决实际问题。顺德在某些领域的党政合署办公已经在全国得以推广，例如顺德早在 1992 年实行纪检监察合署办公试点，后推广至全国，1993 年 1 月党中央、国务院决定中央纪律检查委员会与监察部合署办公。顺德在同步党政机构改革方面的具体做法有：组建区政务监察和审计局，与区纪律检查委员会机关合署办公，将区监察局、审计局的职责整合划入区政务监察和审计局，区信访局并入政务监察和审计局，在区政务监察和审计局内设机构挂牌；区政府办公室与区委办公室合署办公，挂区决策咨询和政策研究室牌子；区机构编制委员会办公室与区委组织部合署办公，将区人事局机关和事业单位人事管理的职责划入区委组织部；组建区文体旅游局，与区委宣传部合署办公，将区文体广电新闻出版局（版权局）除文体许可及文化综合执法以外的职责、旅游局除旅游市场监管以外的职责划入区委宣传部；区司法局与区委政法委员会合署办公；组建区民政宗教和外事侨务局，与区委社会工作部合署办公，挂区港澳台工作办公室牌子。将区委统一战线工作部、区外事侨务局、民族宗教事务局、工商业联合会机关的职责，区残疾人联合会机关除残疾人就业培训以外的职责，区农业局管理农村集体经济组织的职责，区民政局双拥优抚、基层政权建设、民间组织管理的职责，整合划入区委社会工作部（区民政宗教和外事侨务局）。

（五）贯彻“行政三分制”原则

为了防止权力滥用，国家机构在设置时一般遵循分权原则，将立法权、行政权和司法权分别由不同的机构行使。就行政权而言，其内部也存在决策权、执行权和监督权的区分，即所谓的“行政三分制”。行政权内部的适度分离可以使权力相互制约、相互协调，防止公职人员滥用权力，提高行政效率。

深圳继2003年之后，于2009年再次启动“行政权三分”改革。按照决策权、执行权、监督权既相互制约又相互协调的要求，深圳市政府设置的31个工作部门分别冠以“委”“局”“办”。“委”主要承担制定政策、规划、标准等职能并监督执行；“局”主要承担执行和监管职能；“办”主要协助市长办理专门事项，不具有独立行政管理职能。同时，将同一类“局”划归“委”归口联系，将一部分“办”交由市政府办公厅归口联系。

2009年顺德机构改革方案也贯彻了行政决策和执行分开的原则。例如将原交通局的交通建设和管理职能分开，分别归属新组建的“区国土城建和水利局”和“区环境运输和城市管理局”；新组建的区文体旅游局不再负责文体许可、文化综合执法、旅游市场监管等职能，这些职能由新组建的区市场安全监管局负责；推行监督独立化，将新组建的区政务监察和审计局与区纪律检查委员会机关合署办公，对行政机构进行独立监督。顺德机构改革的特点是“决策权上移”“执行权下移”和“监督权外移”，从而实现“决策民主化”“执行集中化”和“监督独立化”。

（六）创新运行机制

机构改革之后，新组建的机构面临如何协调运行的问题。顺德在其改革方案中，制定了完善的民主科学决策机制。区全局性重大决策集中由区联席会议行使。联席会议成员由区委常委、区人大常委会主任、区政府正副区长、区政协主席、政务委员会组成。组建区政府政务委员会，由区长、副区长和政务委员会组成，参加区联席会议决策。严格规范决策程序，完善决策听证、咨询和民意征集吸纳制度，增强党委、政府对地方改革发展战略决策的科学性。

（七）重视配套改革

机构改革需要与事业单位改革相配套。顺德在机构改革方案中，强调事业单位分类改革，明确事业单位功能定位，创新事业单位管理制度，推动事业单位建立法人治理结构，改革事业单位的投入机制和财政供给方式，完善人员聘用制度，实行绩效管理，条件成熟的事业单位可以与主管部门脱钩转制走向市场，由政府向其购买服务。事业单位改革既可以从根本上为这些行政化的单位找到正确的出路，又可以为政府的决策部门找到执行机构，形成决策和执行相互独立和协调的新机制。

（八）部分地方强调权力机关的制度固定

顺德的机构改革得到广东省委省政府的高度重视，但是顺德决策层对机构改革运作者还是不放心，认为光靠省委的文件不可靠，要保证改革的延续性和可持续性，必须由地方权力机关出台文件加以固定。顺德人大代表向省人大提出议案，要求省人大常委会做出了文件决定，把顺德机构改革的内容通过人大的决定固定下来。2010 年 9 月广东省人民代表大会常务委员会通过了《关于促进和保障佛山市顺德区综合改革试验工作的决定》，这是广东省首次以人大常委会决定形式为地方改革提供法制保障。

顺德改革对于发达的珠三角地区具有不可忽视的借鉴意义。2010 年 11 月，广东省委办公厅、省政府办公厅出台了《关于推广顺德经验在全省部分县（市、区）深化行政管理体制改革的指导意见》，要求“从实际出发，推广顺德区改革经验，深化县级行政管理体制改革”，并在全省 25 个县（市、区）进行推广。2012 年进一步扩大试点范围，各地级以上市至少再选择 2 个县（市、区）进行推广。

四　十年机构改革遭遇的瓶颈与挑战

（一）机构改革方案刚性不足

中国历次改革方案虽然经过了全国人大的表决才付诸实施，但是从依法行政的角度来看，几乎每一次机构改革都没有实际的法制基础，都不是先进行法律上的修正再发动机构的调整，而是根据改革发动者的意愿来启动和推进。这就使得改革具有了很大的任意性。改革措施的确定、改革措施的实行等都是以领导人讲话、批示、政策文件等形式，而不是以法律的形式确定，也没有责任承担机制，缺乏法律制度的稳定性和长久基础。

（二）机构改革方案制定中人大缺位

为了保证机构改革的顺利出台，避免受阻夭折，广东顺德的机构改革方案虽然事先也经过了理论专家和事务专家的反复论证，但在出台之前基本上处于保密状态。任何改革都会遭遇阻力，在特定时期，为保证改革措施的顺利出台和实施，采取一些非常规手段是可以理解的。但是从建设法治中国、法治社会的目标来看，机构改革方案在制定过程中还是应该在社会上予以充分讨论和征求意见，并最终经过权力机关审议通过之后方能实施。目前来看，国务院历次机构改革方案由党代会决定，虽然未进行广泛的意见征集，但都经过了全国人大的审议。而许多地方的机构改革，完全是由地方党委、政府主导，靠行政命令强制推行，人大事先未发挥应有的作用。地方机构改革方案公布之后，公职人员只能被动接受，公众更是置身事外，仿佛机构改革与公众的关系不大。地方党政机关主导下的机构改革，虽然在效率上占有先机，但是在合法性方面具有先天缺陷。从法理上讲，人民作为一切权力的来源，作为代理人的政府机构如何设置和变革应该具有来自人大的授权。

（三）机构改革作为重大决策未建立广泛的公众参与机制

如前所述，为减少阻力和社会的反弹，党政机构主导下的机构改革方案往往处于保密状态，仅在小范围内委托专家讨论论证，虽然也会吸纳少数人大代表参加，但是不具有广泛的代表性。机构改革涉及组织机构的撤并和新设，属于重大决策，在制定和出台过程中都应该经过广泛的社会参与，包括吸纳公职人员、专家、社会团体、普通公众的意见。公职人员身处其中，对机构设置和运行有切身的感受，虽然所发表的意见难免会局限于自身利益，但是仍具有参考意义。理论专家和实务专家则从专业的角度论证机构设置的科学性的公众参与。然而，在信息获取渠道多元的时代，任何人都不可能垄断对知识的占有，只要样本足够大，普通公众也会形成公众理性，弥补专家狭隘的一面。

（四）大部制与执法专业化存在冲突

法治社会对执法人员的要求非常高，不仅要熟悉执法依据，还要精通业务，这样才能取得良好的执法效果。但是在大部门制下，为建立“大监管”体制，工商、质检等执法机构合并在一起，强调综合执法。例如顺德在大部制改革中成立了市场安全监管局，工作人员需要从原来工商、质检、卫生、农业、旅游等“专业执法”转向“综合执法”。要监管辖区内的一切安全监管事务，执法人员不但要熟练掌握执法涉及的法律法规，还要具备不同领域的专业知识背景，这在实践中是无法做到的，“综合执法”很难保证执法的专业性和效果。

以食品药品安全监管为例，为了避免多头执法，2013 年国务院组建国家食品药品监督管理总局，负责对生产、流通、消费环节的食品安全和药品的安全性、有效性实施统一监督管理。显然，2013 年国务院机构改革强调食品药品安全监管的专业性和统一性。而 2009 年顺德机构改革将食品安全监管融入“大执法”体制中，执法人员除了负责食品安全监管之外，还要监管旅游市场，执法精力会分散，从而很难保证食品安全执法的专业性。

（五）“行政权三分制”需要部际协调

尽管广东等地方的机构改革贯彻“行政权三分制”原则，但是实践中，行政决策权与执行权很难区分，机构分设后，职能不清或重叠的现象仍然存在。例如按照职能“同类项合并”原则，国土城建和水利局主要负责“建设”，环境运输和城市管理局负责建设之后的“管理”。不过，一些职能并不能完全实行“建管分离”。对于工程量小的事项，建设和管理分开的必要性不大，实践中也很难完全区分开来。在职能不清的情况下，就需要部际协调。

（六）大部门制内部“貌合神离”

与中央和其他地方大部门制改革一样，广东的大部门制改革也存在内部机构“形合神不合”的问题，仅实现物理上的合并，相互之间的职能未能理顺和融合，影响大部门制的实际效果。

（七）改革的全局性与地方试点之间出现张力

机构改革是系统工程，地方机构改革需要与上级政府的机构改革相协调。因为中国是单一制国家，从中央到地方实行条式管理，如果只是下级改革，上级不改革，就会出现上下机构的不协调。地方大部门制改革之后，下级的一个机构要对应上级的几个机构，工作压力加大，有时为了项目、资金、奖项申请等实际需要，只得又重新挂牌，难免陷入机构摘牌又挂牌的怪圈。

地方政府机构改革到底应该采取何种方式呼应中央政府的大部门制改革？有三种选择，一是完全复制，二是各行其是，三是有同有异。中国是单一制国家，中央和地方的机构设置完全不同、各行其是是不可能的。但是如果地方政府机构的设置与中央政府完全重合也没有必要，毕竟中央和地方政府的职能定位不同且地区之间也存在差异。目前，最现实的选择是重新定位中央与地方的关系，强调中央决策、地方贯彻的同时，也应该给地方一定的自主权，使得地方政府能够因地制宜设置机构。

五　机构改革法治化路径

（一）细致的理论论证

机构改革，作为政治体制改革的突破口，牵一发而动全身，为了保证改革的成效，在每次改革之前，都应该进行广泛的理论论证。

1. 加强机构改革的宪法研究

国家机构是中国宪法的最主要内容之一，需要从宪法层面关注国家机构的研究。1949年9月召开的一届政协全体会议通过的具有临时宪法地位的《共同纲领》，确立了中华人民共和国的法统，也为中国共产党的执政合法性提供了法律依据。1954年《宪法》及各项组织法，规定了全国人大及其常委会、国家主席、国务院、地方各级人大和地方各级人民委员会、人民法院和人民检察院的性质、地位、组织和职权。

西方国家非常重视国家机构的研究。美国立宪者将宪法看作是规定国家权力的组织与分配的根本法律；日本学者普遍认同宪法是有关国家组织及其活动的各种根本规范的总称。美浓部达吉在《宪法摄要》中认为，所谓宪法是指调整国家政治组织及其作用的基本法。① 机构改革与国家机构组织法的关系，国家机构组织法是宪法层面的法律，中国学者很少从宪法的角度对机构改革进行研究，甚至法学的角度都很少，大多从政治学的角度。机构改革研究应该有多学科视角，机构改革法治化以及机构法治化应是研究的重点。

2. 明确机构改革在行政体制改革乃至政治体制改革中的地位和作用

20世纪80年代之后，改革始终是一条主线，中国被普遍认为走的是经济体制改革先行、政治体制改革停滞的路径。然而政治体制改革与经济体制改革是协同发展的关系，因为二者都绕不开政府、市场和社会的关系，向市场放权、向社会放权不仅是经济问题也是政治问题，因此，那种认为中国仅进行经济体制改革未进行政治体制改革的判断是不准确的。中国之所以给人的印象是政治体制改革停滞，是因为目前中国所进行的政治体制改革，更多集中在行政体制和司法体制的改革上，在政党体制和人大体制方面的改革力度不大。而要推动政治体制改革的均衡发展，机构改革无疑是一个突破口，因为机构改革不仅涉及行政机构的改革，还会对党的机构、人大设置以及司法机构的设置产生影响，不仅需要创新机构内部的运行机制，还需要事业单位改革和社会组织培育相配套。机构的变动以及随之而来的运行机制的变化和配套改革，将会辐射到整个

---

① 任进：《宪法视界下的国家机构改革与组织法完善》，《法学论坛》2012年第6期。

政治体制，从而推动政治体制改革与经济体制改革协调发展。

3. 丰富政府职能定位的理论研究

转变政府职能是机构改革的前提和基础，如何转变政府职能既是一个重大理论问题，又是一个迫切的现实问题。要对政府职能进行准确定位，不仅要从理论上论证政府的起源和运行原理，还要考虑中国目前的经济发展阶段、市场经济和社会组织的培育程度。目前，政府职能被界定为经济调控、市场监管、社会管理、公共服务。长远来看，政府应该尽量从经济职能中超脱出来，强化社会职能。另外，中央政府与地方政府的职能也不完全一样，科学界定地方政府职能，是顺利推进地方政府职能转变与机构改革的一个重要理论保障。

（二）周全的顶层设计

改革开放后，中央经过了七轮机构改革，地方也在省、市、县不同层面进行了机构改革试点，目前中国的机构改革已经到了需要顶层设计的时候。顶层设计可以很好地处理改革的渐进性和延续性的关系。任何改革都不得冒进，机构改革既要显示一定的成效，又要考虑现有的承受能力，因此改革是渐进性的，要分阶段、分层次进行。渐进式的改革要有一定的延续性，后阶段的改革应在前期改革成果的基础上进行，而不是否定前面的改革。之所以出现上一轮改革新设的机构在下一轮即被撤销的现象，就是因为机构改革缺乏顶层设计，未全面考虑改革的渐进性和延续性。从域外经验看，各国在进行大部制改革之前，通常会设立推动改革的专门机构和咨询机构，精心制定改革方案。

1. 设立机构改革议事协调机构

在中央和省两级分别设立机构改革领导小组办公室作为机构改革的议事协调机构。中央机构改革领导小组不仅负责中央层面的机构改革，还要着眼全国，指导地方的机构改革。省机构改革领导小组办公室在承接中央机构改革政策的基础上，从地方实际出发，因地制宜领导和协调省内机构改革工作。

2. 结合地方试点经验，制定机构改革方案

在总结和吸纳历次机构改革经验和地方试点经验的基础上，经过充分调研和论证，精心制定机构改革方案，并明确地方在哪些领域享有多大的自主权。机构改革方案要像立法一样，经过广泛的征求意见，并通过权力机关的审议。经过充分论证的顶层设计方案，应着眼于全国，从中央到地方分步骤推进，对每一个阶段所要达到的效果有良好的计划和预期，避免改革的盲目性。

3. 协调改革方案的刚性与灵活性

精心制定的改革方案经过广泛论证和权力机关审议通过之后，一旦实施，即具有刚性和严肃性，行政部门必须执行，非经法定程序不得变更和撤销。机构改革议事协调机构对改革方案的实施情况进行全程跟踪和监督，针对出现的新情况新问题要及时会诊，通过法定程序修正原机构改革方案。

（三）推动机构改革法治化

目前，无论是中央层面的机构改革还是地方机构改革，都面临着法治化不足的问题。首先，由于国务院部门和地方政府部门的组织规范缺位，政府机构的设置随意性较大。其次，改革方案未经权力代表机构审议通过。地方机构改革方案一般都是编制部门起草，经主管部门以及省委省政府批准。尽管顺德为了保证改革的延续性和稳定性，在改革之后由地方人大出台文件加以固定，但是这些远未达到法治化的要求。再次，改革之后，机构编制主要靠“三定”方案，而“三定”方案存在效力位阶较低、监督机制缺失、制定程序不完善等缺陷。

机构改革法定化是通过以法律规则为主体的制度设计，包括两个阶段，一是机构改革按照法治化轨道运行，二是改革之后的机构组织实行法定化。今后的机构改革应该坚持人大主导、立法先行的原则，制定完备的行政组织法与机构编制管理法制体系为行政改革提供制度保障。行政组织的创设与运作须由立法机关明确授权，各层级政府机关及其内部机构均依据明确的组织法规，包括法律及行政命令。

目前中国的机构改革是由党政主导的，改革方案通常是由国务院拟定，由党委决策，人大仅在最后的审议层面参与。机构改革的法治化要求权力机关通过立法成立国务院机构改革研究委员会，由其提出改革方案；然后，由人大和国务院制定行政机构改革方面的法律法规；最后由国务院具体执行相关法律法规，并且在执行的过程中，继续发挥人大的监督作用，以保障机构改革沿着法定的轨道实施。

社会保障法治

魏南枝*

一个健全现代社会的形成有赖于经济发展与社会发展的协调同步进行。社会发展的重要基石之一就是社会保障法律制度的建立与完善，通过一系列的确权和赋权，将对公民社会保障权益的保护上升到法律规范层面，使其社会保障权益得到法律的保护，以抵御社会风险和维护社会公平，给社会成员以安全感。

1998 年，中国政府提出建设以“广覆盖、低水平、可持续和促发展”为目标的社会保障制度。但是，中国的社会保障立法长期滞后于社会保障制度的建立和发展进程，直至 2001 年第九届全国人大四次会议召开，将社会法类确立为社会主义法律体系的七个部门之一，也就是说“社会法”作为部门法获得了官方认可，社会保障立法才得到前所未有的重视与发展。

随着社会保障制度建设的广泛迅速推进，2002 年至 2012 年的十年间，有关社会保障的专门立法和包含了社会保障内容的多项法律、行政法规相继通过，相关部门规章和其他规范性文件相继出台，中国的社会保障立法发展经历了“黄金十年”。与此同时，社会保障行政管理的公开化和透明化不断进步，社会保障基金的运行与监管制度逐步完善，围绕社会保障纠纷的司法案件日益增多。

由于社会保障制度建立之初以“解决问题”为导向而缺乏整体性顶层设计，社会保障立法仍然落后于社会经济发展水平和社会保障制度的发展。在迅速扩大覆盖面和逐步提高保障水平的同时，社会保障制度内部的碎片化、不均衡与不一致等问题凸显。当前，社会保障立法存在多元立法主体、无序立法层级、立法层次低、立法空白多等问题。社会保障立法的滞后性导致社会保障存在管理分散、政出多门等不足，也导致缺乏专门的社会保障权利救济机制和法律责任机制等。

一　中国社会保障法的“黄金十年”

1978 年中国开始进行经济改革和对外开放，当时新自由主义思想在欧美世界正占据主导地位。在新自由主义的市场万能理念影响之下，中国政府最初的

* 魏南枝，中国社会科学院美国研究所副研究人员。

思路是进行市场导向的经济改革，对提供基本保障和确保经济平等的要求降低，致力于追求经济高速增长。并且，将政府职能的转变误认为是政府的退出，希望通过市场解决社会保障问题。① 然而，市场经济对中国社会产生的冲击和破坏力超过了中国政府改革之初的预想。市场导向的经济改革产生了严重的贫富差距，形成了社会冲突的根源；单位制度和传统家庭福利体系的相继瓦解，使得个人处于日益增长的社会风险之中；中国传统家庭结构和家庭伦理也都随之发生了深刻变化。波兰尼曾分析了19世纪欧洲所经历的双向运动历程②，20世纪末和21世纪初，中国社会对市场破坏力也产生了具有自身特点的保护性反向运动——经历了“双向运动”之后，中国政府向社会改革的方向进行了大转型。③ 自此，中国政府重视社会保障立法，形成了2002～2012年社会保障立法的“黄金十年”。

（一）中国为何加快社会保障立法

政治压力、经济转型、社会变迁和人口老龄化四个方面的因素决定了21世纪的中国急需进行社会改革，也因此急需进行相应的社会保障立法。

1. 政治压力

在超过两千年的历史里，传统中国将道德与政治融合在一起，被称为“德化的政治”。养老、育儿、济贫等有关社会福祉的各种义务，不仅仅是家庭和家族的道德和法律义务，也是政治权力的正当性来源之一。1949年之前，老弱病残等获得生活保障主要基于其家庭血缘成员资格，家庭是主要的社会保障提供者，而政治权力通过礼法制度和宗族制度等确保家庭福利制度的有效运行。在礼法制度之下，“礼”对以家庭为核心的传统社会福利权利义务关系进行规范，而“法”通过刑罚等措施对不履行家庭伦理道德义务的行为进行惩罚。

当前中国政府的官方目标是建设有中国特色的社会主义，要求中国政府确保人民的社会福利，也就是说，民生是中国政府的重要政治使命之一。从这个意义上说，社会安全网的建立既符合中国的政治传统，也符合当前中国执政党的立党宗旨和执政需要。

新中国成立后到改革开放之前，作为一个单位的成员资格部分地替代了传统意义的家庭血缘成员资格的重要地位。对于单位成员而言，其所属的单位是

① 徐月宾、张秀兰：《中国政府在社会福利中的角色重建》，《中国社会科学》2005年第5期。

② Karl Polanyi, *The Great Transformation: The Political and Economic Origins Of Our Time*, New York & Toronto: FARRAR&RINEHART. INC. , 1944.

③ 王绍光：《大转型：1980年代以来中国的双向运动》，《中国社会科学》2008年第1期。

具有政治机构、经济组织、道德共同体和福利提供者等多种功能的综合性组织，为单位成员乃至成员的家人的生老病死提供保障。20 世纪 80 年代经济改革以来，中国政府将政府退出公共服务视为政府职能转变内容之一，单位制度逐步瓦解，破坏了传统的政治权力正当性与社会福利之间的传统性平衡机制。市场经济力量已经很大程度上瓦解了上述两种成员资格，转而强调另一种成员资格——“社会成员”，这实质上体现为一种从基于血缘组织或者单位的成员资格向公民资格的发展过程。

20 世纪 90 年代以来，中国的改革从 20 世纪 80 年代的多赢局面变成了“零和游戏”。虽然经济繁荣发展，各种有关财产权利的法律法规纷纷出台，但是社会保障相关的立法严重滞后，笼统地使用社会化、市场化、产业化等提法或做法去解决社会保障问题。这种用市场取代政府提供福利的做法有时甚至会成为政府推卸责任或服务机构谋取私利的依据。日益拉大的贫富差距导致一批社会群体认为自身利益因改革而受损，例如 20 世纪 90 年代国企改革产生了大量下岗工人、90 年代末开始凸显的三农问题等。工人和农民既是中国经济市场化改革中的相对利益受损者，也是社会福利私有化的受害者，这两个群体所形成的社会不满和群体性抗议带给中国政府以巨大的挑战。

自 21 世纪初以来，中国政府财政能力不断改善和增强。基于内部政治传统和政治正确性要求、外部压力的不断扩大乃至恶化，社会安全网建设成为中国政府的主要工作内容之一，社会保障立法也成为中国各级各地立法机构的主要立法内容之一。其中，中国的政治传统和中国共产党“建设有中国特色社会主义”目标发挥了巨大作用。西方选举政治之下，基于“用福利奶酪赢得选举”的思路，通常会针对选举，采用分期分批抛出改善社会福利政策的手法以赢得部分选民支持。与此相反，中国政府迅速推行了一揽子的民生政策，不仅扩大其覆盖面，还不断提高惠民水平。过去十年里，中国社会安全网的建设速度非常快，对劳动者的保护水平也得到了很大提高。可以说，社会政策一旦提出，很难再后退。尽管社会保障立法滞后于社会保障政策的制定和推行，但过去十年来各项社会保障立法的相继出台，有利于社会政策上升为法律，也使社会保障具有了法律基础。

2. 经济转型

1949 年以来，中国经济经历了“小农经济—计划经济—市场经济”的转型。这种复杂、迅速的经济转型使中国产生了巨大的社会风险。

在中国，家庭几千年来一直既是基本社会单元也是基本经济单位。1949 年之前的中国是一个农业国家，仅有少量的民族资本企业。1949 年至 1978 年间，中国进行了政府主导下的经济建设，城市经济施行计划经济和公有制，农村经济也变成了集体经济，建立起相对完整和独立的工业体系和国民经济体系，计划经济占据当时中国经济的绝对主体地位。国家工业化的资本积累时期，在城镇地区积累了数以万亿计的国家资产，通过农业补贴工业，也建立了一个城乡分割的二元体制。而在这个阶段的中国城镇地区，单位制度已经逐渐成为基本的经济单元与社会单元，给单位成员乃至成员的家庭提供福利保障。

1978 年经济改革以来，中国政府自上而下地推行经济改革，逐步引入市场机制。改革初期，随着转向“以经济建设为中心”，中国政府将发展等同于经济发展，并且陷入对经济发展的迷信之中。20 世纪 90 年代，市场经济曾被认为是解决中国发展问题的最关键机制，甚至被视为“万能药”。因此，在推行市场经济之初，中国政府并没有完全认识到“社会风险”这个概念的存在。

于是，城市里的大量国有企业和集体企业相继破产，这使得原来依靠单位制度提供经济收入和福利保障的企业职工既失去了工作来源也失去了福利保障。农村地区施行家庭联产承包责任制，一定程度上恢复了原有的小农经济。但是，城市经济的迅速转型和发展，劳动力的自由流动等，使得大量农村劳动力涌向城镇地区，这反过来对中国农村经济形成了巨大冲击。工农业剪刀差并没有随着采纳市场经济而缩小，相反，城乡差距在许多地区在不断扩大。农村集体经济的瓦解也摧毁了改革前中国农村曾建立起的广覆盖、低水平的医疗制度。此外，市场经济对中国传统的社会结构和家庭伦理等都造成了巨大冲击。

社会遭受市场力量的种种冲击，反过来社会对市场经济霸主地位进行对抗，导致经济繁荣背后的社会不稳定性加剧。① 这种“双向运动”迫使中国政府修正其对于发展的认识：发展不限于经济发展，社会发展也应当纳入发展的内涵。为了让社会发展有序化，必须要在法治的轨道上进行，因此社会保障立法势在必行。

此外，发展社会安全网也符合中国经济促进内需的要求。工人和农民的劳动收入得不到保障、劳动环境恶劣、缺乏社会安全网等，都会使得人们缺乏足够的收入去消费，或者有钱也不敢消费。2009 年，中国发展研究基金会发布《中国发展报告 2008/09：构建全民共享的发展型社会福利体系》，该报告提出，一方面要提高劳动收入以确保人民的消费能力，另一方面，要建立社会安全网以促使人民有消费意愿。因而，社会保障立法有利于提高中国国内消费信心，

---

① 王绍光、胡鞍钢、丁元竹：《最严重的警告：经济繁荣背后的社会不稳定》，《战略与管理》2002 年第 3 期。

改变经济增长对出口经济的依赖。并且，社会安全网能够制造更多的工作岗位和产生更多的投资需求，也有利于刺激国内需求的增长。

3. 社会变迁

在1949年之前，基于“家国同构”的社会架构，传统中国社会是“个人—家庭（家族）—国家”三元结构。个人基于其在家庭或者家族等血缘组织中的地位扮演着不同的角色，当然也承担着不同的责任。个人利益与国家利益之间很少有直接联系，而是主要通过血缘组织作为中间组织。“国有国法，家有家规”，家庭或者家族等血缘组织作为一个“小社会”而存在——这种结构使得个人价值被吸纳到家庭或家族利益之中。以家庭或家族为代表的血缘组织是连接个人和国家之间的关键所在，也是为个人提供福利保障的主要责任承担者。

在1949年到1978年间，毛泽东领导的中国共产党试图改变中国传统的社会结构，通过在城市建立单位制度，建立了一套单位福利制度。单位，具有经济、政治和社会的多项功能，对单位内部的成员提供“从摇篮到坟墓”的福利保障。而在农村，建立了人民公社制度，实行家庭与集体相结合、以家庭保障为主的保障制度。这就形成了一个“个人—单位—国家”的新型三元结构，城市的核心家庭比例越来越高，单位福利在很大程度上取代了传统的家庭福利制度。个人被吸纳到“单位”这个“小社会”中，也较少和国家发生直接利益联系。

1978年以来的改革，打破“铁饭碗”的同时，绝大多数城镇职工失去了原有的单位福利保障；传统的农业家庭结构也受到巨大冲击。市场经济和劳动力的自由流动基本上瓦解了长期以来的“纵向依赖”社会结构，逐渐形成了一个“大社会”，从而形成了“横向相互依赖”的社会结构，一个新的三元社会结构也产生了，即“个人—中间组织—国家”。在这里，中间组织包括用人单位、家庭、社区等各种机构，因个人的身份和职业不同其所依附的中间组织而有所不同。

今天，无论在城市还是农村，绝大部分家庭都是核心家庭。随着个人所得税等税种的收缴，个人与国家之间的直接利益联系越发紧密，“个人—国家”的二元直接利益关系也越来越普遍存在。个人价值得以脱离“小社会”，赢得个人发展的自由空间；而与此同时，个人承受的社会风险与个人享受的自由度呈等比增加，个人越来越难以得到“小社会”的庇护，社会安全感大大降低，转而对“大社会”抑或国家提出更高的安全保护要求。

在这样的社会结构之下，国家对于其公民提供社会保护的义务就应运而生。但是，国家应当对谁承担义务？承担哪些义务？如何承担义务？尽管经历了复杂并且急剧的社会转型，家国同构的政治文化却没有得到根本改变，政府治理并未跟上“大社会”形成的步伐，反而在应对各种新问题时多采用“控制”而非疏导，被迫采取“全能化”的方式。在发展主义占据霸权地位的时代，经济增长、政治稳定都可以成为地方政府追求政绩的目标，而社会发展却是一个极其难于量化甚至“费力不讨好”的工作，往往流于形式。因此，为了适应社会结构的转型，为了进行社会治理模式的相应转型，需要进行相应的社会保障立法，既明确保护公民的社会保障权，也对国家所应承担的责任在法律上明确规定。

4. 人口老龄化

人口红利对中国经济高速发展做出了很大贡献。和第二次世界大战后欧洲经历的人口结构变化历程类似，与人口红利紧密相连的是其后出现的人口老龄化问题。由于中国政府推行计划生育制度和迅猛的城镇化建设，中国的人口老龄化速度很快，而人口出生率很低。计划生育政策让“421”家庭结构（4 个祖父母—2 个父母—1 个孩子）在中国城市普遍存在，也使得传统的家庭福利制度难以为继。从图 1 来看，中国 60 岁以上的老年人占总人口数的比重在逐年迅速上升。

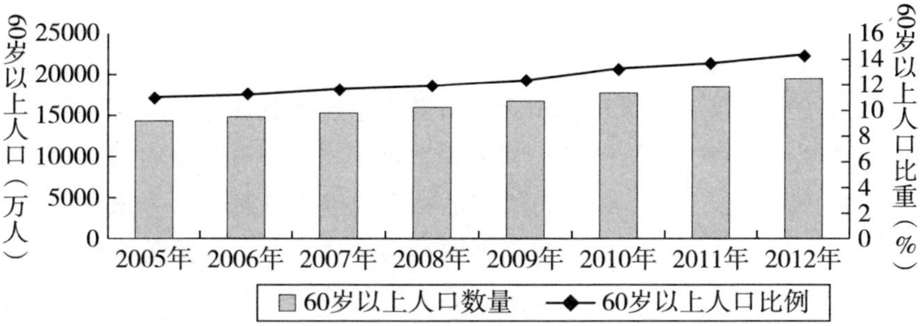

图 1　60 岁以上老年人占全国总人口比重

资料来源：民政部编，《2012 年社会服务发展统计公报》

根据图 1，截止到 2012 年，中国 60 岁以上的老年人比重已经达到 14. 3%，人口数达到 1. 939 亿。而与此同时，少儿抚养比在迅速降低，形成了中国总人口抚养比下降的现象，也就是少儿占总人口的比重在迅速下降。然而，从表 1 来看，尽管中国人口总抚养比在逐年降低，但是，这种降低主要源自少儿抚养比的降低幅度很大，老年抚养比反而在逐年上升。也就是说，随着老龄化的速度迅速加快，中国人口总抚养比会改变整体下降趋势、转向整体上升趋势。事实上，从 2011 年开始，中国人口总抚养比已经开始上升。

表 1　　人口年龄结构和抚养比

单位：万人

年份	总人口（年末）	总抚养比（%）	少儿抚养比（%）	老年抚养比（%）
2002	128453	42.2	31.9	10.4
2003	129227	42.0	31.4	10.7
2004	129988	41.0	30.3	10.7
2005	130756	38.8	28.1	10.7
2006	131448	38.3	27.3	11.0
2007	132129	37.9	26.8	11.1
2008	132802	37.4	26.0	11.3
2009	133450	36.9	25.3	11.6
2010	134091	34.2	22.3	11.9
2011	134735	34.4	22.1	12.3

资料来源：国家统计局编，《2012 年中国统计年鉴》

根据表 1 显示的人口发展趋势，随着中国工作人口占总人口比例的下降，中国劳动力价格必然上升，劳动保护的标准也会相应提高。同时，计划生育政策和城镇化进程使传统家庭伦理受到冲击，社会风险加大，导致很多年轻人无力承担家庭福利提供者的责任。相反，啃老现象越来越普遍，取代了数千年的养儿防老的观点。由于传统家庭福利客观上难于持续，最终迫使国家不得不承担起社会保护的主要责任。但是，所有的社会保障责任都由国家来承担在客观上难于实现和持续。因此，如何明确不同社会主体在社会保障关系中的权利与义务、权力与责任等，调整利益关系，确立责任分担机制，是社会保障立法的重要内容。

基于以上四个方面的原因，中国政府既有压力也有意愿和能力进行社会保障制度的建设。社会保障制度涉及政府、社会组织、经济组织、家庭和个人等各种主体之间复杂的权利义务关系，为了明确这些权利义务关系，并用立法的形式将这些权利义务关系固定下来，保护各主体的法定权利，强制各主体履行其法定义务，需要进行大量的社会保障立法。在这样一种时代背景和现实需求之下，中国的社会保障立法在过去十年来有了飞快的发展。

（二）社会保障立法发展

中华人民共和国成立伊始，就开始进行社会保障立法。1954 年《宪法》明确规定，劳动者在特定情形下享有获得物质帮助的权利，国家为保证这种权利的实现负有举办社会保险、社会救济和群众卫生事业的义务。1975 年《宪法》、1978 年《宪法》和沿用至今的 1982 年《宪法》及其修正案，都对社会保障问题有过类似规定。但是，改革前单位制度的普遍建立与改革初期通过市场解决福利的思路使社会保障立法整体进程缓慢，甚至遭遇挫折。

2002 年至 2012 年这十年间，社会保障立法进程大大加快。专门针对社会保障的法律和行政法规的比重低，大量社会保障的法律规范体现为国务院部门规章和地方政府部门规章，此外还有大量政策性文件以“试行”“暂行”“决定”“意见”“通知”等形式出现，存在立法随意性较大的问题，导致这些法律文件的规范性和实效性不强。现有出台的地方性规定彼此间差别大，规定的社会保障项目也不完整。并且在这一立法领域，有关社会保险的立法进程相对较快，在社会救济、社会优抚和社会福利等领域则立法空白较多。

1. 缓慢发展期（1949～2001）

从 1950 年到 1957 年，中国已经建立了一个针对城市工作人员的社会保障制度。例如 1950 年 5 月 19 日，中央人民政府政务院颁布《救济失业工人暂行办法》，1951 年后陆续颁行了《中华人民共和国劳动保险条例》《中华人民共和国女工保护条例（草案）》《职业病范围和职业病患者处理办法的规定》等一系列单行法律法规，上述法律法规分别对疾病、养老、生育、失业、伤亡、遗属等项的职工保险待遇作了规定。并且，《劳动保险条例》规定，享受社会保险待遇的企业（单位）职工不需要缴纳社会保险费，社会保险所需资金由国家财政负责，待遇直接由企业（单位）向职工提供。从 1958 年至 1965 年，国家从企业按职工的工资总额提取一定比例的劳动保险基金，机关和事业单位则由财政部门负责提供所需资金，形成全国统一的社会保险基金征集、管理、调整、使用的制度。但是，这种面向城市企业劳动者的社会保险制度在“文化大革命”期间遭到了破坏。例如，1969 年取消了社会保险费统筹制度，将社会保险改为企业保险，社会保障的社会化进程中断。

农村地区未实行社会保险制度，集体经济逐步取代家庭经济原有地位而成为农村经济的主体，农民参加集体生产劳动参与生产成果分配，在丧失劳动能力后由家庭负责养老，并建立了农村合作医疗制度等。1956 年，《高级农业合作社示范章程》确立了面向乡村孤老残幼的“五保”（吃、穿、住、医、葬或教）制度。

从上可见，1949～1978 年这一期间，中国城乡地区分别建立了各自不同的社会保障制度。但是，城乡二元化管理导致事实上存在着区别化的社会保障待遇，例如农村合作医疗制度本质上是一种农民自身的共助系统，而城市居民特别是公费医疗制度享受者和劳保医疗制度享受者们则被纳入国家公共财政资助系统之中。这种国家财政对不同身份和户籍社会群体所享有的社会保障制度进行不同的财政投入安排，构成了今天中国社会保障制度碎片化的根源所在。[①]

1978 年改革开放以来，中国社会保障法的发展可以分为两个时期，以 2001 年第九届全国人大四次会议作为一个分水岭。在这次会议以前，“社会法”这个提法并没有得到官方的认可，官方还未形成“社会法”的理念。但是，1982 年《宪法》已经对公民社会保障权的基本内容进行了原则性规定，即涵盖社会保险、社会救济（救助）、社会优抚和社会福利四个方面。

2001 年前，中国的劳动立法大量出台，与此相比较，社会保障立法进程滞后。然而，现行社会保障管理体制的基本框架在这个阶段形成：第一，把过去分别由多个行政部门进行管理的企业职工社会保险逐步转变为由劳动和社会保障部统一管理（这一阶段新建的社会保险制度主要覆盖城镇国有企业职工）；第二，过去由国有或者集体企业承担的企业保险事务逐步转交给社会机构对其进行管理，即社会保险待遇实行社会化发放，社会保险对象实行社区管理；第三，中国部分农村地区开始进行农村养老保险制度试点。

1978～2001 年这一阶段社会保障立法的特点是各级各地政策多，国务院部门规章和地方政府规章多，但是针对社会保障的专门法律和行政法规很少。例如 1994 年劳动部制定了《企业职工生育保险试行办法》，1996 年劳动部出台了《企业职工工伤保险试行办法》，1997 年开始在全国建立城镇企业职工基本养老保险制度，1998 年开始在全国建立城镇职工基本医疗保险制度，1999 年国务院颁布《失业保险条例》和《社会保险费征缴暂行条例》，1999 年劳动和社会保障部制定《社会保险费征缴监督检查办法》等。此外，全国所有城市和有建制镇的县城均相继建立起最低生活保障制度。

2001 年第九届全国人大四次会议将“社会法”明确列为社会主义法律体系的七个部门之一，并确定了“社会法”主要包括劳动法、社会保障法等，也就是说“社会法”作为独立的法律部门获得了官方的认可。此后，中国的社会保障立法进入快车道发展，有关社会保障的各项专门立法和包含了社会保障内容的法律法规相继通过，各种相关规章文件也相继出台。

2. 立法发展十年（2002～2012）

社会保障权是一项母体性权利，社会救助权、社会保险权、社会福利权、社会优抚权等都是由其繁衍和派生的权利。2002～2012 年这十年间，在不同立法层面和不同立法领域，社会保障立法都有巨大发展，形成其“黄金十年”。

---

① 陈映芳：《社会保障视野下国民身份制度及社会公平》，《重庆社会科学》2013 年第 3 期。

（1）不同立法层面的发展。在宪法层面，2004 年《宪法修正案》对社会保障立法而言至关重要。该修正案第二十三条增加“国家建立健全同经济发展水平相适应的社会保障制度”作为《宪法》总纲第十四条第四款，成为保护社会保障权利的重要宪法纲领性条款。但值得注意的是，该条款仅仅提到了“社会保障制度”而没有确切提出“社会保障权”。此外，现行《宪法》“公民基本权利和义务”中的第四十四条规定，“国家依照法律规定实行企业事业组织的职工和国家机关工作人员的退休制度。退休人员的生活受到国家和社会的保障。”第四十五条规定，“中华人民共和国公民在年老、疾病或者丧失劳动能力的情况下，有从国家和社会获得物质帮助的权利。国家发展为公民享受这些权利所需要的社会保险、社会救济和医疗卫生事业。国家和社会保障残废军人的生活，抚恤烈士家属，优待军人家属。国家和社会帮助安排盲、聋、哑和其他有残疾的公民的劳动、生活和教育。”再加上《宪法》第三十三条第三款“国家尊重和保障人权”的规定，共同构成有关社会保障的《宪法》条款，使社会保障成为《宪法》所明文规定的制度性保障。

一方面，其他有关社会保障的低位阶法律等都应当以现行《宪法》对社会保障的赋权条款为上位法依据。另一方面，《宪法》中上述有关社会保障的规定是概括性的，在明确规定获得社会救助的权利（物质帮助权）之外，对其他社会保障权利只是提出了建立相关制度的原则性条款，成为一种“制度性保障”，显得宣誓有余而效力不足，还需通过“宪法委托”的形式制定具体的法律规定使之具体化和直接化。①

在法律层面，有关社会保障的专门立法主要有 2010 年颁布的《社会保险法》和 2012 年颁布的《军人保险法》，这两项法律对中国社会保障立法发展具有里程碑意义。此外，包含了社会保障性条款的其他法律主要有：2005 年颁布的《公务员法》和修订的《妇女权益保障法》，2006 年修订后颁布的《未成年人保护法》，2007 年颁布的《劳动合同法》以及 2012 年修订后颁布的《劳动合同法》，2007 年颁布的《劳动争议调解仲裁法》，2008 年修订后颁布的《残疾人保障法》，2011 年修订后颁布的《职业病防治法》，2012 年颁布的《精神卫生法》和修订的《老年人权益保障法》等。这些法律中有关社会保障的条款分别对公务员的社会保障，对妇女、儿童、残疾人和老人的社会救助与社会福利，对职业病和精神性疾病的社会保险和社会救助待遇，以及对社会保障争议的调解仲裁解决方式等进行了制度性或原则性规定。

---

① 邓炜辉：《从文本到实践：中国社会保障的宪法学透视》，《甘肃政法学院学报》2013 年第 2 期。

在行政法规层面，国务院颁行的社会保险专门法规有2003年颁布、2010年修正的《工伤保险条例》等，有关社会保险的法规有2006年颁布的《血吸虫病防治条例》、2007年颁布的《残疾人就业条例》、2008年颁布的《劳动合同法实施条例》、2012年颁布的《机动车交通事故责任强制保险条例》和《女职工劳动保护特别规定》等；有关社会救助的法规有2003年颁布的《城市生活无着的流浪乞讨人员救助管理办法》和《法律援助条例》、2006年颁布的《艾滋病防治条例》和《农村五保供养工作条例》、2010年颁布的《自然灾害救助条例》等；有关社会优抚的法规有2004年颁布的《军人抚恤优待条例》、2011年颁布的《烈士褒扬条例》和《退役士兵安置条例》等。

部门规章层面，负责社会保障管理事务的人力资源和社会保障部（前身为劳动与社会保障部）、卫生部、民政部、住房城乡建设部等联合或专门制定颁行了数十个部门规章，上述部门又与财政部、保监会等其他相关政府部门联合制定颁行了一系列部门规章，对社会保险、社会救助、社会福利和社会优抚等多个方面进行了具体规定。此外，还有大量国务院和国务院直属政府部门制定的以“通知”等形式出现的规范性文件、由各地各级政府制定的地方性法规等，形成了由法律、行政法规、部门规章和地方性法规、规范性文件构成的社会保障法律体系，对保护公民社会保障权利、推动社会保障事业稳定和可持续发展发挥制度性支撑作用。

（2）不同立法领域的发展。2002 ~ 2012年间，社会保障的覆盖范围从主要覆盖城镇扩大到基本覆盖城乡，从主要针对国有企业扩大到覆盖各类用人单位，从职工社会保障扩大到灵活就业人员和城乡居民都享有不同程度的社会保障，在社会保险、社会救助、社会福利和社会优抚方面都有不同程度的立法进步。

《社会保险法》明确规定覆盖城乡居民的基本养老保险和基本医疗保险制度，工伤赔偿、工伤预防和工伤康复相结合的工伤保险制度，失业保险和生育保险制度等。《军人保险法》规定了与军人的社会保险等相关的制度。通过与《社会保险法》《军人保险法》相配套的其他法规、规章和规范性文件，不同程度上解决了诸多历史难点问题，例如社会保险关系转移接续、异地就医结算、关闭破产和困难企业职工和退休人员医疗保障、老工伤人员生活保障、被征地农民社会保障，以及未参加社会保险的集体企业职工、原家属工、“五七”工的养老保险等。2003年试行的新型农村合作医疗和2009年启动的新医改基本确立了全民医保体系。

自2007年国务院下发了《国务院关于在全国建立农村最低生活保障制度的通知》以来，逐步建立起城乡全覆盖的最低生活保障制度。并以此为基础，基于《法律援助条例》《农村五保供养工作条例》《关于实施农村医疗救助的意见》《关于进一步做好城乡特殊困难未成年人教育救助工作的通知》《关于建立城市医疗救助制度试点工作的意见》等一系列法规、规章和规范性文件等，建立起以临时社会救济为补充，辅之以建立起医疗、教育、住房、司法等专项救助相配套的城乡社会救助体系。

《老年人权益保障法》《残疾人保障法》《妇女权益保障法》和《未成年人保护法》等针对老年人、残疾人、妇女、儿童等群体制定的法律，都包含关于社会福利方面的规定。但是，这些规定大都是缺乏刚性约束力的“软法”，相关社会福利事业基本上依靠部门规章与红头文件来进行指导。

《军人抚恤优待条例》《烈士褒扬条例》《退役士兵安置条例》《一至六级残疾军人医疗保障办法》《关于军人死亡一次性抚恤金发放有关问题的通知》等一系列法规、规章和规范性文件，建立起了社会优抚的法律制度。

（3）立法的不足。尽管制定了以《社会保险法》为代表的法律，但社会保障法领域法律法规的主体仍是立法层次低的部门规章和地方性规章。不同社会保障制度和社会政策之间存在不平衡性，导致不同社会群体之间的权利义务关系不对等。从单个文件所制定的政策内容判断，对其所针对的社会群体规定了权利义务较为对等的社保政策。但是，仅仅保证了局部利益的对等、特定社会群体内部的权利义务相对等。不同文件所规定的政策存在差异性和不平衡性，使各地各部门各行业各时期的社会政策之间存在不连贯、不一致的情况。

由于存在差异性和不平衡性，惠及某个社会群体局部利益的惠民政策经常导致更多社会矛盾和社会不满的产生。社会保障制度的推广主要以解决问题为目标，“头痛医头脚痛医脚”；解决了老问题，涌现新问题，解决了一部分人的问题，引发了另一部分人的问题。民众意识到政府社会政策的解决问题导向，为使自己所属的社会群体的利益诉求成为政府所要解决的问题，各种针对社保待遇的上访现象频发。

（三）碎片化社会保障制度体系与管理体制

经过 2002～2012 年社会保障制度广泛和迅速的发展，2012 年下半年，中国政府宣布中国已经“初步建立起覆盖城乡居民的社会保障体系框架，覆盖人群迅速扩大，保障水平有较大幅度提高，社保基金规模不断壮大，抗风险能力明显增强。”[①] 例如，政府对城乡居民基本医疗保险的补助标准从 2002 年前的人均

① 国务院新闻办公室“中国的就业和社会保障体系建设情况”新闻发布会，2012 年 9 月 10 日。网址为，http：//www. china. com. cn/zhibo/2012－09/10/content－26450439. htm?show＝t.

20元提高到2012年的人均240元，城乡最低生活保障水平也有成倍提高。但是，社会保障体系在朝“广覆盖”目标发展的同时，并未解决其自产生之时就存在的碎片化问题；甚至因为寻求过快实现“广覆盖”，使其制度体系的碎片化特点日益突出，也因此形成了碎片化的社会保障管理体制。

1. 碎片化社保制度体系

如表2所示，中国已经针对公务员、城镇职工、城镇居民和农村居民等四个不同的社会群体初步建成了其社会保障制度体系。

表2　当前中国基本社会保障主要制度构成

公务员	城镇职工	城镇居民	农村居民
退休金	基本养老保险	养老保险	新型农村社会养老保险
公费医疗	基本医疗保险	基本医疗保险	新型农村合作医疗
	工伤保险	医疗救助	医疗救助
失业保险	失业保险	最低生活保障	最低生活保障（含五保户供养）
	生育保险	生育医疗费由医保资金支付	生育医疗费由农合资金支付
社会福利、社会优抚、社会慈善等			

根据表2所示，当前中国基本社会保障制度主要存在的碎片化问题的根源在于三个差异性：城乡差异、“体制内—体制外”差异和地区差异。

（1）城乡差异。城镇地区的社会保障制度构建朝成熟化方向发展，而农村社会保障体系尚处于成形阶段，社会保障的“城乡二元化”特征明显。据2000年第五次人口普查结果，中国总人口12.95亿，居住在乡村的人口8.07亿，占63.9%。截至2012年年底，中国总人口13.54亿，居住在乡村的人口6.42亿，占总人口的47.43%。过去十年来，中国农民的人口基数与比重都在下降，其原因在于：第一，部分农民因征地拆迁变为城市居民；第二，部分农民因进城务工等成为新社会阶层，虽然在农村拥有土地，但生活来源已经脱离土地；第三，一些农民因农村城镇化建设失去耕地而变成失地农民。这就使得针对农民的社会保障制度实际上分为三种类型：第一种是针对仍旧依靠土地作为生活来源的农民，第二种是针对失地农民，第三种是农民工等。

①农村居民。2003年，卫生部、财政部和农业部等联合下发《关于建立新型农村合作医疗制度的意见》，民政部、卫生部和财政部2003年联合下发《关于实施农村医疗救助的意见》，国务院2006年制定《农村五保供养工作条例》，2007年下发《关于在全国建立农村最低生活保障制度的通知》，2009年下发《关于开展新型农村社会养老保险试点的指导意见》等。此后，随着各项社会保

障制度的相继建立和在全国范围内逐步实现普遍覆盖，针对农村居民的社会保障制度基本框架已经逐步形成，包含新型农村社会养老保险、新型农村合作医疗、医疗救助、最低生活保障（含五保户供养）等多个方面。

但是，缺乏针对农村社会保障的专门性法律，使各项制度规定散乱于政策法规之中，各种“试点方案”因为缺乏立法的权威性，使得农村社会保障在执行和监督工作上存在随意性。农村社会保障的水平整体有待提高，农村社会保障的资金统筹层次较低，大部分由县、乡、村统筹。近年来，中央财政加大了农村社会保障的资金投入，但范围窄、补贴水平低，国家有限的资金投入主要体现为农村扶贫资金和民政救济金，农村社会保障资金因为缺乏明确法律规定而处于不稳定的状态。到目前为止，农村社会保障制度所提供的保障功能尚未替代土地保障功能，“长期以来，中国农民的社会保障实质上是以土地为中心的非正规保障，而农村土地的保障功能是农民在社会保障缺位状态下被迫进行自我保障的一个理性反应。”①

②失地农民。按照国务院2004年10月下发的《国务院关于深化改革严格土地管理的决定》中有关“妥善安置被征地农民”的规定，“县级以上地方人民政府应当制定具体办法，使被征地农民的长远生计有保障。对有稳定收益的项目，农民可以经依法批准的建设用地土地使用权入股。在城市规划区内，当地人民政府应当将因征地而导致无地的农民，纳入城镇就业体系，并建立社会保障制度；在城市规划区外，征收农民集体所有土地时，当地人民政府要在本行政区域内为被征地农民留有必要的耕作土地或安排相应的工作岗位；对不具备基本生产生活条件的无地农民，应当异地移民安置。劳动和社会保障部门要会同有关部门尽快提出建立被征地农民的就业培训和社会保障制度的指导性意见。”该规定实质上是一个授权条款，并未对失地农民的具体社会保障权利进行规定。

失地农民享有的社会保障，一方面主要来自征地安置补偿，另一方面来自家庭保障。尽管成都、南京等地用采用“土地换保障”的政策去解决失地农民养老保障问题，但是，目前严格意义上没有建立统一与全方位的失地农民社会保障制度。根据国家审计署于2012年公布的《全国社会保障资金审计结果》，截至2011年年底，已经累计将2090万被征地农民纳入养老保障，然而，尚有192.90万名被征地农民未按规定参加社会保障；2011年，127.57万名被征地农民虽然参加了养老等社会保障，但待遇低于当地农村最低生活保障标准。

③农民工。城市化和工业化促使大量农民成为游走在城市和农村之间、不

---

① 闫小欢、霍学喜：《农民就业、农村社会保障和土地流转——基于河南省479个农户调查的分析》，《农业技术经济》2013年第7期。

同城市之间的农民工，城市职工基本养老保险机构对将农民工纳入本地养老保险普遍具有比较高的积极性。2004 年劳动与社会保障部下发的《关于农民工参加工伤保险有关问题的通知》、2006 年国务院下发的《关于解决农民工问题的若干意见》和 2010 年制定通过的《社会保险法》等，促进了农民工社会保障体系的建立与发展。例如，按照《社会保险法》的规定，农民工可以被纳入到灵活就业的社保范围中，缴费基数也比较低。

但是，在城镇就业的大多数农民工没有稳定工作而频繁流动，根据现行制度，农民工在迁徙过程中，难于实现社保转续，只能选择退保，例如按照养老保险现行规定，农民工所能带走的只是其个人缴纳的 8% 所构成的个人账户的积累，单位缴纳的 20% 因为被纳入基础养老金来源而被原工作地社保基金所截留，使其参加社会保障的积极性和可行性降低。人社部社会保障研究所 2013 年 7 月发布《〈社会保险法〉实施情况研究报告》显示，农民工等低收入群体不愿降低收入参加社保，让用人单位将这部分费用转化为工资，也就是“主动放弃社保换工资”。

（2）“体制内—体制外”差异。城市社会保障体系分为三个主要的制度：职工社会保障制度，城市居民的社会保障制度和机关事业单位社会保障制度。这几套制度分别覆盖企业职工、普通居民和机关事业单位工作人员三类不同的人群。三个制度之间的鸿沟非常明显，例如三个制度下的养老保险关系不能相互自由转移，参加医疗保险也不能自由选择。① 又如公务员和部分事业单位工作人员退休后按退休前工资的一定比例发放，并与在岗者工资增长挂钩；企业退休职工领取的基本养老金参照的主要是社会平均工资，并且与职工本人平均缴费指数、工龄有关，和退休年龄也有一定关系，但是与退休前工资关系不大；城市居民领取的基本养老金参照的主要是当地居民月人均可支配收入和个人账户缴纳数等。机关公务员退休人员的养老金由财政全额拨款。而同属于事业单位，不同类型的事业单位，根据其全额拨款、差额拨款和自收自支的性质差异，其养老、医疗等各方面的社会保障待遇有所差异，离退休费等社会保障支出来源也有所不同：全额拨款事业单位全部来自财政拨款，其他事业单位根据其性质部分甚至全部需要自筹，或者已经并轨到企业职工养老保险制度之中。这种鸿沟与差别形成了“体制内”与“体制外”社会保障待遇的双轨制。

北京大学国家发展研究院 2013 年 6 月发布的《中国健康与养老追踪调查全国基线报告》显示，新型农村社会养老保险的养老金中位数为每年 720 元、城镇居民养老保险的养老金的中位数为每年 1200 元，政府或事业单位养老金的中位数为 24000 元，企业职工养老保险金的中位数为 18000 元。可见，不同的社会

① 关信平：《当前中国社会保障制度公平性分析》，《苏州大学学报》2013 年第 3 期。

群体根据其所属的社会保障制度的不同享受的社会保障待遇有着巨大的差异。

（3）地区差异。社会保障还存在地区间的非均衡发展，而这种社会保障地区非均衡性是与不同地区经济非均衡发展相对应的。非均衡的发展战略导致地区间经济水平存在巨大差异，而社会保障制度中的重要资金来源是地方财政的支持和中央财政的补贴，这就使得社会保障制度存在地区间非均衡发展。社会保障立法存在不同制度的横向碎片化，同时还存在不同立法层次和立法机构的纵向分离问题，主要表现在中央政府和地方各级政府之间，地方各级政府在“因地制宜”和“入乡随俗”的立法过程中产生了各式各样的变形或走样。

社会平均工资水平对企业职工基本养老金的计算具有重要影响力，各地社会平均工资水平差异直接导致各地企业职工基本养老金差异明显。中央财政对西部地区的转移支付较多，也使得西部地区的地方财政对社会保障支出的压力相对较小。相反，中部地区因为地方财力和中央转移支付双重有限，社会保障压力偏大，社会保障水平相对落后。例如 2012 年全国企业参加养老社会保险退休人员月人均基本养老金达到 1721 元，其中北京市为 2513 元，青海省为 2075 元，江西省为 1514 元，吉林省为 1370 元①等。

地方财政力量的差异同时导致不同地区之间的公务员和事业单位社会保障水平的差异，以江西省为例，2012 年江西省行政事业单位离退休费和企业单位养老金月平均水平为 1870 元，其中最高的南昌市为 2189 元，最低的上饶市为 1626 元/人。② 这些数据既说明行政事业单位离退休费和企业单位养老金之间存在差距（2012 年江西省行政事业单位离退休费和企业单位养老金月平均水平为 1870 元，而 2012 年江西省企业单位养老金月平均水平为 1514 元），又说明地区差距明显（同一省份内部，南昌市和上饶市之间差距为 563 元）。

现有中国社会保障制度的碎片化结构不利于社保制度的可持续发展，不利于社会公正、社会流动和社会保障资金的运用效率。并且，福利刚性是一个铁律：只要存在多种社会保障制度，社会保障待遇低的群体必然向高的群体攀比，最终必然就高不就低，“攀高拉齐”，因而不利于控制财政风险。

2. 社会保障管理体制

随着社会保障覆盖面的不断扩大，管理服务体系在城镇地区初步建立，并逐步向乡镇和行政村延伸。以各级社会保险经办机构为主干、以银行及各类定点服

---

① 《18 省份月人均养老金排行　西藏 2700 元居首》，2012 年 7 月 5 日，中国新闻网，网址为，http：//www.chinanews.com/cj/2012/07－05/4009081.shtml.

② 江西省统计局人口和就业统计处：《2012 年江西省行政事业单位退休费和企业单位养老金月平均水平 1870 元》，http：//www.jxstj.gov.cn/News.shtml？p5＝3388171。

务机构为依托、以社会保障所为代表的社区劳动保障工作平台为基础，形成了一套以社会保险为主要内容的社会保障管理服务组织体系和服务网络。然而，由于社保制度体系存在碎片化，社会保障的管理和服务组织体系实际上也存在着碎片化现象。尽管经历了多次大部门制改革，对社会保障管理体制的整合并不彻底，社会保障事务仍然在不同部门分割管理，或者同一事项在不同部门进行交叉管理。

（1）社会保障管理服务体制。由于社会保障制度下面的各分支大都以“解决问题”为导向而建立或者是原有制度的延续，社会保障管理服务体制呈现了碎片化的特点。2008 年的大部制改革，在原人事部与劳动和社会保障部的基础上新组建人力资源和社会保障部，以统筹建立覆盖城乡的社会保障体系。但是，这一改革并未从根本上解决社会保障管理服务体制的碎片化问题，以社会保障制度相对完善的北京市为例，图 3、图 4、图 5 和图 6 对这种碎片化进行了描述。

图 2　北京市社会保险网上服务平台管理项目①

图 3　北京市民政信息网承诺服务项目②

① 北京市社会保险网上服务平台，http：//www. bjrbj. gov. cn/csibiz/home/index. html.

② 北京市民政信息网，http：//www. bjmzj. gov. cn/templet/mzj/index. shtml.

图 4　北京市卫生信息网基层卫生业务项目①

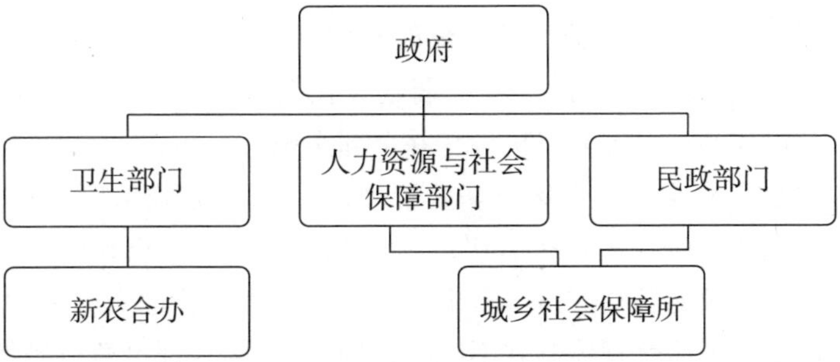

图 5　社会保障管理服务体制

基于这三个部门的分割管理，形成了图 5 所示的服务管理体制。

根据上述四个图，社会保障管理服务事务分别由卫生部门、人力资源和社会保障部门与民政部门分管或者交叉管理。卫生部门主管农村新型合作医疗，人力资源社会保障部门主管除农村新型合作医疗之外的其他各种社会保险事务，民政部主管以城乡居民最低生活保障和医疗救助等为代表的社会救助、社会福利、社会优抚和社会慈善等。实际工作中，这种分割管理和交叉管理会增加管理难度。例如，就医疗保险而言，卫生部门强调农村户籍，强调在其户籍所在地农村参保；人力资源和社会保障部门强调劳动关系，有劳动关系就必须参加城镇职工医疗保险。但是，到了最基层的社会保障经办服务机构这一层次，除了部分地区的农村新型合作医疗由卫生部门的农村新型合作医疗办公室管理，其他社会保险、社会救助等社会保障事务大都由城乡社会保障所进行综合管理与服务。图 3 和图 4 以北京市为例，对这种分割管理的现状进行了描述。

参保资格审定的不同标准使得重复参保的现象突出，不利于城乡流动群体

---

① 北京市卫生信息网，http：//www. bjhb. gov. cn/zwfwq/wyljwsfw/jcws/ywzn/201011/t20101109_19122. htm.

的医疗关系的转移接续，也不利于消除城乡二元社会保障结构。又如城市最低生活保障对象如果形成坐享其成的福利依赖，不符合最低生活保障制度的设计本意；因此，最低生活保障制度应当和促进就业制度有机结合起来。但是，最低生活保障制度由民政部门管理，而促进就业制度由人力资源与社会保障部门管理，这就使得这种结合存在管理结构方面的障碍。①

社会保障事务的基层管理与服务实际上越来越集中于城乡社会保障所，这就给“金保工程”奠定了基础。2002 年劳动和社会保障部部署实施覆盖全国的劳动和社会保障电子政务工程，也即“金保工程”。2008 年国务院机构改革，按照“大部制”要求组建了人力资源和社会保障部。“金保工程”所支持的业务范围，也由社会保险、劳动就业扩展为就业服务、社会保险、人才队伍建设、人事管理、工资收入分配、劳动关系、统计规划、宏观决策等人力资源与社会保障各业务领域。到 2012 年，该工程一期建设任务顺利完成，建立了中央、省、市三级网络，涵盖县、乡等基层机构，并全部实现省、部联网。

（2）社会保障资金与社会保险基金管理体制。民政部门所管理的各项社会保障事务的绝大部分资金来自于各级政府财政拨款，而社会保险基金则由个人缴费、单位缴纳和政府转移支付等多个来源组成。在这样的资金来源基础之上，各地社会保险基金征缴管理体制并不统一，《社会保险费征缴暂行条例》第六条规定：“社会保险费实行三项社会保险费集中、统一征收。社会保险费的征收机构由省、自治区、直辖市人民政府规定，可以由税务机关征收，也可以由劳动保障行政部门按照国务院规定设立的社会保险经办机构（以下简称社会保险经办机构）征收。”因此，在实践中，部分地区由社会保险经办机构征收，例如，根据《北京市社会保险费征缴若干规定》，北京市和区、县劳动保障行政部门负责本行政区域内的社会保险费征缴管理和监督检查工作；另一部分地区由地税系统代征，例如，根据《江苏省地方税务局社会保险费征缴管理办法（试行）》，江苏省各级地税机关负责本辖区内基本养老保险费、基本医疗保险费、工伤保险费、失业保险费和生育保险费等社会保险费的征缴工作。这种双重征收制度就给社会保险管理的具体业务环节增添困难和复杂度。

（四）社会保障权利救济机制

“无救济即无权利”，社会保障权利受到侵犯时，应当有向国家提出保护这种权利和根据这种权利获得相关利益的请求权，其中司法救济对权利保护而言最具有决定意义。在社会保障权利救济机制方面，现有相关立法和机制还不够

---

① 何平：《深化社会保障管理体制改革问题解析》，《行政管理改革》2013 年第 2 期。

完善。

1. 相关法律

《社会保险法》第八十三条、第八十九条、第九十二条规定了社会保险争议解决的规则：首先，集中确认了社会保险行政争议属于行政诉讼和行政复议的受案范围以及国家赔偿的范围；其次，建立起社会保险行政争议的复议、诉讼自由选择机制，取消了以往社会保险分散立法中广泛存在的复议前置规则，将救济方式的选择权交给当事人；第三，社会保险劳动争议调解制度不是解决社会保险劳动争议的必经程序，社会保险行政诉讼一般不适用调解。例外情况是，根据《社会保险法》第八十九条、第九十二条等规定，社会保险行政部门、其他相关行政部门、社会保险经办机构、社会保险费征收机构及其工作人员的违法行为给用人单位或者个人造成损失的行政赔偿、行政补偿纠纷，人民法院可以依法进行调解。此外，《劳动争议调解仲裁法》《工伤保险条例》《失业保险条例》《劳动人事争议仲裁办案规则》等对社会保险相关的争议解决机制进行了规定。最高人民法院三次《关于审理劳动争议案件适用法律若干问题的解释》和相关批复多处解释、辩明社会保险劳动争议、行政争议的界定。

目前社会保障权司法救济主要通过由民事程序和行政程序的“双轨制”实现。

（1）劳动争议处理程序。对于劳动者个人与用人单位之间发生的就社会保险缴费等义务的履行产生争议，采用私法的救济，适用包括诉讼、仲裁和行政处理在内的多元劳动争议处理程序。人民法院只受理当事人不服仲裁而起诉的社会保险争议案件，由民事法庭依民事诉讼程序审理。这种程序突出了基于契约精神和具有私法性质的劳动关系，淡化了社会保险所具有的强制性特点，忽视了社会保障法律法规具有公私法兼备的社会法性质。

社会保障争议与劳动争议在争议主体、内容范围、制度体系等方面存在重大差别，不应当适用同一原则和程序去处理。首先，劳动争议的主体是劳动者和用人单位双方主体，而社会保险争议的主体可以为劳动者、用人单位和社会保障管理部门三方主体。其次，只要不违反法律的强制性规定，劳动者与用人单位经自由协商确定的劳动关系条款就是合法的；社会保险关系中，有关社会报销费用缴纳等规定是法定强制性条款，不是用人单位与劳动者之间的民事法律关系，劳动者与用人单位之间不能协商改变相关条款的内容，不应该由劳动者直接要求用人单位履行该义务。最后，劳动仲裁时效短，而社会保险争议往往持续时间长，时效过短不利于个人主张和保护其社会保险权利。特别是相当部分国有或集体企业已经破产，劳动者个人无法通过劳动争议处理程序去解决社会保险争议。

（2）行政复议及行政诉讼的救济程序。对用人单位或者个人与社会保险费征收机构、社会保险经办机构、社会救助行政管理机构等之间发生的具体社会保障给付争议，采用行政法（公法）的救济，适用该程序。可以直接申请行政复议，也可以先申请复查，对复查决定不服，再申请行政复议；对行政复议决定不服的，可以提起行政诉讼。这种私法救济和公法救济的两分法实质上是依侵权行为主体来划分侵权类型及其救济方式。

在现行的行政诉讼体制下，人民法院审理行政案件的依据只包括法律和法规，规章只能起到参照适用的作用。然而，社会保障仍以低位阶的规章和规范性文件为主，这种行政程序法的救济保护显然不足。因此，应当加强行政程序法的救济保护。充分发挥公法救济对社会保障权的保护作用，将行政法救济方式所涵盖的范围扩展至社会保障机构及其受托单位的所有具体行政行为和不作为，在社会保障立法位阶普遍偏低的情况下，将有关社会保障的法律、法规、规章和规范性文件等都作为法院审理案件的依据。

这两种模式都存在缺失和不足，有必要在现有的法律框架内通过改造行政复议程序和仲裁程序、确立公益诉讼制度和完善相关司法救助等构建社会保障权的救济机制。或者建立一套独立的社会保障争议处理机制，适用高效、便捷、简易的特别程序，对侵害公民社会保障权益的案件进行及时、便捷的司法处理。

二　社会保障法律制度

社会保障立法在2002~2012年“黄金十年”内的迅速发展，使社会保障法律制度在各领域都有了不同程度的进步，完成中国社会保障法律模式的转型。《社会保险法》明确规定了中国社会保障体系是以社会保险为主体的社会保障体系，社会救助、社会福利和社会优抚等作为补充。然而，这种转型过程不能简单被认为是旧制度的彻底废除和新制度的建立。实际上，这一过程是不同时期的不同法律制度的叠加，这些法律制度既有可能向前发展也可能存在反复。这种法律制度建设的发展性和反复性二者相结合，在社会保障法领域主要体现为其严重的碎片化情况。社会保障法律制度从实体法、管理机构到程序法等多方面的碎片化，使得社会保障立法在经历了巨大发展的同时，社会保障法律制度仍具有以部门和地区立法为主、多头立法和多元管理的特征。

（一）社会保险

社会保险立法是社会保障立法的重要组成部分。以劳资利益关系为基础，以“先缴费、后享受保障”为原则，社会保险法调整政府、劳动者、用人单位或雇主三方有关社会保险的权利义务关系。社会保险对初次分配和再次分配都形成直接影响：从初次分配来看，社会保险基金主要来源是劳动者和用人单位或雇主所缴纳的社会保险金，而劳资缴费成本要计算到生产经营成本之中；从再次分配来看，社会保险基金的另一来源是政府的公共财政补贴，并且，社会保险机制本身旨在参保人中实现互助共济，因而是具有强制性的再分配方式。[①] 从图 6 来看，中国的社会保险的覆盖面在过去几年得到了迅速提高。

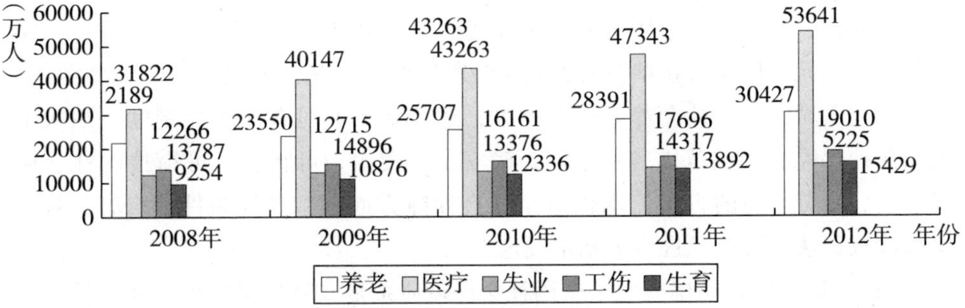

图 6　2008 ~ 2012 年社会保险参保人数

资料来源：人力资源社会保障部编，《2012 年度人力资源社会保障事业发展统计公报》

从图 6 可知，五种社会保险的参保人数都在持续稳定上升，其中医疗保险由于城镇居民医疗保险的推行而参保人数上升速度最快，生育保险和失业保险的参保人数增长最为缓慢。值得注意的是，人力资源社会保障部发布的这一公告并未统计新型农村合作医疗制度的参保人数情况。根据卫生计生委发布的《2012 年新农合进展情况》，2012 年全国参加新型农村合作医疗制度人数为 8.05 亿人，参合率超过 98%，全年受益人次数达 17.45 亿人次。而在 2005 年，全国参加新型农村合作医疗制度人数为 1.79 亿人，补偿受益人次数达 1.22 亿人次。参保人数、参保率和受益人次数都有极大的提高。

1.《社会保险法》

2010 年 12 月由全国人大常委会第十七次会议表决通过的《社会保险法》是中国最高立法机关在社会保障领域的第一部专门立法，被誉为改革开放以来社会保障体系建设最大的亮点。改革开放以来，中国社会保障制度长期处于试点状态的试验性阶段。《社会保险法》的颁行意味着通过立法对该制度进行定型与稳定，使社保制度进入持续发展的新阶段。根据《社会保险法》，中国的社会保险法律体系主要由如下五个部分组成：养老保险、医疗保险、工伤保险、失业保险和生育保险。

---

① 郑功成：《〈社会保险法〉：我国社会保障法制建设的里程碑》，《中国劳动》2011 年第 1 期。

《社会保险法》的立法目的是维护公民的社会保险权，其立法依据是中国《宪法》第四十五条规定的社会保障权。《社会保险法》在相当程度上取得了突破性进展，主要有如下几个标志：第一，首次以立法的形式明确了国家对于社会保险的责任，强化了公民在社会保险中的国家责任，明确了社会保险制度中政府的职能；第二，打破了过去几十年社会保险关系基于从业关系或劳动关系的理念，社会保险的覆盖范围从职工逐渐向非正规就业群体扩展，这一群体主要包括农民、农民工、个体工商户和其他灵活就业人员等；第三，打破社会保障的城乡二元结构，将新型农村养老保险制度纳入了基本养老保险的调整范围，并开始建立城镇居民社会养老保险制度，还将新型农村合作医疗制度也纳入了基本医疗保险的调整范围等；第四，确立了广覆盖、可转移、可衔接的社会保险制度，为劳动力的自由流动创造了社会保障方面的基础性条件；第五，对社会保险权司法救济途径进行了基本规定。

《社会保险法》明确规定了中国社会保障体系是以社会保险为主体的社会保障体系，其依据为，第二十三条、第二十四条和第二十五条对基本医疗保险对象的规定基本覆盖了全体国民，第十条、第二十条和第二十二条对基本养老保险的规定也基本覆盖了全体国民。《社会保险法》确立了社会保险制度的基本模式和发展方向，例如采取统账结合、个人账户实账和实现全国统筹的基本养老保险模式，基本医疗保险等采取省级统筹模式，将农村合作医疗和居民医疗保险、农村养老保险和城镇居民养老保险合并等发展方向。《社会保险法》第二十五条第三款规定“享受最低生活保障的人、丧失劳动能力的残疾人、低收入家庭六十周岁以上的老年人和未成年人等所需个人缴费部分，由政府给予补贴。”这就将城镇居民中的经济困难群体和残疾群体等纳入了城镇居民基本医疗保险制度，而不是简单地进入社会救助或者社会福利系统。

《社会保险法》在规定其适用范围的同时，还有不同的使用层次，例如有些项目是具有强制性的“应当参加”项目，有些项目是具有自愿性的“可以参加项目”。针对现有养老保险等五种社会保险制度，《社会保险法》只是做了比较粗略的规定。社会保险的法律制度的主体仍然包括各种国务院行政法规、规范性文件，部门规章和地方政府规定等多种多层次的立法形式。值得注意的是，无论是《社会保险法》还是上述其他多层次的法律条文，都与《公务员法》中有关公务员的工资福利保险的相关规定并未实现合并，在法律上形成了体制内与体制外的“双轨制”。

作为社会法，《社会保险法》应当对权力与权利的关系进行合理的定位。任何立法过程本身一定程度上是各种利益的重新分配和对这种利益配置的固化过程，加上社会保险自身就是一种利益再分配机制，体现为公权力对市场机制不能发挥作用的私领域的积极干预，不可避免地使得不同政府机构和社会组织基于其部门利益或组织利益参与到立法过程之中。因此，回避利益冲突成为《社会保险法》立法过程中的一个主要弊病。

《社会保险法》主要采取了纲领性立法和规范性立法相结合的方式，其纲领性立法主要体现在对各种社会保险制度的制度和程序规定中。基于这种纲领性立法，存在大量授权立法条文。例如第十条规定“公务员和参照公务员法管理的工作人员养老保险的办法由国务院规定”，第十九条规定“个人跨统筹地区就业的，其基本养老保险关系随本人转移，缴费年限累计计算。个人达到法定退休年龄时，基本养老金分段计算、统一支付。具体办法由国务院规定。”第二十四条规定“新型农村合作医疗的管理办法，由国务院规定。”第五十九条规定“社会保险费实行统一征收，实施步骤和具体办法由国务院规定。”第六十四条规定“基本养老保险基金逐步实行全国统筹，其他社会保险基金逐步实行省级统筹，具体时间、步骤由国务院规定。”第六十七条规定“社会保险基金预算、决算草案的编制、审核和批准，依照法律和国务院规定执行。”第六十八条规定“社会保险基金存入财政专户，具体管理办法由国务院规定。”第六十九条规定“社会保险基金在保证安全的前提下，按照国务院规定投资运营实现保值增值。”第九十六条规定“征收农村集体所有的土地，应当足额安排被征地农民的社会保险费，按照国务院规定将被征地农民纳入相应的社会保险制度。”

《社会保险法》的上述 9 个条文充满了对现已形成的部门利益或地方利益的妥协色彩：从公务员和参公管理人员的养老保险、基本养老保险关系和养老金的跨区转移与分段计算、社会保险费的统一征收机关、社会保险基金的统筹层次、社保基金预结算、社保基金管理办法、社保基金投资运营、征地农民的社保待遇等一系列问题都被授权给国务院另行立法。

《社会保险法》应当以保护公民个人的社会保险权为立法目的，但是，过多的纲领性条文和授权性条款的存在，实际上就是将原本属于立法机构的权力让渡给行政机构，使得《社会保险法》形式上提高了立法层次，但实际发挥作用的仍旧是行政法规甚至部门规章。国务院及其相关部门从行政管理的角度来进行立法，导致缺乏统一性和具体性的法律层面的权利义务关系明确规定和落实，就会使对公民社会保险权的保护易于流于形式，降低了该法律的权威性和可操作性，不利于社会保险制度的规范化和定型化。过多的授权国务院另行立法，实际上默认为用行政法规来规范上述 9 种情况的社会保险权利义务关系。然而，社会保险法律关系不能等同于社会保险行政管理关系，用行政立法调整社会保险关系难于克服部门利益和行政管理色彩，导致产生立法权与执法权同属行政机关的不合理情况。社会保险的征缴、管理和具体监督都由各级政府承担，这就使得社会保险的管理机构不具有独立性，而同级政府对其的监督力量也难以保证。

按照《社会保险法》，各种社会保险涉及的各方主体包括县级以上各级政府、社会保险行政管理部门、财政部门、审计机关、工会、企业、机关、团体、事业单位、民办非企业单位、个体工商户、个人、社会保险费征收机构、银行和其他金融机构、社会保险经办机构、定点医疗机构和药品经营单位、人民法院、社会保险监督管理委员会等。但是，《社会保险法》并未对上述各方主体的法律地位及其相互之间的法律关系性质予以明确规定，必然导致该法实施过程中出现权利义务认定、争议解决程序及法律责任确定方面的难题。

《社会保险法》没有正式确定社会保险基金的性质，这使得对地方政府挪用社会保险基金的现象进行惩治在法律上缺乏明确规定。《社会保险法》第五十九条规定“县级以上人民政府加强社会保险费的征收工作。社会保险费实行统一征收，实施步骤和具体办法由国务院规定。”这实际上回避了社会保险费由谁征缴的问题，也没有对经办机构从征缴到经办等一系列程序中所具有的责任、权利和义务问题进行明确规定。

2. 社会保险具体法律制度

在整个社会保险体系中，养老保险和医疗保险是资金使用规模最大、涉及人口最多的项目，也是与劳动力流动联系最为紧密的项目。

（1）基本养老保险。建立新型农村社会养老保险制度并开展试点，全面建立企业职工基本养老保险省级统筹制度，推广城镇居民社会养老保险。中国的养老保险制度可以分为如下四个分支：公务员和参公管理人员养老制度、城镇职工养老保险制度、城镇居民养老保险制度和农村新型养老保险制度。后三种制度由人力资源与社会保障部和各地各级人力资源与社会保障部门进行管理。

①公务员和参公管理人员养老制度。这一制度由其所属部门进行管理。《社会保险法》第十条第三款规定，公务员和参照公务员法管理的工作人员养老保险的办法由国务院规定。“体制内”和“体制外”养老待遇的差异仍会长期存在。

②城镇职工基本养老保险制度。自1997年国务院颁发《关于建立统一的企业职工基本养老保险制度的决定》以来，城镇职工基本养老保险制度已经在全国各地普遍建立，各地也按照自己的具体情况分别制定了相应的实施细则和其他地方性规定。2005年国务院再次颁发《关于完善企业职工基本养老保险制度的决定》，进一步扩大了养老保险范围，将少数高收入人群和低收入人群以及个体工商户和灵活就业人员以不同于企业职工的缴费比例纳入养老保险的范围。表3所体现的参加城镇职工基本养老保险人数的变化表明，城镇职工基本养老保险制度的覆盖面在稳定扩大。

表 3　　参加城镇职工基本养老保险人数

单位：万人

年　份	合　计	职　工	#企业（含其他）	离退休人员	#企业（含其他）
2002	14736.6	11128.8	9929.4	3607.8	3349.2
2003	15506.7	11646.5	10324.5	3860.2	3556.9
2004	16352.9	12250.3	10903.9	4102.6	3775.0
2005	17487.9	13120.4	11710.6	4367.5	4005.2
2006	18766.3	14130.9	12618.0	4635.4	4238.6
2007	20136.9	15183.2	13690.6	4953.7	4544.0
2008	21891.1	16587.5	15083.4	5303.6	4868.0
2009	23549.9	17743.0	16219.0	5806.9	5348.0
2010	25707.3	19402.3	17822.7	6305.0	5811.6
2011	28391.3	21565.0	19970.0	6826.2	6314.0
2012	30427	22981	—	7446	—

资料来源：1. 统计局编，《2012 年中国统计年鉴》；
2. 人力资源社会保障部编，《2012 年度人力资源社会保障事业发展统计公报》

表 3 表明，2007 年劳动和社会保障部与财政部联合发出《关于推进企业职工基本养老保险省级统筹有关问题的通知》之后，养老保险扩面进一步加快。此外，养老保险统筹水平得到提高。2010 年《社会保险法》对城镇职工基本养老保险制度的基本内容也进行了规定。这一制度处于不断提高统筹水平、加强跨区域流动等的立法改革进程之中。2012 年城镇基本养老保险基金总收入 20001 亿元，其中征缴收入 16467 亿元，各级财政补贴基本养老保险基金 2648 亿元。全年基金总支出 15562 亿元，年末基本养老保险基金累计结存 23941 亿元。尽管城镇居民养老保险制度和农村新型养老保险制度正在迅速扩大覆盖面，但是从基金规模来看，城镇基本养老保险基金对于整个社会保险基金具有举足轻重的地位。

③城镇居民养老保险制度。2010 年《社会保险法》第二十二条第一款规定，“国家建立和完善城镇居民社会养老保险制度。”2011 年，国务院颁发《关于开展城镇居民社会养老保险试点的指导意见》。自此，城镇居民养老保险制度在各地开始建立。2012 年年末国家城乡居民社会养老保险参保人数 48370 万人，比上年年末增加 15187 万人，其中实际领取待遇人数 13075 万人。城乡居民社会养老保险基金收入 1829 亿元，其中个人缴费 594 亿元，基金支出 1150 亿元，基金

累计结存 2302 亿元。

④农村新型养老保险制度。2009 年，国务院颁发《新型农村养老保险条例》，自此农村新型养老保险制度全面推广。《社会保险法》已将新型农村养老保险制度纳入社会保险法体系中。表 4 体现了 2009 年以来，农村新型养老保险的迅猛发展。

表 4　　农村社会养老保险情况

地　区	参保人数		基金收支情况（亿元）		
	（万人）	#达到领取待遇年龄参保人数	基金收入	基金支出	累计结余
2007	5171.5	306.7	18.9	391.6	72.3
2008	5595.1	819.1	35.6	511.9	124.5
2009	7277.3	2016.6	16.7	1335.2	88.2
2010	10276.8	2862.6	453.4	200.4	422.5
2011	32643.5	8921.8	1069.7	587.7	1199.2

资料来源：国家统计局编，《中国统计年鉴 2012》《2011 年中国统计年鉴》《2010 年中国统计年鉴》《2009 年中国统计年鉴》和《2008 年中国统计年鉴》

⑤农民工养老保险问题和城乡养老保险一体化问题。2006 年，国务院颁发《关于解决农民工问题的若干意见》，劳动和社会保障部颁发《关于做好被征地农民就业培训和社会保障工作指导意见的通知》，农民工可以参加城镇职工养老保险。2010 年 1 月 1 日起施行的《城镇企业职工基本养老保险关系转移接续暂行办法》将农民工纳入了政策范围。《社会保险法》第 16 条第 2 款规定“参加基本养老保险的个人，达到法定退休年龄时累计缴费不足十五年的，可以缴费至满十五年，按月领取基本养老金；也可以转入新型农村社会养老保险或者城镇居民社会养老保险，按照国务院规定享受相应的养老保险待遇。”这都对解决农民工养老保险问题进行了一系列的规定。

针对养老保险的碎片化问题，2010 年《社会保险法》第二十二条第二款规定，“省、自治区、直辖市人民政府根据实际情况，可以将城镇居民社会养老保险和新型农村社会养老保险合并实施。”给未来养老保险城乡一体化留下了立法空间。

（2）基本医疗保险。新型农村合作医疗和新医改基本确立了全民医保体系，建立起了国家基本药物制度，强化了城乡基层卫生服务体系建设，促进了公共卫生服务均等化。与基本养老保险制度不同，2010 年《社会保险法》没有明确规定公费医疗制度的法律地位，但是该制度仍然部分存在。因此，医疗保险目前仍分为如下四个分支：公务员和参公管理人员公费医疗制度、城镇职工医疗保险制度、城镇居民医疗保险制度和农村新型医疗保险制度。

①公务员和参公管理人员公费医疗制度。由享受该制度者所属部门进行管理。从 1998 年起，除中央直属机构、广东省直机关单位及极少数省级机关外，全国其他省份的公费医疗制度已陆续完成了与城镇职工医疗的接轨，公费医疗制度处于逐步取消的过程之中。

②城镇职工医疗保险制度。1998 年，国务院发布了《关于建立城镇职工基本医疗保险制度的决定》，此后在全国范围内逐步建立了城镇职工基本医疗保险制度。城镇职工基本医疗保险由人力资源和社会保障部与各地各级人力资源和社会保障部门进行管理。在基本医疗保险之外，还有补充医疗保险（公务员医疗补助、企业补充医疗保险）和大额医疗费补充保险两大部分。

表 5　城镇职工基本医疗保险参加人数

单位：万人

年份	年末参保职工人数	年末参保退休人员
2002	6925. 8	2475. 4
2003	7974. 9	2926. 8
2004	9044. 4	3359. 2
2005	10021. 7	3761. 2
2006	11580. 3	4151. 5
2007	13420. 0	4600. 0
2008	14987. 7	5007. 9
2009	16410. 5	5526. 9
2010	17791. 2	5943. 5
2011	18948. 5	6278. 6
2012	19861	6624

资料来源：1. 国家统计局编，《2012 年中国统计年鉴》；2. 人力资源社会保障部编，《2012 年度人力资源社会保障事业发展统计公报》

③城镇居民医疗保险制度。2007 年国务院颁发《关于开展城镇居民基本医疗保险试点的指导意见》之后开始建立城镇居民医疗保险制度。2010 年《社会保险法》第二十五条对城镇居民医疗保险制度进行了规定，特别是第三款明确规定，“享受最低生活保障的人、丧失劳动能力的残疾人、低收入家庭六十周岁以上的老年人和未成年人等所需个人缴费部分，由政府给予补贴。”2012 年参加

城镇居民基本医疗保险人数为22116万人，比2011年年末增加2588万人。城镇居民医疗保险制度由各地各级人力资源社会保障部门进行管理。

④农村新型医疗保险制度。新农村合作医疗制度是由政府组织、引导、支持，农民自愿参加，个人、集体和政府多方筹资，以大病统筹为主的农民医疗互助共济制度。新型农村合作医疗由卫生部和各地各级卫生部门进行管理。卫生部、财政部和农业部在2003年联合颁发《关于建立新型农村合作医疗制度的意见》，此后在全国部分县（市）试点，到2010年逐步实现基本覆盖全国农村居民，表6的数据表明了这一迅速发展的轨迹。

表6　　　　新型农村合作医疗情况

年份	参加新农合人数（亿人）	人均筹资（元）	当年基金支出（亿元）	补偿受益人次（亿人次）
2004	0.80	50.4	26.4	0.76
2005	1.79	42.1	61.8	1.22
2006	4.10	52.1	155.8	2.72
2007	7.26	58.9	346.6	4.53
2008	8.15	96.3	662.0	5.85
2009	8.33	113.4	922.9	7.59
2010	8.36	156.6	1187.8	10.87
2011	8.32	246.2	—	13.15
2012	8.05	308.54	—	17.45

资料来源：国家统计局编，《中国统计年鉴2012》《2011年中国统计年鉴》；2. 卫生计生委编：《2012年新农合进展情况》

2010年《社会保险法》第二十四条对新型农村合作医疗制度进行了授权性规定，“新型农村合作医疗的管理办法，由国务院规定。”基于中央政府的强大财力投入和政策压力，在短时期内调动各种社会力量参与到新型农村合作医疗制度建设之中，因而现在该制度运行较为平稳并且扩大覆盖面的速度非常快。但是，现行相关政策的弹性和灵活性，事实上赋予了参与新型农村合作医疗的各种利益主体或利益集团在弹性政策框架内讨价还价和进行妥协的空间，这必然导致各地新型农村合作医疗规则的短期性和缺乏稳定性。所以，国务院应当尽快就新型农村合作医疗的具体管理办法等进行立法，才能保证新农村合作医疗制度的稳定和有效运行。同时，各地区可根据当地农村实际情况，在与新农合全国性法律、法规不抵触的前提下，制定相应的地方性法规和规章。

（3）工伤保险。2003 年国务院颁布了《工伤保险条例》，工伤保险制度根据该条例逐步建立与发展。此后，相继出台了《工伤认定办法》《因工死亡职工供养亲属范围规定》《非法用工单位伤亡人员一次性赔偿办法》等一系列政策措施。工伤保险制度由人力资源和社会保障部与各地各级人力资源和社会保障部门进行管理。表 7 表明了工伤保险的发展过程。

表 7　　工伤保险发展过程

单位：万人

年份	2003	2004	2005	2006	2007	2008	2009	2010	2011	2012
年末参保人数	4574. 8	6845. 2	8478. 0	10268. 5	12173. 3	13787. 2	14895. 5	16160. 7	17695. 9	19010
年末享受工伤待遇人数	32. 9	51. 9	65. 1	77. 8	96. 0	117. 8	129. 6	147. 5	163	163

资料来源：国家统计局编，《2012 年中国统计年鉴》

2010 年，国务院颁布了《工伤保险条例》修订案，人力资源和社会保障部修订了《工伤认定办法》。扩大了《工伤保险条例》的适用范围和改变了管理机构，完善了工伤保险费的缴纳、工伤保险基金的管理、工伤认定条件和时限以及劳动能力复查鉴定程序，提高了工伤保险待遇和有关单位以及个人违规的惩处力度，取消了复议前置程序等。但仍存在工伤认定程序仍显烦琐、工伤保险与民事赔偿的关系仍未理清等问题。①

（4）失业保险。失业保险制度由各地各级人力资源与社会保障部门进行管理。表 8 体现了失业保险的发展历程。

表 8　　失业保险的发展

年份	年末参保人数（万人）	全年发放失业保险金人数（万人）	全年发放失业保险金（亿元）
2002	10181. 6	657. 0	116. 8
2003	10372. 9	741. 6	133. 4
2004	10583. 9	753. 5	137. 5

① 程巧玲：《新〈工伤保险条例〉的进步与缺陷》，《劳动保障世界（理论版）》2011 年第 11 期。

续表 8

年份	年末参保人数（万人）	全年发放失业保险金人数（万人）	全年发放失业保险金（亿元）
2005	10647.7	677.8	132.4
2006	11186.6	598.1	125.8
2007	11644.6	538.5	129.4
2008	12399.8	516.7	139.5
2009	12715.5	483.9	145.8
2010	13375.6	431.6	140.4
2011	14317.1	394.4	159.9
2012	15225	—	—

资料来源：国家统计局编，《中国统计年鉴 2012》；2. 人力资源和社会保障部：《2012 年度人力资源社会保障事业发展统计公报》

从表 8 来看，失业保险自建立起一直以生活保障功能为主，就业保障功能处于次要地位。尽管参保人数逐年上升，但是全年发放失业保险金的人数却呈现下降趋势，全年发放失业保险金的总额也增长缓慢。《社会保险法》对失业保险进行了规定，但缺乏有效的就业激励机制，并未明确规定促进再就业的支出内容和比例，甚至在失业保险金给付方式和给付期限上存在着“反就业”作用，使其存在支持新增就业不足的弊端。

（5）生育保险。生育保险制度由各地各级人力资源与社会保障部门进行管理。《社会保险法》第五十三条到第五十六条对生育保险进行了规定，强调“职工应当参加生育保险，由用人单位按照国家规定缴纳生育保险费，职工不缴纳生育保险费。”一方面解决了农民工参加生育保险的问题，另一方面，在实际运行中用人单位为职工缴纳生育保险的积极性不高。表 9 体现了生育保险的发展历程。

表 9　　生育保险的发展

年份	2002	2003	2004	2005	2006	2007	2008	2009	2010	2011	2012
年末参加人数（万人）	3488.2	3655.4	4383.8	5408.5	6458.9	7775.3	9254.1	10875.7	12335.9	13892.0	15429

资料来源：1. 国家统计局编，《2012 年中国统计年鉴》；2. 人力资源和社会保障部：《2012 年度人力资源社会保障事业发展统计公报》

人力资源社会保障部正在积极协调推进《生育保险办法》的起草制定工作。为了扩大生育保险的覆盖面和实际效能，该保险在制度上作为单独险种可以继续存在，但在管理上可以与医疗保险进行统一管理。

（6）社会保险基金

自 1997 年开始建立社会保险制度以来，社会保险基金从无到有，规模日益扩大。社会保险基金筹集方式实施部分积累制，即实行现收现付制的社会统筹和实行完全积累制的个人账户的综合。在政府强制执行的基本养老金之外，企业和职工还可以在自愿基础之上建立企业年金。

为规范社会保险基金的管理和运行，2004 年劳动和社会保障部发布《企业年金基金管理机构资格认定暂行办法》，2005 年劳动和社会保障部发布《关于企业年金方案和基金管理合同备案有关问题的通知》，2009 年财政部与人力资源和社会保障部发布《关于进一步加强基本医疗保险基金管理的指导意见》。《社会保险法》第八章对社会保险基金进行了专门规定，其中第六十四条明确规定，“社会保险基金包括基本养老保险基金、基本医疗保险基金、工伤保险基金、失业保险基金和生育保险基金。”按照《社会保险法》第六十四条规定，各项社会保险基金按照社会保险险种分别建账，分账核算，执行国家统一的会计制度。也就是说，各社会保险险种之间的财务是独立分账进行的。基于养老保险基金的重要地位，《社会保险法》第六十四条规定，“基本养老保险基金逐步实行全国统筹，其他社会保险基金逐步实行省级统筹，具体时间、步骤由国务院规定。”图 7 体现了 2008 ~ 2012 五年间的社会保险基金收支情况。

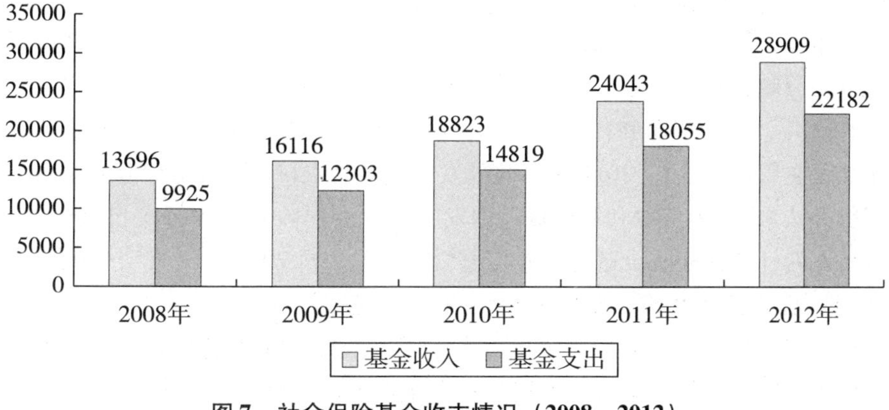

图 7　社会保险基金收支情况（2008 ~ 2012）

资料来源：人力资源和社会保障部编，《2012 年度人力资源社会保障事业发展统计公报》

按照图 7 所示，2012 年养老、工伤、失业、医疗、生育等五项社会保险（不含城乡居民社会养老保险）基金收入合计 28909 亿元，基金支出合计 22182

亿元。五项社会保险中城镇基本养老保险基金所占比重最高，该基金总收入20001亿元，其中征缴收入16467亿元，各级财政补贴基本养老保险基金2648亿元，全年基金总支出15562亿元，年末基本养老保险基金累计结存23941亿元。此外，全国有5.47万户企业建立了企业年金，参加职工人数为1847万人，年末企业年金基金累计结存4821亿元。

尽管社会保险基金规模庞大，但中国施行的是碎片化、属地化社保基金管理体制。《社会保险法》第六十五条规定，“社会保险基金通过预算实现收支平衡。县级以上人民政府在社会保险基金出现支付不足时，给予补贴。”同时第六十六条规定，“社会保险基金按照统筹层次设立预算。社会保险基金预算按照社会保险项目分别编制。”社会保险基金的投资管理层次绝大部分以县市级为主，近三万亿社保五险基金分布在2000多个县市级统筹单位，并且不同险种基金的管理核算又是独立的，社保基金在全国事实上被分割成数目众多的独立管理基本单位。在实际操作中，存在部分地区由于社会统筹资金收不抵支，侵占个人账户资金，使个人账户空账运行的情况，而按照《社会保险法》的规定，各级政府最终要对社会保险基金支付不足承担责任。此外，这种碎片化基金管理体制和大量空账运行的存在，使目前社保基金加强监管的同时，审慎进行市场化投资。

2010年，国务院发布《关于试行社会保险基金预算的意见》，提出逐步建立健全社会保险基金预决算信息公开制度，并明确全国社会保险基金预算草案由人力资源和社会保障部汇总编制，财政部审核后，由财政部与人力资源和社会保障部联合向国务院报告。但是，由于社会保险预算本身约束力不强，存在重编制预算、轻执行预算的现象。并且，社会保障主管部门认为其是社会保险预算编制主体，而财政部门强调其是预算审核主管部门，双方在预算编制过程中难免存在分歧，甚至有地方形成两套预算。

2011年，人力资源和社会保障部、银监会、证监会和保监会联合发布《企业年金基金管理办法》，2011年财政部发布《新型农村社会养老保险基金会计核算暂行办法》，人力资源和社会保障部发布《社会保险基金先行支付暂行办法》等都旨在对社会保险基金进行规范与整合。但是，自2008年《社会保险基金监管条例》启动起草程序以来，该条例一直没有正式出台。

作为老龄化风险防范基金，全国社会保障基金于2000年成立，并于2001年进入资本市场进行投资运营。根据《社会保险法》第七十一条规定，“国家设立全国社会保障基金，由中央财政预算拨款以及国务院批准的其他方式筹集的资金构成，用于社会保障支出的补充、调剂。全国社会保障基金由全国社会保障基金管理运营机构负责管理运营，在保证安全的前提下实现保值增值。”该基金是中央政府集中的国家战略储备基金，根据《全国社会保障基金投资管理暂行办法》《全国社会保障基金境外投资管理暂行规定》和国务院、财政部与人力资源和社会保障部的相关批准文件进行投资运作。到 2012 年年底，社保基金会管理的基金资产总额 11060.37 亿元，其中：社保基金会直接投资资产 6506.67 亿元，占比 58.83%；委托投资资产 4553.70 亿元，占比 41.17%。①

2012 年，广东省人民政府委托全国社会保障基金理事会运营广东省部分企业职工基本养老保险基金结余资金 1000 亿元，标志着碎片化、属地化基本养老保险基金开始了投资运营的探索。但目前对这种探索尚无相应的法律规范进行规制。

（二）社会救助、社会福利与社会优抚

中国社会保障制度的建设还包括如下几个部分：社会救济、社会福利和社会优抚。这三种社会保障制度主要由民政部和各地各级民政部门负责管理。这三个部分立法相对落后，与社会保险立法之间缺乏统筹规划和衔接性，体系结构残缺。

1. 社会救助

根据《宪法》第四十五条规定的获得物质帮助权利，社会救助在社会保障法体系中处于基础性地位。对于符合获得物质帮助权利的个人，其相关的社会救助权益就成为一种具体权利，具有可诉性和可救济性。全国人大常委会于 2008 年公布了《社会救助法》征求意见稿，将其提上了立法议程，但迄今仍未出台。

社会救助主要有三个部分：城乡最低收入保障制度、农村五保户制度和城乡医疗救助制度。社会救助与社会保险最大的差别在于“家庭经济调查”这一条件，社会救助是政府的直接责任，资金来自国家财政预算，因此，其目标在于将有限的救助经费用到最需要的人身上。但是，社会救助财政负担偏重于地方政府，除了城乡最低生活保障制度中央财政补助资金占总支出的一半以上，其他社会救助项目都更为依赖地方政府尤其是区县政府财政。图 8 和表 10 体现了 2005 ~ 2012 年间上述三种制度的发展情况。

表 10　　社会救助三大主要制度发展情况（2005 ~ 2012）

单位：万人

指标＼年份	2005 年	2006 年	2007 年	2008 年	2009 年	2010 年	2011 年	2012 年
城市最低生活保障人数	2234.2	2240.1	2272.1	2334.8	2345.6	2310.5	2276.8	2143.5

① 全国社会保障基金理事会：《2012 年全国社会保障基金理事会基金年度报告》，2013 年 6 月 27 日，网址为 http://www.ssf.gov.cn/xxgk/tzycb/cwbg/201507/t20150708_1074.html.

续表 10

年份 指标	2005 年	2006 年	2007 年	2008 年	2009 年	2010 年	2011 年	2012 年
农村最低生活保障人数	825.0	1593.1	3566.3	4305.5	4760.0	5214.0	5305.7	5344.5
农村五保供养	300	503.3	531.3	548.6	553.4	556.3	551	545.6

资料来源：全国社会保险基金理事会编，《2012 年全国社会保障基金理事会基金年度报告》

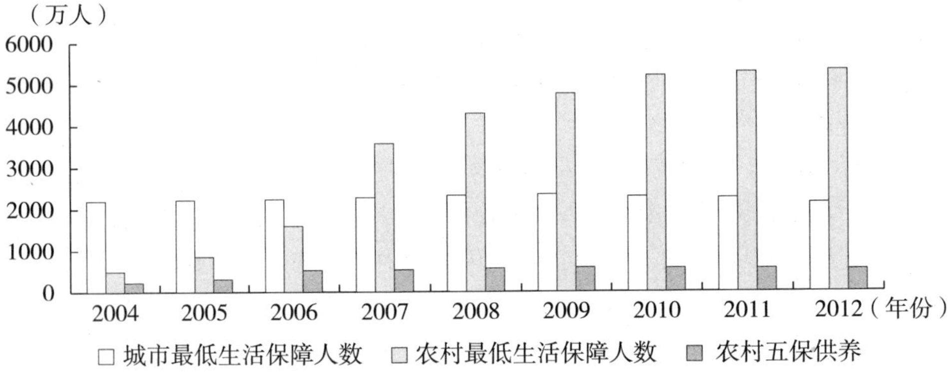

图 8　社会救助三大主要制度发展情况（2005~2012）

资料来源：民政部编，《2012 年社会服务发展统计公报》

从图 8 和表 10 可知，2005~2012 年间，农村五保供养和城市最低生活保障人数规模相对稳定，而农村最低生活保障人数迅速上升。针对上述三种救助方式和其他救助方式，地方民政部门和其他社会救助管理部门对救助申请者或受益者都要通过一整套行政程序进行审查，只有在确认申请者或受益者符合社会救助规定的条件时，才能进行施救。同时，受助者在享受社会救助的过程中，还要接受跟踪调查。一旦受助者的收入超过救助标准，即失去受救助资格。

（1）城乡最低收入保障制度。1999 年国务院颁布的《城市居民最低生活保障条例》，此后陆续在全国各地建立最低生活保障制度。围绕着城乡最低收入保障制度，民政部和各地各级民政部门十年来制定和颁发了大量部门规章和地方规章。例如 2007 年，国务院下发《在全国建立农村最低生活保障制度的通知》，要求在年内全面建立农村最低生活保障制度并保证最低生活保障金按时足额发放到户；颁发《全国基层低保规范化建设暂行评估标准》，对最低生活保障制度进行标准化规范；制定《廉租住房保障办法》，完善廉租房管理等。2010 年民政部制定《城市低收入家庭认定办法》，2012 年民政部制定《最低生活保障审核审批办法（试行）》，2012 年民政部和财政部共同制定《城乡最低生活保障资金管理办法》等。

在城乡最低生活保障对象的审批和确认上，信息透明制度已经日益进步。

由于城镇人口流动相对频繁，民政部门等只能主要依靠申请人提供收入证明、最低生活保障工作人员入户调查和邻居取证等方式。实践中、在对农村最低生活保障对象的审批和确认上，重点强化了村委会的责任，由其对申请人家庭收入和实际生活状况进行摸底核查，按困难程度进行排序，村委会组织开展民主评议、入户调查和公示等。图 9 和图 10 共同表明，城乡最低收入保障制度要求进行严格的资格审查，与此相应的是日益进步的信息透明制度。

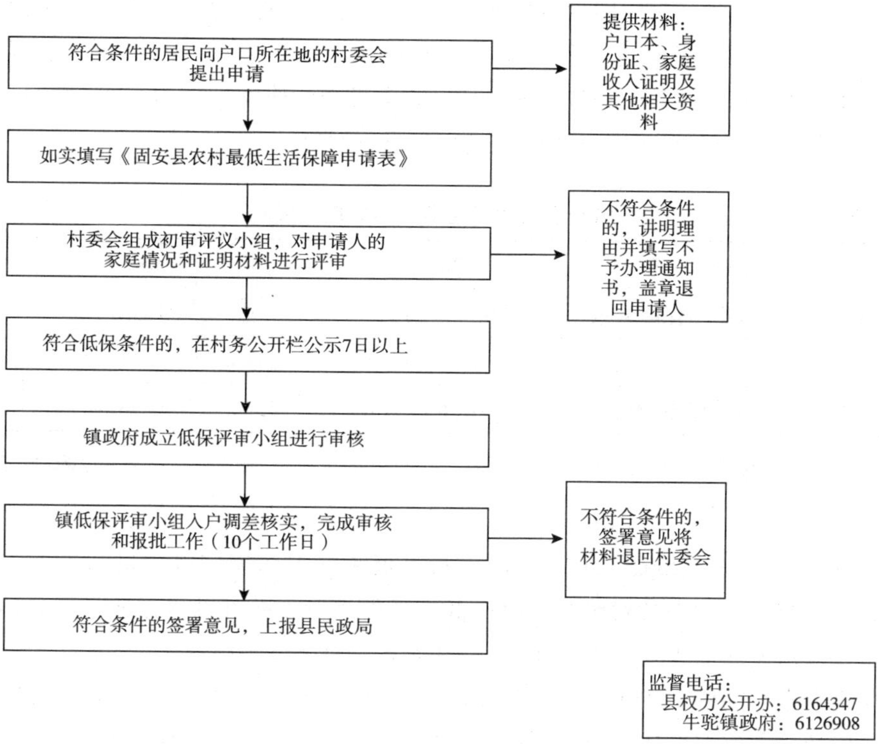

图 9　河北省廊坊市固安县牛坨镇农村最低生活保障金审核、发放流程图

资料来源：河北省廊坊市固安县牛坨镇行政权力公开透明运行网（http：//www. ganqlgk. lfgov. cn/xiangzheng2/showarticle. asp？ articleid = 1807）

享受最低生活保障唯一的标准就是家庭人均收入是否低于当地的最低生活保障标准。家庭收入测量难一直是困扰城乡最低生活保障制度的一个问题。实际管理过程中，由于中国尚未实现一站式社会保障管理体系，信用体系不健全，缺乏查询申请救济者的财产信息的法律依据和执行程序规定，使民政部门等不得不采用上述申请审查、民主评议、入户调查和公示等方式。

城镇最低生活保障金的发放管理还面临与社会保险体系的配套和衔接的问题。因为城镇地区大多数有工作收入的最低生活保障对象其收入多来自非正规就业或灵活就业，他们的工作和收入都极不稳定。无论是灵活就业还是没有工作的最低生活保障对象，在进入退休年龄之后就可以领取基本养老金，也就不再享受最低生活保障待遇。如果最低生活保障家庭中有人领取了养老金，应该计为收入。然后再按家庭人口计算平均收入，假如还是低于最低生活保障标准，就仍然可以享受最低生活保障的差额补助。因此，社会救助与社会保险的衔接是一个亟待解决的法律问题，以防止两种制度不配套而出现法律漏洞和产生法律冲突。城乡最低生活保障制度实施过程中的关键之处在于信息收集的全面性和准确性，核心在于构建一个覆盖就业和全体居民的收入状况实时监控网络，基础在于相关信息收集的完整准确和利用共享机制的建立。表 11 对城乡居民最低生活保障制度在 2002 年和 2012 年的情况进行对比。

表 11　　城乡居民最低生活保障制度发展

年份	2002	2012
城乡居民最低生活保障人数	2472.5 万人	7488 万人
城镇最低生活保障人数	2064.7 万人	2143.5 万人/1114.9 万户
农村最低生活保障人数	407.8 万人	5344.5 万人/2814.9 万户

资料来源：1. 民政部编，《2012 年社会服务发展统计公报》；2. 国家统计局编，《2003 年中国统计年鉴》

从表 11 可知，2002～2012 年间农村最低生活保障制度得到迅猛发展。此外，10 年间，中央财政对城乡居民最低生活保障制度的补助也迅速增加。2012 年全年城市最低生活保障各级财政共支出城市最低生活保障资金 674.3 亿元，其中中央财政补助资金 439.1 亿元，占总支出的 65.1%；全年农村最低生活保障各级财政共支出农村最低生活保障资金 718.0 亿元，其中中央补助资金 431.4 亿元，占总支出的 60.1%。尽管中央财政补助资金占据总支出的大多数，但由于中央政府和地方政府的分担机制未理顺，最低生活保障标准的制定权限在市州或县市区政府，地区间救助预算缺乏科学依据，甚至出现贫富倒挂现象。

（2）农村五保户制度。2006 年，国务院制定了新的《农村五保供养条例》，民政部制定了《农村五保供养工作条例》。农村“五保”供养由农村集体内部互助开始向政府供养转变。2012 年，民政部制定了《农村五保供养服务机构管理办法》。农村五保供养工作得到不断完善和规范。2002年统计数据仅显示农村散居五保户人数为162.2万人①，而截至2012年年底，全国有农村五保供养对象529.2万户、545.6万人，全年各级财政共支出农村五保供养资金145.0亿元。②

（3）城乡医疗救助制度。2003年，民政部等部门联合下发了《关于实施农村医疗救助的意见》，要求在全国农村逐步建立医疗救助制度。2005年，国务院办公厅转发了民政部等四部门《关于建立城市医疗救助制度试点工作意见》。2008年，城市医疗救助制度从试点探索进入全面实施，农村医疗救助制度进一步规范完善，覆盖全国城乡的医疗救助制度全面建立。2009年和2012年，民政部、人力资源和社会保障部等部门又先后下发了《关于进一步完善城乡医疗救助制度的意见》《关于开展重特大疾病医疗救助试点工作的意见》和《关于做好新型农村和城镇居民社会养老保险制度与城乡居民最低生活保障农村五保供养优抚制度衔接工作的意见》，进一步完善了城乡医疗救助制度，并使其与新医改和城乡最低生活保障体系建设相衔接。

2012年全年累计救助城市居民2077万人次，其中：民政部门资助参加城镇居民基本医疗保险1387.1万人次，民政部门直接救助城市居民689.9万人次，全年各级财政共支出城市医疗救助资金70.9亿元。全年累计救助贫困农村居民5974.2万人次，其中：民政部门资助参加新型农村合作医疗4490.4万人次，民政部门直接救助农村居民1483.8万人次，全年各级财政共支出农村医疗救助资金132.9亿元。2012年全年累计医疗补助优抚对象404.5万人次，各级财政共支出优抚医疗补助资金26.8亿元。③

（4）住房保障。2004年3月，建设部、民政部等五部委联合发布了《城镇最低收入家庭廉租住房管理办法》。2005年7月，建设部、民政部联合下发《城镇最低收入家庭廉租房申请、审核及退出管理办法》。2005年建设部、财政部和中国人民银行《关于住房公积金管理若干具体问题的指导意见》发布后，住房公积金制度的适用范围逐步扩大，缴纳的公积金规模不断扩大，资金的使用率随之提高。2006年6月，国务院办公厅转发了建设部等部门《关于调整住房供应结构稳定住房价格意见的通知》，明确提出要加快城镇廉租房制度建设，稳步扩大廉租房制度覆盖。2007年，国务院出台了《关于解决城市低收入家庭住房困难的若干意见》，提出了住房保障制度的目标和基本框

---

① 中华人民共和国国家统计局编《中国统计年鉴（2003）》，中国统计出版社2003年。

② 中华人民共和国民政部编，《中华人民共和国2012年社会服务发展统计公报》，中国统计出版社2013年版。

③ 中华人民共和国民政部编，《中华人民共和国2012年社会服务发展统计公报》，中国统计出版社2013年版。

架。同年，建设部、国家发改委、财政部、国土资源部等七部委联合发布了新修订的《经济适用房管理办法》，为城镇中低收入群体住房权的实现提供了法律保障。建设部还出台了《廉租住房管理办法》，加大了住房保障推进力度。2010年，住房和城乡建设部等七部门联合制定并下发了《关于加快发展公共租赁住房的指导意见》。

（5）其他制度。通过一系列的政策出台，建立与完善了灾害救助农村特困户救助和流浪乞讨人员救助制度，教育救助、住房救助和司法救助等也取得进展。此外，还有《机动车交通事故责任强制保险条例》规定的道路交通事故社会救助基金制度，旨在弥补机动车交通事故责任强制保险的不足。值得注意的是，随着社会救助制度的不断制度化和规范化，特别是最低生活保障制度的发展，临时救助的人数在2002~2012年间有所下降：2002年城镇临时救济人次数为321.4万人次，农村临时救济为1677.6万人次；2012年临时救助639.8万户次，其中按户籍性质分类，城市家庭256.6万户次，农村家庭383.2万户次。

目前社会救助相关法律文件大多采用定性评估方式，救助项目和救助标准缺乏针对性。各地社会经济发展状况不同，应当进行动态调整和定量测算。并且，应当进一步发挥社会组织的作用。“构建包括政府、社区、社团、非政府组织等在内的多元化社会救助主体系统。其中，政府承担政策制定、经费投入、监督落实的责任主体作用；社区承担组织实施、具体运作的操作主体的作用；各类非政府组织承担整合资源、专业服务等辅助主体的作用。”①

2. 社会福利

社会福利和慈善事业主要包括四个制度：老年人福利、残疾人福利、儿童福利和福利彩票公益基金等。到2012年年底，中国尚未制定专门的社会福利法律法规，与社会福利与慈善事业相关的法律主要有《老年人权益保障法》《残疾人保障法》《未成年人保护法》和《公益事业捐赠法》等，具体的社会福利事业的运行主要依靠部门规章、规范性文件等进行指导。

按照政府职能划分民政部门是社会福利事业的主管部门。社会福利事业的相当部分职责在实际运行中分由人力资源和社会保障部门、教育部门、卫生与人口计划生育部门等承担。此外，国务院还设立了全国老龄工作委员会、残疾人工作委员会、妇女儿童工作委员会等作为议事协调机构等参与到社会福利事业之中。这就导致社会福利事业形成多头管理、职责交叉和责任边界不清等问

① 周沛：《社会福利视野下的发展型社会救助体系及社会福利行政》，《南京大学学报：哲学·人文科学》2012年第6期。

题，造成政策分割与资源分割。缺乏统一监管与统一规划的多头管理格局客观上已经成为社会福利事业健康发展的重大障碍。①

中国现行社会福利制度缺乏普惠性，与社会救助混杂在一起，属于典型的补缺式制度。由于普惠型福利的严重不足，以及社会救助覆盖面不够宽，导致在社会福利和救助方面还存在着对弱势群体的社会服务能力不足和覆盖面太窄的问题。许多困难儿童、困难老人和困难残疾人都未能得到及时有效的帮助。②

（1）老年人福利。2006 年老龄办、发展改革委、教育部、民政部、劳动保障部、财政部、建设部、卫生部、人口计生委、税务总局等联合发布《关于加快发展养老服务业的意见》，促进老年人福利的发展。2012 年完成修订的《老年人权益保障法》，对改善老年人福利进一步规范化。2012 年，全国各类养老服务机构 44304 个，拥有床位 416.5 万张，每千名老年人拥有养老床位 21.5 张，年末收养老年人 293.6 万人，其中社区留宿和日间照料床位 19.8 万张。

（2）残疾人福利。2008 年《关于促进残疾人事业发展的意见》出台，围绕加强残疾人服务体系建设，在社会保险、残障康复、医疗卫生、教育就业、文化体育以及无障碍服务设施建设等方面进行规定。2008 年 7 月，新修订的《残疾人保障法》实施，残疾人社会保障的对象由城市残疾人扩展到农村残疾人，残疾人社会保障的项目由单一的生活救济，逐步拓宽为劳动就业、文化教育、社会服务、医疗康复以及改善住房条件等综合保障。福利企业是保障残疾人福利的一个重要机制，图 11 和表 12 体现了 2003 ~ 2012 年期间福利企业的发展。

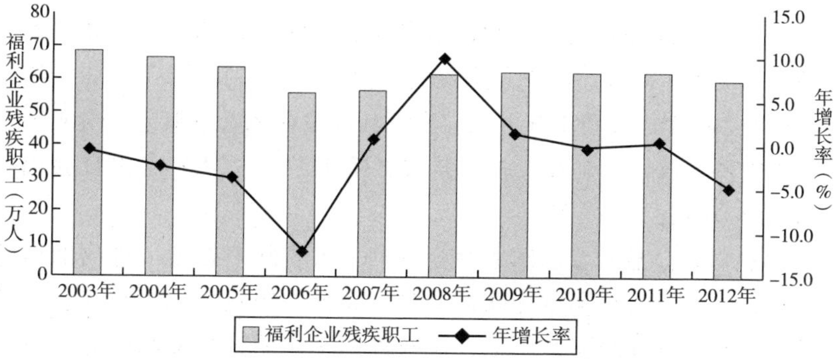

图 11 福利企业中残疾职工增长（2003 ~ 2012）

① 郑功成：《中国社会福利的现状与发展取向》，《中国人民大学学报》2013 年第 2 期。

② 关信平：《当前中国社会保障制度公平性分析》，《苏州大学学报：哲学社会科学版》2013 年第 3 期。

表 12　福利企业中残疾职工人数（2003~2012）

指标	2005 年	2006 年	2007 年	2008 年	2009 年	2010 年	2011 年	2012 年
福利企业残疾职工（万人）	63.7	55.9	56.3	61.9	62.7	62.5	62.8	59.7
年增长率（%）	-3.8	-12.2	0.7	9.9	1.3	-0.3	0.5	-4.9

资料来源：民政部编，《2012 年社会服务发展统计公报》

目前，直接涉及残疾人权利保护的法律已经达到 50 多部。然而，在社会保障制度的分割管理之下，社会福利与社会保险、社会救助之间的配套与协调不够，使得一些原本应当享受社会福利权益的群体难以得到及时覆盖，例如工伤致残者迄今仍缺乏相关规定无法顺利申领残疾证，家庭收入在最低生活保障线以上的残疾人事实上难以享受到专门的残疾人福利等。

（3）儿童福利。修订后的《未成年人保护法》明确规定了未成年人享有生存权、发展权、受保护权、参与权和受教育权等权利，确立了未成年人优先原则，并强化了政府、社会、学校和家庭的责任等。但是，《未成年人保护法》对儿童福利的规定大都是原则性规定，对于具体救助方式和救助手段、儿童福利机构的设立、责任承担机制等都没有明确规定，只是规定相关人员“不得虐待、歧视”这些孤儿，而且在责任明确和责任追究上也只是原则性的规定，缺乏必要的强制力。2010 年和 2011 年，国务院办公厅先后下发了《关于加强孤儿保障工作的意见》和《国务院办公厅关于加强和改进流浪未成年人救助保护工作的意见》，进一步完善了孤儿和流浪未成年人救助保护体系。

2012 年，全国共有儿童收养救助服务机构 724 个，拥有床位 8.7 万张，年末收养各类人员 5.4 万人。其中儿童福利机构 463 个，床位 7.7 万张，流浪儿童救助保护中心 261 个，床位 1.0 万张，全年救助生活无着流浪乞讨未成年人 15.2 万人次。集中供养孤儿 9.5 万人，社会散居孤儿 47.5 万人；各类社会福利机构收养儿童 10.4 万人。

（4）福利彩票公益基金。国家社会福利投入实际上处于一种内部运转或封闭运行状态，并不面向社会也无法调动社会资源与市场资源。与社会救助的资金来源几乎完全依靠各级财政不同，民政部门动用的公共福利资源并不主要依赖税收，而是福利彩票发行所形成的彩票公益金与社会捐赠，属于社会集资性质。表 13 体现了福利彩票公益基金进行福利彩票销售的增长情况。

（5）社会慈善。2007 年通过的《企业所得税法》中有关企业和个人公益性捐赠支出的免税规定促进了企业与个人捐赠的热情。2012 年，国务院发布的《关于鼓励和引导民间投资健康发展的若干意见》要求，通过用地保障、信贷支持和政府采购等多种形式，鼓励民间资本参与发展社会福利事业，兴办各类社会福利机构。民政部也出台了《关于支持社会力量兴办社会福利机构的意见》。

表 13　福利彩票销售增长情况（2005～2012）

指标	2005 年	2006 年	2007 年	2008 年	2009 年	2010 年	2011 年	2012 年
销售额（亿元）	411.2	495.7	631.6	604.0	756.0	968.0	1278.0	1510.3
年增长率（%）	81.6	20.5	27.4	-4.4	25.2	28.0	32.0	18.2

资料来源：民政部编，《2012 年社会服务发展统计公报》

3. 社会优抚

社会优抚是特别针对某一特殊身份的人所设立的，指政府或社会对现役、退伍、复员、伤残军人及烈军属给予抚恤和优待的一种社会保障制度。表 14 和图 12 体现了 2005 年至 2012 年间国家抚恤、补助优抚对象的进展。

表 14　国家抚恤、补助优抚对象情况一览表（2005～2012 年）

指标	2005 年	2006 年	2007 年	2008 年	2009 年	2010 年	2011 年	2012 年
国家抚恤、补助优抚对象（万人）	460.3	462.6	622.4	633.2	630.7	625	852.5	944.4
抚恤事业费（亿元）	143.6	178.8	210.8	253.6	310.3	362.7	428.3	517
抚恤事业费年增长率（%）	37.9	24.5	17.9	20.3	22.4	16.9	18.1	20.7

资料来源：民政部编，《2012 年社会服务发展统计公报》

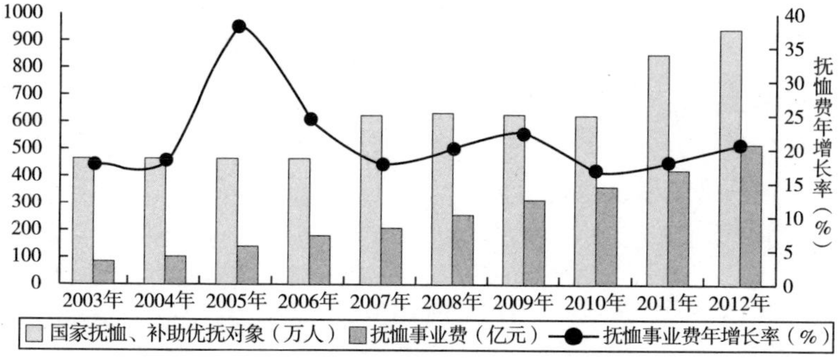

图 11　国家抚恤、补助优抚对象（2005～2012 年）

资料来源：民政部编，《2012 年社会服务发展统计公报》

《宪法》第四十五条规定，“国家和社会保障残废军人的生活，抚恤烈士家属，优待军人家属。”与优抚安置制度相关的其他法律法规主要有《革命烈士褒扬条例》《军人抚恤优待条例》和《城镇退役士兵安置条例》等。此外，还有《破产法》《农业合作社法》《行政复议法实施条例》，与灾害救助制度和社会互助制度相关的法律法规对社会保障权益问题进行了规定。

社会优抚涉及社会保险、社会救助和社会福利等，包括抚恤、优待、养老、就业安置等多方面的内容，具有综合性的特点。社会优抚的资金主要由国家财政支出，还有一部分由社会承担，只有在医疗保险和合作医疗等方面由个人缴纳一部分费用。

十年重大社会保障立法索引一览表

一 法律

序号	名称	颁布单位	颁布时间	实施时间	备注
1	安全生产法	全国人民代表大会常务委员会	2002 年 6 月 29 日	2002 年 11 月 1 日	
2	关于修改《妇女权益保障法》的决定	全国人民代表大会常务委员会	2005 年 8 月 28 日	2005 年 12 月 1 日	
3	关于修改《未成年人保护法》的决定	全国人民代表大会常务委员会	2006 年 12 月 29 日	2007 年 6 月 1 日	
4	劳动合同法	全国人民代表大会常务委员会	2007 年 6 月 29 日	2008 年 1 月 1 日	已修正
	关于修改《劳动合同法》的决定	全国人民代表大会常务委员会	2012 年 12 月 28 日	2013 年 7 月 1 日	
5	劳动争议调解仲裁法	全国人民代表大会常务委员会	2007 年 12 月 29 日	2008 年 5 月 1 日	
6	关于修改《中华人民共和国残疾人保障法》的决定	全国人民代表大会常务委员会	2008 年 4 月 24 日	2008 年 7 月 1 日	
7	社会保险法	全国人民代表大会常务委员会	2010 年 10 月 28 日	2011 年 7 月 1 日	
8	关于修改《中华人民共和国职业病防治法》的决定	全国人民代表大会常务委员会	2011 年 12 月 31 日	2011 年 12 月 31 日	
9	军人保险法	全国人民代表大会常务委员会	2012 年 4 月 27 日	2012 年 7 月 1 日	

续表

序号	名称	颁布单位	颁布时间	实施时间	备注
10	精神卫生法	全国人民代表大会常务委员会	2012 年 10 月 26 日	2013 年 5 月 1 日	
11	关于修改《老年人权益保障法》的决定	全国人民代表大会常务委员会	2012 年 12 月 28 日	2013 年 7 月 1 日	

二　行政法规

序号	名称	颁布单位	颁布时间	实施时间	备注
1	工伤保险条例	国务院	2003 年 4 月 27 日	2004 年 1 月 1 日	已修正
	国务院关于修改《工伤保险条例》的决定	国务院	2010 年 12 月 20 日	2011 年 1 月 1 日	
2	城市生活无着的流浪乞讨人员救助管理办法	国务院	2003 年 6 月 20 日	2003 年 8 月 1 日	
3	法律援助条例	国务院	2003 年 7 月 16 日	2003 年 9 月 1 日	
4	军人抚恤优待条例	国务院、中央军委	2004 年 8 月 1 日	2004 年 10 月 1 日	
5	劳动保障监察条例	国务院	2004 年 11 月 1 日	2004 年 12 月 1 日	
6	艾滋病防治条例	国务院	2006 年 1 月 18 日	2006 年 3 月 1 日	
7	农村五保供养工作条例	国务院	2006 年 1 月 21 日	2006 年 3 月 1 日	
8	血吸虫病防治条例	国务院	2006 年 3 月 22 日	2006 年 5 月 1 日	
9	残疾人就业条例	国务院	2007 年 2 月 25 日	2007 年 5 月 1 日	

续表

序号	名称	颁布单位	颁布时间	实施时间	备注
10	中华人民共和国劳动合同法实施条例	国务院	2008 年 9 月 18 日	2008 年 9 月 18 日	
11	自然灾害救助条例	国务院	2010 年 6 月 30 日	2010 年 9 月 1 日	
12	烈士褒扬条例	国务院	2011 年 7 月 26 日	2011 年 8 月 1 日	
13	退役士兵安置条例	国务院、中央军委	2011 年 10 月 29 日	2011 年 11 月 1 日	
14	女职工劳动保护特别规定	国务院	2012 年 4 月 28 日	2012 年 4 月 28 日	

三　部门规章

序号	名称	颁布单位	颁布时间	实施时间	备注
1	职业健康监护管理办法	卫生部	2002 年 3 月 15 日	2002 年 5 月 1 日	
2	社会保险稽核办法	劳动和社会保障部	2003 年 2 月 27 日	2003 年 4 月 1 日	
3	城市生活无着的流浪乞讨人员救助管理办法实施细则	民政部	2003 年 7 月 21 日	2003 年 8 月 1 日	
4	因工死亡职工供养亲属范围规定	劳动和社会保障部	2003 年 9 月 23 日	2004 年 1 月 1 日	
5	家庭寄养管理暂行办法	民政部	2003 年 10 月 27 日	2004 年 1 月 1 日	
6	农村医疗救助基金管理试行办法	财政部、民政部	2004 年 1 月 5 日	2004 年 1 月 5 日	
7	企业年金试行办法	劳动和社会保障部	2004 年 1 月 6 日	2004 年 5 月 1 日	

续表

序号	名称	颁布单位	颁布时间	实施时间	备注
8	最低工资规定	劳动和社会保障部	2004年1月20日	2004年3月1日	
9	优抚对象及其子女教育优待暂行办法	民政部、教育部、总政治部	2004年10月21日	2004年10月21日	
10	企业年金基金管理机构资格认定暂行办法	劳动和社会保障部	2004年12月31日	2005年3月1日	
11	全国社会保障基金境外投资管理暂行规定	财政部、劳动和社会保障部、中国人民银行	2006年3月	2006年5月1日	
12	健康保险管理办法	保监会	2006年8月7日	2006年9月1日	
13	医疗卫生机构接受社会捐赠管理暂行办法	卫生部	2007年4月6日	2007年4月6日	
14	福利企业资格认定办法	民政部	2007年6月29日	2007年7月1日	
15	优抚对象医疗保障办法	民政部、财政部、劳动和社会保障部、卫生部	2007年7月6日	2007年8月1日	
16	伤残抚恤管理办法	民政部	2007年7月10日	2007年8月1日	
17	一至六级残疾军人医疗保障办法	民政部	2007年9月5日	2006年1月1日	
18	廉租住房保障办法	建设部、发展改革委、监察部、民政部、财政部、国土资源部、人民银行、税务总局、国家统计局	2007年9月26日	2007年12月1日	
19	保险公司养老保险业务管理办法	中国保险监督管理委员会	2007年11月2日	2008年1月1日	

续表

序号	名称	颁布单位	颁布时间	实施时间	备注
20	救灾捐赠管理办法	民政部	2008年4月28日	2008年4月28日	
21	城市低收入家庭认定办法	民政部、国家发展改革委、公安部、财政部、人力资源和社会保障部、住房城乡建设部、中国人民银行、国家税务总局、工商总局、国家统计局、中国证监会	2008年10月22日	2008年10月22日	
22	劳动人事争议仲裁办案规则	人力资源和社会保障部	2009年1月1日	2009年1月1日	
23	社会保险业务档案管理规定（试行）	人力资源和社会和保障部、国家档案局	2009年7月23日	2009年9月1日	
24	道路交通事故社会救助基金管理试行办法	财政部、保监会、公安部、卫生部、农业部	2009年9月10日	2010年1月1日	
25	城镇企业职工基本养老保险关系转移接续暂行办法	人力资源和社会保障部、财政部	2009年12月28日	2010年1月1日	
26	人力资源社会保障行政复议办法	人力资源和社会保障部	2010年3月16日	2010年3月16日	
27	光荣院管理办法	民政部	2010年12月25日	2011年3月1日	
28	工伤认定办法	人力资源和社会保障部	2010年12月31日	2011年1月1日	
29	非法用工单位伤亡人员一次性赔偿办法	人力资源和社会保障部	2010年12月31日	2011年1月1日	

续表

序号	名称	颁布单位	颁布时间	实施时间	备注
30	部分行业企业工伤保险费缴纳办法	人力资源和社会保障部	2010年12月31日	2011年1月1日	
31	企业年金基金管理办法	人力资源和社会保障部、银监会、证监会、保监会	2011年2月12日	2011年5月1日	
32	新型农村社会养老保险基金会计核算暂行办法	财政部	2011年3月9日	2011年7月1日	
33	优抚医院管理办法	民政部	2011年6月9日	2011年8月1日	
34	社会保险基金先行支付暂行办法	人力资源和社会保障部	2011年6月29日	2011年7月1日	
35	社会保险个人权益记录管理办法	人力资源和社会保障部	2011年6月29日	2011年7月1日	
36	实施《中华人民共和国社会保险法》若干规定	人力资源和社会保障部	2011年6月29日	2011年7月1日	
37	在中国境内就业的外国人参加社会保险暂行办法	人力资源和社会保障部	2011年9月6日	2011年10月15日	
38	中央财政流浪乞讨人员救助补助资金管理办法	财政部、民政部	2011年9月14日	2011年9月14日	
39	公共租赁住房管理办法	住房和城乡建设部	2012年5月28日	2012年7月15日	
40	城乡最低生活保障资金管理办法	财政部、民政部	2012年9月28日	2012年10月28日	
41	农村五保供养服务机构等级评定暂行办法	民政部	2012年12月3日	2012年12月3日	
42	最低生活保障审核审批办法（试行）	民政部	2012年12月12日	2012年12月12日	

四　其他规范性文件

序号	名称	颁布单位	颁布时间	实施时间	备注
1	关于切实加强艾滋病防治工作的通知	国务院	2004 年 3 月 16 日	2004 年 3 月 16 日	
2	关于完善企业职工基本养老保险制度的决定	国务院	2005 年 12 月 3 日	2005 年 12 月 3 日	
3	关于发展城市社区卫生服务的指导意见	国务院	2006 年 2 月 21 日	2006 年 2 月 21 日	
4	关于解决农民工问题的若干意见	国务院	2006 年 3 月 27 日	2006 年 3 月 27 日	
5	关于开展城镇居民基本医疗保险试点的指导意见	国务院	2007 年 7 月 10 日	2007 年 7 月 10 日	
6	关于在全国建立农村最低生活保障制度的通知	国务院	2007 年 7 月 11 日	2007 年 7 月 11 日	
7	关于切实加强农业基础建设进一步促进农业发展农民增收的若干意见	中共中央、国务院	2007 年 12 月 31 日	2007 年 12 月 31 日	
8	关于事业单位工作人员养老保险制度改革试点方案的通知	国务院	2008 年 3 月 14 日	2008 年 3 月 14 日	
9	关于促进残疾人事业发展的意见	中共中央、国务院	2008 年 3 月 28 日	2008 年 3 月 28 日	
10	关于深化医药卫生体制改革的意见	中共中央、国务院	2009 年 3 月 17 日	2009 年 3 月 17 日	
11	关于开展新型农村社会养老保险试点的指导意见	国务院	2009 年 9 月 7 日	2009 年 9 月 7 日	
12	关于加大统筹城乡发展力度进一步夯实农业农村发展基础的若干意见	中共中央、国务院	2009 年 12 月 31 日	2009 年 12 月 31 日	

续表

序号	名称	颁布单位	颁布时间	实施时间	备注
13	关于试行社会保险基金预算的意见	国务院	2010年1月2日	2010年1月2日	
14	关于加强孤儿保障工作的意见	国务院	2010年11月16日	2010年11月16日	
15	建立和规范政府办基层医疗卫生机构基本药物采购机制的指导意见	国务院	2010年11月19日	2010年11月19日	
16	关于建立健全基层医疗卫生机构补偿机制的意见	国务院	2010年12月10日	2010年12月10日	
17	关于开展城镇居民社会养老保险试点的指导意见	国务院	2011年6月13日	2011年6月13日	
18	关于县级公立医院综合改革试点意见	国务院	2012年6月7日	2012年6月7日	
19	关于印发国家基本公共服务体系“十二五”规划的通知	国务院	2012年7月11日	2012年7月11日	
20	关于进一步加强和改进最低生活保障工作的意见	国务院	2012年9月1日	2012年9月1日	
21	关于解决国有困难企业和关闭破产企业职工基本生活问题的若干意见	国家经贸委、教育部、民政部、财政部、劳动保障部、中国人民银行	2002年12月4日	2002年12月4日	
22	关于建立新型农村合作医疗制度的意见	卫生部、财政部、农业部	2003年1月10日	2003年1月10日	
23	关于积极推进企业退休人员社会化管理服务工作的意见	劳动和社会保障部、中央组织部、国家发展和改革委员会、民政部、财政部、文化部、卫生部、国务院国有资产监督管理委员会、国家体育总局、全国总工会、共青团中央、全国妇联、全国老龄办	2003年6月6日	2003年6月6日	

续表

序号	名称	颁布单位	颁布时间	实施时间	备注
24	关于实施农村医疗救助的意见	民政部、卫生部、财政部	2003年11月18日	2003年11月18日	
25	关于开展对农村部分计划生育家庭实行奖励扶助制度试点工作的意见	人口计生委、财政部	2004年2月27日	2004年2月27日	
26	关于农民工参加工伤保险有关问题的通知	劳动和社会保障部	2004年6月1日	2004年6月1日	
27	关于进一步做好城乡特殊困难未成年人教育救助工作的通知	民政部、教育部	2004年8月27日	2004年8月27日	
28	关于进一步加强生育保险工作的指导意见	劳动和社会保障部	2004年9月8日	2004年9月8日	
29	关于进一步加强扶助贫困残疾人工作的意见	民政部、教育部、公安部、司法部、财政部、劳动保障部、卫生部、工商总局、农业银行、扶贫办、中国残联	2004年9月14日	2004年9月14日	
30	关于建立城市医疗救助制度试点工作的意见	民政部、卫生部、劳动保障部、财政部	2005年2月26日	2005年2月26日	
31	关于企业年金方案和基金管理合同备案有关问题的通知	劳动和社会保障部	2005年12月19日	2005年12月19日	
32	关于加快发展养老服务业的意见	老龄办、发展改革委、教育部、民政部、劳动保障部、财政部、建设部、卫生部、人口计生委、税务总局	2006年2月9日	2006年2月9日	
33	关于促进医疗保险参保人员充分利用社区卫生服务的指导意见	劳动与社会保障部	2006年6月22日	2006年6月22日	

续表

序号	名称	颁布单位	颁布时间	实施时间	备注
34	关于加强城市社区卫生服务机构医疗服务和药品价格管理意见的通知	国家发展改革委、卫生部	2006年6月27日	2006年6月27日	
35	关于进一步加强运动员社会保障工作的通知	体育总局、财政部、劳动和社会保障部	2006年11月10日	2006年11月10日	
36	关于新型农村合作医疗信息系统建设的指导意见	卫生部	2006年11月22日	2006年11月22日	
37	关于调整中央财政新型农村合作医疗制度补助资金拨付办法有关问题的通知	财政部、卫生部	2007年1月31日	2007年1月31日	
38	关于加强工伤康复试点工作的指导意见	劳动和社会保障部	2007年4月3日	2007年4月3日	
39	关于切实做好被征地农民社会保障工作有关问题的通知	劳动和社会保障部、国土资源部	2007年4月28日	2007年4月28日	
40	关于城镇居民基本医疗保险儿童用药有关问题的通知	劳动和社会保障部	2007年9月27日	2007年9月27日	
41	关于城镇居民基本医疗保险医疗服务管理的意见	劳动和社会保障部、发展改革委、财政部、卫生部、食品药品监管局、中医药局	2007年10月10日	2007年10月10日	
42	关于做好新型农村合作医疗管理能力建设项目有关工作的通知	卫生部	2009年1月10日	2009年1月10日	
43	关于全面开展城镇居民基本医疗保险工作的通知	人力资源和社会保障部、财政部	2009年4月8日	2009年4月8日	

续表

序号	名称	颁布单位	颁布时间	实施时间	备注
44	关于妥善解决关闭破产国有企业退休人员等医疗保障有关问题的通知	人力资源和社会保障部、财政部、国资委、监察部	2009 年 5 月 27 日	2009 年 5 月 27 日	
45	关于制定福利机构儿童最低养育标准的指导意见	民政部	2009 年 6 月 9 日	2009 年 6 月 9 日	
46	关于进一步完善城乡医疗救助制度的意见	民政部、财政部、卫生部、人力资源和社会保障部	2009 年 6 月 15 日	2009 年 6 月 15 日	
47	关于在省级和设区市级新型农村合作医疗定点医疗机构开展即时结报工作的指导意见	卫生部	2009 年 6 月 24 日	2009 年 6 月 24 日	
48	关于开展城镇居民基本医疗保险门诊统筹的指导意见	人力资源和社会保障部、财政部、卫生部	2009 年 7 月 24 日	2009 年 7 月 24 日	
49	关于进一步加强基本医疗保险基金管理的指导意见	财政部、人力资源和社会保障部	2009 年 7 月 24 日	2009 年 7 月 24 日	
50	关于印发国家基本医疗保险、工伤保险和生育保险药品目录的通知	人力资源和社会保障部	2009 年 11 月 27 日	2009 年 11 月 27 日	
51	关于基本医疗保险异地就医结算服务工作的意见	人力资源和社会保障部、财政部	2009 年 12 月 31 日	2009 年 12 月 31 日	
52	关于做好农村最低生活保障制度和扶贫开发政策有效衔接扩大试点工作的意见	扶贫办、民政部、财政部、统计局、中国残联	2010 年 5 月 7 日	2010 年 5 月 7 日	
53	关于开展提高农村儿童重大疾病医疗保障水平试点工作的意见	卫生部、民政部	2010 年 6 月 7 日	2010 年 6 月 7 日	

续表

序号	名称	颁布单位	颁布时间	实施时间	备注
54	关于将部分医疗康复项目纳入基本医疗保障范围的通知	卫生部	2010年9月6日	2010年9月6日	
55	关于做好2011年新型农村合作医疗有关工作的通知	卫生部、民政部、财政部	2011年4月6日	2011年4月6日	
56	关于普遍开展城镇居民基本医疗保险门诊统筹有关问题的意见	人力资源和社会保障部	2011年5月24日	2011年5月24日	
57	关于进一步加强新型农村合作医疗基金管理的意见	卫生部、财政部	2011年5月25日	2011年5月25日	
58	关于进一步解决宗教教职人员社会保障问题的通知	国家宗教事务局、人力资源和社会保障部、财政部、民政部、卫生部	2011年12月27日	2011年12月27日	
59	关于中央财政新型农村和城镇居民社会养老保险试点专项补助资金管理有关问题的通知	财政部	2011年12月31日	2011年12月31日	
60	关于商业保险机构参与新型农村合作医疗经办服务的指导意见	卫生部、保监会、财政部、国务院深化医药卫生体制改革领导小组办公室	2012年4月11日	2012年4月11日	
61	关于推进新型农村合作医疗支付方式改革工作的指导意见	卫生部、国家发展改革委、财政部	2012年4月12日	2012年4月12日	
62	关于开展城乡居民大病保险工作的指导意见	国家发展改革委、卫生部、财政部、人力资源和社会保障部、民政部、保监会	2012年8月24日	2012年8月24日	

续表

序号	名称	颁布单位	颁布时间	实施时间	备注
63	关于军人死亡一次性抚恤金发放有关问题的通知	民政部、财政部	2012 年 9 月 12 日	2012 年 9 月 12 日	
64	关于加快推进农村居民重大疾病医疗保障工作的意见	卫生部	2012 年 11 月 13 日	2012 年 11 月 13 日	
65	关于开展基本医疗保险付费总额控制的意见	人力资源和社会保障部、财政部、卫生部	2012 年 11 月 14 日	2012 年 11 月 14 日	
66	关于促进社会力量参与流浪乞讨人员救助服务的指导意见	民政部	2012 年 12 月 22 日	2012 年 12 月 22 日	

儿童权益保护法治

王雪梅*

引子：从一个实例说起

据2007年3月10日《信息时报》报道，在母亲的干涉下，8岁女孩嘉嘉没有上过学，不仅要独自照顾年幼的弟弟，还承担了家里所有繁重的家务活，稍有差错，迎接她的便是一顿毒打……母亲的虐待，使嘉嘉不愿待在这个没有温暖的家里，常常躲避到外公家。但老人年事已高，根本没有办法照顾嘉嘉，只好再三将嘉嘉送回母亲的身边。在母亲最后一次暴打之后，嘉嘉离家出走了。无奈之下，嘉嘉的姑妈找到了妇联法律援助中心，希望通过法律手段撤销嘉嘉母亲的监护资格，由姑妈代理监护。妇联帮助找到了嘉嘉母亲虐待孩子的证据，证明母亲的虐待对孩子的身心造成了严重的影响，符合撤销其监护人资格的条件，但是当起诉书递交到法院的时候，却被法院驳回了。法院不愿受理的原因是"没有这个先例"，此类涉及未成年人监护权的案子，"不能这么轻易地下判决。"①

这个未能立案的事件给我们展示了十年儿童权益保护法治的缩影，从静态的儿童权益保护法制建设方面看，我们对儿童受虐问题的处理有《民法通则》《未成年人保护法》等法律依据，但是从动态的儿童权益保护法治实践看，现实中，家庭、社会、学校对儿童侵害的严重性与我们保护措施的软弱无力形成鲜明的对比。根据《民法通则》及《未成年人保护法》，嘉嘉母亲的行为已经构成撤销其监护人资格的条件，但是在司法实践中却行不通，法律对于此类行为如何追究及追究的程序，父母被剥夺监护权之后对儿童的义务以及儿童的短期安置和长久安置，怎样做才能不影响儿童的正常生活，保护儿童的最大利益等问题，既缺乏理论探索，也缺乏相关的法律规定及对应的制度设计。因此，不仅要在法律上明确儿童应当受到家庭保护，还应当关注受到侵害的儿童怎样得到救助问题，无法得到救济的权利等于没有权利。

现实中之所以这类事件不断出现的原因在于我们缺乏法治思维和法律手段

---

* 王雪梅，中国社会科学院法学研究所副研究员。

① 参见《想撤销不称职监护人资格，难!》，《信息时报》2007年3月10日A02版。

解决儿童权益受侵犯问题。尽管我国从20世纪80年代开始参与联合国《儿童权利公约》的制定过程就引入了儿童权利观念，随后的《未成年人保护法》及《预防未成年人犯罪法》的制定过程也能看出儿童权益保护观念的进一步渗透，但从这些法律的制定，特别是之后的实施过程，都能够看出儿童权益保护法治思维及儿童权益保护法律手段的缺乏。因此，本文的开篇要从儿童保护观念谈起；第二部分对儿童权益保护法治发展做一个透视，包括儿童保护法制建设及法律实施两个方面；第三部分主要考察儿童权益法治实践中的问题；最后给出一个合理的预期或者展望。

一、儿童权益保护观念的变化

2002～2012年在儿童保护法治方面取得了跨越式的进步，为了更好地全面地认识这十年的发展，有必要对之前的儿童权益保护观念的变迁做简要的梳理。从20世纪70年代开始，中国通过积极参与《儿童权利公约》的起草、批准和实施，以及在批准《经济、社会和文化权利国际公约》以及讨论批准《公民权利和政治权利国际公约》的过程中，可以说，与儿童权益保护相关的利益攸关者的儿童权利意识有所提高，但普通民众的儿童保护意识并没有得到普遍增强，儿童权利观念依然比较淡薄，比较突出地表现在如下两个方面。

一方面是对儿童、儿童权利及儿童权益保护认识上还存在误区，这些误区表现在：（1）对“儿童”这个概念的认识，目前仍有很多人，甚至是受高等教育的大学生、研究生仍然认为，“儿童”是指14岁以下的孩子。在我们的立法当中对此也未做严谨的规定，甚至对民众存有误导，仍然沿用“少年儿童”的提法，并没有将“儿童”作为一个法律用语来使用。对儿童的保护和权利实现方面，也没有把儿童看作是权利享有的主体来看待，特别是对其中的女童，在强调女童的受教育权时，还是从“未来的母亲，有教育下一代的责任”的视角认识女童，而没有从人权的视角、从平等权的视角、从无歧视的视角考虑问题。也正是因为如此，面对媒体中连篇累牍的关于“李某某等强奸案”的报道，公众在兴奋和理所当然之余，并没有人理会这个“李某某”还是一个被法院认定为17岁的儿童（或者未成年人），他的隐私权是应当受到特别保护的。（2）对儿童作为权利主体的误解，如有些人不懂得儿童也是享有权利的主体，应受到特别保护；有些人不知道自己对保护儿童权利负有法律责任，认为子女是私有财产，自己可以为所欲为，不受法律约束；还有人认为，自己没有子女，对儿童权利没有尊重的责任；有人认为儿童权利保护说起来重要，做起来次要。因此，尽管法律上有规定，但实际工作中对这些规定却熟视无睹。如中小学周边环境混乱，纪念场馆和娱乐场馆对中小学没有优惠，福利机构儿童生活费偏低，妇幼卫生费用长期投入不足等。“重男轻女”的封建传统观念依然存在，如有些地方女童辍学，过早地挑起了家庭的重担，成为文盲或半文盲，甚至歧视、虐待、遗弃女婴的现象时有发生。有人不认为儿童有隐私权，认为教师或家长看孩子的日记或信件，是为了更好地教育和保护儿童；有人不懂学习不好或调皮的孩子也有人格尊严，学校给考试成绩排名次以此鼓励“先进”而激励“后进”，教师对成绩不好、不守纪律的学生语言侮辱、各种惩罚等，家长对调皮孩子的打骂更是屡见不鲜。儿童对自身认识也存在误区，大多数孩子把儿童的概念限定在自己的年龄以下，即不承认自己是儿童。（3）过于狭窄地理解“儿童权益保护”这一概念，将“儿童权益保护”等同于“儿童受保护权”。通常谈论的“受保护权”是指儿童受到各种剥削、虐待以及其他形式的暴力侵害的时候，应当得到国家、社会和家庭的保护的权利。不能否认，保护儿童免遭一切形式的暴力侵害是儿童保护的一个非常重要的方面，但是，还应当从更广泛的视角理解“儿童权益保护”问题，也就是从“福利”的维度理解“儿童权益保护”，采取一种比较现实的态度，尽量促进儿童在当下国家社会发展的水平上得到更多实在的利益和关照。《儿童权利公约》将儿童生存和发展的基本面都归于“人权”的视角下考察，采取了一个较高的保护标准，意图强调这些权利对于儿童的“不可克减”性，也就是对儿童各项权利的保护适用于任何状态，这是对儿童权益保护的最理想状态。实则，不论从“权利”角度还是“福利”角度理解儿童权益保护，都涉及儿童生存和发展问题。只不过从福利维度来看待“儿童权益保护”问题，更多地与国家发展和社会政策等因素有关；而从权利维度来看待“儿童权益保护”则更加强调它的“不可克减”性，即对受到诸如性侵犯等暴力侵害的儿童的权利保护，不受国家经济和社会发展状况左右。

另一方面是不科学的儿童观导致儿童权利理论和制度上的盲点。在理论研究方面，对儿童权利有兴趣的人最常忽视的是站在儿童立场上研究儿童问题，而是把儿童当作成人教导的对象来研究。这也导致在儿童权益保护的制度设计方面存在诸多疏漏：一是国家责任方面，法律中关于国家对儿童及其家庭的保护和协助义务的规定欠缺，似乎养育孩子只是父母的责任，大量贫困地区儿童辍学就是一个例证。二是关于平等权的规定，无歧视条款不具有普遍性，即便是对那些处境不利的儿童的保护也是不够全面的。而对现实中存在的诸如对底层家庭出身儿童的歧视则缺乏相应的规制。另外，儿童歧视还体现在因儿童幼小能力不足产生的种种不平等的对待：呵斥、侮辱、体罚甚至打骂等。三是关于禁止对儿童各种暴力和剥削的规定很不完备，侵害儿童的事件不断见诸报端，特别是，针对儿童的恶性暴力事件频发。虽然有了一些关于禁止童工和保护未成年工的规定，但是关于禁止对儿童的色情剥削，关于防止儿童使用麻醉药品和精神药物的规定，以及禁止利用儿童从事非法生产和贩运此类药物，关于上述受害儿童的重返社会等规定均尚付阙如。四是对儿童保护认识的肤浅不仅导致儿童保护立法上存在操作性差的现象，也导致司法当中基本不采用儿童保护立法处理儿童保护问题，对于侵害儿童的案件几乎在立案阶段就把司法救济通道堵死了。因此，受到家长虐待、忽视和其他暴力侵害的儿童，受到教师侮辱、性暴力的儿童的权利无法通过法律手段得到救济，儿童权益保护方面的法律几乎成了摆设，这不仅严重影响儿童保护法治的进程，而且会对儿童权益保护法治造成破坏。五是关于儿童教育权的规定尚待完善，如教育以加强对人权和基本自由的尊重为目的的内容，尊重父母及监护人选择学校的自由等。六是关于基本自由的规定缺乏，如儿童的表达自由、尊重父母保证他们的孩子按照自己的信仰接受宗教和道德教育的自由等。

造成儿童保护意识难以提高有多种原因，如果从中国传统文化的角度看，正如有学者所表明的，“中华文明是具备个人权利生长的人性基础的”，那么，为什么在过去几千年的漫长岁月里，儿童权利观念没有在这里破土而出呢？丰富灿烂的中华文明在价值观上有着自己文化上的偏好，这种偏好表现为某些方面不同于西方的关于社会正义的观念和制度，并表现出“对个人权利及其发展在文化上的保留态度。”①这种保留的态度致使我们在接触其他文明成果时，总是受到古老文化的修正，在儿童权益保护观念上也是如此，儒家学说一直无形地统治着中国人的精神世界，这种严谨的治国治家的结构失去了个人权利生存的土壤，更不用说儿童个体的自由平等了。儒学代表了中国人对待儿童的道德判断，在家庭中父亲有着至高无上的权威，孩子则是次等的。中国家长制的形成深受儒家尊卑长幼伦理观的影响，父权至上的价值观一直占据主流，对儿童的关爱始终仅仅是从德和仁的角度出发。但是，这种爱护仍是出于“爱护弱小”和“扶贫济弱”的传统道德观念，受到保护的儿童只能依附于成人，他们的价值似乎主要在于承载成人对于家庭和社会的期望。可见，传统的儿童观往往从社会和家庭的整体利益的角度认识儿童的价值。因此，在成人的眼中儿童必须依附大人，需要被雕琢，他们的自我意识和独立人格完全被忽视，更谈不上作为独立主体而应享有相应的权益了。

然而，中国古老的伦理道德观又不乏尊老恤幼的思想，正是这些充满人文主义色彩的文化底蕴，为我们吸纳世界文明的优秀成果奠定了基础。尽管如此，和《儿童权利公约》所确立的儿童权益保护的国际标准相比，中国对儿童权利保护的水平还很低，从国家、社会到家庭，从政治、经济到文化、政策都缺乏

---

① 参见夏勇：《中国民权哲学》，生活·读书·新知三联书店2004年版，第177-179页。

一套儿童权利保护的运作机制，很多保护儿童的措施只不过是些官样文章，没有实质意义。我们在对儿童权利的认识上还有误区，理论研究上还存在盲点，儿童权利保护的现状更加令人汗颜。怎样充分而和谐地发展儿童的个性，怎样在和平、尊严、宽容、自由、平等和团结的精神下，抚育他们成长，使他们成为有责任感的合格公民，的确是目前紧迫而又艰巨的任务。

众所周知，儿童权利主体地位的确立是《儿童权利公约》的功绩之一，除此之外，《经济、社会和文化权利国际公约》《公民权利和政治权利国际公约》以及其《人权宣言》等国际条约中涉及儿童权益保护的条款也都赋予了儿童在各个方面的权利地位。中国无论是在参与起草还是在讨论批准加入这些公约的过程中，都受到这些国际文件的影响，也就是说，这些国际文件在中国儿童权利保护观念及保护机制上，有了一些实质性的促进作用。

进入21世纪之后，制定和实施了十余年的《未成年人保护法》以及《中国儿童发展纲要》的执行结果似乎并没有达到保护儿童的预期，与儿童相关的各个方面包括政府、社会组织、学者和实践者都在思考，如何才能突破儿童权益保护进入僵局的瓶颈，于是有了观念上的转变，即儿童权益保护开始从理论走向实践，从立法转向司法这样一种思考。认识到儿童不仅是有权利的，是权利的主体，这种权利需要成人社会的努力才能实现。因此，有了一系列的儿童权益保护实践活动，包括立法活动，以及对一系列儿童侵害事件的解决，这些儿童权益保护实践活动可以从另一个角度阐释和解说儿童权益保护观念的变化。特别是体现在法律制度上的儿童从家长的“我的私产”发展成为一个拥有多项权利的个体，这种变化特别充分地反映在这样几个方面：一个是外来文化对中国传统的儿童及儿童权益保护观念的冲击；二是现代儿童权利理念对中国儿童权益保护传统实践的挑战；三是不论政府作为还是个体行为上，都表现出对儿童既保护又忽视的矛盾和冲突，这种矛盾和冲突也从反面折射出对儿童权益保护认识上的转变。儿童观念的变化促进儿童权益保护实践的发展，儿童权益保护实践的发展也在不断地帮助人们认识儿童权益保护的重要性，以及儿童对社会发展的能动作用，正是儿童权益保护实践和认识的互动过程，提升了儿童权利理念的变化，也促动了一系列立法、修法及司法的实践。

二、儿童权益保护法治透视

儿童权益保护法治是以儿童的生存与发展为核心内容，是关于儿童权利和福利保障制度、少年司法制度的法律政策制定和实施的综合性制度。2000年之后，中国儿童权益保护法制开始进入逐步完善时期，儿童权益保护立法框架体系开始形成。在实施《九十年代中国儿童发展规划纲要》以及少年司法历经近

20 年的实践之后，中国积累了经验，也获得了教训。在参与国际人权立法的过程中，中国越来越注重国际公约的保护标准，在立法和司法方面越来越注重对儿童权利的尊重和保护。在这里，我们也通过儿童权益保护法律制定以及法律实施两个层面来透视儿童权益保护法治的情况，在对这两个方面进行考察的过程中，可以看到，儿童权益保护法治方面的进展与儿童权益保护观念的变化相关，也是国际大环境和国内法治发展促动的结果。因此，在回顾法治建设的同时，亦要看到其背后法治理念的、价值的涌动。

（一）儿童权益保护法律政策的制定

针对儿童权益保护相关的法律法规的制定和修改以及儿童发展纲要的制定和执行，对儿童权益保护有着特别突出的重要性。这十年儿童权益保护立法的突出特点表现为：（1）在立法上更加注重体现儿童作为权利主体的理念以及儿童权益保护内容的丰富，还注重借鉴他国的立法经验和立法技术，认真履行国际条约义务，对原有的儿童权益保护法律法规进行了大量修订；儿童法制建设中还注重不断总结历史传统、实践经验和现实社会发展状况，注重参与儿童权益保护的国际文件的讨论和制定，强调国家和社会责任以及儿童自我保护；注意调动全社会力量，形成国家机关保护、家庭保护、学校保护、社会保护、司法保护、未成年人自我保护的保护网络。（2）儿童权益保护立法进一步完善。进入新世纪之后，与未成年人生存和发展相关的立法和司法解释明显地加快了步伐，新修订了《未成年人保护法》、《义务教育法》、《禁止使用童工的规定》、《关于审理未成年人刑事案件具体应用法律若干问题的解释》等。特别值得指出的是，从 2006 年民政部等 15 个部委联合发布《关于加强孤儿救助工作的意见》到 2010 年国务院《关于加强孤儿保障工作的意见》以及民政部和财政部联合发布《关于发放孤儿基本生活费的通知》，推动了中国儿童福利从补缺型向适度普惠型的发展。在儿童受教育权保障方面，《义务教育法》修改涉及的每一个方面都是儿童教育权实现的关键性问题，比如经费保障，规定要将义务教育经费纳入财政预算，并按照标准拨付；规定根治“择校风”方面，采取合理配置资源，促进教育公平的措施；对于扭转应试教育问题，规定学校升学率不得作为考核标准，学生成绩不能替代全面考察；对于防止乱收费问题，规定发放教辅应当免费，补习功课不得收费。在刑事实体法方面，《刑法》2002 年以后的修正案中在保护儿童免遭犯罪行为侵害方面发挥了一定的作用，比如，《刑法修正案（四）》规定，对违反劳动管理法规，雇用未满 16 周岁的儿童从事超强度体力劳动的，要追究刑事责任。《刑法修正案（六）》将以暴力、胁迫手段组织不满十四周岁的未成年人乞讨的，规定为犯罪行为；《刑法修正案（七）》明确了对组织未成年人进行盗窃、诈骗、抢夺、敲诈勒索等违反治安管理活动的，追究刑事责任；《刑法修正案（八）》规定对于被判处拘役、三年以下有期徒刑的，不满十八周岁的人，符合法定条件的应当宣告缓刑。基本形成一个以《宪法》为核心，以《未成年人保护法》《预防未成年人犯罪法》《婚姻法》《刑法》《刑事诉讼法》等有关儿童生存和发展的法律为基础，以大量相关的法规和政策措施相配套的儿童权益保护法律框架体系。（3）与儿童权益保护法律相关的配套政策进一步丰富，特别突出表现在儿童福利政策方面。如《中国儿童发展纲要（2001—2010 年）》的实施，特别是《中国儿童发展纲要（2011—2020 年）》明确了儿童医疗保健、教育、安全、福利服务等各项指标。其他与儿童福利相关的规范性文件多达一百多项。儿童在教育、医疗健康、闲暇娱乐等方面的福利得到持续重视。形成了较为完善的教育政策体系，在深化免费义务教育方面采取了措施，比如，实施农村困难学生“两免一补”政策，开展贫困儿童学前教育资助制度、农村学生营养改善计划、校车管理和标准规范化。医疗保健方面，儿童健康照顾范围扩大、服务多样、专业化程度有所提高。家庭福利体现为各专项补贴，比如，独生子女费、学生住宿补贴、入托补贴等。困境儿童救助从福利院孤残儿童扩展到对其他儿童的救助，如流浪儿童救助、机构外孤儿津贴、贫困儿童专项补贴；儿童养护从机构集中供养为主向家庭寄养、类家庭和社会助养模式转变。2010 年民政部启动儿童福利示范项目，儿童福利模式开始从补缺型向适度普惠型发展。（4）立法体制上形成全国和地方相结合的两级立法体制。未成年人保护立法很多内容来自实践经验的积累，在形成全国性立法过程中，增强了儿童保护的法律意识，而在制定为全国性立法之后，又反过来指导地方法律实践，并进一步推动地方未成年人法律保护工作，比如在儿童福利保障中的家庭寄养的做法，少年司法中的附条件不起诉的做法等都经历了一个经验到立法而后立法指导实践的互动过程。

这十年儿童权益保护在立法上的进展在两部法的修改方面表现得尤为突出，一部就是《未成年人保护法》的修改，另一部是《刑事诉讼法》的修改。1991 年制定的《未成年人保护法》为 56 条，修改后增加到 72 条，修改条文达到 52 条，仅有 4 条未作改动。内容上涉及面更加的全面和广泛，可以看作是中国儿童法制建设的又一次重大发展。在《未成年人保护法》制定实施 15 年后，为了进一步履行国际公约，将实践中出现的新情况、新问题纳入立法，2006 年 12 月进行了修订。这次修订反映了立法理念的发展，完善了未成年人保护法律制度。突出表现在以下几个方面。

（1）儿童权益保护立法理念的转变和重要保护原则的纳入。此次《未成年人保护法》的修订除了在内容上更加注重体现儿童权利主体的理念之外，一些重要的原则纳入也体现儿童理念的变化，立法更接近《儿童权利公约》的精神，除了第五条明确规定的三项原则之外①，还包括尊重儿童意见、平等保护等，体现了尊重儿童权利主体地位和价值的儿童观。比如，规定未成年人不分性别、民族、种族、家庭财产状况、宗教信仰等，依法平等地享有权利。规定学校、幼儿园、托儿所和公共场所发生突发事件时，应当优先救护未成年人，体现了儿童优先原则。还规定学校的教职工应当尊重未成年人的人格尊严，不得对未成年人实施体罚、变相体罚或者有其他侮辱人格尊严的言行。

（2）在儿童权利的具体内容上有重大突破。《未成年人保护法》第三条明确规定未成年人享有生存权、发展权、受保护权、参与权，强调对未成年人的特殊优先保护。这一条款具有宪章性的指导意义，是国际法国内化的重要一步。还特别突出了儿童受教育权的重要性，规定国家、社会、学校、家庭尊重和保障未成年人的受教育权。父母或者其他监护人应当尊重未成年人受教育的权利，必须使适龄未成年人依法入学接受并完成义务教育，不得使接受义务教育的未成年人辍学。学校应当尊重未成年学生受教育的权利，关注、爱护学生，对品行有缺点、学习有困难的学生，应当耐心教育、帮助，不得歧视，不得违反法律和国家规定开除未成年学生。明确要求各级人民政府应当保障未成年人受教育的权利，并采取措施保障家庭经济困难的、残疾的和流动人口中的未成年人等接受义务教育。还规定，对羁押、服刑的未成年人没有完成义务教育的，应当对其进行义务教育；解除羁押、服刑期满的未成年人的复学、升学、就业不受歧视。

（3）儿童权益保护主体的责任进一步明确，强调父母责任和家庭环境对未成年人生存和健康发展的重要性。要求父母或者其他监护人应当创造良好和睦的家庭环境，依法履行监护职责和抚养义务。规定父母或者其他监护人应当学习家庭教育知识，正确履行监护职责，抚养教育未成年人。如果父母因外出务工或者其他原因不能履行对未成年人监护职责的，应当委托有监护能力的其他成年人代为监护。在强调父母责任的同时，还强化了中央以及各级地方政府保护儿童的法律责任，规定中央和地方各级国家机关应当在各自的职责范围内做好未成年人保护工作。国务院和地方各级人民政府领导有关部门做好未成年人保护工作。将未成年人保护工作纳入国民经济和社会发展规划以及年度计划，相关经费纳入本级政府预算。这些规定充实了综合保护的内容，强化了政府和社会责任。与此同时，还强调儿童的自我保护。这一修改建立在尊重未成年人

① 保护未成年人的工作，应当遵循下列原则：（一）尊重未成年人的人格尊严；（二）适应未成年人身心发展的规律和特点；（三）教育与保护相结合。

独立主体地位和具有自觉能动性的科学理论基础上，是吸纳理论研究和地方立法成果而形成的创造性规定，不仅对构建未成年人法律保护体系具有重要意义，还丰富了参与权的概念。

（4）意识到儿童生态环境对儿童生存和发展的重要性，增加和修改了一些涉及优化儿童生长环境的条款。规定国家采取措施，预防未成年人沉迷网络。国家鼓励研究开发有利于未成年人健康成长的网络产品，推广用于阻止未成年人沉迷网络的新技术。规定中小学校园周边不得设置营业性歌舞娱乐场所、互联网上网服务营业场所等不适宜未成年人活动的场所。学校、幼儿园、托儿所应当建立安全制度，加强对未成年人的安全教育，采取措施保障未成年人的人身安全。发生突发事件时，应当优先救护未成年人。在家庭环境安全方面，规定禁止对未成年人实施家庭暴力，禁止虐待、遗弃未成年人等。

（5）更加注重儿童福利保障，关注儿童身体、心理健康，以及休闲娱乐对儿童成长的重要意义，注重儿童的全面发展。比如，规定学校应该与未成年学生的父母或者其他监护人互相配合，保证未成年学生的睡眠、娱乐和体育锻炼时间，不得加重其学习负担；学校教职工应尊重未成年人的人格尊严，不得对未成年人实施体罚、变相体罚或者有其他侮辱人格尊严的言行；教育部门等要制定应对各种灾害、传染性疾病、食物中毒、意外伤害等突发事件的预案，配备相应设施并进行必要的演练，增强未成年人的自我保护意识和能力。还规定无特殊情况，学校不得延长未成年学生在校学习时间。要求尊重儿童身心发展的规律和特点，父母或者其他监护人应当关注未成年人的生理、心理状况和行为习惯；应当创造良好、和睦的家庭环境，依法履行对未成年人的监护职责和抚养义务。

（6）对不良行为的矫治和司法保护以权利保护为着眼点。规定办理未成年人案件应当照顾其身心发展特点，尊重其人格尊严，根据需要设立专门机构或者指定专人办理，并将受案范围扩大到涉及未成年人权益保护案件。规定了司法活动中对需要法律援助或者司法救助的未成年人，法律援助机构或者法院应依法为其提供法律援助或者司法救助；对羁押、服刑的未成年人，应与成年人分别关押，没有完成义务教育的要对其进行义务教育；解除羁押、服刑期满的未成年人的复学、升学、就业不受歧视；对未成年人犯罪案件，新闻报道、影视节目、公开出版物、网络等不得披露该未成年人的姓名、住所、照片、图像以及可能推断出该未成年人的资料等。明确了违法的处罚措施。

（7）对困境儿童的关怀。规定政府有责任和义务救助流浪乞讨儿。县级以上人民政府及其民政部门应当根据需要设立救助场所，对流浪乞讨等生活无着的未成年人实施救助，承担临时监护责任；公安部门或者其他有关部门应当护送流浪乞讨或者离家出走的未成年人到救助场所，由救助场所予以救助和妥善照顾，并及时通知其父母或者其他监护人领回。对孤儿、无法查明其父母或者其他监护人的以及其他生活无着的未成年人，由民政部门设立的儿童福利机构救助。民政部门应对流浪乞讨等生活无着落的未成年人实施救助，公安部门等应护送流浪乞讨或者离家出走的未成年人到救助场所，孤儿等未成年人由民政部门设立的儿童福利机构收留抚养等。

2012 年修订的《刑事诉讼法》专设一章为“未成年人刑事案件诉讼程序”，将多年来在少年司法实践中的很多做法纳入了该法，具体涉及如下一些方面的问题：（1）少年审判原则及专业化。规定对犯罪的未成年人实行教育、感化、挽救的方针，坚持教育为主、惩罚为辅的原则。人民法院、人民检察院和公安机关办理未成年人刑事案件，应当保障未成年人行使其诉讼权利，保障未成年人得到法律帮助，并由熟悉未成年人身心特点的审判人员、检察人员、侦查人员承办。（2）涉案少年辩护权方面，规定未成年犯罪嫌疑人、被告人没有委托辩护人的，人民法院、人民检察院、公安机关应当通知法律援助机构指派律师为其提供辩护。（3）关于少年案件的全面调查，规定公安机关、人民检察院、人民法院办理未成年人刑事案件，根据情况可以对未成年犯罪嫌疑人、被告人的成长经历、犯罪原因、监护教育等情况进行调查。（4）限制强制措施适用及分离原则方面，规定对未成年犯罪嫌疑人、被告人应当严格限制适用逮捕措施。人民检察院审查批准逮捕和人民法院决定逮捕，应当讯问未成年犯罪嫌疑人、被告人，听取辩护律师的意见。对被拘留、逮捕和执行刑罚的未成年人与成年人应当分别关押、分别管理、分别教育。（5）通知少年法定代理人到场，规定对于未成年人刑事案件，在讯问和审判的时候，应当通知未成年犯罪嫌疑人、被告人的法定代理人到场。无法通知、法定代理人不能到场或者法定代理人是共犯的，也可以通知未成年犯罪嫌疑人、被告人的其他成年亲属，所在学校、单位、居住地基层组织或者未成年人保护组织的代表到场，并将有关情况记录在案。到场的法定代理人可以代为行使未成年犯罪嫌疑人、被告人的诉讼权利。到场的法定代理人或者其他人员认为办案人员在讯问、审判中侵犯未成年人合法权益的，可以提出意见。讯问笔录、法庭笔录应当交给到场的法定代理人或者其他人员阅读或者向他宣读。讯问女性未成年犯罪嫌疑人，应当有女工作人员在场。审判未成年人刑事案件，未成年被告人最后陈述后，其法定代理人可以进行补充陈述。（6）附条件不起诉方面，规定对于未成年人涉嫌刑法分则第四章、第五章、第六章规定的犯罪，可能判处一年有期徒刑以下刑罚，符合起诉条件，但有悔罪表现的，人民检察院可以作出附条件不起诉的决定。人民检察院在作出附条件不起诉的决定以前，应当听取公安机关、被害人的意见。对附条件不起诉的决定，公安机关要求复议、提请复核或者被害人申诉的，适用该法相关规定。未成年犯罪嫌疑人及其法定代理人对人民检察院决定附条件不起诉有异议的，人民检察院应当作出起诉的决定。还规定在附条件不起诉的考验期内，由人民检察院对被附条件不起诉的未成年犯罪嫌疑人进行监督考察。未成年犯罪嫌疑人的监护人，应当对未成年犯罪嫌疑人加强管教，配合人民检察院做好监督考察工作。附条件不起诉的考验期为六个月以上一年以下，从人民检察院作出附条件不起诉的决定之日起计算。被附条件不起诉的未成年犯罪嫌疑人，应当遵守法律法规，服从监督；按照考察机关的规定报告自己的活动情况；离开所居住的市、县或者迁居，应当报经考察机关批准；按照考察机关的要求接受矫治和教育。对于被附条件不起诉的未成年犯罪嫌疑人，在考验期内如果实施新的犯罪或者发现决定附条件不起诉以前还有其他犯罪需要追诉的；违反治安管理规定或者考察机关有关附条件不起诉的监督管理规定，情节严重的，人民检察院应当撤销附条件不起诉的决定，提起公诉。在考验期内没有上述情形，考验期满的，人民检察院应当作出不起诉的决定。（7）不公开审理原则，规定审判的时候被告人不满十八周岁的案件，不公开审理。但是，经未成年被告人及其法定代理人同意，未成年被告人所在学校和未成年人保护组织可以派代表到场。（8）关于犯罪记录封存，规定犯罪的时候不满十八周岁，被判处五年有期徒刑以下刑罚的，应当对相关犯罪记录予以封存。犯罪记录被封存的，不得向任何单位和个人提供，但司法机关为办案需要或者有关单位根据国家规定进行查询的除外。依法进行查询的单位，应当对被封存的犯罪记录的情况予以保密。

最高人民法院在2012年12月24日公布的《关于适用〈中华人民共和国刑事诉讼法〉的解释》对未成年人刑事案件诉讼程序又做了一些细化，包括：（1）全面调查制度。规定人民法院应当接受人民检察院移送的调查报告以及辩护人提交的书面材料，必要时，可以委托或者自行调查。对未成年被告人情况的调查报告，以及辩护人提交的有关未成年被告人情况的书面材料，法庭应当审查并听取控辩双方意见，并可以作为法庭教育和量刑的参考。指出调查报告并非证明案件事实的材料，不属于证据；但调查报告在一定程度上反映了未成年被告人的主观恶性、人身危险性和监护帮教条件，对人民法院有针对性地开展法庭教育和准确适用刑罚，有重要参考作用。（2）前科封存制度。规定对于被判处五年有期徒刑以下刑罚以及免除刑事处罚的未成年人的犯罪记录，应当封存。2012年12月31日以前审结的案件符合封存条件的，相关犯罪记录也应当封存。还规定了查询犯罪记录的具体程序，即司法机关或者有关单位向人民法院申请查询封存的犯罪记录的，应当提供查询的理由和依据。对查询申请，人民法院应当及时作出是否同意的决定。规定对于需要封存犯罪记录的案件，公开审理、宣判时不得组织旁听，法庭应当告知旁听人员不得传播案件信息。（3）强化了对未成年被害人、证人的权益保障。针对以往对未成年被害人、证人的权利保护重视不够的实际，规定未成年被害人及其法定代理人因经济困难等没有委托诉讼代理人的，人民法院应当帮助其申请法律援助。为避免未成年被害人在庭审中受到“二次伤害”，规定对于未成年被害人、证人，一般不得通知其出庭作证。对确有必要出庭的未成年被害人、证人，可以采取不暴露身份信息、不暴露外貌、真实声音等特殊保护措施；条件具备的，还可以采取远程视频等方式作证。

（二）儿童权益保护法律的实施

儿童权益保护法律的实施可以从两个方面进行考察，一个是以政府为主导的儿童权益保护法律实施，另一个方面是纯粹民间的儿童权益保护法律实施。政府为主导的又可以从国家层面和地方层面两个方面考察。但我们也发现一个非常有趣的现象，在儿童权益保护方面，发自于民间的一些做法，尽管后来大部分上升为法律制度的一部分，但在实践之初，往往是没有法律依据的，比如民间孤儿寄养的做法。即便是政府为主导的一些儿童权益保护法律实践，也有这种无法律依据的做法，比如检察部门的暂缓起诉的实践，后来被《刑事诉讼法》吸纳为附条件不起诉的规定，但在实践之初，因为没有法律上的依据，也就无从谈法律的实施。因此，我们可以把这些有益的实践看作是一种制度实践，因为与“法律的实施”有着不同的旨趣，本文不打算在此详加论述，但需要特别强调的是，这些制度性的实践在中国儿童权益保护法治进程中发挥了不可低估的作用。

以政府为主导的儿童权益保护法律实施方面，我们可以明显地看到两大方面的进展，一个是儿童福利制度的建构方面，另一个是儿童司法保护方面。后者又突出地表现为少年刑事司法的一系列改革和发展。

从儿童福利制度建构方面来看，这十年，社会发展速度加快，社会转型加剧，家庭养育功能开始弱化，儿童福利整体状况渐趋复杂，儿童福利发展进入变革时期。在这十年中，也恰好是中国政府第二个《中国儿童发展纲要（2001－2010年）》实施结束并进行评估，第三个《中国儿童发展纲要（2011－2020年）》制定并开始实施的阶段，对第二个发展纲要的评估比较好地反映了这十年儿童保护的进展以及存在的问题，在总结归纳第二个十年发展纲要的基础上，结合国际儿童权益保护运动的经验，制定了第三个儿童发展十年纲要，从第三个纲要的内容上看，明显地突出了儿童福利保障的内容，这些内容上的调整也可以看作是中国儿童福利制度发展和变革的体现。除了这些变化之外，儿童福利的变革和发展还表现在：（1）儿童在教育、医疗健康、闲暇娱乐等方面的福利得到持续重视。形成了较为完善的教育政策体系，在深化免费义务教育方面采取了措施，比如，实施农村困难学生“两免一补”政策；开展贫困儿童学前教育资助制度、农村学生营养改善计划、校车管理和标准规范化。医疗保健方面，儿童健康照顾范围扩大、服务多样、专业化程度有所提高。（2）家庭福利体现为各专项补贴，比如，独生子女费、学生住宿补贴、入托补贴等。（3）困境儿童救助从福利院孤残儿童扩展到对其他儿童的救助，如流浪儿童救助、机构外孤儿津贴、贫困儿童专项补贴；儿童养护从机构集中供养为主向家庭寄养、类家庭和社会助养模式转变，实践中形成“北京模式”“上海模式”“昆明模式”。（4）2010 年民政部启动儿童福利示范项目，儿童福利模式开始从补缺型向适度普惠型发展。

对儿童的司法保护涉及非常广泛的领域，包括在儿童作为当事人、受害人、证人、犯罪嫌疑人、被告人的案件的侦查、起诉、审判、矫治等活动中，对所涉及的儿童加以特别保护的活动。尽管我们在儿童权益保护观念上、理论研究上、立法上都呈现出对儿童福利和权利保护、综合性的少年司法保护的局面，但是十年间，在民事司法方面对儿童的特别保护并没有很突出的表现，只是更加突出强调了在审判阶段对儿童继承权和抚养权的保护，但在儿童权益保护法律实施上，却基本呈现出少年刑事司法“一枝独秀”的局面，无论从少年司法的理论研究、少年司法的目的来看，还是从少年司法立法和机构建制来看，都呈现出明显的刑事司法色彩。

在少年司法整体发展过程中，无论是理论还是实践方面都涉及一些关系的处理，这些关系在联合国《少年司法最低限度标准规则》中被称为“哲理性矛盾”，包括：（1）惩罚与保护。主要涉及三个方面的内容：一是保护犯罪未成年人与保护受害人、保护公共利益的关系；二是对宽严相济刑事政策的理解；三是刑事司法保护与民事司法保护。（2）传统和借鉴。在少年司法改革过程中，如何借鉴西方经验来建构适合中华文化要求的少年司法制度是无法回避的问题。（3）实践创新与依法办事。实践创新能否突破法律要视情况而定。从司法实践角度看，改革创新发展到一定的阶段，必然会遇到现行制度瓶颈，此时这种创新推动相关法律改革的作用也显现出来。（4）司法保护与社会保护。中国未成年人社会保护作用相对弱小，导致司法改革缺乏配套措施而难以顺利进行。（5）司法制度与保护技术。建立中国的少年司法制度，既要适应社会发展和少年特点选择恰当的价值取向，还要重视规则的制定与技术的引入。

因为这些“哲理性矛盾”一直存在，且在社会动荡加剧过程中会显得尤为突出，1995 年“第三次少年审判工作会议”之后，中国少年司法进入低谷和困境阶段，但在这十年中，困境中也有所发展，特别是儿童权益保护的刑事司法领域的变革则比较明显，在少年检察、少年法庭、少年综合审判庭建构和运行方面做了很多大胆的探索和尝试，其中一些比较成熟的经验被吸收到 2011 年《刑事诉讼法》特别程序当中。十年少年司法发展的特点：（1）实践促进立法。先有了少年法庭之后才有了相关立法，少年立法有较大进展，法律体系进一步完善。（2）依附趋于独立。少年立法、司法、理论都展现出这种趋势，比如少年司法专业化的加强。（3）从单一走向立体。这一特征在少年司法指导思想、案件管辖、机构和体系发展都体现出这一特征。比如，少年司法一些独特的制度形成和完善，包括犯罪前科消灭制度、社会调查制度、附条件不起诉制度（暂缓起诉）、圆桌审判制度、判刑后的延伸帮教制度等。（4）曲折发展。这在新世纪之后的发展中体现得尤为明显，加强了国际国内少年司法工作交流、合作与研究，少年司法改革成为司法改革的新热点。①

在少年司法改革新热点中，除了那些具体的程序性的改革，后来大部分由《刑事诉讼法》所吸收，少年司法组织的变革无为突出，而且还带动了儿童民事司法的发展。从总体上看，在少年司法的变革和发展中，在困境中徘徊的道路上，少年检察机构和审判机构都经历了建立、撤销、又建立的过程，主要原因是专业人员不稳定、案源少导致的压力，但在 2011 年《刑事诉讼法》修订时将“未成年人审判程序”专列一章之后，为了法律实施，一些撤并的少年检察部门和审判部门又再次成为独立的建制。其中少年法庭是发展最快也是相对完善的一部分，通过十年的创新与发展，基本形成了少年刑事案件合议庭、少年刑事案件审判庭、少年案件综合审判庭、少年案件指定管辖审判庭、青少年案件刑事审判庭并存的多元化格局。其中后两者是在一些地方的试点，可以为以后少年司法继续改革积累经验，而前三者则在全国少年司法组织机构发展中具有普遍意义。截至 2011 年 7 月，全国法院共有少年法庭 2331 个，有 7450 名少年法庭法官、2766 名书记员专门从事未成年人案件的审判工作。② 基本上实现了所有未成年人刑事案件由少年法庭审理。

特别是少年案件综合审判庭，原本是 1991 年江苏省常州市天宁区法院首创，但经过十几年的实践，2006 年 7 月最高人民法院召开“全国部分中级人民法院

---

① 参见姚建龙：《长大成人：少年司法制度的建构》，中国人民公安大学出版社 2003 年版，第 5 ~ 9 页、第 64 ~ 71 页。

② 张先明：《改革中谋发展 探索中促完善——2006 年以来全国法院少年法庭工作情况综述》，《人民法院报》2012 年 9 月 4 日。

设立未成年人案件（综合）审判庭试点工作会议”，决定北京市二中院、上海市一中院等17个中院为设立独立建制的“未成年人综合审判庭”试点单位，受理涉少民事案件、行政案件和刑事案件为一体的综合性少年法庭，这是带有体制性改革的重大举措，如何在涉及未成年人民事案件中突出和保障未成年人合法权益，成为改革探索的一个重点问题。少年审判综合庭的设立和试点工作的启动，是中央确定的司法体制和工作机制改革的一项重要内容，对改革和完善未成年人司法制度具有重要意义。这一改革实践成为推动全国少年司法改革的重大事件，对试点单位少年审判带来了极大的变化。比如，在上海，凡是一中院辖区内9个基层法院受理的涉及未成年人权益的监护权纠纷、探视子女权纠纷、生身父母确认纠纷、确认收养关系纠纷、解除收养关系纠纷、继父母子女关系纠纷以及其他涉及未成年人权益的案件，也与涉未成年人刑事犯罪案件一样，单独立“少”字号案号，由专项合议庭或专人审判。案件上诉后，由一中院少年审判庭综合审判。据此，上海高院制订了《关于开展未成年人案件综合审判庭试点工作的意见》，在上海一中院内设未成年人案件综合审判庭，上海市高院设立少年审判合议庭。同时，上海市高院还与公安、检察、司法联合会签了《关于正确理解最高人民法院法释〔2006〕168号司法解释的若干意见》，统一执法尺度。此外，基层法院还积极探索向判处非监禁刑的未成年人发放应当遵守义务的法官提示，对法定代理人未到庭的部分未成年人审判过程中采用合适成年人参与制度，社工介入帮助做失足未成年人教育挽救工作，对失足未成年人的法庭教育、出狱前教育与社区矫正“无缝连接”模式等改革工作。

在北京、上海、江苏、广东等地少年综合审判试点工作也同时带动了未成年人民事案件审判工作。为满足未成年人民事权益保护的需要，采取了以下未成年人民事审判的特色做法：

（1）立案速调机制。立案调解是法官在立案阶段进行的诉讼调解活动。立案先行调解更突出对诉讼效益的追求和对当事人程序选择权的保障。在涉及未成年人的民事诉讼中，立案调解更强调效率，因为案件当事人系未成年人，如果案件久拖不决，未成年人的权益无法得到落实，将给他们的健康成长带来不利的影响。因此，需要通过程序迅速落实和实现其权利，保障其正常生活、学习。

（2）委托调解机制。委托调解是法院对起诉到法院的民事案件，在征得当事人的同意后，委托人民调解委员会等组织或个人进行调解。涉及未成年人的民事纠纷，多因家庭矛盾、父母离异、校园伤害等产生。在这类纠纷中，未成年人所生活的特定区域内的有关部门和人员对涉及的未成年人实际生活状况更了解，通过邀请相关部门或单位介入纠纷解决程序，有利于把握双方争议的焦点问题以及背后隐藏的深层矛盾，更容易使问题顺利解决，从根本上化解当事人之间的矛盾。

（3）诉讼释明机制。诉讼释明作为法院为了明确当事人诉讼请求和案件事实而对当事人诉讼行为所进行的一种程序上的指挥，是司法能动性在诉讼程序中的重要体现。未成年人的控辩能力和诉讼能力都相对较弱，为了维持诉讼均衡态势，并进一步通过程序为未成年人提出主张和进行证明提供必要的支持，法官的诉讼释明可以适当超越普通民事诉讼的界限，例如在探视权诉讼中，如果当事人仅仅主张要求行使探视权，法官就有必要要求当事人声明其所主张探视的时间、地点、方式等。

（4）依职权调查取证机制。中国司法改革一直力图将庭审方式向控辩式转化，强化当事人诉讼参与权。但在涉及未成年人权益的民事诉讼中，对于未成年当事人无力调取的、但对于未成年人权利主张又起到至关重要作用的证据，法院在一定程度上可以突破证据规则关于法院调查取证范围的规定，在启动职权调查取证的条件审查上适当放宽，向相关个人、单位和部门进行调取。

（5）未成年人诉讼意见独立表达机制。未成年人因年龄和诉讼能力的限制，诉讼权利的行使通常由其法定代理人代为参加诉讼，但在某些情况下以及特殊案件中，法定代理人的意见并不能完全代表未成年人本人的意愿，甚至有可能损害他们的利益。因此，有必要在特定案件中构建一套有效的未成年人诉讼意见独立表达机制，保障其向法院充分陈述自己的真实意愿，作为判决的依据。未成年子女抚养、变更未成年子女抚养关系、变更未成年人姓名、未成年人住所迁徙、确定探望方式、与养父母解除收养关系等案件中，案件处理结果直接关涉未成年人的切身利益，直接影响未成年人今后的生活学习。在上述案件中，法官应当充分探询年满10周岁、具备独立表达能力的未成年人的真实意愿。尊重儿童的参与权和尊重儿童表达意见的权利得到《儿童权利公约》和中国《未成年人保护法》的明确规定，这既是儿童保护的一项原则也是一项权利。

（6）特色化裁判机制。是指针对未成年人民事案件的特殊性，在遵循法定裁判书写模式的基础上，在一些特殊案件中，在裁判文书的书写上采用更具有未成年人特色、符合未成年需要、有利于体现未成年人权益的模式。目前大致有以下两种模式：在判决书后附与此案相关的法律法规；在判决书后附法官寄语。这种做法在未成年人相关的案件中有着突出的重要意义。

（7）裁判督促执行机制。涉及未成年人的民事案件具有天然的紧迫性，作为没有独立生活能力的未成年人，他们的生存权和发展权的实现有赖于父母、社会和国家责任的履行，一旦这些责任主体不认真履行相关的职责，未成年人的合法权益将无法实现，将影响他们健康地成长为一个有责任感的健康的个体。

因此，对未成年人的民事司法保护和刑事司法保护一样，不仅仅是一个案件的裁判和解决，案件的审理过程以及结果将影响涉案未成年人整个家庭以及儿童个体的福祉。所以，法院在少年民事案件裁判中，既要关注裁判的法律效果，还要更关注裁判的社会效果。涉及未成年民事案件中，法官要避免“一判了之”的心态，在诉讼中少年审判法官应当采取最有利于裁判落实的方式审结案件。在采取一般工作方法之外，还应当通过释法析理、说服教育，对于一些特殊案件在审结后还要及时跟进，了解裁判结果的落实情况，在案件进入执行阶段后，审判法官在职权范围内能动地与执行单位进行沟通和协调，尽可能为未成年人落实裁判确定的权利扫清道路，保证他们能够在第一时间切实获得裁判利益。

（8）困境中未成年人司法救助机制。司法救助指人民法院对于当事人为维护自己的合法权益，向人民法院提起民事、行政诉讼，但经济确有困难的，实行诉讼费用的缓交、减交、免交。2000 年最高人民法院颁发的《关于对经济确有困难的当事人提供司法救助的规定》对中国的司法救助制度作了初步系统的规定。2005 年 4 月最高人民法院对该规定进行了修订，明确规定追索扶养费、抚育费，交通事故、医疗事故、工伤事故、产品质量事故或者其他人身伤害事故的受害人，正在享受城市居民最低生活保障、农村特困户救济或者领取失业保险金，无其他收入的等几类当事人可以向人民法院提出司法救助申请，获得诉讼费用缓、减、免。未成年人在诉讼中的经济弱势直接体现在对于诉讼费用负担的能力上，为了弥补诉讼费用负担能力的欠缺，在涉及未成年人民事诉讼中，除了按照上述规定对于符合条件的未成年人予以诉讼费的缓、减、免，很多法院专门为未成年人设立未成年人司法救助基金，通过发动社会团体、爱心人士，建立基金，对于那些处于特殊困境中，迫切需要社会援助的未成年人，通过申领未成年人司法救助金，解决涉案未成年人紧迫的基本学习、生活需要，同时通过简化救助基金申领程序、拓宽资金来源，建立未成年人司法救助长短结合、点面结合的工作机制，短期救助与长期救助相结合、物质解困与精神鼓励相结合，将司法救助作为少年审判工作中长期坚持的一项制度，并结合案件具体情况，有重点、有侧重地实施救助。少年审判综合庭的设立，是新中国成立以来中国少年司法领域最重大的少年司法改革措施，少年法庭的“非刑事化”、独立化的目标符合当代少年司法改革的总体趋势，在涉及未成年人民事诉讼中，需要整合成熟的诉讼实践经验，实现未成年人利益最大化。①

少年司法改革的另一个重大事件就是全国人大常委会在 2003 年就曾提出

① 参见王晓松、施忆：《未成年人民事权益司法特别保护机制研究》，《中国青年政治学院学报》2012 年第 5 期。

要建立少年法院试点工作。在2012年“两会”期间，又重新提起少年法院试点问题。经过近三十年的实践探索，中国特色少年司法制度体系不断完善，少年审判改革创新取得了诸多成果，积累了丰富经验，设立少年法院的条件已经成熟。人们认识到，普通法院审理少年案件与未成年人特点以及法律地位不相符，不能很好地保护少年和处理少年案件，法官的专业化程度很难达到要求，也无法专注于少年案件的审理。专业化的要求不仅是熟知法律条文、办案的基本程序，更重要的是要有相关的教育学、社会学、心理学等方面的知识和经验。当然，因中国地域辽阔，社会和经济发展水平地区差异大，有的地区甚至还未达到能建立少年法庭的水平。在有条件的大中城市先进行少年法院的试点是可行的。

为更好地实施儿童权益保护立法以及解决侵害儿童权利的事件，这十年在发挥原有机制的基础上，较为重要的就是根据2007年中央文明办、中央综合办、团中央、中宣部等部门联合发布的《关于贯彻未成年人保护法实施“未成年人保护行动”的意见》以及各省市颁布的未成年人保护条例，建立了未成年人保护委员会等。这些机构尽管受到各种局限，但在维护儿童权益的方面发挥着重要作用：沟通政府机构与儿童之间的桥梁作用、整合并充分利用社会资源的作用等。未成年人保护委员会也是政府主导的儿童权益保护法律的执行和监督的一部分，全国已有29个省、自治区、直辖市成立了由政府牵头，包括司法机关、政府职能部门和群众团体组织在内的协调机构——未成年人保护委员会。委员会的成立，在一定程度上解决了多头负责、力量分散、难以协调的矛盾，对《未成年人保护法》的贯彻执行起到积极作用。另外，根据全国人大常委会执法检查工作部署，内务司法委员会组成执法检查组，于1992年、2008年对《未成年人保护法》的执法状况进行了检查。检察机关对少年司法的监督工作涉及对公安机关办理未成年人刑事案件的立案、侦查活动和法院审理未成年人刑事案件的审判活动实行监督；对预审、羁押、审判、执行期间出现的违法现象和不利于未成年人健康成长的行为提出纠正意见；对虐待、侮辱人格、刑讯逼供、违规劳动、违法监管未成年人进行监督；对未成年犯管教所执行刑罚的活动是否合法实行监督等方面。除了政府主导的法律实施和监督，非政府主导的儿童权益保护法治实践在儿童保护实施中也发挥了不可替代的作用。比如昆明盘龙区“合适成年人制度”的实践，成功地纳入全国的少年司法体系中，已经成为少年刑事案件审判当中一个不可或缺的建制。

三、儿童权益保护法治实践中的问题

儿童权益保护法治中的问题可以从两个方面考察，一个是其制度实践本身的问题，另一个是保护主体儿童的生存和发展当中的问题。近几年来，儿童被侵犯的案件不断见诸报端，人们不禁要问，为什么这样的事件越来越多了？可推测的原因有两个，一个是社会的转型，人们生存的压力越来越大，而生命平等和至高无上的观念尚未建立起来，特别是幼小的儿童受到侵犯的事件确实是越来越多了。另一个原因是，从前儿童受侵犯的事件也时有发生，只是因为儿童权利意识淡薄，儿童又是一个“失语”的群体，他们默默无闻、太不起眼、太少受人关注，他们的冤情少有报道。当一个社会对一切事物均采取功利的价值观来衡量时，包括对生命价值的衡量，一个幼小生命被侵犯甚至逝去当然不值得报道了。因此，儿童的生存状态也可以从一个侧面反映儿童权益保护意识的强弱，法律保护力度的大小。

就这十年来看，儿童的生存、保护和发展方面存在的问题仍比较突出。表现在：（1）儿童生存环境和健康状况受到各种因素的威胁，如五大污染源①对儿童健康的损害，母乳喂养不够普及，中小学用餐隐患，食品卫生问题，毒品和各种疾病对儿童健康的危害，对儿童的各种暴力和剥削，杀婴和弃婴现象依然严重存在等。特别是困境儿童的处境更加不利，如孤儿、流浪儿童、残疾儿童、受虐儿童等，他们时刻处于诸如贫困、饥饿、饥荒、营养不良、暴力、环境污染、各类疾病等恶劣环境的影响下。儿童往往承担着父母和社会贫困的后果。资源、教育和安全的缺乏增加了他们遭受侵害和不公正对待的危险，他们甚至连基本的权利都无法满足。显然，当他们食不果腹或无力接受基本的教育时，根本就谈不上生存权和发展权。他们离开家庭，希望找到好的生存出路，但是，往往更可能被卖为雏妓、虐待甚至遭遇暴力、被迫犯罪的命运。危险的社会治安环境，也在严重威胁着儿童的生命健康，如对儿童的刑事犯罪，各种意外伤害事件等。（2）儿童消费市场隐患多。在经济发展的同时，一些不良产品对儿童造成有害影响甚至伤害，为了赚钱牺牲儿童的利益等现象，并未引起人们对儿童权益的足够注意。（3）儿童成才与玩的权利的尴尬处境。过重的学习压力，使儿童失去了玩的权利，造成儿童心理障碍、行为问题、学习困难、注意力涣散、多动、感觉统和失调、人格不健全等多种生理、心理、精神疾病，童年过早地逝去。（4）媒体宣传时常误导儿童甚至侵犯儿童的权利，如舍身救险、“背起爸爸上学”的宣传，引导儿童承担本应由国家、社会和成人承担的责任；上大学与成才的宣传、制造“神童”的宣传，误导家长忽略了个性、才智和身心能力的全面发展；媒体报道不注意对儿童隐私权、名誉权的保护。（5）儿童参与愿望难以实现，参与权受到冷落。结果导致儿童渐渐失去了用自己语言表达

---

① 包括文具污染、杀虫剂污染、电磁场污染、吸烟污染及噪声污染。

意见的能力。(6) 时常发生在学校、幼儿园等场所中的讽刺、挖苦、辱骂、体罚、甚至暴力，严重影响儿童的身心健康，但是，对这些机构从业人员的要求规定得很笼统，特别是对其中的非主要工作人员还没有成文的从业规定。(7) 家庭保护问题严重，打骂代替人格尊重。

中国还没有建立起一套完整的儿童福利保护制度，对待诸如贫困家庭、陷入困境的家庭和儿童受到虐待和忽视等这类有着特殊需求的家庭，政府或社会不能采取及时的措施，给予援助、指导、咨询和必要的司法监督。尽管中国已签署或批准了若干国际人权公约，但国际公约中保护儿童权利条款在中国法中体现得还很不够。儿童福利和权利的全面实现取决于经济发展及综合国力的提高，并不仅仅由我们的良好愿望决定。①

当儿童受到侵犯时，合法、公开的救济途径并不是十分“有效”的。儿童权益保护法治实践的突出问题是要么无法可依，要么有法但却无法实施，法的可用性、可诉性都很差，儿童权益保护立法基本处于“静止”的状态，无法满足儿童权益保护法治实践的需要。与中国的经济腾飞相比，儿童权益保护的步伐像小脚妇人走路过于扭捏，但儿童的成长是不能等待的，与《未成年人保护法》一起成长的90后一代如今都已经长大成人，他们将成为中国未来三四十年发展的中坚，而2002 - 2012年这十年中他们正值青春期，也是他们人生发展的关键时期，这十年他们所处的法治环境除了上一部分所述及的进展之外，问题与挑战俱在，除了新修订的《未成年人保护法》仍然存在的诸如在法律实施方面操作性和实施机制薄弱，儿童权益保护机制不够健全，对困境儿童关注的不够等问题之外，中国儿童发展仍然面临挑战。联合国《千年宣言》确立的三个优先领域也是中国儿童发展存在的突出问题：一是发展不平衡问题。欠发达地区儿童保护、弱势儿童群体保护不足。二是儿童生存和发展存在一些亟待解决的问题，包括弱势儿童群体的权益得不到有效保护等。三是鼓励儿童参与发展得不到足够重视，在许多关乎儿童生存和发展的问题上，儿童还没有成为能动的主体。

从整体上考察，儿童权益保护十年法治实践存在的具体问题表现在：

(一) 儿童福利观念和制度建设还比较初级。儿童作为权利个体的理念没有获得广泛的认同，特别是在立法、执法和司法人员当中，以及其他从事儿童工作的人员当中；儿童权益保护的基本原则和基本权利内容未得到广泛的传播，这是国家应当履行的实施公约的国际义务。制约和影响儿童福利发展的因素错综复杂，比较集中地体现在儿童福利制度安排、法律政策构架、福利体系建设

---

① 郝铁川：《权利实现的差序格局》，《中国社会科学》2002年第5期。

等领域。对儿童福利与发展之间的促进关系尚缺乏充分认识，特别是决策者、管理者和儿童福利服务提供者对儿童权利、儿童阶段性发展特点、儿童社会化等问题的认识还很浅显。

（二）儿童权益保护的结构性问题最为突出。比如，就儿童福利保障来说，对儿童福利保障缺乏体系性思考和构建。一是没有儿童福利专门机构，与儿童的福利需求极其不协调。由不同部门分割负责儿童福利事务的模式严重制约了儿童福利保障和供给。儿童权益保护机制很不健全，比如未成年人保护委员会基本是一个“花架子”，无法发挥实际的效用，这也是儿童受到侵犯之后无法获得及时而合法救济的主要原因。二是儿童福利服务缺乏整体设计和发展，出现问题不从根本上探寻解决之道，因而一些基础性问题长期得不到解决，比如，应试教育、教育质量、教育公平、福利供给的城乡差别、基本体能指数低等。三是儿童权益保护应急机制缺失，儿童受到各种突发事件伤害、暴力侵害以及公共卫生等引起的伤害时，不能得到及时的救助、治疗、康复等服务。

（三）儿童权益保护法制还很不完善，特别是关系到儿童基本福利的法律还很缺乏，比如儿童福利保障方面缺少一部《儿童福利法》，尽管现有法律当中涉及儿童福利的一些规定，但都过于原则，而解决儿童健康、教育、福利服务等具体问题的文件又多是部门规章，法律效力层级低，各规范之间缺乏系统性和协调性，亦存在无法操作的弊端，儿童保护形成事实上的“无法可依”。除了儿童权益保护立法的欠缺之外，现有的儿童权益保护立法缺乏执行力已经成为儿童权益保护法治发展的严重阻碍，由于不具有可操作性，儿童权益保护的相关立法基本成为具文，与法治精神相悖，特别是当儿童遭受侵犯的时候无法用法律维护自己的权利，更谈不上司法救济。例如，《未成年人保护法》关于司法保护的规定，由于没有实体法、程序法的配套规定而难以操作。在司法实践中，涉及儿童的案件，法院基本不引用《未成年人保护法》来进行审判，很大的原因在于该部法律中的规定很不明确，无法操作。该法第四十条规定：“公安机关、人民检察院、人民法院办理未成年人犯罪案件，应当照顾未成年人的身心特点，并可以根据需要设立专门机构或者指定专人办理。公安机关、人民检察院、人民法院和少年犯管教所，应当尊重违法犯罪的未成年人的人格尊严，保障他们的合法权益。”但是，在刑事诉讼过程中，什么样的方式为尊重违法犯罪的未成年人的人格尊严，怎样保护他们的诉讼权益，则语焉不详。这就导致在司法实践中，各司法部门只能在各自的领域中根据实际情况进行创新，而同时又不得不面临为了保护儿童的合法权益，可能会与现有法律相冲突或者在现有法律框架之外创新，进而缺乏法理依据的尴尬局面。之所以会出现这样的困境，与我们对儿童权利的片面认识有关，将对儿童权利的保护等同于对儿童身体健康的保护，忽视对其人格尊严的尊重以及儿童人格尊严内涵的理解。

（四）儿童权利的司法保护刑事色彩过于浓厚，对儿童的民事权利、行政权利的保护还很薄弱。虽然学者们在论述中国少年司法制度时大都不忘强调少年司法制度本质是保护性、预防性的，而非惩罚性或镇压性的，但是目前的少年法庭绝大多数都还只是处理少年刑事犯罪案件，公安机关和检察机关对未成年人的关注或者保护也更多体现在对未成年人犯罪的打击、指控过程中，检察机关作为专职法律监督机关，其监督活动也仅仅局限在刑事诉讼领域。既然少年司法制度的基本理念是保护儿童，但是现行少年司法制度则偏重于惩罚犯罪的目的，诸如与儿童福利有关的儿童抚养、监护、伤害类案件尚无法进入少年司法保护的视界。

（五）儿童福利服务保障还很初级，困境儿童福利服务得不到保障，解决困境儿童实际福利问题的法律政策有待加强，大部分困境儿童的福利保障尚未纳入国家福利服务体系。儿童福利服务专业化程度不高，行政化、部门化、政治化色彩浓厚。专业化的缺乏导致科学化和职业化程度低，儿童福利服务社区化、社会化发展存在局限性。儿童福利保障总量不足、结构不优、质量不高、发展不均衡。儿童福利供给失衡与城乡二元分立结构直接相关，有差别的儿童福利政策模式带来了选择性、结构性、制度性的社会不平等，成为儿童福利发展的体制性障碍。

（六）儿童民事审判还存在程序上的困局。传统民事诉讼要求赋予诉讼双方当事人平等的诉讼地位、平衡的攻防手段。在儿童民事诉讼中，当事人一方是儿童，由于其在辨控能力、表达能力、诉讼技巧等方面的弱势，如果没有成年人的帮助，他们根本无法有效地行使自己的诉讼权利，造成整个诉讼程序朝着不利于他们的方向运行，最终出现形式正义掩盖实质不正义的局面。儿童民事审判发展过程中的程序困局表现在：（1）儿童民事审判指导理念尚不明确。法院如何体现和保护儿童的权利和福利尚不十分清楚，也无具体的法律规定。民事案件法官在遇到儿童权益争议案件时，其中立地位和角色是否因一方当事人为儿童而需要有所调整，或更多地发挥法官的能动性，往往使得法官犹豫不决。（2）缺乏符合儿童特点、体现儿童需求、方便儿童诉讼的特殊程序。现行民事诉讼具有强烈的“成人色彩”，大量诉讼制度建构在“成人假设”的基础之上，而难以适应以儿童为对象的民事诉讼。

（七）缺乏有效的少年违法犯罪预防机制和矫治措施。对少年违法犯罪矫治主要采取如下三种措施：收容教养、劳动教养和劳动改造。收容教养是指对已满 14 周岁的未成年人犯罪，因不满 16 周岁不予刑事处罚的，在必要的情况下，由政府收容教养的措施。政府对接受教养处罚的少年实行集中管教的方法，原来由少年教养所执行。[1] 劳动教养是对那些违法或犯罪情节轻微、不够或不需要追究刑事责任但屡教不改的人采取的一种强制性教育改造的行政措施。适用对象的年龄一般在16周岁以上。[2] 劳动改造是对罪犯进行惩罚和改造的刑事执行活动。尽管设立有专门的少年犯管教所，但其中的教育改造措施尚需真正从儿童的最大利益出发，采取针对儿童的矫治教育方法，促进其早日回归社会。

结束语：儿童权益保护法治发展展望

基于上述儿童保护法治现状和存在的问题，最急迫的是培育广大民众特别是政府官员、家庭和儿童保护组织的儿童保护理念。同时，急需从立法、执法、守法、制度建设等各个环节加强儿童保护发展的变革。具体措施考虑如下。

第一，继续加强未成年人法制建设，制定和完善有关法律法规，根据经济、社会和儿童发展的新情况、新问题，修改相关法律法规。特别是将目前还停留在司法解释层面的内容上升到国家一级的立法层面，适当考虑确立少年保释制度、少年观护制度、犯罪少年的司法救济机制，以及考虑制定少年刑法、少年法院法或程序法等专门法律。

第二，特别注重增强立法的可操作性。在少年司法中注重少年的矫治与重返社会问题。在执法和法律监督方面，进一步强化各级政府及有关部门的法律责任，加强法律监督。建立健全司法救济制度。加强儿童权利实施的监督机制，进一步保障儿童保护各项法律和政策的实施，逐步使国内法和参加的国际公约中的权利具有可诉性。如可以参照国外的人权监察专员（ombudsman）制度，建立和完善自己的相关制度。

第三，继续推进“儿童纲要”的实施，尤其关注弱势儿童群体，促进平等发展。中国儿童发展纲要的实施，是中国履行特别联大全球儿童发展目标的后续行动。在纲要实施中，要继续把工作重点放在农村，特别是西部贫困地区和少数民族地区，重点解决好贫困地区儿童在健康、教育、生存环境等方面存在的问题，提升西部贫困地区儿童的整体素质。

第四，完善儿童权益保护机制建构。建立独立的儿童权益保护机构。在少年司法机制建设方面，尽快推进少年法院的试点。少年法院建立的必要性在于几个特殊性：审判对象特殊、审判内容特殊、审判方式特殊、少年案件程序规则特殊。少年法院可以采取先在有条件的大中城市试点，然后再逐步推开。从长远来看，中国地域辽阔，情况参差万别，少年司法形成少年法院、少年刑事

---

① 但自2013年劳动教养废除后，少年教养所基本撤并到与少年犯管教所一起。

② 2013年劳动教养制度被废除。

审判庭、少年案件综合庭等多样化的司法机构并存的格局将持续相当长的时间。建立少年法院也是美国、德国、英国、日本等国家和中国台湾地区的通常做法。《联合国少年司法最低限度标准规则》要求成员国“应努力在每个国家司法管辖权范围内制定一套专门适用于少年的法律、规则和规定，并建立授权实施少年司法的机构和机关。”设立少年法院还可以推动建立与之相配套的少年侦查、少年检察、少年矫治、少年法律援助等机构和制度建设，从而推动中国特色少年司法制度的建立和完善。

第五，亟须建构儿童福利保障的长效机制。儿童福利服务体系建设有着战略的紧迫性。亟需建构以儿童为中心、政府为主导，由家庭、企业、社会力量等参与的，促进儿童健康、自立的儿童福利发展模式。对儿童福利服务需做体系性的思考和规划，建构儿童福利保障长效机制。建立以儿童为中心的多重儿童福利供给模式，理顺家庭、社会与国家在儿童福利供给中的关系。制定具有一定效力级别的可操作的《儿童福利法》以及相关的配套方案，设立一个专门处理儿童福利事务的机构。提高儿童福利服务供给能力和水平，增加投入，并建设专业化、职业化的儿童福利社会工作者队伍。采取综合性的儿童福利政策，保证儿童生存环境的安全。建立儿童危机处理机制，以保护儿童免遭暴力侵害，帮助受害儿童及时脱离暴力威胁，协助其尽早康复。同时，困境儿童福利保障亟待加强。导致儿童陷入困境的原因包括家长不适格、社会不公、贫困、歧视、政策失当等。困境儿童比普通儿童在福利上有着更加紧急的需求，如果困境儿童得不到倾斜性保护，必然沦为社会的边缘群体，需要尽快从困境儿童的福利服务入手，完善困境儿童福利保障制度。困境儿童救助的相关制度和机制亟待完善。完善现有的相关立法，包括民事、行政和刑事立法。在立法过程中，需要特别关注儿童视角和性别视角，考察立法是否有损于儿童福祉。进行行政体制改革，保障困境儿童福利。逐步实现以户籍制度改革为中心，对儿童赋权，增强困境儿童进入社会过有尊严的独立生活的能力。

第六，净化儿童成长环境，加强国家、社会各部门以及媒体、家庭对儿童保护的责任。例如，校园及其周边环境的净化；严禁生产经营单位制造、生产、销售不利于儿童身心健康的产品；发挥媒体宣传作用，增强国家、社会和家庭对儿童权利保护的意识以及儿童的自我保护意识；丰富儿童的文化生活环境，增强儿童的参与意识和主体意识。在这方面，中国的香港地区给我们提供了很好的经验，在香港，参与儿童保护工作不仅仅是政府的责任，更是社会的责任，许多非政府部门都在积极地参与儿童保护工作。比如香港城市大学开展的青少年犯罪学及青少年保护的研究工作以及基督医院儿科建立的识别虐儿案件的处理系统。香港的儿童保护工作始于 20 世纪 70 年代末，经过近 30 年的发展已经摸索出一套完整、高效、实用的经验，这些经验值得我们在今后开展儿童权益保护工作中加以借鉴。

儿童保护十年重大立法及法治事件索引

1. 2012 年 12 月 26 日最高法、最高检、公安部等发布《关于实施刑事诉讼法若干问题的规定》

2. 2012 年 12 月 20 日最高法发布《关于适用〈中华人民共和国刑事诉讼法〉的解释》

3. 2012 年 12 月 7 日教育部发布《中小学心理健康教育指导纲要（2012 年修订）》

4. 2012 年 10 月 29 日最高检发布《关于进一步加强未成年人刑事检察工作的决定》

5. 2012 年 10 月 26 日全国人民代表大会常务委员会修订《未成年人保护法》

6. 2012 年 10 月 26 日全国人民代表大会常务委员会修改《预防未成年人犯罪法》

7. 2012 年 10 月 22 日国务院转发教育部等发布《关于进一步加强学校体育工作若干意见的通知》

8. 2012 年 3 月 14 日全国人民代表大会修改《中华人民共和国刑事诉讼法》

9. 2011 年 8 月 9 日最高法发布《关于适用〈中华人民共和国婚姻法〉若干问题的解释（三）》

10. 2011 年 2 月 25 日全国人民代表大会常务委员会修订《中华人民共和国刑法修正案（八）》

11. 2010 年 11 月 26 日民政部、财政部发布《关于发放孤儿基本生活费的通知》

12. 2010 年 11 月 16 日国务院发布《关于加强孤儿保障工作的意见》

13. 2010 年 7 月 29 日教育部发布《国家中长期教育改革和发展规划纲要（2010－2020 年）》

14. 2010 年 5 月 10 日国家食品药品监督管理局、教育部发布《关于深入开展学校食堂食品安全专项整治工作的通知》

15. 2010 年 2 月 22 日卫生部发布《关于进一步加强学校卫生管理与监督工作的通知》

16. 2009 年 5 月 7 日国务院转发教育部等《关于进一步加快特殊教育事业发展意见的通知》

17. 2009 年 4 月 13 日外交部提交联合国《中华人民共和国关于〈儿童权利公约〉执行情况的第三、四次合并报告》

18. 2009 年 2 月 28 日全国人民代表大会常务委员会修订《中华人民共和国刑法修正案（七）》

19. 2008 年 6 月 27 日卫生部、教育部发布《中小学生健康体检管理办法》

20. 2007 年 12 月 13 日国务院发布《关于印发中国反对拐卖妇女儿童行动计划（2008—2012 年）的通知》

21. 2007 年 12 月 29 日全国人大常委会批准《儿童权利公约关于儿童卷入武装冲突问题的任择议定书》

22. 2007 年 8 月 7 日国务院发布《关于解决城市低收入家庭住房困难的若干意见》

23. 2007 年 7 月 11 日国务院发布《关于在全国建立农村最低生活保障制度的通知》

24. 2007 年 4 月 15 日教育部等 8 部委联合发布《关于保护未成年人身心健康实施网络游戏防沉迷系统的通知》

25. 2006 年 12 月 29 日全国人民代表大会常务委员会修订《未成年人保护法》

26. 2006 年 12 月 28 日最高检发布《办理未成年人刑事案件的规定》

27. 2006 年 9 月 6 日共青团中央、中央社会治安综合治理委员会等发布《关于深化创建优秀“青少年维权岗”活动的意见》

28. 2006 年 6 月 29 日全国人民代表大会常务委员会修订《义务教育法》

29. 2006 年 3 月 29 日民政部等 15 个部委发布《关于加强孤儿救助工作的意见》

30. 2006 年 1 月 23 日最高法发布《关于审理未成年人刑事案件具体应用法律若干问题的解释》

31. 2005 年 12 月 28 日全国人民代表大会常务委员会通过《中华人民共和国刑法修正案（四）》

32. 2005 年 8 月 28 日全国人民代表大会常务委员会通过《治安管理处罚法》；

33. 2005 年 8 月 28 日全国人民代表大会常务委员会修订《中华人民共和国妇女权益保障法》

33. 2005 年 7 月 19 日建设部、民政部发布《关于开展城镇最低收入家庭住房情况调查的通知》

34. 2005 年 4 月 27 日全国人民代表大会常务委员会通过《关于批准〈跨国

收养方面保护儿童及合作公约〉的决定》

35. 2004年10月13日文化部等12部委发布《关于公益性文化设施向未成年人免费开放的实施意见》

36. 2004年5月1日文化部、国家文物局发布《关于公共文化设施向未成年人等社会群体免费开放的通知》

37. 2003年12月27日民政部发布《家庭寄养管理暂行办法》

38. 2003年12月26日最高法发布《关于适用〈中华人民共和国婚姻法〉若干问题的解释（二）》

39. 2003年12月18日民政部、国家档案局发布《收养登记档案管理暂行办法》

40. 2003年9月23日社会保障部发布《因工死亡职工供养亲属范围规定》

41. 国务院妇儿工委发布《中国儿童发展状况国家报告（2003－2004年）》

42. 2002年12月1日国务院发布《禁止使用童工规定》

43. 2002年8月29日全国人大常委会批准《〈儿童权利公约〉关于买卖儿童、儿童卖淫和儿童色情制品问题的任择议定书》

农民医疗保障法治

余少祥*

在中国，农民的医疗保障是一个十分沉重的话题。古者“医在王宫”，能够享有医疗保障的只有皇亲国戚、官僚和军事集团中有一定品级的官员。近代以后，医疗技术和水平有了很大的提高，医事制度和社会保障仍主要是为权势阶层和富裕人群服务。一直以来，农民看病都是凭“家底”是否殷实，没有任何保障。新中国成立后，由于资源有限，中央政府采取了“城乡有别”的治理国策，将占总人口90%的农民明确排除在福利体系之外。此后，在相当长时间内，国家的医疗福利、医疗保障政策和制度都只针对国家干部及企事业单位职工，农民作为最庞大的群体一直是“被遗忘的角落”。作为农业大国，能否解决好农民的医疗保障问题，直接关系到农民的身体健康和农村地区的经济发展与社会稳定，的确是“天大的事”①。

一、农民医疗保障问题的社会背景

“社会保障”一词进入中国社会生活并且真正影响国计民生是在20世纪90年代以后，当时主要是适应企业改制、国有企业职工大量下岗失业的需要而产生的，之前只有国家干部、国有企业和事业单位职工才享有类似待遇。至于农民的医疗保障是进入21世纪以后才被逐渐提及，为了对此更深入的了解，我们先回顾一下它建立的社会背景。

1. 实行农民医疗保障的重要性

（1）当时的医疗保障制度对农民不公平。一直以来，中国在公共产品供给上实行城乡分割的“双轨”制，在医疗保障领域则更为明显和突出。根据新华社2002年2月25日公布的数据，当时占全国总人口85%的农村人口只享有不到1/3的医疗卫生资源，且农村经济发展水平低，面对的是统一的药品定价和医疗费用，② 使农民医疗得不到最起码的保障。因此，有人对称当时的中华人民共和

---

* 余少祥，中国社会科学院法学研究所副研究员。

① 刘翠霄：《天大的事——中国农民社会保障研究》，法律出版社2006年版，第2页。

② 彭说龙等：《农村医疗保障制度思考》，《改革与战略》2007年第11期。

国劳动和社会保障部为少数“城市贵族”的保障部。当时，“广大农民被排除在医疗保障之外，他们虽然为工业化做出了贡献，但却分享不到工业化的成果。”①在改革开放后相当长时间内，农民看病主要靠自费，国家和社会没有任何投入。在此之前的合作医疗也只是一种初级卫生保健措施，离公费医疗和医疗保障的水平相差很远。对此，詹姆斯·斯科特有一个经典的描述，“有些地区农村人口的境况”，就像“一个人长久地站在齐脖深的河水之中，只要涌来一阵小浪，就会遭受灭顶之灾。”② 这既是中国农民医疗保障状况的真实写照，也凸显了对农民的制度性不公平。

（2）该时期农民就医的负担过重。20 世纪 80 年代，在解决了缺医少药的矛盾之后，中国农村出现了新的“看病贵、住院贵”问题。研究表明，农民生病无钱就诊的比例由 1985 年的 4% 上升到 1993 年的 7%，需住院而无钱未住院的比例由 13.4% 上升到 24.5%；70% 的农民认为医疗费用增长过快，20% 的受访者明确表示已看不起病。无钱看病买药、无钱住院治疗的病人日益增多。③ 根据第三次卫生服务调查的结果，2003 年农民住院平均费用为 2236 元，而当年农民的人均收入只有 2622 元。也就是说，如果一个农民家庭有一人住院，需要花费当年的全部收入。因此，在农村“小病撑、大病抗、重病等着见阎王”的情况司空见惯。对经济条件稍好一点的农民，也是“大病拖、小病挨、重病才往医院抬”。农村当时流行一句民谣，“救护车一响，一头猪白养”，因为看病确实太贵了。④ 2004 年，河南省农调队在夏邑县农村做了一项调查，报道了两例“被病魔所击倒的农户”的情况，他们为治病已“家徒四壁，债台高筑”，最后被迫放弃治疗，在家中硬熬。其实，他们的病并非不治之症，只要治疗能跟上，康复大有希望，但是他们因贫困“没有更好的选择”⑤。

（3）那一段时间农民因病致贫、因病返贫现象严重。农村有一句口头禅：“致富十年功，大病一日穷。”根据全国农村卫生服务调查，进入 21 世纪后，因病致贫和因病返贫是影响农村经济发展和农民健康的重要制约因素。2002 年，江苏省徐州市政协在新沂市、铜山县等地做了一项调查，发现农村的贫困户大部分是因为家中出现重病人而出现经济困难。在新沂市合沟镇，共有 921 个贫困

---

① 王曙光等：《社会参与、农村合作医疗与反贫困》，人民出版社 2008 年版，第 43 页。

② James C. Scott, *The Moral Economy of the Peasant: Rebellion and Subsistence in Southeast Asia*, Yale University Press, 1977, p1.

③ 王延中：《试论国家在农村医疗卫生保障中的作用》，《战略与管理》2001 年第 3 期。

④ 郑秉文、和春雷：《社会保障分析导论》，法律出版社 2001 年版，第 260 页。

⑤ 河南省农调队：《关于农村医疗保障问题的调查与思考》，河南省统计网，http://www.ha.stats.gov.cn/hntj/tifw/tifx/gsfx/ztfx/webinifo/2004/11/1224120933657267.htm，2004 年 11 月 30 日。

户，其中601户是因病致贫、47户是因病返贫，两项合计占贫困户的71%。[①]海门市地处长江下游，是当时全国经济百强县（市）之一，在调查农民“生活中最担心的是什么”时，近半数农民认为“生大病无保障是最担心的问题”。他们担心生大病，生重病，医疗费用一次动辄数千元甚至几万元，致使一年或数年辛苦积蓄倾囊而出，有的还要四处借贷。[②] 2004年，河南省农调队在深入调查后提出，一旦“农民患了大病或难治之症，生活便一下跌入艰难困境。”[③] 实际上，农民最怕的就是病，很多农民本来患的是小病，等拖成了大病才来治，他们大多数难以支付巨额医疗费，一些农民平时稍有积攒，一看病就荡然无存，甚至债台高筑。研究表明，当时农民因病致（返）贫的比例占农村贫困农户的30%至40%，有的地方甚至高达60%以上。[④]

（4）当时农民的健康状况有恶化的趋势。由于看病负担重，没有基本医疗保障，农民的健康状况日益恶化。江苏省徐州市2001年有农业人口54361人，当年仅有39600人次到医院就诊，人均就诊率0.7次/年，远远低于全国水平。慢性病患病率15.6‰，其中一半以上因经济困难不能按时治疗，以致久拖不愈。在调查中，农民最担心的是医疗问题，最需要的是医疗保障项目。[⑤] 由于缺乏医疗保障，农民的健康和生存状态往往陷入贫病交加的恶性循环之中。据报道，农村许多人的病是先天不足和儿童发育期营养不良造成的，很多农村妇女在怀孕期间仍然要参加重体力劳动，且无法保证孕期起码的营养，常常留下产后妇科病。而且，农村儿童的营养不良是普遍现象，很多父母把几个月大的孩子放在家里由老人代管，自己外出打工，根本谈不上优育。在贫困山区，由于无力支付医疗费用，农民患病未就诊的比例为72%，应住院未住院的高达89%。[⑥]农业人口的健康问题，成为医疗卫生工作中的突出的、不容忽视的重大问题。

2. 实行农民医疗保障的必要性

一是权利和人权理论发展的必然结果。现代社会，医疗保障是一项基本权利，是生命健康权和生存权的重要组成部分。生命健康权是天赋的、与生俱来

---

① 《关于我市农村医疗保障制度实施情况的调研报告》，http：//www.xzzx.gov.cn/html/zwhg20/20070327/901.html，2005年8月24日。

② 陈孝平：《新时期农村推行大病医疗保险的实践与探索》，《中国卫生事业管理》2002年第5期。

③ 河南省农调队：《关于农村医疗保障问题的调查与思考》，河南省统计网，2004年11月30日。

④ 郑秉文、和春雷：《社会保障分析导论》，法律出版社2001年版，第260页。

⑤ 《关于我市农村医疗保障制度实施情况的调研报告》，徐州市政协网站，http：//www.xzzx.gov.cn/html/zwhg20/20070327/901.html，2002年7月16日。

⑥ 王延中：《试论国家在农村医疗卫生保障中的作用》，《战略与管理》2001年第3期。

的权利，是最重要的人权，不可变更、转让和放弃，它也是公民在社会上生存、享有作为人的尊严以及得到进一步发展的前提，是其享有和实现一切权利的基础。因此，作为基本的公共产品，医疗保障应该向全社会提供，不分种族、肤色、性别、身份等为全体社会成员所享有，这是国家和政府的义务。医疗保障是农民人权保障的重要手段，而人权的普遍性要求反对歧视，反对不合理的差别待遇。《世界人权宣言》规定："人既为社会之一员，就有权享受社会保障，并有权享受人权尊严及人格自由发展所必须之经济、社会及文化各种权利之实现。"《联合国人权公约》规定："本盟约缔约国确认人人有权享有社会保障，包括社会保险。"因此，只有从人权角度理解农民的医疗保障，才能真正理解其紧迫性和必要性。

二是反贫困工作的客观要求。按照美国学者戴维·波普诺的表述，贫困是"物质生活处于匮乏或遭受剥夺的一种状况，其典型特征是不能满足基本生活需要"①。在中国，由于长期实行"城乡分治""一国两策"的政策措施，导致城乡居民收入差距过大，贫富分化加剧。因此，农村地区一直是反贫困工作的重心和立足点。但是，由于医疗保障制度的缺失，农村因病致贫、因病返贫的现象顽强地抵消着政府扶贫、减贫的努力。2000 年，中国实有农户 24149 万户，农村贫困户比例为 3.86%。同年国家统计局调查的户均人数是 4.20 人，农业部农村研究中心的提供的数据是 4.11 人。根据复旦大学郝模的调查，农村因病致贫、因病返贫的贫困户比例为 20.7% ~49.3%，卫生部统计信息中心提供的 2003 年的数据是 33.4%。按照卫生部和国家统计局的数据推算，每年约有 1308 万的农村人口面临因生病倾家荡产的危险。而"八七"扶贫攻坚计划每年仅能使农村贫困人口减少 1000 多万，这个数据足以使我们震惊。②

三是提高农业生产力的客观要求。医疗保障是实行市场体制的基本要求，也是使整个社会都能获得最大收益的公共投资。从农业生产的角度看，建立农村医疗保障制度有利于人力资本的积累。因为健康不良将导致劳动力参与率和

---

① 英国学者彼得·汤森德（Peter Townsend）在 1979 年提出一种"相对剥夺（relative deprivation）"概念，认为当个人、家庭和社会集团缺乏必要的资源，不易获取食物、参加活动、拥有公认的居住和生活条件，并且被排除在一般的居住条件、社会习惯和活动之外时，即为"贫困"。美国学者斯卡皮蒂则说，"贫穷，一眼看去，似乎是一个简单而具体的词汇，却是惊人地难以确定界限，许多定义所确定的界限只说明了它的一个或另一个方面"，"要对贫穷的标准确定界限，这几乎不可能办到"，认为贫穷的基本含义是"不足"。参阅［美］弗·斯卡皮蒂：《美国社会问题》，刘泰星、张世灏译，中国社会科学出版社 1986 年版，第 113 页。

② 根据卫生部统计信息中心提供的数据，在农村贫困户中因病致贫的户数占很大的比例，在 1998 年和 2003 年分别为 21.61% 和 33.4%。也有学者认为，在不同的地区，疾病导致了 20% ~70% 的贫困。参阅彭说龙等：《农村医疗保障制度思考》，《改革与战略》2007 年第 11 期。

供给时间下降，甚至直接“导致个人退出劳动力市场。”① 舒尔茨认为，人力资本是通过对人力的投资而获得的，表现在货币形态上就是为提高人力的各项开支，包括保健支出、教育支出、劳动力迁移的支出等。其中，通过投资健康以改善人力资本的质量，是提高人口素质、增加穷人福利的重要手段，也是促进经济增长的主要动力。拉蒂·拉姆和舒尔茨的研究表明，在印度，由于连续实施了10年（1951～1961年）公共保健计划，印度的国民健康状况得到了显著改善，大大提高了农业的劳动生产率。阿玛蒂亚·森对印度克拉拉邦的研究发现，贫困地区医疗保健水平的改善，会使人们的生活质量不断提高，而且对经济增长具有重大的作用。②

四是维护农村社会稳定的客观要求。按照美国经济学家阿罗的观点，医疗服务与普通商品最大的差异在于两个不确定性：健康风险的不确定性、治疗与恢复效果的不确定性。③ 建立医疗保障制度，抵御医疗风险，不仅能提高农民总体的福利水平，而且有利于其生活稳定。实际上，疾病、养老和贫困是农民面临的最大风险，与养老相比，疾病的风险更大，“尤其是重大疾病给每个家庭造成了巨大伤害，使得这些家庭的生存风险大大增强。”④ 在中国，农民抵御疾病灾害的能力一直十分脆弱，疾病风险“无时无刻不在，带有普遍性和必然性”⑤，这个问题不解决，必然会影响社会平等性和“人们对社会制度的认同性”⑥，影响农村地区的发展和稳定。正如亚当·斯密所说：“穷人会用公开的暴力手段使富人的财产减少到与自己相当。”⑦ 因此，为了农村地区经济社会稳定发展与长治久安，必须大力推进医疗保障制度，对农民面临的疾病风险作出相应的制度安排。

二、农民医疗保障的发展历程

根据相关研究，中国农民医疗保障制度形成的标志是“新农村合作医疗”（以下简称“新农合”）的全面覆盖和普及，从2003年起至2013年整整十年。至2013年，新农合的正式定位是中国人创造的有中国特色的医疗保障制度之一，是解决“三农”问题、促进城乡协调发展的“惠农大餐”，是构建和谐社会的

---

① 樊明：《健康经济学：健康对劳动市场表现的影响》，社会科学文献出版社2002年版，第44页。

② 李晓嘉、刘鹏：《中国农村医疗保障制度与农民贫困的实证研究——以广东省为例》，《经济与管理》2007年第11期。

③ 顾昕等著：《诊断与处方：直面中国医疗体制改革》，社会科学文献出版社2006年版，第353页。

④ 高和荣：《风险社会下农村合作医疗制度建构》，社会科学文献出版社2008年版，第44页。

⑤ 张建平：《中国农村合作医疗制度研究》，中国农业出版社2006年版，第20页。

⑥ 高和荣：《风险社会下农村合作医疗制度建构》，社会科学文献出版社2008年版，第73页。

⑦ ［英］亚当·斯密：《道德情操论》，余涌译，中国社会科学出版社2003年版，第7页。

“助推器”和农民致富奔小康的“加速器”①。

1. 农村合作医疗的缘起和衰落

（1）农村合作医疗的产生。农村合作医疗是在农民自愿互助的基础上，依靠集体经济，在防病治病上实行互济互助的一种医疗制度。有学者将合作医疗的源头追溯到1923年河北香河出现的第一个“雷发森式”的信用合作社。② 卫生部课题组认为，合作医疗最早的萌芽是抗战时期陕甘宁边区的“医药合作社”，即1938年边区政府创建了“保健药社”和后来创建的“卫生合作社”，这两种合作社缓解了八路军、新四军缺医少药问题，在一定程度上也解决了部分群众的医疗问题。③ 1949年以后，一些地方的农民自发采取互助合作的形式解决医疗问题。1955年，山西高平县米山乡出现了全国第一个合作医疗站。1959年，卫生部在全国卫生工作会议上肯定了农村合作医疗的形式。1960年，中央肯定了合作医疗的办医形式，对于推动合作医疗制度的发展起到了关键作用。1965年，毛泽东主席发布“六·二六”指示和中央批转卫生部党委的《关于把医疗工作的重点放到农村的报告》，推动了农村合作医疗兴起的热潮。④ “文化大革命”期间，合作医疗继续在全国深入发展。据统计，截至1977年，全国有90%的生产大队实行了合作医疗制度，人口覆盖率达到80%以上。同时，中国农村绝大部分地区建立了三级医疗卫生机构，形成较为完善的预防保健网络。当时，农村的合作医疗、村级保健站和“赤脚医生”被称为中国农村医疗卫生工作的“三大法宝”⑤，获得了世界银行和世界卫生组织的一致赞誉。

（2）农村合作医疗的衰落。改革开放后，由于农业合作社解体和“工分制”瓦解，合作医疗制度失去赖以支撑的经济基础，“赤脚医生”再也无法通过从事医疗活动来换取工分，以获得粮食等生活必需品，加上在运行中存在“资源分配不平等”导致农民逐渐对它失去信任⑥，原有合作医疗体系纷纷解体。这时，政府开始有意识地将农民的医疗问题推向市场。首先是将合作医疗培养起来的“赤脚医生”按市场化原则改造为自食其力、自负盈亏的“乡村医生”，再按效率原则配置卫生资源，将卫生工作的重点从农村转移到城市，而且教导医院以

---

① 科学发展观百科词典：“农村新型合作医疗制度”，http：//kxfx. people. com. cn/GB/136623/index. html.

② 张建平：《中国农村合作医疗制度研究》，中国农业出版社2006年版，第30页。

③ 张自宽等：《关于中国农村合作医疗保健制度的回顾性研究》，《中国农村卫生事业管理》1994年第6期。

④ 孙淑云等：《新型农村合作医疗制度的规范化与立法研究》，法律出版社2009年版，第49页。

⑤ 同上书，第29页。

⑥ 高和荣：《风险社会下农村合作医疗制度建构》，社会科学文献出版社2008年版，第93页

经济效益为中心，毫不犹豫地从革命的“人道主义”的承载者转变成理性“经济人”。这就是所谓医疗行业的市场化改革，其直接后果是致使农村合作医疗急剧衰落。研究表明，1985 年，全国实行合作医疗的行政村由 1980 年的 90% 下降到 5% 。[①] 以江苏省徐州市为例，1970 年全市实行合作医疗的生产大队占总数的 97. 4% 。实行联产承包责任制后，合作医疗制度受到很大冲击，到 1985 年全市合作医疗覆盖率仅为 2. 62% ，农民的医疗保健问题开始显露出来。[②]

农民“被放弃”合作医疗后，难以体会到“救死扶伤”和革命的“人道主义”精神了，生病之后只能在“钱—命交易市场”艰难度日。20 世纪 80 年代后期，一些地方政府如江苏昆山、福建厦门和湖北荆州等试图恢复和重建合作医疗，但没有成功。90 年代伊始，中央政府颁布了一系列相关政策，试图恢复合作医疗制度。1991 年 1 月，国务院批转卫生部等部委《关于改革和加强医疗卫生工作的请示》，要求各地稳步推行合作医疗制度。1993 年 11 月，十四届三中全会通过《中共中央关于建立社会主义市场经济体制若干问题的决定》，明确规定发展和完善农村合作医疗制度。1997 年 1 月，党中央和国务院在《关于卫生改革和发展的决定》中，再次要求“积极稳妥发展和完善合作医疗制度”。同年 11 月，卫生部发出《进一步推动合作医疗的通知》，但实施效果并不理想。其中有一个根本原因是，随着市场化改革的深入，西方新自由主义思潮一度泛滥，各级政府急功近利，片面强调市场作用，过分追求经济增长率、生产总值和财政收入增长等指标，并将此纳入干部政绩、升迁等考核范围，而涉及民众福祉有关的社会指标却被淡化。[③] 1998 年，第二次国家卫生服务调查显示，农村参加合作医疗的人口比例仅 6. 5% ，也就是说 93. 5% 的农民看病完全自费，没有合作医疗补助，也没有国家财政补贴。因此，在世界卫生组织发布的《2000 年世界卫生报告》中，中国卫生费用负担公平性在 191 个国家中名列倒数第 4 位，卫生总体绩效评估也仅列第 144 位。

2. 新合作医疗的兴起与发展

医疗卫生行业市场化改革的另一个直接后果是，导致医疗费用快速上涨。全国卫生服务调查显示，1993 年、1998 年、2003 年的农村平均门诊费用分别为 22 元、25 元和 50 元，平均住院费用分别为 541 元、837 元和 1455 元（均为可比

---

① 朱玲：《政府与农村基本医疗保健保障制度选择》，《中国社会科学》2000 年第 4 期。

② 《关于我市农村医疗保障制度实施情况的调研报告》，徐州市政协网站 2002 年 7 月 16 日。http：//www. xzzx. gov. cn/html/zwhg20/20070327/901. html.

③ 宋斌文等：《当前农民医疗保障的现状分析与对策构想》，《国际医药卫生导报》2005 年第 9 期。

价格）①，远远高于同期农民收入增长水平。由于医药费用上涨快，医疗费用基本上由家庭和自己承担，使得农民的医疗需求受到了很大的抑制，农民的健康水平不升反降。研究表明，与1985年相比，1993年中国农民两周患病率从69.0‰提高到128.2‰，慢性病患病率从86.0‰提高到130.7‰，因病休工天数从5.4天提高到6.8天，因病卧床天数从2.4天提高到3.2天。② 可以看出，农民的健康水平在一段时间内有明显下降的趋势。不仅如此，农村卫生资源分布也呈现递减的趋势。2001年，全国71万个行政村设有69.9万个村卫生室，乡村医生和卫生员129.1万人，比1997年明显减少了，农村预防保健机构、乡镇卫生院数量和床位数也有明显减少。③ 由于医疗设备陈旧老化，乡村医护人员长期得不到培训，人员流失严重，防疫保健工作严重削弱，绝迹多年的传染病、地方病在一些地方又死灰复燃。复旦大学郝模通过对8个省份、49个县市、192个乡镇、1000余村、10000余户农户历时十多年的调查表明，“担忧看不起病”已成为农村居民“第二担忧”的社会问题，位列“摊派集资等负担过重”之后，成为影响农村社会稳定的第二大主因。同时，农村的医疗需求在15年内相对萎缩了50%～70%。由于医疗费用昂贵，20%的农民明确表示看不起病，同样就诊一次，农村居民的经济风险约17～30倍于城镇居民。④

进入21世纪以后，中央提出重视民生，无论是初次分配还是再次分配都要注重公平。十六大报告明确要求，加快推进以改善民生为重点的社会建设，促进社会公平正义，使全体人民“学有所教、劳有所得、病有所医、老有所养、住有所居”，推动建设和谐社会等。在此大背景下，合作医疗再次被列入重要议事日程。2002年10月，中共中央、国务院《关于进一步加强农村卫生工作的决定》明确提出，逐步建立以大病统筹为主的新型农村合作医疗制度。2003年1月，国务院办公厅转发卫生部等《关于建立新型农村合作医疗制度意见》，将新农合明确定性为“医疗互助共济制度”。2003年3月，新修订的《农业法》规定：“国家鼓励、支持农民巩固和发展农村合作医疗和其他医疗保障形式，提高农民健康水平”。同年，民政部等发布《关于实施农村医疗救助的意见》，作为推进新合作医疗重要的补充措施在全国实施。2005年，中央决定将试点范围扩大到40%～60%。2006年，卫生部等七部委下发《关于加快推进新型农村合作

① 刘彦明：《医药行业：寻找10年10倍的细分增长空间》，《中国医药报》2007年11月15日。

② 《今日医疗催生变革》，《信息导刊》2004年第20期。

③ 卫生部卫生统计信息中心：《1997—2001年中国卫生事业发展情况简报》，2003年1月5日。

④ 张德元：《中国农村医疗卫生事业发展历程回顾与分析》，《湖南科技学院学报》2005年第9期。

医疗试点工作的通知》，提出到2010年实现新农合基本覆盖农村居民的目标。2007年，卫生部、财政部联合印发《关于做好2007年新型农村合作医疗工作的通知》，提高了对新农合的补助标准。2009年3月，中央和国务院出台《关于深化医药卫生体制改革的意见》，要求坚持公共医疗卫生的公益性质，建设覆盖城乡居民的基本医疗卫生制度。同年6月，民政部、财政部、卫生部和人力资源与社会保障部发布《关于进一步完善城乡医疗救助制度的意见》。这两个文件对推进新农合的发展起到了重要作用。根据2011年《中国卫生统计年鉴》，2010年，全国参合人数8.36亿人，人均筹资156.60元，参合率96.0%。2012年，全国有2566个县（市、区）开展新合作医疗，参合人口8.05亿人，参合率为98.3%，年度筹资总额2484.7亿元，人均筹资308.5元。①

3. 从医疗补助到“医疗保障”的神话

（1）神话是如何炼成的。从起源上看，新农合的一个根本目标是缓解农村居民“因病致贫”“因病返贫”问题，减轻其因患重大疾病而带来的经济负担，并在一定程度上解决医疗的社会公平问题。2003年开始实施的时候，各级财政拨款加上农民缴费人均只有50元，很明确是一种“医疗补助”。但不知从什么时候开始，新农合在政府和媒体口中变成了“医疗保障”而不是“医疗补助”。于是，中国历史上、也是世界医疗保障史上最大的“奇迹”、也是最大的“神话”产生了。我们可以看到，在原卫生部卫生统计年鉴中明确将新农合归为“基本医疗保障制度”一类，各级政府部门也都是大张旗鼓将新农合称为“农民的医疗保障”。在中国政府发布的《中国的社会保障状况和政策》白皮书中，写着“国家在农村实行与城镇有别的社会保障办法”，农民的医疗保障主要是“建立新型农村合作医疗制度”。2011年11月，在中国科学院和高等教育出版社共同举办的“中国科学与人文论坛”上，时任卫生部部长的陈竺宣布，截至2010年年底，中国的基本医疗保障制度已经覆盖到12.7亿人，占全国总人口的95%。2011年9月6日，《农民日报》发表评论员文章称，新医改启动以来，全国城乡享受基本医疗保障的人数迅速达到12.6亿人，超过总人口的90%，“全民医保”的制度框架基本建成。② 2012年2月26日，《人民日报》发表文章称，“中国基本医疗保障制度已覆盖全体城乡居民。”翻阅报章，这样的报道铺天盖地，不绝于声，而且普遍认为这是政府为解决农民的医疗保障问题实行的“民心工程”和“德政工程”。

（2）神话只是神话。新农合到底是不是医疗保障，根本问题在于它能否

---

① 中华人民共和国国家卫生和计划生育委员会：《2012年中国卫生和计划生育事业发展统计公报》，2013年6月19日。

② 评论员文章：《让13亿人拥有医疗保障》，《农民日报》2011年9月6日。

“满足农民的医疗保障需求，”① 能否对农民看病起到实质性保障作用。现在的宣传多集中在介绍新农合给农民带来的表面好处上，没有看到问题所在和事情的真相。应该承认，在中央和各级政府的努力下，农民在医疗问题上得到了一定的实惠，各类民生问题得到了前所未有的改善，但应警惕浮夸政绩和“大跃进”的倾向。因为并不是政府拨了款，医疗保障的“阳光雨露”就撒遍了祖国的山山水水。稍有常识的人都知道，新农合筹资的盘子，2003 年人均才 50 元，即便 2010 年也只有 156.6 元（见表 1）。如此筹资水平就说“8.36 亿农民有了医疗保障”，显然值得商榷，已经不是“奇迹”而是笑话了。

表 1　　2004～2012 年新农合人均筹资额一览表

人民币：元

年份	2004	2005	2006	2007	2008	2009	2010	2011	2012
金额	50.4	42.1	52.1	58.9	96.3	113.4	156.6	246.2	308.5

资料来源：《2004～2012 国家卫生和计划生育委员会统计公报》

前述《农民日报》评论员文章称，全国新农合和城镇居民医保住院费用的报销比例，已经上升到60%以上，部分统筹地区提高到70%，超过90%的统筹地区开展了门诊统筹。② 这里有两个问题被忽略了，需要澄清：其一，我们所谓的报销比例是刨掉很多不予报销的项目、药物和费用之后的报销比例，而不是全部费用的比例。按照世界卫生组织的标准，只有报销全部看病费用的80%才能称得上“医疗保障”，新农合显然还有很大差距。其二，我们有“超过90%的地区开展了门诊统筹”，能说明什么问题呢？能说明我们超过90%的地区实现了“医疗保障”吗？实际上，全国目前新农合门诊报销补偿平均水平也就是每年40元左右，离“保障”相差很远。有的报道甚至自相矛盾，说农民参加新农合，“看病有了基本保障”，但“大病治疗仍有大负担。”③ 人们不禁要问，既然大病治疗有大负担，谈何基本医疗保障？

也有一些报道触及新农合报销的真实情况，说明“这个真的”是医疗补助，而不是保障。2003 年 9 月，《河源日报》报道了中坝镇北坑村两个案例，对新农合大加颂扬。一个是村民张某患肾结石，花掉医疗费 6700 元，新农合报销 700 元；一个是温某患心血管疾病住院花去 5600 元，新农合报销了 1050 元。④ 2006

① 李华：《中国农村合作医疗制度研究》，经济科学出版社 2007 年版，第 186 页。

② 评论员文章：《让 13 亿人拥有医疗保障》，《农民日报》2011 年 9 月 6 日。

③ 陈久菊：《新农合让农民基本医疗有保障，大病治疗仍存负担》，中国广播网，http：//china.onr.cn/yaowen/201103/t20110317_ 507799718.shtml，2011 年 3 月 17 日。

④ 谢全建等：《农村合作医疗农民得实惠，生病无须愁，生命有保障》，《河源日报》2003 年 9 月 1 日。

年6月，《南方周末》报道了一对民工夫妇因付不起1859元药费投江自尽的故事。时隔8个月，又一对民工夫妻因高额药费丢下未成年的孩子，投江自尽。后者给儿子看病共花费12000多元，结果新农合只报销863元，绝望之中双双投江。2008年，重庆市卫生局农卫处负责人对媒体表示，新农合保障能力有限，由于筹资水平低，该市门诊补偿仅40元/人·年，因重病在县以上医院住院实际补偿率仅20%左右。[①] 根据原卫生部《中国卫生统计年鉴》提供的数据，2011年全国新农合住院和门诊人均次补偿金额仅有130.05元，2012年达到历史最高也只有137.99元（参见表2）。

4. 已有研究的评价与诠释

（1）新农合有利于减轻贫困。已有的研究和调查表明，绝大多数学者都认可新农合在缓解农民贫困中的意义和作用，总体上是一项“惠农”政策。李晓嘉等采用面板数据模型，估计新农合发展状况对农村贫困人口数量的影响。结果显示：①poor_ attend估计系数显著为负，即新农合参与率的增加减少了农村贫困人口的数量。具体地说，参与率每增加1个百分点，各地农村贫困人口数平均减少约1.49%。②ln fund的估计系数为负显著，说明新农合的筹资规模越大，保障能力就越强，就越有利于减少当地贫困农民的数量。③Ln pay代表新农合补偿支出的变动，其估计系数为正显著，说明农村人口整体健康状况影响农村贫困人口数量，较差健康状况增加总医疗支出的同时会使贫困人口的增多。④Ln extra_ poor代表贫困人口中的特困人口，其估计系数为正显著，说明特困人口越多，贫困人口就越难脱贫。而参合规模Ln attend_ pop的估计系数为负显著，从另一角度说明新农合的有效推行会减少当地贫困农民的数量。[②] 宋明山等（2005，2006）以浙江省为例，根据对当地农户的抽样调查数据，研究了新农合改善农村居民收入公平的能力。他们应用基尼系数和洛伦兹曲线原理，分析了筹资、医疗费用和新农合对农村居民收入公平的影响。结果显示：新农合补偿对发生医疗费用人群收入公平影响显著，其筹资导致的基尼系数变化非常微弱。作者指出，疾病经济负担明显加重了农村居民收入分布的不公平，新农合在改善上述不公平方面的作用有相当程度的体现。[③] 佘智洋在湖南省邵东县的调查表明，超过90%的农民提出“农村医疗保障很有必要”，对其持积极乐观的态度，认为有较大的发展前景。其中60%的人认为新农合给他们带来了较多实惠，提

---

① 《农村看病方便吗》，《重庆日报》2008年11月4日。

② 李晓嘉、刘鹏：《中国农村医疗保障制度与农民贫困的实证研究——以广东省为例》，《经济与管理》2007年第11期。

③ 李晓嘉、刘鹏：“中国农村医疗保障制度与农民贫困的实证研究——以广东省为例”，《经济与管理》2007年第11期。

高了其生活质量。①

（2）农村因病致贫、因病返贫现象依然严重。有研究认为，由于医疗费用不合理增长，农民虽然报销了部分费用，但未从根本上减轻其医疗负担，农村因病致贫、因病返贫现象依然严重。特别是“由于医疗服务补偿机制的不合理性等因素致使医疗服务机构的经营行为出现偏差”②，在利益的驱动下，各级医疗机构“变着法子从病人口袋里掏钱”③。在医疗服务方面，一些定点医疗机构没有严格执行药品目录和乡村医生基本用药目录。有的定点医疗机构存在不合理用药、不合理治疗、不合理收费以及处方值偏高等问题，农民看病的负担减轻幅度小。④ 因此，新农合是“小病保不上，大病保不住”，因为“小病（农民）自己看得起，大病解决不了根本问题”⑤，且“以大病统筹为主”的定位不能真正解决农民看病吃药等医疗卫生问题。⑥ 另有研究认为，住院治疗在报销后自付费用比新农合试点前有所增加，有的增长幅度较大，“好处都被医院拿走了”⑦。佘智洋在湖南省的调查表明，实行新农合后，对于贫困的患病老人，“生不起病、拿不起药”，有病不医的情况不在少数，“小病扛、大病挨”仍是农村老人的普遍心理。调查中，有不低于70%的人认为新农合“存在较大的问题”，其中40%的人表示不满意。主要是报销水平较低，范围窄，而且定点医院信用度低（如恣意抬高药价，拖延报销的医药费或少给等）。有些农民对定点医院药品的质量和医师水平表示怀疑，另有相当一部分人“十分担忧自己因看不起大病走向贫困或者死亡”⑧。高利平在山东省450份问卷调查的基础上，对新农合实施的效果进行了分析和评估，认为该制度在设计上还存在一些缺陷，农民的健康和医疗保障水平仍然较低，政府在农村医疗保障中的作为还远远不够。⑨

---

① 佘智洋：《关于农村医疗保障社会调查报告》，中国作家网，http：//www.chinawriter.com.cn/gc/2009/2009－11－10/31237.shtml，2009年11月10日。

② 张建平：《中国农村合作医疗制度研究》，中国农业出版社2006年版，第7页。

③ 刘雅静：《新型农村合作医疗制度可持续发展研究》，山东大学出版社2010年版，第209页。

④ 朱勋克：《新型农村合作医疗制度与农民生命健康权保障》，《中国卫生产业》2004年第11期。

⑤ 沈寿文：《政策与法制：农村合作医疗制度演进浅论》，中国社会科学出版社2007年版，第187页。

⑥ 沈寿文：《政策与法制：农村合作医疗制度演进浅论》，中国社会科学出版社2007年版，第186页。

⑦ 邹文开：《农村新型医疗保障政策研究》，湖南人民出版社2008年版，第139页。

⑧ 佘智洋：《关于农村医疗保障社会调查报告》，中国作家网，http：//www.chinawriter.com.cn/gc/2009/2009－11－10/31237.shtml，2009年11月10日。

⑨ 高利平：《农村人口医疗保障实证分析——以山东省为例》，《人口研究》2006年第3期。

三、农民医疗保障中的主要问题

截至2012年新农合制度运行十年间，取得了一定的社会、政治和经济效益。[①] 根据联合国儿童基金会对中国10个贫困县进行的调查，新农合覆盖的低收入人群比没有参合的同等收入人群有更高的医疗卫生服务利用率，他们在医疗方面的支出占其总收入的比重也相对较低。[②] 因为与完全自费看病相比，农民在花费相同的条件下能享受更多的医疗卫生服务。但是，将新农合“代替”农民的医疗保障还存在一定的局限性和问题。

1. 新农合未能达到医疗保障水平

（1）村民看病和住院的尴尬。根据现行规定，新农合主要是保大病，兼顾门诊。目前，参合农民只有患大病住院才能报销一部分费用，对于普通门诊的费用，大部分地区是每年40～80元封顶，有的地区的门诊则完全没有补助。事实上，现在村民如果真的患了大病住院，新农合是“真的保不住”的。另一方面，他们在普通门诊看病，主要是靠自费。这就使农民看病和住院处于一种十分尴尬的境地：大病保不住，小病保不上。在我们的调查中，一些村民反映说，一个人一生住院的次数不是很多，但一年四季总会有个头疼脑热、感冒发烧之类的事，如果不住院，就不能报销，一家人零零散散的费用加起来也不少，因此非常希望提高门诊费用的报销比例与额度。另有一些人认为，新农合“报销条件太死板了”，对于上了岁数的农民，很多都是慢性病，比如高血压、糖尿病、高血脂等，不需要住院，但要常年吃药，每年的医药费加起来也很多。由于不能报销，又失去劳动能力，只能靠子女接济。如果子女无力接济，就只能拖着，一直到死。这是农村老年人看病难的一个突出问题，也彰显了新农合在农民医疗保障中的苍白和无力。

（2）“大病定位”的不利因素分析。首先，新农合补偿的受益率低，受益面窄。以农村居民平均预期寿命68岁计算，人均一生中入院3.29次，人均20.67年才入院治疗一次。[③] 如果“只保大病，则90%以上的参合农民不能受益。”[④]《中国卫生统计年鉴·2010年》统计显示，2003年全国农村居民住院率为3.38%，2008年为6.75%。2010年，全国参合人口8.36亿人，大病住院补偿0.66亿人次，占比7.89%。因此，只有加大门诊补偿，才会扩大新农合的受益

---

① 伍凤兰：《农村合作医疗的制度变迁研究》，浙江大学出版社2009年版，第118～122页

② 彭说龙等：《农村医疗保障制度思考》，《改革与战略》2007年第11期。

③ 邹文开：《农村新型医疗保障政策研究》，湖南人民出版社2008年版，第197页。

④ 刘雅静：《新型农村合作医疗制度可持续发展研究》，山东大学出版社2010年版，第162页。

率和受益面。其次，小病不治容易导致大病。事实上，有些疾病只要早发现、早治疗是可以控制的，其早期症状是易检查易发现的。但是，农民常常把它当作小毛病忽视了，因为基本的医疗难以保障，根本没有想到要做检查。只有“保小病”才能有效防止村民因无钱医治小病而拖延成大病，“有助于降低对住院服务的需求。”① 再次，不利于就医的社会公平。由于农村内部也“存在着较大的贫富差距”，那些贫困家庭一旦得了大病，即使能够报销一部分，剩下的部分他们仍无力偿付，依然看不起病。但对于那些富裕的家庭而言，这是给他们提供了实在的优惠，这就是所谓的“穷帮富”效应。因此，只有实行大小病均保的模式，才能将低收入者真正纳入到农村的医疗卫生保健体系中去。第四，有悖于提高社会总体福利效益。彭说龙等用三维坐标体系建立一个评价社会总体福利效益的模型，其方法是以 X 轴表示参合的居民人数，Y 轴表示社会平均单位参合人员医疗费用，Z 轴表示社会平均单位参合人员福利效益。最后经过一系列推算，得出结论为：实行“保小病不保大病”的医疗保障模式比实行“保大病不保小病”的医疗保障模式更能够提高社会总体福利效益。②

2. 新农合没有解决社会公平问题

（1）社会公平是医疗保障的主要价值。根据英国学者保罗·皮尔逊的界定，在医疗服务体系中，公平指的是一种广泛的合法性，即穷人和病人具有与富人和健康者相同的地位。③ 世界银行将医疗卫生和医疗卫生福利的“公平分配”定义为，主要是“建立一个可以保证穷人平等获得或平等利用医疗服务的机制”或“按需分配医疗保健的福利”④。美国学者尼尔·吉尔伯特认为，社会福利政策的设计一方面要体现“资源和机会的平等分配原则”，这是社会福利政策的主要价值；另一方面还要注意公平，就是要“对那些不是因为自己的原因而没有能力作贡献的人”做出特殊考虑。因此，要允许“公平的不平等”⑤。按照尼古拉斯·巴尔的理解，医疗保障的重要目标之一是调节收入再分配，促进社会公平。在他看来，疾病导致的医疗支出和劳动力损失是个人和家庭的最主要风险，遇到这种风险对穷人而言会形成长期的影响，使其家庭陷入贫困的恶性循环。

---

① ［美］艾维瓦·罗恩等：《医疗保障政策创新》，王金龙译，中国劳动社会保障出版社 2004 年版，第 51 页。

② 彭说龙等：《农村医疗保障制度思考》，《改革与战略》2007 年第 11 期。

③ ［英］保罗·皮尔逊：《福利制度的新政治学》，汪淳波等译，商务印书馆 2004 年版，第 491 页。

④ ［美］普雷克尔和兰登布伦纳编：《明智的支出——为穷人购买医疗卫生服务》，郑联盛等译，中国财政经济出版社 2006 年版，第 123 页。

⑤ ［美］尼尔·吉尔伯特等：《社会福利政策导论》，黄晨熹、周烨、刘红译．华东理工大学出版社 2003 年版，第 97～105 页。

通过医疗保险，在不同的人群中分散疾病所带来的风险，或对贫穷者进行医疗补助，让人人享有医疗服务，可以调节高收入者和低收入者、高风险人群和低风险人群之间的收入分配。① 因此，社会公平是医疗保障和社会保障的主要价值目标，应通过对弱者的特别扶助“消除转型过程中不同成员在占有公有资产上的不平等，减少强势成员利用公共权力来谋取个人或集团利益的行为，创造一个规则公平、竞争有序的社会经济环境。”②

（2）新农合的“逆向照顾”法则。雅诺什·科尔奈在《转轨中的福利、选择和一致性——东欧国家卫生部门改革》一书中，提出卫生部门改革的一般原则是“帮助受苦的人、困境中的人和处于劣势地位的人”③。中国的公共卫生投入则一直实行“逆向照顾”法则，即卫生资源主要是向相对富裕的城市社会和有钱人倾斜，而不是向相对贫困的农村地区和穷人倾斜。事实上，与世界上很多国家相比，中国在公共卫生投入方面总体不足，即便这些有限的公共卫生投入，在城乡之间的分配又严重缺乏公平性。数据显示，中国公共卫生投入长期偏向于城镇，造成农村的医疗卫生状况恶劣，而且是农村居民因病致贫、返贫的重要根源。用美国医师王澄的表述，这是一种“递减型医疗体系”，即医疗水平和医疗资源从大、中、小城市向农村依次递减，从重点大医院向偏远小卫生所逐层递减。这种递减型医疗体系源自中国的封建社会，是西方工业化国家所没有的社会现象。④

在新农合中，这种状况不仅没有得到改变，反而有加剧的趋势。由于实行“低保费、高共付率”的补偿模式，造成了事实上的“劫贫济富”现象，使这一制度“在公平性的考虑上仍然存在诸多缺失”⑤。由于农民收入的差异化，按照无差别方式进行补偿的制度设计势必导致所谓的“穷帮富”现象⑥，即便对低收入人群设定较低的报销起点和较高的补偿封顶线，由于高收入人群一般比低收入人群更多地利用卫生资源，还是可能得到低收入人群的补贴。⑦ 这就暴露了一

---

① 李晓嘉、刘鹏：《中国农村医疗保障制度与农民贫困的实证研究——以广东省为例》，《经济与管理》2007 年第 11 期。

② 陈铁军等：《中国社会保障层次性差异明显，四大理念奠基公平》，《瞭望》2010 年 9 月 13 日。

③ ［匈牙利］雅诺什·科尔奈等：《转轨中的福利、选择和一致性——东欧国家卫生部门改革》，罗淑锦译，中信出版社 2003 年版，第 16 页。

④ 王澄：《中国大陆医疗体制的过去、现在及将来》，《人与医学》2006 年 4 月 15 日。

⑤ 伍凤兰：《农村合作医疗的制度变迁研究》，浙江大学出版社 2009 年版，第 124 页。

⑥ 王曙光等：《社会参与、农村合作医疗与反贫困》，人民出版社 2008 年版，第 16 页。

⑦ 高梦韬等：《从需求角度分析新型农村合作医疗制度运行的效果——云南省三个试点县的实证研究》，《中国卫生经济》2005 年第 5 期。

直以来我们不愿意承认和面对而事实上存在的新农合制度的漏洞——它照顾到的是相对富有的农民，而不是真正贫困的农民。换句话说，农村中真正的穷人疾病负担最重，他们获得的医疗保健资源的份额却少于健康人和境况相对好的人。① 世界银行在一份报告中称，许多经验证明，“政府补贴的医疗卫生服务的好处主要被境况良好的人群所享用，而不是那些急切需要服务的贫困人口所获得。”② 这是因为，在公民权利实现的差序格局中，“富者在权利的实现方面具有优势，而穷者则处于劣势”，而且“在卫生资源分配上处于不利地位的人，在医疗上也处于不利地位。”③ 因此，新农合真正的议题“是选择一种最少效率损失并且最公平的组织形式”④，因为“不平等的遗传”不仅会影响当代人的生活，而且影响下一代的生活和机会平等。⑤

3. 医疗机构的逐利行为，削弱了保障功能

（1）医疗服务市场化的本质。中国的医院逐利有一个冠冕堂皇的理由，即医疗服务“市场化”或“产业化”。改革开放以来，中国的医疗保险没有市场化，但中国的“医疗服务，或者说医疗服务提供者，的确已经高度市场化。”⑥ 统计显示：即使在卫生部所属的综合医院中，政府拨款也仅占平均收入来源构成中很小的比重，医院的主要收入来源是医疗服务收费和药品出售。⑦ 为了实现利益最大化，医院普遍实行效益提成政策，鼓励医生开大处方、高价药，导致医生陷入各种利益的漩涡，成为高药价问题的源头。这不是哪个医生、医院的问题，而是制度问题。

过度市场化产生的严重后果除了医药费用飞涨，还有“医疗服务行为的短期化倾向”“医药市场的混乱”和医德丧失。⑧ 在这种情况下，医院与药品生产、流通企业形成利益共同体，“助推了药价虚高，加重了群众负担，同时导致了药品滥用，腐蚀了医务人员，败坏了医德医风，绷紧了医患关系，也摊薄了

---

① ［美］普雷克尔和兰登布伦纳编：《明智的支出——为穷人购买医疗卫生服务》，郑联盛等译，中国财政经济出版社2006年版，第143页。

② 同上书，第56页。

③ ［美］威廉·科克汉姆：“美国卫生保健的公正和分配问题”，《医学与哲学》2002年第5期。

④ ［英］尼古拉斯·巴尔：《福利国家经济学》，郑秉文、穆怀中译，中国劳动社会保障出版社2003年版，第335页。

⑤ ［英］詹姆斯·E·米德：《效率、公平与产权》，施仁译，北京经济学院出版社1992年版，第77~106页。

⑥ 顾昕等著：《诊断与处方：直面中国医疗体制改革》，社会科学文献出版社2006年版，第40页。

⑦ 《中国卫生统计年鉴·2011》。

⑧ 唐旭辉：《农村医疗保险制度研究》，西南财经大学出版社2006年版，第41页。

医保效果。"① 在中国古代，"医司人命，非质朴而无伪，性静而有恒，真知阴功之趣者，未可轻易而习医"，又有"不成良相，便为良医"的传统，医者视医术为"仁术"，以悬壶济世为己任。因此，即便医生在医疗技术方面有高有低，但在医疗道德方面，绝不敢轻易造次。在医患关系中，患者有充分的知情权和选择权，医生也比较规矩，"违反道德，过度医疗，谋取钱财的事情比较少见。"② 当然，现在看病贵与政府部门及其工作人员腐败也有关系，因为药品和价格是政府招标的，住院和检查费也是政府定的，某些药商在招投标时行贿，再把价格提高，最后由患者买单。此外，不少地方政府一切以"经济建设"为中心，眼里只有钱，取多与少，故意不给医院投入，放任医院"自收自支"，间接地导致看病贵。因此，造成看病贵的真正推手是政府政策，其表象是"药品回扣""以药养医"等。由于社会怨气太甚，医患冲突频发。前不久，一些各级医院开始建立"安保室"，或设立"警察副院长"，用武力对付"医闹"，其实都是治标不治本之策。真正的治本之策是，改变医疗机构形象，使其向公益性事业回归。

（2）农民看病，怎一个"钱"字了得。改革开放后，农村医疗卫生改革基本上遵循市场化取向，将本应由政府承担的公共卫生职能推向市场，比如将村卫生室、乡镇卫生院承包或出售给个人经营，以期引入竞争机制，减轻政府负担，减少农民的医疗支出。结果适得其反，医药费用连年飞涨，受益面和受益人数大幅下降。其实，市场并非万能的，医疗卫生是"市场失灵"的领域，不能完全靠市场来调节。因为在医患之间，医生和医院是处于绝对优势的供给方，患者因信息不对称等原因是居于完全被动的需求方，"导致供给决定需求，道德风险频频出现。"③ 实行新农合以后，由于普遍实行按服务收费的方式，往往形成供给诱导需求，为需方提供过多和不必要的服务，结果给农民就医造成沉重的经济负担，并使整个社会的医疗费用不断增长。④ 比如，诱导住院、诱导手术、诱导使用超出共付范围的药品与诊疗项目等。⑤ 有的医院存在不合理用药、不合理治疗、不合理收费、处方值偏高等问题，农民看病住院，怎一个"钱"字了得！研究表明，当医生提供的服务与其收入相关时，"医生将具有强烈的激

---

① 《国家发改委：我国基本医疗保险覆盖面已超95%》，《中国改革报》2011年12月31日。

② 周云：《古代医患纠纷的解决机制》，《东莞日报》2011年11月14日。

③ 宋斌文等：《当前农民医疗保障的现状分析与对策构想》，《国际医药卫生导报》2005年第9期。

④ 刘雅静：《新型农村合作医疗制度可持续发展研究》，山东大学出版社2010年版，第192页。

⑤ 邹文开：《农村新型医疗保障政策研究》，湖南人民出版社2008年版，第238页。

励机制促使他诱导患者产生不必要的需求，”① 这就是中国医疗体制的现状，也是新农合需要解决的重要问题。从目前的情况看，中国农村“医疗卫生供给能力基本上没有太大问题，而问题的关键恰恰就在于作为一种医疗产品农民能否消费得起、需求得起。”②

新农合是“以收定支”防范疾病风险的互助共济制度，如果医疗价格不断上涨，在既定补偿方案下将会因收支缺口增大而难以维持。因此，医疗机构的逐利行为不仅会抵消新农合的医疗“保障”功能，而且会危及新农合的可持续发展。事实上，“由于新农合设置了起付线、共付水平和封顶线，个人支出部分仍然很高，一些家有慢性病、重症病人的贫困家庭，即使付得起参合费用，最后也消费不起住院治疗费。”③ 而且，由于医疗机构的短期行为，使农民“看病贵”的问题依然存在。④ 在调查中我们了解到，农民医疗保障最大的问题不是“缺医少药”问题，也不是“看病难”问题，而是“看病贵”问题。实施新农合之后，尽管参合农民能得到一定的补偿，由于医疗费用昂贵而且不断上涨，补偿后农民实际支付的医疗费用并没有显著下降。一些农民说新农合的主要受益者是医疗机构，也是这个原因。正如在河北省辛集市微伯乡镇头村行医35年的“赤脚医生”王同芬所说：“医院里居高不下的医疗费用，吓退了那些腰包瘪瘪的农民，他们往往只能选择放弃治疗。”⑤ 因此，对大多数农民来说，轻易不敢到县及县以上医院住院，他们说：“贵得可怕！动不动上千、上万，谁看得起啊？”“住院是真住不起，不是要命的毛病，谁会去花那些钱？”

4. 报销水平低，达不到保障要求

（1）报销的实际比例低。新农合的报销比例远远没有达到村民的期望值。其中最主要原因是整体投入少，盘子小，就像蒸馒头一样，总共只有那么点面粉，号称做了个巨型馒头，里面肯定是空气。我们收集了历年新农合筹资、报销和补偿的统计数据（表2），尽管筹资水平在逐年提高，但可以看出其报销和补偿比例仍然是很低的。

---

① 伍凤兰：《农村合作医疗的制度变迁研究》，浙江大学出版社2009年版，第34页。

② 高和荣：《风险社会下农村合作医疗制度建构》，社会科学文献出版社2008年版，第85页

③ 杜乐勋等：《中国医疗卫生发展报告NO.5（2009）》，社会科学文献出版社2009年版，第179页。

④ 邹文开：《农村新型医疗保障政策研究》，湖南人民出版社2008年版，第238页。

⑤ 江山、张军民：《谁为农民撑起医疗保障伞》，新华网，http：//www.he.xinhua.org/jiaodian/jiaodianoo7/index.html，2002年4月4日。

表 2　　2004 ~ 2012 年新农合人均筹资和补偿水平

年份	人均筹资（元）	支出总额（亿元）	补偿受益人次（亿人次）	人均次补偿（元）
2004	50.4	26.4	0.76	34.74
2005	42.1	61.8	1.22	50.66
2006	52.1	155.8	2.72	57.28
2007	58.9	346.6	4.53	76.51
2008	96.3	662.0	5.85	113.16
2009	113.4	922.9	7.59	121.59
2010	156.6	1187.8	10.87	109.27
2011	246.2	1710.2	13.15	130.05
2012	308.5	2408.0	17.45	137.99
备注	2013 年人均筹资水平为 340 元			

数据来源：《2004 ~ 2012 国家卫生和计划生育委员会统计公报》

按照世界卫生组织对“医疗保障”的界定，新农合离这个目标依然任重道远。这里选取德国和新加坡的例子，比较分析国外实行医疗保障所要达到的效果和标准。在德国，看病如果需要获得药物，年届 18 周岁的病人有义务交纳一定的药物费。具体来说，其交纳的药物费为实际药物费的 10%，但最低不少于 5 欧元，最多不超过 10 欧元。如果药物的实际价格低于 5 欧元，病人只需交纳实际药物费。因此，一般人看病住院的负担不是很重。在新加坡，一名患者在国大医院住院治疗 37 天，手术费、药费、住院费一共 25000 多新元，相当于人民币 12.6 万多元。账单显示，政府提供了 20631 新元的津贴，保险机构支付了 2531 新元，保健储蓄账户支付 2035 新元，患者结账时自掏腰包的不过 75 新元，只占全部费用的 0.3%。[①] 可见，政府和保险机构支付全部医疗费用的主要部分，个人需要支出的费用很少。

目前，中国新农合就差得很远了。报载，四川南充梁某的儿媳妇因病住院，前后用去 4 万余元，由于参加了新农合，获得了 1 万多元的补偿。另一位村民在打谷子时，弄伤了右手臂与手掌，被送到医院治疗，共花费 11700 元，新农合补偿了 1596 元。[②] 这是发生在 2010 年的事，与其说是新农合“保障农民基本医

① 《移民国家概况：透视新加坡医疗保障体制》，出国之窗：http：//www.chuguo78.com/fimin/3831.html，2009 年 6 月 15 日。

② 赵新月：《‘新农合’保障农民基本医疗》，《南充日报》2010 年 11 月 10 日。

疗”的典型事例，不如说是其报销比例较低的佐证。报销补偿的比例不到实际费用的1/4，怎么能说是医疗保障呢？是谁将新农合“嫁接”为农民的医疗保障，查不到源头。2009年《中国医疗卫生发展报告》提出新农合面临八个方面的挑战，其中第四个方面称“保障水平有待提高”①。这个结论应该说是实事求是的，不能因为它有一点作用就无限夸大，看不到问题所在。

（2）报销的范围小。在新农合的报销范围上，农民意见最大的是门诊不报销或报销金额太少。至2012年，已经开展门诊报销的地区，一般水平在每年40～80元，相对于农民全年看病的门诊费用来说，只是杯水车薪。村民普遍认为，绝大多数人一年到头住不了一次院，但平日里头疼脑热的各种小病比较常见，只能看门诊，又不能报销，因此“有意见”。除了一些常见病和多发病，新农合还将很多费用很高的慢性病和意外伤害等（如做农活受伤）排除在外，与农村初级卫生保健的基本目标相悖，大大降低了新农合的受益率和受益面。我们在河北省唐山市某村做调查的时候，一位中年农民反映说，他妻子有癫痫症，在治病的十几年中，花光了家里所有的积蓄，已经是家徒四壁。他们每年都参加新合作医疗，但是一分钱都没有报过。他跟我们说，一定要把这样的情况反映一下，像他妻子这种疾病一时好不了，不治又心疼她，于心不忍，要治的话又确实拿不出钱来。这种情况对国家和社会来说不算什么，但对于一个农村家庭来说就是一个很大的灾难，如果新农合对类似患者给予一定的补偿，对他们来说才真正是雪中送炭。

由于报销补偿的范围狭窄，很多药品包括检查的费用不能报销，而且定点医院的药品比普通医院贵很多，农民的健康状况并未得到切实保障。有学者提出，即便是百分之百的参合率，如果新农合的保障能力很弱，有病不看的农民还会很多，也就不能实现“人人享有健康”的基本目标。② 一份对中国内地六省310个村庄的问卷调查显示，有79.7%的调查对象反映，他们所在的村庄存在农民因病致贫、因病返贫的现象。③ 在新农合实施过程中，由于农民支付能力不高，地方政府投入不足，资金收取额度因时因地而异，集体经济投入部分难以及时足额供应，加之农民缴费的积极性不高，补助经费难以按时发放，农村“因病致贫和因病返贫的情况没有根本改变”④。

---

① 杜乐勋等：《中国医疗卫生发展报告NO.5（2009）》，社会科学文献出版社2009年版，第180页。

② 李华：《中国农村合作医疗制度研究》，经济科学出版社2007年版，第176页。

③ 彭说龙等：《农村医疗保障制度思考》，《改革与战略》2007年第11期。

④ 朱勋克：《新型农村合作医疗制度与农民生命健康权保障”》《中国卫生产业》2004年第11期。

5. 定点医院与药物存在一定问题

（1）定点医院就医比普通医院贵。按照规定，参合农民只有在规定的医院看病住院，才能获得报销补偿，这就是“定点就医”。为了实现“以收定支”的目标，各地对能报销的病种、诊疗项目和药品也有详尽规定，其中有一个《基本药物目录》，由各省在国家规定的基础上自行确定。从我们调研的情况看，干部群众对这个基本药物目录意见较大。由于这些药物由国家统一配送，基层干部和定点医院认为“剥夺了他们的采购权”，形成了新的“药物垄断”，而且这些药物的范围太小，有的根本上就没有货。农民普遍反映，定点医院的药品比普通医院的药品贵很多，而且拿“合作医疗本”就医都是高价，有的高得离谱。根据河南省农调队的调研报告记载：会亭镇某村一位农民去镇卫生院买药，医生问他有没有“合作医疗本”，他说没有时，药品划价是 20 元。等他拿出合作医疗本后，药品价格立即上抬为 52 元，前后竟相差 32 元。① 在浙江一家村医疗所，一小瓶 1.9 元的万花油卖到 12 元，因为这个人口两三千的村子只有一家医疗所。实际上，在许多县都只有一家综合性医院，由于完全处于垄断地位，其服务和价格可想而知。在医疗服务方面，一些定点医疗机构不严格执行合作医疗药品目录和乡村医生基本用药目录，甚至随意生产仅限本院使用的药品（主要是中药制剂，而且都比较贵），随意报价和提价，而且不能报销，这对农民是很大的伤害。农民就医时，对于“哪些药物能报销，哪些不能报销”，如果医院不告知，农民几乎完全不知情。有的定点医院诊疗、转诊的标准和程序不规范，医疗服务水平低，与农民医疗卫生服务需求差距大；个别地方门诊基金过高，降低了大病统筹能力；有的没有兑现免费健康体检的承诺，挫伤了农民对新农合的信心和积极性。②

（2）定点医院医疗条件差。在我们的调查中，很多农民反映，乡镇卫生院医疗设备、设施条件差，医生水平低，常常是花了钱治不了病。但乡镇卫生院几乎无一例外是新农合的定点医院，不在那里看病就享受不到医疗补助。而且小病就到县医院就医，既没有必要，又增加路途支出，农民对此“既气愤又无奈”。③ 现在农民也见过“世面”，知道城里的医院和医生水平高，即便是需要

① 河南省农调队：《关于农村医疗保障问题的调查与思考》，河南省统计网，http://www.ha.stats.gov.cn/hntj/tifw/tifx/gsfx/ztfx/webinifo/2004/11/1224120933657267.htm，2004 年 11 月 30 日。

② 朱勋克：《新型农村合作医疗制度与农民生命健康权保障》，《中国卫生产业》2004 年第 11 期。

③ 河南省农调队：《关于农村医疗保障问题的调查与思考》，河南省统计网，http://www.ha.stats.gov.cn/hntj/tifw/tifx/gsfx/ztfx/webinifo/2004/11/1224120933657267.htm，2004 年 11 月 30 日。

住院，很多农民“出于对基层医疗机构技术水平低和设备环境差的考虑”，也希望求医于更高一级的医疗机构。这就意味着繁琐的转院手续和较低的报销标准，也是卫生部门为了限制农民到城里的大医院就医人为设置的一道道门槛之一。

由于各地最优质的医疗资源都集中在城里，新农合的相关规定也就意味着这些资源只能由城里人独享，与农民无缘。笔者在陕西农村做调研的时候，有一位村民不幸患有肝癌，需要到西安的大医院住院治疗，由于不是本县的定点医院，报销比例很低。因为县医院的医疗设备、设施不够，医生的水平不足，这户人家只能承受着高昂的医药费用。因此，农民大都希望能提高去更高级别医院看重病、大病的报销比例，毕竟很多病在乡镇卫生院和县医院无法治愈。而且，一些定点卫生院和村卫生室的药品也存在不同程度的问题。很多农民由于怕花钱，急于治病，以为“见效快”且价格合理的药就是好药，毒副作用等则不在他们考虑之列。因此，某些不良药品制造商和销售商利用这一特点，常常把一些毒副作用强而短期疗效比较明显，在城市已经禁止出售，甚至是一些库存积压过期的药品销往农村市场，给农民的身体健康和生命安全带来严重威胁。有的村卫生室甚至从药贩子手中低价收购已经过期或即将过期的药品，再高价卖给村民。此外，一些定点卫生院还存在恣意“克扣、截留农民医疗补助资金现象”，引起了农民的不满。①

（3）“定点就医”在一定程度上剥夺了农民的自由选择权。由于定点医院具有垄断性质，也使其服务态度和质量大打折扣。现在农村普遍的情况是，农民无法依靠传统的土地支撑自己的家庭，大量中青年农民迫于生活压力，常年在外打工，他们也都觉得新农合是件“好事”，绝大部分人都入了新农合。但由于“定点就医”的限制，他们在外打工期间看病所产生的费用无法报销。在湖北省谷城县某村，青壮年男性几乎无一例外在外打工，就连50岁左右的男性也都打工去了，这种现象近几年更加严重。这些农民在自己的家乡基本上都加入了新农合，但在务工地看病住院也是无一例外“不能报销”。这些农民工不是得了急症“要救命”，是不会去医院住院的，而得了急病要去谷城的定点医院看病住院却由于远隔千里，“根本不可能，也折腾不起”。于是，只好在当地就医，不能报销任何费用。平日里如果看一般小病，由于新农合补助每次仅几元钱，一年也就几十元，还不够来回的路费和误工钱，也没有人往谷城跑。这种跨地域的医疗无法报销，使他们内心非常纠结，而且这部分人在农民中所占的数量很大。

① 河南省农调队：《关于农村医疗保障问题的调查与思考》，河南省统计网，http://www.ha.stats.gov.cn/hntj/tifw/tifx/gsfx/ztfx/webinifo/2004/11/1224120933657267.htm，2004年11月30日。

6. 农村医疗卫生条件落后，水平较低

（1）财政投入少，医疗设备设施差。中国医疗卫生资源在城乡之间分配不合理，农村人口占有的卫生资源大大低于全国平均水平。分税制改革后，财力向上集中，越是基层财力越弱，相当数量的乡镇政府都是负债运转，很多县市都是“财政吃饭”或者“补贴财政”。其中有一个根本原因是，政府将主要财力用于解决大中型国有企业问题，在教育、卫生、公路、信贷、邮电通讯和其他基础设施建设方面，城乡之间实行“一国两策”，“对农村征取太多、投入不足。”因此，学者认为，如果说中央政府没有决心解决农民的医疗保障，基层政府机构则“既缺乏解决农民医疗保障的能力，也没有这个愿望和动力。”①

以重庆市为例，乡镇卫生院和村卫生室有相当一部分未达到国家标准化建设要求。其中，乡镇卫生院的危房面积达 7.8 万平方米，业务用房缺口 44.8 万平方米，全市缺 X 光机等 15 类基础设备的卫生院占 50% 以上。报道称，该市双利村卫生室“没有病床、没有输液架、没有血压计、没有消毒设备……最缺的就是器材”，“严重些的病人就躺在沙发上，输液瓶挂在墙壁钉子上”，“一切都只能用简陋来形容”。这样的村卫生室不是个案，具有一定的普遍性，即便在离主城区稍近的地方，一样“可以看到这样的场景——病人躺在破旧木床上，输液瓶挂在衣架上，床下堆放着成堆的空药瓶。”在条件稍好的乡镇卫生院，同样面临 B 超、X 光机、生化检测设备短缺的问题。报道引述城口县明中乡卫生院院长和市卫生局农委处负责人的话说：“好多年都没得资金来更换”，“这是我市农村卫生室的普遍状况，简陋、破旧、不合标准。不仅是村卫生室，不少乡镇卫生院同样存在同类情况。”② 事实上，就农村现有的医疗卫生资源来说，其配置也是不合理的，比如村级医疗点分布不尽合理，有的地方农民看病要到 10 公里之外，出现了医疗服务的死角和盲点。而且农村医疗事故频发，还是伪劣药品的主要消费地。

（2）医疗卫生人员技术水平较低。农村医疗卫生条件落后的另一个典型特征是，乡镇卫生院人员冗杂机构臃肿而技术力量薄弱。根据《中国卫生统计年鉴·2010》从技术人员数量看，2010 年，农村每千人拥有技术人员 3.04 人，城市每千人拥有技术人员 7.62 人（全国的平均数是 4.37 人）。表面上看，两者的差距不是很大，但两者的技术人员专业水准就“不可同日而语”了。仅从学历上看，乡镇卫生院具有“研究生”学历的为 0，具有“本科”学历的只有 5.6%，而城里的医院这两项数据分别是 4.8% 和 27.8%（表 3）。尽管学历不完

---

① 王延中：《如何保障农民的健康》《经济研究参考》2002 年第 35 期。

② 《农村看病方便吗》，《重庆日报》2008 年 11 月 4 日。

全代表水平，但总体上还是能反映一定的水平差异的。表3看出，乡镇卫生院技术人员的学历构成主要是中专（占比52.2%）和大专（占比33.9%），两项相加达到86.1%。从执业（助理）医师技术职务构成比例看，乡镇卫生院具有高级职称的仅有1.9%，具有中级职称的只有21.3%，大量技术人员都只有初级职称，达到73.8%。相比之下，城市医院具有高级职称医师的比例为23.0%，具有中级职称的比例为33.2%，大大高于乡镇卫生院的比例。由于乡镇卫生院和村卫生室医疗设备、设施普遍落后，技术人员水平较低，农民常常担心“交了钱解决不了看病问题”①，因此“已成为农村参加合作医疗的一项制约”②。

表3　　2010年全国卫生技术人员学历构成比例

单位：%

分组	医院	社区卫生服务中心	乡镇卫生院	疾病预防控制中心	合计
研究生	4.8	0.6	0	3.0	3.2
本科	27.8	18.4	5.6	23.6	21.7
大专	36.6	39.9	33.9	38.1	36.3
中专	28.0	35.9	52.2	30.6	34.5
高中及以下	2.8	5.2	8.3	4.6	4.2

数据来源：《中国卫生统计年鉴·2010》

7. 政府投入少，医疗救助水平低

（1）财政供给不足，缺乏稳定的筹资机制。根据现行制度设计，农村医疗救助是新农合制度的补充，两者是农村医疗保障体系不可或缺的重要组成部分。后者面向所有农民，“实质是一种社会保险”；前者面向农村贫困人群，“实质是一种社会福利，也是政府的一种义务。”③ 根据民政部等《关于实施农村医疗救助的意见》要求，农村医疗救助主要针对农村五保户、低保户以及地方政府规定的符合条件的贫困农民。据统计，2009年，国家投入农村医疗救助资金58.6亿元，比2005年5.7亿元投入多了将近10倍。④ 2010年，用于城乡医疗救助的

① 张建平：《中国农村合作医疗制度研究》，中国农业出版社2006年版，第134页。

② 唐旭辉：《农村医疗保险制度研究》，西南财经大学出版社2006年版，第80页。

③ 季谭：《中国农村医疗救助体制成效调查：受益面偏小》，《第一财经日报》2007年12月6日。

④ 《2009年民政事业发展统计公报》，民政部网站，http://cws. mca. gov. cn/article/tjbg/zo1006/20100600081422. shtml? 2010年6月10日。

资金达到110亿元，比2008年翻了一番。2011年，仅前3个季度就累计资助4912万人参保参合，直接救助1026万人次。同年6月还启动了提高农村儿童先天性心脏病、白血病等重大疾病保障水平的试点工作，尽力为不幸儿童和家庭提供更多帮助。①

由于需要救助的人口规模大，救助资金有限，农村医疗救助在发展中出现了很多问题。首先，大部分地区尚未建立持续稳定的筹资机制。民政部的调研情况表明，各地医疗救助资金虽列入了预算，但在以GDP为主要指标的政绩考核体系下，医疗救助预算很少，而且实际到位情况并不理想。其次，很多地区没有专门的工作人员和工作机构。比如，在安徽某市，三县一区的农村医疗救助工作均由民政局救灾办公室代替，有的县救灾办公室只有1～2名人员，要负责好救灾救济、农村特困救助、城市低保、农村医疗救助等多项工作。② 再次，医疗救助政策基础薄弱。从全国来看，很多地方医疗救助政策还处在起步阶段，没有立法和具体实施的行政法规，缺乏统一政策要求的医疗救助计划，在医疗救助方面地区差异和人均水平起伏较大。

（2）救助比例不高，与新农合衔接不好。根据民政部等《关于实施农村医疗救助的意见》规定，农村医疗救助的主要办法是：①在开展新农合的地区，资助医疗救助对象参加合作医疗，享受合作医疗待遇；②在尚未开展新农合的地区，个人因患大病难以负担医疗费用，影响家庭基本生活的，给予适当医疗补助；③国家规定的特种传染病救治费用，按有关规定给予补助。在实践中，各地根据实际情况，也制定了一些具体的标准和办法。该《意见》提出，力争到2005年在全国基本建立起规范、完善的农村医疗救助制度。但是，根据民政部调查，“需要医疗救助的人数庞大，纳入医疗救助范围的比例不高”。③ 也就是说，以扶贫济困为目标的农村医疗救助没有、也不可能满足广大农民的医疗保障需求。

目前，中国农村共有低保、五保、特困对象3295万人，占农业人口比例东部为2.78%，中部为3.17%，西部为5.37%，“越是贫困地区比例越高，新疆和甘肃，已超过10%。”④ 如此众多的需要救助的人群，根本不可能全部纳入救助范围。研究表明，目前接受医疗救助的贫困人口比例全国平均为65.64%，中、西部比例更低，有近一半的贫困人口没有被纳入。⑤ 比如，在重庆市，尽管

① 黄小希：《中国基本医疗保障已覆盖12.59亿人》，新华社2010年12月22日电。
② 季谭：《农村医疗救助体制成效调查：受益面偏小》，《第一财经日报》2007年12月6日。
③ 民政部2006年在湖南、云南、上海等七省市进行的“城乡医疗救助”调研项目报告。
④ 季谭：《农村医疗救助体制成效调查：受益面偏小》，《第一财经日报》2007年12月6日。
⑤ 同上。

近年来部分区县推行农村公共卫生服务券制度，一定程度上促进了农村公共卫生工作，但流动人口公共卫生服务和管理依旧存在盲点。[①] 不仅如此，由于医疗救助和新农合在保障对象和保障水平等方面有很大的不同，“使得这两种制度的衔接出现断层和错位”，主要表现为：①在救助与参合对象方面，农村医疗救助覆盖的对象主要是五保户、低保户和特困户，但在农村地区还有不少困难群众交不起参合费，需政府资助。②新农合实行的是报销制，发生医疗费用并达到起付线后才能报销，达不到起付线则不能受益。作为医疗救助对象的五保户、低保户和农村特困户，虽然由民政部门资助参加了合作医疗，由于报销起付线高而且自付部分比例过大，仍可能无法享受相关待遇。③在制度推进进度上，一些地方认为做好两项制度衔接就是完全同步推进，农村医疗救助只能在新农合试点地区开展，在其他地区不宜开展，这在客观上导致了新农合阻碍农村医疗救助工作的开展。[②]

（3）医疗救助门槛高、水平低。现行医疗救助制度主要实行属地管理原则，因此救助水平的高低不是取决于疾病的种类，而是以地方财政投入水平作为最终决定因素。由于资金有限，各地一般都设定了救助起付线、封顶线以及救助病种等，“较高的起付线使得患一般疾病的贫困农民不能享受救助，较低的封顶线对患大病的贫困农民来说是杯水车薪，将某些大病、重病作为主要救助病种的做法又将一些患有病种规定之外、亟须救助的重病贫困农民和患有常见病、多发病、慢性病的贫困农民除在救助范围之外。”[③] 也就是说，医疗救助制度的这些门槛，使很多符合条件的农民仍处于贫病交加之中，不能从国家政策和相关规定中受益。

目前，各地确定的救助起付线普遍偏高，而救助封顶线偏低。以安徽某市为例：个别县除对五保户、特困户规定了5000元的起付线，对其他救助对象则规定了1万元的救助起付线。如此高的起付线，一般农村医疗开支达到这个标准的少之又少，即便有些居民医疗开支能达到起付线，但过低的救助比例与封顶线，又在一定程度上削弱了农村医疗救助的功能。[④] 根据媒体报道，河北省邯郸市大名县万地镇柴纪东、柴纪何兄弟因被高压电严重烧伤，在河北医大五院住院，院方通知需要20万元医药费。由于家庭贫困，一家人借遍亲朋好友才凑了3万余元。后来县政府为他们解决了500元的救助款，一家人感激涕零，又是

---

① 《农村看病方便吗》，《重庆日报》2008年11月4日。

② 李鹏非：《对中国农村医疗救助的研究》，《经济研究导刊》2011年第6期。

③ 同上。

④ 季谭：《农村医疗救助体制成效调查：受益面偏小》，《第一财经日报》2007年12月6日。

感谢党，又是感谢政府。[①] 这个事例说明：第一，农村的医疗救助水平确实很低，没有制度化、法律化，随意性较强，医疗救助权仍是一种“应然权利”；第二，近些年来，虽然农民的生活条件有了一定的改善，解决了“温饱”问题，但由于医疗保障制度缺失，一旦遇到大病或像柴氏兄弟一样的情况，就会陷入倾家荡产的境地。“因为现在的住院费用实在太高了，少则几千，多则几万几十万，对于普通家庭来说，这些都是天文数字了。”[②] 有鉴于此，农村医疗救助必须做实，才能真正使农民受益。

四、完善农村医疗保障的对策建议

实现农民的医疗保障权利，保证其最基本的身体健康和卫生条件，是现代社会起码的公民权利，也是维护社会公平的重要指标之一。十七大报告明确提出“人人享有基本医疗保障”的战略目标，要求按照“总体规划、突出重点、分类指导、循序渐进”的方针，加大财政支持力度，使更多的人享有基本医疗服务。为实现上述目标，提出有关建议如下。

1. 明确政府责任，加大财政投入

（1）实现农民的医疗保障是政府的基本责任。农村医疗保障作为整个社会保障制度的重要组成部分，具有公共产品的特点。在西方教科书中，大都明确将“公共保健”和“社会保障”列为公共产品。[③] 研究表明，医疗卫生服务作为一项社会公共产品，“其本性要求由国家来提供和维护”[④]，因为它具有消费上的非竞争性和非排他性，能促进整个经济的发展、社会的持久繁荣和人民生活水平的提高。在世界上很多国家，居民的健康保障都是卫生行政部门的主要任务，也是政府对民众承担的最主要责任。在中国，已经明确城市居民的基本医疗保障是政府责任，由劳动和社会保障部负责实施。但农村居民的医疗保障是不是政府责任？由哪个部门负责？这个问题似乎没有明确结论。马克思曾经预言，社会主义社会用于保健方面的经费比起资本主义社会来，“将会立即显著增加，并将随着新社会的发展而日益增加。”[⑤] 中国从建立生产资料公有制以后，对国家工作人员、国有企业工人、干部和城市居民在一定程度承担起了医疗保障责任，对农民则“不然”。改革开放后，中国除了保留原有的“高干”医疗保

---

① 江山、张军民：《谁为农民撑起医疗保障伞》，新华网2002年4月4日。

② 《农村合作医疗没能让农民得到真正保障》，医药网，http：//www. pharmnet. com. cn，2008年12月4日。

③ 陈友龙等：《现代西方经济学》，中国人民大学出版社2002年版，第231页。

④ 唐旭辉：《农村医疗保险制度研究》，西南财经大学出版社2006年版，第38页。

⑤ 《马克思恩格斯选集》第三卷，人民出版社1972年版，第10页。

障制度外，事实上减少了对社会大众的医疗保障责任，而将这些有意无意地推向了社会和市场。从历年的《中国卫生统计年鉴》可以看出，1982 年到 2000 年，中国财政卫生支出占国民生产总值的比例呈逐年下降的趋势。之后财政卫生投入有所增加，政府卫生支出的比重从 2001 年的 15.93% 提高到 2010 年的 28.56%，个人卫生支出的比重则从 59.97% 下降到 35.52%，说明政府投入责任在不断增强，个人的就医负担不断减轻。但总体上看，政府支出额仍大大低于个人和社会支出额，所占比例依然较低（表 4）。

表 4　　政府、社会和个人支出占卫生总费用的比例

单位：亿元

年份	卫生总费用	政府支出	社会支出	个人支出	政府支出所占比例（%）
2000	4586.6	709.5	1171.9	2705.2	15.47%
2005	8659.9	1552.5	2586.4	4521.0	17.93%
2007	11573.9	2581.6	3893.7	5098.7	22.31%
2008	14535.4	3593.9	5065.6	5875.9	24.73%
2010	19921.35	5688.64	7156.55	7076.17	28.60%

数据来源：《中国卫生统计年鉴・2011》

现在老百姓都说看病贵，只有医疗机构和卫生部门说"不贵"，说"医生的收入和人均卫生费用"离发达国家还差很远。① 众所周知，国家用自由市场的模式来主导医疗服务行业，其必然结果是形成"卖方市场"，使得医疗服务价格飙升，费用猛涨。20 世纪 80、90 年代，政府主导的"医改"市场化的本质是，国家不再对公立医院投入或减少对其投入，但是给它们一定的政策，允许它们自己创收，被称为"自收自支、自负盈亏"。于是各级医院开始无所顾忌、放心大胆地赚钱，他们对患者上下其手，不费吹灰之力就将病人的大钱小钱收入囊中，很多人因此债台高筑或倾家荡产。人吃五谷杂粮，焉能不生病？生病了，焉能不去医院？当然，高级干部不用担心，他们有 100% 的公费医疗。卫生系统的人也不用担心，因为"近水楼台先得月"，就像教育系统的人不用担心孩子上学难、铁路系统的人不用担心买票难一样——这就是部门利益。看病之所以贵，之所以难，主要是部门利益在作祟，同时与国家没有承担起提供必要的公共产品的责任有直接关系。可以肯定，如果政府一直将医疗卫生行业作为公益事业

① 《卫生部：中国医疗总费用非常低，医生护士收入低》，中国新闻网，http：//www.takungpao.com/finance/content/2012－05/09/antent－102607，2012 年 5 月 9 日。

对待，限制医院收费，医疗服务的价格和费用不可能像现在那么高。等市场化改革深化，医疗行业成为千夫所指，国家又承诺让其回归“公益性质”，触动其既得利益，谈何容易！

（2）政府要承担更多责任，加大财政投入。事实上，近三十年来中国的“医改”总体上是不成功的，“它引起的恶果大于积极作用”[①]，而且“目前的医疗卫生市场是扭曲的，看不见的手不起作用，看得见的脚却在频频插足。”[②] 有学者认为，医疗卫生的市场化改革是中国“国情”决定的，“因为政府财力有限”，“没有能力充分顾及到9亿农民的医疗保障问题。”[③] 其实，造成农民医疗保障缺失的原因不是国情，而是国策。改革开放后，中国无论是税收总量还是经济总量都有巨幅增长，为什么在经济相对落后的时候能做到的事，在相对富裕的时候反而做不到呢？这显然是政治决策问题。也就是说，政府不是没有经费，“关键是必须调整在计划经济条件下制定的政府政策”，“从理论上转变认识。”[④] 改革开放以来，医疗费用的增长大大高于农民人均纯收入的增长，造成农民看病就医的负担日益沉重，根本原因就是政府没有承担起应该承担的责任。因此，应强化政府的医疗保障责任，加大财政卫生投入。生活中，农民无时不在期待生病时能得到政府的保障，新农合让他们看到了希望，但目前政府的努力离其期望值还有很远。高利平在山东的调研表明，近70%的农民认为政府“还应承担更多责任。”[⑤]

因此，实现农民医疗保障的一个重要措施是，转变政府职能，加大对农村医疗卫生事业的投入。具体办法是：减少对营利性、生产性事业的投入，增加对教育、医疗等公益性事业的投资，通过社会保障体系的再分配功能，在一定程度上矫正社会分配不公，通过对“收”和“支”的调整，缩小贫富差距，缓解社会矛盾，最终实现和谐发展。[⑥] 因此，必须“保障政府给予公共医疗卫生服务以充足的资金，公共医疗卫生的经费要从总的医疗卫生预算中单独计算，同

---

① 邱仁宗：《生命伦理学》，中国人民大学出版社2010年版，第259页。

② 邱仁宗：《生命伦理学》，中国人民大学出版社2010年版，第266页。

③ 杨明伟：《中国农村医疗保障的现状分析》，中国改革论坛，http：//www. chinareform. org. cn/cirdbbs/dispbbs. asp? boardid = 11&id = 88635，2006年4月3日。

④ 张振忠、杜乐勋：《农民的医疗保障，需要新的思路》，卫生部卫生经济研究所《贫困人口医疗救助》课题文献综述的一部分，杜乐勋执笔。价值中国网，http：//www. chinavalue. net/management/Article/2005 - 10 - 19/12440. html，2005年10月19日。

⑤ 高利平：《农村人口医疗保障实证分析——以山东省为例》，《人口研究》2011年第3期。

⑥ 陈铁军等：《中国社会保障层次性差异明显，四大理念奠基公平》，《瞭望》2010年9月13日。

时法律上要强制执行。”① 有学者提出，政府对卫生投入的重点应当“逐步转向医疗服务的消费者”，以“促进医疗消费的增长，带动医疗产业的发展”，而且“可以放开医疗机构的进入限制，使医疗机构从市场中融资，成为独立自主、自负盈亏的市场竞争主体”。② 本文不敢苟同：第一，政府对农村卫生投入的重点仍应是基础卫生设施、设备和人才等建设，不能单纯资助医疗服务的消费者。如果不剔除医疗服务的市场化、商业化机制，政府所有的资助必定是“惠医”大餐，而不是“惠农”大餐，农村的整体医疗卫生水平也很难提高。第二，基本社会医疗保障是政府的责任，必须由政府提供。所谓的“市场竞争主体”云云，是在解决基本医疗保障之后更高层次的追求。政府举办的公共卫生机构、公立医院，决不能成为“市场主体”，也不能实行“自负盈亏”的市场体制，否则就是纵“虎”出笼，万难约束。

2. 扭转医院逐利倾向，使之向公益性回归

（1）市场化改革的不利后果。美国学者阿罗有一句名言：“不要让市场裁决生死和存亡。”③ 医疗卫生行业关乎民众的生死存亡，不能按照市场模式进行运作。这是市场失灵的领域，政府不应该推卸自己的责任。从 20 世纪 80 年代起，以市场思维为指导的每次“医改”措施出台，媒体都是一片叫好之声。事实证明，我们最终建立的并非一个“高效的”而是一个“老鼠过街，人人喊打”的制度。有学者将中国医疗卫生体制的现状总结为“七个不满意”，即“政府不满意，医院、医生不满意，病人不满意，城里人不满意，乡下人不满意，有钱人不满意，穷人也不满意”。④ 为什么？根本原因是，我们的医疗卫生政策已严重偏离公共性质，逐渐沦为利益集团和部门利益的工具。国际上有一个著名的“政府俘虏理论”，是由部门利益理论派生的。该理论认为，政府规制与其说是以公共利益为目的，毋宁说是特殊利益集团寻租的结果，也就是说政府规制是为满足产业对规制的需要而产生的（即立法者被产业所俘虏），而规制机构最终被产业所控制（执法者被产业所俘虏）。⑤

中国有一个惯例是“部门立法”，比如卫生部门制定医疗卫生法规，交通管

---

① ［美］普雷克尔和兰登布伦纳编：《明智的支出——为穷人购买医疗卫生服务》，郑联盛等译，中国财政经济出版社 2006 年版，第 175 页。

② 张振忠、杜乐勋：《农民的医疗保障，需要新的思路》，卫生部卫生经济研究所《贫困人口医疗救助》课题文献综述的一部分。价值中国网 2005 年 10 月 19 日。

③ ［美］肯尼斯·阿罗：《社会选择与个人选择》，陈志武等译，四川人民出版社 1987 年版，第 161 页。

④ 张建平：《中国农村合作医疗制度研究》，中国农业出版社 2006 年版，第 173 页。

⑤ Kip , W. Viscusi, John M . Vernon Joseph E. Harrington, Jr, *Economics of Regulation and Antitrust*, The MIT Press, 1995, pp. 33—34.

理部门制定交通法规、社会保障部门制定社会保障法规等，结果行政机关为部门利益或集团利益所驱使，常常忽视公众利益，致使部门法成了部门利益或利益集团的代言书。[①] 医疗服务的市场化改革，在很大程度上是部门利益使然，其所造成的恶劣后果是显而易见的。一位署名“乡镇卫生院”的网友反映，医院实行绩效工资改革后，如果“不多开处方，开大方，根本就拿不到工资”。他希望新医改实行收支两条线，以“减少一部分人搞商业贿赂，降低药价”，并“保证医务工作者的工资”，因为“医务人员是救死扶伤，而不是一心只想多赚钱。”[②] 刘牧樵在博客中认为，新农合“确实给农民带来了巨大的实惠”，但如果不从国家层面来关注、探讨、研究和解决“过度医疗”等问题，对农民来说，“又会是一个恶性循环”[③]。

（2）控制医院逐利的途径方法。世界银行认为，将医疗卫生服务的价格设置在适当的水平，对于服务提供者的公平偿付、提高系统的承载力、鼓励服务的适当提供以及促进医疗水平的提高都有重要作用。[④] 有学者提出，现在医院是“一把刀”，严格控制医疗服务价格不合理增长是“实现减轻农民因疾病带来的经济负担这一首要政策目标的必要途径”[⑤]，需要“在整个支付过程中控制提供者的行为”[⑥]。实际上，从2006年起，卫生部针对看病贵、看病难、因病致贫、城乡差别等问题采取了一些重要的改进措施，包括明确人道急诊制度，停止扩建大医院规模，停止购买大型昂贵医疗设备，“医药分家”，建立平价医院和病房，开办社区诊所，打击医生开药收回扣，不准过度检查，健全农村合作医疗，强调下乡巡回医疗等。但“由于中国医疗系统的痼疾”积重难返，改革“举步艰难，阻力极大”[⑦]。本文认为，控制医院逐利最根本的办法是：①治理医药行业的商业贿赂行为。“以药补医”目前渗透到医疗卫生领域的方方面面，是导致其公益性缺失的重要原因，也是深化医改需要破解的主要矛盾。②恢复公立医院的公益性质，面向全社会提供基本医疗保障服务，其基本建设投资和人员工资由国家负担。在我们的调查中，有些基层医疗机构的医生提出，应提高农民看病报销的比例或增加农民收入，使他们有更多的钱看病。其实，这只是问题

① 方福前：《公共选择理论——政治的经济学》，中国人民大学出版社2000年版，第272页。

② 步秀霞：《农村医疗——中国农民健康保障的标尺》，《健康大视野》2007年第7期。

③ 同上。

④ ［美］普雷克尔和兰登布伦纳编：《明智的支出——为穷人购买医疗卫生服务》，郑联盛等译，中国财政经济出版社2006年版，第114页。

⑤ 邹文开：《农村新型医疗保障政策研究》，湖南人民出版社2008年版，第307页。

⑥ ［美］普雷克尔和兰登布伦纳编：《明智的支出——为穷人购买医疗卫生服务》，郑联盛等译，中国财政经济出版社2006年版，第325页。

⑦ 王澄：《中国大陆医疗体制的过去、现在及将来》，《人与医学》2006年4月15日。

的一个方面。如果不控制医院收费，再多的钱也只是“羊落虎口”，于农民的医疗保障无补。

3. 实行新农合与社会医疗保险的一体化发展

（1）将新农合纳入社会医疗保险是大势所趋。无论是从新农合的长远发展来看，还是从农村医疗保障纳入国家社会保障总体规划看，“医疗保险制度无疑是优于合作医疗制度的一种保障模式”，而且“在城市化的必然发展趋势下，农村医疗保障也一定要和城市医疗保障统一起来。”① 一直以来，城乡居民在基本医疗保险制度上“存在着天壤之别”，这固然是“由于历史原因和国力不足形成的”，但我们“绝不可以此为借口，推卸国家的责任，甚至将这种差别视为理所当然，而将其固定化、制度化。”② 从目前来看，中国正在进行的医疗保险制度改革，主要是针对城镇企业职工和国家行政事业单位的工作人员，作为人口大多数的农民依然被排除在制度安排之外。新农合不是社会医疗保险，也不同于社会医疗保险。首先，新农合实行“自愿参加”原则，而社会医疗保险最重要的特征是具有强制性，个人只有参加而没有不参加的自由。其次，新农合的重点是补助“大病”，即只有住院治疗才能报销部分费用，即便有的地区开展了门诊补助，二者补助的标准也是不可同日而语；社会医疗保险则没有这样的区分，只要是患有疾病，无论是否住院都是按照统一的标准报销。第三，新农合的定点医院分有层级，层级不同报销的比例不同，而且主要定位于“县、乡、村”三级医疗网络；社会医疗保险尽管也有定点医院，但是没有层级限制，所有的定点医院报销的比例都是一样。第四，新农合的“大病补助”仅限于一定的病种，不包括受伤、生育等，社会医疗保险则没有这样的限制。笔者在另一篇报告中曾详细列举了新农合为了实现“以收定支”的目标对患者设立的“十八道门槛”③，社会医疗保险则基本上没有这样的限制或者限制的范围很小。因此，二者在很多方面有大量不同。

将新农合纳入社会医疗保险是大势所趋。在经历30余年的改革开放之后，中国的国力和财力有了很大提高，让城乡居民享受公平的医疗待遇，得到公平的医疗保障，是经济和社会发展的必然趋势，也是改善民生、构建和谐社会不可或缺的重要内容之一。社会保障有一个基本理念是，强调社会成员参与机会的平等，即“任何社会成员只要符合法律规定的条件，不论其地位、职业、贫

---

① 杨明伟：《中国农村医疗保障的现状分析》，中国改革论坛，http：//www.chinareform.org.cn/cirdbbs/dispbbs.asp? boardid = 11&id = 88635，2006 年 4 月 3 日。

② 黄庆杰等：《中国农村医疗保障政策执行困难的政策分析》，《学术探索》2003 年第 4 期。

③ 余少祥：《新农村合作医疗实施的问题与对策》，载刘作翔主编《法律与社会》论丛第一卷，社会科学文献出版社 2012 年版，第 298 页。

富等因素均应纳入社会保障范围，保证为所有社会成员提供机会公平的保障。”① 在当今中国，统筹城乡发展是全面建设小康社会的重要内容，医疗保障制度的城乡一体化是其中的重要组成部分。② 我们常常说“使整个社会健康、有序、持续发展”，就不能将整个国家的医疗保障体系人为地分为不同等级，而是应该致力于拉平、弥补之间的差距，只有这样，“整个改革事业才能获得足够的道义基础和合法性资源，经济改革才能进一步深化和提高。”③ 实际上，将新农合纳入社会医疗保险，政府对医疗保健事业的总体投入并没有增加多少，但效果将更加显著，也更加公平。日本学者青木昌彦说：“只有相互一致和相互支持的制度安排才是富有生命力和可维系的，否则精心设计的制度很可能是高度不稳定的。”④ 新农合推行以来，由于应急的东西太多，“在制度和管理上并不具有长远的规划，存在明显的短期行为。”⑤ 因此，必须顺应经济与社会发展的规律，将新农合和农民的医疗保障纳入国家社会保障的总体计划当中，才能使之避免演变为一场“政治运动”⑥。

（2）将新农合纳入社会医疗保险的必要性。首先，新农合的自愿原则违背了其制度设计的初衷。实际上，在完全自愿参加的原则下，“任何制度设计都无法回避一个保险学的经典难题——逆向选择。”⑦ 新农合强调“自愿参加”，表面上是给农民一个自由选择的空间，在实际操作中却导致老弱病残者愿意参加而健康者不愿参加，很多贫困人口也因缺乏缴费能力被排斥在外，使之在本质上与政府“人人享有初级卫生保健”的初衷相违背。同时，地方上为了使新农合能顺利实施，普遍存在强制农民参加合作医疗的现象。其次，卫生部门“一手托两家”的体制损害了基金的实效和农民的利益。从管理体制上讲，目前绝大部分地方是卫生部门“搭台唱戏”，只有少数地方由人力资源与社会保障部门或其他机构管理。这就出现一个很大的问题：卫生部门既直接举办医院，扮演

---

① 陈铁军等：《中国社会保障层次性差异明显，四大理念奠基公平》，《瞭望》2010 年 9 月 13 日。

② 顾昕等著：《诊断与处方：直面中国医疗体制改革》，社会科学文献出版社 2006 年版，第 122 页。

③ 王延中：《试论国家在农村医疗卫生保障中的作用》，《农村医疗》2001 年第 3 期。

④ ［日］青木昌彦等：《经济体制的比较制度分析》，魏加宁等译，中国发展出版社 1999 年版，第 19 页。

⑤ 杨明伟：《中国农村医疗保障的现状分析》，中国改革论坛，http://www.chinareform.org.cn/cirdbbs/dispbbs.asp? boardid = 11&id = 88635，2006 年 4 月 3 日。

⑥ 沈寿文：《政策与法制：农村合作医疗制度演进浅论》，中国社会科学出版社 2007 年版，第 203 页。

⑦ 刘雅静：《新型农村合作医疗制度可持续发展研究》，山东大学出版社 2010 年版，第 151 页。

医疗服务提供者的角色，又管理新农合基金，扮演医疗服务购买者的角色，等于是“老鼠看粮仓”。在这种管理体制下，卫生部门和新农合经办机构的一些政策和做法甚至与其目标“背道而驰”①。再次，新农合资金筹集和使用措施失当，它没有维护好农民的生命健康权，在一定程度上却损害了其财产权和独立人格权。根据规定，如果参合农民没有生大病住院，则他所缴纳的费用将部分或全部无偿奉献给那些生大病住院的农民，这与农民个人缴费的私有财产属性不相符。② 农民的缴费类似于城镇职工基本医疗保险的个人账户，属于其个人财产，但参合农民却没有个人账户积累。农民缴费后如果一年内没有看病就医，所缴费用将自动全部消失，第二年必须全部重新缴费，对农民显失公平。第四，新农合与城镇居民基本医疗保险分立，大大增加了社会管理成本。目前，城镇居民基本医疗保险主要由人力资源和社会保障局下属的“医保局”负责管理，新农合主要由卫生局下属的“新农合管理中心”负责管理。两者是两套机构，两套人马，分别办公，分属不同的主管部门，各有各的定点医疗机构，各有各的药品目录，“既大大增加了其运行成本，也不利于提高工作效率。”③ 第五，建立一体化的医疗保险体系，是维持城镇职工基本医疗保险制度健康运行的需要。伴随着快速的工业化与城市化进程，中国农村人口持续不断地向城镇迁移。1990 年人口普查显示，城镇人口占中国大陆人口的比例为 26.4%，2000 年这一比例达到 36.2%，2010 年进一步提高到 49.7%。因此，如果不解决好农民的医疗保障问题，“势必对城镇医疗保障制度造成巨大冲击，影响城镇医疗保障制度的平稳运行。”④

（3）将新农合纳入社会医疗保险的可行性。将新农合纳入社会医疗保险最根本措施是走政府强制的道路，这在道理上十分简单：健康保障是公共卫生问题，不能依靠群众自愿，必须采取强制性措施。实行强制保险不是说剥夺了农民选择的自由，而是国家要确保那些“因病致贫、因贫返病”的现象不再大量发生。政府要负责组织社会医疗保险统筹基金，农民必须参加，并按照经济条件减免保费。在世界上绝大多数国家，社会医疗保险都是政府强制推行的，这是“社会保障制度的非营利性与保险大数法则的共同要求”，“凡是满足条件的

---

① 孙淑云等：《新型农村合作医疗制度的规范化与立法研究》，法律出版社 2009 年版，第 91 页。

② 朱勋克：《新型农村合作医疗制度与农民生命健康权保障》，《中国卫生产业》2004 年第 11 期。

③ 邓义福：《关于统一城乡居民医疗保险待遇的探讨》，《农村财政与财务》2011 年第 7 期。

④ 张振忠、杜乐勋：《农民的医疗保障，需要新的思路》，卫生部卫生经济研究所《贫困人口医疗救助》课题文献综述的一部分，杜乐勋执笔。价值中国网，http：//www.chinavalue.net/management/Article/2005-10-19/12440.html，2005 年 10 月 19 日。

任何单位和个人都必须无条件参加”，这也是解决保险市场“逆向选择”的最有效、最彻底的办法。[①] 因为社会保险本质上“是一种公益保险”，“以执行社会公共政策为宗旨”[②]，与盈利性的商业保险完全不同。当然，要实行普遍性的医疗保障，“对于低收入者政府要给予补贴，对于有能力支付但是不愿意参加者要进行强制，两者缺一不可。”[③]

由于各地经济发展水平和人们的思想观念等存在较大差异，要将新农合“一步到位”纳入社会医疗保险体系不是短期内可以完成的，但可以先将新农合与城镇居民医保合并。实际上，除了筹资、报销补偿水平等略有不同外，两者在很多方面的做法都是一样的。[④] 从实践中看，成都市已实现了非城镇户籍从业人员的综合社会保险与城镇职工社会保险并轨，成都全域城乡劳动者不再区分农民和城镇居民，所有人同等享受住院医疗保险、工伤保险、基本养老保险、失业保险和生育保险等社会保险待遇。在安徽省马鞍山市，也实现了新农合与城镇居民医保的整合，建立起城乡一体化的基本医疗保障体系。两者整合后，农民可根据自身就业地点和经济能力，选择参加职工基本医疗保险或居民基本医疗保险，其医疗保险待遇依据参加险种的不同有所差异，但不是由户籍决定，“体现了城乡居民社会医疗保障的公平性”。在与职工医保的衔接和转换上，该市对缴费年限折算做出了安排，农民参加居民基本医疗保险的缴费年限可按照每4年折算成职工基本医疗保险1年缴费年限，等达到法定退休年龄时，符合条件的可享受退休人员基本医疗待遇，形成了有效的衔接和转换机制，做到各险种之间“可选择、可衔接、可转换”[⑤]。江苏省江阴市打破城乡壁垒，“将传统合作医疗纳入到现代社会保险体系的做法”，也引起了有关部门的关注，众多媒体纷纷报道。[⑥]

4. 合理配置卫生资源，适当向农村倾斜

（1）为什么卫生资源应适当向农村倾斜？一直以来，中国农村地区医疗资源配置严重不足，卫生需求与卫生资源呈“倒三角”形分布，很多地方县、乡财政困难、重视不够，投入逐年减少，城乡差距日益扩大。根据《中国卫生统

---

① 唐旭辉：《农村医疗保险制度研究》，西南财经大学出版社2006年版，第25页。

② 张建平：《中国农村合作医疗制度研究》，中国农业出版社2006年版，第22页。

③ ［美］福克斯：《谁将生存？健康、经济学和社会选择》，罗汉、焦艳等译，上海人民出版社2000年版，第183页。

④ 邓义福：《关于统一城乡居民医疗保险待遇的探讨》《农村财政与财务》2011年第7期。

⑤ 吴天祥等：《医疗保障城乡一体化明年实现，农民就医更便捷更公平》，《马鞍山日报》2008年11月24日。

⑥ 《关于我市农村医疗保障制度实施情况的调研报告》，徐州市政协网站，http：//www.xzzx.gov.cn/html/zwhg20/20070327/901.html，2002年7月16日。

计年鉴·2011》的统计显示，从医疗机构的床位数看，2005 年全国共有床位数 3350810 张，其中乡镇卫生院只有 768240 张，占比 22.9%；2010 年全国共有床位数 4786831 张，其中乡镇卫生院只有 994329 张，占比 20.8%。从每千人拥有的技术人员数量看，2009 年城市是 7.15 人，农村是 2.94 人，2010 年城市是 7.62 人，农村是 3.04 人，相差两倍以上（表 5）。这还不是最主要的差别的。如前所述，农村医疗卫生人员的医疗水平大大低于城市的卫生人员——这些都是医疗资源配置不均造成的。受医疗资源配置不合理和政府投入不足的限制，农村医疗卫生和保健服务长期“营养不良”。

表 5　　每千人口卫生技术人员数

单位：人/千人口

年份	2005	2007	2008	2009	2010
全国平均	3.57	3.76	3.92	4.15	4.37
城市	5.82	6.44	6.68	7.15	7.62
农村	2.69	2.69	2.80	2.94	3.04

数据来源：《中国卫生统计年鉴·2011》

2007 年 5 月，时任卫生部部长高强在“第二次中美战略经济对话”中针对农村的医疗保障问题发表谈话。他说：“衡量一个国家的医疗卫生水平，不是看高收入者享受到的医疗服务，而是看低收入者的卫生保健水平。”高强认为，农民是中国社会的主体，中国发展的重点在农村，存在的诸多问题也主要表现在农村。因此，“没有农民的健康，就没有全国人民的健康”，“没有农民的小康，也就实现不了全社会的小康”。① 这无疑是具有远见卓识的观点。从实践中看，农民比城镇职工更需要国家在医疗保障方面的支持与保护，因为他们的收入水平更低，居住和生活的卫生条件更差。也即，我们的卫生政策不能仅仅使部分健康的人群更健康，而是应当使那些没有健康保障的人得到最基本的健康保障。因为公共卫生保健是典型的“公共产品”，必须面向全社会，不能仅仅局限于城镇居民。这是完善市场体制的客观要求，也是使整个社会都能获得最大收益的公共投资。

（2）卫生资源如何向农村倾斜？卫生资源向农村倾斜不是要颠覆既有的格局，“反过来”将绝大部分卫生资源放到农村去，而是在现有发展不均衡条件下，优先加大对农村卫生工作的投入。因为合理调整卫生资源结构，提高资源

① 《高强部长出席第二次中美战略经济对话》，卫生部网站 2007 年 5 月 29 日。

使用效率，向农民提供高水平、高质量的卫生服务是维持新农合健康、持续发展的先决条件[①]，也是促进农民医疗保障最重要的措施之一。从经济学角度看，健康是人力资本的一个重要组成部分，投资健康对于社会经济发展的推动作用已经得到各界的共识。[②] 从实践中看，要补上农村卫生资源紧缺的“短板”，主要做法有：①建立健全的农村卫生工作和医疗服务网络，为农村居民筑起健康保护的屏障。尤其是要加强农村三级医疗卫生服务体系建设，以县、乡医疗卫生机构建设为重点，对中西部贫困地区传染病、地方病重疫区的村卫生室给予适当支持。②加强县乡村三级医疗机构的卫生设备、设施建设。农村医疗卫生机构是新农合的服务载体，其基础设施条件和服务能力直接影响到农民看病就医的实际需求。因此，要将县、乡、村三级医疗卫生机构的服务条件和能力建设作为解决农村居民看病就医问题的重点来抓，作好规划，加强其基础设备设施建设。[③] ③加强农村卫生人才队伍建设，提高医疗服务水平和质量。要加大对农村卫生技术人员的培训力度，建立终身教育制度，提高农村卫生人员的专业知识和技能。总之，农民的医疗保障主要不是经济发展水平问题，而是政治决策问题。特别是在风险社会中，个人“仅仅依靠自身的力量很难有效地抵御各种风险因素的侵袭”[④]，只有国家“有所作为”加上全体人民“互助共济”，才能真正战胜疾病风险。

5. 扩大报销比例范围，提高医疗保障水平

（1）扩大报销比例范围的必要性。雅诺什·科尔奈等在《转轨中的福利、选择和一致性——东欧国家卫生部门改革》中提出，“国家有责任保证每一个公民享有获得基本教育和医疗保障的权利”[⑤]，“所有人都享有基本的健康保障的权利，社会必须担保人们可以行使这项权利。”[⑥] 而且，医疗保障作为一种社会福利，农民同样具有享受的权利。[⑦] 从目前来看，无论是新农合还是城镇居民医疗保险都远远没有达到医疗保障的程度，必须扩大其报销的比例范围，提高报销

---

① Guy carrin，Philip Davis，江芹：《中国农村合作医疗最佳实践分析框架——卫生系统的功能与筹资组织》，《中国卫生经济》2002 年第 2 期。

② 顾昕等：《诊断与处方：直面中国医疗体制改革》，社会科学文献出版社 2006 年版，第 100 页。

③ 周婷玉：《今年中央将安排 27 亿元资金建设县乡村三级医疗机构》，《科技导报》2008 年 2 月 27 日。

④ 高和荣：《风险社会下农村合作医疗制度建构》，社会科学文献出版社 2008 年版，第 49 页。

⑤ ［匈牙利］雅诺什·科尔奈等：《转轨中的福利、选择和一致性——东欧国家卫生部门改革》，罗淑锦等译，中信出版社 2003 年版，第 26 页。

⑥ 同上书，第 41 页。

⑦ 唐旭辉：《农村医疗保险制度研究》，西南财经大学出版社 2006 年版，第 133 页。

补偿水平。劳动力是社会生产力中最活跃、最革命的因素，是首要的生产力。医疗保障制度的实施，“可以有效地保障劳动者身体健康，提高劳动者素质，从而对于提高劳动生产率，促进生产的发展发挥着重要作用”①，而且它为劳动者减少疾病，恢复身体健康，以健康的体魄投入生产劳动提供了重要保证，“有助于合理调节社会分配关系，实现效率与公平的结合和统一。”② 威宁县人民医院院长曾文说，他们“收治了很多重症农民患者，大病无钱看，让人看了揪心与无奈”，因此“提高新农合的报销比例才是真正解决农民朋友看不起病、因病返贫的关键。”③ 也有学者提出，应推进新农合制度，实现“筹资的垂直公平，提高费用偿付比例”，实现“制度内公平。”④ 这不仅有利于保障农民的生民健康权，也有利于农民增收和摆脱贫困。

（2）提高报销补偿水平的必要措施。要提高农民医疗保险的报销补偿水平，除了加大政府投入外，还需要适当提高农民的缴费标准，实行“医药分开”，使医院不能通过药品销售获得任何利益，只能通过优质的医疗服务和水平获得收入。这不仅能杜绝医疗腐败，而且可以促进医疗和服务水平的提高。在调研中，也有一些人提出要增加看病报销的种类、范围，扩大药品目录等，使农民就医得到更多实惠。但是，在国家投入有限的情况下，如果不适当提高农民的缴费水平，这些都很难实现。因为资金总量有限，会顾此失彼。统计表明，2011 年全国农民年人均纯收入达到 6977 元。因此，在加大各级政府投入的同时，可以适当提高农民缴费的标准，关键是将这笔资金用好，提高其报销水平，使农民就医得到真正实惠。比如，扩大报销补偿范围，提高门诊和住院报销比例等，进一步减轻农民负担，使其医疗得到切实保障。此外，还有一个配套措施是，完善农村医疗救助制度，使那些缴不起费的人也能得到医疗保障。医疗救助是全民健康的网底，在农村建立行之有效的医疗救助制度“对于帮助低收入人群解决医疗负担问题，提高他们的健康水平具有重要的作用，也是医疗卫生社会公平性的重要体现。”⑤

6. 防治并举，建立疾病预防控制网络

（1）重视疾病预防的必要性。农村疾病预防控制和卫生保健的内容十分广

---

① 李铭伟：《潍坊市城镇职工基本医疗保险费用支付控制研究》，山东师范大学 2009 年硕士学位论文。

② 杨晓娟：《完善医疗保险制度的途径分析》，《西部财会》2008 年第 1 期。

③ 陈久菊：《新农合让农民基本医疗有保障，大病治疗仍存负担》，中国广播网，http：//china. onr. cn/yaowen/201103/t20110317_ 507799718. shtml，2011 年 3 月 17 日。

④ 李华：《中国农村合作医疗制度研究》，经济科学出版社 2007 年版，第 239 页。

⑤ 郇旭东：《中国农村传统医疗保障制度存在的问题及对策》，《保险研究》2007 年第 4 期。

泛，包括环境卫生与健康、常见地方病防治和传染病管理、环境污染与健康、生产环境与健康、自我保健与健康教育等。农村疾病预防控制和卫生保健工作，不仅是卫生系统的任务，也是政府工作的重点和重要的社会行为之一。① 中国农村人口比重大，覆盖地域面积大，经济基础薄弱，卫生设备和人员技术落后，抗风险能力十分脆弱。特别是农村经济体制改革和分税制改革后，被广泛称誉的农村“三级医疗预防保健网络”遇到了极大的挑战，出现了“网底破损、管理体制不顺和服务体系不全”等问题，农村疾病预防控制工作举步维艰。② 迄今为止，政府并没有真正承担起对农民的疾病预防和健康教育责任。曾经轰轰烈烈、历经十余年的“全国亿万农民健康促进行动”旨在普及基本卫生知识，倡导科学文明健康的生活方式，提高亿万农民健康素质。但是，“没听说过”这一行动的农民比例高达99.3%，87.1%的农民“从未接受过来自县、乡政府或村两委的有关预防和健康方面的教育”③，说明这些所谓的“行动”是在走过场，只打雷不下雨。由于长期轻视疾病预防控制，忽视国民健康教育，一直以来，中国无论是城市还是农村、无论是男性还是女性，居民两周患病率和慢性病患病率均呈明显上升趋势。

（2）疾病预防控制的重点和难点。疾病预防控制在执行上既要遍地开花，也要重点布局，以点带面，逐步深入和普及，扎实稳妥地推进。因此，各级政府要明确职责，保障和落实专项经费。同时，要提出农村卫生设施、信息网络和人员技术建设的标准规划，发挥设备和人力资源的主导作用，“以唯物观和辩证观的态度，在技术和物质上保障农村卫生工作”，在高水平上为社会做好前瞻性服务。④ 只有疾病防制工作做好了，农村卫生状况才能在根本上摆脱恶性循环。朱玲在六省调查研究的基础上，得出了关于农村健康教育和公共卫生服务覆盖率的一些结论：①在农村预防服务中，儿童免疫项目取得了高覆盖率的成就，健康教育依然是薄弱环节。②个人变量对健康知识传递到户的影响并不显著，但贫困户与非贫困户相比获得健康教育服务的可能性较小。在享受其他公共卫生服务方面，贫困户的覆盖率也低于非贫困户。③县、乡政府的预防支出、村委会提供的补贴和乡卫生院组织的预防活动，对卫生人员开展健康教育没有形成有效的激励。⑤ 事实上，健康教育和贫困户享受公共卫生服务机会较少是农

---

① 杨颖：《对农民医疗保障问题的几点思考》，《甘肃农业》2005年第9期

② 翟慎永等：《农村疾病预防控制体系改革与思考》，《预防医学论坛》2006年第5期。

③ 高利平：《农村人口医疗保障实证分析——以山东省为例》，《人口研究》2011年第3期。

④ 吴永林等：《加强贫困地区基层农村疾病预防控制体系建设的重要性、迫切性和长期性》，2005年8月3日。

⑤ 朱玲：《农村健康教育和疾病预防》，《中国人口科学》2002年第5期。

村卫生工作的主要问题，也是疾病预防控制的重点，这两个问题解决不了，很难推动农村卫生工作全面发展。

科尔奈等在《转轨中的福利、选择和一致性——东欧国家卫生部门改革》中，曾提出卫生部门改革的基本价值、理想特征以及分配比例等问题，认为应当遵循“个人权利、一致性、竞争性、有效激励、透明性、公众能够适应、和谐发展、政府新角色以及可持续融资”① 等9项原则，其中特别提出“要推进的改革必须增加个人在福利事务中的决策范围，减少政府的决策范围”②，“改革必须先通过公开的、公众知晓的讨论然后再行实施。”③ 也就是说，任何涉及农村的医疗卫生改革，必须有农民参与，必须要经过公开的、公众知晓的讨论以后才能施行。在中国，一直是卫生行政部门在主导农村卫生政策和法规的制订，是城市人决策，农民人执行，“农民缺乏利益诉求渠道，话语权微乎其微，他们没有谈判和制约的力量，只是被动的政策接受者和政策受益者。”④ 实际上，公民参与政治决策是其基本权利之一，对于政治发展而言，意义极为重大。无论是政治国家，还是公民社会，公民参与都是实现善治的必要条件，所有民主的价值和意义，也只有通过公民参与才能真正实现。没有公民参与，就没有现代民主政治。⑤ 因此，在任何涉农利益的政策和法规制订中，农民都应有发言权。如果不解决这个难点，仅仅依靠官僚体制自上而下发布指示，推行“善政”，农民的医疗保障工作必定无法较好实施。

结语

建立完善的医疗保障制度是农村社会发展的必然要求，是农村经济稳定、持续发展的先决条件，也是实现农民社会权利的迫切需要。本质上，新农合是一种医疗“互助共济”制度，并不是真正意义上的基本医疗保障制度。由于筹资水平低，报销门槛多、比例低，它对缓解农村因病致贫、因病返贫问题的作用十分有限。新农合的发展前景是与社会医疗保险制度并轨，还农民以“国民”待遇⑥，而不是依附于二元体制，越走越远。农民同其他公民一样，为国家和社会建设作出了巨大贡献，《社会保险法》将占全国人口大多数的农民明确排斥在

---

① ［匈牙利］雅诺什·科尔奈等：《转轨中的福利、选择和一致性：东欧国家卫生部改革》，罗淑锦等译，中信出版社2003年版，第9~16页。

② 同上书，第15页。

③ 同上。

④ 王曙光等：《社会参与、农村合作医疗与反贫困》，人民出版社2008年版，第139页。

⑤ 俞可平：《公民参与的几个理论问题》，《学习时报》2006年12月18日。

⑥ 杨颖：《对农民医疗保障问题的几点思考》，《甘肃农业》2005年第9期。

外，是不适当的。必须废除户籍制度的藩篱，实现城乡社会医疗保险的一体化发展。最后，要大力开展疾病预防控制工作，对农民进行健康知识普及和教育，防患于未然。当然，“培育恰当的制度是一项永远不会彻底完成的工作”①，需要全社会共同努力。

① ［德］柯武钢、史漫飞：《制度经济学——社会秩序与公共政策》，韩朝华译，商务印书馆2000年版，第590页。

农村承包经营土地流转问题

冉　昊　袁　震*

1978年改革开放以后，中国的土地产权日益丰富，在原有单一的（国家所有的）土地所有权以外，陆续建立了“农村土地承包经营权”“宅基地使用权”“农村建设用地使用权”等物上权利，这些无体权利的确立，就意味着可以在不改变土地实有形态、也即不改变其所有权归属的前提下，将可能出现与实物相分离的流转办法。从此以后，中国农村土地经历了由禁止流转、限制流转到逐渐默许、放开直至鼓励的过程。特别是随着2002年《农村土地承包经营法》的颁布，中国农村土地承包经营权流转制度正式建立，农地流转进入到一个大发展的新时期。总体来说，这一过程就如同邓小平同志曾经指出的：“中国社会主义农业的改革和发展，从长远的观点看，要有两个飞跃。第一个飞跃，是废除人民公社，实行家庭联产承包为主的责任制。这是一个很大的前进，要长期坚持不变。第二个飞跃，是适应科学种田和生产社会化的需求，发展适度规模经营，发展集体经济。这是又一个很大的前进，当然这是很长的过程。”①令人欣慰的是，随着时代的推进，我们终于走到了这个“很长过程”的起点，下文对此做出概要报告，并分析其原因和制约因素。

需说明的是，由于新中国成立以来上述的前在实践，在中国农村土地上长期并存着集体土地所有权、土地承包经营权、宅基地使用权、农村建设用地使用权等多项物权，而由于《宪法》第十条明确禁止转让土地，因此中国近年来实践中的农村土地流转，实际是土地承包经营权、宅基地使用权以及农村建设用地使用权等在中国财产认识结构中被归类于他物权的土地权益流转，其中又以归属于农民（农户）个体的农村土地承包经营权流转最为普遍，成为农地流转的核心，也是本报告在“农村土地”概念下着重讨论的问题。

一、农村土地（承包经营权）流转趋势

农村土地承包经营权的流转，是指拥有土地承包经营权的农户或个人将土

---

*　冉昊，中国社会科学院法学研究所副研究员；袁震，西北政法大学法学院副教授。

①　《邓小平文选》（第三卷），人民出版社1993年版，第355页。

地的承包经营权或使用权移转给其他农户或经济组织的行为，应遵循自愿公平的原则，以下简称为农地流转。近十年来，中国农地流转体现出以下五项趋势。

（一）流转先锋：林地承包经营权破冰，伴以林权交易中心建立

1. 政策启动：设立与确权

按照经济学者的概括，中国特色市场经济改革的一个基本经验就是分部探索、渐进改良，既改变了社会的僵化一体，也避免了大幅变动带来的社会震荡。农村土地流转的改革亦不例外，基于林地种植时间长、限砍伐等特性，中国农土流转先从林地承包经营权放开开始进行试验，先后经历了“三定”时期、以“四荒”拍卖为主的市场化运行期，全面进入家庭承包经营的改革时期。

2003 年 6 月，中共中央、国务院颁布了《关于加快林业发展的决定》明确提出，“加快推进森林、林木和林地使用权的合理流转。在明确权属的基础上，国家鼓励森林、林木和林地使用权的合理流转。各种社会主体都可以通过转包、租赁、转让、拍卖、协商、划拨等形式参与流转。”决定发布后，福建省率先开展了以“明晰所有权、放活经营权、落实处置权、保障收益权”为主要内容的集体林权制度改革。随后，江西、辽宁、浙江等省相继推进。“稳步推进集体林权改革”字样被明确写入《国民经济和社会发展第十一个五年规划纲要》的农村改革部分。

2008 年 6 月，中共中央、国务院再发《关于全面推进集体林权制度改革的意见》，这次明确提出了要明晰产权，“在坚持集体林地所有权不变的前提下，依法将林地承包经营权和林木所有权，通过家庭承包方式落实到本集体经济组织的农户，确立农民作为林地承包经营权人的主体地位”，并指出“在不改变林地用途的前提下，林地承包经营权人可依法对拥有的林地承包经营权和林木所有权进行转包、出租、转让、入股、抵押或作为出资、合作条件，对其承包的林地、林木可依法开发利用”。对于流转的具体办法和限制，该意见强调，“在依法、自愿、有偿的前提下，林地承包经营权人可以采取多种方式流转林地经营权和林木所有权。流转期限不得超过承包期的剩余期限，流转后不得改变林地用途。集体统一经营管理的林地经营权和林木所有权的流转，要在本集体经济组织内提前公示，依法经本集体经济组成员同意，收益应纳入农村集体财物管理，用于本集体经济组织内部成员分配和公益事业。加快林地、林木流转制度建设，建立健全产权交易平台，加强流转管理，依法规范流转，保障公平交易，防止农民失山失地。加强森林资源资产评估管理，加快建立森林资源资产评估师制度和评估制度，规范评估行为，维护交易各方合法权益。”

随后，林地承包经营权的设立与确权工作在全国范围内展开，逐步将集体林地分户承包，实现了“山定权、树定根、人定心”，林地承包经营权开始落实

到农户层次。截至2008年年底，全国已确权到户的林地面积为12.7亿亩，占集体林地的50%。

确权改革为林权的流转奠定了前提，2009年6月22日至23日，中共中央召开了新中国成立60年以来的首次林业工作会议，全面贯彻党的十七大、十七届三中全会和2008年中央10号文件精神，系统研究新形势下林业改革发展问题，推动林地承包经营权流转的进一步发展。

2. 显著成效：流转数量与方式

在中央政策的推动下，与林权相关的农村土地承包经营权流转迅速发展起来。从流转的数量上来看，到2009年年底，全国就已实现确权林地面积15.14亿亩，占集体林地的59.4%，发证面积11.36亿亩，占已确权面积的75%。[①]其中在安徽省，到2009年7月底共完成林权发证面积5001.07万亩，占应勘界面积的93.7%。全省林权流转宗地数4.4万宗，涉及面积301.4万亩，金额22.3亿元。仅黄山一市就完成林权流转4756宗，面积超过百万余亩，金额达3.85亿元，市林业经济合作社和专业协会由林改前的41个发展到84个，股份合作制林场达到841个。在浙江省，截至20099年底森林资源流转面积达1350万亩，实现流转金额66.7亿元。在江西省，截至2009年年底林业产权交易中心完成林权流转3.99万宗，交易林地面积377.83万亩，交易金额24.49亿元。[②]在河南省，截至2010年9月底，全省完成集体林地登记办证面积4606万亩，占林改总面积6788万亩的68%，发放林权证210.6万本。[③] 截至2011年上半年，全国勘界确权集体林地达到25.24亿亩，占集体林地总面积的92.23%。其中发生流转的有1.45亿亩，占已确权林地的5.73%。[④]

林地流转的方式也日益多样，流转参与主体多元共襄，包括农户、村经济合作组织以及工商企业等；流转期限参差不齐，8至70年间不等；流转规模大小有别，有一般农户之间的小规模转包、转让，也有农户与企业之间的集约化大规模流转；流转形式层出不穷，包括租赁、转包、互换、入股等，抵押、拍卖等新形式也陆续出现。其中林权抵押的发展迅猛异常，如福建省发挥金融的作用，截至2008年2月，实现林权抵押贷款累计41亿元，其中林业小额贴息贷

---

① 贾治邦：《林业改革取得最大成效》，国家林业局 http：//www.forestry.gov.cn/main/2265/content-303243.html，2010年1月21日。

② 联合国粮食及农业组织：《中国集体林区交易中心现状与发展对策研究》，中国农业出版社2012年版，第10页。

③ 田宜龙：《4606万亩集体林地完成登记发林权证210.6万本》，《河南日报》2010年12月13日，http：//henan.people.com.cn/news/2010/12/13/516272.html，访问日期：2013年7月4日。

④ 《全国土地承包经营权流转总面积2.07亿亩占比16.2%》，http：//www.npc.gov.cn/npc/xinwen/jdgz/zfjc/2011-12/29/content_1683961.htm，访问日期：2013年7月4日。

款 11.6 亿元，受益农户 6 万户。①各地并积极探索公开市场平台的作用，很多农民也乐于选择拍卖等公开竞价方式转让自己的林地承包经营权，如江西省采取拍卖、招标、竞价、投标、挂牌等方式对林地经营权进行流转的山林达到 5900 宗，涉及林地面积 123.3 万亩，交易金额 16.76 亿元。河南省按照“先易后难，重点突破”的总体思路，紧密结合林业生态省建设，同步安排，同步推进，成效明显。自 2006 年到 2009 年 7 月，湖南省在产权交易中心实现交易 2129 宗，交易面积 195.19 万亩。②

3. 交易中心：市场化平台

如上所述，在林地流转的自然发展促进过程中，人们逐渐开始探索建立林权交易中心。林权交易中心具有公共平台性，一般遵循“出价高者得”的市场原则，为所有潜在的市场主体提供了一个公开、平等的交易平台，让他们均在此自主进行博弈，促进林业资源流向使用效率最大化的主体。

2004 年，中国第一家林权交易中心——福建永安市林业要素市场建立，截至 2008 年年初，福建省共建立 66 个县级林权交易中心和 466 个乡镇级交易中心；安徽省于 2007 年在宁国市成立并试运行了第一家林权交易中心，之后于 2009 年正式挂牌；湖南省于 2008 年成立第一家配套齐全的县级林业产权交易中心——洪江市林业产权交易中心，到 2009 年年底共成立了 29 个林业产权交易中心；贵州省截至 2009 年年底，在剑河县、锦屏县、黄平县、黎平县共建立了 4 家县级林权交易机构；江西省 2005 年建立首家铜鼓县林业产权交易中心后，各县（市）纷纷建立林权交易中心，至 2009 年 10 月，江西省政府在整合全省 72 家县级林业产权交易所的基础上，组建了区域性林业产权交易平台——“南方林业产权交易所”。截至 2009 年年底，全国共有 19 个省份成立了 426 个林权交易机构。2009 年 11 月，国务院也批准成立了“中国林业产权交易所”，作为全国性林权及森林资源的市场交易平台。③截至 2011 年年底，共有 25 个省（区、市）成立了 989 个林权管理服务机构、917 个资产评估机构等林权中心配套机构。2012 年 6 月 14 日，在河南省栾川县林业局林权服务中心拍卖大厅，遵照“公开、公平、公正、出价高者得”的原则，陶湾镇肖疙瘩村、秋扒乡小河村和潭头镇大坪村的 406 宗 21826.64 亩林地的林地使用权、森林和林木所有权和使用权，以创纪录的 115.6 万元的总价格，分别拍卖给林业

---

① 徐洪长：《集体林权的福建探索》，《福建日报》2008 年 7 月 19 日，转引自胡玉浪：《集体林权制度研究》，法律出版社 2012 年版，第 173 页。

② 联合国粮食及农业组织：《中国集体林区交易中心现状与发展对策研究》，中国农业出版社 2012 年版，第 32 ~ 33 页。

③ 同上，内容摘要部分第 1 页，正文第 8 ~ 14 页。

大户周永安和河南新桃花源实业有限公司。[①]

（二）流转概况：规模和速度持续增长，地区间不均衡亦明显

1. 初期发展：不断加速

在林地流转先锋的破冰影响下，农村土地整体逐渐打破束缚、缓缓流转起来，并呈现出不断加速的趋势。

在2000年以前，受制于农村非农产业发展状况与农村社会保障制度的欠缺，农地流转并不普遍。到2002年，农村土地承包经营权流转开始提速，2002年年底的一份全国人大常委会执法检查组报告显示，全国农村土地承包经营权流转面积约占到了承包地总面积的4.44%。经济发展较快的地区，如江苏、福建两省比重能达到10%以上，具体到经济发达的市则更高，如江苏省苏州市达到25.3%，福建龙海市达到35%。[②] 此后流转农地的占比开始不断上升，2003年农业部对全国东、中、西部20842户农户的抽样调查显示，西部地区土地流转为3.86%、中部为11.6%、东部为9.0%。2006年，全国农村土地流转面积达到5551.2万亩，占家庭承包耕地面积的4.57%。到2007年末，占到5.2%，比2006年又增长了1.48%。[③]

2. 2008年后：一波三折，继续加速

进入2008年后，土地承包经营权流转明显加快，截至2008年8月底的统计，各地上报的土地承包经营权流转面积已达1.06亿亩，占耕地总面积的8.7%，比2007年提高了3.5个百分点。但到2008年下半年，由于受到全球性金融危机的影响以及中国叠生的民工返乡浪潮（2009年春节期间返乡民工7000万人，春节后有4500万人返城找到了工作，1100万人没能很快找到工作，另外1400万人则选择留在老家务农或创业），这一切使得农民流转自己的承包地的意愿相对减弱，这一时期的农地流转率相对回落。

2008年10月12日，党的十七届三中全会召开，审议通过了《中共中央关于推进农村改革发展若干重大问题的决定》，明确指出要建立健全土地承包经营权流转市场，按照依法自愿有偿原则，允许农民以各种形式流转土地承包经营权。决定的颁布，使得过去各地创新尝试的农地流转得以正名，全国各市县更

---

① 杜君、金志峰：《林地流转新模式栾川2万亩林地林权拍出115.6万》，《河南日报》2012年7月19日，http://ha.people.com.cn/news/2012/07/19/680419.html。

② 全国人大常委会办公厅秘书一局等编：《土地是农民的命根子——2003年全国人大常委会〈中华人民共和国农村土地承包法〉执法检查报告汇编》，中国民主法制出版社2004年版，第46页。

③ 转引自丁关良：《土地承包经营权流转法律制度研究》，中国人民大学出版社2011年版，第92页。

加积极贯彻落实，出台了多项鼓励流转的政策，如土地流转后政府进行奖励或补偿等，大力推动了土地承包经营权流转的发展。到2008年年底，全国农地流转稳中有进，土地承包经营权流转面积达到了1.09亿亩，占农户承包耕地总面积的8.9%，其中转包54%，出租26.2%，转让6.2%，互换4.4%，入股4.4%，其他占4.8%。

2008之后的两年，随着中国经济的稳步复苏，亟须新增资源要素入场，在上述中央政策的推动下、在地方政府与大公司的合谋下，农地流转凸现规模加大、速度加快之势。2009年，全国农村土地承包经营权流转面积达到1.51亿多亩，土地流转率为12%。[①] 到2010年年底，全国土地流转面积和流转率同创新高，累计流转1.7亿亩土地，超过承包耕地总面积的12%，共有2.29亿农户承包了耕地，签订承包合同2.2亿份，颁发土地承包经营权证书2.06亿份。[②] 中央农村工作领导小组办公室成员赵阳就此指出，1997～2007的十年间，全国土地流转年均增长14%，但2008年土地流转猛增70%，2009年再增50%。

2010年以后，借鉴林地流转的经验，全国各地积极促进各种农地交易所的建立，推动了农地交易的进一步发展。2011年，全国土地承包经营权流转面积2.07亿亩，占承包耕地总面积的16.2%，签订土地流转合同2258.8万份，签订率60%。2012年，全国家庭承包经营耕地流转面积达到2.7亿亩，占家庭承包耕地（合同）总面积的21.5%。其中，流入工商企业的耕地面积为2800万亩，比2009年增加11.5%，占流转总面积的10.3%。[③]

3. 东中西部：显著不均衡

尽管农村土地流转加快的趋势既是全国性的，也是地区性的，但横向来看，受农村经济、非农产业发展以及劳动力转移等的影响，经济发达地区的农地流转还是更加规范与成熟，从而自动地加速度发展。在自然条件优越，第二、第三产业发达，交通便利，并且当地经济组织积极引导的地区，农地流转形式呈多样化发展趋势，同时流转的层次高、规模大、范围广；而自然条件恶劣、经济欠发达、交通不便利，当地经济组织引导不力的地区，则农地流转形式较单一，而且层次、规模、范围都有一定的局限性。使中国从东到西总体呈现出农地流转的梯度性降低趋势，东部快于中部地区、而中部又明显快于西部地区，

---

① 丁关良：《土地承包经营权流转法律制度研究》，中国人民大学出版社2011年版，第93页。

② 田野：《警惕土地流转“转速”过快》，半月谈网，http：//www.banyuetan.org/jrt/101221/22830.shtml，最后访问日期：2013年7月6日。

③ 《健全农村土地承包经营权登记制度引导农村土地承包经营权有序流转——农业部农村经济体制与经营管理司解读中央一号文件》，《中国合作经济》2013年2月。

其中，南方和东北地区的土地流转率又要高于华北和西北地区。①

2007年，中国东、中、西部地区流转面积占总承包面积的比重分别为5.9%、4.8%和5.3%；其中东部地区有一半的省（直辖市）流转比重高于全国平均水平，高出1倍以上的有5个省（直辖市）。2009年，土地流转率最高的上海市为54.7%；次高的浙江与重庆分别为32.0%、30.0%；较高的是江苏20.5%，黑龙江18.8%，广东18.7%，天津15.5%，四川15.3%；而全国其他大部分省份的土地流转率均低于当年的全国平均流转率12%，如安徽省为9.2%，贵州省为8.8%等，最低的是甘肃省，为2.4%。②2010年，西部地区土地流转面积占家庭承包经营权面积的平均比例才突破了个位数，达到11.96%，重庆、湖南、四川等地流转面积占家庭承包经营面积的比例则分别达到36.23%、21.37%和16.82%。③

（三）流转办法：从个体性方式走向多种形式推动的规模化经营

1. 个人转包和租赁曾长期是农地流转的主要形式

从流转的办法来看，农地流转破冰以后很长一段时期内，具体的流转形式主要依赖于农民个体，包括物权性的转让、互换与不同时间段的转包和债权性的土地承包经营权租赁流转等，但无论哪种，都属于一种个体性的方式，即通过农民自己（或农户家庭）与其他主体间的沟通博弈达致意思一致，然后将自己的土地承包经营权转给他人。从内容比例上来看，2005年以前，转包约占50%、出租占17.88%、互换占7.58%、转让占11%、入股占5.71%、其他形式占10%。④到2008年年底，全国土地承包经营权流转面积1.09亿亩，其中转包54%、出租26.2%、转让6.2%、互换4.4%、入股4.4%、其他占4.8%。如北京2008年农地流转中，转包116.2万亩，占53.3%；出租73.3万亩，占33.6%。⑤广西桂林兴安县到2009年5月份止，流转总面积6.45万亩，涉及农户2.77万户，其中转包3.03万亩，涉及农户1.23万户；出租2.33万亩，涉及农

① 陈小君等：《农村土地法律制度研究——田野调查解读》，中国政法大学出版社2004年版，第24页。

② 丁关良：《土地承包经营权流转法律制度研究》，中国人民大学出版社2011年版，第92～93页。

③ 洪名勇等：《贵州农村土地承包经营权流转研究》，中国经济出版社2013年版，第18～19页。

④ 黄松有主编：《最高人民法院农村土地承包纠纷案件司法解释理解与适用》，人民法院出版社2005年版，第256页。

⑤ 周信：《北京市农村土地承包经营权流转情况》，载马宏俊主编：《公证、乡村、发展——中法关于土地经营与流转的对话》，北京大学出版社2013年版，第4页。

户 0.99 万户；互换 0.66 万亩，涉及农户 0.38 万户；转让 0.12 万亩，涉及农户 0.04 万户；入股 0.05 万亩，以其他方式流转 0.26 万亩。

转包、租赁、转让等方式在很长时间内一直是农地流转的主要方式，但在此过程中，土地承包经营权入股合作、通过公开农地交易市场等其他流转方式也逐渐发展起来，并迅速成长，推动农地流转办法从个体性的方式走向组织体的规模性经营。

2. 土地承包经营权入股方式发展迅速

2009 年年初，经济较为发达的广东省农村土地使用权入股流转正式拉开帷幕，花都区花山镇、从化市城郊街、增城市小楼镇开展了试点。试点后，这些地区的农村土地流转发展迅速，部分农业企业、农民专业合作社、种植大户、协会开始进行集中经营，连片租赁农村土地，呈现出流转数量规模化、流转主体多元化、流转期限长期化的趋势。截至 2012 年年底，花山镇、城郊街、小楼镇连片试点土地的流转面积分别达到 23431 亩、7580 亩、8603 亩，占当地耕地总面积的 54.7%、26.9%、21.4%。在广东省进行的一次农村田野调研中，64.09%的受访农户都表示本村存在土地承包经营权的入股。① 较之过去转包、转让的土地占到全部流转土地的近 30%，入股流转迅速地超过转包，成为当地农地流转的最主要形式。②

在河南省焦作市，从 2008 年后，家庭承包经营土地也逐步向种养大户、家庭农场、农民合作社等新型经营主体流转，走向规模化和集约化道路。截至 2012 年年底，农民专业合作社流转土地 22 万亩，龙头企业流转 6.5 万亩，种养大户流转 13.6 万亩，家庭农场流转 1.4 万亩，总计占到了全市流转的 54.5%。其中，1000 亩以上集中流转有 71 宗，面积达到 10.6 万亩；500 ~ 1000 亩流转 68 宗，面积 4.7 万亩；100 ~ 500 亩流转 545 宗，面积 11.9 万亩，并涌现出武陟县马宣寨村、沁阳市西万村、博爱县南庄村、孟州市上河村、修武县大韩村、温县大善台村等 38 个整建制土地流转村。③

在陕西省榆林市榆阳区，做出了到“十二五”末实现耕地“零撂荒”的大胆规划，并努力付诸实施，通过转包、互换、出租、转让、土地银行等多种方式，引导土地向经营大户和龙头企业集中。自 2010 年以来，该区全面加快了土地流转中的细碎化整合，按照依法、自愿、有偿的原则，因地制宜，在南部山

---

① 陈小君等：《农村土地问题立法研究》，经济科学出版社 2012 版，第 10 页。

② 陈利昌、李帅：《农村土地流转的现状及完善对策——基于广州市的调查》，《农业经济》2012 年第 12 期。

③ 《焦作市农村土地流转近 80 万亩》，http://news.hexun.com/2013-07-15/156156718.html。

区重点推行大户经营、整村流转模式，在北部滩区则主要实行细碎化整合和合作化经营。截至2012年7月，榆阳区累计完成土地流转65万亩，占到全区耕地总面积的75%。

新疆维吾尔自治区也通过农村土地承包经营权入股这种方式建立了多个农民专业合作社，流转入农民专业合作社的承包地面积逐年增长。2009年，新疆有农民专业合作社2311家，流转入耕地2.4万亩；2011年年底，合作社数量增加到5284家，流转入合作社的耕地面积达9.02万亩。①

3. 农村土地流转交易公开市场普遍建立

分散的农民（农户）通过土地承包经营权入股形成集合体后，就具备了远胜于农民个人的信息获得能力、谈判博弈能力、维权能力等，也希望将其整体土地包流转到能最高效使用的市场主体手中，获得最好的对价，在此背景下，十七届三中全会结束前后，各地先后成立了土地产权交易所、土地流转交易中心或者农交所等机构来推动农村土地的进一步流转。

2008年10月9日，重庆首个农村土地交易平台——重庆市渝北区“农村土地流转市场”挂牌。在这里进行农地流转的基本程序是：建立流转需求信息档案（出具书面委托书）、发布信息、转出接入双方洽谈、签订书面流转合同、流转合同登记、转出接入双方履行合同、接受监督、资料归档管理。截至2010年9月，重庆共有31个区县、845个乡镇、6306个村建立了农村土地流转服务机构，渝北、南川、永川、巴南等11个区县的农村土地承包经营权流转市场建设基本完成。② 2008年10月13日，成都市也成立了成都市联合产权交易所，至2009年9月，该交易所促成了1500多宗、18万亩左右的承包经营权的流转，成交金额3个亿。2009年4月，武汉市成立了“农村综合产权交易所”，成为农业部农村土地流转价格监测点。半年内，经该交易所流转的土地经营权达61宗，面积13.63万亩，总金额14.44亿。截至2013年7月22日，武汉农村综合产权交易所共办理1470宗农村土地经营权流转产权交易，交易额近90亿元，惠及16万农户。③ 2009年6月，长沙“农村土地流转交易中心”挂牌成立，2010年5月1日，该中心开始运行。根据《长沙市农村土地流转经营权流转管理暂行办法》第十条规定，500亩以上的土地流转项目应当通过该交易中心进行。云南省

① 蒋旭：《规范土地流转需多方发力——新疆农村土地承包经营权流转调研》，《农村经济管理》2013年第1期。

② 参见向婧、向艳丽：《重庆农村土地规模经营集中度达25.9%》，《重庆日报》2011年1月5日，http://cqrbepaper.cqnews.net/cqrb/html/2011-01/05/content_1300286.htm。

③ 《习近平：下一步改革好好研究土地流转问题》，新华网2013年7月22日，http://news.xinhuanet.com/politics/2013-07/22/c_116637319.htm。

玉溪市各县区成立了“农村土地承包经营权流转中心”，并建立相关制度规程，为土地流转提供政策指导、信息发布与咨询、价格评估、合同鉴证等中介服务，积极开展土地流转中介工作。2008 年 11 月 14 日，安徽首家挂牌成立的农村土地流转交易中心——凤阳县农村“土地流转交易中心”也投入运营，安徽省淮北市 21 个乡镇办事处普遍建立“农村土地流转服务中心（或办公室）”和土地流转市场，326 个行政村全部配备了农村土地流转信息员。①

政府推动建立的这些农地交易公开市场平台，使得农村土地承包经营权流转能够登上公共平台，在越来越大的市场范围内发生，逐渐从自发走向自觉，规模化和集约化程度不断提高，“各地农村土地流转通常存在这样的演进逻辑：第一阶段，政府主导下开展农村土地的规模化流转，交易的市场化程度较低；第二阶段，逐步通过制度设计和平台建设引入土地流转市场机制，政府权力逐步退出；第三阶段，以市场机制为主导，交易所内的规模化交易与场外的零散交易并行，市场化模式逐步成熟，政府回归外部监管者的法律角色。”②

（四）流转对象：向土地合作社等新型组织体集中

1. 连片集中流转向各种农地经营机构

在承包经营权入股以及公开市场交易平台等创新流转方式的推动下，农地流转以至农业经营都呈现出规模化和集约化的趋势，土地连片集中流向种田能手、龙头企业、农业公司、合作社等农地经营机构。

截至 2012 年 12 月底，全国家庭承包经营耕地流转面积为 2.7 亿亩，其中流入工商企业的达到 2800 万亩，占流转总面积的 10.3%，比 2009 年增加 11.5%。③在各个地方，江苏省新增流转土地面积 500 万亩，其中规模经营农地占到农地总面积的 35%。④重庆市截至 2010 年 9 月末，农村土地适度规模经营集中度达到 25.9%，面积达到 526.3 万亩，占农村土地流转总面积的 73.3%。⑤ 安徽省截至 2011 年 10 月底，流转 50 亩以上的规模经营面积合计达 1540 万亩，占

---

① 张千帆、党国英、高新军等：《城镇化进程中的农民土地权利保障》，中国民主法治出版社 2013 年版，第 103 页。

② 田飞龙：《农村土地承包经营权流转程序的实践考察与模式分析——以湖南省长沙市经验为例》，载上引张千帆等书，第 259 页。

③ 《健全农村土地承包经营权登记制度引导农村土地承包经营权有序流转——农业部农村经济体制与经营管理司解读中央一号文件》，《合作经济》2013 年 2 月，第 20 页。

④ 《2010 年全省农村经营管理工作指导意见》，江苏农业网，http：//www. jsagri. gov. cn/year-work/files/438479. asp

⑤ 向婧、向艳丽：《重庆农村土地规模经营集中度达 25.9%》，《重庆日报》2011 年 1 月 5 日，http：//cqrbepaper. cqnews. net/cqrb/html/2011 - 01/05/content_ 1300286. htm。

土地流转总面积的88.6%。[①]其中淮北市从2009年到2010年3月，通过土地流转新建规模50亩以上养殖小区19个。铜陵市截至2009年6月，共流转土地约12.98万亩，参与土地流转的70多家农业产业化龙头企业、工商企业和农民专业合作组织受让面积则占到了流转总面积的49.3%。五河县截至2012年8月底，土地流转总面积达24.55万亩，其中耕地23.68万亩，500亩以上规模流转总面积14.76万亩，在其中占主导地位的是农业企业和农民专业合作社，单体流转2000亩以上的有15家，万亩以上的有1家，如现代牧业公司一次流转朱顶镇土地4.99万亩、头铺镇土地2.97万亩、新集镇土地1.28万亩；安徽蓬莱农业开发有限公司一次性流转沫河口镇大李村土地0.379万亩。[②]

这种连片集中流转土地的趋势与现代农业发展的趋势[③]相吻合，提高了农业生产集约化和专业化水平，实现了土地、资金、技术等生产要素的合理流动和优化配置，对促进现代农业建设和“三化”协调发展有积极作用，有效地促进了规模经营、高科技经营以及特色经营，提高了土地的利用率和产出率。如土地连片流转后龙头企业、农业公司、合作社可以开展无公害农产品、绿色农产品的生产、有机食品基地的建设及高附加值农业的深加工等，为农业产业化创造了条件。以浙江余杭区为例，截止到2009年6月底，该区已建成500亩以上的农业特色（休闲观光）园区24个，另有29个产业功能区块正在建设中。农业经营大户1873户，流转面积9.7万亩，户均占地51亩；农业企业115家，流转面积4.11万亩，平均占地357亩；36个农民专业合作社，共流转1.04万亩。形成了一批包括花卉种木、水产养殖、有机蔬菜、家禽、有机茶叶等有一定规模、经济效益和社会效益明显的产业集群。

2. 土地合作社等新型组织体产生并迅速发展

伴随着农业土地的规模化流转，日益需要出现规模化的农业生产主体与其配套，作为组织体基础来系统实现有效的集约化农业生产。为此，传统的单户农业生产者已不敷使用，实践中自动涌现出大量种田能手、龙头企业、农民专

---

① 《全省土地流转近2000万亩》，http://www.lasp.com.cn/content-17-67330-1.html。

② 张千帆、党国英、高新军等：《城镇化进程中的农民土地权利保障》，中国民主法治出版社2013年版，第103页。

③ 学者指出，现代农业的发展表现出以下八大主流趋势：一是以生物技术、信息技术、设施技术和标准化技术为特征的高新技术发展主导农业现代化进程；二是农业产业结构的高级化和农场规模结构的大型化；三是农产品加工和流通业成为农业产业升级的主要领域；四是农业将成为以合作制为基础的高度组织化产业；五是政府对农业的支持保护力度加大，但支持力度趋向适度；六是农产品贸易自由化趋势不可逆转；七是农业的可持续发展备受重视；八是由单一功能向多功能农业并重拓展，食用功能、工业功能、生态功能、景观功能和文化传承功能并存。参见洪凯：《广东省新农村建设问题研究》，知识产权出版社2008年版，第68~70页。

业合作社等，并在此基础上进一步创新，种田能手走向家庭农场等农业经营大户，农民专业合作社趋向于通过土地承包经营权入股形成土地合作社，龙头工商企业则通过与土地合作社等的合作发展成为农工商一体化集团。这些新型农业组织体提高了农民个体的组织化程度，成为农村土地适度规模经营的重要平台，在全国范围内普遍出现，并迅速发展，同时又反过来推动农地更加加速流转，形成了规模性经营的良性互动。

自2002年始，长三角地区内的土地流转明显加快，并趋向于向“新三资”集中，如江苏农地流转的58.8%流入本地种养大户，11.5%由非农村住户经营，1%左右进入农业股份合作社，28.7%以其他形式流转。浙江省超过7%的土地进入工商企业。截至2010年年底，河南省全省土地流转面积1173万亩中，流向工商企业、农业龙头企业、合作组织、专业大户等规模经营主体的占到了30%。[①]安徽省淮北市到2010年3月，已经组建了农村土地股份合作社4家、农村土地信用合作社13家、农村土地流转合作社4家。安徽省五河县一个县就出现了3个合作社分别从农民手中流转土地超过3000亩：皖粮农民专业合作社租赁土地3040亩，新时代农业服务农民专业合作社转包土地4450亩，淮之源专业合作社租赁土地3200亩。[②] 湖南省西部湘西州下辖保靖县2万余户农民的承包经营地集结到164个农民专业合作社、38户农产品加工企业和100多个种植大户手中，实现了6.24万亩耕地的流转，流转率达到29%，高出湖南省平均水平7.4个百分点。[③]

事实上，关于土地合作社的试验早在2002年就开始了，由于符合了农民的基本需求，这一制度破冰一俟出现，就呈现出“星星之火”的“燎原”态势。进入2008年以后，由于以土地承包经营权入股股份公司的地方实践被暂时叫停，各地的土地合作社更是如同雨后春笋般喷薄而出，成为农民专业合作社形式下最多见的一种农民合作社形态。截至2012年，全国各省市基本都已存在了数量可观的土地合作社，从北京到重庆、从山东到山西、从黑龙江到海南、从宁夏回族自治区到广西壮族自治区，各地在相互学习中不断创办符合本地区需要的农民土地合作社，并从形式到内容对其不断创新，兹以最为引人注目的江苏、山东和浙江三省实践为例概要介绍。

---

① 张兴军：《我省土地流转面积达1173万亩》，《鹤壁日报》2010年12月23日，http：//hbrb. hebiw. com/html/2010－12/23/content_ 8886. htm。

② 安徽省五河县农业委员会：《安徽省五河县加快农村土地流转推进农业适度规模经营》，http：//www. caein. com/index. asp？xAction＝xReadNews&NewsID＝87229。

③ 谭永凯、李远坤：《土地流转惠泽保靖农民农村耕地流转率达到29%》，http：//news. sina. com. cn/o/2013－07－16/091127681779. shtml。

江苏省一直是农民专业合作社的发展大省，2002 年 1 月 8 日，江苏苏州市首家土地股份合作社在青口镇正式成立，协商确定了《青口镇土地股份合作社章程》。章程规定，农民们以各自的土地承包经营权入股形成合作社，一亩为一股，每股折以人民币 1 万元，不足一亩的同比例折算。合作社建立土地发展基金，市场化运作以实现保值增值。在分配方面，合作社实行保底红利分配和视效益再浮动红利分配的两段分配办法，个人股每年每股的保底分红为 500 元，集体股三年内暂不参加红利分配。个人股权可以继承、赠与、转让，但不得退股提取现金。①到 2007 年 11 月份，江苏全省已经成立了 228 家土地股份合作社，到 2010 年初，更是猛增到 1130 家，社员 21.5 万户。②

山东省实践的特色是以土地合作社为基础进行了大胆的金融创新，如农村土地使用权的抵押贷款及流转收益的质押等。以枣庄市为例，2008 年 5 月，枣庄市徐庄土地合作社成立，以流转入合作社的土地使用权权益作为质押，向农信社申请贷款，10 月份，农信社向其发放了 45 万元的一笔贷款。到 2011 年 10 月，枣庄市已组建了 68 家土地合作社，土地流转比例达 10.5%，初步建立了农村土地流转服务中心、土地使用产权交易所、土地评估机构等相关部门，流转土地的 80% 以上在产权交易所签订了规范的流转合同。③

与此形式上相关联的，则是在浙江等地“地改”中出现的大量“土地银行”——名为银行实际上却并不经营金融业务的土地股份合作社。④ 以温州市为例，温州市实施统筹城乡综合配套改革“三分三改”，“地改”是其中的一项内容，要求温州市每个行政村各成立一家土地合作社，鼓励农用地在权属性质不变、用途不变、量质不变的前提下进行流转，促进农村土地规模化、产业化经

① 农言：《土地合作社是土地流转的有效形式》，《中华合作时报》2008 年 9 月 23 日，第 003 版。

② 《2010 年全省农村经营管理工作指导意见》，http：//www. jsagri. gov. cn/yearwork/files/438479. asp

③ 陆建云：《土地经营收益权质押贷款机制探析——以山东省枣庄市为例》，《中国金融》2010 年第 10 期。

④ “土地银行”这一创新的主旨仍在于流转农地实现集约化生产，典型如 2008 年 12 月四川省成都彭州市选择磁峰镇建立的鹿坪、滴水、皇城 3 所农业资源经营专业合作社，其做法是以村组集体经济名义注册成立农业资源经营合作社，农民则自愿将自己的土地承包经营权“存入”合作社，由此成为合作社社员，被称为存地农户。存地农户通过此定期存入的方式，实际上将自己名下的土地承包经营权流转给了合作社，合作社则向存地农户（社员）支付土地流转费，并将存入的土地集中起来实施集约化、规模化种植，享有对其管理、再流转和收益的权利，但是不得改变土地的所有权性质和农业用途。参见曾庆芬：《土地承包经营权流转新趋势下的农地金融问题研究》，中国农业出版社 2011 年版，第 8 页；苑鹏、杜吟棠、吴海丽：《土地流转合作社与现代农业经营组织创新——彭州市磁峰皇城农业资源经营专业合作社的实践》，《农村经济》2009 年第 10 期。

营，提高生产效益。作为试点区域之一，2011 年 7 月，温州市文成县巨屿镇方前村成立全市首家村级土地合作社，并在此基础上向全县 384 个行政村推开。到 2012 年 6 月份，文成全县“九镇一乡”的 384 个行政村均已成立“土地银行”。该县 11.35 万户农业人口中已有 10.4 万户农民自愿加入“银行”，将土地承包经营权存入合作社，带来入股耕地面积达 10 万亩以上。2012 年，经镇、县两级土地流转服务组织牵线，该县已有 25 宗、3150 亩耕地实现流转，流转费用较 2011 年增长 80% 以上。此外并有更多 2000 多亩耕地挂牌等待流转，而登记在册的承包意向也达 30 多宗、1 万多亩。①

（五）流转弊端：伴生的“非粮化”趋势和恶性“炒农地”

1. 严重的“非粮化”趋势

农村土地承包经营权在加速流转的同时也带来了一些弊端，首先是其中的“非粮化”趋势日益严重。很多农业公司、农民专业合作社甚至农户，在流入承包地后均选择了从事林业与经济作物的种植，而不是将土地继续用于粮食生产。如安徽省固镇县统计显示，流转土地上百亩的合作社或大户，基本上都是种植甜叶菊、蔬菜、花生等非粮作物。《每日经济新闻》记者在河南了解到，有合作社流转 5000 多亩土地后，其中半数用来进行二次流转，而二次流转出的土地全部用来种植山药、梨树等经济作物，种粮者寥寥。广州市农地流转的调查结果显示，流转前用于种粮的农地所占比例为 48.15%，流转后仅为 4.55%，降低了 43.6%。②如此巨大的幅度下降使得农地流转伴生的非粮化成了突出的现实问题。

客观地说，这一伴生趋势的出现有其合理原因，因为农地流转后实现了土地权益的增值，而这对流入方来说则必然意味着土地经营成本的增加，现有粮食定价仍然偏低，只有将地块由种植粮食转向发展经济作物、养殖业、生态农业或观光农业等，才能获得足够的经营利润，支撑项目的继续开发。“农业种植养殖业属于风险较大的弱质性基础产业，与其他产业（如工业、旅游观光业、服务业、农产品加工等）的比较效益低。而种植粮食作物（在南方主要是水稻）的效益又一般要低于种植其他经济作物如瓜果蔬菜、花卉苗木、特色水产养殖等。受经济利益的驱动，土地大多向非农化非粮化转移，这是流入方在市场经

① 杨世朋、钟建芬：《文成率全市之先完成“地改”——十万农户入股“土地银行”获红利》，《温州日报》2012 年 6 月 24 日，第 001 版。

② 陈利昌、李帅：《农村土地流转的现状及完善对策——基于广州市的调查》，《农业经济》2012 年第 12 期。

济条件下的理性选择。”[①]

换言之，从单一市场经济角度来理解，种粮的经济回报低，将农地更多地用来种植蔬菜等经济作物，遵循了市场的客观规律，亦不违背现代农业发展方向，符合纯粹的经济选择。但从社会总体的可持续发展来看，将既有土地大面积种植经济作物则会埋下重重的忧患：首先，规模种植后的亩产量原本就比个人精耕细作的亩产低，因此大面积土地流转后不种粮食肯定会影响粮食产量；其次，土地用途的改变有可能改变土壤的肥力和结构，给今后的复耕造成影响，甚至可能造成耕地面积的大量减少，如有的企业或承包户流转土地后用来种西瓜、苗木、葡萄，使用地膜、遗留树根等，对田地土质和肥力都有较大损害。更不用说有些流转人无视合同条款，不按项目规划实施产业开发，甚至随意改变土地农业用途，对耕地造成了永久性破坏；最后，有的工商资本流转入大量土地，将其简单平整后粗放种植树木或经济果物，目的不是为了生产，而是以此去申请中央和地方的各种农业项目补贴资金，或者作为贷款抵押物获得贷款资金后用于商业甚至民间高利贷，更有些人则是为了等待以后天价的征地补偿。

2. “炒农地”

事实上，现在已经有很多自认为抓住了时代变革脉动的“精明之人”跟炒房一样，开始围绕农地来展开各种操作——“炒农地”，其核心都是在低价入手流转入土地、再高价出售流转出去赚取差价。因为按照《农村土地承包经营权流转管理办法》，只要取得原承包方也就是村民的同意，受让方是可以将承包方以转包、出租方式流转给自己的土地实行再流转的。[②]这一规定的本意是为放活农业生产经营，但如果凭借此条城市工商带着强大的资本涌入这一领域，肆意炒作，层层加码价格，就会大规模挤占农民的就业和发展空间，使农民得实利的改革本意被彻底扭曲。而且因炒作后的土地成本上升，也更容易加剧被流转土地的非粮化和非农化倾向。

事实上，2002年以来关于农地流转的信号不断被释放出来，新土改浪潮催生了大量准备钻政策空子的捷径致富人。他们有的充当“土地买手”，利用现有制度规则化身农民专业合作社来“创业致富”：首先在有一定乡土背景的家乡运作，利用自身和传统农民、农户之间的信息不对称，收集同村乡亲的身份证，经过常规申请、登记流程，拿到农民专业合作社的批准，以最少的花费建立起

---

① 方文：《中国农村土地流转的制度环境、农户行为和机制创新》，浙江大学出版社2012年版，第88页。

② 十八届三中全会更是赋予了农民对承包地占有、使用、收益、流转及承包经营权抵押、担保的权能，进一步成为土地买手们吸引流转土地者的金字招牌。

“自己的”合作社。然后以此合作社的名义到北京等大城市招徕租地者①，估摸出租地意向人需租地面积和种养殖意向后，再回到本村，以低廉价格流转相应面积地块到其合作社内，再加价转手租出。这种方式因为有合作社作门面，在合作社的招牌下真实动机几乎难以察觉，真可谓“空心之社空手套白狼，倒买倒卖囤地等涨价。”还有些人则化身“农地中介人”。过去，土地流转大多发生在相熟的村民或邻村之间，或由村委、镇政府牵线介绍，因为熟人社会中不需要太多的中介作用。现在随着土地改革的提速，越来越多企业来到地方租地②，当地部分人脉熟络、头脑灵活的人逐渐走向台前，担任了农村土地流转的中介角色，因为他们熟悉本地情况，可以大大节约企业的时间和成本，并减少出现与村民“扯皮”的情况。在搜索引擎中输入“土地中介人”，我们会不无吃惊地发现，这个群体的信息已经出现在各个贴吧、讨论群、甚至县级新闻中。这些“农地中介人”熟悉当地地块情况、掌握外界市场变化，与“土地买手”之间的身份差异不过是一念之隔，随时可能为利益所驱使来回倒地，挤榨农民的财产利得。

不过本报告认为，“资本炒农地”的现象当然应引起重视，但也不必视之为洪水猛兽。城市工商资本流入农村、职业农地中介出现，这些都是土地市场发育和扩张过程中自然会需要的分工精细化带来的正常现象，虽然反映了资本的逐利天性，但同时也解决了农业发展的资金和技术短缺问题，可带来更好的技术和管理、并拓展农产品流通渠道，实现资源配置的高效化。事实上，数据显示，截止到2012年年底，在2.7亿亩承包经营耕地的流转面积中，流入工商企业的仅为2800万亩，从占比绝对数量来看，仅为约10%，并不能认为规模已经失控。

在此流转集约过程中，媒体和政府不能替农民做出判断，认定资本下乡就会害民。事实上，在一个产权清晰和交易公平的市场中，谁也不能替代市场主体做出判断和决策，否则就不可能真正通过不同主体的博弈竞争发挥出市场的决定性作用。而只要能真正保证产权清晰和交易公平，包括农民在内的每个市场主体，都会通过正常博弈获得自己应有的财产收益，包括那部分为中介组织赚走的农地流转差价，同样也是这些市场主体正当博弈的结果。所以，政府需要做的，不是防范这些交易本身，而是通过完善的农地确权赋予农民清晰的产

---

① 张雯：《农地流催生资本下乡圈地》，《青年商旅报》，2014年1月17日，http：//119nsl.cyol.com/html/201401/17/nw.D//00009ns1b20140117/－09.htm。

② 这里面虽然真心租地搞种植的企业还是多数，但还有很多是看中了政府倾向农村的政策和土地的增值潜力，抢先下乡流转土地，等待土地升值再转手。他们大多首先关心的是流转来的承包地能不能抵押、租赁，对比已租赁土地情况以估计其升值可能等。

权（未必一定是所有权，但必须是可支配、有保护的物性权利）；建设公正的司法保障实现农民权利受损时的充分救济；通过措施扶持本来弱小的农民强大起来，具有充分的信息能力、谈判能力、维权能力，从而能够与其他已经强大起来的市场主体，如城市工商资本等进行平等博弈，充分依照自己的理性判断来决定未来的选择。

随着逐渐逼近核心领域的土地改革拉开大幕，我们越来越多地看到和听到了资本与乡镇政府、干部勾结，以强迫、欺诈等方式从农民手中圈地，出现农民“被上楼”、“被流转”的现象，为此人们频频呼喊要加强监管、保护农民、中央权力也不断对各种（其认为有可能产生隐患的）创新实践叫停。但事实上，由于全国土地面积众多、情况多样，希图通过外设的威权力量来刺破上述合作社招牌面纱、遏制土地“非粮化”流转，不仅监管难度非常大，而且完全通过公权力控权模式也会带来政府机构的急剧膨胀。因为公权力为了全面监管，就必须在每个环节、每个领域都设立机构，建立复杂的政府体系；而权力本身又具有极强的自我复制和扩张能力，因此这些机构会在管理过程中不断自我膨胀，直至无比臃肿。事实上，作为土地承包经营权拥有人的广大农民个体，出于对自身土地利益的关心，本来应该是农地流转的最天然、最优秀的监管者，但由于在现有农地流转模式的设计中，农民的产权被定性为“他物权”，受到以“自物权”之名行公权力之实的其他权利的限制，而被基层地方政府或村集体架空，没有办法直接参与流转，通常只能拿到一些补偿款了事，所以他们对农地的后续利用也不再关心，故而没有内在驱动力对流转者的后续行为实施积极监督。但是归根到底，社会是众人的社会，没有私法的力量，相关监管和实施完全依靠公权力来进行，这对终归是有限的政府财政和人力来说，显然是不现实的，更为少数在职在权之人开辟了寻租空间。

这一现实反差敦促我们对既有的农地流转模式展开充分的反思，寻找有可能的改变，使得农民（户）个体能有效介入其中，成为积极的市场主体，真正借助市场在土地配置中的决定性作用，实现中国土地治理体系和治理能力的现代化。如政府应该鼓励农民组建自发的合作组织，增强和企业的谈判能力；所有改革都必须以明晰和维护农民财产权利为核心；应尽快建立公平完善的农地价格评估机制，包括将那些农地中介人扶持设立为有资质有准入的民间农地推介机构，使其成为确保农民利益的机构。

二、农村土地流转的时代必要性与推动因素

从平均主义化的传统合作社办法走向十一届三中全会后的耕地家庭联产承包责任制，农民个体的生产积极性得到最大程度的提高，促进了农业生产力的

大发展，为中国20世纪后期开始的外向型市场经济改革奠定了基础，也换来农村相当一段时期的发展与繁荣。此后30多年间，农村、农业、农民的经济结构、生活结构潜移默化地发生了巨大的改变，特别是伴随着现代农业机械化时代的普遍到来，承包制下分家庭包干的办法必然带来的土地面积有限、地块分散等弊端日益凸显出来，限制了农村土地的规模经营，难以实现农业的现代化与产业化。在很多自然条件不好、农业效益低下的地区，越来越多的农业人口在工业化冲击下自动向城市转移，而出现了大量的土地抛荒，农地资源处在极大的浪费中。时代的发展提出了新的需求，推动着农村土地再次由分散走向集中。

1. 内在需要：现代农业的发展要求

现代农业是以生物技术、信息技术、设施技术和标准化技术为特征的高新技术发展主导的进程，外在表现为农业产业结构的高级化、农场规模结构的大型化、农业生产的高度组织化以及农业功能上的多功能化。① 分散的小农家庭经营模式如何适应上述现代农业的本质要求，实现从传统农业向现代农业的转换，是中国农业现代化进程中不可回避的一个重要问题。

在家庭承包制下，承包到户时多数村组采取了好坏、远近相搭配的方式，所谓“按人承包、远近插花、肥瘦搭配”，导致户均七八块地的土地细碎化。“同世界其他国家相比，中国的户均耕地规模属于超小型，且极为分散。农地的严重超小型经营规模，不是源于家庭承包经营责任制的农地制度改革，而是由于土地资源短缺和农业人口众多的人地矛盾造成的。”②因此，农地市场配置机制的建立就更加依赖于完善的农地流转机制的建立，通过土地流转来为土地的适度规模经营创造条件。但由于国体所限、集体土地所有权不能买卖，集体土地所有权上普遍设立的土地承包经营权就必然成为流转的对象。土地承包经营权的流转使那些高效、具有活力的农户能够从农地经营效率差的农户以及想退出农业活动赚取其他收入的承包权人手中获得土地，即促使农村土地向需要土地的人手中流动，从而实现土地与资金、土地与劳动力的优化配置，最终提高农地产出的效率。在一定程度上解决农村土地的细碎化问题，为土地的规模经营提供可能。③

---

① 洪凯：《广东省新农村建设问题研究》，知识产权出版社2008年版，第68－70页。

② 方芳：《农地规模经营实现途径研究——基于上海城乡一体化演进视角》，上海财经大学出版社2008年版，第86页。

③ 参见陈志刚：《农地产权结构与农业绩效——基于转型中国的实证研究》，中国大地出版社2006年版，第126－127页。报告人并不认为农村土地承包经营权的流转能最终解决土地细碎化问题，相反，土地承包经营权的自发流转在缓解承包地细碎化过程的同时，也在加剧着承包地细碎化的进程，甚至会产生承包地细碎化占主导地位的局面。为此，报告人认为可以在农村土地物权制度初始配置全面完成、且农业人口大规模向非农产业转移初步实现后，及时建立农村土地整理和农民土地流转的审批制度，以此来防止农地的细碎化。

为此，近十年来，各地农村土地上自然地出现了流转并合的趋势，随着生产经营规模的增长，单位新产品所分担的固定费用随着产量的增加而递减，从而使个体生产要素的投入产出率不断提高，经营整体的经济效益不断递增，有助于经营者获得最大的经济效益。自发的农村土地流转市场提高了农村土地利用的配置效率；可以使农业生产有优势的农户扩大生产规模、进行专业化生产而增加农业收入；还可以使有非农就业机会的农户安心地从事非农生产并获得土地租金，从而增加总收入。[①] 在一些经济发达地区，农村土地流转后，农民的收入结构以单一的种植收入为主转变为土地租金、股金分红、就业收入、社会保障等在内的多元收入结构，从而在总体上对农民收入的提高起到了积极作用。如2011年，通过农地流转，安徽省全省农民人均财产性收入增长16.7%，工资性收入增长23.6%，成为拉动农民纯收入增长的主要力量。[②]

与土地流转相伴随的规模化、专业化经营也为先进技术和工具的采用创造了条件，可以不断试验农业新品种的采用、推广农业机械、应用播种收割新技术等，优化了农业生产要素配置，大大提高了农业劳动生产率、资源利用率和土地产出率，实现农业产业结构的升级。如到2011年10月，安徽全省农业科技贡献率达54%，农作物耕种收综合机械化水平达62.6%，经营种植业的近5万个农业大户，单产平均比分散经营的农户高出10%以上。[③] “租地企业或专业大户使用先进种苗和现代农业技术，能带来技术、管理经验以及更高的土地租金等，有利于促进农业机械化、现代化。”[④]

2. 外在要求：农村劳动力向城镇的非农转移

农业用地作为农民的生产资料，生产的重要目标就是要确保农产品的有效供给和务农劳动者的收入提高。但是现实的困境是因为农民经营的土地面积过小而导致种地普遍不赚钱，从事农业种植业的农民普遍收入不高。“农业从业者的收入不高，有农产品的价格因素、有农用生产资料价格增长较快致使农业生产成本攀升的因素，也有农产品流通体制不够顺畅等原因，但是最根本的问题是农业劳动生产率不高。”第二次全国农业普查的数据显示，2006年末全国共有农业生产经营户2.0016亿户，农业从业人员3.4874亿人，全国共有耕地面积18.2655亿亩，平均每个农业生产经营户只能经营9.1亩耕地，每个农业从业人

---

① 戴伟娟：《城市化进程中农村土地流转问题研究》，上海社会科学院出版社2011年版，第3页。

② 《全省土地流转近2000万亩》，参见 http://www.lasp.com.cn/content-17-67330-1.html。

③ 同上

④ 刘润秋：《中国农村土地流转制度研究——基于利益协调的视角》，经济管理出版社2012年版，第106页。

员只能经营5.2亩耕地。如果扣除物质成本后每亩耕地的净收益500元，一个农业从业人员一年的纯收入也才2500元，还不如在外打工一个月的收入。① 2005年，中国第一产业产值仅占12%，但却容纳了43%的劳动力，说明第一产业仍处于粗放式经营状况中，对比美国农业劳动力所占比重仅为2%的状况，我们会发现中国农村劳动力生产率极其低下。只有更多的农村劳动力转移到城镇或在当地从事非农就业，让种田能手、专业种植户经营更多的耕地，极大提高农业劳动生产率，农业生产经营者的收入才会有较大幅度地增加，国家的粮食安全才有保证，而要做到这点，就离不开农村土地承包经营权的流转。

事实上，中国农村剩余劳动力的产生由来已久，只是在计划经济条件下，它主要是被人为压制在农村内部以低效率配置的高度隐形失业的方式存在的②，这样通过农民在农业内部的超饱和性配置，达到人人就业和稳定社会的目的，牺牲了农村、农业和农民利益，而竭力为城市重工业的发展创造了一个较为宽松的外部环境。此后中国的耕作技术和经济水平有所提高，但学者研究后指出，农业需要劳动力也就在2亿左右，而目前中国有农村劳动力5.3亿多人，照此推算，中国农村劳动力的剩余率仍高达60%。③ “在目前的农业技术条件下，任何一种农产品生产，只要其经营规模能保障农民家庭两个劳动力的工作时间达到城市劳动者的平均工作时间，城乡收入差距将不复存在。中国农业领域最大的效率损失是农业劳动者的半失业状态，提高效率的核心任务是逐步实现农业劳动者的满负荷工作。”④

相比其他产业，农业受到各种客观条件的制约，具有比较劣势，是一个弱质产业，同样的劳动力投入到工业等产业一般都会比投入农业获得更多的产出。因此，要提高农业人口的劳动生产率，要实现农业劳动者的满负荷工作，唯一的办法就是向工业等非农产业转移出剩余劳动力。这意味着，很多农民不能再从事农业经营，也不再需要（生产资料意义上的）土地，由此为农村土地承包经营权的流转提供了客观条件。据统计，2000年农民外出就业人数为7800万，

① 参见张晓山：《植根现实见证历史》，《读书》2012年第7期，第28页。

② 中国实际拥有耕地1.8亿亩，按照现有生产力水平计算，平均每个劳动力耕作10亩地，第一产业只能吸纳1.8亿农村劳动力，剩余的约1.6亿劳动力就以隐形失业的形式积压在第一产业。而且这只是农业存量剩余劳动力，若加上农村新增劳动力和农村第二、三产业的富余劳动力，农村剩余劳动力的规模预计在2亿左右。

③ 参见曹宗平：《中国城镇化之路——基于聚集经济理论的一个新视角》，人民出版社2009年版，第165、157页。

④ 党国英：《“十二五”规划期农村改革的基本任务》，载中国（海南）改革发展研究院编《“十二五”城乡一体化的趋势与挑战》，中国长安出版社2010年版，第12页。

2002年增加到9300万人[①]，2008年则大约有2.1亿[②]劳动力实现了外出就业。进入21世纪第二个十年后，非农转移愈演愈烈，部分地区，如山西晋城市陵川县西河底镇片桥底村，全村215户，常年在外打工的116户，真正纯种地的只有33户，占15%。[③]

调研显示，农村土地流转规模与经济发达程度及劳动力转移状况紧密相关。“从经济水平看，2007年，东、中、西部地区流转面积占总承包面积比重分别为5.9%、4.8%和5.3%；其中东部地区有一半的省（直辖市）流转比重高于全国平均水平，高出50%以上的有5个省（直辖市）。从劳动力转移状况看，重庆市和四川省等输出大省2007年流转面积占总承包面积的比重分别达15.9%和11.6%，分别高出全国平均水平2倍和1.23倍，这与重庆市和四川省农村外出劳动力占其农村劳动力总数的比重高达48.8%和44.6%有关。”[④]

目前农村劳动力向城市及非农领域流转的趋势已日益显现，对于那些在城市中寻找到稳定工作的农民，他们显然存在着流转自己的土地承包经营权的意愿与需要。“这些‘农民工’中的一多半，指三十岁以下的一些男女青年，他们是这样的一些青年：农村有他们的家园，但是他们自从离开家园那一天起，最大的愿望便是有朝一日与农村的家园一刀两断。”[⑤]但另一方面，目前中国城市并没有建立一个接纳进城农民并给予他们平等市民待遇的机制，因此，农村土地承包经营权对他们虽已没有了生产资料意义，但依然具有生存保障方面的重要意义，放弃土地所引致的高昂机会成本以及城市对其市民化的排斥使他们也很难在短期内斩断对土地的最后依恋。这些对中国农地流转的长期性与稳固性也都产生了影响。

3. 世界趋势：走向以合作社为主的规模经营

20世纪50年代，中国台湾地区通过“三七五减租”“公地放领”和“耕者有其田”等几项土地制度的改革，实现了农地农有的改革目标。继而在80年代，通过“委托经营”“共同经营”“合作经营”“农业生产专业区”等形式实现了传统农业向企业化经营形式的转变。[⑥]此后，非农产业迅速发展，为了满足

---

① 左平良：《土地承包经营权流转法律问题》，中南大学出版社2007年版，第102页。

② 数据引自2008年人民日报的报导。参见《中国农民工已达2.1亿国家评选表彰1000名优秀农民工》，《人民日报》2008年3月4日。

③ 参见冯建平：《一个贫困村的调查》，人民日报2011年9月28日，第11版。

④ 农业部副部长陈晓华在全国农村土地承包经营权流转管理和服务工作座谈会上的讲话：《认真学习贯彻党的十七届三中全会精神，切实加强农村土地承包经营权流转管理和服务》，参见http://www.caein.com/index.asp?xAction=xReadNews&NewsID=40997，访问日期：2013年7月20日。

⑤ 梁晓声：《中国社会各阶层分析》，文化艺术出版社2011年版，第258页。

⑥ 陈海秋：《台湾地区50年来土地政策的三次大变革》，《中国地质矿产经济》2002年第11期。

非农业部门发展对土地的需求，降低非农产业发展的土地成本，20 世纪 90 年代起，台湾地区进行了第三次土地改革。其主要措施有：①1990 年，废除了私有农地所有权转移时，受让人必须为自耕农的限定；②1996 年 2 月，允许农业企业、农民团体、农业试验研究机构承受耕地[①]；③2000 年 1 月，全面修订《农业发展条例》，将“农地农有、农地农用”调整为“放宽农地农有、落实农地农用”政策。[②]这次土地改革取消了农地转让的自耕农限制、扩大了农地受让人的范围、实现了土地的自由转让，为农地以入股等方式流转、实现土地的规模经营创造了极为有利的条件。

美国是世界上耕地面积最大的国家，是典型的现代机械化农业的代表，其人均耕地 0.62 公顷，是世界人均耕地的 2.7 倍。美国从 20 世纪初开始推进土地规模经营，并实现了机械力代替人力和畜力的农业生产；到 20 世纪 70 年代，全面实现了机械化耕种；90 年代以后，则在向着“精准农业”逐步发展。美国的农业补贴集中在小麦、大豆、玉米、大麦、棉花 5 种作物上，通常农业经营规模越大，得到的国家补贴越多。农场是美国农业经营的基本组织形式，分为家庭农场、合伙农场和公司农场三类，基本形态是家庭农场。[③]传统上，美国以家庭农场为主，同时实行兼业经营。畜禽饲养规模是：家庭农场平均每户的耕地面积在 200 公顷左右，养殖户一般养奶牛 100 头以上，养羊不低于 300 只，生猪出栏 2000 多头，养鸡 25 万只以上。近年来美国的公司农场则在不断发展，1978 ~ 2002 年期间，公司农场从 5 万家增加到 7.4 万家，而家庭农场减少了 56 万家，公司农场占农场总数的比例从 2.22% 上升到 3.47% 。[④]

欧盟在农业规模经营方面的实践则是通过农业指令对其成员国家的农地政策产生重大影响。20 世纪 70 年代初期，欧盟第 72/159 号指令确立的享受补贴政策的企业标准，就在一定程度上促进了农地的适度集中与规模化经营。此外，共同农业政策实行的农民提前退休制度——给予补贴使他们将土地转让给受扶持的大型农业企业，则一方面促进了农业劳动力的移转，帮助农业从业人员的分流；另一方面为大土地经营者的扩张提供可能。这为解决人地矛盾，实现土地规模经营、采用现代化农业生产技术、提高农地的生产效率创造了有利条件。[⑤]

---

① 闫湘、任天志：《台湾农地保护政策的演变及对大陆的启示》，《中国国土资源经济》2007 年 10 期。

② 陈海秋：《台湾地区 50 年来土地政策的三次大变革》，《中国地质矿产经济》2002 年第 11 期。

③ 丁关良：《农村土地承包经营权流转制度立法研究》，中国农业出版社 2009 年出版，第 162 页。

④ 何秀荣：《公司农场：中国农业微观组织的未来选择》，《中国农村经济》2009 年 11 期。

⑤ 陈小君等：《农村土地问题立法研究》，经济科学出版社 2012 版，第 144 页。

英国的土地产权制度由土地所有权以及多种形式的土地保有权和各种他项土地权利构成。英国真正的土地权利是从所有权中分离出来的各种不同形式的土地保有权，可以进行各种形式的流转。英国在20世纪30年代对土地实行庄园税，规定不得随意毁租并限制地租额，使地主出租土地无利可图，而不得不将土地出卖给佃户，最终致使英国自营农场比例不断增加，到1977年达到了62%。[①]此后，为发挥规模效益，诱导规模经营，英国政府又制定鼓励农场向大型化、规模化发展的法令，1967年修订的《农业法》规定：合并小农场，政府提供所需费用的50%，对愿意放弃经营的小农场主可以发给2000英镑以下的补助金，或者每年发给不超过275英镑的终身年金。在政府鼓励、市场竞争、农业技术改进等因素的共同作用下，英国的土地流转得以顺利进行，农场数量减少许多。[②]

法国是欧洲传统的农业大国，目前是欧洲第一大农业生产和出口国，全球第二大农业出口国。1914年，法国乡村人口仍占总人口的60%，农业占国内生产总值的40%。到1939年，一般农民劳作的土地在15至25公顷之间，但100公顷的越来越多。[③]法国自第二次世界大战以后到20世纪80年代，与中国一样面临人多地少、土地分散和农场经营规模相对较小的问题。法国政府为此采取如下措施促进规模经营及农业产业发展的实现：第一，乡村土地归并，同时对农业土地租约进行限制。法国采取措施一方面防止农场因继承而分割，另一方面进行乡村土地归并，最终达到了合并减少小农场，支持中等规模的农场发展，稳定发展大农场的目的。在土地租约限制方面，法国规定租赁期限无论如何不能低于9年，且到期自动续期，除非出租人收回由自己或家属经营；租金不由当事人自由协商，而需遵循当地政府确定的价格表。承租人完成规定的程序，即可以对租来的土地进行治理改良，对这些改良支出承租人在退租时有权要求补偿；最后，如果承租土地出售，承租人享有具有严格属人权性质的优先购买权。此外，除了极少数例外（在家庭或公司内部），承租人被禁止转租或分租其取得用益不动产，租赁合同本身因此而不具有财产价值。[④]当使用权的转让期达到18年后，该租约的签署可以让出租人享受税务优惠。该租约可以向承租人后辈（转让），现在也允许在一定条件下向公司转让。第二，对离开农业的农民发放

① 刘云梓：《农业组织与规模：理论、实践与比较研究》，中国计划出版社1990年版，第78页。

② 刘卫柏：《中国农村土地流转模式创新研究》，湖南人民出版社2010年版，第229页。

③ 勒内·勒富尔：《法国乡村空间》，载马宏俊主编《公证、乡村、发展——中法关于土地经营与流转的对话》，北京大学出版社2013年版，第10页。

④ 勒内·勒富尔：《法国乡村空间》，载马宏俊主编《公证、乡村、发展——中法关于土地经营与流转的对话》，北京大学出版社2013年版，第11页。

终身养老金，扩大农场经营规模。为了解决农业人口老化、女性化和兼业经营的问题，法国政府在1962年颁布《农业指导补充法》，专门规定，对离开农业的农民发放终身养老金，促使他们离开农业，让出来的土地主要用于扩大农场规模；另一方面，在农村实行退休金制度，以解决土地集中后带来的部分社会问题。第三，建立土地整治与农村安置公司，限制农村土地用途。法国政府通过财政支持建立起不以营利为目的、由国家代表实施监督的以实现土地整治与农村安置为目的股份公司。公司通过收购土地然后再把土地租赁或出售给大农场主的方式，促进土地集中经营。法国农业土地公司“功能在于将足够的土地和建筑物结合到一起，形成具备可行性的庄园，并提供给农业经营者；而经营者可以在土地上节省资金，将其投资能力用于购买牲畜和设备。”①在这些措施的合力下，法国农场的数量1958年为206.12万个，1970年减少到155.2万个，1985年减少到92.4万个，1997年进一步减少到67.98万个。农场的平均面积1958年为16.5公顷，1970年增加到21公顷，1985年增加到30.5公顷，1997年增加到41.7公顷。40年间法国农场数量减少了一大半，而平均土地面积增加了一倍半。

日本的农村土地流转模式也经历了一个由实现耕者有其田，建立自耕农，限制土地流转到鼓励农村土地流转，积极提高土地利用效率的转变。1945年至1950年，日本政府采取强硬措施购买地主的土地卖给无地、少地的农户，通过土地改革日本建立了自耕农体制，自耕农的耕地占到了50%，并把农户拥有的土地规模控制在3町以内。1952年日本制定的《农村土地法》还要求离开居住地的农户必须出售他们持有的土地。1962年修改后的《农村土地法》开始允许农村土地的出租与出售，放宽了对获得农地权利最高面积的限制，创设了农业生产法人制度以及农协的土地信托事业制度。1970年和1982年再次修改后的《农村土地法》突破了土地占有和适用的限制，开始鼓励土地的出租和流转。此外，日本还建立合作经济组织等中介机构作为农村土地租借的桥梁，接受欲租出的土地，再将这些农村土地租给那些有需要的人们，来促进农村土地的流转。② 1980年，日本政府制定了《增进农用地利用法》，鼓励农户出租或出卖土地，积极开展委托经营，进一步促进了日本土地流转的发展。通过一系列的农地改革，日本的农地流转大幅提高，经营面积在2公顷以上的农户所占比例由

---

① 勒内·勒富尔：《法国乡村空间》，载马宏俊主编《公证、乡村、发展——中法关于土地经营与流转的对话》，北京大学出版社2013年版，第11页。

② 卫柏：《中国农村土地流转模式创新研究》，湖南人民出版社2010年版，第236页。

1970 年的 5.9% 提高到 1980 年的 7.3%。[①] 加入世贸组织后，面对国际竞争压力，日本于 2000 年修改《农地法》，最终允许股份公司形态的法人取得土地权利，并要求：①股份公司章程具有董事会审批方可出让股份的条款；②股份公司的事业内容应包括农业和相关事业；③高级业务执行职员过半数必须是从事农业生产的人；④与法人所经营事业有持续交易关系的人或法人具有表决权。这样，尽管目前日本对股份公司取得农地权利仍有限制，但毕竟打开了工商资本进入农业的大门，允许采取股份公司的组织形式实行土地的规模经营。2000 年，日本农业生产法人的数量已经达到 5889 个。其中有限责任公司 4366 个，合资公司 22 个，合股公司 5 个。此后有限责任公司逐渐占到七成以上。[②]

4. 制度推动：政府补贴并建立交易平台

在土地流转的过程中，各地方政府事实上有追求土地流转效率、推进规模性经营的偏好，普遍采取了推动农村土地流转的扶持政策，积极引导民营企业和城市资本进入农村。例如 2007 年成都市人民政府《关于推进统筹城乡综合配套改革试验区建设的意见》指出：突出“统筹城乡发展，以体制机制创新为关键，以谋求城乡人民最大福祉为目的，大力推进新型工业化、农业现代化、新型城市化、公共服务均衡化和市场化、国际化，努力构建科学发展、社会和谐的新体制，开创科学发展、社会和谐的新局面，加快全面建设小康社会和成都实现现代化的步伐”的指导思想，以及“试验区建设要坚定不移地按照城乡统筹、‘四位一体’科学发展的总体战略部署，以‘三个集中’为核心、以市场化为动力、以规范化服务型政府建设和基层民主政治建设为保障，全面提升城乡一体化水平”的总体要求。这里的“三个集中”包括土地向规模经营集中，说明了土地流转是城乡经济统筹发展的核心之一，其目标任务中也明确指出了要使土地规模经营率达到 75%。再如 2007 年重庆市政府颁布《重庆市人民政府办公厅关于加快农村土地流转促进规模经营发展的意见（试行）》也指出，要通过农村土地流转，提升重庆市农村土地规模经营和农业产业化水平，促进土地资源的优化配置，提高土地利用率和产出率，提高农产品优质率和商品率。到 2012 年，重庆市农村土地规模经营在“一圈”内达到 30% 的目标。在不改变土地承包关系的前提下，实行土地所有权、承包权和土地使用权分离，创新流转机制，探索有效形式，放活土地使用权。该意见明确指出，支持鼓励农民自愿

① 曲福田等：《中国工业化、城镇化进程中的农村土地问题研究》，经济科学出版社 2010 年版，第 389～390 页。

② ［日］关谷俊作：《日本人的农地制度》，金洪云译，生活·读书·新知三联书店 2004 年版，第 83～86 页。

放弃承包土地，支持集体经济组织参与土地流转。允许社会资本和城市工商企业到农村承接、承租土地，单独兴办或与农民联办农业企业。社会资本、城市工商企业参与农村土地流转，领办或与农民合办的合作经济组织，同等享受支持农村合作经济组织发展的政策，其利用流转土地依法兴办的农业企业，可按照促进民营企业和中小企业发展的有关政策予以支持。

根据2009年年初21个省的初步调查统计，各地方政府颁布了各种流转补贴及规模流转奖励措施等，来促进农村土地的流转。有11%的县（市）拿出专项资金用于流转土地整理和农业基础设施建设，有5%的县拿出专项资金对流转双方给予适当补贴。① 如贵州省历川县鼓励发展茶叶和畜牧业的土地流转，流转50亩以上的每亩补贴租金20元；100亩以上的每亩补贴租金50元。② 又如余杭区2008年出台了《加快农村土地承包经营权流转的若干意见》，对符合条件的新增土地流转，给予所在镇乡每亩50元的标准以奖代补，财政为此补贴支出达到140多万元。2010年进一步将补贴对象扩大到土地流出户和镇村土地流转服务中心。③ 陕西省榆林市榆阳区制定出台了《推进农村土地承包经营权流转实行土地适度规模经营实施意见》，每年安排专项资金200万元，对流转规模在200亩以上的村组、种植大户、龙头企业给予每亩100元的财政奖励。上海《浦东新区关于农村土地流转补贴试点实施办法（试行）》规定区财政对符合规定的流转土地，以每年每亩500元标准给予补贴。安徽省五河县政府出台了《五河县加快农村土地流转推进现代农业建设的实施意见》，对各类主体参与农村土地流转，给予资金、科技、项目、金融信贷、管理用地、户籍转移六个方面的扶持。除执行市政府有关政策规定外，受让土地500亩以上，流转期限10年以上（含10年）的经营主体，按每亩100元标准，县政府一次性给予奖补；对规模经营面积达2000亩以上的，县国土部门优先安排土地整理项目；把经营规模达500亩以上的经营主体作为信贷支农重点；对规模经营500亩以上的经营主体，在符合土地利用总体规划、不破坏耕作层的情况下，为辅助生产建造的设施用地，作为农业结构调整用地进行管理；跨区域流转土地的受让方申请迁移登记为当地农村常住户口的，依法

① 陈晓华副部长在全国农村土地承包经营权流转管理和服务工作座谈会上的讲话：《认真学习贯彻党的十七届三中全会精神，切实加强农村土地承包经营权流转管理和服务》，参见 http://www.jznlw.gov.cn/nlw/html/07040415/col1040415005/2011-11/18/20111118100026950889994_1.html。

② 洪名勇等：《贵州农村土地承包经营权流转研究》，中国经济出版社2013年版，第48-49页。

③ 方文：《中国农村土地流转的制度环境、农户行为和机制创新》，浙江大学出版社2012年版，第85页。

给予办理。[①] 湖南省长沙县县委2010年1号文件指出：第一，对于通过土地流转新建的符合全县农业产业发展导向，并经主管部门认定、批准的现代农业生产基地，规模经营耕地连片在100亩以上，前三年按每年每亩300元的标准给予补助，其中投资者每亩200元，自助流转土地农户每亩100元；第二，对新建的现代农庄，根据国家有关政策并经审核批准，可按不高于流转耕地面积7%的比例配套生产、生活用地（包括农产品加工用地），但一个项目用地规模最高限额不超过100亩，不占有基本农田。[②]

除行政补贴措施外，如上所述，各地政府推动普遍建立的农村土地流转交易平台，对农村土地流转也起到了极为重要的作用，以致有学者乐观地指出，"各地农村土地流转通常存在这样的演进逻辑：第一阶段，政府主导下开展农村土地的规模化流转，交易的市场化程度较低；第二阶段，逐步通过制度设计和平台建设引入土地流转市场机制，政府权力逐步退出；第三阶段，以市场机制为主导，交易所内的规模化交易与场外的零散交易并行，市场化模式逐步成熟，政府回归外部监管者的法律角色。"[③]

对此，本报告则持比较谨慎的态度，政府"父爱"式的推动会带来很强的负面效应，为了追求政绩或者获得一定的收益，往往难抑"行政强制流转"的冲动，采取行政强制手段来推进土地承包经营权流转。"在以农户为主体的承包地流转中，地方政府不能分享流转收益，但在中央鼓励承包地土地流转，促进规模经营，推动农业现代化的导向下，地方政府有促进承包地流转的政治利益驱动。在这种政治驱动下，地方政府为了打造大力促进土地承包经营的政绩，会打着促进规模经营旗号，以行政力量强制流转承包地"[④]，在实际运行中替代了农民对自己事物（务）本应有的主体地位，频频出现农民"被流转""被上楼"的情况。政府主导的变革模式有其集中资源、快速推动等优势，灵思妙想不断，通过各种创新方法推动农村土地大规模、大范围流转。"但这种制度变革的外生性，也决定了其制度设计的出发点并不一定是农村和农民的利益，而更多地是基于建设用地指标的获取、地方政绩的体现等，从而使得农村土地流转的主体由农民变成政府，农民的土地权益和主体地位被剥夺。"[⑤]

---

① 安徽省五河县农业委员会：《安徽省五河县加快农村土地流转推进农业适度规模经营》，http://www.caein.com/index.asp? xAction = xReadNews&NewsID = 87229。

② 田飞龙：《农村土地承包经营权流转程序的实践考察与模式分析——以湖南省长沙市经验为例》，载张千帆、党国英、高新军等《城镇化进程中的农民土地权利保障》，中国民主法治出版社2013年版，第261页。

③ 同上书，第259页。

④ 戴伟娟：《城市化进程中农村土地流转问题研究》，上海社会科学院出版社2011年版，第48页。

⑤ 刘润秋：《十七届三中全会以来中国农村土地流转现状评估》，《学术评论》2012年第1期。

三、农村土地流转的制约因素

1. 农村土地物权制度设置不清

当前中国农村土地制度中既有历史遗留下来的基础权利配置，也有在大陆法系财产认识结构下设置的多种物权债权，土地所有权归属及行使制度名义上清晰、实际上混乱，导致土地产权关系不够明确，农民的流转权益难以得到有效保障，也最终使得农村土地流转不畅。

首先，集体土地所有权制度不够完善。所有权主体的虚化和不清晰，往往会形成土地主体之间的多元权属执政，并会反射到农村土地承包经营权的权属上，导致土地承包经营权不够稳定，随时面临被调整的危险，引起很多纠纷，推高土地承包经营权流转的机会成本与交易成本。而由于集体土地所有权制度是中国社会主义建设以来，基于意识形态的认识前见设定的一项主体和物权制度，与传统大陆法系在资本主义萌芽的社会背景时期形成的主体和物权认识并不一致，所以长期以来，中国以移植和学习为主的民法法律没有能够对集体土地所有权的主体、性质与运行机制问题做出清晰的规定。在实践中，集体土地所有权的代行主体往往被理解为真正主体，代行的权利没有处在集体成员的有效监督与制约之下。在《物权法》颁布以前，法律对集体土地所有权三级主体——乡镇集体、村集体及村民小组集体的归属状况规定近乎空白，即使是《物权法》中也没有明确集体成员对代行主体究竟享有什么样的监督权利，由此导致现实实践中，村民小组一级集体往往因缺乏有效的组织机构而难以真正运作，而村委会则因拥有合法行政权力和社会自治权而扩大性地行使集体土地所有权，强迫农民长期大规模流转土地承包经营权；村干部与地方政府干部还可以以诸多理由干预土地承包经营权的流转，造成对村民土地权益的侵犯。

其次，中国农村土地承包经营权本身在政策定位及立法塑造的过程中也存在着定位不清与制度不完善的诸多问题。《物权法》将土地承包经营权定位为用益物权，是在传统大陆法系自物权——他物权严谨学术体系下的不二选择，这当然已经比有些学者主张的债权定性好了很多，但却也忽视了中国国情的特殊性，没有准确把握中国土地承包经营权与集体土地所有权之间的内生性联系，归根到底没有掌握好土地承包经营权的根本特性。《物权法》对承包经营权到期后如何处理没有规定，这就导致了农民们的普遍担心，使得很多农户流转人现在已不愿意流转自己的承包经营权，而流转土地进入的主体如种田大户等，也由于流转后的租期有限或不确定而不敢再流入土地，从而影响了其规模效应和累积发展。如在全国各地总共流转 7 万亩土地种植蔬菜的星广地农业公司总经理李梅珍表示，近年来一直在为土地承包期而担忧。蔬菜产业前期投入大、回报周期长，前期仅土壤改良、基础建设等每亩菜地就要投入1.5万元，基本前三年都是亏本，后面才能逐渐盈利。而由于大部分流转的土地都是农民1988年第二轮联产承包签订的承包协议，30年承包期限到现在仅剩5年，村民承包到期后政策的不确定性，给企业投入与生产带来很多风险，若2018年承包到期后政策发生变化，农民拒绝将土地流转给企业生产，企业可就亏大了。“目前，我们即便希望继续扩大蔬菜种植规模，也不敢再流转土地”。除土地承包30年期限瓶颈外，农民不愿长期流转也是制约土地发挥规模效应的重要因素。流转5000多亩土地种水稻的武汉利梓农机合作社社长缪斌说，武汉郊区一些区域2008年土地流转租金每亩仅150元，到2010年就翻了一番达300元。很多农户预期土地租金还会大幅上涨，因此情愿土地撂荒也不愿流转，或者流转合同只签两年到五年，“短期出租，合作社肯定不敢投入，因此难以产生规模效应，这也是为何近年种粮大户数量在减少”。此外，中国现行政策已有所突破，放开了土地承包经营权的抵押问题，但破冰的政策还缺少法律制度的清晰配套，如对抵押了的土地承包经营权的入股、继承等问题都还没有明确的态度，导致农地在现实中流转不畅。

2. 农村土地产权主体的制度安排不力

如文首所述，中国农业现在处在家庭小生产者与农业大市场对接的天然矛盾状态中，为此需要大力培育集约型农业经营主体。在国家政策的引导下，农民专业合作社等新型农业经营主体的确也在潮涌，但其同时也面临着诸多的困难，限制了农地流转的发展。

（1）资金土地约束。大多数新型农业经营主体仍较难获得农业生产要素，最主要集中在资金和土地方面。“调查样本中，分别有47.0%的农业专业大户、59.0%的农民专业合作社和57.1%的农业企业因授信担保困难、申请手续繁复、隐性交易费用高等问题存在资金融通方面的困难。”① 另外农业发展中的配套设施用地也日益成为新型农业经营主体发展的瓶颈，如农民专业合作社和农业企业的办公设施用地、农机大户和农机合作社的机具存放用地、农民专业合作社的产品加工和仓储用地等，如需获得均需支付高昂的费用。为此，一些农机具因为没有足够的存放用地，只能露天随意摆放，大大地缩短了机械设备的使用寿命，所以很多农机专业合作社虽然发展势头良好，也不敢贸然扩大服务规模和土地流入储备。

（2）支农政策脱节，政策落实效率不高。近些年来，国家和各级政府不断

① 黄祖辉、俞宁：《新型农业经营主体：现状、约束与发展思路——以浙江省为例的分析》，《中国农村经济》2010年第10期。

加大对农业的支持力度，出台了相当多的支农政策、惠农补贴，“看上去很美”，但一旦落实到实际执行时，仍面临以下问题。①政策脱节。不少支农政策是通过部门条条下达的，各项政策之间缺乏整合性和衔接性。如杭州市余杭区某中草药专业合作社和温州市苍南县某专业合作社由于经营的是特种农产品，因而在注册登记、生产许可、产品监测等方面都难以获得工商税务等部门放行。②难以落实。不少支农政策从政府下达到农民获得，经过的中间层次和环节过多，具有明显的时滞性；且导致了政策执行中的寻租现象，催生了一大批围绕着农业部、地方农业厅的所谓科技公司，其实就是跑政策、跑补贴、跑关系的寻租代理人。

（3）内部运行不规范。一些龙头企业、工商企业长期大面积租种农户耕地，除支付租金外，较少与农户发生经济联系，与基地农户没有真正结成“利益共享、风险共担”的合作机制，其带动功能没有得到有效发挥。一些合作社只有少数社员持股而其他社员只象征性持少量股份，合作关系不稳定。还有一些农民专业合作社的运行很不规范，机构不健全、制度不完善、产权不明晰，既没有规范的财务管理制度，也没有建立成员账户，公积金积累不多，利益分配制度不健全，内部民主管理机制缺失，合作社的许多社员秉持小农经济的劣根性，也只愿利益共享、不愿风险共担。

3. 二元社会结构制约城乡融合

自20世纪80年代以来，随着中国农村经济体制的改革和农业生产的季节性和弱质性，进城务工经商或外出打工已成为众多农民的理性选择，从而形成了中国社会发展中的一个特殊阶层——农民工。但由于受到传统的以户籍为中心的城乡二元经济和社会体制的约束，农民工们在进入城市从事各种非农产业、实现地域转移和职业改变的同时，却不能顺利地实现由“农民”向“市民”的身份转变，从而在就业、教育、医疗、住房、子女入学等各方面都不能与城镇居民享有同等待遇，使得农村土地在已经丧失了生产职能后仍必须承担起农民的现实生存保障职能。这样，农民也不敢轻易出手土地，制约了土地承包经营权流转的进一步发展。

受自身因素与宏观环境的限制，农民一般只能在中青年时期外出打工，而对于年轻的农民来说，可以选择外出打工，但却无法取得城市市民的待遇，城市也不会为其提供住房保障以及其他与户籍相联系的一系列保障，其结果是农民工大多处在半城镇化的状态，成为游离于农村和城市、介于农民和市民之间的“夹心层”。随着年纪渐渐增长，这些未能充分融入城市的夹心层农民工只能将最终返回农村进行土地经营作为底线，所以他们外出打工期间，对自己的农地一般只会选择短期流转或者简单粗放经营，如代耕、租赁、转包等短期土地流转方式，而不打算进行长期性的流转，因为他们最终还要回归农村，在社会保障制度压根不覆盖农村的情况下，只能保留自己的农村土地回乡后继续耕种，才能实现一定的社会保障和就业功能。“由于中国二元社会结构的存在，农村劳动力不可以随着就业的非农移转而顺利实现人口城市化，大部分农村劳动力的非农就业转移不稳定，存在回村种地的预期，即使流转出土地，仍以随时收回土地为条件，一般选择亲朋好友作为流入方，以方便随时中断流转”①，由此影响了农村土地流转的进一步发展。

4. 农地流转市场（交易平台）的发展有限

中国农村土地流转的市场交易平台及中介组织虽有所发展，但总体滞后。如上所述，在政府的外力推动下，我们成立了众多的交易中心，但从自然发展过程来看，中国的农地流转市场本身是极不成熟的，本应随着市场的逐渐成熟而自动一步步发展产生出来的各种市场化土地流转机制及流转交易平台配套制度，我们大都没有建立，相应认识和观念也远远滞后，这些都在深层次上阻碍了符合农村、农业、农民真实利益和内在需求的农村土地流转的进一步发展。

各地农村普遍缺乏农村土地流转价格评估机制，土地流转的合理参考价格难以有效形成。很多大城市和经济发达地区已经被推动建立的农村土地流转交易平台徒具形式而缺乏必要的硬件与软件设施；很多乡镇的“土地流转服务中心”没有完善的流转管理制度和交易制度，未能建立有效的土地承包台账和流转台账，土地流转合同和资料档案管理不规范，资料不全甚至遗失，土地流转纠纷调解机构也不健全；② 更多的乡村地方则还没有建立起农村土地流转市场与交易平台，农地流转依赖熟人社会，交易量少，纠纷多，缺乏透明性、公平性，交易成本高，交易范围也就大多局限于本村、本村民小组、亲友熟人的小圈子内。

此外，农村土地流转会涉及土地使用权评估、流转合同签订等专业性较强环节，需要多种中介机构提供多种服务，包括资产评估、委托代理、法律咨询、土地投资、土地融资、土地保险等，而现在这些中介服务组织相当匮乏。数量少，发育迟缓，内部制度不健全，组织运转的稳定性差，政府对中介服务组织的认识也不到位，缺乏有力的支持和迅速推动。③ 除了中介服务外，农业社会化服务体系的滞后也制约了新型农业经营主体的发展，如农业技术推广以及动植

① 戴伟娟：《城市化进程中农村土地流转问题研究》，上海社会科学院出版社 2011 年版，第 53 页。

② 刘润秋：《中国农村土地流转制度研究——基于利益协调的视角》，经济管理出版社 2012 年版，第 102 页。

③ 刘卫柏：《中国农村土地流转模式创新研究》，湖南人民出版社 2010 年版，第 263 页。

物疫病防治等农业支持与服务还不健全，功能不完备，服务人员和技术缺乏。

所以我们必须发展社会化服务新机制，为农民提供多方位、低成本、便利高效的生产经营服务，包括：①完善土地流转交易平台。建设好乡镇土地流转服务中心，为农民土地流转提供服务。②设立农技服务平台，为农业病虫害防疫防治提供服务，同时在新品种改良、良种示范、农业机械化等方面提供社会化服务。③搭建农业信息平台，及时为农业经营提供信息服务。④建立职业农民培训基地。建设现代农业最终要依赖有文化、懂技术、会经营的新型农民，但当前中国对新型农业经营主体的培训仍然较为欠缺，各地普遍开展的阳光工程培训等应重点开展职业农民培训，将种粮大户、家庭农场以及农民专业合作社等新型农业经营主体纳入培训，培养出有文化、懂技术、会经营的农村实用人才和农村青年致富带头人，培养一个，带领一批，致富一方。

5. 金融配套政策的欠缺

农村土地流转需要金融体系提供资金支持。农村土地流转后，经营规模的扩大离不开资本的介入、金融的支持，但是受制于中国农村金融体系现状，难以给农村土地流转提供有效的金融支持。“从多年来社会信贷余额上看，农村地区农业及第二、第三产业获得的信贷约占全社会贷款总量的10%，金融支持明显不足。2006年经济社会部对16个省2749个村庄的农户调查也显示，农民贷款难的问题远未缓解。过去10年间，国有商业银行从农村地区撤并3万多家机构网点，现在基本都是在县及县级以上土地区经营。”[①]四大国有商业银行股改后撤并了部分县以下的金融机构，邮政储蓄机构普遍存在“只存不贷”的局面，甚至形成农村金融机构不断从农村吸取资金的态势。可以想见，因为完全通过市场本身的竞争选择，现有资金基本不会向农村进行大规模流动，而是不断向边际成本高的第二、第三产业密集的城市及相关地区流动。

另外由于现行法律上的障碍，农村土地的担保价值被人为压抑。长年来被剪刀差剥削的农民积累有限，除了土地承包经营权外很难拿出其他值钱的抵押物，导致农村金融体系更加无法有效展开工作。“我们唯一的也是最大的资产就是土地，但土地承包经营权不能抵押贷款，金融不创新，我们的贷款难题就很难解决。”河南郸城胡集乡郝寺村村民种粮大户胡新宏如是说。对此，郸城县种植专业合作社负责人刘杰也深有同感：现在农业保险保费不低、保额不高、勘验程序复杂，“合作社目前抗风险能力、市场竞争力都还不够强，迫切需要进一步加大扶持力度”，而最需要的扶持还是信贷扶持，“随着合作社规模越来越大，资金压力也越来越大，靠自有资金周转扩大规模非常慢”，这几年，刘杰没少往

---

① 蒋颖：《中国农村合作社法律制度发展研究》，中国农业科学技术出版社2009年版，第112页。

银行跑，但都因合作社资产无法评估抵押，难以得到金融部门的信贷支持。[1]

事实上，金融资本撤出农村的结果导致了农村资本的稀缺，只能任由民间高利贷的出现来填补这一缺失空间，大大增加了农民资金的借入成本与流转土地进行经营的风险，抑制了农民对资本的内生需求。所以学者大都主张，应"允许农民把土地承包经营权作为抵押，使土地原来的保障属性向资源属性和资本属性转化，真正成为农民的创业资本，极大地提高农村土地的价值，提高农村经济发展能力，促进社会和谐。"[2]

综上，顺应时代的要求，进入21世纪以来，中国农村土地规模经营不断推进，截至2012年12月月底，经营面积在100亩以上的专业大户、家庭农场超过270万户。[3] 当然，中国的规模经营只能是适合中国国情的适度规模经营，规模并不是越大越好，而是以便于运用现代化农业机械设备，实现劳动力与土地的最佳结合，提高农业劳动生产率，实现单位土地面积经济效益最大化为目标。

---

① 参见《新型农业主体如何壮起来》，新华网，http://news.xinhuanet.com/politics/2013-04/14/c_124577459.htm，最后访问日期：2013年5月16日。

② 王小莹：《中国农村土地流转法律制度研究》，法律出版社2012年版，第80页。

③ 《健全农村土地承包经营权登记制度引导农村土地承包经营权有序流转——农业部农村经济体制与经营管理司解读中央一号文件》，《中国合作经济》2013年2月，第22页。

证券市场法治

陈　洁　夏小雄*

导　言

在现代市场经济体系中，资本市场已经成为金融体系的关键组成部分，资本市场的发育程度也已成为判断特定国家或地区经济发展水平和综合竞争实力的重要标志。在资本市场中，企业可以通过发行股票、债券等募集生产经营所需资金，社会公众则可通过投资不同类型证券产品获取可观收益、分散投资风险。依赖此种资金融通机制，社会资源能够得到有效配置，产业结构能够得以充分优化，经济发展亦能得到全面促进。西方国家尤其是英美等国的金融发展历史已经充分证明了资本市场对于经济发展和社会进步的重要性。① 因此，各个国家均是非常重视资本市场的发展，以期通过形成成熟的资本市场体系提升经济发展水平和国家竞争实力。

与西方国家相比，中国资本市场发展虽然起步较晚、时间较短，但是在过去三十年间却是经历了从无到有、从小到大的发展历程，并且最终形成了与社会主义市场经济发展相适应的制度体系和市场机制。② 而在过去的十年中（2002～2012 年），中国资本市场获得了进一步的规范和发展，市场规模不断扩大、证券品种日益丰富、制度体系渐趋完善、监管治理日臻成熟，极大地促进了金融体系改革和经济社会发展。

具体而言，在过去的十年之中，上市公司数量已经从 1160 家增加到 2494 家，股票市价总值从 4.35 万亿元增加到 23.03 万亿元，股票成交金额从 38305 亿元增加到 314667 亿元，投资者开户数从 6965.9 万户增加到 2.27 亿户，交易所债券成交金额从 2 万亿增加到 40 万亿，证券投资基金从 51 只增加到 1173 只，

---

* 陈洁，中国社会科学院法学研究所研究员；夏小雄，中国社会科学院法学研究所助理研究员。

① 参见［美］约翰·S. 戈登：《伟大的博弈：华尔街金融帝国的崛起（1653－2004）》，祁斌译，中信出版社 2005 年版。

② 关于中国资本市场发展历程的历史描述，参见中国证券监督管理委员会编：《中国资本市场二十年》，中信出版社 2012 年版；胡汝银：《中国资本市场的发展与变迁》，格致出版社 2008 年版。

证券投资基金规模从811亿元增加到3万亿元。①

从以上数据可以看出，过去十年中国资本市场的发展已经取得显著成功。毫无疑问，这种快速发展并非偶然的，而是与市场经济的深化发展、证券法制的不断完善、制度创新的日益推进等因素密切相关。因此，在关注过去十年中国资本市场发展成绩的同时，我们还需要全面总结这些成绩能够取得的原因，尤其是从证券法治的视角对于过去十年资本市场的重大改革创新加以深入反思。

值得注意的是，虽然中国资本市场发展已经有所成就，但是并不意味着中国的证券法制体系已经趋于完善。与之相反，无论理念原则的塑造，还是规范体系的安排，中国的证券法制均存在较多问题，而且这些潜在问题已在一定程度上影响到了资本市场的健康发展。对于这些具体问题，我们同样需要加以深入分析并且提出相应解决对策。

基于上述思路，在下文回顾过去十年证券法治发展的报告中，我们首先将总结过去十年中国资本市场的基本发展情况，力求从宏观视角全面展示过去十年中国证券法制改革的丰硕成果；其次，我们将分析过去十年资本市场能够得以迅速成长的原因，侧重介绍证券法制修订、监管体系完善、司法救济发展等方面的变革发展，尤其将对过去十年资本市场所发生的股权分置改革、上市公司治理、发行体制改革等重大制度创新进行详尽剖析；再次，我们将深入检讨资本市场发展和证券法治改革所面临的一些难点问题，从微观视角阐释这些疑难问题的发生原因、理论障碍、现实影响等因素；最后，我们将在上述论证分析的基础之上针对证券法制修订提出完善建议，同时也对未来证券法治发展提出一些期望。

当然，对于证券市场法治十年发展的回顾分析不可能面面俱到，而是只能择其大要进行展开描述阐释，并且只会对那些曾对资本市场发展有过重要影响的改革创新加以展开论述。同时，值得注意的是，对于证券法治十年发展的历史回顾不能限于证券法律规则的修订完善，也应关注监管治理的改革、司法诉讼的进展，不能静态的、孤立的理解证券法制各项规则，而应动态地、全面地分析证券法治运行体系，不能仅仅热心于当下具体问题，而应同时关注到未来制度建构。

---

① 参见中国证券监督管理委员会编：《中国证券监督管理委员会年报（2012）》，中国财政出版社2013年版，第101页。

一、十年间证券市场法治的发展成果

（一）证券投资品种渐趋丰富

在发达的资本市场体系中，证券投资产品的类型相对而言较为丰富，金融产品消费者能够根据自己的风险偏好选择适当投资品种。通常来说，这些国家和地区的资本市场之所以能够提供如此全面的证券投资品种，是因为资本市场的发展历史较为悠久、金融产品的创新机制比较灵活。

中国资本市场的发展起步较晚，在很长一段时间内资本市场上证券投资品种较为单一。例如，在全国性资本市场形成之前，证券发行品种仅仅包括股票、国债、企业债、金融债等类型，即使在全国性资本市场初步形成之后，证券投资品种也仅仅增加了基金、期货而已。然而，在2002～2012年的十年时间之内，随着市场经济的深入发展和金融创新的持续推进，一些新的证券投资品种得以不断推出，使得中国资本市场上的证券投资品种渐趋丰富。与以往的传统证券投资品种相比而言，这些新型证券投资产品在交易结构、风险控制、收益分享等方面均有所创新，既满足了融资人的资金需求，又丰富了投资者的投资渠道，并且有力促进了资本市场的改革和经济发展的深化。

1. 开放式基金产品

1997年《证券投资基金管理暂行办法》颁布之后，中国证券投资基金业开始正式起步发展。在2001年之前，基金管理公司发售的产品多为封闭式基金产品。但是由于封闭式基金产品在交易结构上的诸多缺陷，它们的一级市场发行渐趋困难、二级市场交易不够活跃，投资者对于此类产品逐渐失去投资兴趣。

为了改变上述不利局面，从2001年下半年开始，各家基金公司陆续推出开放式基金产品。这类产品的申购赎回机制更为灵活，对于投资者而言更具吸引力，因而逐渐取代了封闭式基金产品进而成为基金市场的主流投资品种。2001年9月11日华安基金公司推出的华安创新基金公开发售，投资者对于第一只开放式基金产品表现了极大的投资热情，认购金额高达50亿元。之后其他公司的开放式基金产品也受到了投资者的追捧，开放式基金产品的数量得到了极大扩容。2004年基金产品发行更是经历了“井喷式”增长，中信经典配置基金和海富通收益基金的首次发行规模均突破了100亿份。经过多年发展，开放式基金产品已经成为基金市场主流产品，基金产品投资范围逐渐扩大，基金公司业务也开始多元化，一些规模较大的基金公司逐渐出现。截止到2012年12月31日，中国证券投资基金总数为1173只，证券投资基金规模约为3.17万亿元，其中2012年证券投资基金成交总额已经达到8667亿元。

2. 股指期货

在成熟的股票市场中，既包括发达的一级市场和二级市场，又包括完善的风险管理市场，也即股票市场参与主体可以通过股指期货等风险管理工具实现套期保值，进而抑制或缓冲股票价格剧烈波动产生的消极影响。但是，中国股票市场长期缺乏股指期货等配置制度安排，因而股票市场经常出现估值不稳、宽幅震荡、超涨超跌、频繁换手等问题。

从2002年左右开始，中国证监会就开始开展股指期货交易的研究。2004年国务院发布的《关于推进资本市场改革和稳定发展的若干意见》更是明确提出要“研究开发与股票和债券相关的新品种及其衍生产品”。经过多年的研究和准备，2010年4月16日中国金融期货交易所正式推出了沪深300股指期货合约。在之后两年多时间里，股指期货市场总体运行平稳，交易秩序良好，交易规模适度，持仓稳步增加，机构投资者有序参与，市场功能逐步发挥。股指期货上市前沪深300指数单日最高涨幅达到9.34%，单日最大跌幅达到-8.11%，股指期货上市后单日最高涨幅仅为5.05%，单日最大跌幅仅为-6.21%；此外，股指期货上市后，沪深300指数涨跌幅超过2%和3%的天数分别下降了54%和66%，股市年化波动率从37.99%下降到了22.07%。①

股指期货的推出对于中国资本市场体系的完善具有重要意义。首先，股指期货的价格发现功能和做空机制可以有效抑制股票的剧烈波动，防止股票价格非理性的过快上涨或大幅下跌；其次，股指期货能为投资者尤其是机构投资者提供风险管理工具，能够引导更多长期资金进入股市，进而扩大市场容量、保障市场稳定；再次，股指期货的顺利运作将会为其他金融衍生品的发展奠定基础，有利于资本市场产品结构的继续完善。②

股指期货产品具有以下特点。③

一是采用保证金交易制度。投资者只需要支付一定比例的保证金就可以参与交易，而不需要支付股指期货合约的全额资金。

二是股票期货采用当日无负债结算制度。期货公司在每一个交易日收市之后都要对投资者的交易情况和持仓状况按照当日结算价进行结算，进而计算盈亏以及相应费用并且加以划转。

---

① 具体数值参见中国金融期货交易所：《关于股指期货市场运行三年情况的综述》，http://finance.sina.com.cn/money/gzqh/20130411/143115116916.shtml，访问于2013年11月15日。

② 张旭康等：《完善期指规则体系，强化风险防范》，《证券日报》2010年4月9日；申屠青南、李中秋：《推出股指期货是资本市场发展必然结果》，《中国证券报》2010年4月9日。

③ 有学者从合同视角深入分析了股指期货的法律属性。参见李明良：《金融期货合同的法律属性研究——以股指期货合同为中心》，《政治与法律》2008年第5期。

三是股指期货合约有到期日。投资者不能无限期持有，或者在到期前平仓，或者在到期时进行现金交割。

四是交易对象均为标准化的期货合约。股指期货合约中的标的资产、合约月份、交易时间等均由交易所事先固定，仅是交易价格这一要素发生变化。

3. 公司债

在很长一段时间内，由于“重股权融资、轻债权融资”思维的影响，《证券法》立法对于公司债券并未给予足够关注，以至于交易所债券市场没有得到充分发展。为了改变公司债券市场发展滞后的局面，2007 年 8 月中国证监会发布了《公司债券发行试点办法》，进而正式启动了公司债券发行工作。该办法较为全面的规定了公司债券的发行条件、发行方式、发行程序、债券持有人保护等内容，体现了以市场化为导向的公司债券发行监管指导思想。

2007 年 12 月，“中国长江电力股份有限公司债券”作为第一只公司债在交易所挂牌交易，受到投资者的追捧，公司债也逐渐成为资本市场中的重要投资品种。2008 年公司债发行较为火爆，30 家上市公司总共发行公司债券 998 亿元。但是，此后全球金融危机的到来使得公司债发行陷入停滞状态，直至 2009 年 7 月才得以重启。2009 年起实施公司债券分类管理制度。2010 年《关于上市商业银行在证券交易所参与债券交易试点有关问题的通知》发布，上市商业银行重返交易所债券市场工作得以启动。而随着证监会对上市公司发行债券试点实施“绿色通道制度”，公司债的发行逐渐进入“井喷”状态。截止到 2012 年年底，交易所债券市场现货交易品种为 1170 只，其中公司债为 365 只。①

4. 资产支持证券

2004 年 1 月 31 日国务院发布的《关于推进资本市场改革开放和稳定发展的若干意见》就已提出“积极探索并开发资产证券化品种”。2005 年 4 月证监会就启动了证券公司企业资产证券化业务的试点工作。2005 年 12 月，“中国联通 CDMA 网络租赁费收益计划”在上海证券交易所大宗交易系统挂牌交易，资产支持证券正式成为交易所债券市场的新型交易品种。此后，“中国网通应收账款资产支持受益凭证”等产品陆续推出交易。遗憾的是，从 2007 年开始证券公司企业资产证券化业务暂停。尽管该业务在 2010 年得到重启，但发行规模依然非常有限。截止到 2012 年年底，证监会总共核准了 16 单资产证券化产品，这些产品总共募集资金 375 亿元左右。值得注意的是，2013 年 3 月证监会发布了《证券公司资产证券化业务管理规定》，对于证券公司而言资产证券化由“试点业

① 参见中国证券监督管理委员会编：《中国证券监督管理委员会年报（2012）》，中国财政出版社 2013 年版，第 17 页。

务”变为“常规业务”，标准化的资产证券化产品将会成为资本市场上日益重要的投资品种。

5. 分离交易可转债

2006年交易所债券市场还推出了一种新型债务融资工具——分离交易可转换债。分离交易可转债是债券和股票的混合融资品种，实质上是一种附认股权证的公司债，与普通可转债的区别恰恰在于债券和期权可以分离交易。这种新型融资工具实际上赋予了上市公司一次发行、两次融资的机会。证监会在2006年出台的《上市公司证券发行管理办法》对于分离交易可转债的发行条件、发行程序、条款设定等方面做出了较为具体的规定。

2006年11月29日，“06马钢债”作为第一只分离交易可转债在上海证券交易所正式上市。此后中国石化、宝山钢铁、新钢钒、中化国际、武钢股份、民生银行等企业陆续推出了分离交易可转债。截至2012年年底，交易所债券交易市场共有分离交易可转债16只。

6. 中小企业私募债

中国中小微企业长期以来存在融资难的问题。尽管监管部门和金融机构已经为此做出了许多努力，中小微企业的融资依然存在许多难以克服的问题。为了有效拓展中小企业的融资渠道，引导资金服务实体经济发展，2012年5月23日深交所和上交所分别发布了《深交所中小企业私募债券业务试点办法》和《上交所中小企业私募债券业务试点办法》，鼓励中小企业在证券交易所市场发行中小企业私募债募集资金。与其他债务融资工具相比，中小企业私募债是以非公开方式发行，期限通常在1年（含）以上，对于发行人没有严格的净资产、盈利能力等门槛要求，发行利率通常不超过同期银行贷款基准利率的3倍。对于中小企业而言，通过私募债募集资金较为便捷高效，对于募集的资金也可以灵活地加以使用，而且融资成本也相对较低。更为重要的是，中小企业私募债的发行采取备案制而非审核制，交易所在收到私募债备案材料之后的十个工作日内必须决定是否接受备案。如果一旦接受备案，发行人就可在六个月内启动私募债的发行工作。截至2012年年底，交易所债券交易市场共有中小企业私募债87只。

（二）多层次资本市场建设稳步推进

由于中国资本市场发展历史较短，这就导致资本市场发展存在一些深层次问题和结构性矛盾，例如重视间接融资但轻视直接融资、重视股市融资但轻视债市融资。这些问题已经影响了社会资金的有效分配运用。为了有效解决上述问题，过去的十年中中国一直致力于推进多层次资本市场体系建设，主板市场得到进一步规范和发展，创业板、新三板得以推出，资本市场结构得到继续完善。

1. 主板市场的大力发展

过去十年中，中国的主板市场获得迅速发展。尤其是在2004年国务院发布《关于推进资本市场改革开放和稳定发展的若干意见》之后，越来越多在国民经济中占有重要地位的国有企业也加入到上市公司的行列，使得主板市场上的蓝筹上市公司数量大幅增加，股票市场市值也相应得以迅速增长，上市公司的筹资额度也不断增加。而在经历了股权分置改革、上市公司治理等措施之后，主板市场上市公司的治理机构得以优化、经营效益日益改善。在大型国企上市方面2007年中国石油、中国建设银行、中国交通银行、中信银行、中国远洋、中国铝业等大型国企在A股市场发行上市。2008年，中煤能源、中国铁建等6家大型国企A股成功上市。2009年中国建筑、光大证券、中国国旅、招商证券、中国船舶重工等大型企业发行上市。其中，中国石油更是成了全球市值最大的上市公司。

2. 中小企业板的设立

2004年5月17日，国务院正式批准在深圳证券交易所设立中小企业板块。5月27日，中小企业板正式启动，随后新和成等八家公司正式登陆中小板市场。经过多年的发展，中小企业板的市场规模得到显著扩大，越来越多的中小企业得以进入资本市场获得产业升级、科技创新所需资金。截止到2012年年底，中国中小企业板上市公司总数为701家，总市值达到了28804.03亿元。

中小企业板的推出对于推进多层次资本市场建设和完善资本市场体系具有重要意义。中小企业在中小企业板上市之后，不仅募集到了扩大生产经营所需的资金，而且优化了公司治理机制、提升了经营管理水平，进而为继续成长壮大创造了条件。

3. 创业板的推出

经过长期的筹备，2008年3月证监会发布《首次公开发行股票并在创业板上市管理暂行办法》征求意见稿并向社会公开征求意见。2009年3月31日证监会正式颁布了《首次公开发行并在创业板上市管理暂行办法》，随后其他涉及创业板具体运作的规范性文件也陆续颁布，创业板的制度体系基本确立。

2009年10月23日创业板正式启动之后，一大批具有创新性、成长性的战略新兴企业纷纷登陆创业板市场。证监会也发布了《关于进一步做好创业板推荐工作的指引》等文件，指导证券公司重点辅导推荐新能源、新材料、生物医药、电子信息、航空航天、节能环保等领域的企业到创业板上市。截止到2012年年底，创业板上市公司总共为355家，总市值为8731.20亿元，其中绝对多数企业所涉领域属于战略新兴产业。

同时，由于创业板上市企业相对而言规模不大，虽然具有较好的成长性和创新性，但也具有一定的风险性，证监会分别修订了《中国证券监督管理委员会发行审核委员会办法》和《证券发行上市保荐业务管理办法》，建立了适合创业板特点的保荐制度和发行审核委员会制度。同时，证监会也建立了针对创业板的市场监管体制，例如加强对创业板市场的监控，完善临时停牌制度，建立针对创业板上市公司的信息披露制度。

创业板市场主要定位于“促进自主创新企业以及其他成长型企业的发展”，能够为具有高成长性的中小企业提供融资服务，同时也为风险资本提供较为有效的退出机制。创业板的推出也使得中国在主板市场之外建立了真正意义上的二板市场，进而初步形成了由主板、创业板和场外交易市场组成的多层次资本市场体系，不同类型和不同规模的企业能够根据自身特点选择到相应市场上市融资。[①]

4. 推出“新三板”

场外市场建设也是中国多层次资本市场体系建设的重点内容。中国证监会早在2001年就建立了代办股份转让系统以便妥善解决原来STAQ、NET系统挂牌公司流通股的转让问题，此后从上海证券交易所、深圳证券交易所退市公司的股票也进入此系统进行转让。2006年开始中关村高科技园区非上市股份制企业也开始进入代办股份转让系统挂牌交易。此后，证监会在多年实践基础上对代办股份转让系统进行了完善，对投资者准入、企业挂牌条件、信息披露、股份限售、交易结算等制度细节进行了改进，为进一步发展全国统一的场外交易市场创造了良好条件。

2012年8月，非上市公司股权转让试点工作正式启动。证监会正式设立全国中小企业股份转让系统，为北京中关村、天津滨海、上海张江、武汉东湖等国家级高新技术开发区区内的非上市股份公司提供股权报价转让等服务。2012年9月全国中小企业股份转让系统有限责任公司正式成立，首批扩大试点的企业顺利实现挂牌。截止到2012年年底，共有207家公司在“新三板”正式挂牌，并有7家已经在中小板和创业板上市。

为了更好地监管非上市公众公司，证监会在2012年9月还发布了《非上市公众公司监督管理办法》，明确了非上市公众公司的范围，同时也对非上市公众公司股份的公开转让、定向转让、定向发行等方面做出了具体要求，这就意味着非上市公众公司也将获得一定程度的监管。

---

① 关于从法律视角对中国创业板较为体系化的介绍参见李讯雷：《中国创业板制度国际比较与市场发展趋势》，《商事法论集》2010年第1卷；黎四奇：《对中国创业板市场规范化发展的几点检讨与反思》，《法律科学》2010年第2期。

同时，2012 年 8 月证监会发布了《关于规范证券公司参与区域性股权交易市场的指导意见（试行）》，以加强引导区域性股权交易市场的规范发展。这一文件明确了区域性股权交易市场主要服务于市场所在地所在省级行政区域内的企业，主要功能是为区域内企业尤其是中小微企业提供股权转让、债权转让和其他融资服务。此外，证监会还鼓励证券公司积极探索建立发展柜台交易市场，中国证券业协会专门为此发布了《证券公司柜台交易业务规范》，将柜台市场定位为私募市场，证券公司可以通过这种综合平台实现交易、托管、清算、支付、融资、投资等职能。截止到 2012 年年底，海通证券、国信证券、广发证券、兴业证券、国泰君安证券、申银万国证券、中信建投证券等七家证券公司已经获得建立柜台交易市场的试点资格。

5. 交易所债券市场继续发展

在过去的十年中，中国交易所债券市场也得到了较快发展。首先，交易所债券市场增加了公司债、分离交易可转换债、资产支持证券、中小企业私募债等新品种，这就使得交易所债券市场品种体系渐趋完善。其次，由于交易所债券交易品种渐趋丰富，投资者结构逐步改善，交易所债券市场规模也明显扩大。截止到 2012 年底，交易所债券现货交易品种 1170 只，其中国债 122 只，地方政府债 3 只，企业债 554 只，可转债 23 只，可分离债 16 只，中小企业私募债 87 只，债券现货托管面值为 12456 亿元，债券现货托管市值为 11882 亿元。再次，随着《证券法》《公司法》《公司债券发行试点办法》等法律法规的修订，交易所债券市场的发行、交易、管理等制度渐趋成熟，建立完善了债券分类管理制度、债券受托人管理制度、债券持有人会议制度、信息披露制度、债券跟踪评级制度等，这些制度使得债券投资者能够得到全面保护。①

（三）证券市场参与主体规模继续扩大

1. 上市公司数量继续增多

在过去的十年中，受益于中国经济的持续稳定发展，越来越多的企业得以成长壮大并且最终加入到上市公司的行列。2002 年年初中国境内上市公司数量为 1160 家，2012 年年底上市公司数量已经增加到 2494 家，上市公司的总市值也由 2002 年年初的 43522 亿元增加到 2012 年年底的 230357 亿元，这一数值已经是当年国内生产总值的 44.36%，仅次于美国位居全球第二位。在 2494 家上

---

① 关于交易所债券市场较为全面的研究，参见中信证券股份有限公司法律事务部：《交易所公司债券市场的发展与〈证券法〉修改——以公司债发行法律制度为重点》，《证券法苑》（第五卷），第 799～816 页。

市公司中，主板上市企业为1438家，基本上涵盖了对国民经济具有重要影响的大型国有企业和重要民营企业；中小板上市企业为701家，创业板上市公司355家，中小板和创业板上市企业的总市值分别为28804.03亿元和8731.20亿元，这说明中国中小企业板和创业板上市公司在过去十年得以迅速发展壮大。

在资产规模稳步增长的同时，上市公司的治理水平不断得到提升，经营状况也得以持续改善，盈利能力日益增强。同时，上市公司也给投资者带来了较为丰厚的回报。以2012年为例，沪深两市全年实际现金分红金额为4772.28亿元。

2. 机构投资者队伍的发展

尽管中国资本市场发展历史较短，但是中国证券投资者队伍却在短时间内迅速发展壮大。在过去十年中，个人投资者的数量继续快速增长，截止到2012年年底个人投资者股票账户数已经达到22676.74万户，依然是中国资本市场的重要参与主体。但是，更值得注意的是，过去十年大力发展机构投资者已经成为中国资本市场改革和发展的重点内容，机构投资者的规模渐趋扩大、结构逐步完善。目前已经基本形成了以证券投资基金为主导，保险资金、社保基金、企业年金、合格境外机构投资者、证券公司资金等作为补充的基本格局。① 此外，证监会还在积极推动地方养老金、住房公积金等成为机构投资者。

在2004年《证券投资基金法》颁布实施之后，开放式基金产品逐渐取代封闭式基金产品成为资本市场的主流产品，基金公司管理的资产规模也显著扩大，基金行业的产品创新也得以快速推进。截止到2012年年底，中国共有基金管理公司77家，管理证券投资基金1173只，基金资产净值总额为2.87万亿元。

此外，2002年中国保监会和中国证监会批准保险机构进入A股股票市场；2003年7月实施的《全国社会保障基金投资管理暂行办法》和《全国社会保障基金境外投资管理暂行规定》允许社保基金通过资本市场实现增值保值；2004年5月1日实施的《企业年金试行办法》和《企业年金基金管理试行办法》使得企业年金可以市场化运作。上述规定使得保险资金、社保基金、企业年金逐步发展成为中国资本市场上重要的机构投资者。

（四）资本市场国际化进程加快

1. 境内企业境外上市

2002年以来，为了更好地利用境外资本市场进行融资，越来越多的中国企

---

① 对于发展机构投资者对于提升上市公司治理水平的积极意义，理论界已有较为深入的研究。简单的文献综述参见伊志宏、李艳丽：《机构投资者的公司治理角色：一个文献综述》，《管理评论》2013年第5期。

业纷纷选择分赴境外上市。这些企业多选择美国、新加坡、中国香港、伦敦等地的交易所进行上市，其中一些大型的商业银行、保险公司、建筑企业、能源企业均选择了香港作为上市地点。截止到2012年年底，中国共有179家境内股份有限公司分赴境外选择上市，筹集资金1906.59亿美元，其中在香港交易所主板上市148家（含香港、纽约同时上市10家，香港、伦敦同时上市4家，香港、纽约、伦敦同时上市1家），在香港交易所创业板上市28家。①

对于这些公司而言，境外上市有利于其拓展融资渠道进而获得成本较低的融资，同时境外资本市场对于上市公司的约束机制有助于其改善治理机制、提升经营效率。②

特别值得关注的是，2012年12月20日证监会发布了《关于股份有限公司境外发行股票和上市申报文件及审核程序的监管指引》，简化了境外上市的申请审核程序，完全取消了境外上市企业在规模、盈利、融资额度等方面的限制。这些措施的出台将更有利于境内企业在境外市场上市融资。

2. QFII 制度和 QDII 制度

为了推进中国资本市场对外开放程度，过去十年中国先后推出了“合格境外机构投资者制度”（QFII）和“合格境内机构投资者制度”（QDII）。

2002年11月，证监会和人民银行联合发布的《合格境外机构投资者境内证券投资管理暂行办法》允许境外资本以QFII形式在特定限制条件下投资境内证券市场。在QFII经过几年试点工作之后，2006年8月《合格境外机构投资者境内证券投资管理办法》正式发布，并且针对试点运行情况完善了QFII制度。2009年国家外汇管理局发布的《合格境外机构投资者境内证券投资外汇管理规定》则对QFII资金运用事项做出了更为详尽的规定。截止到2012年年底，共有207家境外机构获得QFII资格，总共获批投资额度为374.43亿美元，QFII总资产为3305亿元，其中证券资产3011.2亿元，QFII持股市值约占中国A股流通市值的1.4%。QFII制度推动了中国资本市场的国际化水平，使得中国资本市场对于境外机构投资者的吸引力不断增强，也为中国监管跨境证券投资和跨境资本流动积累了丰富的经验。

同时，为了支持资本跨境双向流动和推动实施金融机构走出去战略，中国证监会在2007年6月颁布了《合格境内机构投资者境外证券投资管理试行办

① 参见前引《中国证券监督管理委员会年报（2012）》，第39页。

② 对于这方面的积极影响，学者已经通过实证研究加以证实。参见王化成、李志杰、孙健：《境外上市背景下治理机制对公司价值的影响——基于融资决策传导效应的研究》，《会计研究》2008年第7期。

法》，正式确认境内金融机构开展 QDII 投资试点。实际上，2006 年 8 月“华安国际配置基金”作为第一只 QDII 基金已经推出并且受到广泛关注。在目前人民币资本项目尚未完全自由兑换的条件下，QDII 的实施促进了跨境资本的有效双向流动，为中国改善国际收支平衡、缓解外汇储备增长压力做出了贡献；同时，QDII 制度也使得中国投资者能够深入参与国际资本市场、优化资本配置结构，并且对国内金融机构国际化水平的提升有所助益。①

（五）中介服务机构：加强监管治理

在过去的十年中，证券公司、基金公司、会计师事务所、律师事务所等中介服务机构也得到迅速发展，管理机制日益规范，服务质量显著提升。

1. 证券公司

截至 2012 年底，中国境内共有证券公司 114 家，总资产 17159 亿元，净资产 6943 亿元，净资本 4971 亿元。除了开展传统的证券经纪、承销保荐、资产管理、投资咨询、财务顾问等业务之外，近年来证监会还出台了一系列文件鼓励证券公司开展创新业务。例如，2006 年 6 月出台的《证券公司融资融券业务试点管理办法》准许部分证券公司开展融资融券业务；2009 年 4 月出台的《证券公司直接投资业务试点指引》鼓励证券公司设立子公司开展直接投资业务；2012 年 5 月，证监会发布了《关于推进证券公司改革开放、创新发展的思路与措施》，明确了证券公司创新发展的基本方向，为证券公司开展创新业务奠定了基础。同时，证监会修订了《证券公司客户资产管理业务管理办法》以及相关配套规则，在很大程度上推动了券商资产管理业务的发展。截止到 2012 年年底，证券公司资产管理规模已经达到 1.89 万亿元。

在过去十年间，证监会也加强了对证券公司的管理，出台了一系列的监管措施。例如在 2004 年 8 月至 2007 年 8 月证监会组织开展了对证券公司的综合治理工作。为了推动证券公司规范经营，证监会确立完善了多项监管制度，具体包括以风险管理能力为基础的分类监管制度、以净资本为核心的风险预警和监管制度、以自我约束为主导的内部合规管理制度、以公开透明为标准的信息披露制度、以第三方存管为代表的客户资产安全监管制度、以适当性服务为重点的投资者保护制度、以风险可控为原则的创新监管制度等。②

---

① 也有学者认为当下 QDII 制度并非十分完善，依然存在一些重大缺陷，例如在合格境内机构认定、投资证券的界定、监管体系的调整、监管的国际合作等方面均需完善相应规则。参见黎四奇：《QDII 制度与中国证券监管新问题的法律分析》，《法律科学》2008 年第 1 期。

② 参见中国证券监督管理委员会编：《中国资本市场二十年》，中信出版社 2012 年版，第 157~159 页。

在证券公司综合治理方面，为了集中处理证券公司随意挪用客户交易结算资金、违规理财、大股东和关联方占用资金等违法违规现象，2004 年开始证监会根据国务院的统一部署开展了为期三年的证券公司综合治理工作。

这次综合治理处理了一批风险暴露或严重违规的证券公司，并且依法追究了相关人员的法律责任；证监会将证券公司划分为 A、B、C、D 四类，鼓励 A 类创新类证券公司和 B 类规范类证券公司继续开展业务，而将 C 类高风险类证券公司和 D 类处置类证券公司作为重点治理对象；同时，为了规范证券公司的运营，建立完善了一系列制度（如以净资本为核心的风险监控和预警制度、客户交易结算资金第三方存管公示制度）。特别值得一提的是，为了更好地保护投资者权益，证监会还组建了中国证券投资者保护基金有限责任公司。

经过此次集中治理，证券公司的违规经营问题基本上得到解决，合规管理制度和风险控制制度得到进一步的完善，证券公司的经营管理也逐步迈入正常轨道。①

2. 会计机构

2004 年 5 月，经过长期酝酿之后，国务院取消了注册会计师执行证券业务许可资格。但是为了更好规范证券业务会计业务，证监会、财政部联合下发了《关于会计师事务所从事证券期货相关业务有关问题的通知》，在一定程度上提高了证券会计业务资格的准入门槛，证券市场会计业务开始向大中型会计师事务所集中。同时，证监会还在 2005 年制定了《会计师事务所与资产评估机构证券期货相关业务监管责任制》，正式在会计师事务所和资产评估机构监管业务中实施会计监管辖区责任制。这一制度明确了监管机关的具体职能分工，引导了“上市公司年报审计监管”等工作的开展，提高了会计师事务所相应业务的规范性，促进了监管机关监管水平的改善。

为了加强对会计师事务所的监管，证监会开展了多次针对会计师事务所的专项检查工作，有力地促进了会计师事务所强化内部管理、增强风险意识、提高执业质量。

3. 法律机构

随着资本市场的快速发展，证券法律服务行业也是得以迅速成长。特别值得一提的是，2002 年 12 月证监会联合司法部取消了律师事务所和律师从事证券法律业务的资格审批。在此背景下，律师提供的法律服务基本拓展到了资本市

---

① 刘钊、杨新英：《稳步推进证券公司综合治理——访中国证监会机构监管部负责人》，《中国金融》2006 年第 12 期。

场的各个方面，但是相应服务的专业性要求也逐渐提高。① 与证券业务会计服务一样，证券市场法律服务也逐渐集中于大中型律师事务所，这在过去十年证券法律服务市场的发展历程中体现得尤为明显。具体而言，在 IPO 律师业务领域中，国内大型律所已经基本形成两个梯队，其中第一梯队包括中伦、金杜、国浩、国枫凯文等律师事务所，第二梯队包括通商、大成、君合、君泽君、竞天公诚律师事务所等。

在取消证券法律业务资格审批之后，为了加强证券法律业务监管，督促律师事务所及律师勤勉尽责，提高证券法律服务水平，充分发挥证券法律服务的作用，2007 年证监会颁布了《律师事务所从事证券法律业务管理办法》。该文件规定了一系列的监督管理措施：一是要求律师、律师事务所在向委托人出具法律意见书时，应当根据规定同时提交其已从事证券法律业务的有关情况；二是对律师出具文件的真实性、准确性和完整性有疑义的，证券监管机构可以要求经办律师做出解释、补充或者调阅其工作底稿；三是对没有按照规定出具法律意见、编制核查和验证计划等情形的，可以采取责令改正、监管谈话、出具警示函等措施；四是对未按照规定接受监管谈话的，或者未按照要求改正所存在问题的，可以责令限期整改。此外，该办法还对追究律师事务所和律师的责任作出了具体规定。

遗憾的是，部分律师事务所在提供证券法律服务时并未很好地履行尽职调查责任，提供的法律意见书存在或多或少的问题，在一定程度上成了不良企业欺诈上市的“帮凶”。2013 年证监会对于竞天公诚律师事务所、大成律师事务所未能履行尽职责任的行为开具了罚单，同时通商律师事务所、竞天公诚律师事务所因为尽职调查过程中的疏忽和失职被美林证券等 11 家金融机构起诉，索赔金额高达数亿元。② 因此，如何加强对证券律师的监管进而使其更好发挥“看门人”功能，也成了理论界和实务界热议的话题。③

二、十年间证券市场法治的发展原因剖析

上文已经提及，过去十年中国资本市场能够得以迅速发展并非偶然的，而是存在多方面的原因：资本市场的快速发展本身就和过去十年中国经济的高速

---

① 当时有学者认为这种放松资格管制并不能导致证券法律服务市场的自由竞争，相反可能导致“劣币驱除良币”的恶性循环，因为证监会在代替市场筛选合格上市企业，律师事务所的证券法律服务并不能有效发挥其价值。参见彭冰：《证券律师，何去何从》，《证券法苑》第 62 辑。

② 王涌：《证券律师业堕落开始》，《财新新世纪》2013 年第 41 期。

③ 参见郭雳：《中国证券律师业的职责与前景》，《证券法苑》（第七卷），第 208～229 页；郭雳：《证券律师的职责规范与业务拓展》，《证券市场导报》，2011 年第 4 期。

发展相辅相成；党中央、国务院高瞻远瞩的及时出台引导政策，为资本市场的改革和发展指明了方向；证券法制的修订完善则为资本市场的深化发展典型了规范基础；股权分置改革、发行体制改革、加强公司治理、强化诚信建设等改革措施进一步扫除了资本市场发展的制度性障碍；强化行政监管执法、完善司法诉讼赔偿等措施有效惩治资本市场违法违规行为，促使资本市场得以规范运作，也有效保护了投资者的合法权益。这些因素的存在共同促使了过去十年资本市场的快速发展，因而有必要对于这些原因加以展开分析。

（一）政府政策引导

中国资本市场的发展起步较晚、历史较短，而且恰好处于从计划经济向市场经济的转轨过程之中，因此面临着更多深层次的难题和结构性的矛盾。在此过程中，政府的引导和监管对于资本市场的健康发展就变得非常重要：一方面可以确定资本市场的改革方向，一方面能够解决资本市场的固有问题。在过去的十年间，党中央、国务院对于资本市场的发展非常重视，不仅在一些重要报告中阐述了资本市场的发展战略①，而且制定了一些专门用于引导资本市场健康有序发展的重要文件。

在众多的政府指导文件中，特别值得一提的是2004年1月31日国务院发布的《关于推进资本市场改革开放和稳定发展的若干意见》。这一文件将发展资本市场提升到了国家战略任务的高度，并且相应提出了九个方面的纲领性意见，为随后资本市场的改革和发展奠定了良好的基础。

《关于推进资本市场改革开放和稳定发展的若干意见》是中国政府首次就资本市场发展做出全面阐述，对于发展资本市场的作用、方向、措施等做出了整体安排，对于中国资本市场的改革和发展具有深远的历史影响。

《关于推进资本市场改革开放和稳定发展的若干意见》主要内容有以下方面。

一是充分认识大力发展资本市场的重要意义。大力发展资本市场有利于完善社会主义市场经济体制，有利于国有经济的结构调整和战略性改组，有利于加快非国有经济发展，有利于提高直接融资比例、完善金融市场结构、提高金融市场效率。

二是推进资本市场改革开放和稳定发展的指导思想和任务。以扩大直接融资、完善现代市场体系、更大程度地发挥市场在资源配置中的基础性作用为目

① 例如，中国共产党的十六大报告和十七大报告中均就“资本市场的改革开放和稳定发展”做出了战略性安排。

标，建设透明高效、结构合理、机制健全、功能完善、运行安全的资本市场。

三是进一步完善相关政策，促进资本市场稳定发展。资本市场的稳定发展需要相应的政策支持和引导，具体包括完善证券发行上市核准制度、重视资本市场的投资回报、鼓励合规资金入市、拓宽证券公司融资渠道、积极稳妥解决股权分置问题、完善资本市场税收政策。

四是健全资本市场体系，丰富证券投资品种。要建立多层次股票市场体系，积极稳妥发展债券市场，逐步发展期货市场，建立以市场为主导的品种创新机制。

五是进一步提高上市公司质量，推进上市公司规范运作。提高上市公司质量需要规范上市公司运作，完善上市公司法人治理结构，完善市场退出机制。

六是促进资本市场中介服务机构规范发展，提高执业水平。把证券、期货公司建设成为具有竞争力的现代金融企业。加强对其他中介机构的管理。

七是加强法制和诚信建设，提高资本市场管理水平。健全资本市场法规体系，加强诚信建设。推进依法行政，加强资本市场监管。发挥行业自律和舆论监督作用。

八是加强协调配合，防范和化解市场风险。营造良好的资本市场发展环境，共同防范和化解市场风险，严厉打击证券期货市场违法活动。

九是认真总结经验，积极稳妥地推进对外开放。严格履行加入世贸组织关于证券服务业对外开放的承诺，积极利用境外资本市场，加强国际交流与合作。

（二）证券法律修订

资本市场的健康发展总是需要成熟的证券法制加以支撑。没有完善的证券法律制度，资本市场的发展就可能遇到各种问题。然而，证券法制的完善并非“一蹴而就”的，而是需要根据资本市场的发展变化不断修改调整，监管执法的反思、司法经验的总结、学理批判的深入等也是证券法制能够得以不断完善的条件。

过去十年，证券法律制度得到进一步修订完善，其中2005年《证券法》《公司法》的修改标志着中国证券市场法制建设逐渐迈入成熟阶段。2005年10月27日，十届全国人大常委会第十八次会议审议通过了《证券法》《公司法》的修订案。这次法律修订总结了多年来《证券法》《公司法》的实践经验，依据资本市场发展规律对于证券法、公司法做出了大幅修订，为资本市场的健康发展做出了长远性的、全局性的制度安排。

2005年《证券法》修订的意义和内容有以下方面：①

1. 修订后的《证券法》为推进证券市场的创新发展方面留下了足够的法律

① 许志峰、杜文娟：《新〈证券法〉：新在哪儿》，《人民日报》2005年10月31日。

空间。扩大了《证券法》的调整范围，明确授权国务院制定证券衍生品种发行、交易的管理办法。将证券衍生品种正式纳入《证券法》的调整范围；在维持分业经营、分业管理的基本格局下，为证券业、银行业、信托业、保险业综合经营留下了相应的法律空间；在坚持现货交易的基础上，授权国务院规定现货交易以外的交易方式；为证券公司开展融资融券业务提供法律依据；明确规定拓宽资金入市渠道，为各类合法资金进入证券市场提供了法律依据。

2. 进一步完善了证券公司规范运行和监督管理制度。加强市场准入管理，从源头上防范和控制风险；通过多种制度安排将保证客户资产安全放在突出的地位；补充日常监管和风险处置的手段，为及时防范和处置风险提供了制度保障。

3. 补充和完善证券违法行为民事法律责任制度。确立证券投资者保护基金制度；增加了内幕交易、操纵市场、欺诈客户等行为的民事赔偿责任制度；完善了证券发行人、保荐机构、承销机构欺诈发行活动的民事责任制度，建立了严格责任制度。

4. 加大对证券违法行为的处罚力度，提高证券监管的权威和效率。丰富了监管机构的执法手段和监管措施；完善了行政处罚制度。

为了更好地落实修订后的《证券法》，与《证券法》相关的配套法规和规章也得到了全面的修订。例如，全国人大通过《刑法修正案（六）》，明确了资本市场参与主体严重违法行为的刑事责任，同时也加大了对市场操纵行为的惩罚力度。此外，证监会也陆续颁布了《首次公开发行股票并上市管理办法》《上市公司证券发行管理办法》《发行审核委员会办法》《上市公司收购管理办法》《证券登记结算管理办法》《证券公司董事、监事和高级管理人员任职资格管理办法》《证券市场禁入规定》等规章、文件，进一步完善了证券法的配套制度，使得资本市场的发展得到更好的规范。

（三）重大制度改革

1. 股权分置改革

在中国资本市场起步发展初期，由于对于国有企业如何利用资本市场充满争议，因此当时上市国有企业的全部股份被区分为两类：一类不能在证券交易所挂牌流通，只能通过协议方式进行转让；一类可在证券交易所挂牌交易，主要由社会公众认购并持有。这种制度安排即是所谓的“股权分置”，尽管存在诸多弊端，但在当时特殊历史背景之下却有其合理性。然而，随着资本市场的深化发展，股权分置制度的消极影响也日益显现：首先，流通股和非流通股的价格并不相同，这就导致资本市场定价机制严重扭曲，股票二级市场价格并不能反映上市公司的真实价值；其次，流通股股东和非流通股股东缺乏共同的利益基础，公司股价难以对大股东、管理层形成约束和激励，公司的治理机制和经营效率难以得到有效提升；再次，股权分置制度导致难以发展各类以统一现货价格为基础的衍生品，也影响了资本市场的国际化进程。①

为了充分解决股权分置问题，按照《国务院关于推进资本市场改革开放和稳定发展的若干意见》，2005 年 4 月 29 日中国证监会正式发布《关于上市公司股权分置改革试点有关问题的通知》，进而启动了股权分置改革试点工作。随后三一重工、金牛能源、紫江企业、清华同方等 46 家上市公司股权分置改革试点工作取得圆满成功。在此基础上，证监会在 2005 年 8 月份又继续发布了《关于上市公司股权分置改革的指导意见》和《上市公司股权分置改革管理办法》，股权分置改革进入全面推进阶段。

股权分置改革并没有采用行政指令的方式加以推行，而是由非流通股股东和流通股股东之间进行协商，依据双方的协商结果由非流通股股东向流通股股东补偿因为非流通股上市流通而给后者带来的损失。②

下面将以三一重工、紫江企业、清华同方的股权分置改革方案为例，介绍股权分置改革。

三一重工非流通股东向流通股股东支付了 2100 万股公司股票和 4800 万元现金，如果股票部分按照每股 16.95 元的市价（方案公布前最后一个交易日 2005 年 4 月 29 日收盘价）计算，则非流通股股东支付的流通权对价总价达到了 40395 万元。按照非流通股股东送股之后剩余的 15900 万股计算，非流通股为获得流通权，每股支付了约 2.54 元的对价。

紫江企业非流通股东向流通股股东支付 17899 万股公司股票，相当于流通股股东每 10 股获送 3 股，以市价每股 2.78 元计，流通权对价价值约为 49759 万元，按照非流通股股东送股后剩余的 66112.02 万股计算，相当于非流通股每股支付了 0.75 元的对价。

清华同方流通股股东每 10 股获转增 10 股，非流通股东以放弃本次转增权利为对价换取流通权。虽然非流通股东表面上没有付出股票或现金，但由于其在公司占有股权比例的下降，以股权稀释的角度考虑，非流通股股东实际支付了

---

① 参见吴晓求：《股权分置改革的若干理论问题——兼论全流通条件下中国资本市场的若干新变化》，《财贸经济》2006 年第 2 期；吴晓求：《资本市场和现代金融体系——兼谈股权分置改革问题》，《中南财经政法大学学报》2006 年第 2 期等。

② 值得注意的是，学者对于如何从理论视角解释股权分置改革尤其是非流通股股东对流通股股东的补偿则是充满争议，对此较有代表性的学说包括契约说、行政征收说、行政授予学说等。这些理论学说针对“非流通股流通权的产生”“非流通股对流通股的补偿”等问题展开了深入的讨论。参见王文宇、陈建霖：《股权分置改革中的行政授予与补偿协商：公法与私法的融合》，《北大法律评论》2007 年第 8 卷第 1 辑。

价值5.04亿元净资产的股权给流通股东。

经过此种改革之后，上市公司两类股份、两种价格、两个市场的局面逐渐退出历史舞台，消除了股权分置这一股票市场中最大的不确定因素。所有股票均可流通，股票市场全面流通格局得以确立，股票价格完全按照市场机制加以定价，股票二级市场价格也能真实反映上市公司价值；股权分置改革为融资融券、股指期货等金融产品创新奠定了基础，也为随后开展的新股发行体制改革和企业并购重组改革创造了条件。更为重要的是，股权分置改革使得中国资本市场能够真正按照市场规律配置资源，而且在基础制度层面也和其他国家和地区的资本市场没有太大差别，这对随后资本市场的快速发展起到了重要推动作用。①

2. 发行体制改革

（1）从审批制到核准制

由于中国资本市场是在计划经济向市场经济转轨的过程中发展起来的，相应的证券发行体制在其发展早期也带有较为浓厚的行政色彩。在1997年之前，对于企业上市和股票发行采取"总量控制"原则，由国务院确定年度总体发行额度计划并下达给地方政府和有关部委，地方政府和有关部委对于申请上市企业进行筛选推荐并最终由证监会进行复审。在1997年至2000年，股票发行在"总量控制"的基础上增加了"家数控制"的要求，也即对地方政府和有关部委报送的企业家数加以限制。②

2000年3月16日，证监会发布了《关于发布〈中国证监会股票发行核准程序〉的通知》，此后证券发行从"审批制"开始向"核准制"转变。2001年3月17日，中国股票发行核准制正式启动，即由公司提出发行申请，保荐机构对之加以辅导并向证监会推荐，经过证监会合规性初审之后再提交发行审核委员会审核，最终经过证监会核准后发行。证券发行采取核准制之后减少了政府不当行政干预，强调了发行企业的信息披露责任，强化了中介机构的保荐责任，突出了对证券市场参与各方的行为约束，使得企业发行上市渐趋规范化、市场化。

股票发行"核准制"相对于"审批制"具有以下几个特点：由券商而非政府推荐拟上市企业；股票发行规模由发行人根据企业发展需要决定而非由政府依据行政指令加以确定；股票发行审核强化信息披露和合规审核，企业能否上

---

① 张育军：《后股权分置时代监管、创新与市场发展》，《证券市场导报》2006年7月号。

② 参见苏玉静：《中国股票发行审核制度变迁研究》，《中国证券期货》2012年第5期；柯湘：《交易费用视角下中国股票公开发行审核体制的演进》，《现代经济探讨》2008年第4期。

市由发行审核委员会独立审查；股票发行定价由发行人和主承销商协商，发行定价反映公司价值；至于股票发行方式提倡和鼓励发行人和主承销商进行自主创新。①

（2）保荐制度改革

为了进一步明确证券公司的保荐职责，证监会于2003年颁布《证券发行上市保荐制度暂行办法》，正式推出了证券发行上市保荐制度。2005年《证券法》的修订也将保荐制度作为重点内容。经过多年实践之后，2008年证监会公布了修订的《证券发行上市保荐业务管理办法》，对于保荐制度进行了补充完善。2009年和2012年保荐制度的具体规则得到进一步修订，分别“加强了保荐机构及其保荐代表人对创业板发行上市的责任”和“取消了保荐代表人注册行政审批制度”②。

证券发行保荐上市制度要求保荐机构和保荐代表人负责发行人证券发行上市的推荐工作和辅导工作，同时必须通过尽职调查核实公司发行文件资料的真实性、准确性、完整性，进而督促发行人按照法律规定进行信息披露。通常来说，保荐制度包括以下几个方面：公司发行股票或债券必须由保荐机构推荐，并由具有保荐代表人资格的从业人员负责具体工作，证监会或者证券交易所只接受由保荐机构推荐的发行上市申请文件；保荐机构及保荐代表人需要进行尽职调查，对证券发行主体的申请文件和信息资料进行审慎核查，并且需要对相关文件的真实性、准确性、完整性承担连带责任；保荐机构对上市公司需要尽到一定期间的持续督导义务，对于督导期间发生的不规范行为承担责任；保荐机构应当完善内部管理制度、内部控制制度、工作底稿制度，证监会对于保荐机构及其保荐代表人进行持续监管。

证券发行上市保荐制度的实施使得作为保荐机构的证券公司需要承担更多职责，要求它们在推荐和辅导企业时必须尽职负责，真正发挥市场对发行人质量的约束作用，确保股票发行企业各方面均符合法律条件，进而保障上市公司质量，提高资本市场效率。③

---

① 高勇：《股票发行核准制与市场化、国际化》，《经济体制改革》，2001年第3期。

② 当然，中国证券法引入的保荐制度在实践运行中也存在很多问题，理论界和实务界对此也是多有反思批判。参见伏军、程向梅：《中国证券保荐制度的外部制约与完善》，《河北法学》2006年第12期；伏军：《中国证券市场转轨时期保荐制度研究》，《西南政法大学学报》2006年第5期；刘运宏：《保荐制度的借鉴、问题与完善 >，《法学杂志》2007年第6期。

③ 中国证监会：《深化发行制度改革的重要举措——中国证监会实施证券发行上市保荐制度》，http：//www. csrc. gov. cn/pub/newsite/fxb/gzdt/200701/t20070108_ 69302. htm（访问时间2013年11月25日）。

（3）发审委制度

发行审核委员会制度在1999年即已确立，但由于初期运作时存在名单保密、无记名投票、运作不透明等弊端，2003年证监会发布的《股票发行审核委员会暂行办法》对发审委制度作出了重大改革以期提高工作效率、改进工作质量。经过此次改革之后，发审委委员人数从80人缩减为25人，其中13人为专职委员，12人为兼职委员；投票方式由无记名改为记名投票，强化了委员的审核责任；在发审会之前证监会公布审核信息，在发审会之后公布审核结果。2005年《证券法》修订之后，证监会于2006年颁布了新的《股票发行审核委员会办法》。2009年5月，针对创业板上市企业在发行条件、持续监管、信息披露等方面的特殊情况，证监会设立了单独的创业板发行审核委员会，委员共计35名，其中证监会以外的委员选拔充分吸纳了对于高科技、创新型行业和企业较为熟悉的行业专家和管理专家。

通过不断的改革，发审委制度的运作渐趋透明，发审委委员的审核职责也得到更好的发挥和保障。尽管对发审委制度存在较多争议①，然而不可否认的是，过去十年发审委制度充分发挥了筛选优质企业上市的功能，从源头上提高了上市公司质量，保证了股票发行审核工作对公开、公平、公正等原则的贯彻，提高了股票发行审核工作的透明度，确保了证券发行“核准制”的贯彻落实。

（4）询价制度改革

在证券发行上市渐趋市场化的同时，A股市场IPO定价方式也逐步实现了向市场化定价的转变。2005年1月开始，A股IPO已经开始试行询价制度。2006年9月证监会正式发布《证券发行与承销管理办法》，对于IPO询价制度的具体实施进行了进一步的规定。此后，证监会分别在2010年10月和2012年5月对询价制度进行了修订，基本上确立了较为市场化的IPO定价机制。

经过询价制度改革之后，既可以由发行人和主承销商通过自主协商等合法方式确定发行价格，也可通过向询价对象询价的方式确定股票发行价格。如果采用询价方式确定首次公开发行股票价格的，发行人和主承销商可以依据初步询价结果确定发行价格，也可借助初步询价确定发行价格区间，在发行价格区间之内通过累计投标询价确定发行价格。当然，为了有效规制新股发行过程中的“三高问题”，IPO询价制度的实施规则也日益细化，例如2012年证监会发布的《关于进一步深化新股发行体制改革的指导意见》就确立了“25%规则”、增

① 参见伏军、吴敏：《对中国发审委制度改革的反思——以〈证券发行上市保荐制度暂行办法〉为中心》，《金融法苑》2003年第7期；时晋、曾斌、吴锦宇：《中国大陆发审委的法经济学反思》，《2012年度（第十届）中国法经济学论坛论文集》。

加存量发行、引入个人投资者询价、取消网下配售锁定期等制度，以期有效抑制超高市盈率发行和资金超募现象。①

3. 上市公司治理

上市公司是资本市场的关键参与主体，上市公司的整体质量在一定程度上体现了资本市场的发展水平。为了充分提高上市公司的质量，国务院于2004年1月出台的《关于推进资本市场改革开放和稳定发展的若干意见》提出要“进一步提高上市公司质量，推进上市公司规范运作。”在此之后，证监会陆续出台了一系列具体措施以提高上市公司治理水平、促进上市公司规范运作。

（1）加强公司治理。证监会陆续颁布了《上市公司章程指引》《上市公司治理准则》《关于在上市公司建立独立董事制度的指导意见》等规章，使得上市公司治理制度体系基本确立。同时，为了使得上述规章确立的治理制度能够落到实处，从2007年到2009年在证监会的要求下全体上市公司开展了为期三年的“加强上市公司治理专项活动”，以期达到“上市公司独立性显著增强，日常运作的规范程度明显改善，透明度明显提高，投资者和公众对上市公司的治理水平广泛认同”等具体目标。经过“公司自查”“公众评议”“整改提高”三个阶段之后，上市公司发现各类治理问题10795个，整改各类问题10645个，上市公司治理机制得以显著完善。

（2）强化信息披露。在上市公司的监管从“行政审批”向“信息披露”过渡之后，证监会加强了对上市公司信息披露的规范以提高上市公司的透明度。2007年1月30日证监会发布了《上市公司信息披露管理办法》，对包括上市公司在内的信息披露义务人的信息披露行为作出了详尽的规范。此后，证监会还陆续修订了《上市公司年度报告准则》《上市公司半年度报告准则》《股份变动报告准则》等一系列文件，进一步完善了证券市场信息披露规范体系。特别值得一提的是，为了更好地打击内幕交易和市场操纵行为，2007年证监会颁布的《关于规范上市公司信息披露及相关各方行为的通知》，第一次提出信息披露前股价异动上市公司负有“自我举证”责任。针对股价异动澄清公告“澄而不清”的问题，明确要求如果公司在澄清公告中披露不存在重大事项的，应同时承诺一定期限内不再筹划同一事项。

（3）完善股权激励。从2005年开始证监会陆续发布了《上市公司股权激励管理办法》《关于上市公司股权激励备案工作有关问题的通知》《股权激励有关事项备忘录1－3号》等文件，对于上市公司实施股权激励制度作出了较为详尽的

---

① 2012年洛阳钼业事件却说明这种改革本意虽好，但是具体执行过程中可能出现相反效果。参见缪因知：《从洛阳钼业事件看询价制度改革》，《法学》2013年第2期。

规定。例如，股权激励的方式主要限定为限制性股票和股票期权，股权激励的实施必须严格按照程序进行同时必须进行信息披露，股权激励方案必须到证监会备案。这些措施的出台使得上市公司股权激励制度的实施有章可循，使得上市公司治理机制趋于完善，对于上市公司的规范运作和稳定发展具有积极意义。①

（4）处理公司“清欠”。在中国证券市场发展初期，控股股东及其他关联方占用上市公司资金的问题一直较为严重。为了彻底处理这一问题，证监会于2006年出台了一系列的严格措施全面清理“清欠”问题。在此过程中，既出台了《关于进一步加快清欠工作的通知》《关于进一步做好清理大股东占用上市公司资金工作的通知》等规范性文件，又采用了“以股抵债”等试点办法，还加大了资金占用方法律责任追究力度。通过综合运用上述措施，控制股东或实际控制人违规占用上市公司资金的问题基本得到解决。②

4. 强化诚信建设

诚实信用是私法的基本原则之一，也是资本市场健康发展的道德基础。通常而言，发达的资本市场体系必然伴随有完善的信用体系和良好的诚信水平，资本市场参与主体能够按照诚信原则的要求从事各项活动，任何违反诚信原则的行为均将受到严惩。③ 2004年国务院《关于推进资本市场改革开放和稳定发展的若干意见》就已明确指出“要按照健全现代市场经济信用体系的要求，制定资本市场诚信准则，维护诚信秩序，对严重违法违规、严重失信的机构和个人坚决实施市场禁入措施。”与之相适应，证监会在2006年也发布了《中国证券期货市场诚信建设实施纲要》，对于资本市场如何进行诚信建设作出了明确部署，随即还成立了“诚信建设领导小组”，着力推进资本市场诚信建设。

推进诚信制度建设的一大举措便是资本市场诚信档案制度的推出。证监会推出的诚信档案数据系统旨在记录资本市场各类参与主体的违法违规和重大失信行为，这一系统最终于2008年正式运行。它收录了1998年以来资本市场各类主体的违法违规和重大失信行为信息，包括行政处罚、市场禁入、监管措施、纪律处分、立案调查、刑事侦查、民事赔偿等内容。经过多年的运行，这一系统已经广泛收集记录了各类主体违反诚信原则的信息，客观上反映了资本市场各类主体的基本诚信状况，有利于督促这些主体遵纪守法、诚信经营。

---

① 在股权激励机制实施初期，学者对于股权激励实践落实提出了具体建议。参见叶林：《对症下药完善控制股东股权激励机制》，《中国证券报》2005年9月6日。

② 对于上市公司清欠工作的一个简单评论，参见黄韬：《上市公司清欠：要打持久战》，《法人杂志》2007年第21期。

③ 对于证券市场诚信机制的深入论述，参见陈甦、陈洁：《证券市场诚信机制的运行逻辑与制度建构》，《证券法苑（第七卷）》，法律出版社2012年版。

5. 完善重组并购制度

随着资本市场的发展和产业升级的加速，上市公司的并购重组也得到了较快发展，这在过去十年中国资本市场的发展历程中体现得尤为明显。为了更好地引导上市公司的并购重组，证监会出台了一系列的措施完善重组并购制度。

2002 年证监会颁布的《上市公司收购管理办法》以保护中小投资者合法权益作为核心，强化了重组并购的信息披露和备案审批，要求控制权转让超过 30% 的必须实行强制性全面要约收购制度。但是，强制性全面要约收购制度并未真正发挥充分保护中小股东的作用。

2006 年证监会颁布了修订的《上市公司收购管理办法》，对上市公司收购制度作出了重大调整，规定"在收购人持股比例超过 30% 拟继续增持之时，自行采取全部或部分要约收购方式"。同时，修订后的《上市公司收购管理办法》对于上市公司收购规则进行了进一步的细化，规定了收购人的资格条件，调整了监管方式，突出了财务顾问尽职调查和持续督导的职责。

此外，在股权分置改革逐步完成之后，上市公司并购重组市场发展迅速。2008 年证监会发布了《上市公司重大资产重组管理办法》对上市公司重大资产重组的构成要件、基本原则、实施程序、信息披露、主体职责等方面进行了规范，完善了上市公司重组规则。2010 年证监会在推进并购重组市场化工作过程中，已经将规范借壳上市作为重点工作之一。2011 年证监会发布的《关于修改上市公司重大资产重组与配套融资相关规定的决定》则对借壳上市行为进一步加强了规范和引导。

特别值得注意的是，2013 年 11 月 30 日下午，证监会发布了《关于在借壳上市审核中严格执行首次公开发行股票上市标准的通知》，明确提出将借壳标准由"趋同"于 IPO 标准提升到"等同"于 IPO 标准，并且明令禁止创业板公司借壳。换言之，借壳上市将不再以《上市公司重大资产重组管理办法》及其相关说明为标准，而是将以《首次公开发行股票并上市管理办法》为审核标准。①

6. 投资者保护制度的完善

保护证券投资者始终是证券法治的核心任务。在过去十年中，中国证券投资者保护制度得到了进一步的发展和完善。

在立法层面，2005 年经过修订的《证券法》和《公司法》进一步加强了证券投资者的保护力度，具体措施包括强化对上市公司的监管、重视对证券公司的监控、确立对投资者的损害赔偿制度，尤其是确立了证券投资者保护基金制

---

① 参见李光磊：《证监会：借壳上市条件与 IPO 标准等同》，《金融时报》2013 年 12 月 2 日。

度，对证券投资者合法权益的保护提供了制度保障。

在司法层面，最高人民法院分别通过了《关于受理证券市场因虚假陈述引发的民事侵权纠纷案件有关问题的通知》《关于审理证券市场因虚假称述引发的民事赔偿案件的若干规定》等司法解释，完善了证券投资者权益保护的民事诉讼制度。此外，各级人民法院还审理了一系列证券民事诉讼赔偿案件，切实有效地保护了证券投资者的合法权益。

特别值得一提的是，2005 年 6 月 30 日《证券投资者保护基金管理办法》得以发布，2005 年 8 月 30 日中国证券投资者保护基金有限责任公司正式成立，这就标志着证券投资者保护基金制度正式确立。保护基金制度的实施，可以确保在证券公司出现关闭、破产等重大风险时有效保护投资者尤其是中小投资者，有利于防止证券公司个案风险转化为系统性风险。①

（三）证券监管执法

1. 完善执法体制

自从证监会成立以来，证监会对于资本市场的监管执法体制经历了多次变革调整。在过去十年，这种监管执法体制也根据市场发展变化做出了一些调整。

2002 年证监会决定将此前成立的稽查局更名为稽查一局，并且新设稽查二局；此外，还推出了“查审分离”制度。2007 年证监会又决定将稽查一局、稽查二局合并为稽查局，同时成立稽查总队和行政处罚委员会，并由后者专门负责案件审理。在新的监管执法体制之下，稽查总队主要负责承办证券市场内幕交易、市场操纵、虚假陈述、欺诈发行等案件的具体调查工作，稽查局统一指挥稽查工作，行政处罚委员会主要负责行政处罚案件的审理工作，“查审分离”的执法体制得以初步确立。

2012 年，为了更好地配置执法资源、提高执法效率，证监会组建了稽查总队上海支队、深圳支队，进一步强化了证券稽查执法力量。

2. 严查违法行为

在证券监管执法制度不断完善的基础上，证监会对于证券市场违法违约行为的打击力度逐渐加大。内幕交易、操纵市场、挪用客户资金、侵占上市公司资金等违法违规行为在一定程度上得到有效遏制，“银广厦案”“中科创业案”“德隆案”“科龙案”“杭萧钢构案”“汪建中案”“万福生科案”“新大地案”

---

① 理论视角更为深入的反思，参见洪艳蓉：《证券投资者保护基金的功能和运作机制》，《河北法学》2007 年第 3 期；黎四奇：《对中国证券投资者保护基金制度之检讨与反思》，《现代法学》2008 年第 1 期等。

等具有重要社会影响的案件得到了及时的查处，相关责任主体受到了严厉的处罚。

以对内幕交易行为的处理为例，从1993年至2010年年底，证监会一共处罚了31起内幕交易行为。依据学者的分析，尽管证监会实施处罚的案例数量并非很多，却通过这些有限案例的处理在一定程度上弥补了《证券法》关于内幕交易规范的不足进而“发展”了《证券法》，例如对于内幕信息的界定、内幕交易的主体范围、如何认定内部人知悉内幕信息、内幕交易非法所得等方面均发展出了一些相对较为成熟的判断标准。①

3. 严查非法证券活动

在过去十年中，证监会对于非法发行股票和非法经营证券业务也进行了严厉打击。为了深入打击违法发行证券活动，2006年国务院颁布了《关于严厉打击非法发行股票和非法经营证券业务有关问题的通知》，2008年1月证监会与最高人民法院、最高人民检察院和公安部联合颁布了《关于整治非法证券活动有关问题的通知》，进一步加大了对非法证券活动的打击力度。非法证券发行主要包括诱骗社会公众购买所谓“原始股”、非法中介未经法定机关批准向社会公众非法买卖或代理买卖未上市公司的股票、不法分子以证券投资为名诈骗群众钱财等形式。通过处理“金园汽车案”“美国第一联邦案”“中盛怡和非法经营案”等一系列案件，非法证券融资活动得到了有效控制。

（四）证券民事诉讼

1. 司法解释的制定

进入新世纪之后，证券市场上虚假陈述、欺诈发行的案件逐渐增多，合法权益受到损害的投资者纷纷向法院提起诉讼要求获得损害赔偿。但是，由于《证券法》中有关民事责任的规定较为粗疏，人民法院并不能依据这些规范进行裁判。因此，对于上述民事赔偿诉讼案件，人民法院并未及时加以受理。与之相反，最高人民法院在2001年出台了《关于涉证券民事赔偿案件暂不予受理的通知》，决定暂不受理各类证券民事诉讼案件。这一通知出台之后受到了理论界和实务界的强烈批判。而随着“银广厦”等案件的曝光，最高人民法院不得不调整立场，对证券市场侵权损害赔偿诉讼问题加以深入研究。

2002年1月15日最高人民法院下发了《关于受理证券市场因虚假陈述引发

---

① 参见彭冰：《内幕交易行政处罚案例初步研究》，《证券法苑》第三卷；蔡奕：《中国证券市场内幕交易的法学实证分析——来自31起内幕交易成案的统计分析》，《证券市场导报》2011年7月号。

的民事侵权纠纷案件有关问题的通知》，规定了法院受理虚假陈述民事赔偿案件的管辖法院、诉讼时效、诉讼方式、前置程序等问题，这标志着人民法院开始正式介入证券市场的发展。但是，最高人民法院对受理此类案件做出了四个限制：只受理已被证券监管部门作出生效处罚决定的案件；只受理在信息披露中进行虚假陈述的民事赔偿案件；不接受集团诉讼；只有直辖市、省会市、计划单列市和经济特区中级人民法院可以受理此类案件。

经过一段时间的实践之后，最高人民法院于2003年1月9日下发了《关于审理证券市场因虚假陈述引发的民事赔偿案件的若干规定》，该司法解释明确规定："人民法院受理的虚假陈述民事赔偿案件，其虚假陈述行为，须经中国证券监督管理委员会及其派出机构调查并作出生效处罚决定。当事人依据查处结果作为提起民事诉讼事实依据的，人民法院方可依法受理。"可以看出，人民法院受理的证券民事诉讼仅仅限于因虚假陈述引发的民事赔偿诉讼，对于因为内幕交易、操纵市场等问题引发的证券民事赔偿问题依然不予受理。证券民事赔偿诉讼需要遵循"前置程序"规则，而且只能采取单独诉讼或共同诉讼形式，不能采取集团诉讼形式。①

2005年修订后的《证券法》明确了行为人需要对虚假陈述、内幕交易、操纵市场等证券市场违法行为承担民事责任。至于行为人"如何"依法承担民事责任，则由最高人民法院以司法解释的方式加以确定。2007年最高人民法院奚晓明副院长在全国民商事审判工作会议上提出。对于投资者针对操纵市场、内幕交易提出的民事赔偿诉讼，各地法院应当参照虚假陈述司法解释前置程序的规定来确定案件的受理，并且依据管辖的规定来确定案件的管辖。此后，各地的人民法院逐渐开始受理针对内幕交易、操纵市场的民事赔偿案件，同时对举证责任、赔偿范围、损害界定等进行了研究和探索。虽然尚未有专门针对内幕交易、操纵市场违法行为的司法解释，上述尝试却在一定程度上拓展了证券民事诉讼渠道，给广大投资者提供了有利保护。②

2. 民事诉讼的受理

在2002年年初人民法院对证券诉讼赔偿案件解禁之后，全国各地人民法院就受理了900余起案件，而在最高人民法院颁布《关于审理证券市场因虚假陈述引发的民事赔偿案件的若干规定》之后，越来越多的证券民事诉讼赔偿案件

① 参见李国光主编：《最高人民法院关于审理证券市场虚假陈述案件司法解释的理解与适用》，人民法院出版社2003年版。

② 奚晓明：《证券市场侵权责任制度的法律政策》，载最高人民法院民事审判第二庭编《商事审判指导》总第33辑，人民法院出版社2013年版，第4页。

得以由人民法院受理。《证券法》修订之后，人民法院也依据新的立法精神并且参照虚假陈述司法解释处理了一批因内幕交易、操纵市场而损害投资者利益的重大案件，进而有效惩罚了相关主体违法行为、维护了证券市场运行秩序。其中，银广厦案件、大庆联谊案、东方电子案、杭萧钢构案、科龙电器案、中捷股份案、东盛科技案等一大批典型案件的顺利审理更是取得了良好的社会效果，极大地推动了投资者合法权益保护工作。

三、十年间证券市场法治发展面临的问题与挑战

尽管过去十年中国证券市场取得较快发展，证券法制也渐趋完善，但是不可否认的是，中国证券市场的发展依然存在很多问题。如果不能将这些问题加以解决，资本市场的健康发展势必会受到不利影响。

（一）资本市场体系不够合理

目前，中国的股票市场已经具备了一定的发展规模，债券市场也得到了迅速的发展。但是，资本市场资产总额在整体金融资产中所占比例依然偏低，在一定程度上滞后于经济发展需求。中国大多数企业依然主要依靠银行贷款方式进行融资，通过发行股票、发行债券等方式实现直接融资的比例依然偏低。数据显示，2006 年至 2011 年，中国直接融资总额约占社会融资总额的比重均为 11% 左右，2012 年这一数据虽然有所提高已经达到 15.9%，但与发达国家相比整体比重依然明显偏低。①

表 1　　2002～2012 年社会融资规模统计表

单位：亿元

年份	社会融资规模	人民币贷款	外币贷款（折合人民币）	委托贷款	信托贷款	未贴现银行承兑汇票	企业债券	非金融企业境内股票融资
2002 年	20112	18475	731	175	—	-695	367	628
2003 年	34113	27652	2285	601	—	2010	499	559
2004 年	28629	22673	1381	3118	—	-290	467	673
2005 年	30008	23544	1415	1961	—	24	2010	339
2006 年	42696	31523	1459	2695	825	1500	2310	1536

① 择远：《提高直接融资比重，创新融资工具大有可为》，《证券日报》2013 年 11 月 27 日第 A01 版。

续表1

年份	社会融资规模	人民币贷款	外币贷款（折合人民币）	委托贷款	信托贷款	未贴现银行承兑汇票	企业债券	非金融企业境内股票融资
2007年	59663	36323	3864	3371	1702	6701	2284	4333
2008年	69802	49041	1947	4262	3144	1064	5523	3324
2009年	139104	95942	9265	6780	4364	4606	12367	3350
2010年	140191	79451	4855	8748	3865	23346	11063	5786
2011年	128286	74715	5712	12962	2034	10271	13658	4377
2012年	157631	82038	9163	12838	12845	10498	22551	2507

在这种以间接融资为主导的金融体系中，商业银行作为信用中介掌握着大量金融资产，经济波动、金融动荡的风险主要集中于银行体系。同时，由于商业银行更加偏好给国有企业或者大型民营企业提供贷款服务，中小微民营企业往往很难从银行获得贷款支持。如果以间接融资为主导的金融体系不能加以改变的话，转变经济发展方式、调整产业发展结构、支持小微企业发展等任务也就难以完成。因此，有必要通过建设多层次资本市场、增加上市公司数量、创新直接融资工具等措施提高直接融资在社会整体融资中的比重，鼓励更多的企业通过发行股票、发行债券等直接融资工具获取生产经营所需资金。①

（二）资本市场结构有待完善

经过多年发展建设，中国多层次的资本市场体系已经基本确立。但是，由于中国资本市场长期以来专注于主板市场的发展，对于场外交易市场的发展不够重视，因此上市挂牌公司数量的分布呈现“倒金字塔状”，这与发达国家资本市场上市挂牌企业分布结构完全相反。近年来中小企业板、创业板、新三板的推出虽在一定程度上克服了上述体系缺陷，但由于场外交易市场发展的相对滞后，大量高成长、创新性企业依然不能通过资本市场获得融资。可以说，资本市场的体系虽然有所完善，但是依然不能满足多元化的融资需求。

理论界和实务界普遍认为“正金字塔”式样的资本市场体系构造较为合理，但是中国目前的资本市场在体系构造上恰恰呈现出“倒金字塔”形状。② 绝大多

① 姚刚：《直接融资比重偏低，研究推出新融资工具》，《第一财经日报》2013年11月26日。

② 美国纽交所、纳斯达克、OTCBB和粉单市场挂牌的公司分别为2311家、2717家、2385家、6199家，但是中国在主板、中小板、创业板及新三板挂牌的公司分别为1405家、610家、258家、115家。柳立：《建立适应不同企业融资禀赋的市场机制》，《金融时报》2013年11月18日。

数企业都想寻求到交易所上市，对于场外市场和债券市场则是重视不够。这种“错位”影响了资本市场的正常资源分配，对于实体经济的发展极为不利。为了改变这种局面，必须根据不同企业融资需要确立不同层次的资本市场，大力发展中小企业版、创业板，确认场外交易市场的合法地位，推动证券发行制度从核准制转向注册制，同时进一步加强退市制度改革和转板制度建设。

（三）证券产品市场亟须扩容

在国外成熟的资本市场中，证券产品类型往往较为丰富，不仅包括传统的股票产品和债券产品，而且也包括复杂的金融衍生品和结构化产品，不仅涵盖了场内交易市场，而且扩展到场外交易市场。当然，证券产品类型能够如此丰富，也和这些市场发展历史较长、创新机制灵活密切相关。实际上，任何一种新型证券产品的推出，均是在一定程度上为了实现克服市场缺陷、规避金融风险、迎接竞争挑战等目的。

经过多年发展，中国资本市场上证券品种类型已经有所扩展。尤其是在过去十年，随着可转债、中小企业私募债、企业资产支持证券等创新产品的推出，证券产品类型已经渐趋丰富，证券产品结构亦是日益完善，但与发达国家资本市场相比，证券品种体系构造依然存在很多问题，尤其是金融衍生品发展刚刚起步，金融创新品种更是较为稀缺。

因此，有必要在既有证券产品类型基础之上继续深化改革，推出新型的证券产品类型。例如，继续着力完善股权类证券产品，继续大力发展债券产品市场，丰富债券产品类型，推出 REITS 等创新产品；继续稳步推出证券衍生产品，推出利率期货、外汇期货、股指期权、利率期权、外汇期权等衍生品种，并且积极发展衍生品种的场外交易市场。

（四）债券市场尚需深入发展

虽然过去十年交易所债券市场已经有所发展，但是与境外成熟市场相比而言依然存在较大差距。这种落后局面具体体现在以下几个方面：一是交易所债券市场产品类型较为单一，通常以利率债为主，信用债等产品的发展相对滞后。二是交易所债券市场的发展落后于银行间债券市场的发展，与之相比存在发行量少、托管量低、交易量小、流动性差等弊端。三是交易所债券市场的发展与近年来资本市场的整体发展势头不相匹配，发展速度相对较慢。

交易所债券市场之所以出现了发展相对滞后的局面，既有理念层面不够重视的原因，也是制度层面构造缺陷的后果。以交易所市场公司债券的发行为例，目前对于发行主体条件要求较高，无法有效满足中小企业的融资需求；公司债发行核准效率较低，不能按照市场化节奏进行办理；投资者范围较为狭隘，而且只能限于公开发行方式；公司债券利率受到较为严格的限制，发行额度也受到较为明确控制；发行承销制度也存在较多问题。①

（五）发行体制有待改革深化

虽然近年来股票发行体制已有较大程度完善，但是由于市场化改革并不彻底，因而也留下了一些亟待改革的问题。例如，对上市公司进行过度包装，导致上市定价背离真实价值；发行人和中介结构存在利益合谋行为；一级市场竞价过高，新股询价过程被操纵。因此，有必要通过深化制度改革督促发行人和中介机构真实、准确、完整、及时披露信息，进一步完善定价约束机制，加强对发行定价的监管，严厉打击虚假陈述、欺诈上市等违法违规行为，切实保护投资者合法权益。同时，证监会也需转变股票发行监管方式，强化市场约束机制，淡化行政审批色彩，加强对违法违规行为的监管和惩罚。

目前新股发行上市过程存在的具体问题有以下几个方面。

1. 过度包装

股票发行采取“核准制”的目的在于通过发审委的实质审查筛选出优质企业登陆资本市场。但是，一些拟上市公司可能并不完全具备上市条件或者对于能否上市并无十足把握。为了能够进入资本市场，这些公司往往要求中介机构对其资产进行“过度包装”，使经营业绩得以变为优良，进而导致上市定价严重背离公司价值。

2. 权力寻租

由于股票发行采用“核准制”，在此过程中难免出现权力寻租现象。一些企业为了达到上市目的，不惜花费巨额财物进行权钱交易进而获得上市机会，而在登陆资本市场之后这些企业却被发现“带病上市”或者迅速发生“业绩变脸”等情况。前些年发生的王小石案即是典型，作为证监会的工作人员，他因为出售“发行审核委员会”名单以及介绍拟上市企业贿赂发审委委员而获罪。

3. 利益合谋

依据中国企业上市保荐制度的设计，保荐人应当负责发行人的发行上市辅导和发行上市推荐，并且需要确保上市申请文件的真实性、准确性和完整性。保荐人、会计师事务所、律师事务所等中介机构应当履行“看门人”角色。但是，在一些企业上市过程中，保荐人并未充分履行尽职责任，相反还与发行人形成“利

---

① 参见中信证券股份有限公司法律部：《交易所公司债券市场发展与〈证券法〉修改》，《证券法苑》第五卷法律出版社2011年版。

益合谋”，帮助上市企业实行财务造假等行为。近年来出现的立立电子、苏州恒久、胜景山河、新大地等案件中企业虽都成功过会但却存在财务造假等违法行为，但是这些企业的保荐人在辅导企业上市过程中却对这些问题视而不见。①

4. “三高现象”

新股发行过程中的“三高现象”是指高发行价、高市盈率、高募集资金。这种现象导致上市企业获得了远超过其经营所需的资金，导致社会资源的浪费。另一方面由于新股供应不足，二级市场疯狂炒作新股，导致市场投机气氛浓厚。这些因素如果长期存在，将会影响股票市场融资功能的正常发挥，也将严重损害投资者特别是中小投资者的利益。②

（六）上市公司治理有待提升

近年来上市公司治理水平已有显著提升，但是不可否认的是，部分上市公司的治理机制依然存在各种问题。例如，部分上市公司虽然按照要求完善了公司治理机制，但是具体运作并未完全按照要求进行；部分上市公司高管人员未能充分履行信义义务，在公司经营管理过程中并未以上市公司利益最大化作为目标，而是较多的考虑控股股东或者自身利益；部分上市公司尤其是国有上市公司还存在较为严重的内部人控制问题。

以深交所公司治理研究中心发布的《2012 年深市上市公司治理情况报告》为例，2012 年深市上市公司共有 13 家上市公司因为治理问题受到了监管机构的处罚。从违规类型来看，主要是关联交易现象较多，此外还存在“绕过董事会决策、由控股股东拍板”的违规决策问题。此外，很多上市公司还存在治理隐患，例如没有记录董事会会议、独立董事履行职责流于形式化等。③

（七）投资银行发展亟待转型

与成熟资本市场的投资银行相比，中国证券公司虽在过去十年也有所发展，但是整体竞争力依然偏弱，与国外的一流投行尚有很大发展差距。具体来说，中国证券公司的业务模式较为单一，经营收益主要来源于经纪业务、保荐业务、承销业务等，对于并购重组、资产管理等创新业务证券公司未能给予足够重视。这就导致中国证券公司始终面临“结构单一、竞争同质”的问题，盈利状况呈

① 对于“保荐合谋”现象的分析及批判，参见蒋大兴、沈晖：《从私人选择走向公共选择——摧毁保荐合谋的利益墙》，《证券法苑》第五卷法律出版社 2011 年版。，第 222~268 页。

② 参见耿建新、张驰：《IPO 定价及询价机制反思》，《证券市场导报》2013 年第 3 期。

③ 深交所公司治理研究中心：《2012 年深市上市公司治理情况报告》，《证券时报》2013 年 8 月 12 日。

现“靠天吃饭”特征。随着近年来投资银行业务竞争的加剧，证券公司的生存发展就面临更大的挑战。同时，由于证券公司业务创新能力不强，难以推出适应市场需要的新型金融产品，因而在与其他金融机构的竞争中难以突出竞争优势，证券公司作为投资银行的核心竞争力并未得到有效发挥。此外，中国证券公司的公司治理机制和风险控制机制并没有得到充分的完善，对于证券公司的创新发展也有消极影响。

因此，证券公司有必要强化自身作为资本市场中介的优势，根据市场需求积极推进业务创新，并且主动完善风险控制体系和公司治理机制，不断提高服务客户水平和企业自身竞争实力，进而为促进资本市场发展和经济社会发展做出贡献。2012 年和 2013 年证监会组织召开的券商创新大会已经强调“最大限度的放松（证券）行业管制”，全力支持证券行业的创新发展。

依据《关于推进证券公司改革开放、创新发展的思路与措施》，支持券商进行业务创新的具体措施包括以下方面：提高证券公司理财类产品创新能力、加快新业务新产品创新进程、放宽业务范围和投资方式限制、扩大证券公司代销金融产品范围、支持跨境业务发展、推动营业部组织创新、鼓励证券公司发行上市和并购重组、鼓励证券公司积极参与场外市场建设和中小微企业私募债券试点、改革证券公司风险控制指标体系、探索长效激励机制、积极改善证券公司改革开放创新环境等。

（八）投资者结构需要优化

长期以来中国资本市场投资者主要以中小投资者为主，近年来虽然机构投资者队伍有所发展，但是整体规模依然偏小、整体结构依然不是十分合理。截止到 2012 年年底，中国专业机构投资者持有的股票市值仅占总市值的 17.4%，而在发达资本市场，公募基金、私募基金、保险资金、养老年金等机构投资者持有的股票市值占总市值的 70% 左右。①

此外，中国的机构投资者尚未形成成熟的价值投资理念，交易换手频繁、持有期限较短、投机色彩较浓等问题使得其并不能有效参与上市公司的公司治理，对于上市公司治理水平的提升没有起到实质性作用。

因此，有必要采取一定措施鼓励机构投资者的立场从“股东消极主义”向“股东积极主义”转变，大力提高机构投资者的规模、优化机构投资者的结构，促使这些机构投资者形成长期投资的观念并且积极参与上市公司的公司治理，

---

① 桂敏杰：《中国证券市场需要更多机构投资者》，《经济日报》2013 年 3 月 7 日。

进而提高上市公司治理水平和整体质量。①

（九）证券监管执法体制有待改革

过去十年中国资本市场发展较为迅速，各个领域的创新产品也层出不穷，但是由于体制原因和历史因素的影响，对于资本市场不同领域的监管分属于不同机构，多头机构监管、监管机构缺失、监管标准混乱等问题时有出现，因此有必要改革监管体制，使得资本市场各个领域的业务规则、监管要求、监管机构能够尽量统一。

此外，由于近年来证券违法案件越来越多，执法资源相对较为紧张，这就导致部分违法行为没有得到及时查处。② 尽管证监会近年来一直在加强执法队伍建设，但是人员不足、投入不足、激励不足等问题依然存在，行政执法过程之中取证难、处罚难、执行难等现象普遍发生。随着科技的发展，证券市场的违法手段日益复杂化、隐蔽化，监管机构对于这些问题的监管难度也日益加大，监管工作效率也在一定程度上受到影响。总之，现有的证券执法模式效率较低、程序较长，已经不能与资本市场快速发展的节奏相适应，必须对之加以全面改革。

（十）证券民事诉讼机制有待完善

虽然过去十年证券民事诉讼制度有了很大的发展，但在证券法律责任体系中，民事责任制度建构相对而言依然较为滞后，严重影响到了投资者合法权益的保护和《证券法》相应制度的实施。这种局面的形成和中国证券立法“重刑事责任、重行政责任但轻民事责任”的传统密切相关，也反映了中国证券法治发展“强调公共执法”但是“忽视私人执行”的特征。③

具体而言，目前的证券民事诉讼机制存在以下几个方面的缺陷。

一是证券民事诉讼规则不够完善。既有的司法解释主要针对虚假陈述引发的民事诉讼，对于其他证券市场的侵权行为则没有详尽规定。例如，对于内幕交易、操纵市场引发的民事诉讼案件，司法机关虽然也曾积极探索但是并未出

---

① 朱宝琛：《证监会：六方面推动机构投资者参与公司治理》，《证券日报》2013 年 5 月 13 日。

② 2009 年至 2012 年，证券市场违法案件增幅年均达到 14%，其中内幕交易案件数量超过一半，欺诈发行、虚假信息等类型的案件也日益增多。但是，证监会每年立案调查的案件只有 110 件左右，能够顺利作出行政处罚的不超过 60 件，每年平均移送涉刑案件 30 多件，最终不了了之的超过一半。参见肖钢：《加强资本市场监管执法》，《求是》2013 年第 15 期。

③ 缪因知博士在论文中讨论了中国法语境下三种证券法实施机制的具体情况，并且提出要优化政府性证券监管，推行多元的证券法律实施机制，特别是完善证券民事诉讼制度和建立交易所监管制度。参见缪因知：《中国证券市场法治化的道路》，《交大法学》2013 年第 4 期。

台相应司法解释。此外，即使已有针对虚假陈述引发赔偿问题的司法解释，其内容亦难谓完善，依然存在许多有待澄清的问题和亟须填补的漏洞。

二是证券民事诉讼限制因素较多。最高人民法院出台的司法解释虽然允许人民法院受理虚假陈述民事赔偿诉讼案件，但该司法解释要求以证监会等机构作出生效行政处罚或法院作出刑事裁判为前置程序，同时也拒绝了证券民事诉讼采取集团诉讼的方式，因此在很大程度上影响了证券虚假陈述民事赔偿案件的进行，不利于证券投资者合法权益的保护。①

三是证券民事诉讼实施效果不佳。由于诸多限制性因素的存在，证券民事诉讼在实施过程中面临了立案难、索赔难、定损难、执行难等问题，投资者对虚假陈述等损害其利益的行为提起民事赔偿诉讼的积极性并不高。此外，不少地方法院对于证券民事诉讼案件存在畏难情绪或有保护主义倾向，这些因素也会影响到相应案件的受理和审理。②

因此，有必要完善证券民事诉讼机制，确保投资者的合法权益能够通过民事诉讼方式获得更好保障。

四、证券市场法治发展的改革与创新

从上文的论述可以看出，过去十年中国证券法治发展虽有长足进步，但也依然存在各种各样的问题。这些问题既有理念精神层面的，也有制度体系层面的，还有监管执法层面的，因此改革既有证券法治体系极有必要。毫无疑问，修订《证券法》进而完善相应制度乃是当务之急。实际上，全国人大法工委、全国人大财经委、国务院法制办、证监会也已着手准备证券法的修订工作，相关的研究工作已在顺利推进过程之中。2013 年 10 月全国人大常委会也已决定将《证券法》修改列入全国人大常委会五年立法规划，《证券法》的全面修订指日可待，证券法治的发展将有更为坚实的法制基础。

（一）完善“证券”概念界定、扩展“证券”产品范围

由于中国证券法界定的“证券”概念外延范围较窄，在一定程度上限制了证券法的适用范围，并且导致了一系列疑难问题的发生。③ 例如，一些因应市场需求的创新金融活动容易被认定为“非法集资”，一些本质上属于证券的金融投

---

① 参见陈岱松：《试论证券民事诉讼制度之完善》，《证券法苑》法律出版社 2009 年版第一卷，第 258 ~ 270 页。

② 关于“虚假陈述民事诉讼”的实证研究，参见何朝丹：《虚假陈述证券民事诉讼法律实效研究》，《证券法苑》法律出版社 2011 年版第五卷，第 1171 ~ 1198 页。

③ 参见吴志攀：《证券法适用范围的反思与展望》，《法商研究》2003 年第 6 期。

资产品因不符合《证券法》的界定而无法受到有效监管，持有上述金融投资产品的投资者也不能受到有效保护。

因此，在证券法的修订完善过程中有必要重新界定“证券”的概念，在既有基础上适当扩大证券概念的外延范围，使得其他已在市场上出现的新型证券品种也纳入到证券法的调整范围。同时，为了避免既有证券立法“列举式”带来的问题缺陷，对“证券”的界定有必要采取“概括式”定义，也即依据“证券”的基本特性阐明证券认定的参考标准，进而尽量扩大“证券”概念的涵摄范围。当然，扩充证券品种范围并非可以随意为之，必须充分考虑证券制度的法律特性和证券监管的基本逻辑。①

（二）完善多层次市场制度：推进场外市场建设和国际板建设

资本市场的体系构造需要充分考虑融资企业的既有特点，特别是发展阶段、企业类型、融资额度、融资期限等不同方面的差异。在此基础上，需要依据上述差异因素建构出不同层次的市场体系、产品结构进而满足不同类型企业的融资需求。在目前条件下，除了继续完善主板和创业板市场，推进场外市场发展将成为多层次资本市场制度建设的重中之重。因此，有必要通过采取多种措施建立发展统一监管下的场外交易市场，扩大资本市场为中小企业的服务范围，拓宽中小企业的融资渠道。② 例如，在既有多层次资本市场体系之上继续发展完善全国中小企业股份转让系统，同时适度发展地方性股权转让市场，并且完善场外市场不同层次间及场外与场内市场间的转板机制，进而使得沪深证券交易所、全国中小企业股份转让系统、区域性股权转让市场上下贯通，形成一个紧密联系、层次分明的统一市场体系。③与此同时，对于多层次的市场也需要建构差异化的制度，例如在上市标准、交易方式、信息披露、监管模式等方面也应有所不同。

此外，适时推出国际板对于多层次资本市场体系建设也极为重要，这将有益于增强中国资本市场在全球范围内的影响力和竞争力，也能帮助中国投资者拓展投资渠道、优化资产配置，最终将大大提高中国资本市场的国际化水平。当然，

---

① 参见陈洁：《金融投资商品统一立法确实下证券的界定》，《证券法苑》第五卷法律出版社2011年版；黄韬、陈儒丹：《功能监管视角下中国《证券法》适用范围研究——以金融理财产品监管规则的改进为例》，《证券法苑》第七卷法律出版社2012年版。

② 参见李响玲：《试论中国证券场外交易市场监管制度的完善》，《证券法苑》第六卷法律出版社2012年版；李响玲、周庆丰：《中国证券场外交易市场法律制度的完善》，《证券市场导报》2010年9月号。

③ 对于多层次资本市场体系如何构建学者们也有不同的看法，这在发展场外交易市场方面体现的较为明显。值得注意的是，蒋大兴教授提倡建设“内化于交易所中”的多层次资本市场体系，这一观点充分考虑中国资本市场发展环境的特殊性和发展路径的依赖性，颇具新意。参见蒋大兴：《论场外交易市场的场内化——非理性地方竞争对证券交易场所的负影响》，《法学》2013年第6期。

国际板的推出也需要完善相应配套制度，克服既有证券法制体系的制度缺陷。①

（三）完善证券公开发行制度：从“核准制”到“注册制”

由于中国证券市场是一个“新兴加转轨”的市场，在较长时间内对股票发行采取“核准制”有其合理性，有利于通过对发行人发行条件的实质审核，保证上市公司质量进而保障投资者权益。但是，随着资本市场的改革发展，“核准制”的诸多弊端逐渐开始显现：运用行政手段控制发行速度导致新股定价过高，圈钱问题严重；证监会的实质审核容易影响到投资者对公司和股票投资价值的判断；容易产生寻租腐败行为；审核标准多变；审核周期较长。因此，改革股票发行的“核准制”迫在眉睫，而改革的方向便是强调股票发行市场化倾向的“注册制”②。

简而言之，证券发行制度要逐步从“核准制”过渡到“注册制”，进一步简化行政审核程序，强化事后监管执法，要求发行人真实、准确、完整披露相关信息，强化券商、会计师事务所、律师事务所等中介机构在辅导推荐公司上市过程中的职责，最大限度强化投资者的保护。证监会不再对发行人的资质进行实质性审核，而只是对发行人申报文件的全面性、准确性、真实性作出形式审查。换言之，监管部门不再判断企业盈利能力，在充分披露信息的基础之上，由投资者自主判断企业价值和投资风险，自主做出投资决策。

为了贯彻上述原则精神，近年来证监会也加快推进了股票发行体制改革。2012 年证监会发布了《关于进一步深化新股发行体制改革的指导意见》，强调进一步推进以信息披露为中心的发行制度建设，强化信息披露的真实性、准确性、充分性和完整性。2013 年证监会发布了《关于进一步推进新股发行体制改革的意见》，这一文件“旨在贯彻党的十八届三中全会决定中关于推进股票发行注册制改革的要求，进一步推进新股发行体制改革，厘清和理顺新股发行过程中政府与市场的关系，加快实现监管转型，提高信息披露质量，强化市场约束，促进市场参与各方归位尽责，为实行股票发行注册制奠定良好基础。”

在推行证券发行“注册制”的背景下，以下两点值得深入研究：

1. 股票发行强化市场化运行机制

（1）审核理念市场化。证监会和发审委只对上市申请文件进行合规性审核，

---

① 冯果、袁康：《国际板背景下证券法制的困境与变革》，《法学杂志》2013 年第 4 期。

② 对于何为股票发行的“注册制”，存在多种理解。参见郑彧：《论证券发行监管的改革路径》，《证券法苑》第五卷法律出版社 2011 年版；沈朝晖：《流行的误解：注册制与核准制辨析》，《证券市场导报》2011 年 9 月号。

不对发行人的盈利能力进行判断。（2）融资方式市场化。发行人可以根据自身需要选择融资方式。（3）发行节奏市场化。股票发行数量、发行时间主要由市场决定。（4）发行价格市场化。发行人和主承销商确定发行方案，并依据询价状况确定新股发行价格。（5）约束机制市场化。运用市场化手段约束相关责任主体，例如要求提前披露相关信息、要求相关主体进行特定承诺等。

2. 强化中介机构法律职责

（1）强化保荐机构、会计师事务所、律师事务所、资产评估机构等中介机构及相关人员的法律责任。（2）要求中介机构在发行申请文件提交之时起就对所披露的信息负责，将信息披露责任提前。（3）明确中介机构信息披露重大违法行为的赔偿责任，强调给投资者造成损失的，必须依法赔偿投资者损失。（4）加强对中介机构履行责任情况的监管，发现违法违规行为即移交证券执法部门。（5）要求主承销商对其客户损失负责，引入主承销商自主配售机制。（6）如果保荐机构所保荐企业上市后业绩“变脸”，需要加大处罚力度，可以采取暂不受理发行申请等治理措施。

（四）完善证券私募发行制度

2012 年末修改的《证券投资基金法》首次将私募基金纳入监管，确立了私募基金的合格投资者制度、管理人注册制度、基金备案制度、非公开宣传制度，在一定程度上填补了监管法律空白。但是，受到《证券投资基金法》约束的私募基金活动并不包括投资非公开发行的股权或股票。

鉴于近年来证券私募发行发展较为迅速，《证券法》的修订需要相应的将之加以全面规范，具体而言包括以下几个方面：首先，有必要合理界定公募和私募的界限，将证券私募发行也纳入到《证券法》的调整范围之内；其次，需要针对私募发行的特点确立相应的制度安排，例如对私募对象、发行条件、信息披露、监管治理等方面制定相应规范；再次，针对欺诈发行、虚假陈述等私募证券发行过程中的违法违规行为需要明确法律责任及其追究机制。①

（五）完善债券市场制度

债券市场的完善首先要以统一债券市场为目标，进而改变当前市场分割、多头监管的混乱局面。在此基础上，债券市场的法律调整规范也需要尽快体系化，特别是在发行条件、审核机制、信息披露、交易流转等方面需要尽快统一

---

① 徐明、杨柏国：《私募发行入法：豁免与监管之平衡》，《证券法苑》第五卷法律出版社 2011 年版。

规则，使得债券市场的发展能够有法可依、有章可循，尽量减少利益输送和监管套利的行为。

而在公司债券发行的监管上，证监会等政府部门应当尽量放松管制，推动公司债券发行的市场化。具体而言，可以采取以下措施：公司债券发行推行注册制，强化发行人的信息披露义务，进而提高发行效率、降低发行成本；适当放宽发行主体限制特别是在最低净资产规模等方面的要求，使得更多的中小企业也能通过发行公司债的方式获得融资；适度放宽发行额度和发行利率的限制，使得公司债券发行能够更为市场化；适度放宽公司债券投资主体的限制，推动更多的机构投资者能够进入交易所债券市场进行投资。

在推进公司债券发行市场化的同时，也需更加强调公司债投资者合法权益的保护。因此，有必要进一步完善公司债券持有人权益保护法律制度。例如，通过修订《证券法》进一步明确债券持有人、受托管理人等主体的权利和义务，完善公司债券持有人会议制度，明确相关主体违法行为的法律责任。①

（六）完善并购重组制度

随着资本市场的深入发展和产业升级的逐步推进，并购重组在中国资本市场中将会更趋活跃。但是，需要承认的是，目前中国企业并购重组依然面临多重障碍：各个政府部门“串行审批”，严重影响审核效率；金融支持力度不够，对于并购重组的信贷支持较弱；既有的税收政策对于企业并购重组的有效支持不足；中介机构的专业化服务水平尚待提高；并购重组成本较高，企业开展相应业务动力不高、意愿不强；部分并购重组面临跨所有制、跨区域的难题。因此，证券法制的改革需要继续完善相应规则体系，为重组并购的推进提供丰富的操作模式、多元的融资渠道，通过塑造良好的制度环境为重组并购的发展提供支持。政府监管部门要尽量减少对重组并购的行政管制，促使企业重组并购能够依据市场发展需要高效推进。

具体而言，资本市场并购重组制度的市场化改革需要侧重从以下几个方面展开：将企业并购重组由“串行审批”改为“并行审批”，降低时间成本、提高工作效率；完善并购重组金融支持体系，丰富和完善并购重组支付工具；减少和取消部分行政许可项目，实现并购重组审核过程信息公开；实施并购重组分

---

① 学界对于公司债券制度的改革研究较为深入，理论成果相对较多。典型的如洪艳蓉：《公司债券制度的应然与实然》，《证券法苑》第五卷法律出版社2011年版；中信证券股份有限公司法律部：《交易所公司债券市场发展与〈证券法〉修改》，《证券法苑》第五卷法律出版社2011年版；张媛：《论中国〈证券法〉中公司债券法律制度的适用与完善》，《证券法苑》第五卷法律出版社2011年版。

道制；[①] 逐步取消对并购重组限制和禁止的相关规定，强化企业自主性，由企业自主选择时间窗口，增加股份定价弹性；加大行政责任追究力度，强化事中、事后监管，对披露文件中存在的虚假记载、误导性陈述和重大遗漏问题，视情节轻重，采取行政监管措施或移交稽查。[②]

（七）完善退市制度

过去几年中国股市退市制度虽然有所发展，但是整体运行没有达到最佳状态。一些公司长期"停而不退"，甚至存在炒作垃圾股公司的现象，严重扭曲了证券市场定价机制。而在股票发行体制向"注册制"方向改革之后，退市制度的改革变得更为紧迫。[③] 具体而言，要调整以连续亏损作为核心的退市标准，将其他因素（如不再符合流动性要求、对投资者权益可能损害、不再符合上市条件等）也作为是否退市的参考因素；针对多层次的资本市场体系，相应建立多层次的退出机制；对于那些欺诈发行、信息披露严重失实的上市公司引入直接终止上市制度。

上市公司退市可能影响到投资者合法权益。为了尽量消除这种消极影响，上市公司退市制度需要落实以下几个方面的要求：一是需要加强退市信息披露，在一定程度上通过强化信息披露防范公司退市可能造成的各种风险；二是合理设定退市整理期，在此期间内投资者可以选择继续持有还是卖出相应股票；三是完善退市制度安排，健全完善交易所市场与场外市场对接机制，使得退市的股票可在股份代办转让系统或者其他符合条件的场外交易市场转让；四是允许经营改善、资产重组的退市企业重新申请上市。[④] 实际上，2012 年 6 月 28 日上交所和深交所发布的《关于完善上海证券交易所上市公司退市制度的方案》和《关于改进和完善深圳证券交易所主板、中小企业板上市公司退市制度的方案》已在一定程度上将上述措施制度化。

（八）完善证券无纸化制度

证券法的修改还应着重完善证券无纸化制度。由于证券的发行和交易均具有"无纸化"的特点，传统民商法以有体物为调整对象的规则体系也需相应加

---

① 实际上，并购重组审核的分道制已经推行。从 2013 年 10 月 8 日开始，证监会对并购重组的行政申请分三个类别加以审核，将审核速度与国家产业政策、上市公司规范运作水平、中介机构执业质量挂钩，符合条件的项目可以加速审核，甚至豁免审核。

② 倪铭娅：《欧阳泽华：积极推动并购重组领域改革》，《中国证券报》2013 年 10 月 17 日。

③ 关于对上市公司退市制度理论视角的反思，参见王佐发：《我们需要什么样的退市制度》，《证券法苑》第七卷法律出版社 2012 年版。

④ 参见证监会新闻发言人邓舸在 2013 年 12 月 6 日证监会例行记者会的发言。程丹：《严格执行退市制度、推动主动退市》，《证券时报》2013 年 12 月 7 日。

以调整，因此依据“无纸化”的特征去重构证券的权利归属、权利流转、权利担保等规则实有必要。由于中国《证券法》对于无纸化证券的规定过于简单，难以有效处理实践中遇到的各类问题，不少与此相关的法律纠纷也不能获得有效解决。因此，《证券法》的修订有必要根据实践发展需要，完善无纸化证券制度，确立无纸化证券的登记制度，明确证券公司和客户之间法律关系的性质。这种改革将有助于健全无纸化证券的登记、托管、存管、结算等制度，进而可以更好地保障交易安全、提高交易效率。①

（九）完善证券民事赔偿制度②

如前所述，既有的证券民事诉讼赔偿制度存在缺陷。为了更好地保护投资者的合法权益，应当继续完善证券侵权民事赔偿制度，在总结虚假陈述民事赔偿制度经验基础上，建立包括内幕交易、操纵市场民事赔偿的统一证券侵权法律制度，特别是在适格原告的认定、归责原则的要求、因果关系的认定、证明责任的分配、赔偿损失的计算等方面确立成熟可行的制度规则和认定原则。同时，应当建立完善代表人诉讼制度和集团诉讼制度，方便投资者降低诉讼成本并且及时获得赔偿。③

由于资本市场上虚假陈述、操纵市场、内幕交易等违法行为涉及主体多、危害范围广，中小投资者通过诉讼方式维护合法权益成本较高，因此有必要由专门组织机构为投资者提出公益诉讼进而帮助投资者获得充分赔偿。在未来《证券法》的修订中，可以考虑引入公益诉讼制度，以便充分保护中小投资者。

对于投资者特别是中小投资者而言，侵权行为人主动补偿投资者制度、和解金赔偿制度等制度的确立对于他们合法权益的保护也是非常必要的。以万福生科案件为例，保荐人平安证券主动设立万福生科虚假陈述事件投资者利益补偿专项基金，补偿投资者因虚假陈述而遭受损害的损失。值得注意的是，“主动补偿”和“和解金赔偿”并不排除或剥夺投资者通过法院诉讼申请民事赔偿的权利，投资者可以根据自己意愿选择是否接受补偿或和解。

---

① 参见王利明：《〈物权法〉与证券无纸化》，《证券法苑》第四卷法律出版社2011年版，第22~28页；范健：《浅谈中国证券无纸化立法的三个问题》，《中国商法年刊》2008年卷，第649~652页；王建文：《论证券无纸化条件下证券资产安全的法律〈维护机制〉》，《中国商法年刊》2008年卷，第613~619页。

② 参见肖钢在第四届上证法治论坛上的主题演讲《证券法的法理与逻辑》，http://finance.china.com.cn/stock/20131128/2008338.shtml（访问日期2013年11月25日）。

③ 对证券集团诉讼较为深入的分析，参见郭雳：《证券集团诉讼的功用与借鉴——一个基于现实的批判性解读》，《证券法苑》第二卷。

同时，对于通过欺诈方式从证券市场获取巨大经济利益的违法行为，有必要建立责令违法主体购回证券制度。《证券法》可以赋予监管机构责令违法主体购回所发行或所销售证券产品的权力，并相应确立司法机关直接强制执行的保障机制。对于上市公司、证券公司、中介机构等违反承诺的行为，《证券法》可以明确监管机构具有责令强制履行的权力，并且也建立相应的司法强制执行机制。

此外，为了更好地解决证券民事纠纷，可以设立专门的证券专业调解制度，由专业的金融调解员对证券民事纠纷进行专业调解，进而有效保护中小投资者。当然，如果投资者并不认可调解结果，依然可以向人民法院提起民事诉讼寻求救济。①

（十）完善证券执法制度

证券执法是证监会的基本职责和核心工作，也是资本市场推进改革、创新发展的重要基础。在过去十年，证监会建立了以“审查分离”为核心的证券执法体制，实现了案件处理的专门化、专职化、专业化。随着资本市场的发展和市场创新的推进，证券市场上一些新类型的违法违规活动不断出现，既有的证券执法工作面临着压力和挑战，因此有必要继续深化证券执法体制改革，建立更为高效、权威、公正的证券法制体制。根据中国证监会肖钢主席的归纳，监管执法改革具体而言包括以下几个方面：

一是要建立健全“主动型”立法保障机制，加大制度供给力度。要进一步细化违法行为的认定标准，适当提高处罚标准，同时进一步发展执法措施、丰富执法手段，建立行政执法和解制度，实现行政处罚机制和刑事处罚机制的有效对接。

二是要建立“高效型”行政执法机制。进一步加大稽查执法力度，严查大案要案，提高违法成本，同时进一步改革执法机关机构设置、人员编制、薪酬体系，使得执法力量能够继续增强。

三是继续完善“审查分离机制”，强化调查环节和审理环节的独立性，加强两个环节的协作合作，提高行政执法工作水平。

四是强化证券执法部门同其他政府部门之间的联系，加强信息共享，促进

---

① 施明浩：《金融创新下证券纠纷解决模式比较——从纠纷调解机制的视角》，《证券市场导报》2013年9月号；杨东、文诚公：《资本市场诚信背景下的证券纠纷调解机制的现状与展望》，《证券法苑》第七卷法律出版社2012年版。

协调合作，及时有效预防各种风险的发生。①

2002～2012年证券法重大立法索引和重大事件索引

2002年

1月7日　证监会、国家经贸委联合发布《上市公司治理准则》。

1月15日　最高人民法院发布《关于受理证券市场因虚假陈述引发的民事侵权纠纷案件有关问题的通知》，决定在通知下发之日起开始受理证券市场因虚假陈述引发的民事侵权赔偿案件。

1月22日　证监会下发《关于证券投资基金发行设立审核程序有关问题的通知》，明确基金的发行设立须经证监会批准。

4月23日　中国证监会对广夏（银川）实业股份有限公司虚构销售收入、隐瞒下属公司的设立、关停情况等违法违规行为作出行政处罚决定。

4月25日　证监会发布《关于进一步完善中国证券兼顾管理委员会行政处罚体制的通知》，建立调查权和处罚权分离的体制。证监会设立行政处罚委员会，对重大复杂案件进行集体讨论研究。

5月8日　证监会发布《中国证监会股票发行审核委员会重大重组审核工作委员会工作程序》。

8月6日　证监会发布《关于撤销鞍山证券公司的决定》，鞍山证券公司是第一家被关闭的证券公司。

8月29日　证监会决定将退市公司纳入代办股份转让试点范围。

9月28日　证监会发布《上市公司收购管理办法》。

11月5日　证监会、人民银行联合发布《合格境外机构投资者境内证券投资管理暂行办法》。

11月26日　经过法院调解，11名起诉红光实业虚假陈述的投资者获得22万余元赔偿款，中国证券民事赔偿第一案结案。

12月3日　中信证券公司公开招股，成为第一家公开发行股份的证券公司。

12月21日　证监会、司法部发布《关于取消律师及律师事务所从事证券法律业务资格审批的通告》，决定取消律师事务所从事证券法律业务资格审批等3项行政审批项目。

12月26日　国务院任命尚福林为中国证券监督管理委员会主席。

12月26日　招商基金管理公司成立，这是首家中外合资基金管理公司。

---

① 肖钢：《加强资本市场监管执法》，《求是》2013年第15期。

2003 年

1 月 9 日　最高人民法院发布《关于审理证券市场因虚假陈述引发的民事赔偿案件的若干规定》，对虚假陈述案件的管辖、认定、归责、诉讼方式、共同侵权责任等做出了详尽规定。

2 月 24 日　证监会批准中国工商银行等 5 家银行合格境外机构投资者托管人资格。

3 月 7 日　天同 180 指数证券投资基金成立，这是中国首只标准指数型基金。

4 月 9 日　南钢股份股东发布持股变动报告书和要约收购报告书，这是中国证券市场首例要约收购。

4 月 22 日　证监会查处西藏发展内幕交易案，该案最终成为证监会查处并获刑事判决的首例内幕交易事件。

5 月 23 日　证监会批准瑞士银行有限公司、野村证券株式会社成为首批取得证券投资业务许可证的合格境外机构投资者。

6 月 9 日　全国社会保障基金正式进入证券市场运作。

6 月 28 日　海南证券交易中心关闭，这标志着地方证券交易中心全部关闭。

8 月 28 日　证监会、国资委联合下发《关于规范上市公司与关联方资金往来及上市公司对外担保若干问题的通知》，要求上市公司不得为控股股东及本公司持股 50% 以下的其他关联方、任何非法人单位或个人提供担保。

9 月 30 日　TCL 集团发布拟吸收合并 TCL 通讯并整体上市的公告，这是中国证券市场换股吸收合并整体上市的先例。

10 月 28 日　第十届全国人大常委会第五次会议通过《中华人民共和国证券投资基金法》。

12 月 5 日　证监会发布《中国证券监督管理委员会股票发行审核委员会暂行办法》。

12 月 15 日　证监会发布《证券公司治理准则（试行）》。

12 月 28 日　证监会发布《证券发行上市保荐制度暂行办法》，明确保荐机构负责证券发行的主承销工作，依法对公开发行募集文件进行核查，向中国证监会出具保荐意见。

2004 年

1 月 31 日　国务院发布《国务院关于推进资本市场改革开放和稳定发展的若干意见》，将发展资本市场提升到了国家战略的层面，提出了九个方面的纲领性意见，为资本市场的进一步改革和发展奠定了基础。

2 月 5 日　证监会发布《关于做好股份有限公司终止上市后续工作的指导意

见》，对股份有限公司终止上市后股东权益保护、股东股份转让、资产重组、再次上市等事项作出规定。

5月14日　证监会发布《关于同意在深圳证券交易所设立中小企业板块的批复》，同意深圳证券交易所在主板市场内设立中小企业板块。

5月27日　中小企业板块启动仪式在深圳举行。

6月1日　上海市第一中级人民法院对周正毅操纵证券交易价格罪、虚报注册资本罪作出判决。

6月8日　证监会查处“德隆系”操纵证券交易价格案。

7月8日　上海证券交易所推出交易型开放式指数基金（ETF）。

7月15日　江苏琼花高科技股份有限公司因招股说明书涉嫌虚假记载和重大遗漏被证监会立案调查，这也是中小企业板上市以来受到调查的第一家上市公司。

8月28日　十届全国人大常委会第十一次会议通过《公司法》、《证券法》修正案。

9月16日　证监会发布《证券投资基金管理公司管理办法》。

12月7日　证监会下发《关于首次公开发行股份试行询价制度若干问题的通知》，要求首次公开发行股票的公司及其保荐机构通过向询价对象询价的方式确定股票发行价格。

2005年

1月14日　证监会对大鹏证券挪用巨额客户交易结算资金作出行政处罚决定，取消大鹏证券有限责任公司业务许可并且责令关闭。

2月16日　保监会、银监会、证监会联合发文宣布保险资金可以直接投资股票市场。同日，华泰财产保险公司投资资金开始运作，成为国内首笔直接投资股市的保险资金。

2月18日　证监会查处科龙虚假信息披露案。

4月8日　沪深证券交易所联合发布沪深300指数。

4月29日　证监会发布《关于上市公司股权分置改革试点有关问题的通知》，正式启动上市公司股权分置改革试点工作。

5月9日　金牛能源、三一重工、紫江企业、清华同方4家公司被证监会列为股权分置改革试点单位。

5月30日　证监会、国资委联合发布《关于做好股权分置改革试点工作的意见》，要求试点上市公司进行股权分置改革时必须采取有效措施，保障股东充分行使权利。

6月8日　证监会下发《关于集中解决上市公司资金被占用和违规担保问题的通知》，要求集中解决上市公司资金被占用和违规担保问题，化解上市公司担保风险。

6月30日　证监会、财政部、人民银行联合发布《证券投资者保护基金管理办法》，决定设立证券投资者保护基金有限责任公司。

8月30日　中国证券投资者保护基金有限责任公司成立。

9月4日　证监会发布《上市公司股权分置改革管理办法》，对上市公司股权分置改革的操作程序、改革方案、改革后公司原非流通股股份的出售、信息披露、中介机构、监管措施与法律责任等做出规定。

10月27日　第十届全国人大常委会第十八次会议通过修订后的《证券法》和《公司法》。

2006年

1月16日　证券业协会发布《证券公司代办股份转让系统中关村科技园区非上市股份有限公司股份报价转让试点办法（暂行）》等文件。

1月16日　证券业协会发布股份报价转让备案公告（第1号），申银万国推荐的北京世纪瑞尔技术股份有限公司、中科软科技股份有限公司股份报价转让的备案文件通过确认。随后，两家公司正式挂牌交易。

5月9日　证监会发布《中国证券监督管理委员会发行审核委员会办法》。

5月17日　证监会发布《首次公开发行股票并上市管理办法》。

6月7日　证监会发布《证券市场禁入规定》，将市场禁入者的适用范围扩大至发行人、上市公司、券商等的控股股东、实际控制人及其董事、监事。

6月8日　国务院批准成立中国金融期货交易所。

6月29日　第十届全国人大常委会第二十二次会议通过《中华人民共和国刑法修正案（六）》，增加了信息披露犯罪和市场操纵犯罪的情形，增设了背信损害上市公司利益罪和背信运作受托财产罪。

7月11日　证监会发布《中国证券期货市场诚信建设实施纲要》。

7月31日　证监会发布修订后的《上市公司收购管理办法》。

9月17日　证监会发布《证券发行与承销管理办法》。

11月2日　华安国际配置混合基金成立，这是合格境内机构投资者（QDII）业务试点的首只基金产品。

2007年

3月6日　国务院发布《期货交易管理条例》。

4月2日　证监会查处杭萧钢构内幕交易案。

5 月 22 日　证监会查处“带头大哥 777”非法从事证券投资咨询业务案，这是第一起被查处的利用互联网从事非法证券经营活动的案件。

6 月 11 日　最高人民法院发布《最高人民法院关于审理涉及会计师事务所在审计业务活动中民事侵权赔偿案件的若干规定》。

8 月 14 日　证监会发布《公司债券发行试点办法》。

11 月 5 日　中国石油成功完成首次公开发行，融资 668 亿元，成为中国证券市场当时融资额最高的首次公开发行。

12 月 13 日　证监会下发《关于建立证券期货市场诚信档案有关事宜的通知》，开始建立证券期货市场诚信档案。

2008 年

1 月 2 日　最高人民法院、最高人民检察院、公安部、证监会联合发布《关于整治非法证券活动有关问题的通知》，明确相关法律政策界限，要求证监、公安、检察、法院协力配合，共同打击非法证券活动。

3 月 17 日　东方电子民事赔偿案结案，6000 多名投资者获得赔偿。

3 月 28 日　证监会查处中关村、三联商社等多起内幕交易案，并将黄光裕等人涉嫌犯罪的材料移交给公安机关。

5 月 27 日　证监会查处汪建中操纵证券市场案，没收汪建中违法所得并处罚款，决定对汪建中采取终身市场禁入措施。

10 月 17 日　证监会发布《证券发行上市保荐业务管理办法》。

2009 年

2 月 28 日　第十一届全国人大常委会第七次全体会议通过《中华人民共和国刑法修正案（七）》，调整了原有内幕交易、泄露内幕信息罪的构成要件规定，特别增设了利用未公开信息交易罪，对“老鼠仓”行为追究刑事法律责任。

3 月 31 日　证监会发布《首次公开发行股票并在创业板上市管理暂行办法》。

5 月 13 日　证监会作出《关于修改 < 中国证券监督管理委员会发行审核委员会办法 > 的决定》，决定发行审核委员会下设主板市场发行审核委员会、创业板市场发行审核委员会和上市公司并购重组审核委员会。

6 月 10 日　证监会发布《关于进一步改革和完善新股发行体制的指导意见》，明确了新股发行体制改革的原则、目标和内容。

6 月 30 日　证监会发布《创业板市场投资者适当性管理暂行规定》。

9 月 17 日　创业板发行审核委员会第一次会议召开，青岛特锐德电器、南方风机首次公开发行申请获得通过。

10 月 23 日　创业板启动仪式在深圳举行。

10月30日　创业板首批公司上市仪式举行，青岛特锐德电气股份有限公司等28家公司的股票挂牌上市。

2010年

1月12日　证监会批复同意中国金融期货交易所开展股指期货交易。

3月19日　证监会发布《关于进一步做好创业板推荐上市工作的指引》，要求保荐机构应重点推荐符合国家战略性新兴产业发展方向的企业。

3月24日　证监会批复同意中国金融期货交易所上市沪深300股票指数期货合约。

3月31日　融资融券业务试点正式启动。

4月16日　股指期货上市仪式在上海举行，沪深300股指期货正式上市交易。

4月23日　东方证券成为首家专设资产管理子公司从事证券资产管理业务的证券公司。

6月21日　中国人民银行、银监会、证监会、保监会联合发布《关于进一步做好中小企业金融服务工作的若干意见》，明确要支持中小企业发行上市，积极发展中小企业板和创业板市场，积极推进证券公司代办股份转让系统非上市股份有限公司股份报价转让试点。

10月11日　证监会发布《关于深化新股发行体制改革的指导意见》，明确进一步完善报价申购和配售约束机制；扩大询价对象范围，充实网下机构投资者；增强定价信息透明度；完善回拨机制和中止发行机制。

2011年

1月14日　全国证券期货监管会议闭幕，提出全年八项重点工作，包括扩大中关村新三板试点，研究推出发行体制后续改革措施，完善退市制度，完善打击证券期货违法犯罪协作机制等。

2月23日　人保部、银监会、证监会、保监会联合公布了新修订的《企业年金基金管理办法》，将企业年金投资股票的比例放宽到30%。

3月5日　“十二五”规划纲要（草案）发布，就资本市场明确提出“显著提高直接融资比重”。

3月23日　证券业协会发布《证券公司压力测试指引（试行）》，全国证券公司开始压力测试。

4月29日　证监会发布《信息披露违法行为行政责任认定规则》，增加了保荐人、会计师事务所、律师事务所等证券服务机构的责任。

5月13日　证监会下发《关于修改上市公司重大资产重组与配套融资相关

规定的决定（征求意见稿）》，借壳上市将执行 IPO 趋同标准。

5 月 27 日　证监会通报了五粮液信息披露违法违规案，认定公司存在四宗违法事实，并给予五粮液责令改正、警告和处以 60 万元罚款的处罚，同时对五粮液两任董事长及相关涉案人员给予不同程度的罚款。

7 月 13 日　证监会表态，今后 IPO 可在获得批文后 6 个月内由“承销商和发行人就发行日程和发行窗口的选择做更加灵活的安排”。

8 月 3 日　“汪建中荐股案”在北京市第二中级人民法院一审宣判，汪建中一审以操纵证券市场罪被判处有期徒刑 7 年，罚金 1. 25 亿余元。

9 月 30 日　最高人民法院明确内幕交易案举证责任，涉及举证责任的分配和推定方式的转移。

11 月 29 日　因未尽责履职，胜景山河两保荐代表人被证监会撤销业务资格。

12 月 1 日　证监会新任主席郭树清首谈资本市场“十二五”施政纲要。

12 月 20 日　重庆啤酒因对乙肝疫苗疗效指标的披露连续 9 个跌停引发市场争议。

2012 年

2 月 14 日　证监会发布《上市公司收购管理办法》，减少了并购重组许可事项、简化了并购重组行政许可程序。

2 月 15 日　中国上市公司协会正式成立。

3 月 29 日　最高人民法院出台《关于办理内幕交易、泄露内幕信息刑事案件具体应用法律若干问题的解释》，该司法解释解决了内幕交易认定的一系列难点问题，为打击内幕交易犯罪行为提供了坚实的法律基础。

4 月 20 日　深圳证券交易所发布修订后《创业板股票上市规则》。

4 月 28 日　证监会发布《关于进一步深化新股发行体制改革的指导意见》，提出了六项市场化改革的举措，进一步理清发行过程中有关主体的责任，强哈资本约束、诚信约束和市场约束机制。

5 月 4 日　证监会发布《关于进一步落实上市公司现金分红有关事项的通知》，强化上市公司现金分红的信息披露要求，并加强对未切实履行分红承诺的上市公司的监督检查。

5 月 25 日　证监会发布《关于落实 < 国务院关于鼓励和引导民间投资健康发展的若干意见 > 工作要点的通知》，上海证券交易所发布实施《上海证券交易所中小企业私募债券业务试点办法》和《上海证券交易所中小企业私募债券业务指引（试行）》，中小企业私募债试点工作启动。

6 月 7 日　中国证券投资基金业协会在北京成立。

6 月 28 日　上海证券交易所发布《关于完善上海证券交易所上市公司退市制度的方案》，深圳证券交易所发布《关于改进和完善深圳证券交易所主板、中小企业版上市公司退市制度的方案》。

7 月 8 日　国务院批准中国证监会《关于扩大中关村试点逐步建立全国中小企业股份转让系统的请示》，在中关村园区基础上，新增上海张江、武汉东湖、天津滨海新区进入试点范围。

9 月 2 日　全国中小企业股份转让系统有限责任公司在京登记成立。

9 月 28 日　证监会发布《非上市公众公司监督管理办法》。

12 月 28 日　修订后的《中华人民共和国证券投资基金法》审议通过。

反垄断法治

薛　颖　苏　华*

一、中国反垄断法治背景

中国在过去三十多年的综合改革成就不容否定。在经济方面，中国一直保持着10%左右的GDP增速。2010年，中国的经济总量攀升至世界第二位。随着人均GDP达到4000美元，中国迈入中上等收入国家行列。与此同时，中国稳步推进区域和国际融合①，已成为全球最大的商品出口国、第二大商品进口国、第五大对外投资国、第二大接收外国投资的发展中国家以及最大的外汇储备国。

在政治方面，制度建设成为政治改革的核心。② 改革开放以来，中国经历了五次规模较大的政府机构改革③，进行了大量以市场为导向的立法活动。中国已经在县和不设区的市实行人民代表的直接选举，在村一级实行村民自治，在中央委员会的选举中实行了差额选举。④ 所有这些制度进步都为中国的经济腾飞提供了必要的政治环境支持，包括基本的社会和政治秩序，基本的社会公正和基

---

* 薛颖，中国社会科学院法学研究所博士后研究人员；苏华，中国社会科学院美国研究所副研究员。

① 中国自2001年加入WTO后，一直积极参与区域合作与融合。中国参与的区域合作包括：中国东盟自由贸易区、上海合作组织、大湄公河次区域经济合作（GMS）、环北部湾经济合作、中国－中亚合作论坛以及大图们江合作机制。详情见 Wang Hui, *Regional Integration Key to Growth*, China Daily, May 27, 2010, http://www.chinadaily.com.cn/opinion/2010-05/24/content_9883054.htm（2013年11月15日最后一次访问）。

② 中国是否存在政治改革仍存争议。在国际学术界和决策圈的部分专家看来，中国所进行的改革仅限于经济改革而非政治改革。这一观点最早见于 Susan L. Shirk 20世纪90年代初的著作，然后开始在学术圈流行。见 Cheng Yung-nien, *The Chinese Model of Development: An International Perspective*, 31 Soc. Sci. in China 44 (2010). 笔者同意郑永年教授的观点，即判断在中国是否有真正的政治改革的关键，在于如何定义政治改革。在中国，如果没有一定程度、一定方式的政治改革（无论其伴随多大的瑕疵和争议），人们很难想象今天以市场机制为导向的市场经济的中国是如何从严格指令和控制的计划经济中国一路蹒跚走来的。

③ 《新中国成立以来的历次政府机构改革》，新华网，2008年2月26日，http://politics.people.com.cn/GB/1026/6923277.html（2013年11月15日最后一次访问）。

④ 《政治体制改革要在党的领导下有序地进行》，新华网，2011年3月14日，http://yn.people.com.cn/GB/211173/211263/215352/215375/14140080.html（2013年11月15日最后一次访问）。

本的产权保护。①

不可回避的是，已有的骄人成绩并不能必然保证可持续的经济发展。各国在经济起飞初期，都倾向于优先进行政治和经济成本较小的改革，而避免触碰那些最敏感的部门和问题，从而优先收获那些触手可及的成果。这是面对经济发展需要和在位利益集团掣肘时的理性选择。但当经济发展到一定阶段，瓶颈问题不断凸显时，经济发展的增速就会逐渐放缓。②

2011 年，中国进入中上收入国家行列，同时进入人们视野的，是改革三十年累积的经济和社会风险所蕴含的中等收入陷阱。③ 而且，与其他中等收入国家不同的是，中国仍处于从计划到市场的经济转型过程。在这个特殊过程中所形成的，以政治高度集中和不彻底的市场经济为显著特征的“中国模式”④ 之争，一直甚嚣尘上。

---

① 根据郑永年的观点，在完善的法律体系和有效的执法体系建立之前，通过行政或政治的方式为产权提供保护是一种必要的、功能上的制度填补。

② 国家发展改革委经济体制综合改革司、国家发展改革委经济体制与管理研究所：《改革开放三十年：从历史走向未来——中国经济体制改革若干历史经验研究》，人民出版社 2008 年版。

③ 龚雯、杜海涛、崔鹏、我们能否跨过“中等收入陷阱?”人民网，2011 年 7 月 25 日，http：//finance. people. com. cn/GB/15232454. html（2013 年 11 月 15 日最后一次访问）。中等收入陷阱是指，当一个国家处于低收入水平时，可通过低劳动成本优势获得发展，真正的挑战将出现在其跨入先进国家行列时。这是因为经济的持续发展要求创新和资本及劳动力更有效的运用，这就要求对劳动力更好的教育和对研发更高的投入。有中国学者提出“转型陷阱”的概念。“转型陷阱”指的是，在改革和转型过程中形成的既得利益格局阻止进一步变革的过程，要求维持现状，希望将某些具有过渡性特征的体制因素定型化，形成最有利于其利益最大化的“混合型体制”，并由此导致经济社会发展的畸形化和经济社会问题的不断积累。“中等收入陷阱”的突出表现是原有支撑经济发展的有利因素耗尽而形成的经济停滞，而“转型陷阱”的主要表现则是经济与社会发展的畸形化。我们现在所处的状态既不是改革处于胶着状态，也不是改革受挫，也不是改革处于停滞状态，甚至也不是向旧体制倒退，而是将转型中某一特殊“过渡形态”定型化，形成以维护既得利益为主要目标的混合型体制。参见：清华大学凯风发展研究院社会进步研究所、清华大学社会学系社会发展研究课题组：“中等收入陷阱”还是“转型陷阱”?《开放时代》，2012 年第 3 期 http：//www. opentimes. cn/bencandy. php? fid = 332&aid = 1588（2013 年 11 月 15 日最后一次访问）。

④ 关于对中国模式的正面观察，参见 Joshua CooperRamo，The Beijing Consensus（2004），http：//fpc. org. uk/fsblob/244. pdf（2013 年 11 月 15 日最后一次访问）（2013 年 11 月 15 日最后一次访问）；Randall Peerenboom，China Modernizes：Threat to the West or Model for the Rest?（2008）；关于中国发展道路的官方著作，参见潘维主编，中国模式——解读人民共和国的 60 年，中央编译出版社（2009）；关于中国学者对“中国模式”的最新思考，参见郑永年，中国模式：经验与困局，浙江人民出版社（2010 年）；关于西方学者对“中国模式”的最新思考，参见 Stefan Halper，The Beijing Consensus，How China's Authoritarian Model Will Dominate the Twenty - First Century（2010）。值得一提的是，中国共产党对他国复制中国发展模式的说法一直甚为低调。有些前任政府官员甚至对“中国模式”这一概念本身也非常谨慎。参见赵启正：《中国无意输出“模式”》《学习时报》2009 年 12 月 7 日。中央党校副校长李君如赞成“中国特色”，而不赞成“中国模式”参见李君如，《慎提“中国模式”》，《学习时报》2009 年 12 月 7 日。

目前，中国必须面对两个紧迫问题以摆脱中等收入陷阱之困：经济增速放缓和市场秩序混乱。① 这两个问题在2008年金融危机后变得更为棘手。尽管解决之道在于一揽子政策的出台，但打击垄断、规范竞争应是改革的重中之重。因为从长期看，垄断行为对市场机制的影响将破坏中国向市场经济的转型和经济持续稳定的发展。

在中国，除了传统反垄断法意义上的经济性垄断外，作为多数垄断行为根源的行政垄断对社会、经济的损害尤为引人注意，成为反垄断执法的重点。②行政垄断将行政权力带入市场，不规范地进行企业经营和市场交易，以垄断性国有企业和地方保护主义的形式，抑制了竞争机制的形成、完善和发挥，影响了企业市场经营活动的正常进行，加大了企业改革的难度，偏离了政府职能转变的发展方向，损害了政府宏观调控目标的有效实现和政府形象。③

为了应对中国转型、发展过程中的挑战，期待已久的《中华人民共和国反垄断法》（以下简称《反垄断法》）在酝酿14年后终于2008年8月1日正式施行。相关配套规定也以行政法规或部门规章的形式相继出台。④ 尽管《反垄断法》对私人执法仅作原则性规定，但《反垄断法》的有效实施有赖于公共和私人执行的有机结合 。⑤

自反垄断法实施以来，全国地方法院受理垄断民事一审案件数量逐渐攀升，

---

① 周其仁：《竞争、垄断和管制——反垄断政策的背景报告（2001）》，http：//unpan1. un. org/intradoc/groups/public/documents/APCITY/UNPAN015590. pdf（2013年11月15日最后一次访问）。该报告为国家体制改革办公室产业司委托研究项目。

② 王晓晔：《依法规范行政性限制竞争行为》，《法学研究》1998年第3期。

③ 国家经贸委、国家工商局“反垄断法”起草小组：《关于中国反垄断立法若干问题的研究》，《经济工作通讯》，1995年第5期。

④ 关于《反垄断法》的配套规定请见附录一。

⑤ 事实上，在中国反垄断私人执法的步伐远快于公共执法，甚至快于私人执法相关事实细则的出台。在《反垄断法》正式实施的第一天2013年8月1日，律师刘方荣和律师李方平就分别在重庆和北京以因垄断行为受到损害为名将重庆保险协会和中国网通告上法庭。参见《保险反垄断第一案重庆保险协会被诉》，21世纪网，2008年8月13日，http：//www. china. org. cn/business/news/2008 -09/05/content_ 16396400. htm（2013年11月15日最后一次访问）；李方平：《我为什么诉网通？——访“反垄断诉讼第一案”原告李方平》，法制网，2009年9月21日，http：//www. legaldaily. com. cn/bm/content/2008 -09/21/content_ 949141. htm（2013年11月15日最后一次访问）。更引人深思的是，同样在《反垄断法》正式实施的第一天，北京兆信信息技术有限公司等四家数码防伪企业和名邦税务师事务所分别在北京和宁波以行政垄断为由将国家质检总局和余姚市人民政府告上法庭。参见《“反垄断法第一案”追问电子监管网背后的利益格局》，法制网，2008年8月3日，http：//www. legaldaily. com. cn/bm/content/2008 - 08/03/content _ 915048. htm（2013年11月15日最后一次访问）；《全国反行政垄断诉讼第一案》，《宁波日报》，2010年9月25日A5版，http：//daily. cnnb. com. cn/nbrb/html/2010 -09/25/content_ 239243. htm（2013年11月15日最后一次访问）。

至2012年上半年共受理107件。[①] 但这一现状仍与人们的预期有所落差，[②] 而且原告胜诉案件的公开报道几乎无迹可寻。[③]

对于公共执行而言，第一次有分量的执法是发展改革委在2011年对两家民营医药企业实施的处罚[④]。此时，据《反垄断》实施已逾三年。而对大型国有企业的执法，电信、联通滥用市场支配地位案自2011年立案调查后至今未决；真正的惩罚性措施在2012年的系列保险行业协会组织垄断协议案和2013年的白酒案中才得以破冰。[⑤]

上述看起来稍显发育不足的中国反垄断执法映射了内生于中国模式的典型困境：一方面，中国在追求工业化和现代化的过程中努力寻求为市场主体创造公平的竞争环境；另一方面，政府对市场的强力控制和过度干预使得反垄断执法在实践层面被处处掣肘。在当下的中国，反垄断相关法律、法规只能作为一个制度工具，在更大的政治、经济环境中予以实践。而这个母体环境的典型特征是法治经济中普遍施行的规则和宏观经济杠杆仍未发育成熟，政府法令在经济秩序调整中还扮演重要角色。而且，制度和观念上的路径依赖也反映出对通过行政手段解决经济问题的偏好。而且，转型中国所特有的薄弱的制度基础，匮乏的财政和人力资源，都进一步加大了有效的反垄断执法的难度。

因此，身处政治和经济改革交叉口的中国反垄断制度，在很大程度上承担

---

① 《中国竞争法律与政策研究报告》编写组：《中国竞争法律与政策研究报告》，法律出版社2012年版，第111页。

② 2008年《反垄断法》出台不久，上海市二中院就成立了反垄断案件专项合议庭，跨庭汇集了来自民事庭、商事庭、行政庭和知识产权庭的精干力量。然而截至2011年上半年合议庭一共只受理了两起有关反垄断的案件。其中一起因为原告在上诉理由中提到反垄断因素，案件从商事庭移交到反垄断合议庭。参见叶文娟：《反垄断民事诉讼：微茫中前行——最高院出台20条规则试图破解反垄断民事诉讼之困局》，《上海法制报》，2011年6月3日，http：//newspaper. jfdaily. com/shfzb/html/2011－06/03/content_ 585825. htm#（2013年11月15日最后一次访问）。

③ 媒体报道显示，中国首例原告终审胜诉的民事胜诉案是2013年8月1日终审宣判的北京锐邦涌和科贸有限公司诉强生（上海）医疗器材有限公司、强生（中国）医疗器材有限公司限定最低转售价格案。参见《全国首例原告终审胜诉的垄断案在沪落槌》，中国法院网，2013年8月1日。http：//www. chinacourt. org/article/detail/2013/08/id/1043141. shtml（2013年11月15日最后一次访问）。

④ 在该案中发展改革委对涉案企业没收违法所得并处罚款总计687.7万元和15.26万元。参见《顺通华新两药企涉嫌垄断遭重罚，为首起垄断重罚案》，人民网，2011年11月14日，http：//health. people. com. cn/GB/16241181. html（2013年11月15日最后一次访问）。此前，反垄断行政执法机构对单个涉案企业或行业协会的罚款均不超过50万元人民币。

⑤ 参见《宜宾五粮液股份有限公司关于控股子公司收到四川省发展改革委〈行政处罚决定书〉的公告》http：//epaper. stcn. com/paper/zqsb/html/2013－02/23/content_ 444920. htm（2013年11月15日最后一次访问）；《贵州物价局公布对茅台价格垄断罚单》，http：//politics. caijing. com. cn/2013－02－22/112523265. html? _ fin（2013年11月15日最后一次访问）。

了创造公平竞争环境，打击既得利益集团，促进中国可持续性发展的多重责任。与此同时，对中国反垄断法及其执法的理解不能绕过中国的发展阶段，中国对经济发展的内在需要和可持续发展的制度性、结构性障碍。对这些根本背景的梳理将会告诉我们在多大程度上《反垄断法》能够克服执法障碍而真正得以有效执行。

本文将通过对中国反垄断执法的评述，对执法现状制度性原因的反思，以及对未来反垄断执法的展望，以期对中国反垄断法治发展有一个理性的、全景式的呈现。

二、中国反垄断执法评述

（一）公共执法：稚嫩而谨慎

2008 至 2012 年《反垄断法》实施后四年间，对公共执法，即反垄断行政执法机构的执法，大体可用两个词来总结：稚嫩、谨慎。

中国反垄断公共执法的稚嫩之处主要体现在以下四个方面。

1. 反垄断执法机构仍在探寻自身合适的位置

《反垄断法》规定了职能互补的两种行政机构负责反垄断事务：反垄断委员会和反垄断执法机构。其中，反垄断执法机构包括组织机构相互独立，但反垄断职责彼此交叉的三个行政机关，即负责经营者集中行为反垄断审查的商务部，负责规制价格垄断行为的发展改革委，以及负责规制垄断协议、滥用市场支配地位、滥用行政权力排除限制竞争行为的（价格垄断行为除外）工商总局。

虽然各有侧重，但商务部、发展改革委和工商总局均为身负多重职责的综合性行政管理部门。在《反垄断法》生效伊始，并无对反垄断执法部门在三个中央政府机关内层级的具体要求，上述三个中央机关内部司职反垄断执法工作的部门差异明显。在商务部，负责经营者集中审查的部门为反垄断局，该内设机构为厅局级单位，专司经营者集中审查的反垄断执法工作。在工商总局，负责规制垄断协议、滥用市场支配地位、滥用行政权力排除限制竞争行为的（价格垄断行为除外）部门是反垄断与反不正当竞争执法局，该内设机构是与商务部反垄断局级别相同的司局级单位，但不同的是，在该局的五个处室中，专司反垄断执法的仅有两个。① 发展改革委被称为“小国务院”，起先由价格监督检查司下的反价格垄断处司职规制价格垄断行为，该部门系处级内设机构。2011

① 工商总局反垄断与反不正当竞争执法局内设综合处、反垄断执法处、反垄断法律指导处、反不正当竞争处、案件督查协调处。

年7月，价格监督检查司更名为价格监督检查与反垄断局，内设的九个处室中，专司反垄断执法的也仅有两个。[①]

2. 反垄断执法机构人力资源缺乏

关于反垄断执法机构执法资源的信息披露非常鲜见，但非正式消息源表明，《反垄断法》实施五年后仍存在较大人力缺口，且随着案件数量的逐渐攀升，人力缺口有扩大倾向。

目前，商务部反垄断局有正式编制工作人员约40人，且据称是拥有专职反垄断工作人员人数最多、教育背景最强的反垄断执法部门。工商总局的反垄断与反不正当竞争执法局负责反垄断工作的、有正式编制工作人员约10人。发展改革委的价格监督检查与反垄断局负责反垄断工作的、有正式编制的工作人员约10人。2011年价格监督检查司更名为价格监督检查与反垄断局后，人员编制增加20个，达到46人，处室增设3个，但新增编制人员大部分都尚未到位。[②]

值得一提的是，《反垄断法》框架内所允许的授权执法可在一定程度上缓解人力瓶颈。根据《反垄断法》第十条之规定，国务院反垄断执法机构依法负责反垄断执法工作，但其根据工作需要，可以授权省、自治区、直辖市人民政府相应的机构，进行反垄断相关执法工作。[③] 自1993年《反不正当竞争法》、1998年《价格法》颁布实施以来，地方工商行政管理部门和价格主管部门已经锻炼形成了对竞争执法和价格执法具备初步经验的执法队伍。在2011中国反垄断民事诉讼论坛上，国家工商总局竞争执法局姜天波副局长曾披露，全国工商行政管理系统内共有近79000人从事反垄断和反不正当竞争相关执法工作。此外，地方层面的反垄断专门执法机构也以调查处或科（室、组）的形式纷纷建立。[④] 因此，如附录二和附录三所示，截至目前，经授权的地方反垄断执法部门是中国反垄断执法的中坚力量。

---

① 《国家发改委价检司更名价格监督检查与反垄断局》，中国新闻网，2011年7月27日，http://www.chinanews.com/cj/2011/07-27/3213971.shtml（2013年11月15日最后一次访问）。发展改革委价格监督检查与反垄断局内设综合处、法制工作处、监督指导处、价格检查处、收费检查处、市场价格监管处、反价格垄断调查一处、反价格垄断调查二处、竞争政策与国际合作处。参见http://jjs.ndrc.gov.cn/jgsz/default.html（2013年11月15日最后一次访问）。

② 张向东：《发改委未中止调查，电信本周或出整改细则》，经济观察网，2011年12月10日，http://www.eeo.com.cn/2011/1210/217811.shtml（2013年11月15日最后一次访问）。

③ 《反垄断法》第十条：国务院规定的承担反垄断执法职责的机构（以下统称国务院反垄断执法机构）依照本法规定，负责反垄断执法工作。国务院反垄断执法机构根据工作需要，可以授权省、自治区、直辖市人民政府相应的机构，依照本法规定负责有关反垄断执法工作。

④ 《国家发改委要求地方设反价格垄断机构》，中国新闻网，2010年12月08日，http://finance.chinanews.com/cj/2010/12-08/2706830.shtml（2013年11月15日最后一次访问）；《关于成立山东省工商局反垄断执法小组的通知》，工商总局官网，2009年10月10日，http://www.saic.gov.cn/fldyfbzdjz/gzdt/200910/t20091010_71508.html（2013年11月15日最后一次访问）。

3. 执法路径依赖使得从《反不正当竞争法》和《价格法》到《反垄断法》的执法转换尚需时日

如上所述，《反不正当竞争法》和《价格法》已分别在1993年和1998年生效，并在中央和地方层面建立了执法力量。在过去15到20年间，工商行政管理部门和价格主管部门已经积累了丰富的执法经验和人力资源，并在反垄断实践方面取得一定成绩。例如，2007年发展改革委对方便面价格串通案进行了调查和通报。

自1995年到2005年十年间，工商总局共处理5643件经营者实施垄断行为的案件，涉及公用事业、保险、电信、邮政、银行、烟草、石油、盐业等众多行业，以及519件地方保护主义案件。①

但即使在《反垄断法》生效后，执法机构仍可能在处理垄断案件中适用《价格法》或将其与《反垄断法》同时适用。比如，2010年的广西米粉串通涨价案中，广西壮族自治区物价局以米粉涨价行为违反中国《价格法》《反垄断法》《价格违法行为行政处罚规定》等有关法律法规为由，认定涉案企业构成了相互串通，操纵市场价格的不正当价格行为并分别予以处罚。② 在2011年浙江省富阳市造纸行业协会组织实施价格垄断案中，浙江省物价局认定浙江省富阳市造纸行业协会组织本行业经营者达成变更或固定价格的垄断协议的行为，违反了《价格法》和《反垄断法》的相关规定。根据《价格违法行为行政处罚规定》第五条第三款关于行业协会组织经营者相互串通、操纵市场价格的，对行业协会可以处50万元以下的罚款的规定。③ 更为知名的是2013年LCD液晶面板企业横向价格垄断案，发展改革委认定涉案企业违反了《价格法》第十四条第一项“相互串通，操纵市场价格，损害其他经营者或者消费者的合法权益”的规定，按照《价格法》第四十条、第四十一条规定，发展改革委责令涉案企业退还国内彩电企业多付价款1.72亿元，没收违法所得3675万元，并处罚款1.44亿元，经济制裁总计3.53亿元。在被公开问及为什么用《价格法》而不用《反垄断法》进行处罚时，发展改革委相关负责人表示该案价格违法行为发生在2001年至2006年，由于当时中国《反垄断法》尚未颁布施行，按照法律不溯及

① 国家工商行政管理局公平交易局、中国社会科学院国际法学研究中心：《反垄断典型案例及中国垄断执法调查》，法律出版社2007年版。

② 《发改委通报广西部分米粉厂家串通涨价案处理情况》，中国网，2010年3月30日，http://www.china.com.cn/economic/txt/2010-03/30/content_19716458.htm（2013年11月15日最后一次访问）。

③ 《浙江省富阳市造纸行业协会组织实施价格垄断行为受到严厉处罚》http://jjs.ndrc.gov.cn/gzdt/t20110119_391551.htm（2013年11月15日最后一次访问）。

既往，以及在新旧法间从旧兼从轻的原则，依据《价格法》对此案进行了定性处罚。①

正如工商总局和发展改革委官员所承认的，由于《反垄断法》与《价格法》和《反不正当竞争法》存在规制重叠，加之中央反垄断执法部门必须依靠地方分支结构弥补执法力量不足的缺陷，对旧法的执法惯性不可避免。这种执法资源与执法需求的错配可能会延迟《反垄断法》深入而有效的执行。

4. 配套法规仍未完善，立法技术有待加强

中国《反垄断法》施行后，由于实施细则制定的迟延，除经营者集中审查外，在较长时间内公共执法和有效的私人执法都处于休眠状态。如附录一所示，除《国务院关于经营者集中申报标准的规定》几乎与《反垄断法》同时颁布施行外，其他与反垄断行政执法的相关配套规章直到2009年5月份之后陆续出台。即使如此，业界普遍反映，中国的配套法规未能如反垄断制度先进国家的配套法规一样为执法者、企业、律师等相关方提供明确行为指引和结果预期。因此，如宽恕政策、相关市场界定（尤其在新兴产业）、销售额的计算、违法所得的计算等重大问题只能通过执法部门的执法个案获得相对明晰的解释。

事实上，正是配套规定的滞后，使得反垄断执法机构面对2008年进入危机后的国有企业并购浪潮时，不得不保持尴尬的缄默。②

中国反垄断公共执法的谨慎之处则主要体现在相对稀少的案件数量和面对行政垄断的小心翼翼。

如表1所示，发展改革委和工商总局在2008年《反垄断法》施行后两年的时间里没有任何执法行动。虽然，案件数量在2010年打破僵局，但此后的增长也相对缓慢。

表1　工商总局和发展改革委2008到2012年反垄断案件年度对比

单位：件

	2008年	2009年	2010年	2011年	2012年
工商总局	0	0	1	3	7
发展改革委	0	0	1	3	2
商务部	17	78	118	185	186

① 《国家发展改革委有关负责人就液晶面板价格垄断案答记者问》，http：//www.sdpc.gov.cn/xwfb/t20130104_521993.htm（2013年11月15日最后一次访问）。

② 张向东：《〈反垄断法〉介入央企重组》，《大地》，2009年第22期，http：//paper.people.com.cn/dd/html/2009-11/16/content_407788.htm（2013年11月15日最后一次访问）。

当然，发展改革委和工商总局反垄断执法记录的匮乏也与中国反垄断制度框架下缺乏严格的信息披露不无关系。中国《反垄断法》仅在第三十条要求国务院反垄断执法机构应当将禁止经营者集中的决定或者对经营者集中附加限制性条件的决定，及时向社会公布，而对发展改革委和工商总局的执法处罚决定公布《反垄断法》第四十四条仅作原则性规定。① 因此，我们可以看到商务部公布的案件数量与日俱增，而对工商总局和发展改革委执法行动的报道只零星出现在媒体上。2013 年 7 月 29 日国家工商行政管理总局通过其新开通的“反垄断案件公布平台”公布了 12 起已查结的垄断案件后，普通民众才得以知悉在过去的五年中工商总局的执法情况。②

公共执法谨慎特点的另一表现是面对行政垄断小心翼翼的态度。在 2011 年 11 月发改委对山东药企开出《反垄断法》生效以来第一张有分量的罚单前，③ 人们曾经以为这张罚单会落在因滥用市场支配地位而遭受调查的中国电信、中国联通两家电信企业身上。④ 关于两家电信企业垄断行为的调查系应始于 2011 年年初的中国铁通及其他网络服务提供商的举报。⑤ 发改委价格监督检查与反垄断局副局长李青曾公开谴责，中国电信和中国联通利用宽带接入及网间结算领域的市场支配地位对竞争对手收取高价并进行价格歧视。⑥ 尽管不同产业利益集团所主导的讨论在 2011 年年底甚嚣尘上，发改委的反垄断行政调查并未停止。

从以往经验来看，由于各种原因，反垄断执法机构对国企的价格垄断行为是相对宽容的。最终不了了之的中航信事件和中国联通、中国网通经营者集中事件是最好的注脚。

在 2012 年 10 月 1 日前，中国民航信息网络股份有限公司（以下简称中航

---

① 《反垄断法》第四十四条：反垄断执法机构对涉嫌垄断行为调查核实后，认为构成垄断行为的，应当依法作出处理决定，并可以向社会公布。

② 《工商总局公布 12 起垄断案件》，新华网，2013 年 07 月 29 日，http：//news. xinhuanet. com/fortune/2013 -07/29/c_ 116728981. htm（2013 年 11 月 15 日最后一次访问）。必须予以肯定的是，在信息公开方面工商总局前进了一大步并做出了表率作用。

③ 发展改革委因山东潍坊顺通医药有限公司和潍坊市华新医药贸易有限公司非法控制复方利血平原料药，哄抬价格、牟取暴利，致相关制药企业停产，对山东顺通没收违法所得 37. 7 万元并处罚款 650 万元，合计 687. 7 万元；对山东华新没收违法所得 5. 26 万元并处罚款 10 万元，合计 15. 26 万元。

④ 《涉嫌打压竞争对手电信联通或领首张反垄断罚单》，中国网，2011 年 11 月 11 日，http：//www. china. com. cn/economic/txt/2011 -11/10/content_ 23875775. htm（2013 年 11 月 15 日最后一次访问）。关于该案反映的不同利益集团之间竞争，参见《中国电信与联通遭反垄断调查》，人民网，http：//tc. people. com. cn/GB/183743/190818/234393/index. html（2013 年 11 月 15 日最后一次访问）。

⑤ 《工信部望铁通取消此对电信联通的举报广电总局称应彻查》，财经网，2011 年 11 月 22 日，http：//industry. caijing. com. cn/2011 -11 -22/111433310. html（2013 年 11 月 15 日最后一次访问）。

⑥ 参见脚注④。

信）是国资委下属民航信息查询平台，作为在中国注册的唯一的计算机订座系统服务提供商，其在中国内地旅游业资讯科技解决方案市场的占有率高达97%。[①]中航信的主要股东包括中国民航信息集团公司、中国南方航空集团公司、中国东方航空集团公司、中国航空集团公司。[②]

从2009年4月20日起，国内航线实行新的运价体系，也就是说，以后折扣机票，不能按机票的全价打折，而是在扣除了航空公司的上浮价之后，对民航局发布的基准价打折。这次运价体系的调整，源于中航信2009年3月初对全国的机票销售代理商发布的运价系统停机维护以及票价调整的通知。[③]

2010年7月底开始，中航信以根据中航协的规定清理市场为名开始对外挂第三方平台[④]作停机处理，且不予任何理由恢复。有报道披露，中航信清理机票竞价平台的真实意图，是为推广自己的"航信一站式平台"而打压竞争对手。受到影响的100多家机票销售平台正式组成联盟，在2010年7月21日下午向媒体发布了《关于中航信着手清理违规外挂机票销售平台正式回应》的声明，该声明提及，"百家机票平台将会联合起来随时应对中航信的起诉，……保留对中航信垄断、涉及行业不正当竞争起诉的权利。"[⑤]

在上述关于中航信的案件中，发改委在调查中航信推动票价上涨的过程中发现，国航从2008年年底就开始酝酿调整机票折扣计算方式，并向中航信发出调整售票系统的通知。2009年1月至2月，国内主要航空公司跟随国航，要求中航信对系统进行调整，按照新的公式计算折扣票价。由此各大航空公司形成价格联盟的嫌疑开始浮出水面，如经证实则可能面临巨额罚款。在各方巨大压力下，五个月后被认为是航空巨头"价格联盟"的中航信新民航运价体系随即土崩瓦解。[⑥] 但值得注意的是，没有信息显示发改委曾对中航信正式立案。

在涉及中航信的第二个案件中，面对对中航信的垄断行为的声讨和中航信

---

① 参见王毕强、刘伟勋：《涉操纵机票涨价发改委调查中航信》，经济观察网，2009年5月17日，http://www.eeo.com.cn/finance/other/2009/05/16/137823.shtml（2013年11月15日最后一次访问）。除了春秋航空之外所有航空公司的航班、时刻、座位空缺信息只能从中航信系统查询。

② 参见股权结构图，http://www.travelsky.net/cn/tzzgx/gpxx/gqjg/index.shtml（2013年11月15日最后一次访问）。

③ 《机票上涨有悖反垄断法，民航垄断公司疑幕后推手》，人民网，2009年4月21日，http://finance.people.com.cn/GB/9164609.html（2013年11月15日最后一次访问）。

④ 所谓外挂，是指通过技术手段，将中航信提供的终端复制成多个使用，类似于盗版软件。参见姜虹：《中航信"清理门户"引发口水战》，《中华工商时报》，2010年7月23日第17版。

⑤ 参见姜虹《中航信"清理门户"引发口水战》，《中华工商时报》，2010年7月23日第17版。

⑥ 廖杰华：《民航新运价体系休克》，经济观察网，2009年9月18日，http://www.eeo.com.cn/eeo/jjgcb/2009/09/21/151700.shtml（2013年11月15日最后一次访问）。

此前实施垄断行为的嫌疑，反垄断执法机构并未表达意见。国家审计署、国家民航局、中航协等部门虽介入，但并未涉及垄断问题。①

中国网通、中国联通经营者集中事件是反垄断执法部门面对大型国企持谨慎态度的另一个样本。几乎在《反垄断法》正式施行的同时，经营者集中的严肃性就在中国网通、中国联通经营者集中事件中被大打折扣。商务部官员 2009 年向媒体证实，于 2008 年 10 月 15 日正式合并的中国联合通信股份有限公司、中国网络通讯集团公司，未依法向有关当局进行经营者集中申报。尽管有律师主张可以《反垄断法》第 48 条之规定②对两家电信企业予以处罚，但彼时商务部拟定的《关于对未依法申报的经营者集中调查处理办法（草案）》仍在公开征求意见阶段，最终，这一未依法申报的经营者集中案也不了了之。③ 此后，直到 2009 年，中国东方航空股份有限公司换股吸收合并上海航空股份有限公司，才有了第一笔国有企业经营者集中行为反垄断审查的记录。④

综上所述，中国的反垄断公共执法被部门利益和资源、人力及经验的缺乏所掣肘，在相当大的程度上影响了执法的意愿和能力。从现有案例看，垄断协议行为，滥用市场支配地位行为，滥用行政权力排除、限制竞争行为和未依法申报而事实上具有经营者集中行为等众多反垄断案件的肇端和告破都活跃着相关企业、消费者等私人方的影子。而反垄断执法部门在获得相关举报线索后，在深入调查和收集证据方面的确显示出与私人方良性互补的优势。

（二）私人执行：先天不足

尽管《反垄断法》第五十条关于私人执行的规定非常原则和笼统⑤，但它仍

---

① 姜虹：《中航信“清理门户”引发口水战》，《中华工商时报》，2010 年 7 月 23 日第 17 版。

② 《反垄断法》第四十八条：经营者违反本法规定实施集中的，由国务院反垄断执法机构责令停止实施集中、限期处分股份或者资产、限期转让营业以及采取其他必要措施恢复到集中前的状态，可以处五十万元以下的罚款。

③ 王毕强：《联通网通合并涉嫌违法》，经济观察网，2009 年 5 月 1 日，http：//www. eeo. com. cn/industry/it_ telecomm/2009/05/01/136645. shtml（2013 年 11 月 15 日最后一次访问）。

④ 商务部反垄断局于2009 年 9 月 16 日无条件批准该经营者集中，参见《中国东方航空股份有限公司换股吸收合并上海航空股份有限公司报告书》，http：//www. cninfo. com. cn/finalpage/2009 - 12 - 31/57457359. PDF（2013 年 11 月 15 日最后一次访问）。当然，缺少国企接受经营者集中审查的记录并不意味着国企在事实上获得了审查豁免，原因是：第一，经营者集中申报的门槛相对较高，在中国能达到申报标准所要求的营业额规模的相对较少；第二，在发展改革委启动对中国电信、中国联通的反垄断调查后，的确向市场传递出更为严肃的执法态度和更为坚决的执法决心；第三，即使国企想要绕过经营者集中审查，它们也无法在不使反垄断执法机构陷入尴尬局面的情况下进行跨部门的讨价还价。

⑤ 《反垄断法》第五十条：经营者实施垄断行为，给他人造成损失的，依法承担民事责任。

在2012年5月3日最高人民法院的《关于审理因垄断行为引发的民事纠纷案件应用法律若干问题的规定》出台之前，为平等主体之间通过民事诉讼的方式对因垄断行为造成的损害寻求司法救济提供了可能。

也许由于中国民众已饱受几十年的垄断之苦，媒体对《反垄断法》实施后垄断行为遏制的想象过于乐观，而《反垄断法》自身的复杂性则被简单化处理，最终导致反垄断私人执行的举步维艰。

1. 反垄断私人执行的主要特点

虽然如前文所述，在《反垄断法》施行的第一天就有至少三起反垄断民事所述被提起，但此后两年左右的时间里民事诉讼陷入低谷，截至2010年5月总共仅有10起反垄断诉讼被提起（见表2）。

表2　2008年8月1日至2010年5月全国法院受理反垄断民事案件一览

案名	受案法院	标的额/诉由	结案方式/判决结果
刘方荣诉重庆市保险行业协会垄断纠纷案	重庆市五中院	1元	撤诉
重庆西部破产清算有限公司诉中国建设银行重庆南坪支行垄断纠纷案	重庆市五中院	100元	和解撤诉
周泽诉中国移动通信集团北京有限公司、中国移动通讯集团公司垄断纠纷案	北京二中院	—	和解撤诉
李方平诉中国网通（集团）有限公司北京市分公司垄断纠纷案	一审：北京二中院 二审：北京高院	1元	驳回诉讼请求
唐山人人信息服务有限公司诉北京百度网讯科技有限公司垄断纠纷案	一审：北京一中院 二审：北京高院	110．6万元	一审败诉，二审未审结
北京中经纵横信息咨询中心诉北京百度网讯科技有限公司垄断纠纷案	北京一中院	50万元	未结案
北京书生电子技术有限公司诉上海盛大网络发展有限公司和上海玄霆寻呼机乐信息科技有限公司垄断纠纷案	一审：上海一中院 二审：上海高院	220万元	一审驳回诉讼请求，二审维持原判

续表 2

案名	受案法院	标的额/诉由	结案方式/判决结果
湖州一亭白蚁孩治服务有限公司诉湖州市白蚁孩治研究所有限公司垄断纠纷案	杭州市中院	—	驳回诉讼请示
郑敏杰诉威瑞信数字服务技术（中国）有限公司、互联网名称与数字地址分配机构（CANN）垄断纠纷案	国管辖权异议北京高院拟定移通浙江省宁波中院审理	注册 a－z 打头的 . com 域名遭拒	未结案
郑敏杰诉威瑞信数字服务技术（中国）有限公司、互联网名称与数字地址分配机构（CANN）垄断纠纷案	国管辖权异议北京高院拟定移送浙江省宁波中院审理	注册 0－9 打头的 . com 域名遭拒	未结案

仔细梳理已被公开的反垄断民事诉讼案件，我们可以发现在现阶段，中国的反垄断民事诉讼呈现如下特征。

（1）国有企业和 IT 企业成为反垄断民事诉讼的首要目标之一。如上表所示，在已公布的案件中，有两家国有电信企业，一家国有银行，一家以国有保险公司为核心的地方性保险行业协会，以及一家转制前为国企的有限公司。

基于中国裁判文书信息披露体系①，我们无法就此断言国有企业或具有政府背景的企业是反垄断民事诉讼被告的主体。但考虑到已披露案件中这类企业在被告中的比例，以及公众对积重难返的行政垄断的不满，国有企业或具有政府背景的企业很可能成为反垄断私人执行的重点对象。②

互联网企业成为反垄断民事诉讼被告是另一热点。表 2 中，五分之二的被告为互联网企业，此后，还有引人关注的奇虎 360 诉腾讯滥用市场支配地位案，华为诉美国 IDC 公司滥用标准必要专利权案等。

在民营部门，互联网业的内在行业发展规律使得短短几年内，中国已经孕育出世界级的大型互联网企业。而且互联网业容易形成集聚效应，市场集中度高。因此不难看到，IT 企业相对于民营部门其他尚处幼年期、规模较小的企业更容易成为反垄断民事诉讼的目标。工商总局反垄断与反不正当竞争执法局的

---

① 《裁判文书上网为何“雷声大雨点小》新华网，2009 年 4 月 13 日，http：//news. xinhuanet. com/politics/2009－04/13/content_ 11175475. htm（2013 年 11 月 15 日最后一次访问）。

② 潘洪其：《破除行政垄断“软权力”还需动大手术》，中国网，2011 年 11 月 11 日，http：//www. chinanews. com/cj/2011/11－11/3454541. shtml（2013 年 11 月 15 日最后一次访问）。

官员也曾表达，今后一段时期内，该局将会把执法重点放在信息产业、通讯产业、互联网行业和软件行业。①

（1）涉及滥用市场支配地位的案件居多。表2所示的案件中，涉及滥用市场支配地位的案件达到9件，涉及垄断协议的只有1件。

（2）将国有企业列为被告的反垄断民事诉讼的原告以终端消费者为主，将民营企业列为被告的反垄断民事诉讼的原告以竞争者或下游厂商为主。如果我们假设在已审结的案件中，法官对反垄断相关规定的解释是正确的话②，在消费者诉企业的案件中，被质疑的垄断行为多为剥削性（exclasive）的滥用市场支配地位行为，其中最为典型的是收取不公平的高价行为。而在企业诉企业的案件中，被质疑的垄断行为多为排他性（exploitative）的滥用市场支配地位行为。

（3）法律从业人员起诉较多。在《反垄断法》实施初期，自然人原告以法律从业人员为主，其目的往往在于要求法院澄清《反垄断法》的适用规则，请求赔偿多是象征性的。

表2中的四位自然人原告中有三位为律师（但反垄断并非其执业领域），其中两位是公众所熟知的“维权律师”③，其中的周泽律师还在2008年8月1日代表四家防伪企业以行政垄断为由起诉了国家质检总局。维权律师所维护和倡导的是比直接客户利益更广泛的公共利益④，向沉疴已久的垄断行为叫板是他们维权的方式之一。之所以选择电信企业，是由于这些律师自身也是大型国企高价行为的受害者。⑤与普通消费期待不同的是，多年的维权经验使这些维权律师明白，这些测试性案例更多的是象征性意义，提醒广大消费者还存在《反垄断法》作为消费维权的制度武器。不管维权律师真实的动机如何，以及从技术角度反垄断案件的质量如何，这些在《反垄断法》实施之初，当大多数公众还不知晓反垄断为何物时，以反垄断名义高调提起的诉讼的确有助于教育大众，有助于

---

① 张维：《工商总局官员就3Q大战引发法律问题表态将加强有效监管》，法制网，2011年5月9日，http://www.legaldaily.com.cn/bm/content/2011-05/09/content_2645706.htm?node=20734（2013年11月15日最后一次访问）。

② Wentong Zheng, *China's First Court Decision under the Anti-Monopoly Law: A Misreading of the Law?*, http://lawprofessors.typepad.com/antitrustprof_blog/2009/10/chinas-first-court-decision-under-the-antimonopoly-law-a-misreading-of-the-law.html（2013年11月15日最后一次访问）。

③ Hualing Fu &Richard Cullen, *Weiquan (Rights Protection) Lawyering in an Authoritarian State: Building a Culture of Public-Interest Lawyering*, 59 China J. 111（2008）.

④ 参见注释55.

⑤ 朱雨晨：《反垄断诉讼第一案原告李方平：我为什么告网通?》21世纪网，2008年9月21日，http://news.21cn.com/zhuanti/domestic/fanlongduan/2008/09/21/5226197.shtml（2013年11月15日最后一次访问）。

测试反垄断制度在中国的渗透力。

（4）缺少公共执法后的后续诉讼。尽管中国反垄断公共执法日渐活跃和成熟，但声势浩大的行政调查和行政处罚结束后，却鲜有美国常见的后续诉讼（follow – on actions）。中国大部分反垄断民事诉讼为独立性诉讼（stand – alone actions），即不依赖于反垄断公共执行而自发提起的民事诉讼。这样的现状一方面源于原告总体上缺乏提起诉讼的经济动因；另一方面，中国政府的信息披露一向饱受诟病，公众很难及时、充分地从政府获得相关信息。而且，中国反垄断制度刚刚起步，政府对如何拿捏对执法过程中获得的企业信息予以保密和履行信息披露之间尚不娴熟。

（5）潜在原告缺乏提起反垄断民事诉讼的经济动因。反垄断民事诉讼的原告必须突破重重体制或非体制壁垒才能提起反垄断民事诉讼。这些障碍包括：行政执法缺乏透明度、举证困难、经济负担等。诸如被告的央企身份等非技术性因素常常增加了寻求司法救济的难度。①而且，中国没有惩罚性赔偿，即使原告赢得诉讼，所获得的赔偿很可能无法覆盖诉讼成本，更不用说，目前的胜诉率如此之低。

2. 反垄断私人执行乏力的主要原因

分析中国反垄断私人执行上述特征形成的原因，笔者认为主要有如下几点。

（1）反垄断公共执行乏力。在一国反垄断制度实施初期，由于反垄断规定具有复杂性、模糊性，且广大公众对反垄断制度极为陌生，公共执法对于执法破冰往往具有重要作用。但与此同时，中国年轻的反垄断行政执法机构也面临人员短缺、资源匮乏、经验和知识不足等问题。此外，他们还不得不应对转型中国所特有的情况，如部门利益的固化和法治的缺乏。这些内外境遇的叠加，使得中国公共执法只能给予私人执法极为有限的启发和帮助，却也愈加凸显了中国私人执行对公共执行重要的补充作用。

（2）难以化解的举证难。对因垄断行为造成的损害寻求司法救济在任何一个国家或地区都不是件容易的事情。

为了使私人执行取得活力，美国等反垄断先进国家通过精心设计的举证制度来减轻原告的举证责任。但中国的反垄断民事诉讼仍奉行谁主张、谁举证的规则，这成为原告拿起《反垄断法》这一武器的最大障碍。从已公布的案件来

① 在李方平诉中国网通一案中，法院在一个月后才立案。尽管缺乏经验是法院迟迟未能立案的原因之一，但李方平认为，法院的确对中国网通作为大型央企的身份十分谨慎。参见朱雨晨，《反垄断诉讼第一案原告李方平：我为什么告网通》21 世纪网，2008 年 9 月 21 日，http://news.21cn.com/zhuanti/domestic/fanlongduan/2008/09/21/5226197.shtml（2013 年 11 月 15 日最后一次访问）。

看，大部分原告因举证不能而撤诉、败诉。

另一个导致举证难的原因是能够提供可信赖的市场分析和评估的专业机构的缺乏。一位上海第二中级人民法院的法官曾表示，一份可作为证据的、权威的研究报告可花费60到70万元人民币，但即使如此昂贵，在中国也并没有太多能提供此类研究报告的机构。

（3）被压抑的代表人诉讼。代表人诉讼在1991年通过《民事诉讼法》中得以正式确立。《民事诉讼法》第五十三条①、第五十四条②、第五十五条③规定了三种典型中国式的集团诉讼，即当事人一方人数众多但确定的共同诉讼，当事人一方人数众多但不确定的共同诉讼，以及由法律规定的机关和有关组织代为提起的公益诉讼。

随着经济发展，代表人诉讼呈现显著增加的势头。④ 但中国所谓“政策实施型司法程序”，使得法院根据某个阶段的政策（如社会稳定、经济增长等）来确定司法目标的优先级。⑤ 因此，尽管代表人诉讼作为一项制度已经存在二十余年，但却长期处于休眠状态，特别是面对拆迁、劳动纠纷、污染、土地承包合同、国企重组等涉及社会稳定的敏感问题时。⑥

（4）2005年最高人民法院出台《最高人民法院关于人民法院受理共同诉讼案件问题的通知》。该司法解释明确授权下级法院对不宜作为共同诉讼受理的案件，可分别受理。但该通知却未对“不宜作为共同诉讼受理的案件”进行明确说明。而且该通知规定在高级人民法院辖区内有重大影响的上述案件，由中级人民法院受理。如情况特殊，确需高级人民法院作为一审民事案件受理的，应

---

① 《民事诉讼法》第五十三条：当事人一方人数众多的共同诉讼，可以由当事人推选代表人进行诉讼。代表人的诉讼行为对其所代表的当事人发生效力，但代表人变更、放弃诉讼请求或者承认对方当事人的诉讼请求，进行和解，必须经被代表的当事人同意。

② 《民事诉讼法》第五十四条：诉讼标的是同一种类、当事人一方人数众多在起诉时人数尚未确定的，人民法院可以发出公告，说明案件情况和诉讼请求，通知权利人在一定期间向人民法院登记。向人民法院登记的权利人可以推选代表人进行诉讼；推选不出代表人的，人民法院可以与参加登记的权利人商定代表人。代表人的诉讼行为对其所代表的当事人发生效力，但代表人变更、放弃诉讼请求或者承认对方当事人的诉讼请求，进行和解，必须经被代表的当事人同意。人民法院作出的判决、裁定，对参加登记的全体权利人发生效力。未参加登记的权利人在诉讼时效期间提起诉讼的，适用该判决、裁定。

③ 《民事诉讼法》第五十五条：对污染环境、侵害众多消费者合法权益等损害社会公共利益的行为，法律规定的机关和有关组织可以向人民法院提起诉讼。

④ 参见江伟、贾长存：《论集团诉讼（下）》，《中国法学》，1989年第1期；王红岩：《试论推选代表人制度》，《政法论坛》，1989年第3期。

⑤ 王福华：《代表人诉讼中的利益诉求》，《法学》，2006年第6期。

⑥ 童兆洪：《群体性纠纷案件审理情况的调查》，《中国经济时报》，http://finance.sina.com.cn/roll/20031007/0848467008.shtml（2013年11月15日最后一次访问）。

当在受理前报最高人民法院批准。

即使最高人民法院2002年出台了《关于审理证券市场因虚假陈述引发的民事赔偿案件的若干规定》，2012年的《民事诉讼法》对公益诉讼也有《破冰》，但笔者仍然担心人员、资源、经验都欠缺的法院，尤其是基层法院，是否能够有效处理反垄断代表人诉讼中内含的复杂性、模糊性和个体之间的冲突。

（4）惩罚性赔偿的缺席。就制度而言，惩罚性赔偿在中国并非空白，但基本仅限于产品责任案件。《反垄断法》没有涉及惩罚性赔偿，最高人民法院的《关于审理因垄断行为引发的民事纠纷案件应用法律若干问题的规定》最终也对此未予支持。

（5）案例指导制度。2010年11月，最高人民法院印发《关于案例指导工作的规定》的通知。人民期待案例指导制度可在一定程度上制约法官的自由裁量权，调和司法的统一性和个案的特殊性，降低法官断案的任意性，以及传播新型疑难案件审理的知识。

但对于该制度能否真正促进包括反垄断民事诉讼在内的法律的私人执行，笔者仍存疑虑。

首先，以法官为中心的观念仍然存在。最高人民法院的态度是，对指导案例的参考可以不体现在判决中。也就是说，该制度仍首先是基于法官判案的方便而设计的，并不是为诉讼当事人，或潜在诉讼当事人而设计。①

其次，在中国案例指导制度是个多层级的体系。除了最高人民法院可发布的具有全国影响力的指导案例外，根据最高人民法院2010年出台的《关于规范上下级人民法院审判业务关系的若干意见》第九条之规定②，高级人民法院通过发布参考性案例等形式对辖区内各级人民法院和专门人民法院的审判业务工作进行指导。因此，如果我们将案例指导制度与对下级法院和法官的评价体系结合来看的话，就会发现潜在的制度混乱。在中国，是直接的上级法院，而非最高人民法院对下级法院的表现进行评价，其中一项很重要的指标是发回率。上级法院对下级法院的评价将直接影响下级法院法官的收入、福利和晋升。因此，不难想象，当最高人民法院与上级人民法院发布的案例存在矛盾时，负责一审

---

① 《最高人民法院研究室负责人就案例指导制度答记者问》，最高人民法院官网，2011年12月20日，http://www.court.gov.cn/xwzx/jdjd/sdjd/201112/t20111220_168539.htm（2013年11月15日最后一次访问）。

② 《关于规范上下级人民法院审判业务关系的若干意见》第九条：高级人民法院通过审理案件、制定审判业务文件、发布参考性案例、召开审判业务会议、组织法官培训等形式，对辖区内各级人民法院和专门人民法院的审判业务工作进行指导。高级人民法院制定审判业务文件，应当经审判委员会讨论通过。最高人民法院发现高级人民法院制定的审判业务文件与现行法律、司法解释相抵触的，应当责令其纠正。

的下级法院将会更关注哪一个。这种制度造成的天然的偏私，会由于最高人民法院案例指导制度对当事人及其律师缺乏透明性而恶化，因为他们是最值得信赖的案例指导制度的守护者。

三、中国反垄断法制的趋势与展望

（一）反垄断行政规章体系正待完善

截至2013年，中国《反垄断法》已正式施行五周年。中国已经初步形成综合、立体的反垄断法制体系，其覆盖面涵盖实体和程序，行政与司法，以及垄断协议、滥用市场支配地位、经营者集中和行政垄断等各种垄断行为的规制。

为了进一步完善中国反垄断行政规章体系，向反垄断先进制度看齐，在更好地实现维护竞争、提升消费者福利的同时，为广大市场参与者提供更明确的行为指引和确定性，中国正加紧完善以明确和简化经营者集中行为反垄断审查和知识产权领域反垄断执法为主的行政配套规定和指引体系，其中主要包括：《关于对未达申报标准涉嫌垄断的经营者集中调查处理的暂行办法》《关于对未达申报标准涉嫌垄断的经营者集中证据收集的暂行办法》《关于界定参与集中的经营者的规定》《关于经营者集中案件适用简易程序审查的暂行规定》《关于知识产权领域反垄断执法的指南》《关于市场价格异常波动时期价格违法行为处罚的特别规定》等。

（二）反垄断公共执法日趋成熟和活跃

进入2013年以来，以发改委查处的系列案件为标志，中国反垄断公共执法逐渐跨入成熟和活跃期。但同时我们也要看到，尽管2013年公共执法领域表现突出，但这并非一日之功，很多案件源于2012年甚至更早时间的艰苦酝酿和调查。中国反垄断执法机构对反垄断执法工作的推动是一以贯之的。

中国反垄断公共执法正呈现如下趋势。

1. 大案、要案逐渐增多

在以往案件中，对单个企业的罚款一般不足100万①，且多为十几万到几十万不等，曾被公众戏称为“只打苍蝇不打老虎”。但进入2013年以来，从LCD液晶面板企业价格垄断案，茅台、五粮液纵向价格垄断案，到奶粉企业纵向垄断案等，罚款金额大幅提升至千万级甚至上亿的规模，巨额罚款对垄断违法行

① 2011年潍坊顺通医药有限公司滥用垄断地位实施价格垄断行为案为例外，在该案中国家发展改革委对山东顺通没收违法所得37.7万元并处罚款650万元。

为形成了有力的威慑。

2. 发展改革委与工商总局的形成分工与合作

由于在现实中很难区分单纯的价格垄断行为和非价格垄断行为，而对既有价格垄断行为又有非价格垄断行为的执法分工，中国反垄断制度体系对此尚无明确规定，仅在《工商行政管理机关查处垄断协议、滥用市场支配地位案件程序规定》第二十八条中有原则性规定，“工商行政管理机关在反垄断执法工作中，要加强与其他反垄断执法机构和有关部门的信息沟通和执法协作。”因此，民众担心是否存在一个垄断违法行为被发改委和工商总局以价格垄断和非价格垄断行为名义重复处罚的情况，导致违法成本过度超过企业违法收益，形成过度威慑。

在湖南的系列保险案件中①，发改委与工商总局形成了一定的执法默契，并未出现重复执法问题，但我们仍期待更明确的行政规章尽快出台。

3. 被调查行为从横向行为为主逐渐转向横向行为、纵向行为并重

横向垄断协议（卡特尔）因其对竞争侵害的明显性和直接性往往成为反垄断制度建立初期的执法重点。但随着中国反垄断行政执法的日趋成熟和纵向垄断行为在中国的泛滥，在2013年酒企纵向垄断案，奶企纵向垄断案，利乐滥用市场支配地位案等案件中，我们可以更加清晰地看到被调查行为从横向行为为主逐渐转向横向行为、纵向行为并重的趋势。

4. 调查对象由中资企业、地方企业扩展到跨国公司、中央企业、上市公司、金融机构

当人们诟病反垄断执法机构只着眼于地方性的米粉企业、海沙企业造纸企业后，我们可以发现，在被查出名单中出现越来越多的国企（如国有通信企业、国有保险公司、国有酿酒企业）、跨国公司（如国际知名奶企、包装企业、电子产品制造企业）、金融机构（如保险公司）等对市场影响力更大企业的身影。

5. 某些行业成为调查热点领域

反垄断行政执法机构在资源有限的情况下，将执法重点放在了关系国计民生的重点行业和领域，如电讯、快速消费品、汽车、保险、银行、食品、石油、建筑材料、药品等。发改委相关领导还特别指出发改委反垄断调查的下一个目

---

① 湖南省工商局查处了常德市保险行业协会组织垄断协议案、张家界市保险行业协会组织本行业经营者从事垄断协议案、郴州市保险行业协会组织本行业经营者从事垄断协议案、永州市保险行业协会组织本行业经营者从事垄断协议案，而湖南省价格监督检查局则查处了娄底保险行业协会组织垄断协议案。

标会跟老百姓密切相关，石油、电信、汽车、银行都在调查视野之内。[①] 这对树立反垄断制度在公众中的威信和形象，提高全民的反垄断意识十分有益。

（三）反垄断私人执行日趋理性

2013 年是反垄断民事诉讼终审判决答案频出的一年。从奇虎 360 诉腾讯案中法院对通过 SNNIP 测试进行相关市场界定的初探，锐邦诉强生案中法官对纵向价格垄断问题的态度，到华为诉美国 IDC 公司案中法官对通过滥用知识产权实施垄断行为的立场阐释，以及这些案件中所凸显的专家证人的重要性和法官反垄断思维的树立，我们看到从《反垄断法》实施初期以测试性案例为主，从法官、当事人到律师对反垄断案件要义均无从把握，到反垄断私人执行全面的理性回归。虽然，在判决书中可能还有很多有待争论、甚至批评的不足，但正如一位美国资深反垄断官员对笔者所言，在美国反垄断法实施初期，他没有看到比中国更好的表现。

2013 年，在中国《反垄断法》实施五周年之际，我们更应该抱着谨慎的态度，乐观地评述过去 10 年以来中国反垄断法制的沿革脉络。在转型中国特有的政治、经济体制下，反垄断制度在其发展初期，不可避免的被打上时代的烙印，成为经济发展的制度杠杆之一。但中国经济可持续发展和社会和谐稳定的内在要求，都需要反垄断制度以一种独立而成熟的姿态出现，在维护基本竞争制度和提升社会福利方面实现其特有的目的。

---

① 王子约、马晓华：《中国掀反垄断风暴央企无豁免权》，《第一财经日报》，2013 年 8 月 16 日，http：//www. yicai. com/news/2013/08/2942628. html（2013 年 11 月 15 日最后一次访问）。

附录一：2002－2012 中国反垄断重大立法索引

层级	名称	颁布机关	公布日期	施行日期
反垄断法律	中华人民共和国反垄断法	第十届全国人民代表大会常务委员会	2007 年 8 月 30 日	2008 年 8 月 1 日
反垄断行政法规	国务院关于经营者集中申报标准的规定	国务院	2008 年 8 月 3 日	2008 年 8 月 3 日
反垄断部门规章	反价格垄断规定	国家发展和改革委员会	2010 年 12 月 29 日	2011 年 2 月 1 日
	反价格垄断行政执法程序规定	国家发展和改革委员会	2010 年 12 月 29 日	2011 年 2 月 1 日
	工商行政管理机关禁止垄断协议行为的规定	国家工商行政管理总局	2010 年 12 月 31 日	2011 年 2 月 1 日
	工商行政管理机关禁止滥用市场支配地位行为的规定	国家工商行政管理总局	2010 年 12 月 31 日	2011 年 2 月 1 日
	工商行政管理机关制止滥用行政权力排除、限制竞争行为的规定	国家工商行政管理总局	2010 年 12 月 31 日	2011 年 2 月 1 日
	工商行政管理机关查处垄断协议、滥用市场支配地位案件程序规定	国家工商行政管理总局	2009 年 5 月 26 日	2009 年 7 月 1 日
	工商行政管理机关制止滥用行政权力排除、限制竞争行为程序规定	国家工商行政管理总局	2009 年 5 月 26 日	2009 年 7 月 1 日
	未依法申报经营者集中调查处理暂行办法	商务部	2011 年 12 月 30 日	2012 年 2 月 1 日
	关于评估经营者集中竞争影响的暂行规定	商务部	2011 年 8 月 29 日	2011 年 9 月 5 日
	关于实施经营者集中资产或业务剥离的暂行规定	商务部	2010 年 7 月 5 日	2010 年 7 月 5 日

续表附录一

层级	名称	颁布机关	公布日期	施行日期
反垄断部门规章	经营者集中审查办法	商务部	2009年11月24日	2010年1月1日
	经营者集中申报办法	商务部	2009年11月21日	2010年1月1日
	金融业经营者集中申报营业额计算办法	商务部、中国人民银行、中国银行业监督管理委员会、中国证券监督管理委员会、中国保险监督管理委员会	2009年7月15日	2009年8月14日
反垄断指南	国务院反垄断委员会关于相关市场界定的指南	国务院反垄断委员会	2009年5月24日	2009年5月24日
反垄断司法解释	关于审理因垄断行为引发的民事纠纷案件应用法律若干问题的规定	最高人民法院	2012年5月3日	2012年6月1日

附录二：国家发展和改革委员会反垄断行政处罚案件一览表

	案件名称	处罚年份	执法机构	适用法律	违法事项	处罚决定
1	丽江市旅游协会旅行社分会组织横向垄断协议案	2013	云南省发展改革委	《反垄断法》	组织实施统一对外报价	罚款
3	上海黄金饰品行业协会及部分金店实施横向价格垄断	2013	上海市物价局	《反垄断法》	实施横向价格垄断行为	对行业协会处以50万元罚款，对五家金店处上一年度相关销售额1%的罚款，共计人民币1009.37万元

续表附录二

	案件名称	处罚年份	执法机构	适用法律	违法事项	处罚决定
2	海南水晶行业实施横向价格垄断协议案	2013	海南省物价局	《反垄断法》	实施横向价格垄断协议	根据水晶购物店的违法情节、配合程度等，依法分别予以了处理
4	乳粉生产企业纵向价格垄断案	2013	发展改革委	《反垄断法》	与经销商达成并实施纵向垄断协议	根据各奶粉企业的违法情节、配合程度等，依法分别予以了处理①
5	新疆保险行业协会组织横向垄断协议案	2013	新疆发展改革委	《反垄断法》、《反价格垄断规定》	行业协会组织达成并实施关于道路客运承运人责任险的垄断协议	对新疆保险行业协会及6家保险公司处以总计651.14万元罚款
6	五粮液实施纵向价格垄断协议案	2013	四川省发展改革委	《反垄断法》	与经销商达成并实施纵向垄断协议	处以2.02亿罚款（上年销售额的1%）

① 对九家被调查乳粉生产企业中六家的价格垄断行为进行处罚，共处罚款6.6873亿元。其中，对于违法行为严重、不能积极主动整改的广州市合生元生物制品有限公司处上一年度销售额6%的罚款，计1.629亿元；对不能主动配合调查但能积极整改的美赞臣营养品（中国）有限公司处上一年度销售额4%的罚款，计2.0376亿元；对能够配合调查，并主动整改的多美滋婴幼儿食品有限公司处上一年度销售额3%的罚款，计1.7199亿元、雅培贸易（上海）有限公司处上一年度销售额3%的罚款，计0.7734亿元、富仕兰食品贸易（上海）有限公司处上一年度销售额3%的罚款，计0.4827亿元、恒天然商贸（上海）有限公司处上一年度销售额3%的罚款，计0.0447亿元；对主动向反垄断执法机构报告达成垄断协议有关情况、提供重要证据，并积极主动整改的惠氏营养品（中国）有限公司及惠氏（上海）贸易有限公司、浙江贝因美科工贸股份有限公司、明治乳业贸易（上海）有限公司免除处罚。

续表附录二

	案件名称	处罚年份	执法机构	适用法律	违法事项	处罚决定
7	茅台实施纵向价格垄断协议案	2013	贵州省物价局	《反垄断法》	与经销商达成并实施了纵向垄断协议	处以 2.47 亿（上年销售额的 1%）
8	LCD 液晶面板企业横向价格垄断案	2013	发展改革委	《价格法》	横向价格垄断	退还多付价款，没收违法所得，并处罚款①
9	娄底保险行业协会组织垄断协议案	2012	湖南省价格监督检查局（物价局）	《反垄断法》	行业协会组织本行业的经营者达成并实施关于新车保险的垄断协议	罚款②
10	广东海砂价格垄断案	2012	广东省物价局	《反垄断法》	海砂开采企业统一提高海砂开采资源费	根据各企业违法情节、配合程度等，依法分别予以了处理③

① 退还国内彩电企业多付价款 1.72 亿元，没收 3675 万元，罚款 1.44 亿元，经济制裁总额 3.53 亿元。其中，三星 1.01 亿元，LG1.18 亿元，奇美 9441 万元，友达 2189 万元，中华映管 1620 万元，瀚宇彩晶 24 万元。

② 娄底市保险行业协会罚款 20 万元、人保财险娄底分公司罚款 98 万元、平安财险娄底支公司罚款 34 万元、天安财险娄底支公司罚款 28 万元、太平洋娄底支公司罚款 14 万元、中华联合财险娄底支公司罚款 17 万元、都邦财险娄底支公司罚款 8 万元，7 个单位共计罚款 219 万元的行政处罚。其余 5 家财险公司，鉴于在娄底保险市场所占份额较小，且在调查中提供了关键证据，按《反垄断法》的有关规定依法免除经济处罚。湖南瑞特保险经纪有限公司的违法问题，移交有关部门处理。

③ 对主动提供部分重要证据的广东宝海砂石有限公司，依据《反垄断法》第四十六条第二款规定，按照 50% 幅度减轻罚款，处上年度销售额 5% 的罚款 14.53 万元；对东莞江海贸易有限公司、深圳东海世纪信息咨询有限公司处上年度销售额 10% 的罚款，分别为 13.45 万元、47.94 万元。同时，对参加海砂联盟的其他企业进行了提醒告诫。

续表附录二

	案件名称	处罚年份	执法机构	适用法律	违法事项	处罚决定
11	电信联通滥用市场支配地位案	2011至今	国家发展改革委	《价格法》	两运营商在宽带接入及网间结算领域滥用支配地位阻碍影响其他经营者进入市场	调查尚在进行
12	潍坊顺通医药有限公司、潍坊市华新医药贸易有限公司滥用垄断地位实施价格垄断行为案	2011	国家发展改革委	《价格法》	滥用垄断地位实施价格垄断行为	对山东顺通没收违法所得37.7万元并处罚款650万元；对山东华新没收违法所得5.26万元并处罚款10万元
13	浙江省富阳市造纸行业协会组织实施价格垄断案	2011	浙江省物价局	《价格违法行为行政处罚规定》	组织本行业的经营者达成并实施垄断协议，固定价格，限制产量	对行业协会罚款50万元
14	广西米粉串通涨价案	2010	广西壮族自治区物价局	《价格法》、《反垄断法》、《价格违法行为行政处罚规定》	联合涨价及利润分成协议	根据各企业违法情节、配合程度等，依法分别予以处理①

① 对这起价格串通案件的组织者南宁市鲜一阁食品厂和柳州市兄弟、永财2家米粉生产厂分别处以10万元罚款；对部分参与串通涨价的米粉厂根据情节轻重，分别处以3~8万元罚款；对主动配合价格主管部门查处案件、提供重大线索并主动改正错误的部分米粉厂给予警告，免于经济处罚；对跟风涨价的米粉生产厂家下发了价格监督检查意见书，要求进一步加强价格自律，自觉维护良好市场价格秩序。参见 http：//www. china. com. cn/economic/txt/2010 -03/30/content_ 19716458. htm

附录三：国家工商行政管理总局反垄断行政处罚案件一览表

	案件名称	处罚年份	执法机构	适用法律	违法事项	处罚决定
1	云南省旅游协会、旅行社协会组织垄断协议案	2013	云南省工商局	《反垄断法》	行业协会组织达成并实施横向垄断协议	对两协会分别处罚40万元
2	四川省宜宾市砖瓦协会组织本行业经营者从事垄断协议案	2013	四川省工商行政管理局	《反垄断法》《行政处罚法》	行业协会组织达成并实施横向垄断协议	责令当事人改正违法行为，对当事人罚款60000元
3	浙江省江山市混凝土经营者从事垄断协议案	2012	浙江省工商行政管理局	《反垄断法》	通过口头协议固定价格、划分市场	罚款①
4	湖南省常德市保险行业协会组织垄断协议案	2012	湖南省工商局	《反垄断法》、《工商行政管理机关禁止垄断协议行为的规定》	行业协会组织本行业的经营者对新车共保达成并实施垄断协议	对行业协会罚款45万元
5	湖南省张家界市保险行业协会组织本行业经营者从事垄断协议案	2012	湖南省工商局	《反垄断法》、《工商行政管理机关禁止垄断协议行为的规定》	行业协会组织本行业的经营者对新车共保达成并实施垄断协议	对行业协会罚款40万元

① 对当事人江山虎公司罚款人民币471600元整，上缴国库；对当事人恒江公司罚款人民币258450元整，上缴国库；对当事人永成公司罚款人民币453150元整，上缴国库。

续表附录三

	案件名称	处罚年份	执法机构	适用法律	违法事项	处罚决定
6	湖南省郴州市保险行业协会组织本行业经营者从事垄断协议案	2012	湖南省工商行政管理局	《反垄断法》、《工商行政管理机关禁止垄断协议行为的规定》	行业协会组织本行业的经营者对新车共保达成并实施垄断协议	对行业协会罚款45万元
7	湖南省永州市保险行业协会组织本行业经营者从事垄断协议案	2012	湖南省工商行政管理局	《反垄断法》、《工商行政管理机关禁止垄断协议行为的规定》	行业协会组织本行业的经营者对新车公保达成并实施垄断协议	对行业协会罚款40万
8	河南省安阳市旧机动车经营者从事垄断协议案	2012	河南省工商局	《反垄断法》	二手车市场经营者签订垄断协议，统一集中经营，统一服务价格	没收违法所得、罚款①

① 对安阳市旧机动车辆交易市场有限责任公司没收违法所得130522.68元，罚款23504.9元，上缴国库；对安阳旧机动车交易市场没收违法所得139978.87元，罚款18829.96元，上缴国库；对林州市豫北机动车交易市场有限公司没收违法所得143136.65元，罚款15672.18元，上缴国库；对安阳市东方旧机动车交易有限责任公司没收违法所得135303.91元；罚款23504.92元，上缴国库；对林州市新巨龙旧机动车交易市场有限公司没收违法所得120816元，罚款37992.83元，上缴国库；对安阳市中州机动车交易市场有限公司没收违法所得131091.69元，罚款23504.92元，上缴国库；对安阳市大众汽车交易市场有限责任公司没收违法所得138546.18元，罚款20262.65元，上缴国库；对滑县鑫鑫二手车交易市场有限公司没收违法所得134951.33元，罚款23857.5元，上缴国库；对安阳顺达旧机动车交易市场有限责任公司没收违法所得130497.17元，罚款28311.66元，上缴国库；对安阳市天天旧机动车交易有限公司没收违法所得123988.82元，罚款30038.78元，上缴国库；对安阳市中原机动车交易市场有限公司没收违法所得139368.78元，罚款19440.05元，上缴国库。以上罚没合计为1733122.45万元。

续表附录三

	案件名称	处罚年份	执法机构	适用法律	违法事项	处罚决定
9	辽宁省建筑材料工业协会组织本行业经营者从事垄断协议案	2012	辽宁省工商局	《反垄断法》，辽宁省工商行政管理局《关于规范全省工商系统行政处罚裁量权的若干意见》	行业协会组织水泥生产企业签订自律公约以限制产量、固定价格	责令停止违法行为并处罚款①
10	江苏省连云港市建筑材料和建筑机械行业协会混凝土委员会组织本行业经营者从事垄断协议案	2011	江苏省工商局	《反垄断法》	行业协会组织预拌混凝土企业联合制定分割市场、固定价格的协议	责令当事人停止违法行为，没收违法所得并处罚款②

① 对所有涉案企业均责令停止违法行为，并对辽阳冀东水泥有限公司处以罚款167万元；对鞍山冀东水泥有限责任公司处以罚款117万元；辽宁辽东水泥集团山河水泥有限公司处以罚款102万元；对辽宁交通水泥有限责任公司处以罚款201万元；对辽宁昌庆水泥有限公司处以罚款170万元；对辽宁银盛水泥集团有限公司处以罚款101万元；对辽宁恒威水泥集团有限公司处以罚款120万元；对辽阳天瑞水泥有限公司195万元；对铁岭铁新水泥有限公司处以罚款254万元；对抚顺大伙房水泥有限责任公司，由于其在《自律公约》签订后，没有按照该《自律公约》的要求停产，未实际履行停产协议，且当事人能够积极配合执法人员调查，经国家工商行政管理总局批准，对其罚款50万元。

② 责令所有当事人停止违法行为，并对连云港市建筑材料和建筑机械行业协会混凝土委员会罚款20万元；对连云港新电混凝土有限公司没收违法所得26896.08元，罚款78248.34元；对连云港苏锦混凝土制品有限公司没收违法所得24247.83元，罚款97933.87元；对连云港东盛商品混凝土有限公司没收违法所得18993.83元，罚款46226.95元；对连云港中港混凝土有限公司没收违法所得30357.91元，罚款185260.54元；对连云港润丰混凝土有限公司没收违法所得35985.56元，罚款123053.49元。

续表附录三

	案件名称	处罚年份	执法机构	适用法律	违法事项	处罚决定
11	广东省某市政府滥用行政权力排除、限制竞争案	2011	广东省工商局	《反垄断法》、《工商行政管理机关制止滥用行政权力排除、限制竞争行为的规定》	滥用行政权力，限定单位或者个人购买、使用其指定的经营者提供的商品	广东省工商局向广东省政府正式作出“依法纠正该市政府上述滥用行政权力排除、限制竞争行为”的建议
12	浙江省慈溪市建设工程检测协会组织本行业经营者从事垄断协议案	2011	浙江省工商行政管理局	《反垄断法》，《工商行政管理查处垄断协议、滥用市场支配地位案件程序规定》	建设工程检测协会组织本行业经营者从事垄断协议划分市场	中止调查有效期满后调查终止

网络法治

周方冶*

随着信息技术进步的日新月异，以互联网为代表的信息网络开始全面融入普通民众的日常生活，并在此基础上促成了网络社会的形成与发展。由于信息网络具有虚拟化、扁平化、全球化等特征，因此现实社会既有的法律规范很难直接适用于网络社会，需要进行有针对性的解释、修订或创设，否则就有可能影响到网络社会的有序发展。近年来，中国网络法治建设取得明显成效，从而在一定程度上有力保证了网络社会的和谐与稳定，但从长期来看，缺乏系统性与可持续性的问题依然突出，有待进一步的探索和完善。

一、网络社会面临的法治难题

（一）中国的信息网络建设

相较于西方发达国家，中国的互联网建设起步较晚，但是发展步伐很快。1988年初，中国首个 X.25 分组交换网 CNPAC 建成，覆盖范围包括北京、上海、广州、沈阳、西安、武汉、成都、南京、深圳等城市。1992 年年底，中关村地区教育与科研示范网络（NCFC）工程的院校网，即中科院院网（CASNET）、清华大学校园网（TUNET）、北京大学校园网（PUNET）全部完成建设。1993 年年底，NCFC 主干网工程完工，采用高速光缆和路由器实现了三个院校网互连。1994 年 4 月，NCFC 工程通过美国 Sprint 公司连入国际互联网的 64K 国际专线开通，从而实现了与国际互联网的全功能连接。1995 年 1 月，邮电部电信总局在北京和上海分别开通两条接入美国的 64K 专线，并开始通过电话网、DDN 专线、X.25 网等方式向社会提供国际互联网接入服务。1995 年年底，“中国教育和科研计算机网（CERNET）示范工程”建设完成，从而实现了国内院校间的计算机联网和信息资源共享，并开通了与国际学术计算机网络互联。1996 年 1 月，中国公用计算机互联网（CHINANET）全国骨干网建成，开始在全国提供公用计算机互联网络服务。同年 12 月，中国公众多媒体通信网（169 网）全面启动，广东视聆通、四川天府热线、

* 周方冶，中国社会科学院亚太与全球战略研究院副研究员。

上海热线等作为首批站点正式开通。1997 年 10 月，中国公用计算机互联网（CHINANET）实现了与国内其他三个互联网络即中国科技网（CSTNET）、中国教育和科研计算机网（CERNET）、中国金桥信息网（CHINAGBN）的互连互通。

随着信息技术的高速发展和基础设施的逐步完善，互联网不再是少数知识精英才能理解和使用的专业工具，而是逐渐进入寻常百姓家，成为普通民众都能掌握的日常工具。从 90 年代中后期开始，中国互联网用户规模呈几何级增长。据统计，1997 年 10 月，中国上网计算机数仅 29.9 万台，上网用户数仅 62 万；到 2000 年 12 月，中国上网计算机数已接近 1000 万台，上网用户数超过 2000 万；到 2005 年 12 月，中国上网计算机数已接近 5000 万台，上网用户数更是首次过亿；到 2013 年 6 月，中国网民数已超过 5.9 亿，互联网普及率达到 44.1%（见图 1）。[①] 尽管相较于西方发达国家，中国在互联网普及率方面还有一定差距，但在发展中国家中，中国拥有明显优势。[②]

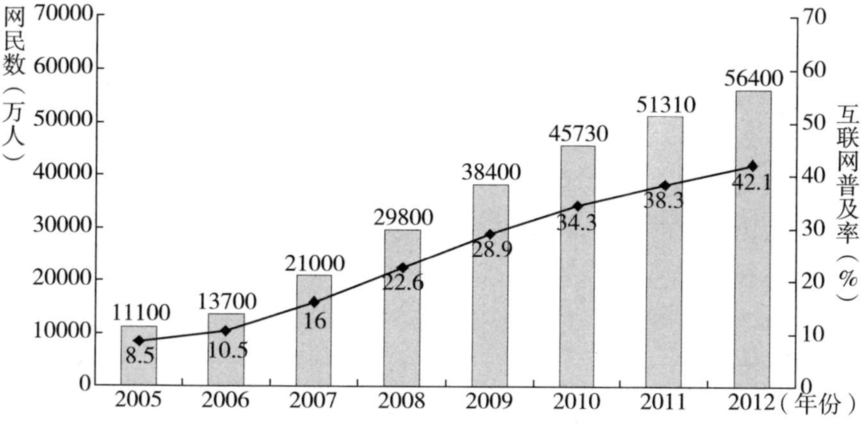

图 1　中国互联网用户发展情况

资料来源：中国互联网信息中心网站（http：//www. cnnic. net. cn）

对于中国的互联网用户而言，信息网络建设的成效最直接地体现为更快的网速，更低廉的网费，更便捷的接入方式，更丰富的信息资讯，以及更人性化的互动体验。随着 Web2.0 模式的深化发展，互联网用户不再是单向的信息获得者，而是在交互式的接触与沟通过程中，逐渐成为信息制造者。这就使得互联网信息开始出现爆炸式增长，并在此基础上吸引更多的用户参与到互联网信息“获取—制

① 资料来源：中国互联网信息中心网站（http：//www. cnnic. net. cn）。

② 《全球互联网普及率中国位居第 78 名》，中国网 http：//news. china. com. cn/world/2013 - 10/09/content_ 30235188. htm，2013 年 10 月 9 日。

造—获取”的良性循环，从而在根本上保证了互联网的蓬勃生命力。近年来，中国“三网融合”步伐不断加快，更是有力促进了信息网络应用与服务的推陈出新。通过电子邮件、即时通讯、论坛、博客、微博、网盘、电子商务、电子政府、在线点播等丰富多彩的应用与服务，互联网已成为一个无所不包的虚拟社会，政府、商场、学校、图书馆、电影院、聊天室、游戏房，任何用户都能从中找到自己所需要和感兴趣的东西。事实上，对于正步入信息化时代的中国民众尤其是城市民众而言，互联网在很大程度上已经成为一种重要的生活方式。

得益于规模庞大并且还在迅速增加的用户群体，近年来中国的网络经济呈现井喷式的高速增长。据统计，2012 年中国网络经济市场规模已达 3850.4 亿元，同比增长 54.1%，相较 2006 年更是增长超过 10 倍（见图 2）。其中，电子商务总额 1628.2 亿元，占网络经济总体规模的 42.3%；网络广告总额 753.1 亿元，占 19.6%；网络游戏总额 517.7 亿元，占 13.4%。①

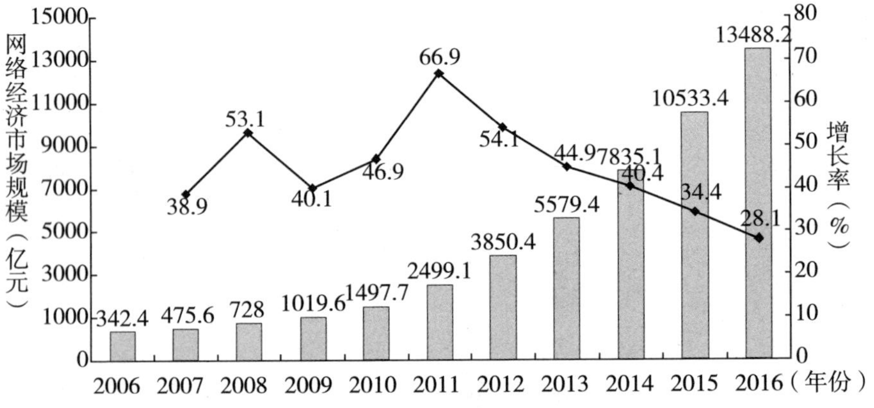

图 2　中国网络经济发展情况

1. 资料来源：《2012 年电商及移动助力网络经济发展》，艾瑞网（http：//www.iresearch.cn），2013 年 1 月 30 日。

2. 注：2013 年至 2016 年数据为预测数据

鉴于信息网络建设的重要性，中国明确指出“互联网是与国民经济和社会发展高度相关的重大信息基础设施”，并在“十二五”国家战略性新兴产业发展规划中，专门制定了有关下一代信息网络产业的发展规划。对此，国务院明确要求：到 2015 年，在城市和农村家庭分别实现平均 20M 和 4M 以上宽带接入能力，部分发达城市网络接入能力达到 100M；基于国际互联网协议第 6 版（IPv6）

---

① 《2012 年电商及移动助力网络经济发展核心企业广泛布局移动端》，艾瑞网 http：//ec.iresearch.cn/shopping/20130130/192389.shtml，2013 年 1 月 30 日。

的下一代互联网实现规模商用；三网融合全面推广，电视数字化转换基本完成；网络装备产业整体迈入国际前列，掌握关键核心技术；信息智能终端创新和产业化取得重大进展。到2020年，具有国际先进水平的宽带、融合、安全、泛在信息基础设施覆盖城乡。系统掌握新一代移动通信、数字电视、下一代互联网、网络与信息安全及智能终端等领域的核心关键技术，形成卫星移动通信服务系统，产业发展能力达到国际领先水平。①

（二）网络社会的主要特征

随着信息网络在人类社会的迅速拓展和不断延伸，我们正在经历由原子（atom）时代向比特（bit）时代的重要转变，并由此促成了“网络社会”的形成与发展。何谓“网络社会”（Cybersociety）？迄今为止，学术界尚未达成共识。基于研究需要，本文认为，“网络社会”是指人类在基于信息网络技术的发展而产生的虚拟空间中经由交流与互动所形成的社会关系。

对于网络社会，应从两方面加以理解。一方面，网络社会的客观存在依托于虚拟的电子空间（cyber space），其中运行的基本单位是比特，而不是原子，因此存在诸多与现实社会不同的特征。另一方面，尽管在形式上，信息网络连接的是计算机或其他信息设备，但在本质上，信息网络连接的依然是作为信息生产者和使用者的人，所体现的依然是个体与个体、群体与个体、群体与群体的交互关系，因此现实社会的大多数原则和规范依然适用于网络社会。

从表现形式来看，网络社会的特征主要体现在以下方面。

1. 虚拟化与不确定性

在网络社会中，用户间并不直接见面，而是通过信息网络完成一系列的交流与互动。由于信息网络传递的是由0和1构成的数据流，因此用户在现实中做出的任何行为，都要经过“编码—传递—解码”的技术过程，才能为对方了解和感知。换言之，网络用户在交流与互动过程中的任何所见、所闻、所得，其实都是经过信息网络虚拟的镜像。

从技术角度来看，得益于严谨的数码算法和校验程序，信息网络在进行“编码—传递—解码”过程中很少出现偏差。换言之，经过信息网络还原的虚拟镜像，通常情况下与现实本体具有一致性，因此可在一定程度上将虚拟镜像视同于现实本体。例如，网络用户进行视频聊天时，尽管显示器上看到的是对方的虚拟影像，但在“摄像头拍摄—计算机编码—网络传递—计算机解码—显示器显示”的过程中，对方的言行举止都会被一一对应地虚拟到网络用户的显示

① 国务院：《“十二五”国家战略性新兴产业发展规划》，国发〔2012〕28号，2012年7月9日。

器上，并不影响网络用户理解对方的意思表示。不过，经由技术转化的虚拟镜像毕竟不同于现实本体。由于技术特性与人为因素的影响，虚拟的网络社会存在明显的不确定性特征。

在网络社会中，任何行为体都是以匿名方式存在，除非通过信息网络以外的辅助手段进行核实，否则根本无法确认行为体的真实身份。恰如1993年《纽约客》刊载的一幅漫画所言，“在互联网上，没人知道你是一条狗”。相较于现实社会的人际交流方式，网络社会的交互渠道相当单一。事实上，信息网络就像密不透光的帷幕，将所有的行为体相互隔离，仅留下网络信息传递的唯一交互渠道。这就使得网络用户在交流与互动过程中，很难像在现实社会的人际交流那样通过眼观、耳闻、鼻嗅、肢体接触等多种途径主动获取对方信息，唯有依靠对方主动提供的信息，而且还很难进行核实印证。如果缺少第三方认证或线下见面，那么网络用户就只能依靠逻辑和经验来判断对方信息的可靠性和准确度，并在此基础上形成观感和看法。由于对方很可能无意提供某些敏感信息，或故意提供误导信息甚至是虚假信息，就有可能导致网络用户误判。此外，网络用户套用多个虚拟身份或曰“马甲”开展活动，以及多个网络用户共用同一虚拟身份的情况，尤其是虚拟身份被黑客破解控制的情况，都使得网络用户的身份变得更加难以确认和追溯。

无纸化是在信息技术进步的推动下形成的重要发展趋势。随着各类文献、资料、档案的数字化，日常的工作、学习、生活都变得更加快捷和便利。不再需要耗费纸张打印，不再需要快递公司寄送，不再需要挤占空间存储，海量的信息数据在互联网上传输，随时可以下载到手机、平板或计算机上进行浏览，并通过检索、排序、编辑等功能，简单高效地完成原本极其繁琐的信息处理工作。不过，完全以虚拟形式存在的数字化信息资料，虽然易于复制、传递、编辑、保存，但也易于增删和篡改，从而使得非技术专业的普通网络用户，通常很难辨别。

2. 扁平化与自治性

互联网起源于美国国防部的“阿帕网”（ARPANET）研究计划。该计划是要在大规模战争尤其核战争爆发时提供安全的通讯系统。为避免在关键节点被摧毁后导致指挥系统瘫痪，阿帕网采用的是去中心化的分布式网络系统。由于不存在中央控制枢纽，因此除非网络的所有通道都被彻底破坏，否则所需传递的信息总能通过网络上的幸存节点，找到通往目的地的有效路径。尽管互联网并不是用于军事目的，而且规模也远超阿帕网，但其基本架构延续了阿帕网的分布式网络系统。

网络社会的形成与发展依托于信息网络的拓展与延伸，其运行模式很大程度上受到互联网结构特征的影响。互联网不存在中央控制枢纽，所有节点在理论上都是相对独立的对等存在。与此对应，网络社会的任何个体，也都在理论上不受其他个体的制约和影响，都能独立自主地进行信息的获取、制造与传递。相较于现实社会金字塔式的层级结构，网络社会更多地体现为扁平化的多元结构。

20世纪90年代，技术精英曾明确提出网络自治要求："工业世界的政府们，你们这些令人生厌的铁血巨人们，我来自网络世界——一个崭新的心灵家园。作为未来的代言人，我代表未来，要求过去的你们别管我们。在我们这里，你们并不受欢迎。在我们聚集的地方，你们没有主权。"并强调，"我们宣布，我们正在建造的全球社会空间，将自然独立于你们试图强加给我们的专制。你们没有道德上的权力来统治我们，你们也没有任何强制措施令我们有真正的理由感到恐惧。"①

不过，随着网络覆盖面的迅速拓展和服务功能的不断提升，网络社会不再是极少数技术精英的自留地，而是广大普通用户共同生活与工作的公共场所，因此，放任自流的西部牛仔式生存法则，逐渐难以适应网络用户的生存需要。网络社会中，缺乏技术优势的普通用户很难依靠个体力量开拓生存空间或防范黑客攻击，需要求助于集体智慧的庇护。对于普通用户而言，放弃部分网络自由，服从政府或跨国组织的指导监管，将有助于最大限度的保护其正当权益。

相较于技术精英个体或少数联盟，政府或跨国组织拥有人力、财力、物力等方面的碾压式优势，从而能在一定程度上对网络社会形成有效管理。不过，网络技术进步与网络规模扩张，却使得网络社会受到有序管理的部分总是相对有限的，政府或跨国组织尚未形成有效监管的"化外之地"总是存在并在进一步延伸。而且，即使政府或跨国组织的网络监管，通常也是点到即止，很少会像现实社会中那样细致全面。这一方面是在扁平化结构下管理难度很高，过多的网络监管将付出高额成本，得不偿失，另一方面是过度监管有可能影响网络社会的发展活力，从而引起网络用户的普遍不满。

3. 全球化与开放性

得益于信息网络准确、高效、迅捷的数据传输，如果不考虑带宽瓶颈等技术性因素，网络用户在理论上完全可以无视空间阻隔进行实时互动。随着宽网时代来临，亚洲用户在网络终端前，登陆欧洲的网络服务器，进入美洲公司运营的网络游戏，与非洲用户组队打怪，早已成为寻常事。

随着国际互联网覆盖范围的不断延伸，从城市到乡村，从荒漠到海岛，从热带丛林到南极冰原，都在网络空间中融为一体，无论在现实中相隔多远，在

---

① ［美］约翰·P. 巴洛：《网络/赛博空间独立宣言》，载高鸿钧主编《清华法治论衡》第四辑，清华大学出版社2004年版，第509～510页。

网络中要移形换位所需的仅是鼠标轻轻点击。这就使得现实社会的国界边疆概念在网络社会的存在感相当淡薄。尽管从技术角度而言，国家政府的确能通过软硬件手段对进出本国的信息数据进行全面监管，但从成本——收益来看，却是得不偿失，因此通常情况下，相关监管仅限于事关国家安全的重要信息，诸如反特或是反恐。

对于从一开始就朝着地球村方向阔步挺进的网络社会而言，开放性的信息资源共享已成为通行原则与基本特征，任何封闭、垄断和保守的举措都很难奏效。在网络社会中，信息资源的创造者能得到尊重与认可，但是却很难通过现实社会的传统方式获得长期收益。网络时代之前，通过加密等技术手段能有效保证信息资源的排他性占有，从而为付费使用信息资源的传统模式提供了发展空间。但随着信息网络的发展，无论如何可靠的技术手段，都很难为信息资源提供长期保护，因为相关技术手段所面对的不再是个体的技术黑客，而是通过信息网络联结在一起的全球黑客集群。

事实上，越受欢迎的信息资源，诸如游戏、软件、电影、小说、数据库等，越会引起广大黑客的浓厚兴趣。他们或是为了破解后贩卖盗版信息资源的可观经济收益，或是为了赢得其他网络用户的钦佩和感谢，或是为了挑战技术难题以满足存在感，都将破解信息资源的技术保护作为攻关目标，并会通过网络互动形成集群效应，从而以集体智慧方式突破任何技术障碍。再加上宽带网络的高速传输能力，使得相关信息资源一旦被破解，就能即刻传递到全球各地，并会在网络上形成无数备份，任何人都能检索和下载，既难以追查最初来源，也无法被完全查封或禁绝。

面对开放性的现实压力，网络社会的商家都在努力创新商业模式，力求在网络用户的共享诉求与商家的营利目标之间寻求平衡点。其中，颇具代表性的是“视频贴片广告”模式。近年来，部分国内网站开始提供免费的在线视频节目，但会在视频中插播数十秒广告，从而既满足了网络用户的共享诉求，使其不必再劳心费神的使用电驴或 BT 等软件下载视频节目，亦能为商家提供广告收益的营利渠道。从长期来看，用户共享与商家营利的内在张力还将持续存在，进而推动网络商业模式的发展与完善。

（三）网络社会的法治难题

随着信息网络的迅速拓展和网络用户的不断增加，有关网络社会的法治建设日益引起各方关切，尤其在网络商业活动与人际交往方面，各种新问题更是层出不穷，如果得不到妥善解决，很有可能影响到网络社会的发展与完善，甚至会影响到现实社会的正常运作。具体而言，近年来以下方面的网络法治问题最为明显，迫切需要加强监管和治理。

1. 网络安全问题

网络安全是指网络系统硬件、软件及其系统中的数据受到有效保护，不会因偶然或恶意原因而遭到破坏、更改或泄露，系统能够连续、可靠、正常运行，网络服务不会出现中断现象。网络社会的存在与发展，根本上依托于信息网络的正常运作，因此，网络安全也就成为网络法治的核心要素，如果出现问题，将会严重影响网络社会的有序与稳定。

从网络安全的形成原因来看，既有非人为原因，诸如地震、火灾、台风等环境因素，电源故障、线路老化等设备因素；亦有人为原因，诸如黑客入侵、病毒攻击、程序员操作失误、设备失窃等。尽管很难做到万无一失，但严密的安保制度、严格的操作规程、严肃的工作态度、严厉的惩戒措施，都有助于最大限度地减少隐患和避免损失。

于是，如何加强网络安全立法，规范网络安全工作，健全信息安全保护制度，推进应急和灾难备份系统建设，完善网络信息安全监控和技术保障体系等相关工作，也就成为近年来网络安全法治建设工作的重要议题。

2. 网络知识产权保护问题

相较于传统知识产权概念，网络知识产权的外延要宽泛得多，而且随着信息技术的创新还在进一步增加。具体来看，其中不仅包括传统的版权和邻接权等著作权，以及专利、发明、外观设计、商标、商号等工业产权，而且包括数据库、计算机软件、多媒体、网络域名、数字化作品等。

网络社会的知识产权保护面临更多难题。首先，随着大量作品从纸介、录音、录像等传统形式转化为适合网络传播的数字形式并上传信息网络，作品的权利人、传统形式的邻接权人，以及网络形式的传播者之间的权利冲突与纠纷开始层出不穷。如何合理划分各方利益诉求，从而既有助于鼓励作品创新，又不会影响传播效率，已成为网络媒体时代的重要课题。其次，网络社会的行为主体具有很强的匿名性和独立性特征，其行为难以受到监管和追溯，因此在出现侵权时，不仅难以评估侵权损失，难以固定侵权证据，难以消除侵权影响，甚至都很难确定侵权的责任人。如果登陆 BT 软件，很容易找到大量的电影视频文件，但却很难确定究竟是谁制作上传的，有多少用户曾经下载，而且数据备份遍布全球，根本无从封禁。再次，由于网络社会强调信息资源共享，使得网络用户普遍缺乏知识产权保护的法治意识，很多情况下并不清楚上传、下载和复制相关文件所要承担的法律责任，尤其在缺乏牟利意图的情况下，更会将之视为公益分享，而不是违法侵权。

从网络知识产权保护来看，不仅需要完善现实社会的法律制度建设，而且需要加强网络社会的法制宣传和教育，构建完善的网络道德规范，从而以自律方式促进法治建设。

3. 电子商务问题

信息网络的迅速拓展，有力地促进了电子商务的兴盛与繁荣。近年来，中国电子商务规模不断扩大，2012 年总额已高达 1628.2 亿元。从运作方式来看，电子商务主要包括企业对企业（B2B）、企业对消费者（B2C）、个人对消费者（C2C）、代理商—商家—消费者（ABC）、企业对政府、线上对线下、商业机构对家庭消费、供给方对需求方、门店在线、消费者对企业等模式。从业务范围看，主要包括商务信息的传递与交换、售前与售后的在线服务、网上合同订立、网上支付或电子支付、商品配送的网络管理、物流在线追踪、数据产品网上传输等内容，涵盖传统商务行为的全过程。

作为网络时代的新兴事物，电子商务始终处于创新过程中，因此在不少方面都超越了传统法律规范的适用范围，从而在政府监管与法律救济方面，形成诸多难题，有待进一步调整与完善，其中有三方面问题较为明显。首先是行为主体认证问题。由于在网络社会中，行为主体并不见面，因此所有信息都是各方自行提供，彼此很难鉴定和辨识，从而使商业交易尤其是首次交易存在很高风险。其次是电子合同问题。相较于传统合同，电子合同更便捷，但其数字化的特点也使得传统法律规范难以直接适用，尤其是如何通过电子签名技术，保证电子合同的有效性与可靠性，始终是首要课题。再次是网络消费者权益保护问题。相较于网络商家，网络消费者处于明显弱势。由于信息不对称，个体的网络消费者很难自主防范交易陷阱，再加上技术手段有限，难以做到有效的电子证据保全，因此在维权时会面临举证困难，有待更周延的消费者权益保护。

4. 网络个人信息保护问题

所谓个人信息，是指个人姓名、住址、出生年月、身份证号码、医疗记录、身份记录、照片、工作单位等，单独或与其他信息对照可以识别特定个人的信息数据资料。由于在网络社会中，行为主体具有很强的匿名性，因此在事关权益的网络互动过程中，通常需要行为主体提供相关个人信息进行验证，以保证网络用户与现实个体的一致性。这就使得网络用户的真实个人信息，将会被网络商家、政府机构、非政府组织以及其他的网络用户所获取，并有可能在有意或无意间泄露扩散，从而给网络用户在现实生活中造成不必要的麻烦，甚至引起财产损失和人身伤害。

由于网络社会具有很强的信息扩散能力，如果个人信息一旦泄露，就很难有效消除负面影响，因此网络个人信息保护重在防范。这一方面要靠网络用户自我保护，通过安装防火墙和杀毒软件等网络工具，防范黑客攻击窃取个人信息，并在网络互动过程中提高警惕，防范钓鱼网站的欺诈行为；另一方面要靠法制建设，从而在网络用户自力救济所不及的范围内提供安全防护，尤其要着力防范从正规渠道收集的网络个人信息的泄露和滥用。近年来，网络商家的相关雇员私下贩卖客户信息的行为愈演愈烈，并逐渐成为“一条龙”产业，需要加强监管和打击力度。

5. 未成年人网络保护问题

信息网络尤其是互联网上流动着海量的信息资源，而且每时每刻都在迅速增加。通过搜索引擎，网络用户能找到所有的常识信息以及大量的冷僻信息，从而能为生产与生活提供全面周到的帮助。不过，网络社会的自治性使得网络信息的制造与传播都缺乏有效监管，因此其内容难免良莠不齐，既有积极向上的正能量，亦有涉及色情、暴力、迷信、反动等内容的不良信息。

相较于成年人，缺乏社会经验和自我保护意识的未成年人更容易受到网络不良信息的负面影响，很可能对其世界观、人生观与价值观的形成和发展产生误导。轻则影响未成年人正常的生活与学习，重则可能引发自残、轻生等个人悲剧，甚至导致盗窃、抢劫、纵火、凶杀、强奸等恶性犯罪事件。更严重的是，未成年人还有可能在网络违法犯罪分子的诱导和指引下，沦为犯罪团伙的外围成员，却对其违法行为毫无自觉，从而在错误的人生道路上越走越远。

未成年人网络保护工作，一方面要靠家长师友的共同努力，加强对未成年人上网行为的引导和监督，提高未成年人对不良信息的识别能力，并在发现异常时及时进行教育和纠正；另一方面要靠法制建设，提高社会公众的未成年人网络保护意识，加强对网络不良信息的监督能力和打击力度，从而形成社会合力共同关心和帮助未成年人，尤其是在网络中迷失自我的未成年人。

6. 网络犯罪问题

网络犯罪通常包括两类犯罪行为。其一是利用信息网络进行传统犯罪，常见的有网络色情传播、网络诈骗、网络诽谤、网络赌博等。其二是以信息网络为对象进行犯罪，常见的有网络传播病毒、入侵网络计算机、破坏网络数据库等。

随着信息网络日益普及，网络犯罪现象逐渐呈现上升态势，从而对刑法工作形成了诸多挑战。首先是定罪问题。作为新兴事物，部分网络犯罪行为很难简单地适用现有刑法体系，通过司法解释进行扩展适用也不具有可持续性，有必要针对新的犯罪行为设定新的罪名，以契合罪名法定原则。其次是量刑问题。网络犯罪很容易引起并发性和扩散性的社会危害，从而造成严重的财产损失甚至人身伤亡，很多情况下都会远远超过犯罪行为人的最坏预期。这就使得如何合理界定网络犯罪责任，成为需要审慎考虑的重要议题。再次是证据问题。相较于传统物证，信息网络的数据易于增删修改，很难进行追溯和还原，尤其是在犯罪行为人拥有较高技术水平的情况下，更是难以形成传统意义上的有效证据，因此有必要进一步完善现有证据制度，使之适应打击网络犯罪的客观需要。

从遏制网络犯罪来看，一方面要加强打击力度，另一方面要加强宣传教育。网络社会具有很强的自治性特征，为数不少的网络用户法治意识淡漠，尤其是意气用事的青少年黑客，很可能都未曾意识到所作所为已构成犯罪。通过社会舆论的宣教与引导，将能起到事半功倍的预防效果。

二、中国网络法治建设状况

（一）网络法治建设的基本概况

20 世纪 90 年代中期以来，随着中国信息网络的蓬勃发展，网络法治建设也开始起步，并日益受到社会各界的关切与重视。通过对全国人大网“中国法律法规信息系统”的检索，截至 2013 年年底，除部分已废止的规范性文件之外，中国颁布有关网络法治的各类法律法规、部门规章、司法解释等共计 125 件。

从时间序列来看，中国颁布网络法治规范性文件的数量总体呈上升趋势（见图 3），尤其近年来随着网络用户人数和网络经济规模的几何级数增长（见图 1 和图 2），网络法治问题更是日益明显，从而有力地推动了网络法治规范性文件的制定和颁行。不过，迄今为止，中国网络法治规范性文件的总量依然相对有限，难以满足网络法治建设的客观需求。长期以来，中国立法秉持“成熟一部，颁行一部”的审慎态度，从而有助于避免仓促立法可能引起的诸多不利后果。不过，网络社会作为新生事物，始终处于变化与成长过程中，坚持等到时机完全成熟再着手立法，很可能已经时过境迁，难以适应宽网时代瞬息万变的社会发展需要。从目前来看，如何进一步加快网络立法工作，已成为社会各界关切的重要议题。

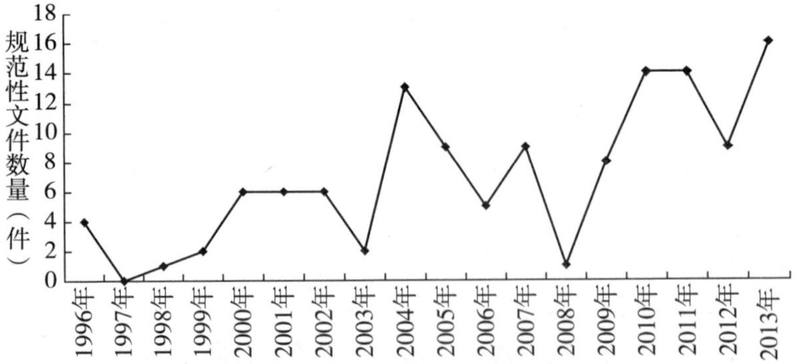

图 3　中国网络法治规范性文件的颁行时间

从效力层级来看，中国颁布的网络法治规范性文件主要以部委规章和司法解释为主，两者合计占到总数的近八成（见图4）。而且，即使是全国人大颁布的规范性文件，也仅有《电子签名法》等极少数是针对网络法治建设的专门性法律，其余多是对现有法律部分条款的修改决定。总体来看，中国在网络法治建设的顶层设计方面存在明显缺失，通常情况下更倾向于运用传统手段处理问题，或是通过司法解释对现有法律规范进行扩展性解释，以兼容网络社会的新现象与新问题，或是通过部委规章将行政权力投射到网络社会，以政府监管方式应对相关难题。从短期来看，此举有利于在既有法律框架下有效解决问题，而不必承担修正法律框架所引起的不确定性风险。但从中长期来看，网络社会与现实社会在运行体制上存在客观差异，如果过于依赖传统手段，有可能对网络法治建设产生扭曲作用，从而影响网络社会的有序发展。

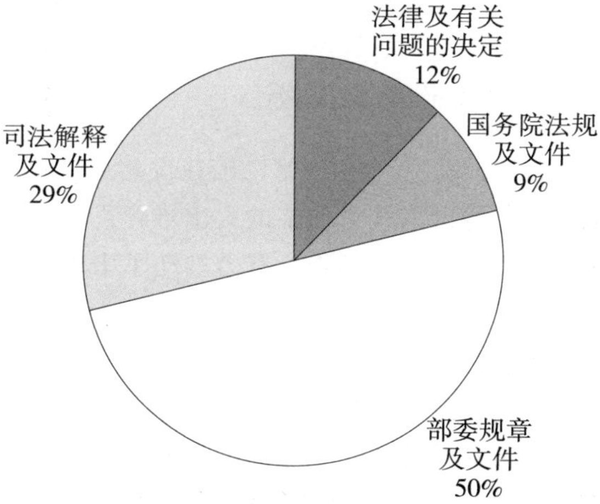

图4　中国网络法治规范性文件的效力层级

从法治内容来看，中国颁布的网络法治规范性文件主要涉及网络安全、网络犯罪、电子商务等，三者合计占到总数的近七成（见图5），网络知识产权保护、网络个人信息保护与未成年人网络保护也占到一定比例，其他内容则主要涉及网络服务尤其是信息服务的行政许可规定。总体来看，中国颁布的网络法治规范性文件具有很强的针对性，能较好地解决网络社会运作过程中出现的相关问题，但其应激性的特征也相当明显，通常情况下都是就事论事，缺乏规划和预判，难以做到防患于未然。此外，部分网络法治规范性文件的相关规定过于笼统宽泛，缺乏可操作性，难以有效指导具体工作，需要及时出台配套文件进行细化和指导。

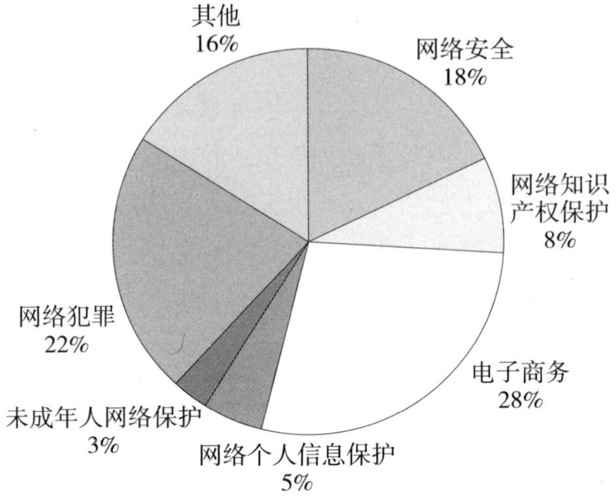

图5　中国网络法治规范性文件的主要内容

（二）网络法治建设的主要成效

经过近20年的探索与发展，中国网络法治建设初见成效，尤其针对网络安全、网络犯罪、电子商务等网络社会面临的突出难题，形成了切实可行的法制规范，从而保证了网络社会的有序运作，有力推动了中国信息网络建设的进一步深化发展。

1. 完善网络安全防范工作

网络安全是信息网络建设有序发展的首要前提，因此，国务院早在1994年就出台了《中华人民共和国计算机信息系统安全保护条例》，并于1996年出台了《中华人民共和国计算机信息网络国际联网管理暂行规定》，明确要求从事国际联网经营活动的和从事非经营活动的接入单位都必须具有“健全的安全保密管理制度和技术保护措施”，并要“做好网络信息安全管理工作，确保为用户提供良好、安全的服务”，从而为信息网络的安全建设提出了指导性原则。

随后，国家各部门相继出台规章制度，其中主要有邮电部的《中国公用计算机互联网国际联网管理办法》（1996年）、最高人民法院的《全国法院计算机信息网络建设管理暂行规定》（1996年）、国家教委的《中国教育和科研计算机网暂行管理办法》（1996年）、公安部的《计算机信息网络国际联网安全保护管理办法》（1997年）、国家保密局的《计算机信息系统保密管理暂行规定》（1998年）、铁道部的《铁路计算机信息系统安全保护办法》（1998年）、最高人民检察院的《关于加强检察机关接入因特网管理的通知》（1999年）等，从而有力地促进了网络安全建设的制度化与规范化。

从20世纪90年代的网络安全建设来看，其内容通常集中在备案审查制度的完善方面。从单位接入网络，到用户申请上网，都有明确的备案登记规范。《中国公用计算机互联网国际联网管理办法》明确规定，“要求接入中国公用互联网的接入单位，应经其主管部门或主管单位的审核同意，到电信总局办理接入手续。办理接入手续时，接入单位应报送接入网络的系统构成、应用范围、联网主机数量、域名地址及终端用户数据等资料。接入运行后，上述事项发生变更时，应及时向电信总局申报。”并且规定，“个人、法人和其他组织（以下统称用户）的计算机和其他通信终端进行国际联网，必须通过接入网络进行。”对于“未经批准，擅自接入中国公用互联网进行国际联网的”，依照规定，“由电信总局停止接入服务；情节严重的，提请公安机关依法予以处罚。”

由于90年代中国信息网络建设尚处于起步阶段，无论网络技术还是网络用户都相当有限，因此依循传统做法的备案审查制度发挥了重要作用，形成了全方位的政府监管网络，从而在很大程度上防范了可能的网络运行安全与信息安全问题。不过，随着信息网络的蓬勃发展，依托现实社会政府监管的备案审查制度很快就显得力不从心。一方面，登录网络的用户和计算机呈现几何级数增长，相关部门很难再像早期那样逐一审查核实，进而逐渐失去了预先排查功能；另一方面，网络技术的发展使得信息数据交换海量增加，任何安全问题出现后，都很难再像以往那样追溯源头，从而很大程度上弱化了审查备案制度的追责作用。这就使得网络安全建设开始从传统的备案审查制度，逐渐转向技术防范和自律教育，更加重视网络社会发展的特征与规律，而不再是简单的生搬硬套现实社会的传统做法。

2000年，第九届全国人民代表大会常务委员会第十九次会议通过《关于维护互联网安全的决定》，明确提出必须“重视和支持对网络安全技术的研究和开发，增强网络的安全防护能力”，并要“加强对互联网的运行安全和信息安全的宣传教育”，从而“为互联网的健康发展创造良好的社会环境”。这就为中国网络安全建设指明了发展方向。2003年，铁道部对《铁路计算机信息系统安全保护办法》进行了修订，其中对铁路公安机关的职责要求，增补规定“组织计算机信息系统安全知识的培训和宣传工作”，从而一定程度上促进了网络安全建设的自律管理。2005年，公安部出台《互联网安全保护技术措施规定》，明确规定了互联网服务提供者、联网使用单位必须贯彻落实的互联网安全保护技术措施，从而在技术层面为网络安全提供了有力保障。

2. 增强网络犯罪惩治力度

随着网络用户人数的增加和网络经济规模的扩大，网络犯罪的危害性日益突出，逐渐成为网络法治建设的重要课题。尽管网络犯罪与传统犯罪存在诸多不同，但在行为主体和行为逻辑方面并无根本性差异，更多体现在客体与手段方面的区别。因此，中国在网络犯罪惩治方面，通常采取刑法修订或司法解释的方式拾遗补阙，力求在不进行框架调整的前提下将网络犯罪纳入现有的刑法体系。具体而言，其做法主要包括三方面内容。

首先是新增罪名。由于计算机系统和信息网络是新兴事物，以其为客体的犯罪与其他犯罪存在明显差异，很难套用原有罪名，因此依据罪名法定原则，须增补新的罪名以适应法治需求。1997 年修订《刑法》时增补第二百八十五条“非法侵入计算机信息系统罪”与第二百八十六条“破坏计算机信息系统罪”，从而为中国信息化事业发展提供了有力保障。不过，第二百八十五条最初针对的是国家安全，仅限于惩治“违反国家规定，侵入国家事务、国防建设、尖端科学技术领域的计算机信息系统的”违法行为，因此，随着民商用计算机和信息网络的迅速增加，其适用范围的局限性开始显得不合时宜。于是，全国人大在 2009 年审议通过《刑法修正案（七）》对第二百八十五条进行增补，将非法侵入民用计算机和信息网络的行为，以及为相关行为提供程序和工具的行为，都纳入了“非法侵入计算机信息系统罪”，从而有助于为网络社会的有序发展保驾护航。

其次是罪名适用。随着信息网络走入千家万户，利用信息网络的便利性进行传统犯罪逐渐成为常见现象。不过，由于构成犯罪的相关要件具有很强的刚性，因此要将新的犯罪行为有序纳入原有刑法体系，还应通过司法解释对罪与非罪的界限加以规范，切实做到不枉不纵。

从近年来的司法解释看，涉及网络犯罪的罪名主要包括：盗窃罪，为境外窃取、刺探、收买、非法提供国家秘密、情报罪，故意泄露国家秘密罪，过失泄露国家秘密罪，传播淫秽物品罪，制作、复制、出版、贩卖、传播淫秽物品牟利罪，组织、利用邪教组织破坏法律实施罪，侵犯著作权罪，开设赌场罪，赌博罪，信用卡诈骗罪，损害商业信誉、商品声誉罪，诈骗罪，窝藏、转移、收购、销售赃物罪，侮辱罪，诽谤罪，敲诈勒索罪，寻衅滋事罪，非法经营罪等。

其中，有些罪名直接适用于特定网络犯罪行为。例如，最高人民法院 2000 年发布的《关于审理扰乱电信市场管理秩序案件具体应用法律若干问题的解释》明确规定“盗用他人公共信息网络上网账号、密码上网，造成他人电信资费损失数额较大的”，依照刑法第二百六十四条规定以盗窃罪定罪处罚。再如，最高人民法院 2001 年发布的《关于审理为境外窃取、刺探、收买、非法提供国家秘密、情报案件具体应用法律若干问题的解释》明确规定，“通过互联网将国家秘密或者情报非法发送给境外的机构、组织、个人的”，依照刑法第一百一十一条规定以为境外窃取、刺探、收买、非法提供国家秘密、情报罪定罪处罚；“将国家秘密通过互联网予以发布，情节严重的”，依照刑法第三百九十八条规定以故意泄露国家秘密罪定罪处罚。

有些罪名则通过行为要件的拓展解释加以适用。例如，最高人民法院、最高人民检察院2004年发布的《关于办理侵犯知识产权刑事案件具体应用法律若干问题的解释》明确规定，通过信息网络向公众传播他人文字作品、音乐、电影、电视、录像作品、计算机软件及其他作品的行为，应视为刑法第二百一十七条（侵犯著作权罪）规定“复制发行”。再如，最高人民法院、最高人民检察院、公安部2011年发布的《关于办理侵犯知识产权刑事案件适用法律若干问题的意见》明确规定，除销售外，“通过信息网络传播他人作品，或者利用他人上传的侵权作品，在网站或者网页上提供刊登收费广告服务，直接或者间接收取费用的”，或者是“以会员制方式通过信息网络传播他人作品，收取会员注册费或者其他费用的”，可以认定为“以营利为目的”。

再次是定罪量刑。由于网络社会具有全球化与开放性特征，信息扩散速度超乎想象，因此很多网络犯罪尤其是涉及违法信息传播的犯罪行为的后果和影响，都要比现实社会的传统犯罪更为严重，而且很难进行全面把握和评估。这就使得在对网络犯罪定罪量刑时，需要对罪与非罪、“情节严重”、“情节特别严重”等制定专门的标准，而不能简单套用现有标准，以避免出现畸轻畸重问题。通常情况下，网络犯罪的定罪量刑会以违法信息发布数量、违法信息传播范围以及违法信息牟利规模作为评判标准。例如，最高人民法院、最高人民检察院2004年发布的《关于办理利用互联网、移动通讯终端、声讯台制作、复制、出版、贩卖、传播淫秽电子信息刑事案件具体应用法律若干问题的解释》明确规定，以制作、复制、出版、贩卖、传播淫秽物品牟利罪定罪处罚的主要有8种情况。其中，有2种情况是以发布数量为准，即（一）制作、复制、出版、贩卖、传播淫秽电影、表演、动画等视频文件200个以上的；（二）制作、复制、出版、贩卖、传播淫秽音频文件100个以上的。有3种情况以传播范围为准，即（三）制作、复制、出版、贩卖、传播淫秽电子刊物、图片、文章、短信息等200件以上的；（四）制作、复制、出版、贩卖、传播的淫秽电子信息，实际被点击数达到10000次以上的；（五）以会员制方式出版、贩卖、传播淫秽电子信息，注册会员达200人以上的。有1种情况以牟利规模为准，即（六）利用淫秽电子信息收取广告费、会员注册费或者其他费用，违法所得一万元以上的。其余2种情况属于特殊情况和兜底条款，即（七）数量或者数额虽未达到第（一）至第（六）项规定标准，但分别达到其中两项以上标准一半以上的；（八）造成严重后果的。解释同时规定，数量或者数额达到第（一）项至第（六）项规定标准5倍以上的，应当认定为“情节严重”；达到规定标准25倍以上的，应当认定为“情节特别严重”。近年来，中国的司法解释相继针对制作、复制、出版、贩卖、传播淫秽物品牟利罪，传播淫秽物品罪，赌博罪，开设赌场罪，侵犯著作权罪，诈骗罪，诽谤罪，非法经营罪等网络犯罪的定罪量刑出台了客观的量化标准，从而在很大程度上减少了主观评估的不确定性，有利于保证网络刑事法治的客观与公正。

3. 提高电子商务交易安全

电子商务的发展需要有公平、公正、规范、有序的市场环境，需要培育诚信的市场氛围，需要切实保护消费者和经营者的合法权益。近年来，中国在电子商务的法治建设方面取得的成效，突出表现在三方面。

（1）加强数据电文可靠性的法制规范

数据电文是指以电子、光学、磁或者类似手段生成、发送、接收或者储存的信息。得益于信息网络的运用，电子商务相比传统商务更为便捷和高效。通过数据电文的信息交流与传递，电子商务双方能够无视空间距离进行广泛沟通与深入磋商，从而有效地提高了商务效率，降低了商务成本，拓展了商务渠道。

2004 年颁布的《电子签名法》规定，当事人约定使用电子签名、数据电文的文书，不得仅因为其采用电子签名、数据电文的形式而否定其法律效力。这就在法律层面明确了数据电文的法律效力，从而为电子商务的进一步发展铺平道路。同时，相关部门规章也相继对数据电文法律效力予以认定。例如，中国证券监督管理委员会 2007 年出台的《期货公司管理办法》明确规定，客户可以通过书面、电话、计算机、互联网等委托方式下达交易指令。再如，国家工商行政管理总局 2010 年出台的《网络商品交易及有关服务行为管理暂行办法》规定，电子化的购货凭证或者服务单据，可以作为处理消费投诉的依据。

不过，相较于传统的纸介文书，数据电文存在易篡改的客观缺陷，因此在作为证据使用时存在诸多限制。《电子签名法》规定，审查数据电文作为证据的真实性，应当考虑以下因素：（一）生成、储存或者传递数据电文方法的可靠性；（二）保持内容完整性方法的可靠性；（三）用以鉴别发件人方法的可靠性；（四）其他相关因素。于是，通过电子签名对数据电文进行加密，也就成为迄今为止得到普遍认可的重要技术手段。

从《电子签名法》与《电子认证服务管理办法》的相关规定来看，中国在数据电文的电子签名认证过程中，主要包括三个逻辑环节，以保证数据电文的安全性与有效性。首先是通过政府监管，保证电子认证服务机构的可靠性。根据规定，向社会公众提供服务的电子认证服务机构，应当依法设立，并取得工业和信息化部（2009 年前是信息产业部）的批准许可，否则不得从事电子认证服务。其次是通过机构监管，保证电子签名认证证书信息与证书持有人提供信息相一致，换言之，相对人能从电子签名认证中获得证书持有人的可靠信息。根据规定，电子认证服务机构必须保证电子签名依赖方能够证实或者了解电子签名认证证书所载内容及其他有关事项，并且在证书持有人提供信息不真实的情况下，可以撤销其签发的电子签名认证证书。再次是通过技术监管，保证经过电子签名的数据电文的可靠性，即签署后对电子签名的任何改动能够被发现，以及签署后对数据电文内容和形式的任何改动能够被发现。

（2）加强电子商务经营者的监管力度

网络社会存在虚拟性特征，因此信息不对称问题相当明显，如果放任市场自由运行，将很容易形成逆向选择，导致诚实守信者受损，进而影响电子商务的健康有序发展。基于市场保护的需要，中国在三方面加强了对网络商品和服务经营者的监管。

首先是禁止性监管。对于部分特殊商品和服务，明确规定禁止通过网络销售。例如，国家发展和改革委员会 2007 年出台的《烟草专卖许可证管理办法》明确规定“除了取得烟草专卖生产企业许可证、烟草专卖批发企业许可证或者特种烟草专卖经营企业许可证的企业依法销售烟草专卖品外，任何公民、法人或者其他组织不得通过信息网络销售烟草专卖品。”再如，国家食品药品监督管理局 2007 年出台的《药品流通监督管理办法》明确规定：“药品生产、经营企业不得采用邮售、互联网交易等方式直接向公众销售处方药。”

其次是强制性监管。对于网络商品和服务经营者，要求其必须公开身份信息，明确责任分担，提供安全保障，否则将不得从事电子商务活动。例如，国家工商行政管理总局 2010 年出台的《网络商品交易及有关服务行为管理暂行办法》规定，已经工商行政管理部门登记注册并领取营业执照的法人、其他经济组织或者个体工商户，通过网络从事商品交易及有关服务行为的，应当在其网站主页面或者从事经营活动的网页醒目位置公开营业执照登载的信息或者其营业执照的电子链接标识；通过网络从事商品交易及有关服务行为的自然人，应当向提供网络交易平台服务的经营者提出申请，提交其姓名和地址等真实身份信息。又如，中国银行业监督管理委员会 2011 年出台的《商业银行信用卡业务监督管理办法》规定，商业银行不得与网站上未明确标注如下信息的网络商户或第三方支付平台签订收单业务相关合同：客户服务电话号码及邮箱地址；安全管理的声明；退货（退款）政策和具体流程；保护客户隐私的声明；客户信息使用行为的管理要求；其他商业银行相关管理制度要求具备的信息。再如，交通运输部 2013 年出台的《快递市场管理办法》规定，经营快递业务的企业接受网络购物、电视购物和邮购等经营者委托提供快递服务的，应当遵守邮政管理部门的规定，与委托方签订安全保障协议，并向颁发快递业务经营许可证的邮政管理部门备案。

再次是指导性监管。对于有利电子商务发展，但受到客观条件限制，监管规范尚不成熟的相关行为，应当予以鼓励和引导，促使其有序发展和逐步完善。例如，《网络商品交易及有关服务行为管理暂行办法》明确提出，鼓励、支持网络商品经营者和网络服务经营者成立行业协会，建立网络诚信体系，加强行业自律，推动行业信用建设。

（3）加强电子商务消费者的权益保护

市场经济条件下，相对于商品与服务经营者，消费者始终处于弱势地位。这在网络社会表现得更为明显，因此中国在电子商务的法治建设中相当重视对消费者权益的保护。在2013年10月的第十二届全国人民代表大会常务委员会第五次会议通过的《消费者权益保护法》修正案中，增补了有关网络购物的法律规定，从而有助于在电子商务环境下维护消费者权益。具体来看，电子商务的消费者权益保护主要表现在三方面。

首先是进一步提高网络信息透明度，降低信息不对称所产生的不利影响。《消费者权益保护法》修正案增补规定，采用网络、电视、电话、邮购等方式提供商品或者服务的经营者，以及提供证券、保险、银行等金融服务的经营者，应当向消费者提供经营地址、联系方式、商品或者服务的数量和质量、价款或者费用、履行期限和方式、安全注意事项和风险警示、售后服务、民事责任等信息。与此相应，《网络商品交易及有关服务行为管理暂行办法》也明确规定，网络商品经营者和网络服务经营者向消费者提供商品或者服务，应事先向消费者说明商品或者服务的名称、种类、数量、质量、价格、运费、配送方式、支付形式、退换货方式等主要信息。

其次是基于网络信息传递存在的失真现象，进一步保证消费者的退货权。《消费者权益保护法》修正案增补规定，经营者采用网络、电视、电话、邮购等方式销售商品，消费者有权自收到商品之日起七日内退货，且无须说明理由，但下列商品除外：消费者定作的；鲜活易腐的；在线下载或者消费者拆封的音像制品、计算机软件等数字化商品；交付的报纸、期刊。这就在很大程度上解除了消费者因看不到实物而产生的后顾之忧，长期来看有助于推动网络购物模式的蓬勃发展。

再次是进一步增强消费者的侵权追责能力。《消费者权益保护法》修正案增补规定，消费者通过网络交易平台购买商品或者接受服务，其合法权益受到损害的，可以向销售者或者服务者要求赔偿。同时规定，网络交易平台提供者不能提供销售者或者服务者的真实名称、地址和有效联系方式的，消费者也可以向网络交易平台提供者要求赔偿；网络交易平台提供者做出更有利于消费者的承诺的，应履行承诺。与此相应，《网络商品交易及有关服务行为管理暂行办法》也明确规定，提供网络交易平台服务的经营者应当建立消费纠纷和解和消费维权自律制度。消费者在网络交易平台购买商品或接受服务，发生消费纠纷或其合法权益受到损害的，提供网络交易平台服务的经营者应当向消费者提供经营者的真实的网站登记信息，积极协助消费者维护自身合法权益。

4. 增强网络知识产权保护

随着信息网络的蓬勃发展，尤其是网络宽带的不断提升和网络用户的迅速增加，中国对网络知识产权的保护力度也在逐步加强。2001 年 10 月第九届全国人民代表大会常务委员会第二十四次会议通过的《著作权法》修正案，明确将信息网络传播权列为著作权的法定内容，并将之界定为“以有线或者无线方式向公众提供作品，使公众可以在其个人选定的时间和地点获得作品的权利”。国务院 2001 年颁布的新版《计算机软件保护条例》，也在 1991 年旧版的基础上增补了网络传播权的相关规定。2006 年，国务院颁布《信息网络传播权保护条例》，明确规定“除法律、行政法规另有规定的外，任何组织或者个人将他人的作品、表演、录音录像制品通过信息网络向公众提供，应当取得权利人许可，并支付报酬”，从而针对网络知识产权形成了更具体的保护规范。

由于网络社会具有很强的开放性特征，无论信息资源的上传还是下载，都很难进行监管或追溯。通常情况下，网络知识产权保护针对的都是互联网信息服务提供者，而不是上传或者下载信息资料的网络用户。其中最常见的做法就是“通知—移除”的应激性保护措施。国家版权局、信息产业部 2005 年出台的《互联网著作权行政保护办法》规定，著作权人发现互联网传播的内容侵犯其著作权，可向互联网信息服务提供者发出通知，后者应立即采取措施移除相关内容；如果互联网内容提供者向互联网信息服务提供者发出说明被移除内容不侵犯著作权的反通知，后者即可恢复被移除的内容，且对该恢复行为不承担行政法律责任；如果互联网信息服务提供者明知存在侵犯他人著作权的行为，或虽不明知，但接到著作权人通知后未移除相关内容，同时损害社会公共利益的，著作权行政管理部门可以责令停止侵权行为，并给予行政处罚；如果没有证据表明互联网信息服务提供者明知侵权事实存在的，或互联网信息服务提供者接到著作权人通知后移除相关内容的，不承担行政法律责任。与此同时，国家版权局 2009 年出台的《著作权行政处罚实施办法》明确规定，侵犯信息网络传播权的违法行为，由侵权人住所地、实施侵权行为的网络服务器等设备所在地或侵权网站备案登记地的著作权行政管理部门负责查处，从而使得管辖权规定更为适应网络社会的客观需要。

5. 完善网络个人信息保护

中国网络个人信息保护的法治建设工作起步较晚。2013 年之前，有关网络个人信息保护的规定，仅是零星的散见于部委或地方的法规规章。例如，信息产业部 2006 年出台的《互联网电子邮件服务管理办法》明确规定，“互联网电子邮件服务提供者对用户的个人注册信息和互联网电子邮件地址，负有保密的义务”，从而在一定程度上为电子邮件的用户提供了个人信息的安全保障。不过，相较于蓬勃发展的网络服务业务，缺乏系统性的零星规定根本无法适应形势发展需要，难以应对日益严峻的网络个人信息安全问题。2012 年 12 月第十一届全国人民代表大会常务委员会第三十次会议通过《关于加强网络信息保护的决定》，从而在法律层面对网络个人信息保护提供了有效的指导和规范。2013 年 7 月，工业和信息化部颁布《电信和互联网用户个人信息保护规定》，有力推动了网络个人信息保护的法治建设进程。从相关规定来看，中国网络个人信息保护采取的依然是较为传统的行政监管方式。具体而言，主要包括三方面内容。

首先是要求网络用户接受网络服务提供者的监管。《关于加强网络信息保护的决定》明确规定，网络服务提供者为用户办理网站接入服务，办理固定电话、移动电话等入网手续，或者为用户提供信息发布服务，应当在与用户签订协议或者确认提供服务时，要求用户提供真实身份信息。对此，工业和信息化部 2013 年出台的《电话用户真实身份信息登记规定》进一步规定，个人办理电话用户真实身份信息登记的，可以出示的有效证件包括：居民身份证、临时居民身份证或者户口簿；中国人民解放军军人身份证件、中国人民武装警察身份证件；港澳居民来往内地通行证、台湾居民来往大陆通行证或者其他有效旅行证件；外国公民护照；其他有效身份证件。而单位办理电话用户真实身份信息登记的，可以出示的有效证件包括：组织机构代码证；营业执照；事业单位法人证书或者社会团体法人登记证书；其他有效证件或者证明文件。并规定，单位办理登记的，还应出示经办人的有效证件和单位的授权书。

其次是要求网络服务提供者肩负起信息保密责任。《关于加强网络信息保护的决定》明确规定，网络服务提供者和其他企业事业单位及其工作人员对在业务活动中收集的公民个人电子信息，必须严格保密，不得泄露、篡改、毁损，不得出售或非法向他人提供；网络服务提供者和其他企业事业单位应采取技术措施和其他必要措施，确保信息安全，防止在业务活动中收集的公民个人电子信息泄露、毁损、丢失。在发生或者可能发生信息泄露、毁损、丢失的情况时，应当立即采取补救措施。《电信和互联网用户个人信息保护规定》更进一步规定了防止用户个人信息泄露、毁损、篡改或者丢失的八项要求，其中有：确定各部门、岗位和分支机构的用户个人信息安全管理责任；建立用户个人信息收集、使用及其相关活动的工作流程和安全管理制度；对工作人员及代理人实行权限管理，对批量导出、复制、销毁信息实行审查，并采取防泄密措施；妥善保管记录用户个人信息的纸介质、光介质、电磁介质等载体，并采取相应的安全储存措施；对储存用户个人信息的信息系统实行接入审查，并采取防入侵、防病毒等措施；记录对用户个人信息进行操作的人员、时间、地点、事项等信息；按照电信管理机构的规定开展通信网络安全防护工作；电信管理机构规定的其他必要措施。并要求，电信业务经营者、互联网信息服务提供者应当对用户个人信息保护情况每年至少进行一次自查，记录自查情况，及时消除自查中发现的安全隐患。

再次是有关主管部门加强对网络服务提供者的监管。《关于加强网络信息保护的决定》明确规定，有关主管部门应当在各自职权范围内依法履行职责，采取技术措施和其他必要措施，防范、制止和查处窃取或者以其他非法方式获取、出售或非法向他人提供公民个人电子信息的违法犯罪行为以及其他网络信息违法犯罪行为。《电信和互联网用户个人信息保护规定》进一步规定，电信管理机构应对互联网信息服务提供者保护用户个人信息的情况实施监督检查。并规定，互联网信息服务提供者有违反安全保障措施的，由电信管理机构依据职权责令限期改正，予以警告，可以并处一万元以上三万元以下的罚款，向社会公告。

从相关规定来看，中国有意通过逐层递进的网络实名制管理体系，提高事前防范与事后追责的有效性。不过，网络社会用于隐匿身份的“套马甲”技术不胜枚举，因此传统的行政手段能否奏效尚待观察。此外，有关行政权力扩张的合理性，也引起了社会各界的不少争议。

6. 加强未成年人网络保护

中国始终高度重视未成年人的网络保护工作。1999 年 6 月第九届全国人民代表大会常务委员会第十次会议通过《预防未成年人犯罪法》明确规定，任何单位和个人不得利用通讯、计算机网络等方式提供含有诱发未成年人违法犯罪及渲染暴力、色情、赌博、恐怖活动等危害未成年人身心健康内容的读物、音像制品或者电子出版物及其信息，从而首次将未成年人网络保护问题纳入法治轨道。2006 年 12 月第十届全国人民代表大会常务委员会第二十五次会议通过《未成年人保护法》修正案，进一步针对未成年人网络保护加强了指导和监管。迄今为止，中国从法律法规到部门规章，已初步形成相对完善的未成年人网络保护体系。具体来看，其中主要包括三方面内容。

首先是重视引导。网络作为信息交流与传播工具，具有其他方式无可比拟的重要优势。因此，如何有效利用网络，加强对未成年人的人生观、世界观、价值观的正确引导，始终是备受社会各界关切的重要议题。《未成年人保护法》规定，出版、制作和传播专门以未成年人为对象的内容健康的网络信息的，国家给予扶持；并要求，社区中的公益性互联网上网服务设施，应对未成年人免费或优惠开放，为其提供安全、健康的上网服务。国家广电总局、信息产业部 2007 年颁布《互联网视听节目服务管理规定》要求，互联网视听节目服务单位提供的、网络运营单位接入的视听节目，不得含有诱导未成年人违法犯罪和渲染暴力、色情、赌博、恐怖活动内容。文化部 2010 年颁布的《网络游戏管理暂行办法》规定，以未成年人为对象的网络游戏不得含有诱发未成年人模仿违反社会公德的行为和违法犯罪的行为的内容，以及恐怖、残酷等妨害未成年人身心健康的内容。

其次是加强防范。网络信息良莠不齐，通常情况下很难逐一辨识，而且未成年人缺乏自制力，很容易沉湎于网络社会不可自拔，从而影响身心健康。因此，通过技术屏蔽或者物理隔断的方式，限制未成年人上网的时间与内容，也就成为未成年人网络保护的重要手段。信息产业部、公安部、文化部、国家工商行政管理局 2001 年联合颁布的《互联网上网服务营业场所管理办法》明确规定，互联网上网服务营业场所经营者不得在国家法定节假日每日 8 时至 21 时之外的其他时间向 18 周岁以下的未成年人开放，不得允许无监护人陪伴的 14 周岁以下的未成年人进入其营业场所。国务院 2002 年颁布《互联网上网服务营业场所管理条例》进一步明确规定，互联网上网服务营业场所经营单位不得接纳未成年人进入营业场所，并要求在营业场所入口处的显著位置悬挂未成年人禁入标志。《未成年人保护法》明确要求，父母或者其他监护人应当预防和制止未成年人沉迷网络；并提出，国家鼓励研究开发有利于未成年人健康成长的网络产品，推广用于阻止未成年人沉迷网络的新技术；同时规定，中小学校园周边不得设置互联网上网服务营业场所等不适宜未成年人活动的场所。

再次是提高自律。通过他律手段，能在短期内对未成年人形成有效保护，但从个人成长来看，更重要的是要形成自律意识，从而做到明辨是非和趋利避害。教育部 2004 年颁布《小学生日常行为规范（修订）》和《中学生日常行为规范（修订）》，根据社会发展对人才培养提出的新要求，增加了网络文明等符合时代特征的内容。相关规范明确要求，小学生应当阅读、观看健康有益的网上信息，不进入网吧等未成年人不宜入内的场所；中学生应当遵守网络道德和安全规定，不浏览、不制作、不传播不良信息，慎交网友，不进入营业性网吧。

三、进一步完善网络法治的挑战

（一）加强法理层面的顶层设计

中国针对迄今为止出现的网络法治问题，相继出台了不少法律法规，从而初步形成了颇具成效的网络法治体系，有力地促进了网络社会的和谐有序发展。

不过，中国网络法治建设缺乏明确架构，更多的是针对各类新现象和新问题，通过部委规章和司法解释的方式进行临时性应对。从审慎立法的角度来看，首先采用较低法律层级的规章制度对新现象与新问题进行处置，如有不妥也能及时的进行调整和修正，直到相对完善再上升为法律，将有助于维护法律的权威性和稳定性。但问题在于，网络社会的发展将会在很大程度上改变现实社会的传统运行模式，从而引起社会经济多层次多领域的重要变化。如果缺乏顶层设计的有序引导，仅靠各部门的自我探索，很有可能使得网络法治建设在多头立法过程中，由于受局部经验和部门利益影响，形成难以调和的矛盾与冲突。

从网络社会发展的客观现实出发，有必要采取自上而下顶层引导与自下而上基层探索相结合的法治建设路径。具体来看，有必要尽早出台通则性质的法律文件，对涉及网络法治的相关法律法规的出台进行指导和规范。其中，有关网络法治的基本原则，应当重视以下方面。

其一是衡平原则。有关网络社会公权力与私权利的对立，长期以来始终是备受关注的重要议题。网络社会的包容、自由与开放，使其成为很多在现实社会中倍感压抑的网络用户的精神家园，要求维护网络社会的私权利自治，拒绝公权力干涉的呼声始终很高。不过，随着网络社会发展而产生的诸多新问题，却在很大程度上表明，如果完全寄希望于私权利自治，那么，最终形成的很可能不是和谐的“伊甸园”，而是无序的“霍布斯丛林”，拥有技术优势的网络黑客，能够肆意掠夺和侵犯普通网络用户的正当权益。因此，基于公权力与私权利衡平原则，遵循政府监管的客观性、必要性与有限性，通过构建完善的网络法治体系，维护公正、和谐、有序的网络环境，也就成为促进网络社会进一步繁荣发展的首要前提。

其二是技术原则。技术进步是推动网络社会发展的根本动力。由于受技术因素影响，网络社会的很多问题难以直接套用现实社会原有的法制观念和手段解决，需要针对相关技术进行调整和创新。如果无视技术发展的客观规律，简单照搬原有的法制模式，很可能事倍功半甚至是南辕北辙。因此，网络法治建设必须重视技术因素的影响，契合技术发展的需要，并在一定程度上为可能出现的技术创新留下可供调整的弹性空间，尤其是要关注技术进步的负面影响，避免原本相对周延的法制规范在新技术的冲击下出现漏洞，从而为不法之徒留下可乘之机。

其三是开放原则。对于网络社会而言，国界意识通常较为淡薄，但在现实社会中，中国要切实保护网络用户正当权益，却不得不面对客观存在的国界问题。这就使得中国在网络法治建设过程中，有必要未雨绸缪，尽可能使相关法律法规与国际接轨，避免在处理涉外法律问题时面临制度差异。为此，既要借鉴西方国家网络法律规范，也要重视跨国机构和国际组织的网络技术规范和商务惯例，更要积极参与国际网络的新规则的制定和磋商，进一步提高中国网络法治的国际化水平。

（二）提高法律法规的可操作性

网络法治建设能否取得预期成效，关键在于相关法律法规能否得到扎实有效的贯彻落实。由于网络社会与现实社会存在诸多不同，因此很多现实社会中行之有效或习以为常的做法，并不适用于网络社会。这就需要在网络法治建设过程中，必须更加重视相关法律法规的可操作性问题。尤其是在部分新兴的网络服务领域，无论是网络用户，还是执法人员，甚至是从业人员，都并不完全熟悉相关事务的常规运作流程，更遑论对意外情况的处置。因此在推进网络法治建设时，有必要重视对相关法律法规的配套制度建设，尤其是要加强判定标准、技术规范、操作流程的制定和完善，从而保证在情况发生时能切实做到有据可依，避免出现相关主体无所适从或自以为是的无序局面。具体来看，以下方面问题有待重点关切。

其一是权力约束问题。对于网络社会有序发展而言，政府监管必不可少，但是权力需要有较为明确的边界约束。随着信息技术的发展，网络社会正在不断地延伸和拓展。面对层出不穷的新现象和新问题，政府公权力很容易产生自我扩张的倾向和冲动。或许，政府公权力的初衷是要将新领域的不确定性因素尽量纳入监管和掌控，以避免出现不利于和谐与稳定的可能意外，但从长期发展看，却很容易好心办坏事，一方面可能导致权力过度扩张，损害其他网络主体正当权益，另一方面可能制约网络社会的创新活力。因此，相关法律法规制定过程中，有必要明确限定政府监管的职责范围，避免使用含义宽泛的授权条款，以防范政府公权力的延伸性或拓展性解释。

其二是责任归属问题。由于受技术因素的不对称性影响，网络社会中普通网络用户的正当权益很容易受到有意或者无意的技术侵害，其中有的来自相关方，有的来自不确定的第三方，而且很难以个体力量进行有效防范。基于促进网络社会有序发展的权衡，有必要令更有能力防范技术侵害的行为体承担更多责任，以缓和普通网络用户承受的技术侵害压力。因此，相关法律法规制定过程中，有必要明确规定网络服务提供者、网络服务平台运营者等行为体的责任条款，尤其要严格限制免责条款的适用条件，以防范相关行为体利用不合理的免责条款规避责任，促使其切实承担起协助政府维护网络法治环境的社会责任。

其三是权利救济问题。对于大多数的普通网络用户而言，信息网络是“知其然不知其所以然”的新生事物，或许在工作生活中时常运用，故而并不陌生，但却很难准确把握其运作规则，更遑论熟练运用相关规则维护自身权益。假使正当权益在网络社会中受到侵害，应当如何有效保全证据？如何针对相关方追索赔偿？如何寻求行政或者司法救济？相关问题如果未能得到具体指导和规范，很难指望普通网络用户能在理解法律法规的原则性条款基础上自行推导把握。这就使得网络受害者通常都会选择“退一步海阔天空”的消极立场，进而在客观上进一步助长侵权违法行为，从长期看将会严重损害网络社会发展的和谐与有序。因此，相关法律法规制定过程中，有必要明确规定权利救济的方式、手段、途径、时限等具体条款，尤其要限定相关部门的唯一管辖权，以防范多方管辖可能导致的“踢皮球”现象，从而切实维护网络行为体尤其是普通网络用户的正当权益。

（三）促进网络自律的法治意识

网络社会具有很强的自治性特征，以政府监管和司法监督为主的他律手段，很难满足信息网络高速发展需求，尤其在诸多新兴领域，缺乏积淀与磨合的他律手段通常仅能维护最基本的法治秩序。从长期发展来看，中国在网络法治建设中有必要将他律与自律相结合，以他律为经，以自律为纬，共同构建健康向上的网络法治环境，从而促进网络社会的和谐与有序发展。具体而言，网络社会的法治自律意识建设，有必要重视以下三方面工作。

其一是戒之以律。相较于现实社会，存在于虚拟空间的网络社会具有很强的独立感。这就使得为数不少的网络用户产生了脱离现实社会的错觉，甚至在一定程度上催生了网络公民不受现实社会制约的极端自由主义观念。于是，部分在现实社会遵纪守法甚至是谨小慎微的网络用户，却在网络社会完全无视法律与道德约束，通过其随心所欲的言行侵害其他个体、群体甚至国家利益。事实上，相较于恶意的网络罪犯，更多的网络肇事者并不是故意违反法律和道德约束，而是在虚拟空间不受现实制约的错觉下，肆意放纵言行的无意过失。因此，中国的网络自律意识建设应加强对网络法律法规的宣传教育，务必使广大网络用户理解网络社会自由的相对性，任何侵害他人正当权益的言行都将受到严厉惩戒，从而将现实社会的法治观念逐步投射到网络社会。

其二是畏之以威。信息网络讲究“技术为王”，任何掌握先进技术者都能在网络社会获得明显的优势地位，从而很容易在名利的驱使下误入歧途，成为蔑视权威而不知畏惧的网络黑客，甚至沦为肆意践踏道德和法律的网络罪犯。对于大部分的网络黑客而言，并不是对法律权威毫无顾忌，而是对其技术能力拥有信心，认为在网络社会中能像“独行侠”那样来去无踪，从而有效规避现实社会的责任追究。因此，中国的网络自律意识建设应加强对国家打击网络犯罪能力的宣传教育，务必使广大网络用户理解黑客技术优势的局限性，任何网络犯罪都将在司法机关的追查下难逃法网，从而在网络用户尤其是网络技术精英中树立起具有威慑力的法律权威。

其三是立之以德。网络社会尚处于新生阶段，相关行为的习惯性准则都还在酝酿和磨合过程中，如果能得到有序引导，将有助于在自由、平等、互助、共享等积极因素的基础上，形成具有约束力的网络道德规范，从而为网络法治建设提供更为有利的外部环境。因此，中国的网络自律意识建设应加强对网络道德规范的宣传教育，务必使广大网络用户尤其是世界观、人生观、价值观正在形成过程中的青少年用户切实理解网络道德建设的必要性与重要性，促使其“从我做起”积极参与网络道德体系的构建与完善。

律师法治

祁建建　周哲斯*

新中国成立后，中国在废除旧的司法制度的基础上，建立了新的司法制度。其中，律师制度与其他重要法律制度一道，经历了一段从草创到取消再到恢复的曲折发展后，迎来了一段稳定发展的时期。1997 年以来，随着《律师法》《刑事诉讼法》开始实施，中国律师的发展进入一个新的发展阶段。

一　2001～2012 年中国律师法治概述

改革开放以来的 30 多年，中国社会、经济建设飞速发展，政治环境相对稳定，这是中国律师制度发展与改革最重要基础。在过去实行计划经济的时期，经济政策在社会生活中发挥了较大的作用，从而抑制了法律对于经济社会生活的调整作用，律师的作用受到限制。在中国初步建立社会主义市场经济的时期，国家的经济生活日益多样化和复杂化，法律虽然没有也不可能完全取代经济政策，但法律的作用日渐突显，这就为律师制度和律师队伍的发展提供了契机。中国加入世界贸易组织，是中国现代化建设中的一件大事。“入世”意味着中国要遵守世界贸易组织（WTO）体制下的规则，律师法律服务也要受到相关的框架和原则的调整。目前中国经济、社会在整体而言处于向上的、稳定的大趋势中，这给律师行业的持续、稳定发展奠定了良好的基础。经济的发展，制度的改革，国际交往的深化，给中国律师制度和律师行业的发展带来新的挑战和机遇。

中国律师的发展已经走过了六十多年的历程。中国律师制度和律师行业的发展，在过去的这六十多年中，经历了许多的高低起伏。在过去的十年间，律师制度所发生的深化改革尤其值得关注。

（一）十年间律师性质的变化

律师行业和法律学科的发展使得人们对于律师性质的认识不断变化。1980 年《律师暂行条例》的第一条对律师的性质进行了界定：律师是国家的法律工

---

* 祁建建，中国社会科学院法学研究所副研究员；周哲斯，北京中任律师事务所深圳分所律师。

作者。1996 年《律师法》第二条把律师界定为“依法取得律师执业证书，为社会提供法律服务的执业人员”。律师性质和定位问题，也引起了社会和学界的广泛关注和深入讨论。2007 年修正的《律师法》以法律条文的形式，表述了对于律师性质的新认识。2007 年《律师法》第二条规定，律师是指“依法取得律师执业证书，接受委托或者指定，为当事人提供法律服务的执业人员”，第二条同时规定了律师的使命或任务，“应当维护当事人合法权益，维护法律正确实施，维护社会公平和正义”。根据这一规定，中国律师既有别于西方的“自由职业者”，也不同于过去的国家法律工作者。与过去相比，现阶段律师的服务对象从抽象的国家或社会转变为具体“当事人”。用语的改变表明了法律对于个人权利的重视，也反映了治国理念的转向。对律师性质的新诠释明确了律师制度、律师行业今后的发展方向，这也是新时代思想解放和契约精神的彰显。

2007 年以后，人们对于律师性质和定位的认识仍在不断深化的过程中。2010 年《司法部关于进一步加强和改进律师工作的意见》指出“律师制度是中国特色社会主义司法制度的重要组成部分，律师是中国特色社会主义法律工作者”，再次强调了律师的地位和作用。

律师固然要为当事人服务，但律师作为社会主义法律工作者，必然体现或要求体现相应的特点。中国律师在新时期，除了肩负提供法律服务的重担，也应该承担起其他的社会责任。事实上，越来越多的律师投身到慈善、环保等活动中去。2006 年，全国律协和相关单位联合举办了“2006CCTV 消费维权法律服务月”①；2007 年 1 月，全国律协下发文件，与中央电视台经济频道《为您服务》栏目合作开展“2007CCTV 安居法律服务月”活动，此项活动在 8 个城市开展②，受到了社会广泛的关注和赞誉。

（二）律师的地位变化概述

律师的地位，包括律师的社会地位和律师诉讼地位。律师的社会地位是指律师受社会重视的程度以及在社会中所起的作用，律师的诉讼地位是指律师在执行诉讼业务过程中与其他诉讼主体之间的关系。

在法治国家中，律师具有较高的地位，在此以美国为例。美国是一个由律师统治的社会，从事法律职业的人构成了这个社会的贵族阶层。美国被称为

---

① 《央视消费维权法律服务月启动》，法制网 http://www.legaldaily.com.cn/bm/content/2006-03/01/content_273648.htm?node=194，2014 年 4 月 6 日最后访问。

② 《“安居法律服务月”活动首站在上海举行》，东方律师网 http://www.lawyers.org.cn/info/635e85fe22414626bdc54fdf4269158e，2014 年 4 月 6 日最后访问。

“九个老人的专政国家”，即指其联邦最高法院对于政治问题、社会问题、经济问题等的最后解决权。美国的政治家有相当一部分是律师，律师在参、众两院中一直占了较高的比例，能够影响政府的决策；一部分律师担任政府顾问；美国的法官都从律师中选拔，律师队伍向政府输送官员。

在典型的法治国家中，律师能够服务于政治、保障个人权利。为了保证律师能够发挥这样的作用，法治国家对律师的地位予以充分的肯定：律师是法律人，在法律范围内行事，不受不必要的或无理的约束；律师是政治人，能够充分参与政治生活；律师是权利人，其合法执业权利得到立法的确认，并在实践中得到保护。

由于法律意识与法律制度等方面的原因，中国的律师制度从一开始就处于“边缘化”的地位。在传统文化中，中国没有相当于现代律师的概念，只有辩护士、讼师，甚至名声更差的“讼棍”。即便到了改革开放后，关于什么是律师，律师在法治社会中的应然地位的讨论也从未停止。

从1979年中国律师制度恢复，到1986年全国律协成立；从1980年律师暂行条例颁布，到1996年《律师法》诞生；从2001年对《律师法》的部分修改，到2007年修正的《律师法》的颁布——短短几十年中律师定义经历了从“国家法律工作人员”到“为社会提供法律服务的人员”，再从“法律中介组织”到“法律服务执业人员”的嬗变。几十年来，律师没有得到一个清晰的定位，律师的地位也始终没有得到社会应有的认可。

律师的诉讼地位主要取决于立法中律师的定位和与律师执业相关的具体权利的规定，也取决于法律实务中，律师与公检法机关的关系。在实践中，公检法三家之间的关系比起各家与律师之间的关系，都显得更为密切：这首先是由于三家之间依据《宪法》和《刑事诉讼法》确立的公检法三机关分工负责、相互配合、相互制约的原则，重配合、轻制约；其次是由于身份上的关系，不受地方或者全国普选影响的公务人员身份使得三机关工作人员具备了平等却高于律师的社会地位；再次是由于在具体案件办理过程中，三机关相互依存，互与方便，尤其是在“运动”式批量执法时，三机关联合办案使得侦、诉、审权力界限更为模糊；最后，由于总体而言，律师所服务的当事人尤其是犯罪嫌疑人、被告人，其社会地位、经济地位明显低于公检法三家工作人员，刑事司法人员心理上更有区分人民与敌人的红线，导致犯罪嫌疑人、被告人社会地位低到可以采取“像秋风扫落叶”一般的待遇，法律权利也受到极大限制。犯罪嫌疑人、被告人权利是辩护律师权利的来源，这极大影响了律师权利的范围和辩护作用的发挥。这些现实违反了刑事司法的一些基本原理和规律，不利于被追诉者权益的保护，而作为被追诉者权益代言人的律师的地位也一并受到影响。在实践中，律师由于追求对当事人有利的诉讼结局，一定程度上受制于法官和检察官，很多律师在某种程度上在执业过程中丧失了独立的地位，或者受制于当事人，或者依附于公检法。

律师对社会的作用越来越大，社会也更为关注律师。市场经济就是契约经济、规则经济，在现代的语境下，市场经济实际上就是法治经济。律师在其中扮演越来越重要的角色。这十年来，国际交流的加深，国际商事合作等更加频繁，各项经济活动对于律师服务的依赖性也越来越强。在市场经济中，律师解决能解决或者辅助解决一系列的经济纠纷。

在过去十年里，中国律师在自身的业务范围内服务社会，也在律师业务范围外对社会产生越来越大的影响。律师积极参政议政，宣示了其在政治生活中的地位；律师积极参与公益活动，体现了其在社会生活中的价值。

2007 年 10 月，孙发荣、赵玉中和翟玉华作为律师界的代表参加了党的十七大。[①] 对于律师行业来说，这是在全国党代会中首次出现律师的身影。把律师纳入党代表之列，意味着党和国家对于律师职业的肯定，意味着律师将成为推动中国民主政治、依法管理和科学管理的重要力量。

第十一届全国人民代表大会，律师界有 11 名代表，到了第十二届全国人民代表大会，律师界有 14 名代表。律师代表与全国来自其他行业的代表共同参与各种民主活动，发出自己的声音。律师政治角色的正确定位主要表现之一就是律师作为立法的中坚力量参与到国家立法活动中。

（三）律师发展与和谐社会

律师是推动法治建设的一股重要力量，是建设和谐社会必不可少的角色。和谐社会是法治型的社会。中国律师积极投身到和谐社会的建设中，如 2008 年 1 月 26 日，全国律协和《法制日报》联合举办“和谐社会与刑事辩护研讨会”。有论者认为，和谐社会对律师的定位是：首先，在经济关系领域中，律师应当成为经济发展的促进者。其次，在政治关系领域中，律师应当成为民主政治的推进者。再次，在文化关系领域中，律师应当成为“法治”文化的催生者。最后，在社会生活关系领域中，律师应当成为矛盾冲突的协调者。[②] 律师是建构和谐社会不可或缺的职业群体。

联合国《关于律师作用的基本原则》中指出，律师专业组织有一个重要的作用就是“向一切需要他们的人提供法律服务以及与政府和其他机构合作进一

---

① 《全国律协举行十七大律师党代表座谈会》，中国律师网，网址 http：//old. acla. org. cn：8088/pages/2007－10－18/s41465. html，2014 年 4 月 6 日最后访问。

② 参见：《〈和谐社会与刑事辩护研讨会〉在北京举行》，法制网 http：//www. legaldaily. com. cn/fxy/content/2008－01/28/content_ 833718. htm？ node＝6065，2014 年 3 月 2 日最后访问。

步推进正义和公共利益的目标”。

十七大律师界代表孙发荣律师说：“有人曾问过我，在构建和谐社会中，律师的作用是什么？我说，律师通过自己为当事人提供法律服务，减少了社会矛盾，化解了纠纷，社会秩序得以维护，社会正义得以实现，法律制度得以不断完善，民主法治得以加强，这就是律师的作用。”① 律师与和谐社会相互依存，律师服务于和谐社会，和谐社会给律师执业提供良好的社会环境。律师服务于和谐社会的案例俯拾即是。如在北京申办、筹办奥运过程中，北京律师始终以积极的态度、热情的参与和高标准的服务迎接奥运会的来临，发挥了应有的职能和作用。在面临奥运特殊时刻，北京律师当年的工作重点围绕服务奥运的主题展开。集行业之合力，为举办奥运会提供便捷高效优质的法律服务；积极参与社会矛盾纠纷化解工作，为举办奥运会创造和谐稳定的社会环境；深入开展法制宣传教育工作，为举办奥运会营造良好的法治氛围；加强律师职业化建设，为做好奥运之年的法律服务提供强有力的保障。② 律师积极服务于社会，其自身也是受益者之一。

2008 年 5 月 12 日，汶川特大地震使四川、陕西、甘肃等地区遭受了罕见的灾难。中华全国律师协会及时向各地律师协会、各律师事务所律师发出“关于向地震灾区捐款的倡议书”，号召律师事务所和广大律师捐款捐物，帮助灾区人民渡过难关。③ 全国的律师捐款超过了 4000 万元，表达了全国律师界对灾区人民的关爱之情。

二　十年间律师制度的立法发展概述

2011 年 3 月 10 日，全国人大常委会委员长吴邦国向十一届全国人大四次会议作全国人大常委会工作报告时宣布，一个立足中国国情和实际、适应改革开放和社会主义现代化建设需要、集中体现党和人民意志的，以宪法为统帅，以宪法相关法、民法商法等多个法律部门的法律为主干，由法律、行政法规、地方性法规等多个层次的法律规范构成的中国特色社会主义法律体系已经形成。④ 中国的法律体系大体由在宪法统领下的宪法及宪法相关法、民法商法、行政法、经济法、社会法、刑法、诉讼与非诉讼程序法等七个部分构成，包括法律、行政法规、地方

---

① 参见：《律师党代表回娘家》，资料来源于法制网 http：//www. legaldaily. com. cn/misc/2007 -10/19/content_ 722173. htm，2014 年 3 月 2 日最后访问。

② 参见：《首都律师“服务奥运、促进和谐”动员大会隆重召开》，首都律师网 http：//www. beijinglawyers. org. cn/topic/2/index. htm，2014 年 3 月 2 日最后访问。

③ 参见：《全国律协号召律师为灾民提供无偿涉灾法律援助》，法制网 http：//www. legaldaily. com. cn/misc/2008 -05/15/content_ 854207. htm，2014 年 3 月 2 日最后访问。

④ 参见：《吴邦国：中国特色社会主义法律体系已经形成》，中国新闻网 http：//www. chinanews. com/gn/2011/03 -10/2895965. shtml，2014 年 3 月 2 日最后访问。

性法规三个层次。其中与律师密切相关的有诉讼法、律师法和相关的组织法等。

立法保障是律师执业的根本保障。立法所赋予的律师权利的范围，实质上就是律师为当事人提供法律服务的方法和途径。律师的权利在立法中受到限制，实际上也就限制了当事人寻求救济的方法或途径。立法保障作为评价律师执业条件的一项指标，很难被量化。在法治水平落后的时期，立法保障的完善程度，在一定程度上可以以法律文本或者法律条文的多寡来衡量。但在现代法治国家，法律的数量并不是一个核心的标准，真正的标准是法律能否给律师开展业务提供便利，能否既规范律师的行为又能保障律师的权利，从而更充分保护当事人的权利。中国现阶段的法律，对于律师执业，存在保障不足、限制过多的问题。

中国《律师法》把律师定性为社会提供法律服务的法律工作者，使律师成了为社会提供法律服务的社会法律工作者，这一身份与律师制度恢复之初相比，律师失去了其事业编制和半官方身份。现有的法律对律师执业授权性的规范不足以满足律师执业所需，但涉及律师权利限制、禁止性条款却在现有法律中占了相当的比例，这导致了律师的权利与义务明显失衡。

除了《律师法》，在中国的法律体系中，无论是实体法还是程序法，严格限制律师正常行使执业权的规定随处可见。实体法对律师活动的限制，往往表现为律师可能因执业活动面临风险，以《刑法》第三百零六条为例，该条文规定了辩护人、代理人伪证罪，而辩护人、代理人绝大多数是律师。纵观整个刑法分则条文中，没有任何其他条文对某一具体职业群体有如此明确的针对性。这一明显歧视性的条款已对中国律师的发展，特别是辩护律师的生存、发展造成了极大的伤害。程序法对律师的限制，则常表现为对律师的执业活动设置障碍，以《刑事诉讼法》第四十一条为例，该条规定，辩护律师向证人、有关单位和个人取证，应征得其同意。

（一）《律师法》的发展

现行《律师法》1997 年 1 月 1 日起正式实施以来，中国律师制度不断完善，业务领域不断拓展，队伍不断发展壮大。律师工作的发展面临前所未有的机遇，也面临新的更高的要求。从 2004 年 6 月开始，在党中央、国务院的领导下，在全国人大、国务院各有关部门的支持下，司法部配合有关立法机关正式启动了《律师法》修订工作。在修订过程中，开展了大量调查研究，广泛征求了各方面的意见，历经多次深入讨论，反复修改。

2007 年 10 月 28 日第十届全国人民代表大会常务委员会第三十次会议对《律师法》进行了修订。此次修法新增、修订条款四十余条，从诸多方面进一步改革和完善了中国的律师制度。修订后的《律师法》共七章六十条。修改的主要内容是：

1. 进一步明确了律师的职业使命，规定律师应当维护当事人合法权益，维护法律的正确实施，维护社会公平和正义。

2. 进一步规范和完善了律师执业许可制度，包括完善了律师执业许可条件、调整了律师执业许可的权限和程序、规定了律师执业特别许可制度等。

3. 调整和完善了律师执业的组织形式，明确了普通合伙和特殊的普通合伙两种律师事务所合伙组织形式，增加了设立个人律师事务所的规定。

4. 充实了律师执业权利保障内容，增加了对律师依法行使会见权、阅卷权和调查取证权保障的规定，增加了律师参与法庭诉讼活动责任豁免的权利和对律师采取强制措施方面的保障措施。

5. 增加了规范律师执业行为的规定，从严格律师执业申请、担任合伙人的程序和条件，完善律师执业禁止等方面做出了规定。

6. 完善了对律师的行政管理和行业自律的措施。对司法行政机关的监管职责和行政处罚权层级配置做相应调整，强化对律师执业的监督，同时，进一步明确了律师协会的职责，为发挥律师协会的自律作用进一步做出了规定。

修订后的《律师法》的颁布实施，是进一步推进依法治国，建设社会主义法治国家的实际步骤，是保障中国律师工作适应经济社会发展要求的重要举措，为律师更好地履行职责，维护当事人的合法权益，维护法律的正确实施，维护社会公平和正义，为进一步推进律师工作建设，加强律师队伍建设，完善律师管理体制，提高律师工作水平提供了重要法律依据。

（二）《刑事诉讼法》的发展

2012 年 3 月 14 日，《刑事诉讼法》修正案获得人大通过。这部施行了 33 年的刑事诉讼法，完成了第二次“大修”，于 2013 年 1 月 1 日起施行。这次修改内容很多，主要内容包括加强辩护，强化技术侦查取证，强化对侦查措施的法律监督，补充完善非法证据排除，规范证人出庭作证，适当调整简易程序适用范围，修改完善了二审程序和完善了刑罚执行程序等，这些内容都对律师执业产生深远的影响，但此次修法对律师执业产生更直接更重要影响的，主要是以下方面。

1. 完善了辩护人在刑事诉讼中的法律地位和作用

辩护制度是刑事诉讼程序中保障犯罪嫌疑人、被告人依法行使辩护权的重要制度。新刑事诉讼法重点完善了辩护人在刑事诉讼中法律地位和作用的规定，犯罪嫌疑人在侦查阶段的诉讼权利得到更有效保障。

1996 年修正《刑事诉讼法》第三十三条、第九十六条规定，犯罪嫌疑人、被告人在审查起诉、审判阶段可以委托辩护人，在侦查阶段只能聘请律师提供法律帮助。考虑到犯罪嫌疑人、被告人在整个诉讼过程中均享有辩护权，2012年修正《刑事诉讼法》增加规定：犯罪嫌疑人在被侦查机关第一次讯问或者采取强制措施之日起，有权委托辩护人。在侦查期间，只能委托律师作为辩护人。侦查机关在第一次讯问犯罪嫌疑人或者对犯罪嫌疑人采取强制措施时，应当告知犯罪嫌疑人有权委托辩护人。

同时增加一条规定："辩护律师在侦查期间可以为犯罪嫌疑人提供法律帮助；代理申诉、控告；申请变更强制措施；向侦查机关了解犯罪嫌疑人涉嫌的罪名和案件有关情况，提出意见。"这样修改，进一步明确了律师在侦查阶段的法律地位，有利于更好地发挥律师的作用。

2. 修改完善了律师会见阅卷程序

新《刑事诉讼法》充分吸收了《律师法》的相关规定，完善了辩护律师会见在押的犯罪嫌疑人、被告人的规定，加强了对律师依法履行职责的保障。

1996年《刑事诉讼法》第九十六条规定，在侦查阶段，对于涉及国家秘密的案件，犯罪嫌疑人聘请律师和律师会见在押的犯罪嫌疑人，均需经侦查机关批准。修订后的《律师法》作了不同的规定，规定律师凭律师执业证书、律师事务所证明和委托书或者法律援助公函，有权会见犯罪嫌疑人、被告人。律师会见犯罪嫌疑人、被告人，不被监听。2012年《刑事诉讼法》吸收《律师法》的有关内容，并规定危害国家安全犯罪、恐怖活动犯罪、特别重大贿赂犯罪案件，在侦查期间辩护律师会见在押的犯罪嫌疑人，应当经侦查机关许可。这就解决了《刑事诉讼法》与《律师法》的衔接问题，保证了法律和司法的统一，同时也解决了侦查工作中实际存在的问题。

1996年《刑事诉讼法》第三十六条规定，辩护律师在审查起诉阶段可以查阅、摘抄、复制本案的诉讼文书、技术性鉴定材料。为了限制律师阅卷范围，在卷宗制作流程上专门制作了律师卷，仅有诉讼文书和技术性鉴定材料。第三十六条规定辩护人在审判阶段可以查阅、摘抄、复制本案所指控的犯罪事实的材料，但由于其时第一百五十条规定的公诉案件案卷移送制度改革，检察院移送起诉时仅向法院移送证据目录、证人名单和主要证据复印件或者照片，律师阅卷范围也随之受到限制。修订后的《律师法》扩大了辩护律师在审查起诉阶段阅卷的范围。新《刑事诉讼法》吸收《律师法》的有关内容，规定辩护律师在审查起诉和审判阶段，均可以查阅、摘抄、复制本案的案卷材料，检察院移送起诉将案卷材料、证据移送人民法院，因此律师在审判阶段阅卷的范围也随之扩大。

3. 扩大了法律援助适用范围

为进一步保障犯罪嫌疑人、被告人的辩护权，新《刑事诉讼法》扩大了法律援助在刑事诉讼中的适用范围。

按照1996年《刑事诉讼法》规定，只有犯罪嫌疑人、被告人是聋、哑、盲人的，因经济困难等原因没有委托辩护人的，本人及其近亲属可以向法律援助机构提出申请，法律援助机构应指派律师为其提供法律援助。而2007年《刑事诉讼法》将这个法律援助的范围扩大至犯罪嫌疑人、被告人可能要被判处无期徒刑、死刑而没有委托辩护人的，人民法院、人民检察院、公安机关也要通知法律援助机构，为其提供辩护。这项规定将更好地保障犯罪嫌疑人、被告人的权益。这些修改为进一步保障犯罪嫌疑人、被告人的辩护权和其他权利，发挥律师在刑事诉讼中的作用提供了法律根据。

（三）组织法等相关法律的发展

《律师法》和《刑事诉讼法》是律师相关立法的集中体现。实际上律师制度需要各部门法的配套措施予以配合和保障，甚至可以只要涉及当事人权利和相关单位、机关权力的内容，都是律师应当关注和熟悉的。

例如，2001年，九届全国人大常委会第二十二次会议对《法官法》、《检察官法》作了修改。修改后的《法官法》和《检察官法》确立了国家对初任法官、检察官的任职资格实行统一的司法考试制度。首次国家统一司法考试于2002年进行。自此，律师、法官和检察官在很大程度上开始拥有了同样的知识背景。

又如，2003年国务院通过并实施《法律援助条例》，确立了中国法律援助制度的基本框架，为促进和规范法律援助工作提供了基本的法律依据，标志着中国法律援助工作从制度创立进入到了加快发展的阶段。

再如，2012年修订的《民事诉讼法》规定了管辖、回避、证据、送达、保全、审判程序和审判监督程序等，虽无直接关于律师权利的内容，但这些内容都与律师执业息息相关，尤其值得关注。其中，公益诉讼制度引起了广泛讨论，对公益律师今后的工作产生了很大的影响。新增公益诉讼制度，终于将呼吁已久的公益诉讼写入民诉法，法律明确规定法律规定的机关和有关组织可以代表受害人提起公益诉讼。此前，公益诉讼的途径很少，大部分是通过法律援助组织，某些公益律师和法律工作者来苦苦支撑，力不从心。公益诉讼制度写入民诉法，对于群体利益的保护，是一个福音。

（四）律师与立法的互动关系

立法规定了律师的“活动范围”，因此律师必须在法律的空间内活动。律师为当事人服务，基于业务的需要律师必须认真学习法律。实际上，绝大多数的律师都在新法出台以后积极参与学习。特别是在重大的法律颁布以后，律师界往往出现一股学习新法的热潮。

例如，《律师法》颁布以后，六届中华全国律师协会第十一次常务理事会研究落实新修订的《律师法》。会议认真学习了《司法部关于学习宣传贯彻修订后的〈中华人民共和国的律师法〉的意见》，充分认识颁布实施修订后的《律师法》的重大意义，明确学习宣传贯彻修订后的《律师法》的指导思想、主要任务和基本要求，认真部署学习、宣传、贯彻修订后的《律师法》工作。为配合《律师法》贯彻落实，会议还审议了《律师执业行为规范》《律师协会会员违规行为处分规则》等修改草案。之前，全国律协已启动了相关规范的废、改、立工作。全国各地广大律师和律师管理人员了解、掌握《律师法》修订的原则、精神和主要内容，进一步统一思想认识，积极组织开展修订后的《律师法》的宣传活动，营造贯彻落实这部法律的社会氛围，使社会各界和人民群众进一步了解律师制度，关心和支持律师工作。不断规范律师执业活动，提高依法执业和依法管理水平，进一步完善律师工作管理体制和工作机制，不断完善中国特色社会主义律师制度。

又如，2012 年《刑事诉讼法》修正案颁布后，全国律协举办了示范培训班。根据修改后《刑事诉讼法》的规定，全国律协抓紧制定配套的行业规范，特别是针对刑事辩护代理工作中容易引发的问题，制定《律师会见在押犯罪嫌疑人、被告人规则》，着手修订《律师办理刑事案件规范》等。

律师并非被动地接受立法，相反，律师能够从各方面反馈于立法。律师的执业，使得法律得到落实，执业过程中的问题也能反馈到立法机关。越来越多的律师参与到理论研讨和立法问题的讨论和研究中，甚至规则制定的过程中。2012 年 11 月，公安部、司法部和全国律协召开了贯彻落实修改后《刑事诉讼法》工作座谈会，就解决律师会见难等问题建立联动机制。2011 年，全国律协于 9 月 30 日向全国人大法工委提交《刑事诉讼法修正案（草案）律师建议稿》；11 月 30 日，全国律协又向全国人大法工委提交《民事诉讼法修正案（草案）律师建议稿》。

律师作为精通法律的专业人员，不仅拥有法律专业知识，而且还具有从法律角度进行缜密思考问题的习惯，同时，律师始终扎根于基层生活中，其业务范围遍布社会生活的各个方面，因此，律师最清楚现实生活中所需要法律调整的领域，也最能体会立法在社会政治生活中发挥的作用。如在美国的参议院议员中律师出身的约占 66%，众议院议员中律师出身的约占 50%。因此，在中国，律师成为立法中坚已经具备相应的理论基础和实践基础。

三、十年间的律师队伍建设

以下将从律师规模、分布、专业水平等方面论述律师队伍建设。

（一）律师规模、分布、发展趋势的总体评价

在此，笔者将以直观的数字和图例呈现并分析律师规模、分布和发展的总

体情况，数据均来源于《中国法律年鉴》。

截至2012年，全国共有执业律师232384人，其中专职律师208356人、兼职律师10108人，而在2002年，全国有律师136684人，十年内全国律师增长了超过70%。在过去十年内，全国律师人数总体上呈稳步上升的趋势，但在2007年前后出现波动。

全国律师事务所的数量，一直在上升，到2012年，全国范围内，律师事务所数量已经达到了19361个。

（二）律师专业水平的发展

统一的司法考试制度实施以来，律师和检察官、法官开始有了共同的知识背景。从2002年到2012年，合计超过350万人次参加了国家司法考试，2012年有48000人通过了国家司法考试，10年内合计约60万人通过资格考试。

专业水平的提升得益于人才培养。截至2008年11月，全国共设立法学院系634所，法学本科在校生30万人左右，法律专科在校生达22万多人，在校法学硕士研究生达6万多人，法学博士在校学生人数8500余人，法学教师已达55000余人。法学教育规模巨大，在为律师行业储备人才的同时，也带来了毕业生就业率偏低等问题。

2012年律师的专业水平更呈上升趋势。以北京市为例，截至2012年年底，北京市有执业律师22796人，其中博士888人，占3.9%；硕士、双学士6792人，占29.79%；具有相当外语水平的12818人，占56.23%。

（三）地区间律师发展极不均衡

律师制度恢复以来，律师行业随着中国经济腾飞而不断发展、壮大。一般而言，律师行业的发展，总是和经济社会条件呈正相关。纵向比较而言，在经济发展良好的阶段，律师行业的发展更为迅速；在经济萧条的阶段，律师行业的发展则趋于紧缩。横向比较而言，经济相对发达的地区，律师服务更加综合化、规范化，规模更大；在经济欠发达地区，律师服务则相对不完善。截至2012年年底，全国律师主要集中在经济社会条件较好的地区。北京全市共有执业律师22796人，约占全国总数的9.9%。在全国省级行政区域中，北京的律师是最多的，其次是广东、上海、山东和江苏等地。律所中的大所、强所也集中在北京、广东、湖北、上海、浙江等地。另一方面，全国还有很多无律师县。

2009年西部仅有3万名律师，约占全国律师总数的18%，其发展规模、业务技能、管理能力与东部律师相比有不小差距。北京、上海、广州三地律师业2009年收入为183亿元，占全国业务收入的半壁江山，其中北京律师业收入接近全行业收入的1/3。2009年，广西律师行业的收入是4.5亿元，青海省律师行业近年收入在3000万元到5000万元之间，而北京某律师事务所一年的收入就可以达到10亿元。西部年轻律师的收入状况不乐观，内蒙古律协曾针对执业年限在二到五年的年轻律师年收入做过一项调查，结果显示“一般不超过2万，好一点的律师收入在3万左右，即使业务冒尖的律师也多数达不到4万”①。收入上的巨大差别和机会的缺失导致律师人才从欠发达地区流向较发达地区和大城市。

针对律师发展、分布不均，欠发达地区法律人才不足的问题，2011年2月9日，司法部法律援助司司长孙剑英在接受《中国日报》专访时说，2011年至少有213名专业律师和150名大学生将被选为志愿者派遣到213个无律师县去提供法律援助，同时司法部和相关部门也将投资1200万元来保障该项工作的顺利进行。截至2010年底，共有130名律师和300名大学生已经被选为法律志愿者参加了该项目。② 虽然司法行政部门和行业协会积极回应，努力着手解决，欠发达地区法律人才缺乏问题的解决仍是长期的任务。

2013年7月，司法部制定了《关于加快解决有些地方没有律师和欠发达地区律师资源不足的问题的意见》，全国律协会同各地司法厅（局）、律师协会，采取有效措施，认真落实解决无律师县工作。具体措施包括：组织安排规模较大、社会形象好的律师事务所，特别是全国优秀律师事务所到没有律师事务所的县（市、区）设立分所，并选派至少有1名律师常年在分所专职执业；指导无律师县（市、区）的司法行政机关积极创造条件，组建国资律师事务所；选派优秀律师到有律师事务所但律师县（市、区）和律师资源严重不足县（市、区）志愿执业；深入开展“1+1”法律援助志愿者行动，进一步扩大覆盖面。已有87个县（市、区）解决了无律师问题，占全国无律师县总数的50%，其中设立分所23家，建立国资所33家，派驻志愿律师及“1+1”法律援助律师31名。河北、山西、福建、海南、贵州、云南、陕西7省已全部解决县域无律师问题，实现了律师事务所及律师县域地区全覆盖。陕西、河北、福建等省还解决了一批县域地区只有1名到2名律师的律师资源不足问题。③ 无律师县的情况已在逐步好转，但要达到能够满足法律实践要求的规模，仍有待进一步发展。

---

① 参见：《全国无律师县增至210个》，南都网 http://epaper.oeeee.com/A/html/2010-08/21/content_1157626.html，2014年3月2日最后访问。

② 参见：《2011年度中国律师行业最受关注的新闻事件》，首都律师网 http://old.acla.org.cn/pages/2012-1-11/s63382.html，2014年3月2日最后访问。

③ 参见：《3个月87个县解决无律师问题》，资料来源于法制网 http://www.legaldaily.com.cn/The_administration_of_justice/content/2013-11/13/content_5021067.htm?node=54049，2014年3月6日最后访问。

四、十年间的律师业务发展概况

律师最基本的业务活动是提供法律服务。《律师法》第28条规定，律师可以从事下列业务：（1）接受公民、法人和其他组织的聘请，担任法律顾问；（2）接受民事案件、行政案件当事人的委托，担任代理人，参加诉讼；（3）接受刑事案件犯罪嫌疑人的委托，为其提供法律咨询，代理申诉、控告，为被逮捕的犯罪嫌疑人申请取保候审，接受犯罪嫌疑人、被告人的委托或者人民法院的指定，担任辩护人，接受自诉案件自诉人、公诉案件被害人或者其近亲属的委托，担任代理人，参加诉讼；（4）代理各类诉讼案件的申诉；（5）接受当事人的委托，参加调解、仲裁活动；（6）接受非诉讼法律事务当事人的委托，提供法律服务；（7）解答有关法律的询问、代写诉讼文书和有关法律事务的其他文书。

在中国目前的律师行业发展统计中，律师业务划分为八种类型：法律顾问、刑事辩护与代理、民事诉讼代理、行政诉讼代理、非诉讼法律事务、咨询和代写法律事务、纠纷调解和仲裁业务。其中刑事辩护与代理、民事诉讼代理、行政诉讼代理属于诉讼业务，其余的属于广义的非诉讼业务。

以下笔者将简要分析诉讼业务和非诉业务的发展情况，并以较长的篇幅介绍法律援助服务，尽管从严格意义上来说，法律援助不属于一类单独的律师服务，但近年来，律师参加法律援助已经成为外界了解律师的一个窗口，而法律援助发展本身又对社会发展影响深远。

（一）十年间诉讼业务的发展

实践中，律师参与的民事诉讼代理的数量远远大于刑事诉讼辩护与代理、行政诉讼代理。这首先取决于民事案件的基数远远大于其他两类诉讼案件。随着经济的发展，民事诉讼代理的数量一直呈现出快速向上增长的趋势，2012年一年，民事诉讼代理案件就已经达到1779118件。

行政诉讼代理则一直处于缓慢发展的过程中，2009年以前，行政诉讼案件缓慢增长，到2009年，行政诉讼代理达到57286件，为历年最高。但随后的几年，行政诉讼代理数量呈微弱的下降趋势，到了2012年，全年行政诉讼代理数量为43312件，甚至还少于十年前的43800件（2002年）。

刑事诉讼辩护和代理案件呈平稳增长的趋势，除了在2007年前后出现了一个明显的上升趋势。2007年的变化和《律师法》的修订有关。1997年以后，制度环境给刑辩律师带来了巨大的人身风险，导致律师刑事辩护意愿下降。对于刑辩律师的这种执业环境，社会各界十分关注。在社会各界的努力下，2007年《律师法》修改加强了律师权利的保护，比如：（1）规定“律师会见犯罪嫌疑人、被告人，不被监听”；（2）保障和落实律师的阅卷权；（3）加强律师的调查取证权；（4）增加律师庭上言论的豁免权；（5）规定律师在执业活动中涉嫌犯罪被逮捕时，有关机关向相关人士和机构的告知义务，等等。由于这些强化律师权利的规定，增强了律师办理刑事案件的意愿，律师辩护率随之从2006年的42.7%上升到2007年的60.6%，并在此后一直维持在这一水平。

（二）十年间非诉讼业务的发展

法律顾问、诉讼代理、咨询、代书、纠纷调解和仲裁业务等均属于广义的非诉讼业务，狭义的非诉讼业务是指广义非诉讼业务之外的，非争议性、非以争端解决为目的的，为市场经济活动履行法律手续的各类法律事务，主要包括知识产权、房地产、公司业务、金融、证券、期货、税务代理等业务。

截至2011年，诉讼业务仍是非诉讼业务的3.7倍。这个差距表明，中国律师介入人们日常的经济生活和社会生活的程度还非常低。而非常低的原因，应该是多方面的，比如，法律在社会生活中的实际作用比较小，律师的业务范围有待拓展，律师服务的社会购买能力比较低，法律服务的形式和人们的需要之间存在距离，聘请律师的意识还没有普遍深入，等等。非诉业务的发展需要鼓励行业内部的业务创新，不断寻找新的业务机会和增长点。

（三）十年间法律援助的发展

法律援助是指国家对于因经济困难而无力支付法律服务费用的当事人或因其他原因无法接受法律服务的当事人，免收或者减缓法律服务费用，为其提供法律帮助的一项法律制度。2004年，“人权入宪”，这是法律援助制度的宪法依据之一。2007年《律师法》将原有的“法律援助”部分的内容删除，浓缩为第四十二条、第四十七条等几个条款。这也是因为国务院在2003年颁布了《法律援助条例》，该法律文件构成了法律援助制度规范体系的主要内容。法律援助的详细规定，还见于《刑事诉讼法》等。

2003年，中国第一部法律援助专门法规《法律援助条例》出台。法律援助机构工作人员总数为9457名，比2002年增加1172人；全国共办理法律援助案件166433件，比2002年增长23%；2003年受援人总计293715人，比前一年增长2%。到了2004年，法律援助机构工作人员首次突破万人；全国共办结法律援助案件190187件。各地积极建立完善法律援助制度实施的若干工作制度，使法律援助机构的工作更加规范。2010年法援三项标准订立，全国法律援助经费总额达到10.12亿元。全国法律援助机构共组织办理法律援助案727401件。制定公民经济困难标准、法律援助事项补充范围和法律援助办案补贴标准，降低法律援助门槛，扩大法律援助覆盖面。2011 年，司法部要求扩大法律援助覆盖面，使法律援助事业惠及更大范围内的困难群众和特殊群体；进一步完善法律援助工作体系和运行机制，提高法律援助服务质量和效率。2012 年 2 月 21 日，司法部部务会议审议通过《办理法律援助案件程序规定》，自 2012 年 7 月 1 日起施行。司法部提出争取全年办理法律援助案件超百万件。

法律援助工作取得的成就离不开律师的努力。广大律师不仅在《律师法》《刑事诉讼法》等规定的法定情形下参加法律援助，还在法律规定的情形外，参与各种公益法律援助。

2006 年国务院 5 号文件将农民工列为法律援助重点对象。法律援助机构人员 12038 人，比 2005 年增长 5.8%；2006 年全国共办理法律援助案件 318514 件，比 2005 年增长 25.6%；各类受援人总数为 540162 人，比 2005 年增长 24.5%。2007 年，在中国法律援助基金会和联合国开发署资助下，在各地司法行政部门和律师协会的支持下，全国先后有 20 家农民工法律援助工作站成立，专职律师和工作人员达 70 余名。据不完全统计，21 家工作站为农民工提供法律咨询 33525 件，涉及农民工逾 13 万人次，办理法律援助 6107 件，讨回工资和赔偿金达 5 亿元以上。

如此等等的事例随着网络媒体的发展，得到更大面积的宣传，随之推动了律师界对于法律援助的自觉的联合行动。如，2011 年的“小悦悦事件”推动成立“停止冷漠公益法律援助律师联盟”。2011 年 10 月 13 日，佛山市年仅 2 岁的女童小悦悦相继被两车碾压，事发 7 分钟内，18 名路人路过，但都视而不见，漠然而去。对这样极端冷漠事件，众多法律界人士展开讨论，呼吁“对抗冷漠”。全国人大代表、律师迟夙生和律师胡益华、尹富强等人从最初的个人微博言论开始，号召各方律师行动起来，最终商议与搜狐微博合作成立一个微博法律援助公益联盟——“停止冷漠公益法律援助律师联盟”①，并考虑论证立法问题。

五、十年间的律师执业环境发展——以北京律师为例

执业环境地区间的差异较大，在此以北京律师为例。希望通过这个代表性的城市，解释全局的问题。

律师职业是法治国家维护公民权利，维护社会稳定，限制政府权力滥用的中流砥柱。当前，中国立法并未为律师营造良好的执业环境，使得律师在与司法机关、行政机关的交往中，其权利行使的空间受到限制；律师的合法执业活动受到国家机关的干涉，律师的正确意见得不到采纳，律师得不到应有的尊重。

---

① 参见：《民间发起多个公益项目“对抗冷漠”》，资料来源于法制网，http：//www.legaldaily.com.cn/ecard/content/2011－10/21/content_3054574.htm？node＝23950，2014 年 3 月 5 日最后访问。

歧视律师、限制律师正常执业活动，甚至打击、迫害律师的情况屡屡发生，法律赋予律师的权利得不到实现。特别是在刑事诉讼中，律师阅卷难、会见难、调查取证难的问题，已经成为制约刑事辩护发展的瓶颈。

律师执业环境是指律师在其所属的主权国家范围内履行律师职责和以律师身份提供所有法律服务过程中所处的全部外部环境。社会对于律师的定位，甚至律师对于自身职业的定位，都不能不受到其所处的环境的影响，最宽泛意义上的职业环境的影响要素包括政治、经济、文化、社会等方面。狭义的律师执业环境的要素，主要包括直接影响律师执业活动的立法、司法、行政及当事人等方面。

执业环境存在的问题既涉及宏观的立法问题，也涉及微观的操作问题，笔者将其总结为三点：律师执业难度大，执业风险高，生存环境不佳。

（一）律师执业的难度大

执业难度增大体现在许多方面，这里以“立案难”和“北京市工商局提高查询工商资料的门槛”为例。

1. “立案难”问题

立案是诉讼环节的最初始一环，决定律师业务能否顺利地开展。现实是近年来律师经常在这个环节就遇到很多难题。

“立案难”的成因，有法院集体的因素，也有法官个人的因素，还有来自外界的原因。“立案难”反映了律师执业难度增大，其背后受最严重影响的是当事人维权难度的增大。受访律师在分析其成因时还提到，对法院不立案的制约不足，也是造成立案难的一大原因。在刑事案件中，法院不立案的，当事人可以向检察院提出意见，但在实际操作中，难度也较大；在民事案件中，当事人对于法院不立案，除了上访等途径之外，没有常规的救济手段。上下级法院之间交流渠道不通畅，使得“立案难”难以救济。

有律师分析立案难的成因时说道，“如果我们从善意的角度来分析，可以认为法院设置障碍是为了保证案件的质量；但如果从‘坏’的角度来解读，实际上就是法院来滥用手中的权力。”虽然立案的难度在增大，但总体而言，诉讼案件的数量还是呈现出上升的趋势，参与诉讼的律师的数量没有明显增加。一般而言，律师参与诉讼业务的积极性也不高。最高人民法院和各地法院，对于诉讼案件的紧缩，虽然能够一定程度上缓解“诉讼爆炸”给法院工作造成的压力，在一定的范围内也能有效地防止某些社会矛盾的激化。然而，这种做法有悖于诉讼规律，没有从根本上解决社会纠纷，也给律师执业乃至整个律师行业带来一些不良的影响。

2. 北京市工商局提高查询工商资料的门槛

2012 年，北京市工商局对律师查询工商信息进行了限制，当年 5 月份的新规规定，“律师受当事人委托，持法院立案证明原件及复印件、律师事务所介绍信和律师执业证可查询与代理事项有关的企业登记档案资料。”也就是说，律师如果没有立案证明原件，将无法查询企业登记档案材料，工商局只能提供基本信息。这些基本信息仅限于法人代表、注册地点、注册资本、企业地址、经营范围等，而这些内容一般能够在工商局的网站上查询。

所幸的是，2013 年 2 月工商局与市律师协会签署合作协议。双方合作协议内容涉及理论研究、建立律师协助消费者申诉调解工作机制、组织律师为工商行政管理机构工作人员依法行政提供专业法律咨询服务等多项内容，另辟蹊径解决了查询工商资料门槛问题。

（二）律师执业的风险高

执业环境的恶化，在民事案件中，主要体现为执业难度加大，业务的范围受限等，在刑事和行政案件中则体现为律师执业风险变高。有论者把辩护律师在当前的执业环境中执业，比作是“戴上枷锁跳舞”。

2009 年，重庆市黑社会性质团伙主要嫌疑人龚刚模被起诉，原辩护律师为原北京律师李庄。当地检察院怀疑李庄唆使嫌疑人及证人伪造证据，令嫌疑人谎称被警方刑讯逼供。检察院随后以辩护律师毁灭证据、伪造证据、妨害作证等罪名对其提起公诉。该案于 2009 年末 2010 年初进行了一审和二审，李庄二审被判处有期徒刑一年六个月。2011 年 4 月进行了李庄遗漏罪行的审理，但最后因证据存疑，检方撤诉。李庄于 2011 年 6 月 11 日刑满出狱。现李庄案存在再审的可能性，如果先前的判决被推翻，对于律师执业环境而言，又是一次巨大的冲击。

李庄原是北京市康达律师事务所的律师。“李庄案”后，司法部向各地司法行政机关就李庄违法违纪案件发出通报，要求各级行政机关、各地律师协会开展警示教育活动。北京市司法局根据上级的要求，结合北京市的具体情况开展了此项活动。律师行业的警示教育，是律师界“整风运动”的一个环节。很多律师认为，“李庄案”使得律师的执业环境骤然恶化。

过去的一个普遍看法认为，辩护律师的执业风险来源于取证环节，这里主要存在的矛盾是律师与证人之间的矛盾、律师与公检法机关之间的矛盾。现在，律师与当事人的关系也变得紧张起来，这既是一个法律问题，又是一个伦理问题。律师在刑事案件中做辩护，不同于一般的民事代理，律师与当事人之间存在紧密的信赖关系，如同医生与病人的关系。过去的讨论主要集中在律师替当事人保密等律师义务的问题上，鲜有涉及当事人的义务和道德。“李庄案”还迫使人们进一步思考，将个人道德与职业道德、刑事法律责任混为一谈，并以破坏律师和当事人之间的信任关系为代价是为了什么？是否值得？须知和当事人之间的互信关系是律师职业的基础。

律师执业风险大的成因非常复杂，除了立法的不健全和认识上的偏差外，其他法律职业对律师怀有敌意，媒体进行失实的报道，社会舆论的错误导向等都必然增加律师执业的风险。

实践的困境，很大程度上是立法问题导致的，这个问题可以通过制度的改革来克服。现行立法对于律师保障不力，限制过多，还存在一些针对律师的歧视性立法。如《刑法》第三百零六条规定的律师伪证罪就被形容为悬在律师头上的“达摩克利斯”之剑。其最可怕之处并不在于有多少律师被追究责任，事实上，“每年动用该条追究律师责任的只有几件，但是每一件都会带来很大的负面效果”。其中一个负面后果就是，尽管刑事案件有增加的趋势，但是愿意参加刑事辩护业务的优秀律师越来越少，刑事案件的辩护率没有得到显著的提高。在实践中，存在立法与司法解释的冲突，立法不能很好地指导司法实践或立法在实践中被架空的问题。

（三）律师生存环境两极分化

在北京，每年法律服务市场都在扩大，经济社会的发展又提供了很多业务拓展、创新的契机，2010 年前，每年新律所新律师的发展速度非常快，据统计，50% 的北京律所成立时间不超过 5 年。律师行业似乎也遵循帕累托原则（二八原则），少数律师分享了大半的收入。和全国其他地区相比，北京律师人均业务收费最高，2009 年北京律师人均收费 43.2 万元。截至 2012 年底，全市律师业务收入 119.3 亿元，人均创收 53 万元。但在行业人均收入较高的背后，是律所之间、律师之间的贫富差距极大。全市律师事务所收入在 1 亿元以上的有 25 家，收入总额为 54.7 亿元，占全行业总收入的 46.1%。律所之间品牌、成立时间、管理水平、规模的差异，律师之间资源、个体水平的差异，提成制的大范围实行，是造成这种两极分化的几大成因。

逾两万名的律师在同一个城市执业，使得北京律师业的竞争异常激烈。行业规模扩大并不必然导致恶性竞争。受访律师反映，大部分的客户认为不同律师提供的法律服务能够完全相互替代，那么在他们眼中，互为替代品的服务当然就是越便宜越好。部分客户为了节省成本，有了新的应对办法，比如部分银行客户，不再把他们所需要的法律服务统一交给一个律所，而是采取个案招标的方式。“一元律师”“先服务再谈价钱”等现象，揭示了律师行业规模发展过快、行业规则不健全带来的尴尬，这是整个行业的不幸。

除了竞争带来的压力，律师生存还要面临经济压力。相对于国外律师来说，中国律师既要维护社会中的各种关系，又要承担一定程度的税费负担。中国自20世纪90年代以来，各地纷纷对律师和相关机构征收营业税和所得税，甚至包括印花税、城建维护税、教育附加税、建设基金、调节基金、防洪基金和教育基金等。

在此发展的阵痛期，我们应当特别关注特殊的律师群体，如青年律师群体，辩护律师群体，这两个群体都有着特殊的困难和诉求。青年律师是未来律师群体中的中坚力量；辩护律师是执业难度最大，同时也是最受社会和舆论关注的律师群体，他们的生存与发展状态如何，很能反映一个国家或者地区的律师行业的发展水平。

（四）律师执业环境的发展时有倒退

律师执业环境的发展并不是一帆风顺的，在此以最高人民法院试图出台当庭惩罚律师的相关规定为例。

2012年8月，最高法新刑事诉讼法司法解释征求意见稿在网上曝光。其中第二百五十条规定引起强烈质疑。该条规定，“辩护人、诉讼代理人严重违反法庭秩序，被强行带出法庭或者被处以罚款、拘留的，人民法院可以禁止其在六个月以上一年以内以辩护人、诉讼代理人身份出席法庭参与诉讼”。关于此条规定，至少有三个问题需要进行探讨：

第一，最高人民法院的解释是否越权?

《人民法院组织法》第三十二条规定，最高人民法院对于在审判过程中如何具体应用法律、法令的问题，进行解释。也就是说，最高人民法院只能在法内释法，而不能法外立法。《刑事诉讼法》第一百六十一条第一款规定，在法庭审判过程中，如果诉讼参与人或者旁听人员违反法庭秩序，审判长应当警告制止。对不听制止的，可以强行带出法庭；情节严重的，处以一千元以下的罚款或者十五日以下的拘留。罚款、拘留必须经院长批准。被处罚人对罚款、拘留的决定不服，可以向上一级人民法院申请复议。复议期间不停止执行。违反法庭秩序的惩罚措施中，只有警告、带出法庭、处一千元以下罚款或十五日以下拘留的规定，没有短期禁止律师出庭辩护或者代理等内容。因此，这种规定不是对《刑事诉讼法》第一百六十一条的解释，而是在此条之外作了新的规定。

禁止律师出庭辩护或代理六个月以上一年以下，其实质是“暂停执业”。限制律师执业的惩罚是非常严厉的惩罚，律师执业的权利是律师最基本的权利，对这一基本权利的限制必须由相当位阶的法律法规作出规定，司法解释不能直接规定。

在“两结合”体制下，律师惩戒制度实行司法行政机关行政处罚与律师协会纪律处分相结合的制度，对律师的惩戒实质上是由设区的市级或者直辖市的区级以上司法行政部门作出的。《律师法》规定，只有司法行政机关才有权对律师进行行政处罚。《行政处罚法》规定，吊销许可证照以及其他各种行政处罚必须由法律赋予的行政管理主体或者被法律法规授予执法权的机构履行，否则行政处罚无效。因此各级法院处罚律师是没有法律依据的。据统计，北京市律师历年受行业纪律处分的比例一般低于0.5%，受行政处罚的比例一般不超过0.05%，有律师认为，如果法院可以当庭惩戒律师，受处罚律师的比例恐怕会大幅增长。①

最高人民法院作出如此解释的出发点是为了维护法庭尊严，规范律师行为，保证庭审秩序。实际上对律师在法庭上的行为进行进一步的规范也是有必要的，但是，这样良好的目的不应该通过对违反规定的律师进行短期限制律师执业的处罚这种方式来实现。

第二，最高人民法院的此条解释是否具有合理性？

一条合理的解释应当严格依法进行，反映立法精神；能够规范司法行为，保障诉讼权利；解决分歧争议，统一法律适用。最高人民法院的此条解释并不是严格的依法释法，不利于保障律师的权利，对于规范律师行为来说实属“矫枉过正”。

在刑事诉讼的三角结构中，辩护方是最弱的一角，法官可以直接惩罚律师意味着法官规制律师的权力增大，而法官规制检方的权力较小，可能导致法官失去中立的立场。律师制度是民主制度和法律制度的重要内容，律师是促进法律正确实施、维护社会正义与公平的重要力量，是司法体制的健康力量，能够监督和制约法院的审判工作。如果该解释得以实施，律师将被法院手上这个武器所威慑而在其工作中有所顾忌，导致不能正常地开展业务。律师的权利受限，必然导致当事人的权利受限，最后的结果是当事人的辩护权、程序权利和实体利益受到损害。当庭惩戒律师的做法，无疑会使得律师和公权力之间的力量对比更加失衡。

第三，此解释缺乏民主基础，是否具有正当性？

司法解释是否意味着司法机关的垄断，最高人民法院不需要听取意见？来自最高法院的意见认为，现在公权力在法庭上的失落比较严重，这次修改刑事诉讼法司法解释，准备在维护法庭秩序上做一些工作。对律师处罚的条款并不是哪一个领导提出来的，而是在征求意见中，不少地方法院和相关机关提出来的。“法庭秩序的维护不但对法院有好处，对律师、当事人都是有好处的。”② 令

① 参见周铭川：《谁能授予法院惩戒律师的权力》，法制网 http://www.legaldaily.com.cn/Frontier_of_law/content/2012-08/28/content_3797973.htm?node=33411，2014年3月5日最后访问。

② 《最高法：新刑诉法司法解释删除处罚律师条款》，中国青年网 http://news.youth.cn/gn/201212/t20121202_2672638.htm，最后访问时间2013年2月10日。

人不解的是，《刑事诉讼法》向全社会公开征求意见，而最高法起草的司法解释仅在法院系统内部征求意见。这不利于吸收各界的意见，最高人民法院司法解释权力缺乏制衡和监督。事实上，在意见稿作出如此规定，已经说明法院系统对律师群体怀有敌意，否则“不少地方法院和相关机关”不会有这样的诉求。

在美国，惩戒违法违纪律师的力度甚至比中国更大，这并未引发如潮的批评，因为他们惩戒的方式令人信服。美国设立的惩戒委员会的做法不一定适合中国，但中国也应当注意到，在律师行业充分自治之前的两结合管理体制下，惩戒律师的主体应该由司法行政部门和律师自治部门联合组织。在法治国家，律师是制约法院权力过度膨胀的一支重要力量，有着极高的地位和声望，当庭惩罚律师的做法在法治发达的国家是难以想象的。所幸的是，该解释最后在一片压倒性的批评声中被废除。

（五）律师对执业环境问题的应对

需要强调的是，律师的素质不是律师执业环境的要素，尽管它能够影响律师执业环境的各项评价指标。提高自身的素质，能够间接地改善执业环境。律师需要培养多方面的能力，包括专业能力、与客户沟通的能力以及创新能力等等。律师群体能力和素质的提升能够改善律师自身的社会形象。即便到了今天，还有很多人对律师执业不甚理解，认为律师是为坏人说话，律师办案主要就是靠走关系，因此努力树立律师的新形象十分必要。事实上，北京律师已经通过各种方式，试图扭转传统的观念，消除社会对律师的误解，改变民众对于律师地位和作用的认知，比如律师参与公益活动、普法活动等。此外，律师还应当注意与其他法律职业之间建立良好的关系，消除矛盾和误解。

在律师的能力中，预防风险和应对风险的能力显得越来越重要，特别在当前执业环境不佳的时候，拥有这种能力的律师才能够在保护自己的前提下开展业务。律师界一方面要联合和动员各方面力量改善执业环境不佳，另一方面要认真地提升这方面的能力。比如，在刑事案件中，律师应当注意规范自己调查取证的行为，注意风险的防范，自己取证时须向法院表明情况；又如，在会见和调查取证的时候注意保全证据，律师可以做会见笔录，笔录应在犯罪嫌疑人、被告人阅后或向犯罪嫌疑人、被告人宣读，由他们签名，以防止犯罪嫌疑人、被告人对律师的诬陷。

律师执业环境是一个外部环境，但这个外部环境的改善，需要内外用力，双管齐下。如北京市律协有言，“面对把北京建设成为社会主义和谐社会首善之区的新形势、新挑战，北京市律师业仍需从内部和外部同时抓起：巩固和发展教育整顿的成果，建立长效的律师队伍管理监督机制，全面提高律师队伍政治思想和职业道德素质；进一步改善律师执业的市场环境、法制环境、社会环境，最大限度地发挥律师的在促进首都和谐社会中的职能作用上还有一定的差距，还有大量工作需要去做、去落实。”① 在这方面，将来需要逐步确立律协的行业自治地位，充分发挥行业协会保护行业从业者法定权利的功能，在联系相关部门、改善律师执业环境方面加强谈判能力和沟通意愿，防止出现与其他部门联合限制从业者权利的现象。比如，辩护律师会见时录音录像应是和会见笔录有同样效力的记录方式，且公安司法机关讯问时录音录像已是强制规定，但多地律协与公安司法机关联合发文限制或者禁止律师录音录像。律师执业环境的改善将是一个长期的、艰难的过程。

六 律师发展展望：从律师法制到律师法治

早在20世纪90年代，法治这一概念在中国受到广泛关注，“依法治国，建设社会主义法治国家”不仅是中国法学界贡献的治国理念的最强音，也成为中国共产党领导人民治理国家的基本方略和奋斗目标。党的十五大报告指出：“依法治国，就是广大人民群众在党的领导下，依照宪法和法律规定，通过各种途径和形式管理国家事务，管理经济文化事业，管理社会事务，保证各项工作都依法进行，逐步实现社会主义民主制度化、法律化，使这种制度和法律，不因领导人的改变而改变。”这标志着中国开始进入法治国家的建设阶段。在1997年党的十五大提出依法治国方略以后，中国正经历着从社会主义法制到社会主义法治的现代转型，作为其重要的组成部分，中国的律师制度也急需向律师法治过渡。从律师法制到律师法治，我们有如下展望。

第一，律师执业将有更健全的立法保障和政策指导，律师政治、经济地位将得到提高。

2011年，中国社会主义法律体系已经建成，这是从律师法制走向律师法治的制度基础。律师执业必须以整个法治环境的变化为基础。十七大报告提出，要全面落实依法治国基本方略，十八大报告明确了中国的法治进程，即从法律体系到法治体系，要求“全面推进依法治国”。从法律体系再到法治体系是目前中国法治进程的一大特点。十八大报告还提出确保审判机关、检察机关依法独立公正地行使审判权、检察权；十八大报告以专门段落阐述了“建立健全权力运行制约和监督体系”；提出到2020年依法治国基本方略全面落实，法治政府基本建成，司法公信力不断提高，人权得到切实尊重和保障。十八大报告中这

① 薄茹：《关注律师执业环境的改善——访北京市政协社会和法制委员会副主任叶上诗》，《北京观察》2005年第4期。

些关于法治建设的新表述，将来都可能以立法的形式加以固定，这预示着律师执业环境将得到进一步的改善，司法独立、权力制约、法治政府、司法公信方面的进步尤其值得关注。

近两年来，《刑事诉讼法》修正案和《民事诉讼法》修正案先后颁布实施，修正案对于律师执业提供了许多新的便利。律师的地位实际上是当事人地位一种特殊表现形式：律师的地位提高了，就能更好行使当事人的权利；当事人的地位提高了，司法机关就更为尊重作为其“代言人”的律师，律师也往往能够更顺利地开展业务。刑事诉讼法修正案把“尊重和保护人权”写入总则，这里的“人权”主要是指犯罪嫌疑人、被告人的人权。被追诉者的地位提高了，辩护律师的地位也会相应地提高，这在修正案的具体制度中得到体现。《刑事诉讼法》修正案通过后，刑事辩护的传统“三难”问题得到一定程度上的解决。

法律的贯彻落实，有赖于司法机关、行政机关、行业协会和律师个人的共同努力。国家立法和律师执业之间相互依存，这二者之间存在紧密的互动关系。在过去，律师潜在的社会、政治功能难以得到充分挖掘和利用，律师没有在国家法律制度和宪政体制上担负起重要的使命。随着律师更加广泛地进行参政议政，律师参政议政的能力将得到提升。律师的政治参与表现为更多律师向各级人大提出立法建议，更多的律师作为律师群体的代言人成为人大代表和政协委员，其结果是律师的意见有了能够向上反映的渠道。近年来，越来越多的政府部门与律师事务所签订常年顾问合同，聘请律师作为法律顾问。更多的律师给政府的决策出谋划策，律师的政治地位得到提升。另一方面，中国加入世界贸易组织进入第二个十年，为了适应发展需要，司法改革的进程有望加快。中国法律将进一步与国际接轨，律师在经济生活中的地位也将得到提高。

第二，律师的社会形象有望得到改善，但这是一个长期的过程。

律师承担着越来越多的社会角色。对律师定位认知既是法律问题，也是观念问题。同西方律师的社会形象相比，中国律师社会形象往往显得不那么正面。诚如田文昌律师所言，“律师既不是魔鬼，也不是天使。”① 但在传统法律文化的影响下，人们对现代律师的认识容易进入两种误区：第一是认为律师是“私人”力量，不代表公权，往往商业化严重，“替坏人说话”，因此把律师妖魔化；第二是认为相比起走关系，或者借助行政机关的力量，律师的作用不明显。律师在政治、经济生活中可有可无，人们对律师没有明显的依赖性，因而轻视律师的作用。北京普法教育做得比较到位，公众逐渐对律师职业有了更多的认识；律师参与政治生活、参加公益活动等行为，也改变了律师在人们心目中的形象。

---

① 赵国君：《律师不是天使也不是魔鬼》，《记者观察·民生》，2008年第11期。

然而，传统法律文化给律师带来的负面影响不是短期内就能够完全消除的。人们往往只看到律师的工具价值，忽视了律师的目的价值。也就是说，只看到律师对委托人的价值，而忽视了律师通过其执业活动在促进法的价值实现方面的价值。此外，新闻媒体对一些违法违纪律师进行曝光，往往引起公众对律师定位的讨论，讨论中难免有对律师提出批评、质疑的声音。因此，律师群体需要努力提升整体素质，树立正面的形象，而这将是一项长期的任务。

随着律师素质的提升和律师维护法律实施形象的树立，人们能够正确地认识到律师的角色和作用。中国的诉讼法中没有规定律师垄断诉讼代理权和刑事辩护权，在法律服务对象逐渐成熟的情况下，有望在不久的将来实现“律师垄断”。如果说在民事诉讼领域，“律师垄断”的需求尚不迫切；那么在刑事诉讼领域，这个问题应当提到议事日程上。刑事案件不但会关乎被告人的财产利益，而且关乎被告人的人身自由，甚至是被告人的身家性命，因此刑事辩护的重要性不容置疑，但是不能指望身陷囚笼的被告人自己能辩护成功，所以需要与案件无关、旁观者清的律师来担此重任。其他人无论从资格还是能力方面都无法与律师来抗衡。因为律师在执业时，其人身权将得到特殊的保护，如享有刑事豁免权、言论自由免受追究权，等等。

第三，律师在司法实践中面临难题将逐渐得到解决。

全国司法实践日渐趋于规范。检法从业人员职业化建设的成效有目共睹，司法人员的素质相比过去有了明显的提高，越来越多高学历的优秀人才进入北京的公检法系统。司法的专业化工作由职业化人员来完成。在律协组织的调研中，受访的律师反映，司法机关、行政机关的工作人员、司法人员的素质和水平得到提高，但是司法人员和律师的良性互动关系没有建立，在实践中，司法人员与律师相互之间仍保持警惕。部分法院过去有司法人员对律师不够尊重、甚至恶意刁难等现象，随着立法的细化，司法人员素质的提高和司法实践的规范化，以上这些现象将会越来越少。

《刑事诉讼法》与《民事诉讼法》修正案的颁布，使得过去很多实践的难题都得到一定程度上的解决。但立法的进步，不一定带来实践的进步，还需要司法、行政机关和律师的不懈努力。今后，程序法的完善，实体法中逐渐根除针对律师的法律歧视性条款等，都有望能够强化律师在执业中的权利保护，解决律师执业难度大、风险高的问题。

第四，行业协会的管理水平将得到提高、行业自治权利将扩大，能为律师创造更好的执业环境。

当前中国的律师管理体制是行政管理和行业协会管理并行的“两结合”的律师管理体制。应该说，这种管理体制，在目前的发展形势下具有一定的合理性，比较符合中国的国情，在实践中也能取得一定的效果。管理体制作为评价律师执业环境的指标之一，就是看它能否适应律师行业的发展，律师行业的进入资格与程序、律师违法行为的惩罚、律师权利的保护等是其中的关键问题。中国律师业要发展就必须实行行业自治为主导的管理体制，不仅仅是因为这种做法更符合国际惯例，还考虑到律师作为一个职业团体所应保持的独立性。因此，司法行政机关在该退位的地方一定要退位，律师协会在该进位的地方则必须要进到位，承担起行业自治的责任。在立法时，应明确规定律师协会的职权，使其能够真正在律师管理体制中处于主导地位，律师协会具体职权包括：制定律师执业共同规则；对外代表律师发言，维护律师合法权益；审查和签发律师执业证书与律师事务所执照；组织律师进行业务培训；对律师进行职业道德和执业纪律教育；对违纪律师和律师事务所进行调查和惩戒；协调各地律师事务所之间关系；组织律师进行国际交往。同时应规定律师协会的人员组成必须是执业律师。中华全国律师协会率先垂范改革，改革后的律师协会会长、副会长、理事全部由执业律师担任①，一改过去律师协会主要负责人由司法行政机关领导兼任的传统做法，已经跨出了行业自治的第一步。

第五，中国法律服务、律师服务要走市场化之路。

在很多论者看来，市场化是法律服务改革的必由之路。在法律市场尚未自由化的国家里的律师往往会基于另外的理由而不把自由化放在心上。他们认为这种动向只是少数迷失了的地区所采用的怪招。但笔者预测，当自由化市场催生出更好地应对客户日益重视的“事半功倍”需求的法律企业和法律服务时，这将对其他地方的律师业带来涟漪效应。跨国公司的法务总监尝到自由化市场带来的新服务的甜头后，理所当然地会在本国寻求类似的服务。深陷在传统服务市场里的律所会发现在这种情况下自己陷入比较劣势中，比如他们会难以筹集资金去开发新商机。当然，其他地区会不会跟进自由化、怎样跟进，仍然有待观察。

然后，目前的一些做法，并不符合市场化的要求，甚至完全与市场化背道而驰。如2006年4月13日，国家发展改革委员会、司法部联合发布了《律师服务收费管理办法》，该办法于2006年12月1日起执行。之后，各地争相出台细则，北京也于2010年5月14日出台收费办法。随后各地发布了《律师诉讼代理服务收费政府指导价标准》和《律师服务收费管理实施办法》等文件。指导价名为“指导”，实质上是强制推行的收费标准。这两个文件统一了律师的收费标

---

① 参见：《司法部：非执业律师将被禁止担任律师协会会长》，资料来源：新华网 http://news.xinhuanet.com/newscenter/2003-07/25/content_994502.htm，2013年3月2日最后访问。

准，规范了收费的行为。公众对于律师收入有了进一步的认识，但是很多人对于部分律师收取高额代理费仍不理解，这加速了律师收费新规的出台。律师收费标准是为了避免律师行业低收费的恶性竞争，却对最低收费不设下限。同时，也有人认为，律师收费是市场行为，律师收多少费用取决于市场，强行推行指导价不能从根本上解决问题。个别地方的收费新规，在《律师服务收费管理办法》出台几年之后才发布，本身就说明很难给律师收费提供一个合理标准，只有上限、没有下限的收费标准设置方式，要么使得资深的律师蒙受损失甚至退出某些业务领域，要么增加了低于成本收费的恶性竞争、挤压年轻律师的生存空间。对于收费新规的合理性问题，各界意见不一，但是收费新规限制了律师的收入预期已成为既定的事实，这加剧了律师，特别是年轻律师的生存发展困难的问题。

七　余论

律师地位在过去的十年里得到了很大程度上的提高，这从很多事件中均能得到体现。比如关于律师政治参与、律师行业自治的提高，甚至律师研究学科——律师学也得到较快的发展。在中国的法律体系中，律师学是一门独立的法学学科。一般而言，律师学以“律师制度和律师实务”为主要研究对象，涉及的领域非常广泛。又如，2012 年 11 月，经中央编办批准，在中央司法警官学院加挂国家律师学院牌子，国家律师学院正式成立。[①] 这体现了国家和社会对于律师工作的高度重视。

律师有这样的地位，就要求律师要忠实履行中国特色社会主义法律工作者的职责。有责则有权，权责相适应，律师肩负起这样重大的政治责任、社会责任，国家和社会就应当加大对律师依法履职的保障力度。对律师依法履职进行保障，最基本、最有实际意义的莫过于改善律师的执业环境。笔者对于中国律师未来发展越来越好的预期，并非盲目乐观，更不是没有根据的主观推测。不可否认，律师制度和律师行业还存在很多的问题，但应该看到，有的问题已经被完全解决，有的已经得到初步的解决，有的正处于论证、决策中，有的问题还需要重新认识和审视。而且，问题都有一个发展、暴露的过程，解决问题的方案也有一个总结和改进的过程。随着经济社会的发展和民主法治的进步，律师的政治地位、社会经济地位的提高是一个必然的规律，任何社会与国家概莫能外。

---

① 《国家律师学院正式成立》，新华网 http：//news. xinhuanet. com/edu/2012 - 12/20/c_ 114102643. htm，2014 年 3 月 2 日最后访问。

法学教育

冀祥德　吕升运[*]

一　引言

在传统的法学教育的研究中，许多论者将“法学教育”和“法律教育”两个概念混用，认为这两者之间并无实质性区别。笔者也认为，法律教育与法学教育之间并没有严格的界限，对二者进行严格区分并没有太大的意义。如果一定要做出区分的话，从字面上讲，法律教育更侧重于对法律人才实践性技能的培养，而法学教育的外延更广，既包括应用型人才的培养，又包括学术型、研究型人才的培养，从这个意义上讲，法律教育包含于法学教育之中。为了避免不必要的混淆，除非特别说明或者出于尊重引文作者的原文而采用“法律教育”或者“法教育”这样的称谓之外，本文一般对“法学教育”与“法律教育”不做区分，一律称之为“法学教育”，并且将对“法学教育”进行专门研究的学科，称之为“法律教育学”。

从横向角度上看，法律教育学是一门研究范围涉及法律学科教育和职业教育、法律学历教育和非学历教育、高等法律院校教育和法律职业部门等多重内容的专门学科，其研究对象主要包括法学教育的目标、法学教育的内容、法学教育的方法、法学教育的师资、法学教育的教材、法学教育的模式等。从纵向角度上看，法律教育学是研究揭示法学教育活动的产生、发展过程及其规律的一门专门学科，其研究范围并不局限于学校的法学教育，而是延伸至学校法学教育完成之后的法律实践部门的各种形式的职业教育和训练；也并不局限于法学教育的现状，而应当是将法学教育的历史、现状和未来都包括在内。只有从上述两个角度出发，才有可能正确认识法律教育学的概念，避免出现以偏概全的错误。

纵观 2002 年至 2012 年这十年的法律教育学的发展，一个总括的判断是：较之之前法律教育学那种时断时续、零散片段的发展特征而言，这十年来，法律教育学尽管在各个分支上仍然存在各种各样的问题，但是其发展已经具有了连续性和系统性的特征，并且已经初步形成了一个相对完整的学科体系。对于这一体

* 冀祥德，中国地方志指导小组副秘书长兼办公室副主任、中国社会科学院法学研究所研究员、博士生导师；吕升运，中国社会科学院法学研究所博士后。

系，可以从内容体系和层次体系两个角度来看。就内容而言，法律教育学的体系主要包括法学教育的目标、法学教育的内容、法学教育的方法、法学教育的师资、法学教育的教材、法学教育的模式等内容（横向角度），还包括法学教育的历史、现状与未来等（纵向角度）。就层次体系而言，中国的法律教育体系主要划分为法学学历教育和法律职业教育两个层面，其中，法学学历教育依据学历层次的高低不同，可以分为法律专科教育（含法律中专和大专）和法律本科教育（含普通高等教育的本科、成人高等教育的本科）和研究生教育（含法学硕士教育、法律硕士教育、法学博士教育）；法律职业教育依据对象的不同，可以分为法官职业教育、检察官职业教育、律师职业教育和公证员职业教育。

以下本文将以法律教育学几个重要组成部分的研究状况作为主线，尽可能系统地向读者展现这十年来学界在这些主要问题上的代表性观点以及笔者对其中一些问题的看法，以供各位参考。

二　法学教育的目标

法学教育的目标是整个法学教学的灵魂，也是法学教育的基本问题，并且始终是法学教育首先必须回答的问题。法学教育的目标决定着法学人才培养模式、法律专业的课程设置及其体系结构、教学方法、教材选择、师资建设、法学教育与法律职业的关系等一系列问题，它不仅是法学教育活动的出发点，更是法学教育的核心点。法学教育发展的历程表明，良好的法学教育离不开法律教育学的同步发展。如果不对法学教育进行正确定性，法学教育就会迷失方向、误入歧途，这势必会制约中国法学教育的发展，也难以培养出适应法治国家要求的合格法律人才。近十年来，学界关于法学教育目标的研究颇多。从整体上看，多数论者认为，中国的法学教育“在迄今为止的相当长的时间里，没有确定出一个稳定的目标”①。

在法学教育目标的设定上，主要的争论有职业教育论、通识教育论与二者结合教育论三种主要的观点。职业教育论者认为，中国法学教育应当注重职业化教育。改革开放三十多年来，中国的法律职业教育已经成了中国法学教育的短板，造成了中国法学教育发展的滞后性与非科学性。根据中国目前法学的教育模式，所培养出来的法科学生很难极快地适应社会的需求，往往需要较长的时间去适应社会的诸多要求，从而造成了法学教育与社会需求的严重脱节，从而背离了教育的宗旨与目的，因此，法学教育应当以职业教育为导向。通识教育论者认为，中国一般院校应以培养具备现代法律意识、创新精神、专业基础

① 贺卫方：《法律教育向JM教育的转向》，《人民法院报》2002年5月10日。

厚实、专业技能突出、适应市场经济需要的法学应用型人才为目标，即定位于一种高素质的“通识教育”。[①] 结合论者认为，法学教育是以通识教育为基础的职业教育，说法学教育是一种职业教育，包括法律技能的训练，决不意味着把法学教育仅仅理解为是一种法律职业技能教育，而忽视法学教育的学术培养和训练，更不是以削弱学术教育为前提的。法学专科和技能教育必须使未来的法律职业者掌握关于世界的一般知识，特别是尽可能地使之掌握世界的理念和体现在法律中的精神的教育为基础，因而，应在进行法学专科和技能的教育与培养之前进行通识教育。[②]

在法学教育目标的设定上，还有精英教育论与大众教育论和二者结合教育论的争辩。精英教育论者认为，法典浩繁的特点决定了法学教育必须要走精英化的教育路线；并且，随着依法治国思想的普遍确立，法学作为公平、正义和权利之学，同时也是经世致用、安邦治国之学，被赋予了崇高的使命，法律裁决与救济成为社会正义的最后一道防线，最具争议的问题都交由法律解决是依法治国的应有之义。而法学培养的就是专司法律之人，无疑是一国当中要求最高、综合素质最好的一类人才。[③] 因此，只有走精英化道路，才能切实吸收高素质人才进来。[④] 精英、大众二者结合教育论者认为，21 世纪中国法学教育应该坚持的方向之一就是精英教育，但在虑及尖端法律人才造就和培养的同时，要求现阶段中国的法学院系（以及各类成人高等法律职业教育、中等法律职业教育等）不顾不同类型教育的巨大差别而全面实现法学精英教育和学术教育，则又是极不现实的想法。因此，秉持精英教育与大众教育相结合的理念，是未来中国法学教育改革的基本原则之一。[⑤]

在法学教育目标的设定上应当坚持区别教育论，即应当根据法学教育层次的不同有所区别。具体来说，中国的法学教育应针对法学专业的本科、硕士以及博士设定不同的目标。

就法学本科教育的目标定位而言，在相关配套制度改革和建立的前提下，将法学本科教育定位成通才教育或者通才教育和职业教育并重这两种方案应当更符合法学教育的规律和中国的现实国情。但是，在此笔者想提出一种在笔者

① 杨志民、祝红想：《法学专业教学改革刍议》，《职业时空》2008 年第 01 期。

② 曹义孙：《从法治视野看中国法学教育》，《北京政法职业学院学报》2008 年第 1 期。

③ 敖双红：《创新性人才对传统法学教育模式的拷问》，《华中农业大学学报〈社会科学版〉》，2008 年第 2 期。

④ 董邦俊、高小青：《WTO 背景下中国法学教育改革论纲》，《江西科技师范学院学报》，2008 年 4 月第 2 期。

⑤ 韩大元：《全球化背景下中国法学教育面临的挑战》，《法学杂志》2011 年第 3 期。

看来更为彻底、更有利于中国法学教育发展的方案，那就是取消法学本科教育，将法学教育的层次提高到硕士研究生阶段。整合全国法学教育的资源，在经过有关机构考评合格的大学或科研院所设立法学院，进入法学院学习的学生必须已经获得大学某一学位，法学院的学位分为两种，一种是法律硕士，一种是法学硕士，前者主要实行法律职业教育，着力培养学生的法律职业技能和素养，后者则以培养学术型、研究型人才为主要目标，与前者相比，后者规模要小得多。将全国高校中最为优秀的教师和法律实务界人士汇聚到法学院，针对不同学位的特点和培养目标，对学生进行高质量的教学和训练。这种设置体系不但会使中国法学教育的体系更清晰，而且也使法学教育的层次得到明显简化和提高，有利于彻底改变中国法学教育多年来形成的层次多而杂，多而乱，质量参差不齐，总体水平较低的状况。

就法律硕士教育的目标定位而言，应当坚持当前对法律硕士专业的定位，即以培养高层次复合型的高级法律人才为目标。在实践中，法律硕士无法获取符合法律硕士培养目标的教育，所付出的教育成本与获得的收益不对等，在就业以及工作的岗位上经常面临着被别人歧视的尴尬局面，等等。面对法律硕士专业的这些困境，许多人认为，这个专业已经没有存在的必要了，在该专业中深受其害的法律硕士学生对此呼声更高。不但不能取消法律硕士专业，还要将其作为今后中国法学教育的主体。原因有二：首先，当前将法律硕士专业定位为培养应用型、复合型法律人才是比较科学的，“在制度设计上，法律硕士专业学位教育最集中体现了法律职业与法学教育之间的内在联系，最大限度地反映了法律职业的基本要求”①。这种学位教育将法学教育的层次提高到硕士教育阶段，在学生接受了大学基本素质教育并具备了某一专业的背景知识的基础上，对其进行以职业教育和训练为主的法学教育，能够有效解决通才教育和职业教育难以两全的难题。其次，从长远发展的观点，在未来可以取消本科法学专业设想的基础上，将法律硕士专业教育作为法学教育的主体，不仅能够统一受教育者的起点，提高法学教育的层次，而且有利于法律职业共同体内部的同一性，有利于实现法律职业群体的精英化。由此，中国法学教育当前面临的诸多难题也就迎刃而解了。可以说，科学发展法律硕士专业是改革中国法学教育的重要突破口。因此，应当坚持当前对法律硕士专业的定位，并以此为目标将法律硕士专业的改革作为一个重要课题加以研究。笔者坚信，该课题的研究会为中国法学教育的改革和发展带来新的思路和契机。

就法学硕士的教育目标定位而言，应该继续将法学硕士的培养目标定位于

① 霍宪丹：《中国法学教育反思》，中国人民大学出版社2007年版。

培养学术型、研究型人才上，大规模压缩法学硕士的规模，使法学硕士的供应量与社会对法学研究型人才的需求基本平衡。在中国，对法学硕士的定位是培养学术型、研究型人才，法学硕士在入学考试、课程设置以及论文写作等方面都是以此作为指引的。但是在实践中，越来越多的法学硕士毕业后从事的不是研究型的工作，而是实务工作。之所以出现这种现象，一个很重要的原因是法学硕士的招生规模太大了，大大超出了社会对法学研究人才的需求，于是剩余的一部分人便步入法律实务行业。其次，造成上述现象的根本原因在于，整个法学教育体系内部没有得到有效整合，每个层次、每个模块各自为政。因此，站在法学教育体系的高度上看，坚持法学硕士的既定培养目标，将其定位于培养学术型、研究型人才是十分必要的。

就法学博士的教育目标定位而言，笔者认为，应当坚持研究型、学术型人才培养的定位。并且，法学博士的主要来源应当是法学硕士，这样有利于人才培养上的连续性，也能够保证人才培养的质量。但是，也不排除少数法律硕士毕业生因对法学研究感兴趣而考取法学博士的情形，事实上，这部分学生加入法学博士的行列会给法学博士的教育和法学研究增添新鲜血液，特别是那些已经具有一定法律实践经验的人士考取法学博士后，往往能够凭借其丰富的法律实践经历优势而在法学研究领域取得不俗的成绩。

从总体上看，要理顺法学教育体系内部各类教育形式之间的关系，可以考虑将本科法学专业取消，建立起以法律硕士专业教育为主体的法学教育体系，严格限定法学硕士的规模。其中，法律硕士专业应以法律职业教育为主导，以培养法律实践型人才为目标；法学硕士以法学理论教育和法学研究能力培养为主导，以培养学术型、研究型人才为目标；法学博士以吸取法学硕士为主，同时吸收对法学研究具有浓厚兴趣的少数法律硕士和具有法律实践经验的人才，以培养法学研究人才为主要目标。

三　法学教育的方法

随着法学知识积累的逐渐丰富，法学界已经越来越不满足于传统的那种由教师主讲，学生记笔记，间或会有教师的一些提问以启迪学生思考的讲授方法，转而进一步思考如何将已经生产出来的知识更好地传授给学生，于是，教学方法成为目前一个越来越引起关注的问题。能否培养出合格的法律人才，教学方法的选择非常重要。法学专业课程教学方法根据社会变化不断进行革新与调适，逐步形成了一些行之有效并被普遍认同、具有一定代表性的教学方法，如讲座式教学法、案例教学法、诊所式教学法、讨论式教学法、辩论式教学法、批判式教学法等等。

十年以来，学术界越来越意识到传统的法学教育方法存在的一些问题。从总的方面看，一些学者认为，法学教育方法的说教化与实践化之间的矛盾，是传统法学教育方法最大的弊端，矛盾的不可调和决定了法学教育改革的必然性，改革这种教条式的说教化法学教学成为当务之急，而在法学教育改革中引入实践性教学法又尤为重要。① 就案例教学法而言，从整体来看，主要存在以下一些问题：一是注重形式上对案例教学法的使用与推广，忽视案例教学质量的检测。二是注重对案例结果的分析，忽视对案例分析思维的讲解与引导。三是注重课堂知识点的考察，忽视对学生知识面的巩固与扩充。② 也有论者认为，中国的案例教学法多停留在举例说明、以案说法的层次。然而这两者都是教师单向地传授知识，学生被动地接受知识，实质上仍没摆脱重理论轻实践的传统法学教育的模式，所以仍然属于传统的讲授式教学方法。③ 并且，照搬西方的案例教学模式，占用了过多的教学时间，难以保证知识讲授的全面性和系统化，学生对于基本概念和原理的掌握不足。④ 就诊所式教学法而言，也存在诸多问题。如目前法律诊所多是在外国基金支持下进行，并且没有与中国法学教学合理衔接，只是作为一种舶来品予以存在，其真正作用没有发挥；由于师资力量、经济条件等限制，可以选修的学生比例较少，不到大学法学本科学生总数的20%，难以发挥全面的教学效果；就目前实际情况看，法学院老师同时具备学术和时间经验的教师不多，因而，要想使法律诊所开办下去，必须建立和发展一批专门从事此项教学工作的教师队伍。⑤

鉴于现有教学方法存在的诸多问题，学者们一方面提出了互动式案例教学法、模拟实务教学法、情境模拟教学法、讨论式教学方法、实践教学方法、参与式教学方法、多元化教学方法等等新的教学方法，另一方面还就既有的教学方法提出了许多建设性的意见。

就案例教学法而言，有论者认为，实施案例教学法有以下几个问题值得注意：一是关于实行案例教学的目的。其主要目的是提高学员的实际工作能力。二是关于案例教学法的适用范围。案例分析主要应在具有一定社会实践经验，特别是司法实践经验并了解基本理论的学员中采用，最好是研究生中采用。三是关于目前实行案例教学法的障碍问题。在案例收集方面，主要是真实案例收

---

① 黄志萍：《论实践教学法在法学教育中的运用》，《湖南医科大学学报（社会科学版）》2010年2月第12卷第1期。

② 尚国萍：《案例教学法在中国法学教育中存在的问题及对策》，《法制与经济》2010年1月总第227期。

③ 郭丹、王伟：《法学本科教育的培养目标与教学方法》，《黑龙江高教研究》2005年第6期。

④ 朱玛：《法学案例教学法的研究与应用》，《高教论坛》2009年12月第12期。

⑤ 张艳丽：《法学本科教育目标与教学方法》，《北京理工大学学报（社会科学版）》2007年2月第9卷第1期。

集难的问题。在教师方面，由于中国的法学教学长期强调讲授内容的理论性，忽视对司法实践活动的参与和总结，从而难以发现司法实践中具有典型性的好案例，难以有效地运用案例教学法。① 有论者认为，在中国的法学教育中应当把案例教学法作为讲授式教学法的辅助方法，两种教学方法相互配合，共同实现培养学生专业素质和专业能力的法学教育目标。在教学过程中，要分清主次，以讲授式教学法为主来系统传授基础理论，而案例教学法主要用来解决教学重点和难点。要取得良好的教学效果，必须注意合理安排讲授和案例教学环节。该论者论述了中国法学教育中案例教学法的知行合一、民主与互动、启发与引导等适用原则。并进一步探讨了案例教学法的基本形式，包括案例列举法、案例讲评法、案例讨论法、案例观摩法、案例实践法等。② 有论者认为，应在传统的“案例教学法”的基础上，实行改进的“案例教学法”。即在每门课程的授课总学时数中，单独拿出1/4左右或更多的学时，在法学理论环节讲完后，另行安排案例分析课和实践教学环节，而不是上课时讲一些证实理论的案例。除此之外，还要采用模拟法庭、庭审旁听等实践环节教学，以使学生学会法的使用、操作技巧。当然，实施案例教学必须具备小班授课的客观条件。③ 有论者讨论了中国法学教育运用案例教学法的指导思想，认为中国的法学教学仍应以理论传授为主，案例教学法在法学教育中应居于辅助的地位。④ 有论者根据案例在教学过程中的不同作用，将案例教学的基本方法分为案例讲授法、案例模拟法、案例讨论法、案例练习法等。在具体运用案例教学法更多地使用辅助性方法即提问式教学方法，又称苏格拉底式教学方法。提问式教学方法可以锻炼学生的性格，使他能在高度的压力和恶劣的环境下，仍可以保持镇静，有条不紊，对答如流。同时，教师也必须不断提高自己的教学水平和拓展知识领域。⑤

就诊所式教学方法而言，有论者认为，实行诊所式法学教育应该注意以下几点：第一，应指导学生独立完成任务，老师不要指手画脚。第二，利用典型疑难案例提高学生解决问题的能力。第三，诊所式法学教育方法仅是教学改革方法的一种，它也要与其他方法相辅相成才能相得益彰。⑥

---

① 王利明、叶林：《试论法学教育中的案例教育学法》，《法学家》1993年第3期。

② 党崇武：《法学案例教学法新论》，《中国校外教育》2011年第06期。

③ 王继福：《论法学教学中的案例教学法》，《河北师范大学学报（教育科学版）》2008年8月第10卷第8期。

④ 尚国萍：《案例教学法在中国法学教育中存在的问题及对策》，《法制与经济》2010年1月总第227期。

⑤ 王春婕、佘净植：《案例教学法对法学教育改革的促动》，《中国成人教育》2002年第9期。

⑥ 刘耀彬：《高等法学教育的方向与教学方法的选择》，《南京航空航天大学学报（社会科学版）》2003年3月第5卷第1期。

中国诊所式法学教育实践出现偏差的根源在于，它依然延续了传统讲座式教学模式的思维定式。两者都把法律误解为某种固定不变的东西来讲授，只不过传统教学模式是把法律当作固定不变的真理；而目前中国式的诊所教育则将法律视为固定不变的经验抑或“技巧”。案例教学的提倡破除了第一种思维定式，使人们认识到，法律是要在具体案件中进行论证的对象，而非唯一正确的真理；但是当经验借着诊所式教学模式进入中国法学教育范畴之后，这种旧的思维定式又开始发挥其持久的影响力。其实，诊所式教育之所以必要，是因为法律作为一门论证之学，不仅仅是一种科学意义上的论证，同时还包含有经验层面的广泛内涵，需要凭借着实践经验的累积才能完成。但这里所讲的“经验”绝不是一种可以打包传递的对象，而是需要法律职业者在其整个执业生涯中去实践的。诊所式法学教育则是试图在法科学生开启执业生涯之前，发挥一种类似于“第一推动力”的功能。因此，诊所式法学教育所要训练的仍然是一种方法，只不过它是一种有关如何在实践过程中总结、积累和运用经验的方法。

四　法学教育的师资

师资在法学教育中的核心地位无须赘言。也正是因为如此，有关师资的研究也就理所当然地成为十年来法律教育学研究的热点之一。学者们普遍认为，现阶段的法学教育师资存在很多问题。如有论者认为，目前中国法学教师队伍存在如下结构问题：第一，从法学教师的学历结构看，一些地方高校的法律院系中，教师仍然是以本科学历居多。第二，从法学教师的职称结构看，就普遍状况而言，各法律院系中，高级职称的教师比较缺乏，但与此相反的现象则是，在少数名牌法学院中，则又是名师云集。第三，从法学教师的学缘结构来看，“近亲繁殖”的现象仍然不同程度地存在于各法律院系之中。① 第四，从法学教师的年龄结构来看，近年来各高校顺应逐年“扩招”的大趋势，大量引进青年教师。第五，从一个法学院系整体上的学科结构来看，除少数几所名牌法学院之外，普遍存在各学科发展不平衡的现象。② 有论者探讨了农林高校法学专业师资队伍的现状，认为存在以下问题：一是教育观念较为落后。二是农林高校法学本科的教育层次还比较低。三是实践经验相对缺乏。四是教师的知识没有及时更新。五是没有突出农林高校特色。六是师资结构不尽合理。③ 有论者通过问

---

① 蒋云贵：《当代中国法学教育的现状及改革方向》，《长沙大学学报》2007 年 5 月。

② 冀祥德等：《中国法学教育现状与发展趋势》，中国社会科学出版社2008 年10 月第1 版，第243 ~244 页。

③ 周海波：《论中国农林高校法学本科的师资队伍建设》，《河北农业科学》2010 年第 14 期。

卷调查统计及结合教师知识来源、结构分析，发现法学教师法学应用能力的不足主要表现在法学教师的实践经验缺乏、法学教师获得实践的途径欠缺、法学教师的知识结构单一等方面。①

从总体上看，中国现阶段法学教育师资存在的问题主要体现在以下几个方面：第一是师资不足。如就目前来看，中国法学本科教育的教师数量还显不足，尤其是随着办学规模的扩大，教室队伍亟待充实，教学的保障条件也需要进一步改善。有论者统计，截至2009年，普通高等院校法学专业学生465406人，在校专任法学教师56939人，法学本科师资比例为8.1∶1，与经济学师资比例10∶1相较，中国法学教育师资不足是明显的。② 第二是素质低下。如有论者认为，中国本科高等教育院校教学型硕士教师比例，仍未能达到教育部规定的60%标准，且各专业间职称机构分布不合理，学术梯队建设薄弱，整体导致法学本科教育队伍素质低下。第三是专业集中。中国的法学教师队伍过于集中于理论学习和法学研究，忽视了对人文学科及相关学科的学习和研究，不利于学生综合素质的培养。第四是分布失衡。无论是从数量还是从质量上看，也无论是从专业分布上看还是从地域分布上看，中国的法学教师队伍都具有严重的两极分化现象。从数量上看，中国的法学教师队伍逐渐趋于过剩，但是与高速发展和增加的法学院校建设相比，又出现了相对数量不足的状况。从质量上看，中国的法学教师队伍的学历是高者高，低者过低。从地域分布上看，高学历人才，如法学博士过分集中在少数高校，而有些高校主要为中青年的法学、法律硕士。从专业分布上看，高校的法学教师主要是法律专业毕业，也限制了法科学生对相关专业的学习。

针对上述种种问题，学者们提出了种种对策和方法。如有论者认为，应当借鉴美国的法学教师制度，引进各方面的教师教授法科学生，培养其综合素质。③ 有论者认为，应当严把教师准入与评定关，准入合格教师，及时淘汰素质低下的教师。④ 有论者认为，应用型法学教育师资的培养是当前应用型法学人才培养急需解决的问题，应当通过以下途径培养应用型法学人才：第一，高素质的教师队伍建设是提高应用型法学教育质量的关键。第二，优化应用型法学师资队伍是增强人才培养实效性的保证。第三，切身参与社会法律活动，主动获得法律实践经验。⑤ 有论者认为，任课教师应多参与法律实践，提高法学教师的

① 李韶杰、李华耕：《论应用型法学教育师资的培养》，《新余高专学报》2009年8月第14卷第14期。

② 刘佳：《法律教育学》，社会科学文献出版社2012年版，第229—230页。

③ 周汉华：《法律教育的双重属性与中国法律教育改革》，《比较法学》，2000年第2期。

④ 李龙：《中国法学教育急需解决的若干问题》，《中国高等教育》，2002年第7期。

⑤ 李韶杰、李华耕：《论应用型法学教育师资的培养》，《新余高专学报》2009年8月第14卷第14期。

综合素质，建立高素质的师资队伍。高校法学教师都应该尽量多参与社会实践，加强同实务部门的联系和交流，只要处理好与教学科研等本职工作在时间分配上的协调问题，参与适当的社会实践既有利于科研，更有利于教学。① 有论者鉴于目前中国农林高校的法学师资队伍中存在的诸多问题，认为应当更新教育观念，加大优秀人才的吸引力度和培养力度，以此来着手建设高素质、专业化、职业化的教师队伍。②

法学师资力量的改革主要应当集中在以下方面：第一，教师准入、评定应当有严格统一的标准。第二，缩小目前的法学教育规模，以便于集中主要力量培养优秀的教育人才，集中配置法学教师资源，集中管理法学教育内容。第三，引进不同领域的教育人才，培养具有综合素质的法学人才，大力培养交叉学科人才，开拓法学教育的领域。第四，应当针对不同层次的法学教育施行不同的师资改革方案：对于法学大专教育应当从稳定教师队伍，引进人才，加快教师培训等方面入手进行改革；对法学本科教育应当从明确法学教育的准入标准，加强法学师资队伍建设的角度入手进行改革；对法学硕士教育则应从缩小办学规模，改革导师制度，增强师资力量的角度入手进行改革；对法学博士教育则应当是强调完善导师考核制度。③

五　法学教育的教材

教材是法学教育的一个重要基石。针对法学教材中存在的问题，十年来学者们做了大量研究。如有论者认为，从内容上看，教材的内容往往停留在满足于对法律条文进行一般性注解的层面，而未能体现法学教材本应具有的专业性。法学的独立性必须以其专业性为前提。法学的专业性最为直接的表现便是在法律解释方法上的专业性。但是从目前市面上流行的教科书来看，距离专业性的要求依然相差甚远。有论者认为，从目前的情况来看，教育部、司法部和各法律院系已经成为法学教材编写的三大主要力量，它们垄断了绝大多数法学教材的编纂工作，学者个人若无上述三家之一的行政命令，很难染指教材。④ 对于这一点，笔者表示赞同。回顾中国法学教材的发展历程，不难发现其中存在一系列亟待引起注意的问题，这些问题严重制约着中国法学教材编写质量的提高。其中最为深层次的问题是行政力量在教材编写工作中发挥了主导性作用。因此，

① 曹红冰：《民法学教学方法改革的思考》，《黑龙江高教研究》2011 年第 5 期总第 205 期。
② 周海波：《论中国农林高校法学本科的师资队伍建设》，《河北农业科学》2010 年第 14 期。
③ 冀祥德：《法学教育的中国模式》，中国社会科学出版社，2010 年版，第 101~237 页。
④ 郑永流：《人有病，天知否？——当代中国高等法学教育问答》，《政法评论》2001 年卷。

目前解决法学教材编写工作中诸多问题的关键在于淡化行政主导的色彩，使教材编写重新回归学术领域。对此，在计划经济模式之下，教材的编写与其说是一种学术活动，不如说变成了一项行政任务。此种模式显然有利于“集中力量办大事”，在短期内成效是比较显著的。但是，教材的编写毕竟在实质上应当是一项学术活动，编纂一部高质量的教材比起就某一具体问题撰写一部专著所要付出的艰辛往往还要大得多。因此，这种以行政命令的形式组织编纂的法学教材，在质量上是不可能令人满意的。在法学教育恢复之初的特定情况下，行政化的教材编写模式发挥了重要作用。但是法学教育取得初步发展，在教材建设已经基本满足日常教学需要的今天，应当让法学教材的编写重新回归学术领域，由学者们将其作为一种学术活动来进行。①

迄今为止，国内出版的法学教材大多以多人合作的形式编写而成，这种多人参与的模式在法学研究和法学教育中历经多年的发展，在取得较为丰硕的成果之后，此种模式的弊端便逐渐暴露了出来。这种多人合作编写教科书的模式已经越来越成为制约教科书质量提高的一个重要因素。它使得教科书的编写变成了一条流水作业式的生产线，而不再是严格意义上的学术工作。学术在很大程度上是一项个人化的事业，并无“民主”可言。由于参与同一本教科书的作者，在学术立场、学术水平以及写作风格等方面未尽一致，导致最终编纂出来的教科书常常难以从较为深入的层面，对各专业问题进行系统论述，而只能流于浅层次的介绍；而且即便如此，目前坊间流行的各种法学教科书，其错误、矛盾之处也是屡见不鲜。目前中国学者普遍缺乏一种“学派意识”，研究者常常不能清楚地意识到自己理论的核心，因此，很可能忽视自己的具体观点与基本立场的关系，进而导致具体观点与基本立场相冲突。② 学术活动在很大程度上是一种内省或反思式的行为，强调理论的自洽性。如果说受限于当前国内法学研究的整体水平，中国学者在自身的学术立场上尚且无法融会贯通的话，那么，由人数众多的作者分工撰写同一部教科书的做法，自然也不可能达到较高的学术水平。该论者认为，多人共同撰写教科书是在特定历史条件下产生的现象，当法学研究水平达到一定程度之后，个人独著形式的教科书必然会成为一种普遍现象。当然，个人独立撰写一部教科书，必定与多人合作编写所需耗费的时间不可同日而语。因此，当前者成为一种普遍趋势之后，现行的以行政力量支持规划教科书编撰的模式也必将难以维持，教材编写的个性化色彩将日益凸显，学术质量也必然提高。

---

① 冀祥德等：《中国法学教育现状与发展趋势》，中国社会科学出版社2008年版，第188页。

② 张明楷：《刑法的基本立场》，中国法制出版社2002年版，第3页。

此外，理论与实践之间的脱节也是目前国内法学教科书常常为人诟病的一个问题。中国法学教材倾向于突出学科知识介绍，缺乏与司法实践相近的法律方法论的内容。“知识只有变为某个人的能力的时候，才能改变命运，才有力量。所以教材作为学生接触最多、反复阅读的材料，必须关注知识向能力的转化，把提升学生的理解能力和操作能力作为重要内容。”① 法学这门学科的性质，就决定了其必须理论与实践相结合，法学教科书必须告诉读者如何将相关理论适用于纠纷解决的实践之中。缺乏具体案例的教科书是死的教科书，所谓教材编写中的“理论与实践相结合”，第一要务就是引入案例这股源头活水。但是，中国大多数法学教材中却通篇难以见到一个案例，而仅仅是在抽象层面对法律条文进行阐述。此种脱离具体案件的阐述，往往难以使读者真正理解相关知识的确切所指，因为法律解释若不针对具体案件事实，是没有意义的。另外，在各个部门法学当中，实然与应然两个层面的紧张关系表现得非常明显，这为法学教科书的编写制造了更大的困难。一部好的法学教科书，首先应当能够在具体问题上有意识地区分应然和实然两个层面的法律，即清楚地告诉读者，中国现行法律的实际运作状况是什么，以及理想状况下应当如何，两者不可混淆。其次，应当将法律的实然状况作为研究和评论的对象，以科学严谨的态度加以分析。唯其如此，方可使读者既能掌握本学科的理论精髓，又对法律的现实运行状况有一个全面、清晰的把握；既对法律建立高度的信仰，又获得实践操作层面的知识和技能。但考察中国法学教科书，能够妥善处理这一关系的，为数尚不多。总体相比较而言，刑法、民法等实体法学科的教科书在这一点上要比其他部门法学相对成熟，能够比较全面地涵盖实然与应然两个方面的因素。但是，在更多其他学科的教材当中，至今仍未能有意识地将这种区分作为一个分析问题的基本方法。更为严重的是，即使教材被定位于对实在法的阐述，但就目前大多数教材而言，其内容也是极其不完整的。

针对上述问题，学者们提出了一系列有关法学教材编写的改革方案。如有论者认为，要提高教材的质量，必须打通法学研究与法学教材编写之间的渠道，使教材的编写重新回归学术。既然法学教材属于学术著作的范畴，那么，当然要根据学术著作的一般规律来进行教材的编写；另外，与其他学术著作相比，教材还有其鲜明的特殊性，因此在遵循一般学术研究规律的同时，还应当充分照顾到教材这种特殊著作自身的特点；等等。

为提升法学教材的质量，由多人参与编纂的模式向个人独立撰写教材模式

---

① 陈金钊：《问题与对策：对法学教材编写热潮的感言》，《杭州师范学院学报（社会科学版）》2007 年第 2 期。

的转变，是值得倡导的。但是这并不意味着，教材应当完全成为个人研究成果的载体。教材应当能够尽量全面地反映在相关问题上的主要学说，使学生能够通过阅读教材，掌握本学科知识的概况，以及各种主要观点的来龙去脉。教材不能完全代行学术著作的功能。这也决定了将学术成果向法学教材的转化并非是哪一个个人可以完成的任务，而是要通过一套完善的体制去解决的问题。总体上看，法学教科书的编写应当从以下几个方面加以改革：

第一，严格依照通行的学术规范撰写教科书。教科书作为学术著作的一种，自然应当遵循通行的学术规范，甚至与其他学术著作相比，教科书在学术规范的要求上应当更加严格。翻阅国外法学教科书可以发现，通常每一章中至少应当包含注释与参考文献。其中，注释是指在文章援引他人学说时，应注明出处；而参考文献则是进一步列明与文中相关问题有关的重要文献，以便读者根据需要进行深入阅读。

第二，教材的内容应当尽可能实现全面性，即在各个具体问题上，对各主要学说都应当予以较为充分的介绍和评论。而且特别重要的是应对不同学说之间的证明加以检讨，以使读者明了各种理论、观点之由来，并理解其各自的优点与不足。学术著作的精髓不在于其结论和观点，而主要在于论证过程的演进，而教科书则是更为全面和客观的论证。

第三，从上述两点不难看到，教科书不仅应当是学术著作，而且应当是更为严格的学术著作。撰写教材对作者的知识面和科研能力都比其他一般性的学术研究提出了更高的要求，他不仅要具备相当程度的研究能力，还必须同时具备高度的学术鉴别能力和责任心。教材的编写应当是一种高度精英化的活动，只有那些在本学科领域已经达到较高造诣的专家方可涉足。

第四，明确教材的编写目的和评价机制。有论者认为，在如何选择法学教材的编写目的上，学术的争论主要有三个方面，对这些问题的解答，是确定法学教材编写目的的基础。这三个方面问题是：第一，编者的目的还是学生的目的；第二，知识与技能是否共融以及如何共融；第三，道德教育是否为法学教材的基本内容。① 法学教育的根本目的是为社会输送合格的法律从业人员，因此就法学教材编写而言，首先，编写者应当以社会对法律职业人员的需求来安排教学的内容，而不是将个人的研究成果加入到教材的体系当中。其次，编写者在教材编写中，必须将读者置于首位，为学生的“利益”定位教材的内容。这就要求坚持教材的深入浅出、通俗易懂；要提供方法、能力的教育；要注重社会教育，关注制约法律制定与运行的社会因素。只有扭转行政部门在教材编写

---

① 胡玉鸿：《试论法学教材的编写目的》，《法学论坛》2004 年第 3 期。

之前的一系列“统编”“规划”以及教材使用过程中各部门的“指定”这一体制性弊端，作者完全站在读者的立场上去编写教材，教材的优劣由读者去评判和选择，法学教材的质量才有可能获得整体性的提高。

第五，明确教材在法学教育中的地位和功能。在中国法学教育恢复之初就已经迅速达成的一个共识是：法治建设急需大批不同层次的法律人才，在这一理念指导下，中国建立起了一套多层次的法学教育体制，其中既包括大学的专科教育、本科教育以及研究生教育，还包括各种职业教育、函授教育等。与此相适应，在中国法学教材的编写方面，也遵循了相当程度的层次性特征，对于本科生、专科生、自考生以及各种函授教学的学生，均编写了特定的教科书。法学教材编纂的多层次性特征，实际上是在很大程度上将教材当作了法学教育中最主要的内容，从这样一个前提出发，那么法学教育本身的层次性似乎当然要通过在教材之层次性上体现出来。但此种看法终归是片面的，它将教材置于一种过高的地位。须知，法学乃是一门博大精深的学问，区区一本教材实难发挥如此重要的作用。对于教材在法学教育中所能起到的作用，应当有一个恰当的期待，而不能企图将法学教育事业所有的目标统统塞进一部教材当中。对于整个法律科学而言，教科书仅仅是一个最为凝练的缩影，它是一名未来法律职业者在接触法学时首先要接触的内容，但这仅仅是法学教育的第一个层次，作为法学教育的入门阶梯，教科书很难在层次上加以区分。因此，法学教育绝对不应仅仅限于讲授教科书上的内容。实际上，在现代社会，大学若仅仅满足于对教科书内容的教授，教师的角色便早已是可有可无的了。因此，教科书在内容上不宜再作人为的层次性区分，法学教育应当采取以教材为基础，并辅之以其他深入阅读资料以及实践性教学的立体模式而展开。唯其如此，方可实现法学教育的目标。

另外，教材应当对本学科知识进行完整且系统的介绍，体系化是其重要特征之一。“法学教材的任务，首先就在于能够形成一个相对完整、完备的知识体系，以容纳、涵盖本学科的主要内容，让学生了解、接触本门学科的基本知识、基本原理、基本理论。”① 但是，教材的系统性是必须以知识的系统性为前提的。在某一学科的理论研究刚刚起步之时，理论体系尚不完整，教材自然也难以实现真正的系统化。另一方面，出于教学的需要，教材又必须尽量追求一种形式上的“系统化”，否则其作为一门独立学科地位的合法性便会受到质疑。因此，中国目前的法学教材的编写，在不同程度上都表现出一种较为尴尬的局面，即勉强追求体系的完整性、系统性，要在法治建设和法学研究都十分落后的前提

---

① 胡玉鸿：《试论法学教材的编写目的》，《法学论坛》2004 年第 3 期。

下，强行搭建起一个学科理论体系出来，以满足教学的需要。这种仓促形成的学科体系犹如沙滩之上的大厦，经不起略微深入的推敲和追问。在这一点上，法学各学科之间的情况也不尽相同。相比较而言，刑法、民法等实体法的发展先行一步，概念和理论体系较为完备，并形成了一套公认的研究方法和法律解释方法，从科研成果向教材内容转化的道路较为顺畅，因此，这些学科的教材在理论体系上也相对比较完善，并能够在教学过程中发挥重要作用。但是在诸如刑事诉讼法、民事诉讼法等程序法学以及理论法学方面则相形见绌，这些教材的编写处于一种严重滞后的状况，尽管从数量上看并不输于实体法学科，但观其内容，则往往停留在一种低水平的重复，其陈旧的内容早已和学术前沿渐行渐远。在法学研究和法律实践均已取得一定积累的今天，一些学科仍然完全照搬制定法来建立本学科理论体系，究其原委，是因为其在具体的概念层面并未能脱离对制定法的依赖。教材的编纂者往往直接将立法中采用的一系列概念作为理论概念在教材中使用，而未运用法学研究方法对其进行甄别和提炼。

六　法学教育的模式

法学教育的模式是法律教育学中一个崭新的研究领域和研究课题。关于“法律教育的模式”以及“法学教育的中国模式”的概念界定，目前还只是笔者一家之言。关于法学教育中国模式是否形成的问题，学界只有张文显教授和笔者提出了相关主张。

张文显教授认为，“法律教育的中国模式已经形成”。党的十七大以来，党和政府更加重视全面实施依法治国基本方略，并提出加快建设社会主义法治国家和构建社会主义和谐社会的战略任务，这迫切要求法学教育界培养更多、更高素质、更多样化的法律人才。为此，我们提出实行基本教育与拓展教育和特色教育相结合的人才培养模式。根据这个模式，当代中国的法学教育包括五个方面的基本教育。一是马克思主义法学理论教育，包括法理学理论和各个部门法学的基本理论教育，用科学的法学理论武装学生，引导学生树立正确的法律观、法律价值观、权利义务观。二是社会主义法治理念、现代法治精神和法律职业伦理教育，帮助学生树立先进的、民主的、理性的法治观。三是中国社会主义法律制度教育，使学生深刻理解中国法律制度的核心价值和时代精神，把握以宪法为核心构筑起来的法律体系的基本制度、基本原则、基本规范。四是法律程序和法律方法的训练，使学生树立程序意识、熟悉法律程序，掌握法律基本方法和技能。五是比较法律教育和国际法律教育，培养学生运用国际法律维护中国在融入全球化过程中和实施和平发展战略中的各种权益。除了这些基本教育之外，不同层次、不同类型、不同特色的法学院系可以实施法学特色教育和拓展教育计划，以适应社会对法学专业人才的多样化需求。张文显教授认为，除了法学基本教育与特色教育、拓展教育有机结合的人才培养模式，我们还形成了以法学学士、硕士、博士教育为主体，法律硕士教育为补充的高等法学教育体系，以及普通高校的法律素质教育与专门学校的法律职业教育衔接、统一司法考试与法学教育互动的就业机制。在探索和实践的过程中，法律教育的“中国模式”已经形成，并在世界法学教育占有重要一席。应该说，法学教育的中国模式与法学教育的美国模式、欧洲模式三足鼎立。①

法学教育模式的概念可以界定为：在一定的经济、政治、文化等因素影响下，在一定的教育思想指导和制度环境中生成的教育培养目标、教育培养方式、教育内容、教育方法等基本构成元素的有机结合。据此，笔者将中国法学教育模式的分析框架，界定为教育培养目标、教育内容、教育培养方式、教育方法四项构成元素。教育管理体制和教育就业机制虽然不是法学教育模式的独立构成元素，但是，它们作为与法学教育模式相关度极高的保障性变量要素，同样被纳入研究的视野。问题分析的参照系为成熟的英美法系之法律职业教育模式和大陆法系之法律素质教育模式。

探索中国法学教育60多年来的发展道路，就会得出“法学教育的中国模式已经初步形成”的必然性结论。笔者的基本观点是，世界法学教育模式的基本类型大致可以分为两类：一是以美国法学教育为代表的普通法系的法律职业教育模式，二是以德国法学教育为代表的大陆法系的法律素质教育模式。笔者认为，当前中国法学教育的崛起，已经打破世界法学教育模式的传统格局，中国正以独具自己特色的法学教育模式出现在世界教育舞台，与以美国法学教育为代表的法律职业教育模式和以德国法学教育为代表的法律素质教育模式一起构成世界法律教育的三大模式。

就法学教育中国模式的基本构成元素而言，应当由多元化法学人才培养教育目标、多轨制法学教育培养方式、多类型法学知识建构和多层次法学学历结构教育内容、理论与实践多重组合法学教育方法构成，这些元素在法学教育的发展中是动态互动关系——多元化法学人才培养的教育目标决定了法学教育内容的多类型知识建构和多层次学历结构的特征，而这又造就了多轨制的法学教育培养方式和理论与实践多重组合的法学教育方法。

就法学教育中国模式的保障机制而言，一方面，我们应当意识到不同于英美模式和大陆模式的中国模式是中国法学教育多元化发展的历史与现实选择。另一方面，我们更应该深刻认识到中国法学教育多元化模式构成要素在法学教

---

① 王逸吟、殷泓：《法学教育：如何面向未来》，《光明日报》2010年10月5日04版。

育的发展中是动态互动关系，这种动态性关系模式要求我们必须时刻警醒每一个构成要素及其构成成分的逆向变化。换言之，按照结构功能主义的解读，要素在发展过程中有可能偏离其所属的整个模式总体目标指向。与之相适应四位一体的教育管理体制①和多方位互动的教育就业机制②，是中国多元化法学教育模式形成并保障其正常运行的不可或缺的要素。

未来30年，是中国法治成熟时期，法治的特征是从以立法为中心转向以司法为中心。与此相适应的中国法学教育必然凸显出这一转变发展过程的特点，呼唤中国法学的繁荣发展，要求法学研究的深化提高，推动法学教育的改革创新，引领法学法律人才的优胜劣汰。法治时代是改革、创新和发展的时代，从该种意义上讲，法学教育的中国模式将逐步成熟完善。

七　法学教育的问题、对策与趋势

中国法学教育经过六十多年的发展，已经处在一个新的十字路口上，一方面，法学教育表现出空前繁荣、欣欣向荣的大好形势③；另一方面，它的背后正

---

① 由教育行政部门的行政管理与司法行政部门的行业指导，构成中国法学教育宏观管理指导体制的基础，再加上法学教育行业协会即中国法学会法学教育研究会的自律性管理以及法学院校的自我管理，四者的有机结合，共同形成有中国特色的法学教育管理体制。这四位一体的法学教育管理体制，既不同于以行业管理为主、政府管理较少的美国模式，也不同于联邦政府、法学院校、州高等法院和州司法部分工负责的德国模式，而是一种在中国国情之下形成的具有中国特色的法学教育管理模式。

② 新中国成立六十多年，法学教育和统一司法考试与法律职业密切关联的互动型的教育就业机制逐步建立，成为法学教育中国模式形成和保障其正常运行的关键要素。概括而言，中国法学教育六十多年来，法学教育者与法律职业者对于法学教育与法律职业之间关系的认识和定位，经历了一个渐进的过程：法学教育从封闭式的“束之高阁”的校园教育，到重视法律职业对法学教育的需求，再到反思法学教育与法律职业的应然关系；法律职业者从对法学教育的“高高挂起”到“评头论足”再到“躬身参与”，经历了一个探索与发展的阶段，从而逐渐形成了法律职业与法学教育密切关联的互动型的就业机制，而连接法律职业和法学教育的桥梁就是国家司法考试。司法考试通过考试的形式将法律职业的需求有效反馈给法学教育，使法学教育在不断适应法律职业的需求中逐步完善；同时，将法学教育的成果输送到法律职业中，使法学教育和司法考试、法律职业之间实现了有机的互动，并进而初步形成了法学教育和司法考试与法律职业密切关联的互动型的就业机制。

③ 如有论者认为，中国现行法学教育为中国的法治事业做出了重要贡献，其突出的成绩主要有以下几点：一是法学教育规模持续扩大，逐步从“精英式”向大众化法学教育体制转变；二是法科学位与研究生教育结构不断调整，逐步从以法律通识教育为主转向以适应社会需求的法律专业学位教育为主；三是法学教育教学改革不断推进，形成了多层次、多类型的法学学位与人才培养体系；四是法学专业课程设置日益充实，各类培养方案和教学方法固定化、体系化；五是法学教育投入快速增长，基础设施、资金支持和师资力量显著增强；六是法学理论和法律实务人才培养规模迅速扩大，基本满足了国家法治建设和社会经济发展对法学法律人才的需求。参见王利明、韩大元、冯玉军：《新时期法学学位体系和人才培养模式改革的探索》，《教育部高校法学学科教学指导委员会中国法学教育研究会2012年年会暨“卓越法律人才教育培养计划”与法律人才培养模式改革论坛论文集（第一卷）》，第35页。

隐藏着一些深层次的矛盾。这些矛盾中，既有历史遗留的弊端，又有发展中产生的问题，也有正在形成的矛盾；既有宏观社会调控的不足，又有中观管理模式的漏洞，也有微观操作制度的缺陷。

有论者认为，当前法学教育存在缺乏统一协调、法学教育与法律职业脱节、缺乏与能力培养并重的教学内容等问题。[①] 有论者认为，中国法学教育正面临着新的挑战，主要体现为以下方面的矛盾关系：一是法学教育规模扩大与确保法学教育质量之间的矛盾。二是法学教育的途径和层次过于庞杂，培养目标模糊。三是法学人才的国际视野的局限性。四是法学教育与法律职业的脱节。五是法学人才的区域分布不平衡。六是法科学生就业率与就业去向需认真引导。[②] 有论者认为，中国法学教育在快速发展的过程中出现了一些突出问题，主要集中在以下十个方面：一是法学院校特色不鲜明，存在千校（院）一面的现象；二是法学学位层次和种类过多，叠床架屋；三是法学学位之间目标模糊、相互交叉、界限不清，人才培养同质化严重；四是法科学制缺乏弹性，没有法学主学位，过分重视高学历法学教育；五是学位教育项目与法律职业准入相互脱节，学非所用，用非所学；六是法学教育规模急剧扩大与确保法学教育质量之间矛盾增大；七是课程体系和教学内容设置不合理；八是法学人才的招录体制和分布存在着地区之间严重不平衡；九是法学毕业出现就业难的现象称为法学教育关注的突出问题；十是全球化法学教育的挑战与国内法律人才国际视野的局限性。[③] 有论者认为，中国法学教育存在以下几点问题：一是过于注重职业化教育而忽视法学理论素养的培养；二是重视知识灌输而忽视法学实践；三是涉外法律人才尤其是高端法律人才严重匮乏；四是法学教材不能满足法律人才培养的需要；五是法律解释学没有受到应有的重视；六是考核方式过于僵化；七是法学教育资源严重失衡。[④] 有论者认为，当前中国法学教育中存在的突出问题包括：法学教育整体办学水平较低，人才培养目标定位模糊；实践教学环节薄弱；培养层次多样化与教学目标单一化相冲突；法学教育规模过大、整体水平较低；法学教育与法律职业的衔接问题；具有国际视野、通晓国际规则、能够参与国际事

---

① 蔡镇顺：《法学教育的定位与改革》，中国法学教育网，http：//www.chinalegaleducation.com/article/show.asp? id=120，最后访问时间：2012 年 8 月 31 日。

② 韩大元：《全球化背景下中国法学教育面临的挑战》，《法学杂志》2011 年第 3 期。

③ 王利明、韩大元、冯玉军：《新时期法学学位体系和人才培养模式改革的探索》，《教育部高校法学学科教学指导委员会中国法学教育研究会 2012 年年会暨“卓越法律人才教育培养计划”与法律人才培养模式改革论坛论文集（第一卷）》第 41～48 页。

④ 冯春萍：《新形势下法律人才培养面临的挑战与发展趋势》，《教育部高校法学学科教学指导委员会中国法学教育研究会 2012 年年会暨“卓越法律人才教育培养计划”与法律人才培养模式改革论坛论文集（第二卷）》第 381～384 页。

务和国际竞争的国际化法律人才严重不足等。[①] 有论者认为，中国法学教育缺乏司法伦理和职业技巧的训练。这两个缺陷将引导我们对当前的法学教育方式进行反思。法学教育职业化的目的，在于培育一个具有共同法律信仰、职业伦理、专业知识、实践技能的法律职业共同体，以发挥其特有的功能。[②]

现行法学教育的问题主要集中在以下五个方面：

第一，管理模式相对滞后，调控机制存在不足。中国自清末产生近代法律教育以来，就形成了政府对法律教育过度热心和集中控制的传统。自改革开放以来，随着高等教育体制改革的开展和推进，政府的教育行政管理职能和方式发生较大转变，学校的教育自主权不断扩大。但是，一方面整个体制尚未完全摆脱计划经济条件下形成的集权型高等教育管理模式，而同时在高等教育的某些方面又出现了失范、无序乃至混乱的现象。这种矛盾错杂的现象，在法学教育中表现得尤为明显。国家和省两级教育主管部门，通过控制学校的校级官员任命、人员编制、招生人数、教育经费等重大事务，对学校的法学教育行使直接的控制权，学校在很多方面只是主管部门履行教育职能的一种方式，难以自主发展。这种滞后的管理模式，已经不能满足法学教育发展的需要。中国的法学教育虽然经过了六十多年的繁荣发展，但至今没有制定出统一的法学教育准入制度，既缺乏规范的准入条件，也没有制度化的退出机制，更缺乏完善的监督管理机制。由于缺乏全国统一的关于法律院系批准条件和资格审查规定，任何一所大学基本上都可以自主决定设立法学院系或法学专业，由此导致法学教育的水准与布局难免出现失控的局面。对此，虽然教育部于 1997 年设立了法学学科教学指导委员会，并发挥了一定的作用，但是，由于法学学科教学指导委员会是由教育部管理人员与部分高等院校及科研机构的学者组成，分布于全国各地，除每年有限的集中开会讨论外，多数委员均忙碌于自身几乎与法学学科管理毫不相干的事务，既没有法学教育工作运行的长效机制，也没有硬性的职权，难以对法学教育的种种问题予以系统、长久且有针对性的思考和谋划。法学教育经过六十多年，特别是恢复重建三十多年的快速发展之后，亟须建立一套规范科学的调节控制机制。

第二，法学教育市场化明显，经济利益驱动过大。改革开放前三十年，由于众所周知的原因，中国法学教育的政治权重明显。1978 年以后，改革开放的

---

① 张秉民、马云蕊：《论模拟法庭教学对卓越法律人才培养的基础性作用》，《教育部高校法学学科教学指导委员会中国法学教育研究会 2012 年年会暨“卓越法律人才教育培养计划”与法律人才培养模式改革论坛论文集（第二卷）》第 397 页。

② 王逸吟、殷泓：《法学教育：如何面向未来》，《光明日报》2010 年 10 月 5 日 04 版。

形势，给法学教育的发展带来了难得的机遇。国家既需要在较短的时间内培养一大批法律人才，以充实法官、检察官、律师和司法行政队伍，又需要一大批从事立法、行政执法以及管理社会和国家的法律专业人才。这种形势给法学教育带来了契机，使得多种形式的法学教育蓬勃发展，同时，教育市场化也成为不可逆转的潮流。近年来，法学教育的经济导向日趋明显，各个学校纷纷设置法学院系，不仅综合大学开设，而且理工科院校也开设，不仅本科开设，而且大专、中专、高职、成人教育也开设，造成了法学教育培养层次混乱、生源水平降低、师资力量薄弱等恶果。不同质的教育授予同样的学位，不同的成本却获得相同的收益，导致同样学位不同的含金量，出现了经济学上所称的选劣不选优的“逆向选择”现象。法学院系由1978年恢复重建后的一院五系发展到目前的634家，三十年增长了一百多倍，相当程度上的办学动力系来自利益的驱动。因为，改革开放使得法律在社会和人们的生活中越来越受到青睐，加之中国原有的法律职业人员素质较低，社会对高素质法律职业人才需求增强，法官、检察官、律师、警察又有较高的社会地位和经济收入，成为吸引人们学习法学的重要动力。至20世纪90年代，中国高等教育呈现规模化发展态势，法学更成为各专业中的显学，法学专业成为全国最热的专业之一，既是众多考生填报高考志愿的首选专业，又是院校增设专业、扩大招生的首要考虑之一。而一些拥有较长办学历史的法学院校，尽管其本身具备相应的法学专业办学条件，但在这种“大干快上”的形势下，也无法摆脱盲目扩大招生的怪圈。

第三，法学教育层次、形式和机构过于繁多杂乱。20世纪80年代以前，中国的法学教育一直集中于高校的法学院系，教育层次也以本科教育为主。20世纪80年代以后，各种形式的法学教育纷纷出现，呈现出层次多样化趋势，从中专、大专、本科（学士）到硕士、博士，共存在5个层次。其中，中专教育主要集中在各省所办的司法学校；大专的教育方式最为多样，包括全日制普通高等学校教育、全日制短期职业大学、普通高等学校附设夜大学、普通高等学校附设函授部或独立函授学院、广播电视大学、职工业余大学、管理干部学院和高等教育自学考试等；本科的学士教育主要由全日制普通高等学校承担，以本科为主，还有第二学位制和辅修制；在研究生教育中，既有硕士，又有博士，既有法学硕士，又有法律硕士，法学硕士和法律硕士又均有单证（有学位）和双证（有学历也有学位）之分。由于法学院系设置过于行政化，准入条件过低，“法学院系林立但鱼目混杂”成为法学教育机构设置之诟病。中国法学教育的层次、形式和机构之多、之乱为世界罕见，其产生的负面影响已成为法律职业人士以及有志于从事法律职业人士的切肤之痛。一些院校在缺乏最起码的师资力量和教学条件的情况下，也开办法学院系或者法律专业，严重地影响了法律人才的培养质量。师生比例严重失衡，图书资料严重不足，学生学习、生活环境恶劣，校园人满为患，学校的办学质量明显滑坡，法学教育的规模和质量之间的矛盾日益突出。对接受法学教育的个体而言，入学标准、学制、学历和学位的“多元化”，一方面增加了证明个体教育背景的难度，另一方面又降低了证明文件的可信性。

第四，法学教师素质参差不齐，人才流动失范。中国法治建设的实践起步不久，总体上的知识积累尚有限。这是造成法学教师在知识水平上存在缺陷的客观原因。与中国法学整体知识积累较为贫乏的现象相映成趣的，则是中国法学领域内部却存在着相当精细的学科划分。过于精细的学科划分，为法学教师教学和科研水平的提高制造了障碍。每一名法学教师和科研人员大多都属于某一固定的“专业”，终生从事该专业的教学和研究，而不涉足其他“专业”。这一局面在中国法学教育恢复初期，有利于尽快搭建法学的学科体系，但是此种模式又很快成为制约中国法学发展壮大的一大瓶颈。同时，各法律院系的教师绝大多数以理论知识见长，而对法律的实际运行所知甚少：一是偏重于抽象性的理论，而不注重具体的操作；二是偏重于国外的法律原理和制度，而不了解中国自身的问题。随着实践性教学和职业教育呼声的日渐强烈，法学教师在知识结构上的弊端越来越多地被暴露出来。与此同时，市场化背景下法学师资的流动成为中国法学教育的一大看点。目前各高校与科研机构法律院系之间教师的相互流动，大体上是一种以博士点、硕士点的申请为最终目的，以经济待遇为基本手段，以知名教授为主体的流动形式。此种模式在制造学术和教育“泡沫”方面的功能，似乎要远远大过对办学质量的实质性促进。它产生的直接后果是，大多数法律院系的教师队伍结构严重不合理。在人才“竞争”过程中居于劣势的大多数院系，为满足基本教学工作的需要，不得不大量使用缺乏教学经验的青年教师，合理的教师队伍梯队难以形成。同时，由于青年教师在走上教学工作岗位之后，马上便要承担繁重的教学工作，使得它们在最初的几年当中往往要疲于应付超负荷的工作，这种过度的使用，使得青年教师在教学和科研能力方面，很难取得真正实质性的提高。更为严重的是，在现行的教育管理和评价机制之下，青年教师的繁重劳动很难换来真正的回报。当青年教师感到自己的付出与收获严重不成比例的情况下，便难免转而谋求其他出路，从而造成法学师资的“绝对流失”。

第五，法科学生性价比回落，法学教育质量亟待调控。六十多年来，中国法学教育走过了一条曲折的道路。应当看到，从 1978 年恢复重建以来，中国法学教育的发展确实如雨后春笋一般，呈现出一派欣欣向荣的局面。但是，在繁荣的背后，伴随着法学教育规模的空前扩张，各种各样的法学院系越来越多，在法学毕业生数量迅速增加的同时，人们对法学学科毕业生的质量，却产生了越来越多的怀疑和批评。一方面，法学毕业生供求关系严重失衡，就业形势日益严峻；另一方面，法学教育的质量良莠不齐，令人堪忧。从教育的规律而言，教育的发展应当与质量的提高相辅相成，至少应当以质量保障为发展的前提条件。但是，伴随着几乎所有的本科院校都设置了法学专业，法学教育"村村点火、家家冒烟"的办学方式，在引起在校法学学生数量剧增和法学教学资源短缺的同时，法学教育的质量引起了人们的普遍忧虑。而在中国，对高等教育教学质量的监控，从认识到实施都起步较晚，尚未形成完整成熟的体系，高等教育教学质量监控多体现为政府教育部门组织的随机性教学检查，这种通过外界的压力推动教学质量提高的方式，昭示出高校缺乏对教学质量内在的自我约束机制和完整化、制度化、规范化的内部保证体系。就中国高等学校的法学教育而言，从重数量的发展转向以质量为核心的发展，是走内涵发展道路，培养社会需要的多层次和高素质的法律人才的必由之路。

针对上述问题，学者们提出了种种具体的改革对策。如有论者认为，需要从法学教育的起点或者终点方面的制度、法学学位制度、法学教育与司法考试及公务员招录制之间的关系、法学教育评估制度等四个方面去重塑或者完善中国的法学教育。① 有论者认为，中国法学教育改革的思路应主要从以下几方面入手：一是建设一支高素质的教师队伍；二是调整教学内容，构建以法律技能培养为核心的课程体系；三是改革落后单一的教学方法，采取形式多样的教学方法；四是建立淘汰激励机制，实行生源的选择交流。② 有论者认为，为消除传统法律教育的消极影响，实现法律教育的目标，法律教育必须完成以下几方面的改革：一是法律教育尤其是普法教育必须把权利教育作为重点，增强公民权利意识。二是应该把培养公民的积极的法律情感作为教育目标之一，避免法律教育中意识形态漂浮现象。三是注重法律教育中方法知识的传授，把培养法律思维，树立法律至上观念作为培养目标。③ 有论者就中国当前的法学教育提出如下改革方案：一是把法律专业人才的司法伦理教育设定为重要目标，培育掌握专业知识并树立崇高法律信仰的人。二是提高人文知识涵养，养成法律专业学生丰富的人文关怀精神。三是重点养成法律学生的伦理问题意识和伦理思维能力。唯有通过三个方面的改革，方能从长远上为法律教育短视观、功利观解围，才能为法治国家建设造就真正的适当人才，公民的法律信仰才能从法律人的人格

① 徐显明：《中国法学教育的发展趋势与改革任务》，《中国大学教学》2009年第12期。

② 胡吕银：《法学教育内容的界定与法学教育改革》，《扬州大学学报（高教研究版）》2004年10月第8卷第5期。

③ 吴秋红：《论法律教育改革与法律信仰的培植》，《理论月刊》，2009年第01期。

和责任中得到感染并接受之。① 有论者认为，法学教育应从以下几个方面着手实行改革：一是学科定位。在人才培养目标定位上，应以培养应用型人才为主。二是规范法学教育，提高法学教育层次。可考虑取消专科教育，强化本科和研究生教育，尤其要取消成人高校的法学教育，强化专业院校和综合性大学中的法学教育；建议实行本硕连读的方式以实现教育培养目标所要求的学习内容。三是进一步规范法学本科和研究生教育管理，设立法学院的最低标准，建立起法学本科教育准入制度和考核制度。四是借助司法考试，提高法学教育的实践性。司法考试和法律职业相结合，司法考试成为联系法学教育与法律职业的桥梁。② 有论者认为，法学教育改革要从强化法律伦理教育、建立统一的法学学位体系、打造多样化的法律人才培养模式、实施国际型法律人才培养的战略、注重法律实践性教学等几个方面着手。③ 有论者就如何发展完善中国的法律教育，提出如下建议：树立新的办学理念，准确定位培养目标；瞄准司法资格考试，为学生的前途和出路考虑；坚持互动式教学，实施开放灵活的教学方法；改革专业课程体系的设置和教学内容；加大双师型教师培养，提高教师实践能力；探索产学合作的办学模式；改革法律教育管理体制，杜绝条块分割现象，统一法律教育。④ 有论者认为，为了实现法学教育的目的，中国法学教育应当在注重人格培养、优化课程设置、改进教学方法等几个方面予以完善。⑤ 有论者认为，当前中国法学教育教学改革应围绕以下问题展开：一是鼓励各法学院校办出特色，避免千校一面。二是进一步理顺和完善法学学位体系。三是以社会需求为导向推进法学教育教学改革。四是处理好司法考试和法学教育的衔接问题。⑥ 有论者探讨了法学教育培养目标的实现问题，认为要实现法学教育的培养目标，需要更新教育理念，优化课程体系，注重实践能力，培养职业道德，改进教学方法。⑦ 有论者认为，法学教育必须树立国际意识和全球意识，以具有国际性和国际竞争能力的法学教育来应对经济和法律的全球化；在教学内容上，要加强

---

① 刘用军：《法律专业法律伦理教育思考》，《教育与职业》2010 年第 23 期。

② 蔡镇顺：《法学教育的定位与改革》，中国法学教育网，http：//www. chinalegaleducation. com/article/show. asp？ id =120，最后访问时间：2012 年 8 月 31 日。

③ 韩大元：《全球化背景下中国法学教育面临的挑战》，《法学杂志》2011 年第 3 期。

④ 梁志东：《对法治中国法律教育问题的思考》，《现代企业教育》2010 年 8 月下期。

⑤ 马明华：《中国法学教育的困境与出路初探》，《郑州航空工业管理学院学报（社会科学版）》2011 年 8 月第 30 卷第 4 期。

⑥ 王利明：《关于当前中国法学教育教学改革的几点建议》，中国法学教育网，http：//www. chinalegaleducation. com/article/show. asp？ id =150，最后访问时间 2012 年 8 月 31 日。

⑦ 苑敏：《论法学教育的目标定位及其实现途径》，中国法学教育网，http：//www. chinalegaleducation. com/article/show. asp？ id =121，最后访问时间：2012 年 8 月 31 日。

法律全球化的教育，从观念到法律，从知识到思维，都应当体现全球化；要加强法律素质的教育、文化素质的熏陶和法律职业伦理的教育。① 有论者认为，在法学教育的目标上，要将法学学科的教育与法律职业教育有机结合；在法学教育内容上，将理论教学与实践教学有机结合；在法学教育方法上，要改革传统的讲授法的教学模式。②

未来三十年中国的法学教育，应当就以下七个具体方面进行针对性的改革：

第一，重新调整中国法学教育的功能定位。当法学教育与法律职业的关系备受诟病，法律职业伦理与技能教育被广泛吁求，律师与公平正义的关系被质疑，当2007年国家司法考试中80%的应考人员不能正确解读社会主义法治理念内涵之时，人们开始意识到，在下一个中国法学教育六十多年的崭新步伐即将迈出之际，迫切需要对中国法学教育的未来予以明确定位。与此同时，中国法学教育六十多年来的实践发展也告诉我们，伴随着国家法治进程的不断深入，特别是国家统一司法考试制度的建立，中国法学教育传统定位的历史使命已经完成。有论者认为，法学教育的使命就在于提升人们对正义的认知水平，拓宽社会的正义之路，培养社会正义的守护者，搭建社会正义的阶梯。这一目标应当成为未来中国法学教育前行的基准。法学教育作为国家法治实践活动之重要一环，应当承担起引领时代法律思想走向，提升整个社会法治素养的责任；应当承担起构筑社会伦理体系的责任；应当承担起维护社会主流价值——社会正义的责任。因此，当下以及未来中国法学教育的整体功能定位就是要培养信仰法治、忠诚于正义的法律人，由他们去守护正义，借靠着他们的智慧与理性、良知与勇气，搭建社会的正义之梯，让社会中的每一个人都能够登临正义的高地。同时，必须重新调整对中国法学教育从通识教育向通识教育、专业教育与精英教育相结合功能定位的转化，把法学教育的培养目标，从单一的法律知识型人才培养转变为法学应用人才、法学研究人才和社会管理人才的共同培养。在未来的法治国家建设中，要求法律职业必须走上专业化和职业化的轨道，法学教育肩负着为法律职业部门和全社会培养高素质法律人才的历史使命。“这种高素质的法律人才，绝不仅仅只是掌握了法学知识体系的人，‘他’应当是和必须是法律专业知识、法律职业素养和法律职业技能的统一体。”要转变将法学教育等同于法学院校和科研机构的一次性的学历教育的传统观念，构建法学教育

---

① 张文显：《入世与法学教育改革》，中国法学教育网，http：//www. chinalegaleducation. com/article/show. asp? id =182，最后访问时间2012 年8 月31 日。

② 戚桂芳、袁雪：《大陆法系与英美法系法学教育模式比较分析》，《金陵科技学院学报（社会科学版）》2009 年6 月第23 卷第2 期。

的大教育观，认识到法学教育不仅有高等院校和科研机构中的法学专业教育，也有法律职业机构和有关组织的互补与继续教育；法学教育不仅包括学历和学位教育，也包括非学历、非学位教育；法学教育不仅包括法律学科教育，也包括法律信仰、法律伦理与法律职业教育。

第二，树立政府、法学教育机构、社会全面参与的法学教育质量观。六十多年来，中国法学教育已经基本完成了规模建设和数量积累的历史任务，当前到未来的任务应当是将法学教育发展的主题全面转移到教育质量上来。根据司法部《法学教育“九五”发展规划和2010年发展设想》对法学教育提出的发展目标，中国对法律人才的培养是要在专业教育的同时，特别注意对学生的素质教育，培养学生的创新精神和实践能力。对此，有论者提出，全面、系统地落实法学教育的全面教育质量观，是当今法学教育的出路所在。应当从法学教育的生源质量、师资质量、培养质量、组织管理和办学条件多个层次，分析把握法学教育全面质量观的内涵。笔者赞同上述观点，但又认为，法学教育质量问题不能认为凭借法学教育机构一己之力便可解决，应当树立政府的宏观监控、法学教育机构的自我管理和社会市场的需求调控三位一体的法学教育质量观。政府应着重从宏观上对法学教育进行法律规范、政策指导和投资约束；应当从国家法治建设的需要出发，构建合乎中国实际的法学教育准入制度，适当提高法学教育门槛；应当设立法学教育质量评估机构，科学把握与指导全国法学教育质量评估工作；应当建立法学教育竞争淘汰机制，通过投资控制、设标考核、专项检查等多种方式，促使法学教育“千帆竞发”“百舸争流”，让那些不具备法学教育条件的法学院校“自生自灭”，以达到优胜劣汰的目的。高等学校、科研机构等是法学教育的主体，是法学教育质量的直接责任主体，应当在法学教育活动的组织实施中，建立科学规范的法学专业教育管理系统、教学监督系统、教学咨询与评估系统、教育质量评价系统与教育质量奖惩系统，努力创建法学教育质量文化，探索保障法学教育质量的长效机制，承担法学教育主体责任。高等学校、科研机构法学教育的目标一般有三项：一是教育形成法学基本知识体系；二是训练运用基本知识处理法律问题的能力；三是培养法律人思维方式和法律理念。所以，其教育质量控制体系的构建，必须紧密围绕上述三项目标。社会是法学教育的外部监控主体，其通过社会市场对法学教育产品的输入输出与需求供应关系评价法学教育的质量。因此，必须建立法学教育资源与法律人才的输入输出机制，发挥社会市场对于法学教育供求关系的调控作用；必须建立社会监督机制，发挥社会元素对法学教育质量的制约作用；必须建立法学教育质量中介组织评估机构，发挥社会中介组织对法学教育质量的引导作用。

第三，分层次设置法学院系与评估考核。法学院系的设置是影响法学教育发展的重要因素。针对目前中国法学院系设置规模虽然庞大，但在人才培养的结构上却存在失衡的状况，从未来的发展趋势看，中国高等院校和科研机构法学院系在培养合格法科毕业生的基础上，在功能定位上应走分化和差异化的路线，将法学院系分为学术型、实务型、特色型，在这几种类型之下再分设精英型和普通型，使法学教育机构趋于层次化、多元化、特色化。学术型法学院系主要培养从事法学研究和法学教育的理论型法律人才；实务型法学院系主要侧重从事法律职业的实践型法律人才；特色类法学院系主要偏重培养具有行业专业特色的法律人才，如财经类、农林类、语言类高等院校的法学院系。而无论是学术型法学院系，还是实务型、特色型法学院系，均可划分为精英型与普通型，精英型法学院系可以培养学术型、实务型和特色型多层次法律人才，而普通型法学院系则只能从事实务型和特色型法律人才的教育。基于上述法学院系之分类，至少可以从以下方面进行规范管理：第一，设置不同类型法学院系的标准条件，对现有法学院系予以分类划分。第二，严格按照设置的法学院系标准条件审核新要求设立的法学院系。第三，建立评估考核机制，对法学院系实行定期考核。达不到精英型标准的，降级到普通型法学院系；达到精英型标准的普通型法学院系，升级到精英型法学院系；达不到普通型标准的法学院系，予以撤销。这种评估考核机制可以与法学教育质量评估同时进行。

第四，法学学历教育层次的优化调整。当前，中国高等法学教育体系层次虽多，但是，各个层次的法学教育普遍都存在着一些问题，而且整个法学教育体系资源没有得到有效整合，法学教育每个层次、每个模块各自为政，法学教育的整体质量不高。长期以来，没有站在中国法学教育体系的高度上，从整体上认识和解决法学专科、本科、法律硕士、法学硕士以及法学博士教育的改革和发展问题，战略目光过于狭窄，于是造成了法学教育各层次内部以及各层次之间的诸多矛盾，从而也使得法学教育的整体力量削弱。优化调整法学学历教育层次是未来中国法学教育发展的必然，也是整合法学教育资源、提高法学教育质量的重要途径。法学教育的基本目标是培养法律人才，按照未来中国法学教育培养法律应用人才、法学研究人才和社会管理人才的定位，法律应用人才对法学学历的要求相对较低。但是，即使是作为法律应用人才的法律职业者，其法律职业作为垄断的职业领域亦要求从业者具有专业的知识技能。而从中国法学学历构成层次看，中专层面的法学教育已经完成了其时代赋予的使命，不能适应现代社会经济、政治、文化发展的需求，应当向其他与法律相关的职业教育转型，以有利于社会利用有限的法学教育资源培养法律精英人才。大专层面的法学教育强调法律职业个体岗位业务知识和实践操作技能，理论以“够用、实用”为度，是相对完整的实践体系和相对不完整的理论体系的统一。对于肩负推进国家法治进程的现代法律职业而言，其与此前的法律职业以及其他职业素质皆有不同，没有完整的法律知识体系和坚实的法学理论基础，仅有相对完整的法律业务知识和实践操作技能，已经无法满足现实需要。所以，在发达地区应当立即取消，在西部不发达地区逐步限制。本科层面的法学教育面临尴尬境地，存与废尚在争论之中。笔者认为，目前在中国立即全面取消法学本科教育的时机尚未成熟，有待于大力发展法律硕士研究生专业学位教育之同时，逐步实现法学学科在大学素质教育后向法学硕士和法律硕士双轨培养的分流转型。在硕士研究生层面的法学教育中，以复合型、应用型法律人才为培养目标的法律硕士，应当成为中国法学教育中法律应用人才培养的主流，输送至法律职业队伍和社会管理部门；以培养学术型、专业型法律人才为培养目标的法学硕士，应当成为中国法学教育中法学研究人才培养的主流，就业于法学教育和法学研究机构。博士研究生层面的法学教育应当继续以精英型法律人才为培养方向，锻造其创造性思维与创新性能力，以适应法律科学研究与社会高端管理之需。

第五，法学教师队伍结构重组与法学教育方法改良。列宁曾经说过："学校的真正的性质和方向并不由地方组织和良好愿望决定，不由学生'委员会'的决议决定，也不由'教学大纲'等决定，而是由教学人员决定的。"[①] 面对中国法学教师队伍人才流失、结构不合理、素质良莠不齐等现状，未来中国的法学教育应着力改变或者建立四种机制：一是应改变法学教育的管理体制和评价机制，使之符合法学教育规律，避免以"行政政绩"的评价标准或者单一的科研成果对法学教师进行管理和评价；二是应改变对不同学科的法学教师"一视同仁"的管理和评价模式，根据不同学科的教学和科研规律进行分类管理和评价；三是应改变法学教师束之于理论高阁的现状，建立法学教师走进法律实务、亲历司法实践的长效机制，同时拓展法律职业机构与司法实务精英参与法学教育的范围；四是应改变基础性教学以青年教师队伍为主的法学教师结构，合理调整法学教师内部结构，促进梯队建设，即要给予青年教师成长的环境及必要的指导，均衡调配新老教师和具有实务经验教师的教学梯队。在未来法学教育中，无论是高校法学学历教育还是法律职业教育，在教学方法上的改革均可根据所授课程不同从三个方面入手：一是增强教学互动，广泛采用讨论式教学法，限制适用讲座式教学法，鼓励适用辩论式教学法，将学生置于教学的主体地位，使学生对法学知识的掌握从书本到实践、从死板的记忆到学会思考、从被动的接受到主动的参与，最终达到教学相长的教学模式。二是充分重视案例教学法，

① 《列宁全集》第十五卷，中共中央马克思恩格斯列宁斯大林著作编译局编译，人民出版社 1998 年版，第 441 页。

传授法律解释与法律适用的具体方法，其目的在于提高学生对法律体系和法律内在逻辑性的深刻认识，训练学生养成正确的法律思维方法。三是开设诊所式法学课程，让学生对法律职业的实际状况获得一个初步的认识，并培养其在实践中继续学习的意识和方法。当然，对于法律职业者的继续教育则无须开设诊所式法学课程。

第六，法学教育、司法考试与法律职业的良性互动。法学教育与法律职业具有互为“源头”与“活水”的相辅相成、共生共长的辩证关系。面对中国法学教育与法律职业屡受诟病的脱节现状，未来的法学教育应当是与国家司法考试和法律职业三者之间的良性互动。在未来的法学教育中，首先，法学教育和法律职业的资源将被整合，法学院校和职业机构实现师资共享和信息共享。这一目标将通过建立教师互教制度、学生互换制度等方式实现。其次，司法职业化进程的推进，将成为实现法学教育与司法职业良性互动之契机。在中国未来的法治进程中，司法职业化已是大势所趋。因此，第一，应明确司法职业化的总体发展方向和趋势，使法学教育据此确定教育内容和培养目标，同时，法学教育界人士应当积极参与司法职业化进程建设，为司法职业的健康发展提供坚实的理论基础和指导。第二，应确定司法职业的层次标准，为法学教育目标的设定与人才的培养提供可以参考的坐标。再次，通过改革司法考试制度，实现法学教育与法律职业的良性互动。第一，应当重新设置司法考试的应试条件。将对于法律思维的考核延伸至司法考试之前的法学院系学习。规定获得非法学本科以上学历者，必须经过国家指定的法学院校培训合格后，才能参加司法考试。而未来司法考试制度的改革，则在法律硕士培养得到长足发展之后，确定以法律硕士考试代替第一次司法考试。实行司法考试第一次笔试与第二次面试相结合的考核方式，全面考核应试者的法律职业能力与素养。第二，改革司法考试的内容、题型。转变以背诵内容为主的考核理念，改变以客观题为主，主观题为辅的考核题型，重点考核应试者运用法律知识进行思考的过程和解决实务问题的能力。第三，设置法律职业的强制性入职培训及考核。一方面使受培训者有针对性地接受职业技能训练，缩短其进入工作后的适应期，另一方面及早启动淘汰机制，使司法考试得以向后延伸，避免“一考定终身”的弊端。

第七，以社会主义法治理念和公民意识为核心的法学教育。法制教育是任何一个社会生活个体都必须接受的教育内容和教育活动。佛家云：下法是戒，中法是定，上法是慧。若以此模式描述公民的法律意识层次，则下法是因畏惧法的惩戒而守法，中法是因自觉而守法，上法是因维护法而守法。改革开放三十年来，中国的普法教育基本完成了对全民法律意识的培养，度过了下法和中法时期。中国下一个三十年全民普法教育的目标，就是要达到上法的境界。在这个

"因维护法而守法"的上法时代中，其核心是合乎中国国情、具有中国特色的社会主义法治理念和公民意识。法治理念标志着法治的社会属性、政治原则、价值蕴含等根本问题，关系法律职业人员的精神信仰、意志品格和职业意识，只有将社会主义法治理念融会于人们自觉地尚法之中，才能实现"因维护法而守法"的上法境界。以社会主义法治理念为核心全面深化普法教育，一方面将强化全民用法护法的意识和能力，另一方面也将增强全民对于司法者司法行为和执法者执法行为的监督意识和能力。同时，在全民普法教育中，应强化公民意识教育。中国共产党在十七大报告中提出了"公民意识"的概念，强调加强公民意识教育，树立社会主义民主政治、自由平等、公平正义理念。发展社会主义民主政治，深化政治体制改革，建设社会主义政治文明，一个重要的基础性工作就是开展公民意识教育，提高全社会政治素质。而民主政治、自由平等、公平正义既是人类社会的美好追求，又是政治建设、政治发展的重要价值和目标。

除了上述具体的对策之外，这十年来，一些学者从宏观角度出发，分别指出中国的法学教育必然要遵从的八种宏观趋势：

第一，职业化趋势。有论者认为，职业化是当下中国法学教育要面向未来的一个趋势。在这个大趋势中，并不排除保留或者说由其自己形成以学术为主并以思想创新为追求的学术型法学院的存在，也不排除以培养司法实务人才为主导目标的职业型法学院。事实上，以学术为主的法学院培养出来的学生，并不一定全部从事学术活动，更多的还是以从事法律实务为选择。①

第二，多元化趋势。有论者认为，法学教育的多元化是早已形成的一个趋势，现在仍处于发展过程中。多元化趋势恰恰要求法学教育要办出特色，这不仅仅是法学教育自身发展的要求，也是各法学教育单位适应市场竞争所面临的挑战。特色既可表现为学科门类上的有自己的优势研究领域，也可表现为学生培养目标上偏重理论还是实务，还可表现为人才培养层次上的区分。但是需要注意的是，适应多元化趋势与追求自身发展特色，不能成为低水平的借口和遮羞布。② 多元化是对法学教育发展走向的一种整体概括，它蕴涵丰富，主要体现在教育层次、教学内容、教学形式、教学主体等多个方面。如教育层次与培养方向的多元化、教学内容的多元化、教学形式的多元化、教学主体的多元化，等等。③

---

① 徐显明：《中国法学教育的发展趋势与改革任务》，《中国大学教学》2009 年第 12 期。

② 徐显明：《中国法学教育的发展趋势与改革任务》，《中国大学教学》2009 年第 12 期。

③ 王军、杨贝：《论中国法学教育的多元化走向》，《暨南学报（哲学社会科学版）》2012 年第 2 期。

第三，精英化趋势。有论者认为，精英教育应该成为中国今后法学教育的一个发展趋势。法学教育大众化的结果，将是法学的贫困和危机。法学处于“粗放式”发展中，量的增长快，但质的增长不足。如何在法学教育的起点上吸引精英，如何把进入法学院（系）的学子培养成为精英，如何使精英成长为引领社会发展进步的领袖，是精英教育的基本内涵。①

第四，特色化趋势。有论者认为，根据中国当前法学学科建设情况及各地区的需求差异，走特色发展道路是地方院校增强自身实力、谋求长远发展的必然选择。中国的现实情况是，除少数政法院校和为数不多的几个综合性大学可以让法学一级学科得到全面的、齐头并进式的发展之外，绝大多数法学教学单位只能通过办出特色谋求发展。发展特色化法学教育的基本模式是，将一批人集中在一个一级学科或二级学科上，形成“点”上的优势。②

第五，正规化趋势。有论者认为，正规化是法学教育的一大趋势。正规化的法学教育一定要以结束非正规化的法学教育为前提。非正规化的法学教育，受教育者一开始就只是把法律当作未来谋职求生的一种手段，在其起步的法律意识中，法律是被当作工具来对待的，这样的法律从业人才既不会忠诚于法律，更不会对法律有献身精神和形成信仰。所以应该尽快结束中国的非正规化法学教育的时代，否则，法学教育的质量就无法得到保障。③

第六，国家化趋势。有论者指出全球化或者国际化是法学教育的主要趋势之一，认为法学教育应当打破国内和国际的藩篱，实现跨境交流。全球化要求法学教育打破大陆法系和普通法系以及国内法和国际法间的藩篱，从程序到实体规范都应兼顾国内和国外的规范。④ 在信息化、全球化的时代，一个国家法学教育所承担的功能，不仅限于为主权国家的利益服务，它必须考虑经济全球化背景下“世界公民”的需求，使法学院培养的法律人才具有成熟的“全球化意识”，要适应未来法学教育的发展趋势。中国法学教育下一轮的改革，将主要围绕人文化、精英化、规范化、国际化目标展开，而国际化将成为推动法学教育改革发展的基本背景和动力。⑤

第七，本土化趋势。有论者认为，法学教育的改革重在认真总结中国的法

---

① 徐显明：《中国法学教育的发展趋势与改革任务》，《中国大学教学》2009 年第 12 期。

② 王逸吟、殷泓：《法学教育：如何面向未来》，《光明日报》2010 年 10 月 5 日 04 版。

③ 徐显明：《中国法学教育的发展趋势与改革任务》，《中国大学教学》2009 年第 12 期。

④ 王贵国：《打破国内和国外的藩篱》，《光明日报》中国高等法学教育：《新的起点上如何面向未来》，王逸吟、殷泓采访整理。

⑤ 韩大元：《国际化是改革发展动力》，《光明日报》中国高等法学教育：《新的起点上如何面向未来》，王逸吟、殷泓采访整理。

律实践。中国法学教育界有责任认真总结中国，特别是当代中国的法律实践，提炼出其中隐含的制度性智慧和经验；不为标榜中国特色，只为了让这块土地上的人们的经验和教训，经由我们的思考，最终成为可供人类分享参考的知识。①

第八，国际化与民族化兼顾的趋势。有论者认为，法学教育应当兼顾国际化与民族化。我们既要学习和借鉴其他国家的有益理念和经验，又要发扬和完善中国本华民族的法律文化和传统，正确对待国际文化和民族文化，正确对待法学教育民族化和国际化两种倾向。法学教育的民族化与国际化具有相互依存、互为补充的关系，以此才能体现高等法学教育的完整性。真正意义上的法学教育国际化是指，在高等教育国际交流中，要以本国国情和民族特性为基点，以促进高等教育现代化为目标，对外来文化进行精心的鉴别、选择和改造，使其与本土文化的优良因素相交融，形成既有时代特点又有本国特色的高等法学教育理论和制度。②

客观地说，上述观点分别从不同的角度都触及到了中国法学教育趋势的某一个方面，因此，都具有一定的合理性。但是，笔者认为，在上述八大趋势之中，职业化趋势应当占据最为根本的地位。除此之外的其他相关的趋势都只能以此为根基，在此基础上才能最大限度地发挥其正面积极的作用。从总体上看，未来中国的法学教育应当以职业化为方向，法学教育应当从知识型为中心逐步演变为以职业型为导向。

八　结语

通过上述分析和梳理可以看出，通过近十年的发展和创新，中国的法律教育学已经初步形成了一个相对完整的学科体系。尽管如此，由于中国的法学教育实践起步较晚，尚处于急剧变革的时期，因此，以此为基础的法律教育学也势必不可能一蹴而就，还有待于在长期的实践过程中逐步予以成熟和完善。对此，我们充满期待。

---

① 朱苏力：《追问法学教育承担的历史使命》，《法制日报》，2011 年 5 月 4 日。

② 付子堂：《国际化与民族化须兼备》，《光明日报》中国高等法学教育：《新的起点上如何面向未来》，王逸吟、殷泓采访整理。

后　记

经过较长并断断续续的写作后，《中国法治这十年（2002～2012）》终于得以付梓。这真是一个吃力不讨好的工作。到交出版社时，才觉得要将2002～2012年这十年的中国法治发展状况做一全面深入的总结，是一件多么困难的事。其实最初冒出这个想法的时候，就遭到不少人的劝阻，甚至有人说，要慎重评价这十年的法治发展状况，因为学界有不同的认识云云。不论这十年的法治是前进还是倒退，我倒觉得记录十年的法治里程并不是一件不可做、不能做之事。只不过，做与做好却是有巨大差距的，我们尽力了，若有错漏，纯属水平能力所限。

许多人非常热心地参与到了这个项目之中，并努力尽心地去做。各位同仁们交稿的时间有先有后，以至于每当我见到最先交稿的那些同仁时，对此书究竟什么时候能出版的问题总是支支吾吾，因不能给他们一个准信而倍感惭愧。人的能力有大小强弱，虽然我很自信能够同时驾驭多件事情，但顾此失彼的情况仍然难以避免。

《中国法治这十年（2002～2012）》应该是一本近似于史实的学术著作，之所以说它近似于，是因为作者们的学术经历或是法学或是社会学，没有一个人是学历史的，不太会按照历史研究方法来从时间顺序上严格分析每一事件的历史渊源，而是根据自己的法学背景，更多地进行的是制度分析，虽然穿插着一些大的事件，但与历史学的方法大相径庭。因此，历史学家大可放松心态来看待这样一本非历史学者的“历史著作”。尽管如此，这本书仍然是有意义的，它至少向人们展示了法学工作者眼中的法治史，这本书虽然未能囊括法治领域的所有类别，但也能管中窥豹，了解这十年法治发展的大致情况，这就足够了。

十年，在人类的历史长河中就是一瞬间，短到几乎不会激起什么浪花涟漪。历史究竟会记住这十年中的什么事？这本书不是国史，也不是社会史，而是对十年法治史的粗浅记载，它关注的是法律的出台、修改、废除、实施以及对人们生活的影响。对一个现代国家来说，法治应该是其最重要的关注内容，尽管中国更沉溺于经济快速发展带来的快感和难以掩饰的兴奋之中。十年中，每一次党的工作报告和政府工作报告都会引起人们极大的关注热情，然而人们会发现报告中浓墨重彩的更多是经济发展的速度和走向，当然近些年报告也展现了不少人文情怀。法治呢？法律人每每捧着各种报告，都会费力地寻找它的踪影。不出意外，它总是静静地屈居报告的后半部分，考验着法律人期待法治春天的耐心。

这十年，令中国人最痛心的无过于房价上涨，房价越控越涨，对于许多人而言，房价对于他们已然是“暴政”了。然而锥心刺骨的并不只有房价，食品安全、教育成本、医疗开支、就业困难、拆迁无一不影响着人们的心情。进餐馆吃饭，担心是不是吃了地沟油；进市场买菜，狐疑地观察林林总总的瓜果；孩子上学，择校还是不择校，难啊；看病贵，有谁能让我们不生病吗？拆迁推土机横扫千军如卷席，改变了我们的家园，是拆，还是不拆？这是一个问题。我们生活的这片热土，我们真的爱它吗？

因为工作的缘故，每年我都会在全国各地调研，了解基层干部、法官、律师和民众对法治的想法和期望。跑多了就会发现一个很有趣的现象，几乎人人都在呼吁法治，但法治却更多是一个外化的口号，并未融入我们的生活。政府部门呼吁法治，但行政时却摆脱不了部门利益。法官述说着法治，但其声望却与日俱跌。律师们嚷嚷着法治，拉关系和走门子却是其不二法门。公众盼望着法治，可法治究竟是什么东西，稀里糊涂。大家都在期望法治，大家都在破坏法治。这是不争的事实。

当然，应该肯定的是，这十年，法治发展尽管不像经济发展那样光芒四射、引人注目，但实际也在缓慢进步。我们不能因为它步履蹒跚，就认为乏善可陈。我们也不能因为恨铁不成钢，就全盘否定十年法治的进步。“黑夜给了我黑色的眼睛，我却用它寻找光明。”光明和黑暗是相随相伴的，没有光明，就没有黑暗，没有黑暗，光明也了然无趣。

这十年，中国人权保障取得明显进步。2003 年，一个名叫孙志刚的青年，用生命换来了人们行走的自由。2003 年 3 月 17 日晚上，湖北青年孙志刚因无暂住证，被警察送至广州市“三无”人员（即无身份证、无暂居证、无用工证明的外来人员）收容遣送中转站收容。孙志刚在收容站受到工作人员以及其他收容人员的野蛮殴打，死于救治站。孙志刚事件直接促使中国政府废除了严重侵犯人权的收容遣送制度。

2003 年，“非典”爆发，暴露出当时中国公共卫生系统一片混乱。“非典”事件带给我们的恐惧历历在目，人们争先恐后离开，北京马路突然变得无比宽阔，公交车空空荡荡，地铁寥寥数人，几成专列。谣言满天飞，我的同事因孩子才几岁，夜不能寐，辗转反侧，忧心会不会演变成一场无法控制的灾难。事实上，“非典”事件促进了中国公共卫生系统的完善。2006 年，国务院就发布了 4 件公共卫生类突发公共事件专项应急预案，分别是国家突发公共卫生事件应急预案、国家突发公共事件医疗卫生救援应急预案、国家突发重大动物疫情应急预案、国家重大食品安全事故应急预案。此类公共卫生类突发公共事件专项应急预案的出台，也表明中国政府在有效预防、及时控制和消除公共卫生类突发公共事件及其危害方面做了巨大努力，以最大程度地减少对公众健康造成的危害，保障公众身心健康与生命安全。

这十年，中国义务教育事业取得进步。中国义务教育事业发展实现了从农村到城市，从试点到推广，全面免除城乡义务教育学杂费的“四大步跨越”。2004 年，启动国家西部地区“两基”攻坚计划；2007 年春，免除全国农村义务教育学杂费，惠及全国农村近 1．5 亿名中小学生。免除学杂费后，平均每个小学生年减负 140 元，初中生年减负 180 元，贫困寄宿生可减负 500 元。2007 年秋，实施新的高校和中职学校家庭经济困难学生资助政策；2008 年秋，全国所有城市免除义务教育学杂费，惠及 2800 多万中小学生。全部免收学杂费也可谓是一件利国利民的大事。

这十年，中国抵御自然灾害能力有所增强。2008 年 5 月 12 日，四川汶川发生里氏 8 级特大地震，造成 69227 人遇难，17923 人失踪，受灾群众达 1510 万人。2008 年，国务院公布《汶川地震灾后恢复重建条例》，这是我国首个专门针对一个地方地震灾后恢复重建的条例，将灾后恢复重建工作纳入法制化轨道。

2011 年，中国宣布社会主义法律体系建成，截至 2011 年 8 月底，中国已制定现行宪法和有效的法律 240 部、行政法规 706 部、地方性法规 8600 多部，“法律帝国”已经跃然纸面。有多少法律法规是具有可操作性的，而不是看起来很美，这没有几个人说得清，因此，立法后评估就显得格外重要，而且要特别注意的是立法后评估不应是几个专家在那里拍脑袋，也不应是执法部门的自我评价。能说跟能做到是两回事，人们更希望的是不仅要说，而且要做到。最近常看到一些口号，披红带绿地张扬在各个要道路口，每一条标语都无比美好，又都无比复杂，有大学学历的人都未必能明白个中含义，对多数中国人来说，它们更像是过年贴的窗花、把门的财神，有用没用另说，图个热闹好看。与其宣示这种极具抽象性的标语口号，还不如多挂几条“不要随地吐痰”“不要大小便”“善待父母”“爱子女”“敬路人”之类的标语更为通俗和实在。这些美好抽象的东西不能通过适当的途径融入我们日常生活之中，而被人采取笨拙、生硬、强制性的方法来灌输，生理和心理上都会引起极大的不适。中国文化不是舞龙、高跷、京戏或者春节联欢会，更不是这些生硬、僵化，不知所云的词汇所能代表的，中国的文化在我们的日常生活中，我们生动的语言、我们的穿着、我们的饮食、我们的举手投足无不体现我们的文化，这就是我们在主流价值观传播上与别国的文化传播的差距所在。

另一个生动的例子是法院的诉讼指南。我们每年都会发布《中国司法透明度指数报告》，对全国31家高级法院和49家较大市的中级法院的司法透明度进行测评。其中有一项测评指标是诉讼指南的公开状况。诉讼指南是给公众或当事人提供一个怎样打官司的指导。法律是非常专业的文本，诉讼指南本应将晦涩、专业的法律条文转化为公众易懂的生活语言或者图片，让人们知道怎样打官司，以及打官司可能面临的风险。然而，翻开各个法院的诉讼指南，大多是把法律条文照搬上去，公众使用如坠五里云中，真是便宜了那些律师人群。

本书完稿的时间非常巧，正好是大家翘首企盼"法治的第二个春天"之时。中共十八届四中全会召开在即，这是中共中央第一次召开以法治为主题的全会，自然会给人以翩翩遐想。人们希望中国共产党的十八届四中全会能够带来不一样的声音，使法治能够成为时代的最强音，而不再是水中月镜中花。

《中国法治这十年（2002～2012）》一书的作者群体非常年轻。一群年轻人在回顾着十年的路程时，显然具有不同的视角，因为这十年是他们的亲身经历，从愤懑、激昂、充满激情到冷静，从容，心怀理性，一路走来感受最深。他们同时也是一群充满理想和抱负，然而又不盲从的中青年学者，国家兴亡匹夫有责在他们身上体现得最为明显。面对外界对中国法治的批评或褒奖，他们宠辱不惊，而是用平和但不乏尖锐的笔调告诉人们，十年法治之路的真实面貌。与他们合作，我感到非常荣幸，也非常高兴，为能有机会与这么一批优秀青年共事，同时也感谢他们能放下手中的其他事，加入到中国法治这十年的行列。

在此，还要感谢中国社会科学院法学研究所的领导陈甦书记和李林所长对本项工作的支持和帮助。同时还要感谢方志出版社的各位编辑不辞劳苦，辛勤劳作；感谢中国社会科学院法学研究所法治国情室的研究人员学术助理们，王小梅、栗燕杰、刘雁鹏、徐斌及赵千羚、张誉、刘迪、杨芹等为本书的编辑出版付出了不小的辛劳。

田　禾